DE EEUW VAN DE FAMILIE PLATTER (1499-1628)

Vertaald door Marianne Gaasbeek, Marianne Gossije en Marijke Jansen

Emmanuel Le Roy Ladurie

De eeuw van de Familie Platter (1499-1628)

I

De schooier en de geleerde

1997 Uitgeverij Bert Bakker Amsterdam

Eerste druk januari 1996
Derde druk juni 1997

Oorspronkelijke titel *Le siècle des Platter 1499-1628*
I. Le mendiant et le professeur

Omslagontwerp Erik Prinsen, Zaandam
Foto achterplat Gerhard Jaeger
ISBN 90 351 1865 0

Uitgeverij Bert Bakker is een onderdeel van Uitgeverij Prometheus

Inhoud

Voor Anne en François,
deze 'verre spiegel'
van de renaissance en de reformatie,
van de sociale mobiliteit en het oude Europa

Prelude

Vandaar vervolgden we na het middagmaal onze reis door een mooi, vlak, heel vruchtbaar landschap dat was getooid met verscheidene mooie dorpen en herbergen, en begaven we ons om te slapen naar Bazel, drie mijl. Mooie stad, ongeveer ter grootte van Blois, bestaande uit twee delen, want de Rijn stroomt er midden doorheen onder een grote, zeer brede houten brug. De overheid deed messieurs d'Estissac en de Montaigne de eer aan een beambte te sturen met wijn uit de streek, en met een lange toespraak die werd gehouden toen ze aan tafel zaten, waarop monsieur de Montaigne een heel lang antwoord gaf, dit alles terwijl beide partijen blootshoofds waren, in aanwezigheid van verscheidene Duitsers en Fransen die zich met hen in de eetzaal bevonden. De herbergier fungeerde als tolk. De wijnen zijn er zeer goed.

Wat wij daar aan bijzonders zagen was het huis van een dokter die Felix Platerus heet, het meest beschilderde en met Frans aandoende versierinkjes verrijkte huis dat er bestaat en dat genoemde arts heel groot, ruim en weelderig heeft laten bouwen. Hij is onder meer een boek over geneeskrachtige planten aan het samenstellen dat al in een vergevorderd stadium verkeert; en in plaats van anderen de kruiden in natuurlijke kleuren te laten schilderen heeft hij een methode uitgevonden om ze in hun natuurlijke staat zo perfect op het papier te plakken dat de kleinste blaadjes en nerven eruitzien zoals ze zijn; en hij bladert door zijn boek zonder dat er iets uit valt; hij liet geneeskrachtige kruiden zien die er meer dan twintig jaar geleden ingeplakt waren. Wij zagen ook bij hem en in de openbare school complete menselijke skeletten die rechtop blijven staan. [...]

Wij zagen er veel geleerden zoals Grinaeus, en degene die het *Theatrum* heeft geschreven, en genoemde arts (Platerus) en François Hotman. De twee laatstgenoemden kwamen met de heren de dag na hun aankomst het avondmaal nuttigen. Monsieur de Montaigne meende uit antwoorden die hij hen hoorde geven, op te kunnen maken dat zij het niet erg eens waren over hun religie: sommigen zeiden dat ze zwinglianen waren, anderen calvinisten, weer anderen martinisten; en hij kreeg inderdaad te horen dat sommigen in hun hart nog het rooms-katholieke geloof koesterden. De wijze waarop zij het sacrament toedienen is in het algemeen door de mond; toch mogen zij die dat willen hun hand uitsteken, en de predikanten durven niet deze gevoelige snaar van het onderscheid in godsdienstpraktijken te beroeren.

Montaigne in *Reis naar Italië, Een reis naar Italië via Zwitserland en Duitsland in 1580-1581*, vertaald en ingeleid door Anton Haakman, Amsterdam, Meulenhoff, 1992, pp. 42, 43.

Elke natuur heeft haar bol waar ze niet uit kan treden en haar maat die ze niet te buiten kan gaan. Er is geen enkel tijdperk (...) waarin niet in elke natuur een individu schuilt dat die bol volledig opvult en in alle richtingen dezelfde maat bezit.

Joseph Joubert, *Carnets*, Parijs, Gallimard, 1994, deel 1, p. 269.

Dankbetuiging

Ik zou graag Francine-Dominique Liechtenhan bedanken die onderzoek doet bij de CNRS: ze heeft me geweldig geholpen bij het interpreteren en vertalen van de Platters, wier Bazelse dialect af en toe sterk afwijkt van het klassieke *Hochdeutsch*, waarmee ik beter vertrouwd ben. Aan Francine-Dominique Liechtenhan heb ik bovendien de 'bibliografie van de Platters' achter in het boek te danken.

Woord vooraf

De lezer zal in de tekst of in de noten vaak aanduidingen tegenkomen zoals (T 54), (F 121) of (T2 383).

Dit zijn verwijzingen naar de betreffende pagina's (p. 54, 121 of 383) van de Zwitsers-Duitse editie van 1944 van de *Lebensbeschreibung* van Thomas Platter senior (T), van de editie van 1976 van het *Tagebuch* van Felix Platter (F) (die we te danken hebben aan Valentin Lötscher) of van de editie van 1968 van *Beschreibung der Reisen* van Thomas Platter junior (T2), verzorgd door Rut Reiser. (De volledige gegevens van deze uitgaven zijn te vinden in de *Platteriana* in de bibliografie aan het eind van dit boek.)

In de citaten uit het Duits – of liever gezegd het Bazelse dialect – uit de tekst van de Platters die we af en toe aanhalen, hebben we de gewoonten van onze auteurs aangehouden. In tegenstelling tot wat gebruikelijk is in het *Hochdeutsch* van tegenwoordig gebruiken ze geen hoofdletter aan het begin van zelfstandige naamwoorden.

Verder zal de lezer in de tekst enkele (zeldzame) gedeelten van dialogen tussen de verschillende personages aantreffen. Die heb ik niet verzonnen met het doel een zeker 'werkelijkheidseffect' te bereiken zoals gebruikelijk is bij schrijvers van geromantiseerde geschiedenisboeken of historische romans, een literair genre dat niets te maken heeft met de zuivere geschiedschrijving die ik in dit boek voor ogen heb. Deze 'dialogen' staan letterlijk in de originele tekst van de drie Platters en vooral in die van de eerste twee. Ik heb ze dan ook letterlijk overgenomen.

Tot slot zij vermeld dat alle data overeenkomen met de Juliaanse kalender, behalve die van na 1582, het jaar waarin de Gregoriaanse kalender werd ingevoerd.

Deel 1

VADER EN ZOON: THOMAS EN FELIX

Hoofdstuk 1

Pelgrimstocht naar Wallis

Thomas Platter, die herdersjongen in de bergen is geweest en een zwervende schooier, drukker is geworden en kostschoolmeester en uiteindelijk directeur van een middelbare school in Bazel, besluit in de laatste weken van de lente van 1563 (F 401) op vierenzestigjarige leeftijd een pelgrimstocht naar zijn geboortestreek te maken om zijn herinneringen te doen herleven: een tocht naar Duitstalig Hoog-Wallis, dat gelegen is langs de bovenloop van de Rhône, daar waar de rivier aan de gletsjer ontspringt en vervolgens verder stroomt naar het lager gelegen Frans Zwitserland, met Lausanne en Genève als belangrijkste steden. Wallis, dat sinds de vijftiende eeuw banden onderhield met het Zwitsers Eedgenootschap, was lang verdeeld geweest tussen de Fransgezinde partij van Georg Supersaxo en de 'sektariërs' van Milaan, die kardinaal Matthaëus Schiner (1465-1522) aan hun zijde hadden, een invloedrijk persoon, die in 1515 bij Marignano tot de voornaamste verliezers zou behoren. Wallis, dat lange tijd gericht was geweest op het bisdom Sion, ook wel Sitten genoemd, was sinds de jaren vijftig van de zestiende eeuw een streek waar men (betrekkelijk) tolerant was ten aanzien van 'ketterij'. De zwijgende meerderheid bleef katholiek, maar de adel, waaronder verscheidene voormalige leerlingen van Thomas Platter, helde over tot het protestantisme. Er leefden voornamelijk boeren en herders, alleen al vanwege het bergachtige landschap.

Op 1 juni 1563 zat Thomas in Bazel te eten, waarschijnlijk zijn avondmaaltijd. Voor dit feestmaal had hij, als buurman, zijn zoon Felix Platter uitgenodigd, een jonge, veelgevraagde arts die aan de universiteit van Montpellier gestudeerd had en inmiddels een uitstekende reputatie had opgebouwd onder patiënten behorend tot de aristocratie of op zijn minst de burgerij van de stad Bazel en het land daaromheen, evenals onder patiënten uit het zuiden van de Elzas, Württemberg en het Zwarte Woud. Felix woonde twee passen bij Thomas vandaan, in een huis in de Freie Strasse, vlak bij de vestingmuur en de stadspoort genaamd Innere Aeschentor. Hij had zijn jonge vrouw Madlen meegenomen, die knap en bedeesd was. Het stel, al ruim vijf jaar getrouwd, was kinderloos. Madlens vader Franz Jeckelmann, chirurgijn van beroep, was eveneens van de partij. Anna Dietschi, de vrouw van Platter senior, zorgde waarschijnlijk voor de bediening, maar haar aanwezigheid wordt niet vermeld, althans niet hier in onze bronnen. Wat niemand zal verbazen...

Tijdens het diner maakte Thomas zijn schoondochter deelgenoot van het idee waar hij al enige tijd op liep te broeden: 'Madlen, je zou met me mee moeten gaan op mijn reis en de baden in Wallis moeten bezoeken. Je bent kinderloos en je weet dat de Wallische kuurbaden goed helpen tegen onvruchtbaarheid.'[1]

Madlen hoefde slechts instemmend te knikken. De woorden van de Abraham van de familie waren min of meer bevelen en dit plan voor een lange tocht viel bij de jonge vrouw bijzonder in de smaak. Jeckelmann, de chirurgijn, die die dag tegen zijn gewoonte in zeer goed geluimd (*lustig*) was, verklaarde zonder omhaal: 'Ik ga ook mee.' Hij bezat een eigen paard, wat bij voorbaat bepaalde vervoersproblemen oploste. Felix, eveneens in het bezit van een rijdier, voegde zich terstond bij de drie anderen – zijn vrouw, zijn schoonvader en zijn vader. Thomas had, als groot ezelliefhebber, bij een eerdere reis een muilezel uit Wallis mee teruggenomen en dat dier kwam goed van pas om de reis voor Madlen te vergemakkelijken. De schooldirecteur was een onvermoeibaar loper: hij was zijn jeugd als wandelaar en bergbeklimmer niet vergeten. Hij ging dus te voet. Anna, zijn echtgenote, bleef in de stad om op de echtelijke woning aan de Freie Strasse te passen. De voorbereidingen voor het vertrek waren snel getroffen.

En inderdaad begaf het gezelschap zich de volgende dag, woensdag 2 juni 1563, in de namiddag op weg. Bij de vier aanvankelijke deelnemers voegde zich ook nog Pierre Bonet, de Franstalige knecht van Felix, uit Pruntrut: aan zijn lange verblijf bij de Welschen[2] had de jonge arts een voorliefde voor de Franse taal overgehouden, alleen al door de gesprekken met het huispersoneel. De badgasten werden vergezeld door een apotheker uit Sion (Sitten), de hoofdstad van Wallis; zijn voornaam was Hans (zijn achternaam is niet met zekerheid bekend). De twee mannen uit Wallis, Hans en Thomas, kwamen, hoewel ze te voet waren, altijd als eersten bij de herberg aan, eerder dan de ruiters. Als ze een moeilijk doorwaadbare plaats op hun weg troffen, namen ze de muilezel van de tere Madlen, een angstige stedelinge, voor de veiligheid bij de teugels.

Op 3 juni trapte Pierre Bonet, op een moeilijk begaanbare pas in de Jura, niet ver van het keteldal genaamd Wasserfalle (F 402), in een spijker; zijn voet raakte zo ontstoken dat hij niet meer vooruitkwam. Felix, die zowel chirurg als arts was, ontfermde zich over de zieke: met zijn zakmes in de hand schraapte hij de wond vol modder en pus uit en maakte hem schoon. De gewonde, die flauwviel van pijn en van angst, deed door de emotie zijn gevoeg op het schort van de als verpleegster dienstdoende Madlen. Hij werd bijgebracht, en enkele uren later, na een picknick, kwam hij weer op krachten. De karavaan kon weer verder trekken.

Van 4 tot 6 juni onderbraken de reizigers hun zuidwaartse tocht voor een tussenstop bij vrienden of vrienden van vrienden uit Bazel uit het milieu van stadssecretarissen of protestantse geestelijken. In Erlenbach (F 404) aten ze voor het eerst 'krakelingen' of 'rotjes', knapperige platte beschuitjes, die met tientallen op pinnen gestoken bewaard werden.

Op 8 juni dronk Jeckelmann, samen met een dominee, de zoon van een monnik, voor het eerst wijn uit Wallis, die hem zeer goed beviel en zelfs enigszins naar het hoofd steeg. Die roes duurde niet lang: de drinker verloor een van zijn handschoenen, wond zich op over het rotsachtige pad, en verwenste Wallis in alle toonaarden. Hij kreeg last van woedeaanvallen die vaak zouden terugkeren. De etappe eindigde in Gsteig (1200 meter), in een herberg waar het ontvangstcomité slechts bestond uit de vrouw van de waard, die zelf afwezig was. De vrouw was pas bevallen. Ze had, naar haar zeggen, vermogen noch proviand. Madlen moest een maaltijd improviseren met eieren en melk. Eiwitten waren er althans genoeg.

Op 9 juni bereikten Thomas en zijn familie (F 404) de pas van Sanetsch (2243 meter). De bergbewoners waren aan het hooien. Het was warm en dorstig weer. Het wilgeroosje stond roze te bloeien tussen het gras en de rotsen. De paarden wankelden. Ze kruisten wijnhandelaars op weg naar het noorden, wier rijdieren beladen waren met langwerpige vaatjes voor de bergbewoners. Jeckelmann dronk onbeschaamd lange teugen zo uit het vat en at daarbij kaas geleverd door Hans, de apotheker. Het slechte humeur van de chirurgijn verdween op slag: hij vergat zelfs de handschoen die hij verloren had. In het voorbijgaan bewonderden de reizigers het ingenieuze bevloeiingssysteem van streekbewoners, een systeem dat langs de lage flanken van de Himalaya hier en daar nog steeds bestaat: het water, afkomstig van een gletsjer, stroomt door de zwaartekracht via een netwerk van kanaaltjes van larikshout naar de tuinen en de weilanden om te dienen voor de bevloeiing of 'arruisselage'. Toen ze voor zich een brug zagen waar ze overheen moesten, werd Felix het verrassende schouwspel gegund van een vrouw die schrijlings op een pakpaard zat. Ze had een vaatje wijn op haar rug, een spinstok onder de arm, en spon. Ze zat te spinnen zoals andere vrouwen breien. Intussen stak het paard, dat amper door haar geleid werd, onbekommerd de brug over, die zo smal en gevaarlijk was dat Felix er bijna niet overheen durfde. De angst van de man van het laagland tegenover de onverschrokkenheid van de bergbewoonster. De spinnende amazone doet denken aan de Provençaalse reuzinnen, een soort Mélusines van de textiel, uit de legende die Thomas Platter junior in Zuid-Frankrijk te horen zal krijgen: ze sponnen of weefden terwijl ze op hun hoofd zware gehouwen stenen droegen, bestemd voor de bouwplaats van een groot Romeins monument in aanbouw...

Felix gooide vanaf de brug een kiezel in de beek en telde tot achttien voordat de steen het wateroppervlak raakte. De personages uit *Hamlet* tellen ook om de tijd te meten, terwijl daar in de katholieke landen de duur van een '*Ave Maria*' of van een '*Paternoster*' voor gebruikt wordt. Men kan zich de angst en de bewondering indenken die de jonge arts uit Bazel voor de onverschrokkenheid van de paardrijdster voelde.

Kort daarna werd Felix, duizelig van de plotselinge hitte, onwel en viel flauw. Zijn vrouw dacht dat hij dood was: ze schreeuwde om haar vader en schoonvader. De jonge geneesheer, die altijd een vakman bleef, vroeg om een deken of een jas: aangezien hij hevig transpireerde, vreesde hij dat hij te veel af zou koelen. Hij knapte al gauw weer op. Om vier uur 's middags was het gezelschap in Savièse (F 405), in een gebied met bevloeiingswerken en eenzame boerderijen met mooie uitzichten op de Alpen. De ex-zieke dronk flink, een *trunck*, en kwam weer helemaal op krachten. Ten slotte kwamen de drie stadse ruiters (Felix, Jeckelmann en Madlen) en de twee bergwandelaars aan het eind van de middag via een steil, moeilijk begaanbaar pad vol losse stenen in Sitten alias Sion aan.

Sion was anders: de mensen wandelden er ontspannen rond, in hemdsmouwen en met het naakte zwaard aan hun zij, zonder schede. Dat was het vrije leven in de bergen. Kapitein Marc Wolff, een vroegere leerling van Thomas en plaatselijk kasteelheer[3], was de geheime minnaar (?) van de vrouw van een geleerde uit de streek, die apotheker van beroep was. Hij bood de reizigers onderdak aan. Thomas, die altijd enigszins puriteins was, weigerde. Ze namen hun intrek in de herberg van Franz Gröli, nog een vroegere leerling van Platters school. Thomas had overal oud-leerlingen. Gröli was zoon van een kasteelheer, echtgenoot van een adellijke dame en vader van een student in de medicijnen en toekomstig heelmeester. Kortom, een man van aanzien. De eerste avond sloegen de gasten uit Bazel de flesjes wijn meteen al bij tientallen achterover. Ze waren aangeschoten. Felix en zijn vrouw sliepen op de begane grond, naast de mooie kamer, die in de winter verwarmd kon worden. De kachel was bekleed met natuursteen, en niet met aardewerken tegeltjes. Een contrast met Bazel. De twee vrienden, Jeckelmann en Thomas, deelden een kamer op de bovenverdieping.

Het was een week vol vermaak en gezelligheid: de saffraankrokus en de granaatappelboom stonden te bloeien op het nabije platteland. De vier Bazelers werden voortdurend uitgenodigd, vooral door kapitein Wolff, die geen rancune voelde om Thomas' hooghartige gedrag. Hij was nog steeds hoffelijk en deed Madlen mooie kleren cadeau. Kapitein Heinrich in Albon, uit een protestantse familie die zich onderscheiden had in de oorlog, het notariaat en het humanisme, zette eveneens zijn beste beentje voor. Zijn vrouw, die van wijn en van heren hield, wilde Felix tot elke prijs in bed hebben, wat de grote arts op waardige wijze weigerde (enkele weken later in de badplaats Leuk, waar de baden het makkelijker maakten om toenadering te zoeken, zou ze recidiveren, maar wederom zonder succes). Dat alles was zeer oecumenisch; rondom de pullen, door de grote zilversmid Exuperantius vervaardigd uit massief zilver, werden de geloofsgeschillen vergeten. De katholieke bisschop nodigde de Bazelers en hun paarden aan tafel en in zijn stallen. Wat een revanche voor Thomas, de vroegere herder uit Wallis, die in zijn kinderjaren zo'n miserabel leven had geleid! De kanunniken nodigden de chirurgijn Jeckelmann uit voor een diner. Een van hen, een toekomstig bisschop, was destijds eveneens een leerling van Thomas geweest. Er heerste in dit stadje een vriendelijk katholicisme en een papisme van vrolijke mannen onder elkaar, en daarin verschilde het, evenals de streek eromheen, van de enigszins strenge atmosfeer die in Bazel of Zürich domineerde.

Toch moesten ze verder. Vanuit Sion trokken de reizigers in noordoostelijke richting langs de Rhône. Ze kregen een geleide mee, zoals de gewoonte was bij mensen van enig aanzien. In Sankt Leonhard hielden ze halt bij Alexander Jossen, bisschoppelijk schatbewaarder, oude vriend van de familie Platter en kleinzoon van een bisschop via een vrij huwelijk: ze raakten in vervoering van het mooie beschotwerk in zijn huis, waarschijnlijk gefinancierd met het geld van de gelovigen. Via de hellingen en door de wijnvelden begaven ze zich naar de baden van Leuk; ze stopten bij een oud-strijder van Marignano, die in 1515 gewond was geraakt aan zijn dijbeen en nog steeds verlamd was. Deze edelman, Petermann Hengart de Platea (F 410), bezat veel titels, zowel burgerlijke als militaire. Hij was baljuw, vaandelbewaarder, neef van een bisschop en schoonzoon van de grote Supersaxo. Ze werden luisterrijk onthaald. Na nog een soortgelijke tussenstop bij de edelman Peter Allet bereikte het viertal Platter-Jeckelmann, vader, zoon, schoondochter en schoonvader, ten slotte de baden van Leuk (Loèche in het Romaans). In de herberg deelden ze een kamer met drie bedden. Het zou pretentieus zijn van een kuuroord te spreken, maar hotelhouders waren er volop. Met de vlucht die de economie door de renaissance vanaf de tweede helft van de vijftiende eeuw genomen had, waren de baden van Leuk weer belangrijk geworden voor het toerisme en de bouw. De baden, die goed waren tegen jicht en huidziekten, trokken eveneens, zoals we reeds zeiden, onvruchtbare vrouwen. Volgens een grapje dat getuigde van slechte smaak speelde het feit dat mannen en vrouwen in Leuk zelfs tijdens de stoeipartijen in het water voortdurend gemengd waren, een rol in het succes wat betreft het geboortecijfer *post festum*, dat op die manier werd opgetekend. Hoe het ook zij, Jeckelmann en zijn dochter kwamen met de eigenaar van hotel De Beer overeen dat ze voor een kamer inclusief badkamer voor vier weken ieder drie kronen zouden betalen. Felix en Thomas reisden verder in de richting van Hoog-Wallis; de oude Thomas wilde daar zijn geboortehuis bezoeken of althans het huis dat al sinds vele generaties familiebezit was. De twee mannen lieten hun paarden achter: Pierre Bonet, Felix' knecht, die genezen was van zijn voetinfectie, leidde het paard van zijn meester vanuit Leuk terug naar de providentiële bisschoppelijke stallen in Sion. Daar zou de knol de terugkeer van zijn baas afwachten. Felix had zich voor deze pelgrimstocht naar zijn wortels letterlijk vermomd: een wambuis van rode zijde, een rode broek, een hoed van dik fluweel. Je krijgt de indruk (dit was niet de meest sympathieke kant van zijn persoonlijkheid) dat hij zijn bloedverwanten in de bergen met zijn luxe kleding wilde overdonderen. Het kostuum van Thomas, die de autochtone hooglanders uit zijn kinderjaren en uit eigen ervaring kende en hen waardeerde, was eenvoudiger.

De eerste etappe van dit laatste deel van Felix' en Thomas' reis eindigde in Viège (Visp), bergopwaarts gelegen ten zuiden van de bovenloop van de Rhône. 'Viège, een mooie plaats,' schreef Felix, die bij wat volgt vooral behoefte heeft om zijn minachting te laten blijken. In de herberg van Visp kwam een eerste delegatie van de familie Platter, degenen die niet geëmigreerd waren uit hun geboortestreek, de twee bezoekers opzoeken. Men kan zich voorstellen hoe deze familieleden hun neven uit een andere wereld, die 'geslaagd' waren in het leven, eerbiedig groetten. Op 19 juni verlieten de twee bezoekers vroeg in de ochtend het dal van de Visp, een zuidelijke zijrivier van de Rhône, vanwaar ze, op grote hoogte, het doel van hun excursie dachten te bereiken. Ze staken houten of stenen bruggen over – sommige nog maar pas gebouwd – waar ze soms tot zestig moesten tellen voordat de kiezel het onderliggende water deed opspatten. Van die bouwwerken trok vooral de stenen brug over de Mattervisp de aandacht, in 1544 gebouwd door de architect Ulrich Ruffiner: de bovenste boog daarvan bevond zich vijfenzestig meter boven de beek (F 416). Ook deze brug getuigde van de vitaliteit van de architectuur in de zestiende eeuw, die zich deed gelden tot in afgelegen dalen, waar de handel en de onderlinge uitwisseling verder waren doorgedrongen dan je zou denken. Het stijgende pad werd steeds smaller, wat niet belette dat er karavanen van lastdieren overheen trokken. Op sommige momenten had Felix, die natuurlijk niet veel oefening had gehad, de indruk dat het pad slechts een richel langs de rotswand was. Hij klampte zich met zijn rechterhand aan de steile bergwand vast en zijn linkerhand slingerde boven de afgrond. Evenals meneer Perrichon in de Savooise Alpen verbaasde de arts zich soms over zijn eigen heldhaftigheid. Er kwam hun een neef tegemoet, uit een hooggelegen woning in Grächen, die zich zowaar te paard langs de richel verplaatste! Hij heette Hans in der Bünde; hij behoorde tot een van de vooraanstaande boerenfamilies uit Grächen, het geboortedorp[4] van de Platters van het oude geslacht. Maar op deze hoogte (Grächen lag op een hoogte van 1610 meter) hadden de vooraanstaanden in economisch opzicht amper meer te verteren dan de gewone mensen. Neef Hans was gekleed volgens oude conventie. Hij droeg een lange broek en een vest. Hij leek van de wijs gebracht door Felix' provocerende, helderrode uitdossing. Hij begroette de oude Platter (F 411) – die hij uit de verhalen kende – met een vraag: 'Wees welkom in naam van God, neef Thomas. Is dat je zoon?'

Het leek hem vanzelfsprekend Thomas te tutoyeren. Vervolgens sprong Hans van zijn paard, dat hij tot dan toe zonder zadel bereden had en met niet meer dan een touw, zonder bit of teugels, mende. De behendige ruiter, die altijd vriendelijk was, wilde Felix achterop nemen. Deze laatste weigerde dat energiek, uit angst samen met het rijdier de steile helling af de dood in te rollen. De twee Platters vervolgden hun voettocht naar Grächen in gezelschap van Hans, die weer te paard zat. In het voorbijgaan wees Thomas Felix de plek waar zijn grootvader Summermatter, die eveneens Hans heette (en destijds als je hem geloven moest honderdzesentwintig jaar oud was), rond 1504-1505 op zijn kindervraag 'Grootvader, wilt u graag doodgaan?' geantwoord had: 'Ja, jongen, als ik wist wat ze me daarboven te eten voorzetten' (F 412).

Toen ze de plaats van bestemming naderden, werd het een acrobatische toer het tussen de lariksen door slingerende pad te volgen. Felix moest ermee instemmen het paard van de neef te bestijgen. Als hij nog langer geweigerd had, zou dat als onbeleefd opgevat zijn. Toen de arts zat, pakte Hans hem bij zijn middel en sprong achter hem op het paard, terwijl Felix, verlamd van angst voor de leegte, de handen voor de ogen sloeg. De neef leidde de vreemde equipage. Ze kwamen over een weiland dat wat vlakker was en door een duister pijnboombos waar beren verscholen zaten, die destijds nog veel voorkwamen in die streek. Op de achtergrond besneeuwde bergtoppen... en een eerste menselijk contact met Grächen: een blinde honderdjarige (?) en zijn volwassen kinderen met grijs haar, die met de hele familie in hetzelfde huis woonden, zagen de drie mannen voorbijtrekken. De oude man vertelde de voorbijgangers het overbekende verhaal van hun voorvader Platter, de grootvader van Thomas, die over de honderd was geworden, evenals tien andere oude mannen van dezelfde leeftijd, die naar men zei zodoende rond 1505 in Grächen hadden gewoond. Thomas kende dit verhaal al sinds zijn kinderjaren uit zijn hoofd, en geloofde het ook. In een huis van zeer oude boeren, een hutje met balken van larikshout, diende een nicht van Platter, een 'Platterin' in een grijze rok en met losse haren, hun vervolgens melksoep op. Melkprodukten vormden in dit berggebied de bron van inkomsten. In deze gastvrije hut plofte Felix vermoeid neer en dommelde voor enige tijd in op het stro. Het huis van Hans in der Bünde lag op enige afstand van dat van de dame met de grijze rok. Hij nodigde zijn neven bij hem thuis uit om hun op zijn beurt een maaltijd aan te bieden. Bij deze gelegenheid informeerde Thomas Platter naar een charmant ganzenhoedstertje aan wier zijde hij een deel van zijn kinderjaren had gesleten. Hij werd naar de woning van deze dame gebracht. Ze was erg lelijk geworden en bezig denneappels stuk te slaan. Na een scheiding van ruim een halve eeuw viel de ontmoeting tegen. Toch had het vroegere vogelhoedstertje een goed hart: ze drukte Felix aan haar boezem en noemde hem lieve neef, *laube vetter* in plaats van *liebe vetter*. De niet al te barmhartige arts moest lachen om dat dissonante patois. Na dit sentimentele intermezzo gingen ze terug naar Hans in der Bünde, de Ruiter zonder angst. Was diens echtgenote misnoegd over de onbeleefdheid van Felix, die meteen bij de eerste familiebijeenkomst in slaap was gevallen? Ze gedroeg zich in ieder geval onvriendelijk jegens de twee stedelingen, en zelfs jegens haar man: 'Je brengt gasten voor me mee. Nou, voor de duivel, kom maar op!'

En ze diende hen wederom melk op, rijkelijk bestrooid met peper. Het brandde Felix in de keel. Ter compensatie moest hij zich verfrissen met de uitstekende wijnen uit Val d'Aosta die ter plaatse voorhanden waren. Waarmee het dorp niet zo autarkisch bleek te zijn, en het huis van Hans ook niet zo erbarmelijk. Men kon er inderdaad luxe levensmiddelen (wijn, peper) krijgen, geïmporteerd uit Ligurië of uit Piemonte en in Aosta of Genua op lastdieren gehesen om ze rechtstreeks of via een omweg te ruilen tegen produkten van de streek zoals hout, vee en kaas. Het beddegoed daarentegen was rustiek. Na de avondmaaltijd werd er bij de open haard (de nachten zijn fris op die hoogte) stro op de grond uitgespreid en hadden ze geen andere keus dan daarop te gaan liggen.

Ondanks de eenvoud van de bergbewoner die de oude Thomas nog steeds bezat, ook al woonde hij sinds vier decennia in de stad, kon hij zich er niet van weerhouden zijn zoon onopvallend deelgenoot te maken van de teleurstelling die hij voelde: 'Zie je hoe goed ik ontvangen word, Felix...'

De volgende ochtend wachtte hun een nieuwe verrassing. Het nachtverblijf van de twee mannen uit Bazel was omgeven met een zwerm kleine meisjes afkomstig uit verscheidene gehuchten rondom Grächen. De meisjes waren ieder gewapend met een po vol urine. Ze kwamen de grote arts uit Bazel, een beroemde stad, vragen deze vloeistof aan een onderzoek te onderwerpen – of met andere woorden hun een gratis consult te geven. Felix, die er gewoonlijk de voorkeur aan gaf edelen of rijke cliënten te behandelen, stemde welwillend toe. Nog ontroerender was het bezoek aan de woning van de broer van wijlen Simon Steiner, die een oude vriend en waarschijnlijk een neef van Thomas was geweest. Zelfs hier overheerst bij de terugkijkende Felix de neiging de dingen van hun ellendige kant te belichten, zozeer ziet de in het rood of in zijde geklede dagtoerist zich als vertegenwoordiger van de beschaving te midden van de barbarij in de bossen en de bergen. Simon Steiner dus, die zich uit pedanterie Lithonius liet noemen[5], was geboren te Grächen in boerenarmoede. Evenals Thomas was hij 'geslaagd' in de stad; hij was in Straatsburg *famulus* (assistent) van de grote plaatselijke reformator Martin Bucer geweest en vervolgens onderwijzer aan de

Latijnse school van Johannes Sturm. Thomas en Felix waren zijn nagedachtenis trouw gebleven. Ze gingen dus bij zijn broer langs, die in de streek gebleven was en die het lapje grond van de familie beheerde. Succes in de stad had hij nooit gekend. Thomas schonk hem zijn genegenheid. Felix gaf hem een aalmoes van tien schilling.

Het hoogtepunt van dit 'weerzien' vond plaats toen de twee mannen een pelgrimstocht maakten naar het familiehuis, vanwaar de oudste al in het eerste decennium van de zestiende eeuw zijn vleugels had uitgeslagen. Het was, zoals zo vaak in deze streek, een stevige, eenvoudige hut, comfortabel dankzij de propere stijl en gebouwd met balken van larikshout die elkaar kruisten: in deze hoge Alpenvalleien was men niet spaarzaam met hout. Die manier van bouwen was al oud, ze dateerde waarschijnlijk uit de dertiende eeuw; de hut stond vlak bij een hoge rots of een rotsplaat (*platte*). Daar kwam waarschijnlijk de naam van de familie Platter vandaan (F 415), op grond van een wijze van naamgeving waarbij het geslacht linguïstisch gedoopt werd door het huis, en niet andersom. Felix presenteert dit verheven onderkomen als de geboorteplaats van zijn vader Thomas... en daarin vergist hij zich: Antony Platter, Thomas' vader, die tot over zijn oren in de schuld zat, had deze woning kort voor 1499 moeten verlaten en, achtervolgd door zijn schuldeisers, met de noorderzon moeten vertrekken. Hij had zich een flink eind verderop, zij het nog steeds op het grondgebied van Grächen, in een huis van een heks gevestigd dat *Auf den Gräben* heette. Daar had Thomas Platter het levenslicht aanschouwd. Maar vader Thomas en zoon Felix schenken geen aandacht aan deze 'parenthese' (die toch van groot belang is) en tonen slechts belangstelling voor het oude familiehuis uit de vijftiende eeuw, gelegen op een plaats genaamd *An der Platte*. Hun bezoek vindt plaats op die mooie dag 18 juni 1563. Profiterend van de zon gebruiken de twee mannen er in gezelschap van een aantal kennissen en verwanten uit het dorp, waaronder neef Hans, een middagmaaltijd met veel wijn. Vervolgens verlaten ze de hut en gaan naar de fameuze Rots of *Platte* twee passen verderop, waarvan het overhangende deel Felix doet duizelen; ze drinken er nog enkele kroezen, 's avonds of aan het eind van de middag, *trunck* of *abendtrunck*. Felix tast nog in zijn buidel naar een kroon voor een anoniem gebleven ambachtsman uit de streek teneinde zijn (pas ontworpen) wapenschild in de rots te laten graveren. Het stelde een witte rots met veel reliëf voor en een witte duif die opvliegt van de rots, het geheel tegen een hemelsblauwe achtergrond. Er was hier, rots op rots, in de open lucht en zo in de steen, natuurlijk geen sprake van dat het bas-reliëf zou worden ingekleurd. Maar de symbolen spraken voor zich: de rots was Thomas, trouw aan zijn wortels; de duif was Felix, die dol was op dit soort gevogelte en anderzijds met dit teken de hoop op een succesvolle maatschappelijke carrière aangaf die al volop van start gegaan was. De arts kwam nooit te weten of het kunstwerk dat hij zo besteld had ook inderdaad werd uitgevoerd. Eerlijk gezegd zat hij op hete kolen; hij zat te springen om deze plek hoog in de bergen te verlaten, en zou er nooit meer terugkomen. Toen de laatste beker wijn achterover was geslagen, vloog de jonge arts nog dezelfde avond de hellingen af naar het lagergelegen gehucht Sankt Niklaus. Vandaar begaf hij zich zo snel mogelijk naar zijn vrouw, die in gezelschap van zijn schoonvader in de badplaats Leuk verbleef. Thomas, die zijn zoon op deze terugreis vergezelde, dacht aan totaal andere dingen. Dit korte uitstapje naar zijn geboortestreek had voor hem de band weer versterkt; het was gezien zijn leeftijd zijn laatste contact met de nostalgie jegens een kindertijd die toch zo vaak ellendig was geweest. Die had hij zestig jaar eerder doorgebracht in die afgelegen, zo niet vervloekte parochie Grächen.

De 'kleine Thomas' was er in het jaar 1499 inderdaad geboren in opperste armoede…

Deel 2

KINDERJAREN EN ONDERNEMINGEN

(1499-1551)

Hoofdstuk 2

De kinderjaren van de Platters: Thomas

De vijftiende eeuw was negenennegentig jaar oud: Antony Platter, de vader van de kleine Thomas (Tomilin), stamde uit een familie uit Grächen, het dorp waar hij ook woonde. Amilli Summermatter, de moeder van het kind, was de dochter van een zekere Hans Summermatter, die zeer oud geworden was; men beweerde zelfs, want men leent slechts aan de rijken, dat hij de leeftijd van honderdzesentwintig jaar bereikt had en op zijn honderdste met een jonge vrouw van dertig getrouwd was, die hem een zoon schonk. Thomas spreekt verder met geen woord over deze mogelijkerwijs oude voorvader.

Dronk Thomas tijdens zijn eerste levensjaren echt alleen koemelk uit een hoorn met een gaatje erin[1] omdat zijn moeder hem niet kon voeden? Het kind was zo stevig gebouwd dat het er bij de enorme kindersterfte van die tijd in slaagde te overleven zonder moeder die hem de borst gaf en zelfs zonder voedster. Want aan alle kanten loerde de Dood: Antony, zijn vader, stierf aan de pest in Thun, vlak bij Bern, waar hij zoals de mannen uit Wallis gewoon waren, wol was gaan kopen die de vrouwen uit de streek, waaronder zijn echtgenote, vervolgens sponnen en weefden. Amilli Summermatterin hertrouwde en kreeg nog vele kinderen. Twee van haar oudste dochters, Thomas' grote zussen, stierven eveneens, waarvan een aan de pest. Bij een andere gelegenheid begroef Amilli persoonlijk nog twee kinderen die aan de pest overleden waren. Twee broers sneuvelden vervolgens in de strijd, als Zwitsers huursoldaat. *Heer, behoedt ons voor de pest, de oorlog en de hongersnood*: ook de honger was nooit ver van de haard van de familie Platter, die zoals Thomas ons in zijn herinneringen terloops vertelt, bovendien geplaagd werd door woekeraars. Toch was de bijzonder hoge sterfte waardoor het eerste gezin van het geslacht Platter getroffen werd niet alleen te wijten aan de armoede: als onze Thomas volwassen is en een welgesteld burger is geworden, zal ook hij in tijden met een hoog sterftecijfer (nog steeds de pest) bijna al zijn kinderen verliezen.

Amilli, die met haar overgebleven kroost uit minstens twee opeenvolgende huwelijken niet meer weet waar ze het zoeken moet, doet de kleine Thomas in de kost bij zijn tantes, de zusters van de vader van het kind. Hij wordt er bijna volledig aan zijn lot overgelaten. Dat gebeurt vaak met de 'heen en weer geslingerde' kinderen van die tijd, waarin wezen van het ene huis naar het andere worden gestuurd. Bij een hulpvaardige dame die tijdelijk kostbazin is geworden beleeft Thomas de angstige ervaring die ook andere memoirenschrijvers van het platteland noemen wanneer ze vertellen over de jaren waarin ze voor het eerst dingen gingen beseffen of onthouden: het kleine jochie verdwaalt en de volwassenen kunnen hem niet meteen vinden. Onvoorzichtigheid? Op een avond, nadat zijn tante was gaan waken of feestvieren bij buren, was hij in zijn eentje naar buiten gegaan, de sneeuw in. Ze had hem laten liggen in het stro dat ze had uitgespreid op een tafel. Hij was ervandoor gegaan. Het kostte veel moeite Thomas terug te vinden en hem vervolgens weer op te warmen.

Toen hij ruim drie was, of misschien iets ouder, werd Thomas voorgesteld aan bisschop Schiner, eveneens een zoon van een geitenhoeder van het platteland, die een politicus uit Wallis van groot kaliber was en kort daarna kardinaal werd.[2] Deze vijand van Frankrijk was een gelaarsd en gehelmd prelaat die streed zoals anderen zegenen; aan hem zou de toekomstige 'ketter' Zwingli het begin van een fantastische carrière te danken hebben. Maar we lopen vooruit... Wat de bisschop betreft, had deze rond 1502, vanuit een fauteuil in de parochiekerk van Grächen, Thomas echt een toekomst als priester voorspeld? Dat was een van de redenen waarom men het kind in het dorp aanmoedigde om een kerkelijke studie te overwegen, een gebruikelijke (zij het moeilijke) promotie voor een klein boertje dat al vroegtijdig een goed stel hersens bleek te bezitten. Het is waar dat zijn familie, zelfs nu ze in de 'penarie' zat, enkele notabelen onder haar leden telde. Voldoende reden om bij het kind behalve vroomheid een geestelijke roeping aan te wakkeren, die nog extra gestimuleerd werd door het sociale milieu waarin het verkeerde: het moest de sociale ladder wel beklimmen, desnoods door te integreren in de geestelijkheid (of later, vanuit andere gezichtspunten, door te integreren in de wereld van de drukkerij, het onderwijs, de geneeskunde...).

Op zeven- of achtjarige leeftijd hoedt Thomas de geiten bij een tante. Zoals veel jonge jongens van het platteland die slecht eten, is hij maar klein en wordt hij makkelijk omvergelopen door tientallen geiten die in de ochtendschemering rumoerig en chaotisch uit de stal van de bazin komen. Daardoor verliest hij zijn schoenen in de modderige sneeuw. Hij loopt vaker op blote voeten dan betamelijk is. In die beginperiode van zijn zware werk als herdertje – in die tijd gebruikelijk voor kinderen uit arme gezinnen – ontdekt hij de ware genegenheid van enkele oudere herders. Hij is gevoelig voor de vriendschap die ze hem betonen nadat ze ten onrechte gedacht hebben dat hij verdwenen was na een val in de bergen. Tussen een spelletje stenen werpen langs de hellingen en een twaalfuurtje van roggebrood met kaas leert Thomas ook de perversiteit van de geiten kennen: op hun zoektocht naar groen klimmen ze zo hoog en langs zulke steile hellingen dat het de herder moeite kost hen te volgen. Op een dag maakt Tomilin een angstig moment door: zich vastklampend aan enkele plukjes gras die over de achter hem gapende afgrond hangen, drukt hij zich tegen een rots aan (hij is nog te jong om een lange broek te dragen en heeft alleen een fladderende korte jurk aan die hij lang zal blijven dragen, ook nog tijdens zijn reizen naar Duitsland). Hij dankt zijn leven slechts aan zijn 'oude', eveneens Thomas genaamde kameraad, die reeds een geoefend bergbeklimmer is en erin slaagt de vervloekte rots te beklimmen, het kind bij de vingers te pakken en het weg te halen. Later zou de redder Tomilin een beloning vragen voor deze goede daad, waarvan de jonge Platter wanneer hij volwassen is geworden de eer volledig toeschrijft aan... de Almachtige; men leent slechts aan de rijken, of was het zo makkelijker een vergoeding overeen te komen? 'God heeft me bewaard,' zal hij naar aanleiding hiervan schrijven, een zin die bijna letterlijk terug te vinden is in de geschriften van andere dorpse scribenten van vroeger.[3] Die heilige oppas is nuttig: er zwerven gieren, aasetende raven en beren langs de hellingen; de angstdromen van het kind zijn er vol van. De kleine Thomas heeft pech. Een verwante haalt hem weg uit het huis van zijn eerste bazin en brengt hem onder bij een andere boer die niet makkelijk lijkt. Daar speelt Thomas lief met een klein meisje, dochter van een geitenbezitter en uit een beter sociaal milieu dan hij. Nog steeds de spelletjes van kinderen van het land: het houten paard, het bevloeien van miniatuurweilanden volgens dezelfde technieken als destijds op volwassen schaal gebruikt werden bij de bevloeiing van weiden in Europa, en niet alleen

Zuid-Europa. *Claudite jam ripas pueri, sat prata biberunt.* Bij deze nieuwe baas staat Thomas wederom bloot aan de gevaren van de bergen; die bestonden zowel voor de herders van vroeger[4] als voor de alpinisten van tegenwoordig. Een dag, alweer een, die hij doorbrengt met zoeken naar de kudde geiten die verdwaald is; een hele nacht in zijn hemd, zonder hoed of schoenen, weggekropen tegen de wortels van een lariks boven de afgrond, alweer, waarvan de diepte zich pas laat raden in de ochtendschemering, dat alles gecombineerd met het risico van de echte of denkbeeldige beren en ook nog het droombeeld van de gems, die hij verwart met een verdwaalde bok. Hij moet toch echt ophouden met dit werk als herdertje dat te zwaar voor hem is. Weer een verandering: Thomas gaat voortaan lager in het gebergte werken waar de koeien lopen en waar het veiliger is en minder steil dan op de hoogten waar de geiten graag zijn. Uit die eerste tijd heeft Thomas nog een grappige herinnering: op een dag droomt hij dat hij over de steile bergtoppen vliegt, totdat een grote roofvogel de dromer weer terugbrengt tot de werkelijkheid; hij zoekt ook 'bergkristallen', een bezigheid waarmee jonge bergbewoners in de zestiende eeuw en ook daarna op soms lucratieve wijze de tijd verdrijven. En verder doet hij spelletjes: met stenen gooien, in de hoorn van herders blazen, polsstokspringen. Het ontbreekt niet aan beproevingen: een grote rots die wegrolt of wegschiet, scheert op een afstand van enkele meters of centimeters over het hoofd van de bergbeklimmer. Hij wordt meer gekweld door de dorst (hij drinkt zijn eigen urine) dan door de honger (de kleine mand die de herdersjongen op zijn rug draagt, is goed gevuld). En de stromatras (voor de winter) wemelt van de vlooien en de luizen. Een kwestie van wennen... De vlo, die de tyfus overbrengt, speelt een grote rol in de Geschiedenis van gisteren...

De periode in het laaggebergte zal niet lang duren. Ze vormt een inleiding tot zijn scholing tot jong geletterde: de jongen is namelijk absoluut niet dom. Dat beseft de familie. Ze vergeet niet wat Schiner voorspeld heeft. Tante Fansy zelf, een goede fee die de jongen al aan een aantal opeenvolgende baantjes geholpen heeft, neemt hem nu mee naar het huis van een priester; het is de oude neef Antony Platter, naamgenoot van de overleden vader van het kind. Thomas stopt dus met zijn werk als koeherder en verlaat zijn baas, bij wie hij slechts vrij kort gebleven is. Hij had vaak geiten gehoed. Nu wordt hij op zijn beurt een geit: Antony, een ouderwets en meedogenloos pedagoog, pakt hem bij zijn oren en slaat hem zo dat hij schreeuwt 'als een geitje dat geslacht wordt'. Tomilin wordt nog ziekelijker dan toen hij zijn armzalige leventje riskeerde te midden van de gevaren van de steile alpenweiden. Hij is dan, naar het schijnt, tien of elf jaar. In het huis van deze oom pastoor, die misschien ter plekke een klein schooltje leidt, leert Thomas niet veel bijzonders. Hij wordt hoogstens ingewijd in het zingen van het '*Salve Regina*':

> *Salve Regina, mater misericordiae,*
> *Vita, dulcedo et spes nostra, salve...*[5]

Doet de pastoor dienst als voogd over Tomilin? Een vreemd voogdijschap, dat er van de kant van de oom uit bestaat het kind een goudstuk te geven om hem daarmee gespekt makkelijker te kunnen aanraden om weg te gaan of zelfs op te rotten. De houding ten aanzien van kinderen is, zoals onze geleerden zullen zeggen, ongetwijfeld veranderd sinds de zestiende eeuw. Althans in het Westen, want gaan de zaken in bepaalde delen van de derde wereld, in Brazilië (meer dan tien miljoen zwerfkinderen) of in het Andesgebergte, tegenwoordig zo anders dan in de eerste jaren van de zestiende eeuw? Als het dan toch moet, kan hij net zo goed vertrekken en geld inzamelen voor de kost: bedelen, maar ook studeren, bedelen om in Duitsland te kunnen studeren... Dat alles onder leiding van zijn volle neef Paulus, die hij bewondert en vreest. Ook Paulus is een kleinzoon van de zogenaamd meer-dan-honderdjarige opa, die stamboom, die eik die zo lang groen en onbuigzaam is gebleven, waar de *gens* Platter vijftig jaar later nog steeds zijn kracht, zijn trots en zijn viriliteit aan ontleent. Simon zu den Summermatten, de broer van Thomas' moeder, moedigt Thomas aan om te vertrekken, zelfs al zou dat definitief zijn.

Het kind verlaat dus zijn geboortestreek Wallis en ontdekt aan de andere kant van de Grimselpas, in de lagere Zwitserse bergen, de beschaving of wat daarvoor doorgaat: pannendaken, aardewerken kachels (die Montaigne twee generaties later tijdens zijn reis door Duitsland en Zwitserland zo zal bewonderen) en ganzen, die het kind in het hoogland niet kende. De kleine bergbewoner die voortaan over de Duitse wegen jaagt, vindt die ganzen in eerste instantie bijna even duivels als een zekere jongen genaamd Carl, die hem hard slaat tegen vergoeding van een muntstuk dat hij zijn slachtoffer geeft, die amper zijn korte broek weer aan heeft of het muntje wordt hem alweer afgenomen. Na enkele dagen gelopen te hebben ontdekt Thomas ook het bestaan en de regels van het schaakspel, dat hij tot dan toe niet kende. Hij moet eten en dus bedelen: het Hoogwallische dialect van de jonge Platter, met zijn gevarieerdheid die in Duitsland uiterst zeldzaam is, maakt de jongen populair bij mogelijke weldoeners; het inzamelen van geld wordt lonend, zij het ternauwernood; de zogenoemde Paulus, die op de zak van zijn jonge neef leeft, is in de wolken en ook hij aarzelt niet hem te slaan teneinde de opbrengst van het bedelen te vergroten.

Laten we terugkeren naar de ganzen: het traject van Grimsel (via Luzern en Zürich) naar Breslau blijft opgeslagen in Thomas' (selectieve) geheugen als een lange confrontatie met deze vogels. Ze worden door de jongen die zijn 'primitieve' streekgenoten uit Hoog-Wallis verlaten heeft, gezien als symbolen van een hoog ontwikkelde cultuur of landbewerking: een hele ontdekking. En vervolgens worden de ganzen al gauw levende mikpunten die hij doodt en steelt; ze verbeteren het karige menu van de troep. De jeugdige groep wordt aangevoerd door Antony Schallbetter, een toevallige leider, jong en sterk en in staat om indruk te maken en belagers die de kinderen op de grote Duitse wegen zouden willen aanvallen af te schrikken. Schalbetter weet zich kerkkaarsen en een aansteker te verschaffen. Plundert hij kerken? Hij is in ieder geval de enige in de bende die hiermee over middelen beschikt om 's nachts licht te maken. Deze leider heeft vijf of zes grote jongens of schooiers van bijna twintig jaar onder zich (de *bacchanten*) en drie jongetjes, waaronder Platter: drie 'schooljongetjes' (zonder school) van elf tot dertien jaar. Op een tussenniveau tussen de kinderen en de bacchanten bevindt zich neef Paulus: hij knijpt in kuiten en billen; hij geeft Thomas, zoals we reeds zeiden, aframmelingen ten behoeve van de bedelarij. De kleine Platter met zijn in de bergen verworven handigheid in het gooien met platte kiezels of keien specialiseert zich in het achtervolgen van eenden en ganzen uit de gemeenschappelijke kudden van de dorpen waar ze doorheen komen. De 'vogeljacht' is vrij (als je Thomas mag geloven) onder voorwaarde dat je je niet laat pakken: zo gaat het althans in het vrijmoedige Silezië, een provincie die de bende uiteindelijk pas aan het eind van de tocht zal bereiken, nadat ze de Germaanse wereld – waar de 'communalistische' gewoonten van vroeger nog voortbestaan – helemaal zijn doorgetrokken. Er zijn dus festivals en feestmaaltijden van allerlei soorten ganzen, nu eens vooraf gedood door welgemikte worpen met steentjes (Thomas' zoon Felix zal eveneens een kundig beoefenaar worden van deze sport), dan weer gestolen uit de schuur van een boerderij, waar de eigenaar de vetgemeste beesten had ondergebracht als bruidsschat voor de bruiloft van een dochter. Op die manier kunnen ze na het gappen een banket organiseren bestaande uit geplukte ganzen, waarvan de kop, de ingewanden en de poten in de pot gestopt worden en de overige delen samen met knolletjes aan het spit gaan. Voor het vervolg van de maaltijd stellen ze zich tevreden met vis (in bier), gestolen van de bodem van een opgedroogde vijver die de beheerder net had laten leeglopen; een medeplichtige landbouwer had tegen een deel van de 'pisciculturele' buit het bier geleverd. Thomas vangt de ganzen ook met de 'stok', een soort boemerang, om ze vervolgens te delen met zijn vrienden of met een 'schoolmeester' die hij tegenkomt en die er geen enkel bezwaar tegen heeft zijn deel van het gestolen gevogelte te ontvangen. Het is dan ook de *magister* zelf die de leerlingen aanspoort tot het vangen van de onontbeerlijke vogels, waarvan hij niettemin weet dat ze op onrechtmatige wijze verkregen worden.

Over het algemeen lijkt het voedingspatroon van de schooiertjes[6] eerder grillig te zijn geweest dan voortdurend rampzalig, zelfs al is het 'dieet' herhaaldelijk beroerd. Tijdens bepaalde etappes, bijvoorbeeld tijdens een tocht van Dresden naar Breslau, wanneer Paulus en Thomas honger lijden, bestaat hun voedsel grotendeels uit eetbare vruchten die ze verzamelen: natuurlijk rauwe, gezouten uien, maar ook geroosterde eikeltjes, wilde appels enzovoort. Andere keren, in Breslau *intra muros*, is het een smulpartij: het is waarschijnlijk een jaar van overvloed, waarin de graanprijzen laag zijn; hoe dan ook, als epicentrum van de westelijke helft van het landbouwgebied rond de Oostzee is de stad Breslau (tegenwoordig Wroclaw) goed bevoorraad. Een nog prettiger omstandigheid is dat de beschikbaarheid van graan in deze stad er de oorzaak van is dat de Poolse boeren hen ruim van bier voorzien en niet nalaten Tomilin en zijn kameraden te 'ivrogner' (zat te voeren). Naar aanleiding van die drinkpartijen brengt Platter, wanneer hij later memoiresschrijver is geworden, de (gedeeltelijke) Poolsheid van Silezië ter sprake: de jongen uit Duitstalig Zwitserland was tijdens die dagen van weelde volgens de geijkte uitdrukking 'zo zat als een Pool'. In die tijd stond de Slavische staat reeds onder militaire druk van de Russen en begon Copernicus in Frauenburg (Frombork) de heliocentrische kosmologie uit te werken. Er kondigt zich een modernisme aan dat copernicaans genoemd zal worden.[7] Maar Platter heeft andere zorgen aan zijn hoofd.

De hoeveelheid drank en voedsel wisselt. Ongedierte is overal. In Dresden zitten de kamers vol vlooien, die hoorbaar krioelen in het stro. In Breslau vallen de vlooien als hennepzaad uit de armenhuisbedden, zodat de kleine Thomas, Tomilin, liever zo op de plankenvloer slaapt. Van tijd tot tijd, als hij zijn jurk ontluisd heeft en zijn hemd in de Oder heeft gewassen, gooit hij de berg halfvleugeligen die hij fijngeknepen heeft in een voor de gelegenheid gedolven graf. Vol vroomheid of voor de grap bedekt hij ze met aarde waarop hij een klein kruisje zet. Een verchristelijkte insektenmoord? Een heiliging van de dood van de vlooien...

Een plaag van een heel andere aard, namelijk de misdaad op het inferieure, beweeglijke niveau van de maatschappij, lijkt eveneens te floreren, al is het natuurlijk niet zo dat de Duits-Poolse wereld in zijn totaliteit eenvoudig een grot vol gespuis zou zijn. Thomas zelf pleegt eventueel kleine diefstallen in buurtschappen op het platteland, waar kleptomanie is toegestaan, maar zo mogelijk wordt afgestraft. Wanneer de poten van een gans onder zijn jurkje uitsteken, wordt de jonge Platter (vergeefs) achtervolgd door met aksen bewapende boeren die hun levende have terug willen. Andersom staan de rondzwervende jongeren bloot aan de gevaren van het reizen, die tot de dood kunnen leiden.

Thomas vermeldt twee gevaarlijke voorvallen: het ene is een nachtelijke tussenstop in een herberg in de buurt van Neurenberg waarbij een echte of vermeende moordenaar ten tonele wordt gevoerd. Het andere vindt plaats in de buurt van Naumburg[8]: daarbij treden acht louche mannen op, gewapend met kruisbogen (deze belagers uit de onderste regionen hebben geen geld om vuurwapens aan te schaffen). De jongens komen wederom met de schrik vrij; in de bossen van Thüringen of Silezië, zullen ze nog vaker dergelijke beangstigende situaties meemaken... Een manier van zeggen, of liever van voelen, want het Duitse deel van het dunbevolkte Europa lijkt op de drempel van de zestiende eeuw ondanks de snelle herbevolking nog op een uitgestrekt en, ondanks de aanzienlijke open plekken, vaak gevaarlijk woud. Bij het verruilen van de bergwei voor het bos is Thomas er niet altijd op vooruitgegaan. Maar eenmaal tussen Neurenberg en Breslau hoort hij althans niets meer over beren, zijn oude vrienden c.q. vijanden uit de bergen: het woord 'beer' is voor hem nog slechts een benaming voor geld, de *batzen* ofwel een vijftiende van een florijn; ongeveer de verkoopprijs van een eend of een gans.

Wat opvalt is het vage, uiterst onnauwkeurige karakter van Platters eerste geografische aanduidingen: de jongen is, naast een hoop heen-enweergereis waar we een vaag idee van krijgen, als in een droom in enkele maanden, seizoenen of jaren van Zürich naar Neurenberg en van Neurenberg naar Naumburg, Dresden en Breslau gereisd. Zo doorreisde of bezocht hij, met andere zorgen dan het opdoen van kennis over de ruimte, Oost-Zwitserland, Beieren, Franken, Pruisen, Saksen, Silezië, en misschien Hongarije. Met betrekking tot die 'oostelijke' staten of provincies zijn we niet eens zeker van de chronologische volgorde waarin de verteller ze aandoet. Wat een verschil met de reisverslagen van zijn twee zoons, Felix Platter en Thomas II (junior), die door het 'goede' sociaal-culturele milieu waarin ze verkeren al in hun jeugd veranderd zullen worden in humanisten uit de renaissance: zij zullen hun routes tot en met de kleinste dorpen beschrijven. Tijdens hun reizen houden ze een register bij, wat niet geldt voor Thomas 'senior', want die blijft jarenlang bijna analfabeet; hij heeft in ieder geval niets bij zich wat als logboek voor een dergelijke taak zou kunnen dienen.

En de school bij dat alles? Voor de jongen uit Wallis die op weg is gegaan vormt ze een stippellijn. In Naumburg bedelt Thomas terwijl zijn metgezellen gaan zingen; de plaatselijke onderwijzer, geëscorteerd door een troep inheemse kinderen, wil de kleine Helvetiërs verplichten (tegen vergoeding) zijn lessen te volgen. De jonge nomaden tonen zich weerbarstig: ze ontvangen hem door vanuit een hinderlaag met stenen te gooien. Vervolgens, na een paar ganzen te hebben gestolen, trekt de troep zich terug. In Halle (Saksen) wordt een nieuwe scholingspoging gedaan; maar de bacchanten gedragen zich onuitstaanbaar tegen Thomas en zijn neef Paulus: boos verlaten de twee hen en gaan naar de school van Dresden, die zo middelmatig en miserabel is dat de twee jongens nogmaals de plaat poetsen en vergezeld van de honger en achtervolgd door de doggen naar Breslau gaan. In de hoofdstad van Silezië, waar levensmiddelen in overvloed zijn, volgen de schooiers uit het westen lessen in de onderwijsinstelling van de Sint-Elisabethkerk, die sterk onder Zwitserse invloed staat. Elke parochie in Breslau (er zijn er zeven) heeft een eigen school. De zaal wordt verwarmd, er wordt gezongen en gedicteerd. De onderwijzers hebben geen enkel gedrukt boek tot hun beschikking, net zo min als de 'primitieve' bandieten die de jongens tijdens de voorgaande maanden op de weg ontmoet hebben vuurwapens hadden. Onder het tiental pedagogen dat om beurten les geeft, is slechts één onderwijzer die over een tekst van Terentius beschikt. Terentius, een van de klassieken uit die tijd... De bacchanten zijn voorzien van schriften: zij kunnen beter van het onderwijs profiteren dan de jonge jongens zoals Platter. Heeft de vroegere geitenhoeder uit Grächen ook maar een schrift om in te schrijven? Waarschijnlijk niet. Kan hij schrijven? De realiteit is dat hij zijn tijd in Breslau herhaaldelijk doorbrengt met bedelen... of met het leren kennen van voorname personen, waaronder, naar zijn zeggen, een van de bankiers Fugger. Thomas heeft nogal succes met zijn activiteiten als bedelaar, te meer omdat hij profiteert van de populariteit van de ongelukkige Zwitsers, waarvan de troepen van Frans I er bij Marignano duizenden hebben afgeslacht: als reactie daarop ontstaat er onder de Duitse bevolking sympathie voor hen. Thomas is in dat kritieke jaar van Marignano (1515) al ruim vijftien jaar oud. Hij moet al verscheidene jaren van west naar oost door Duitsland hebben gezworven; binnenkort zal hij dat land in tegengestelde richting doortrekken. Voor de onverschrokken lopers van de zestiende eeuw is het niet zo'n enorme opgave om zo van de ene kant naar de andere kant van een grote staat te reizen.

Het 'toppunt van ellende' van deze verkruimelde schooltijd (?) is München (we zijn dus in Beieren beland, of misschien teruggekeerd). Bij aankomst in deze zwaar versterkte en bewaakte stad moet je je legitimeren of een echte of valse kennis, relatie of kostbaas noemen om de stad in te mogen en er vervolgens te verblijven. Thomas, die uit Dresden komt, wordt in de hoofdstad van Beieren bevorderd tot helper van een zeepzieder, getrouwd met een innemende vrouw en zelf antiklerikaal (wat in deze uiterst katholieke streek problemen oplevert). De jonge Zwitser brengt samen met zijn baas de zeep aan de kook en helpt mee bij het opkopen van as op het platteland, wat hem belet, het eeuwige refrein, om zijn studiejaar af te maken, al is het dan nog maar het eerste. De werkelijke of denkbeeldige school is ook het voorwendsel dat de jongen in staat stelt op grond van zijn positie van 'leerling' bij het stadsbestuur, dat in dit opzicht zorgzaam is, het recht om te gaan zingen te verkrijgen teneinde bij het bedelen op straat meer geld op te halen (Thomas heeft de baard al in de keel en hij maakt vorderingen bij het zingen). Van de zeep kan hij kennelijk niet leven; en bovendien moet wederom de vreselijke honger van de onverzadigbare profiteur Paulus gestild worden, want deze onsympathieke neef leeft nog steeds op Thomas' kosten. Heeft de reformator Luther, die als klein kind eveneens bedelzanger in de stad was, gelijksoortige tegenslagen gekend?[9]

Wederom een decorwisseling: na München komt Ulm, een stad die nog erger is dan de vorige. Thomas gaat erheen samen met Hildebrand Kalbermatter, een jonge bastaardzoon van een priester uit Wallis. De twee jongens leven goedschiks-kwaadschiks onder de plak van Paulus en Achacius – een andere bacchant uit Mainz – die hen zwaar onderdrukken. De groep zwervers neemt dus ook niet-Zwitsers op. Maar Thomas en Hildebrand blijven niet lang in Ulm. Ze reizen opnieuw heen en weer tussen deze stad, Wallis (een korte terugkeer naar Thomas' geboorteplaats) en München. Gedurende deze nieuwe fase van de biografie van onze reiziger is er nauwelijks meer sprake van dat ze enig onderwijs genieten. De voormalige 'schooljongens' (!) zijn groot geworden: Thomas moet nu een jaar of zestien zijn; ondanks verscheidene pogingen kan hij nog steeds niet lezen. Hij laat in opdracht van de onvermoeibare Paulus voorbijgangers een lap stof zien en bedelt om het zogenaamde geld om daar een jasje van te laten maken. De 'truc' werkt goed, totdat het bedrog aan het licht komt. Na die eerste episode bij de zeepzieder (een man die, in tegenstelling tot anderen, aardig tegen hem geweest was) schijnt Thomas tijdens zijn achtereenvolgende verblijven in München bijzonder ziekelijk te zijn geweest. Wat de onderdrukking betreft, houden of hervatten de twee bacchanten de gewoonte de jongens met alle geweld tot bedelen aan te zetten. Ze dwingen Hildebrand zelfs om in een nap te spuwen om te controleren of hij niets heeft opgegeten van hetgeen hij tevoren in opdracht van Paulus en Achacius in natura heeft opgehaald. Om zo goed en zo kwaad als het gaat te overleven moet Thomas de honden de botten betwisten waar ze op straat op liggen te kauwen; hij raapt als een kamerdienaar de kruimels tussen de kieren van de vloerplanken op, maar dan met een zeer onsmakelijk doel. Gelukkig slaapt hij tijdens dit picareske leven af en toe in het huis van een medelevende weduwe, die zadelmaakster van beroep is. Kunstnijverheid en weduwschap zijn in die tijd twee, soms vermolmde, pijlers van een zekere vrouwenemancipatie. De sympathieke gastvrouw geeft de jongeman een bord soep en wikkelt zijn voeten in vachten die ze eerst bij de kachel verwarmd heeft (wederom een bijzondere deugd van de Duitse fornuizen in vergelijking met de verouderde Franse open haarden).

Thomas is intussen zestien jaar geworden. Hij wil breken met Paulus. Een kwestie van volwassenwording en ook van rancune, die hij geleidelijk opgekropt heeft jegens de gevreesde bacchant. Paulus van zijn kant wordt eveneens zelfstandiger, maar op een andere manier: hij begint de meisjes na te lopen, met name de dienstbode van de zeepzieder, die hem bijgevolg de deur wijst. In München slaapt Thomas op de graanzakken in de markthal; hij maakt kennis met een slagersvrouw, een overtuigd *helvetofiele*, die vroeger serveerster in een herberg is geweest. Ze vindt Platter een gewiekste jongen, neemt hem in huis en belast hem met het halen van bier of het afleveren van huiden en vlees. Vanwege de dreiging afgerost te worden door Paulus, die nog steeds zijn oude 'slaaf' terug wil, besluit Thomas München te verlaten; met pijn in zijn hart laat hij de vriendelijke slagersvrouw in de steek onder het voorwendsel dat hij iets te doen heeft waaraan hij zich niet kan onttrekken. Het eeuwige, tot op de draad versleten voorwendsel: 'Ik ga naar school'. Hij neemt (heimelijk) afscheid van de grote stad in Beieren en neemt zich weemoedig gestemd voor naar Salzburg te gaan, waar nog geen festival is dat hem aantrekt (als beroepszwerver bezit hij reeds een grote geografische kennis, al ziet hij die zelf niet als een corpus van geordende informatie). Oostenrijk dus, na Zwitserland, Beieren, Saksen, Pruisen en Polen? Niet zo snel! Om er te komen vraagt Thomas een 'lift', zoals wij zouden zeggen, aan een dronken boer met een kar. De velden zijn flink berijpt en hij heeft zelfs geen schoenen, alleen gescheurde sokken. In Passau laten de wachten aan de poorten van de vestingmuur hem niet door. Via Freising wil hij weer teruggaan naar Zwitsers gebied. Hij verneemt dat Paulus hem in deze gemeenschap met de hellebaard in de hand aan het zoeken is. Alles liever dan weer op de kop te worden gezeten door de bacchanten; ze hebben zich genoeg gevoed met wat hij ophaalde, en dat verscheidene jaren lang. Vandaar spoedt (of her-spoedt...) Thomas zich in één ruk naar Ulm, dat naar zijn zeggen tientallen mijlen verderop ligt. Hij gaat er op de knolletjes passen van een weduwe die hem vroeger opgenomen heeft; dat doet hij niet ver van de vestingmuren van de stad (de dame bezit een buiten de stad gelegen moestuin, een veld met kolen en andere groenten). Dan komt Paulus weer opdagen. Een eeuwige achtervolging! Ditmaal vlucht Thomas naar Konstanz, in de richting van zijn geboortestreek. Onderweg is hij erg bang aangevallen te worden door een steenhouwer, die een grappenmaker blijkt te zijn en mensen graag flink voor de gek houdt: zijn grappen zijn wel angstaanjagend maar niet gevaarlijk. En dan komt Thomas in Konstanz aan, opgetogen dat hij eindelijk de witte kielen van de Zwitserse plattelandskinderen ziet. Het scheelt niet veel of Platter, wiens katholieke vorming adequaat (zij het vergankelijk) is, waant zich in het paradijs. Vandaar vertrekt hij naar Zürich, waar de pest heerst, en meteen komt de helse cyclus weer op gang: bedelen en vervolgens, in de vergeefse hoop nog enkele brokken onderricht mee te pikken, de bacchanten van voedsel voorzien, die eeuwige 'ontgroeners' van degenen die hongeren naar Kennis; wederom bedreigd worden door Paulus, die om Thomas terug te krijgen een jonge oude kennis, Hildebrand, de bastaardzoon van de priester, naar hem afvaardigt. Maar *basta*!

Gedurende die moeilijke jaren ging Thomas twee- of driemaal terug naar Wallis: hij logeerde bij zijn tante of zijn neef (de uitgebreide familie was geen holle term). Hij zag zijn moeder terug. Dat is een harde vrouw, tweemaal weduwe en vervolgens voor de derde keer getrouwd, die net als veel andere boerinnen landarbeid verricht die in theorie beschouwd wordt als het privilege van het 'sterke geslacht': hooien en dorsen. Ze is nogal ruw en zegt tegen haar zoon, die door de onrijpe druiven tijdelijk last van diarree heeft: 'Crepeer maar als je daar lol in hebt' of 'Heeft de duivel je hier gebracht?' Met dat alles is ze volgens iedereen een eerlijke, oprechte, vrome vrouw. Maar als jongens te veel onrijp fruit eten, krijgen hun moeders sleeë tanden. Thomas heeft de melk van de menselijke genegenheid al met al eerder bij zijn tantes of in het gezelschap van brave Duitse stadsbewoonsters gevonden dan bij de haard van zijn eigen moeder.

Tijdens zijn zeer uiteenlopende reizen is er een grote afwezige: de dood. Het is ondenkbaar dat er onder de bendes jongeren of kinderen, bacchanten en pseudo-scholieren die door Zwitserland en meer nog door het gevaarlijke Duitsland zwierven niet verscheidene sterfgevallen zijn geweest. Thomas, die zelf tijdens de zware winters in Silezië regelmatig het ziekenhuis en de onaangename kanten daarvan heeft meegemaakt, spreekt met geen woord over de kameraden die waarschijnlijk overleden zijn. Is hier sprake van een taboe? Van een blinde vlek in zijn geheugen? Van onverschilligheid? Toch is de jonge Platter gevoelig; soms geeft hij zelfs blijk van ware genegenheid.

Bij gebrek aan sterfgevallen is zijn kindertijd in deze Herinneringen per definitie ruim vertegenwoordigd: Peter Laslett, de auteur van *The World We Have Lost*, een best-seller uit de Angelsaksische historiografie, zal klagen dat in oud documentatiemateriaal over de periode van vóór 1800 of zelfs 1600 slechts weinig gesproken wordt over het kind als zodanig. Platter had deze Britse historicus goede diensten kunnen bewijzen! Zijn herinneringen vormen een van de drie of vier grote getuigenissen van boerenkinderen uit de tijd van het ancien régime of de tijd daarvóór waarover we beschikken: te weten de teksten zonder enige terughoudendheid van Jamerai Duval en van de latere kapitein Coignet, twee jongens die eveneens bedelaar waren; en verder, met betrekking tot een wat rijkere boerenstand, *monsieur Nicolas* van Rétif de la Bretonne.

In Zürich kon Thomas op intellectueel gebied uiteindelijk niets serieus doen. Zijn nieuwe kameraad Antonius Venetz nodigt hem dus uit met hem naar het noorden te trekken, naar Straatsburg. De Elzas ondergaat in die tijd een intellectuele en godsdienstige omwenteling, om niet te zeggen een sterke economische en demografische groei.[10] Thomas spreekt daar met geen woord over; zover gaan zijn zorgen niet. Met betrekking tot de hoofdstad van de Elzas noteert hij slechts: 'Veel arme schooljongens, slechte school.' Vanuit Straatsburg reizen de jongens snel verder naar Sélestat. Het onderwijs dat ze daar krijgen is daadwerkelijk goed. Helaas wemelt de goede onderwijsinstelling van die streek eveneens van de arme schooljongens. Platter komt in Sélestat aan rond september 1520; net voordat hij die plaats bereikt, krijgt hij een aanval van benauwdheid wegens ingestie of indigestie van onrijpe noten, die net uit de bomen zijn gevallen: nog steeds die manie om bij gebrek aan geld en niet beschikkend over behoorlijk en gezond voedsel willekeurig wat te eten. Thomas is op dat moment eenentwintig (en geen achttien zoals hij beweert op grond van een slechte telling van zijn jaren). Hij verlaat Sélestat in de loop van het jaar daarop, rond Pinksteren 1521; het jaar van de Rijksdag te Worms, zoals hij nadrukkelijk schrijft. Hij doelt op het moment waarop Luther, opgeroepen om voor de keizerlijke vergadering te verschijnen, tegen Karel V zegt: 'Hier ben ik, ik kan niet anders.' Thomas begint dus interesse voor de reformatie te tonen. Een normale bewustwording bij een arme jongeman in de Duitse wereld die nog geen intellectueel is maar dat wel zou willen worden. Die gerichtheid op de reformatie is vrij algemeen; enkele jaren later zal ze in andere sociale milieus tot de boerenoorlogen leiden, waarvan de motieven zowel godsdienstig als 'communalistisch' zullen zijn.

Hoe dan ook, Platter heeft profijt van de school in Sélestat. Hij leert er eindelijk echt lezen, natuurlijk in het Latijn. Dat is niet te vroeg. De school wordt geleid door Johannes Sapidus (Witz van zijn eigenlijke naam). Sapidus is een waardevol hellenist en staat zowel vijandig tegenover obsceniteiten als tegenover barbarismen, die eveneens in strijd zijn met de welvoeglijkheid. Hij wil dat wat tegenwoordig door sommige mensen geweigerd wordt: dat zijn leerlingen stof uit hun hoofd leren en door de heilige bestudering van teksten hun vermogen om de grammaticale regels toe te passen aanscherpen. Hij geeft vol vuur les uit de Donatus, de oude grammatica uit de late oudheid die zo populair is in de middeleeuwen; die was in de vierde eeuw geschreven door Aelius Donatus, de leraar van de heilige Hiëronymus en de auteur van een commentaar op Terentius. Sapidus is trouw aan het Rijnlandse humanisme, dat doordrongen is van *devotio moderna*: deze vorm van vroomheid bloeide tussen 1300 en 1500 (op grond van nog oudere voorbeelden) op in Vlaanderen en het Rijnland... Ze legt de nadruk op christocentrisme, gevoelsleven, innerlijk enthousiasme, meditatie, deugdzaamheid, ascetisme en innerlijke subjectiviteit; lange kerkdiensten, hiërarchie, formalistische goede werken of riten, het apostolaat en proselitisme worden afgewezen![11] Deze Modérne Devotie werd populair gemaakt door de *Navolging van Christus*. De aanhangers vrezen een breuk met de rooms-katholieken echter als de pest. Thomas daarentegen zal uiteindelijk zelf besluiten te breken met het rooms-katholicisme. Sapidus is in dit geval terughoudender. Hij heeft natuurlijk wel een hekel aan de corruptie van de geestelijkheid, maar wijst elke radicale hervorming die de geloofsleer en de wereldlijke organisatie van de Kerk omver zou werpen van de hand, of ze nu luthers of protestants is.

De onderwijsmethode van de Elzasser meester is aanvankelijk zeer eenvoudig, maar wel doeltreffend: 'Als je werkt, is het gratis bij mij. In geval van luiheid betaal je tot je geen hemd meer aan je lijf hebt.' Platter en Venetz zijn reeds mannen te midden van de honderden kinderen die het onderwijs volgen; ze hebben beiden schurft, vooral Venetz, van wiens huid Thomas 's ochtends zijn lakense kleren lostrekt alsof hij het vel van een geit afstroopt. Vroeger geitenhoeder, vervolgens geslagen als een geit, nu geitenviller, is het lot van de eerste Platter uitgestippeld? Sapidus beschrijft voor het publiek van leerlingen uitvoerig en lomp hoe de lelijkheid van Antoine en Thomas te wijten is aan de mijtachtigen. Toch laat de grote pedagoog uit Sélestat goede herinneringen bij Platter na, die later over hem zal praten als zijn 'geliefde *Praceptor*'. In dit stadje in de Elzas, waar de 'humanistische bibliotheek' vandaag de dag nog steeds verwijst naar de culturele weelde van de zestiende eeuw, heeft Thomas naar het schijnt nog steeds niet leren schrijven; maar hij kan voortaan althans redelijk de Donatus[12] lezen en zelfs opdreunen, die eeuwige Donatus die we reeds ontmoet hebben, die enorme bestseller van het laat-Romeinse Rijk, die tijdens de renaissance opnieuw van kracht werd. De *Ars major* van de achtdelige verhandeling van Aelius Donatus heeft sinds ruim duizend jaar meer dan dertig generaties scholieren ingewijd in de geheimen van het Latijn. Thomas leert hem van buiten terwijl hij nog niet kan schrijven. Het is niet voor niets dat in de zestiende eeuw de kunst van het geheugen gecultiveerd wordt. Wanneer Platter besluit Sélestat te verlaten zal hij over een goede mondelinge 'basiskennis' van het Latijn beschikken; die heeft hij te danken aan de destijds toegepaste onderwijsmethoden. Het leesonderwijs staat in die tijd vaak los van het schrijfonderwijs. Die scheiding bij de alfabetisering zal blijven voortbestaan tot in de achttiende en zelfs de negentiende eeuw.[13] Alles welbeschouwd is het (voor die tijd) nog helemaal zo slecht niet om op je eenentwintigste al redelijk te kunnen 'lezen'. Maar wat een buitengewone inspanning van Thomas' kant gedurende ruim tien jaar van zijn kindertijd en zijn jeugd om zo goed en zo kwaad als het gaat een niveau te bereiken dat de minste scholier van tegenwoordig zonder al te veel moeite behaalt!

Hij moet weg uit Sélestat, want de bedelarij, de studiebeurs in de herfst van de middeleeuwen, levert er niets op. Met negenhonderd scholieren waarvan er menigeen bedelt in een kleine stad is de vrijgevigheid van de plaatselijke bevolking niet langer voldoende. Door een clientèle van honderden leerlingen aan te trekken put Sapidus met geweld de aalmoezenmarkt uit. Enkelen van deze 'onderwezenen' zullen hem opvolgen in deze streek die tegenwoordig het departement Haut-Rhin vormt; ze zullen als het zover is uitstekende pedagogen zijn die hun grote voorgangers met succes zullen vervangen.

Reeds met Pinksteren 1521 keert Thomas terug naar Zwitserland. Eerst gaat hij naar Solothurn: een goede school, fatsoenlijk voedsel, maar tijdverlies door de eindeloze kerkdiensten. De lutheraan verraadt zich. Thomas kan niet op één plaats blijven en besluit zich wederom in de kracht van zijn bronnen in Wallis te gaan dompelen. In zijn geboortedorp zoekt hij twee tantes op; en vervolgens, ruim over de twintig, beseft hij eindelijk dat hij, na in zijn kindertijd en zijn jeugd voortdurend rondgetast te hebben, op de koninklijke weg van de alfabetisering beland is. Het bewijs? Hij leert een neefje (bij een van zijn tantes) in vierentwintig uur (als we hem geloven moeten) het abc. Deze jongen, Simon Steiner, heeft zijn drang om te leren van geen vreemde! Later zal hij een doublet van zijn bescheiden meester worden; hij zal in Straatsburg leraar in de vierde en vervolgens de vijfde klas worden en de eer hebben bevriend te raken met Bucer. Zoals we zien gaat het leren van de grondbeginselen (hier het gewone lezen) niet per se via school. Het onderwijs kan ook, met wijd opengesperde ogen, van mond tot mond worden overgebracht; van het oudere familielid of de oudere vriend op de jongere leerling.

Al gauw zal Thomas zelf kunnen schrijven. De vooruitgang valt niet tegen te houden; een priester uit Wallis leert hem 'een beetje' schrijven. Een beetje, veel... Het lijdt geen twijfel dat Thomas na dit verblijf bij de pastoor-onderwijzer in één keer geweldige vorderingen maakte in de kunst velijn of papier te bekrassen, zo niet teksten te schrijven. De volgende lente (1522?) verlaat onze jongeman opnieuw de hooggelegen valleien van Zuid-Zwitserland en wel na een hartverscheurend afscheid van zijn moeder: ze heeft dus niet zo'n slecht hart als hij in een andere passage van zijn boek zal beweren. 'Moge God me genadig zijn nu het mijn lot is drie zoons hun ongeluk tegemoet te zien gaan!' roept ze uit.

Waarschijnlijk moet ze op dat moment vol ontroering aan haar zoons en dochters denken die zijn omgekomen in de oorlog of gestorven aan de pest. De familie bewaart onder haar ruwe buitenkant een geheime schat van genegenheid die ter beschikking staat aan hen die in nood zijn of 'in de merode zitten'. Maar dat alles gaat volgens normen die anders zijn dan de onze en zoveel te meer dan die van onze ouders en grootouders. Laten we ons, nu we het hier toch over hebben, bevrijden van een aantal clichés. In een interessant, onlangs verschenen boek schrijft socioloog Michel Fize[14]: 'Van het oude Rome tot in 1945 was het gezagspatroon dat binnen het gezin de relatie tussen ouders en jongeren bepaalde nauwelijks veranderd. De vader heerste als meester over het gezin...' Is dat overdreven? In feite had Thomas, zoals zovelen van zijn soortgenoten, zijn vader amper gekend; zijn moeder had hem, zonder hem helemaal in de steek te laten, toevertrouwd aan tantes en neven... waarbij het autoritaire gedrag meestal van de kant van de mannen kwam. Al op zeer jonge leeftijd had hij de kost verdiend, of althans die van zijn opeenvolgende bazen. Hij had hun inkomen verschaft, in tegenstelling tot de kinderen van het eind van de twintigste eeuw, die hun vader en moeder geld kosten. Binnen deze familie Platter, die een stervormig netwerk vormde en zowel soepel als stevig was, had hij ruwheid leren kennen, maar ook een minimum aan genegenheid of zorg, dat hij nodig had gehad om te overleven. Overeenkomstig deze manier van omgang wordt Thomas, wanneer hij in 1522 of 1523 wederom Wallis verlaat, vergezeld door twee van zijn broers (hij had er een hele zooi, waarvan er een aantal in leven bleef). Het scheelde niet veel of hij had deze nieuwe tocht door de bergen niet tot een goed einde gebracht, want in een felle kou verongelukte hij bijna op een besneeuwde helling die hij te snel afliep. Alsof hij tijdens zijn lange horizontale reizen door het Heilige Roomse Rijk zijn bergbenen enigszins is kwijtgeraakt, die zijn broers, opmerkelijke klimmers of 'dalers', hebben weten te behouden aangezien zij hetzelfde leven zijn blijven leiden. Hij zal ze echter al gauw weer terugkrijgen.

Thomas laat zijn twee verwanten in Entlebuch achter, waar ze zich aan eenvoudiger werk zullen wijden, en vestigt zich zelf wederom in Zürich. Hij woont er bij een vrouw met een baby, Rudolf Gwalther, die hij wiegt; het was een jaar waarin de pest heerste. De kleine Rudolf zal eens de geleerde dominee van de Sint-Pieterskerk in Zürich worden. Naast zijn deeltijdbaan als babysitter beproeft Thomas verscheidene pedagogen, waaronder een zekere Knöwell die in Parijs gestudeerd heeft en daar een uitgesproken voorliefde voor knappe meisjes ontwikkeld heeft. Platter heeft vooral waardering voor Myconius alias Oswald Geishaüssler uit Luzern; een zonderling die waarlijk zeer geleerd is en bij wie het devies niet meer luidt studeren of betalen (T 60), maar werken (intellectueel) of creperen. Myconius slaat zijn jonge toehoorders niet (sommigen zijn immers al twintig of nog ouder), maar verplicht hen, en Thomas in het bijzonder, de kennis van de oude Donatus, al kennen ze die dan uit hun hoofd, achter zich te laten. De leerlingen moeten zich voortaan het mechanisme van de Latijnse vervoegingen en declinaties eigen maken, die worden onderzocht aan de hand van teksten uit het toneelwerk van Terentius, die toneelschrijver van wie Platter al gehoord had, zij het oppervlakkig en als het ware bij wijze van voorproefje, op de Sint-Elisabethschool in Breslau. Myconius hanteert de plak waakzaam, maar slaat zelden: Thomas heeft wat fysieke aanslagen betreft van deze meester alles bij elkaar slechts één klap met de rug van de hand op zijn wang gehad. Niettemin zweet de leerling peentjes: uiteindelijk kan hij, dankzij ijverige studie, de nominativus van de genitivus onderscheiden en de derde declinatie van de eerste.

Myconius wordt voor Thomas vooral een soort vriend, hoe neerbuigend en onbehouwen zijn genegenheid dan ook mag zijn. De jongeman, die vaak ondervoed is, weet voor elkaar te krijgen dat hij bij deze meester kan eten en hem betaalt met verhalen over zijn reizen door Duitsland, die hem nog vers in het geheugen liggen. En verder maken de twee zich samen vertrouwd (Myconius heeft hoogstens één lengte voorsprong) met de eerste fasen van de protestantse reformatie. Het bijbelse licht van het Evangelie en van de strijd tegen de 'afgodsbeelden' begint te stralen. Welnu, Myconius moet als zanger (hij is geen priester) 's ochtends en 's avonds regelmatig corveediensten in de Onze-Lieve-Vrouwekerk uitvoeren. Altijd weer dat zingen tegen betaling! Het is een van de inkomstbronnen van de lage geestelijken uit die tijd.

Myconius geeft veel liever les dan dat hij de mis opdraagt in de roomse stijl waar hij niet van houdt. Hij vaardigt dus graag Thomas af, die dan als voorzanger en koster dient en in zijn plaats een requiem brult (*sic*). Maar het is niet meer zozeer een kwestie van brullen; het gaat er vooral om de evangelische tekst uit te leggen volgens de nieuwe wijze van de lutheranen, en al gauw de zwinglianen. Vanuit dit oogpunt is Myconius belangrijk voor het verloop van Platters carrière, want hij is ook de vriend en correspondent van Zwingli, die hij begeleidt aan het begin van zijn loopbaan. Zwingli (die eveneens een hekel aan bepaalde liederen heeft) gaat soms nog verder dan de Duitse hervormers; hij heeft in ieder geval banden met Luther aangeknoopt en hartstochtelijk gedachten met hem uitgewisseld over de vergeving van de zonden en de vrije wil, over de teksten van de psalmen en van de heilige Augustinus.[15]

Als we Platter mogen geloven is Myconius ook, op een heel ander niveau, de tegenpool van een hoop lichtzinnige studenten die zich op de priesterwijding storten: ze worden priester met als enige bagage een beperkt praktisch begrip van de kerkzang. Ze bezitten geen enkele grammaticale kennis, wijden zich geen moment aan het overpeinzen van de heilige teksten. Deze bespottelijke personen zijn volgens Myconius pseudo-studenten en uitermate onnozel.

Rond 1522 beleeft Platter een keerpunt in zijn geloofsbeleving; een heftige identiteitscrisis. Die persoonlijke omwenteling ontstaat vijf of zes jaar nadat Luther, in wiens invloedssfeer Thomas zich duidelijk bevindt, in de openbaarheid is getreden; hij is bereid de lutherse gedachte volledig tot de zijne te maken, een gedachtengoed waarmee Zwingli, geestelijk en politiek leider van de heterodoxe Zürichers, zich allesbehalve volledig identificeert. Tot aan deze persoonlijke koersverandering, die nauw verbonden is met de collectieve wending in de grote Zwitserse steden, was Thomas een vriendelijke jongen gebleven die respect had voor de naïeve, of als zodanig voorgestelde overtuigingen die nog waren overgeërfd van zijn grootmoeders. Hij had priester willen worden. Dit kerkelijke doel verklaarde zelfs de intiemste geheime reden van zijn eindeloze omzwervingen door Europa – Zwitserland, Duitsland, Polen... – op zoek naar alfabetisering, naar onderwijs in lezen en schrijven, dat bij gebrek aan bekwame of toegewijde meesters, die hij pas zo laat op zijn weg trof, lang op zich liet wachten! En toen, vanaf zijn verblijf in Sélestat, werd Thomas als door de bliksem getroffen door de elementaire kennis van het lezen en schrijven, die hem van alle kanten belegerde en hem volledig veranderde. Toch was zijn oorspronkelijke kerkelijke roeping oprecht geweest. Maar een donderpreek van Zwingli in Zürich, waarin hij de afschuwelijke herders vervloekt die de christelijke lammeren naar het verderf leiden, zal voldoende zijn om Platter te doen wankelen en volledig te doen overstappen naar de Reformatie.

Toch droomde Thomas er in zijn kinderjaren van vol toewijding een mooi versierd altaar te dienen; hij riep de Heilige Maagd, Sint Catharina, Sint Barbara, en ten slotte Sint Pieter aan, die respectievelijk beschermheilige zijn van de kindertijd, het onderwijs, de goede dood en de toegang tot het hiernamaals. Een heel programma, een hele levensweg en vervolgens een sterfproces. Die roepstem van de geestelijke stand, die al vanaf zeer jonge leeftijd opklonk in het hart van de geitenhoeder uit Wallis, was vanuit zijn gezichtspunt ook al zeer vroeg verbonden met de wil de sociale ladder te bestijgen en zelfs revanche te nemen op maatschappelijk vlak. Thomas en zijn moeder waren erg arm. Maar de jongen wilde weer opklimmen. Dat had hij van geen vreemde, want zijn familie zat er warmpjes bij, althans zijn voorouders en bloedverwanten in de zijlijn. Die mensen, de Platters (van vaderskant) en de Summermatters (van moederskant) waren eigenaars van hun overgeërfde, op rotsplaten gelegen boerderijen. De oude Antony Platter, een neef van Thomas, was priester. En de oom van de jongen (de broer van zijn moeder) was kasteelheer van het district Visp; kasteelheer, wat natuurlijk helemaal niet betekende heer van adel, maar burgerlijk en militair leider en politiecommissaris van een handvol dorpen; een functie tussen hoogste kasteelbewaarder en plaatselijk 'leider'. En dan worden die kleine, legitieme en volstrekt gebruikelijke ambities, gelokaliseerd binnen de context van de familie of van de lage notabelen en georiënteerd op het priesterschap, plotseling als door de bliksem getroffen door het Nieuwe en zelfs het Oude Testament; zoals vroeger adelaars of beren op de geiten van de herdersjongens in de bergen aanvielen.

Sinds Thomas eindelijk kan lezen bewaart hij in zijn weitas een exemplaar van dit Nieuwe Testament, dat drukkers enkele seizoenen tevoren binnen het bereik van het grote publiek gebracht hebben. Hij haalt het om de haverklap te voorschijn en zwaait ermee; hij leert het uit zijn hoofd, net zoals hij de Donatus erin heeft gestampt. Van de Latijnse grammatica naar de hemelse grammatica. Platter beschikt bovendien over de raadgevingen van Myconius en over de preken van Zwingli; hij meent voldoende onderricht te zijn om de heiligenverering af te wijzen, om te beginnen de verering van Sint Pieter (Sint Jan zal binnenkort op zijn beurt een moeilijk moment doormaken). Thomas gaat deel uitmaken van de omvangrijke troep van de nieuwe 'ketters': zij werpen de stellingen omver die de rooms-katholieke christenen de eerste duizend jaar beleden hadden. Deze laatsten verenigden de hemel met dit ondermaanse door bemiddeling van de hostie op het altaar; door de werkelijke aanwezigheid van God in het Heilige der Heiligen; door de soevereine paus en door de heiligen met hun eerbiedig bewaarde relikwieën. Deze vormden voor de heiligen van Boven een *aanhechtingsplaats* of een incarnatieplaats hier beneden in ons aardse bestaan.[16] Lutheranen, zwinglianen en andere Platterianen verwarren deze roomse hechting of structuur, die volkomen ter zake is, met de verering van Baäl en de afgoderij zoals de – door logge, Duitse geesten te snel gelezen – bijbel die gestigmatiseerd had. Zo worden de heldere roomse eenheden, de harmonieuze verbindingen tussen het hemelse en het aardse, vervangen door de Duitse dichotomie die op dramatische wijze een scheiding aanbrengt tussen de oude Germaanse folklore van de bossen en de elfen en het zuivere licht van het evangelie. De beste manier om de stap te wagen is door middel van provocatie. Platter besluit dus tijdens een verblijf in Wallis een beeld van Sint-Jan in de kachel te verbranden, een ruw houten beeldje waarvan de verf, die meteen brandt, in het vuur eerst afschuwelijke blazen vormt waarna het ding totaal vernietigd wordt.[17] Het was zo'n mooi laat-middeleeuws beeld uit de Zwitserse Rijnstreek[18] waar liefhebbers en andere antiquairs tegenwoordig dol op zijn. Zo maakt Thomas op zijn tweeëntwintigste zijn culturele omwenteling waar. Wat het betekent te hebben leren lezen en schrijven, de wereld van de letteren, de manuscripten en de boeken betreden te hebben.

Nu hij zo door de spiegel is gestapt kan de Helvetiër, terugblikkend, alleen nog maar een hekel hebben aan de clerus, aan de slechte priesters, aan die smerige geestelijken die hem vroeger in Silezië omdat hij 's morgens kaas gegeten had de absolutie weigerden en dus de communie, en als logisch gevolg daarvan ook de voedzame maaltijd die daarop volgde bij wijze van postcommunie. Thomas gaat zich dan ook bij de trouwe kudde van de Goede Herder voegen, beheerder van het vlees en bloed van zijn lammeren.[19] Alles welbeschouwd kunnen we dus spreken van een overgang van de boerse 'onwetendheid' (waarachter in werkelijkheid een uitgebreide kennis over landbouw en veeteelt schuilging) naar de nieuwe ideeën afkomstig uit de stad. Na deze heiligschennende daad in Wallis keert Platter (rond 1525) terug naar Zürich.[20] Een vrome voettocht naar het nieuwe Jeruzalem van Zwingli. Vaarwel, mannen uit Wallis (niet definitief natuurlijk). *Bye-bye*, dorpelingen. Intellectueel stellen ze niets voor, ze zijn alleen goed om de koeien te melken, zoals Ulrich Zwingli, die zelf toch van boerse afkomst was, geringschattend schrijft. Maar het is zo verleidelijk om in de 'primitieve soep' te spuwen, waar hij vroeger, te midden van de groene weiden uit zijn kindertijd, zo van genoten heeft! Thomas Platter wordt door zijn contacten in Zürich, met hun krachtgevende geestelijke levenshouding, aangetrokken als een vlinder door een lamp; contacten *in situ*, die al gauw een maand onderbroken zullen worden voor een korte excursie naar Uri: de reis gaat half over land, half over het water, en onderweg wordt hij onbeschrijflijk dronken dankzij de gulheid van een kroegbaas; op het meer van Uri barst bovendien een storm los waarbij het ranke bootje, dat behalve de veerman, Platter en zijn bescheiden vermogen vervoert, bijna zinkt. Van welk toeval met betrekking tot leven en dood is het niet afhankelijk of er in de toekomst een bundel herinneringen wordt geschreven... Vervolgens gaat Thomas terug naar Zürich; hij leeft er kuis in de kamer van een kameraad bij een oude dame, de gastvrije, slimme Adelaïde, met haar allures van hoerenmadam. De twee jongeren lijden honger; bij gebrek aan beter stillen ze hun honger zelfs met resten pekel uit de koekepan. Thomas is dus nog niet uit de problemen en kan niet behoorlijk de kost verdienen. Het is moeilijk je lichaam nog slechter te behandelen dan hij doet, een ongelukkig karkas, een trieste barak waar de onsterfelijke ziel een armoedig, provisorisch kamp aan heeft. Maar wiens schuld is dat? Zingen op straat levert geen giften meer op voor de bedelzanger, want zingen wordt gezien als een gewoonte van pastoors; de inwoners van Zürich zullen dan ook al gauw een algemene aalmoezeniersdienst opzetten, teneinde de oude individuele bedelarij, die beschouwd wordt als iets van vroeger dat voorbij is, te doen ophouden...

Thomas voorziet dus zo goed en zo kwaad als het gaat in zijn bescheiden levensonderhoud door buiten de muren het land te bewerken, tegen voedsel en betaling houtblokken te vervoeren of als koster te dienen. Dat is voldoende om de paar stuivers te verdienen die hij elke week aan de oude Adelaïde afstaat voor de halve huur van het kamertje. Bovendien voert Platter met gevaar voor eigen leven 'actie': hij bezorgt de missiven van Zwingli, Myconius en andere protestantse leiders bij hun 'ketterse' discipelen in de Vijf Kantons. Deze rol van boodschapper brengt nog extra risico's mee ten tijde van het colloquium in Baden (1526); de katholieken, die nog zeer machtig zijn in het Rijk en zelfs in het Eedgenootschap, proberen namelijk de Zwitserse en zwingliaanse heterodoxie, die op dat moment sterk in opkomst is, in te dammen. In Zürich zijn veel Franse ambtenaren en meer in het algemeen Fransgezinde stadsbewoners en via hen ervaart Thomas voor het eerst de machtige invloed van het grote koninkrijk dat in het westen de horizon van zijn woonplaats afsluit. Die grote barrière in het westen... De 'welschse' facties zouden beslist niet ontevreden zijn als ze Zwingli zonder enige vorm van proces ter dood veroordeeld zagen. De grote man is zich bewust van de gevaren die hem bedreigen; hij zet geen voet buiten Zürich, waar 's nachts wel groepen moordenaars op rijdieren met vilt onder de hoeven achter hem aan worden gestuurd, maar die stoten op sterke ploegen lijfwachten en bewakers. Niettemin behoort Zwingli, niet fysiek maar wel geestelijk en met zijn hart, tot de deelnemers aan het colloquium in Baden, want daar wordt hij vertegenwoordigd door zijn vriend Oecolampadius, die zijn instructies in acht neemt en de rol van zwingliaans woordvoerder vervult.

De band tussen de twee steden, Zürich en Baden, wordt onderhouden door een aantal 'renbodes' (soms in de letterlijke zin van het woord); goedwillige renbodes, overdekt met stof en zweet zoals dat hoort; onder hen bevinden zich Platter zelf en verscheidene jongens of zelfs kinderen. De rapporten uit Baden bereiken zo in groten getale Zürich. De standpunten en reacties van meester Zwingli die bestemd zijn voor Oecolampadius leggen het tegengestelde traject af. Dankzij een kar met hooi die een zwerm vogels begeleidt, kunnen onze Walliër en zijn collega's de gevaarlijke reis maken zonder opgemerkt te worden. Toch scheelt het niet veel of zowel de kinderen als de jongens, Thomas voorop, boeten er het leven bij in. Zoals in elke periode van 'verzet' met een geur van clandestiniteit trekken de kinderen minder de aandacht dan de volwassenen: een jongetje brengt bijvoorbeeld dringende teksten van Zwingli in briefvorm van Zürich naar Baden. Hij komt 's avonds op de plaats van bestemming aan maar vindt de stadspoorten gesloten; hij klimt op een hooiwagen die daar staat en valt in slaap. Bij het krieken van de dag rijdt de voerman, die niets gezien heeft, met zijn wagen en de volledige lading de stad in. De jonge bode, in slaap verzonken en zacht gewiegd, wordt bij de eindstop midden in de stad wakker. Hij wrijft zijn ogen uit, laat zich langs het hooi naar beneden vallen op straat, ontdekt meteen het stadse landschap en gaat zijn missive bij de geadresseerde afgeven; dat alles onder de ogen van de handlangers van de katholieken die de opdracht hebben de protestantse boodschappers op te sluiten. Gezien noch gekend...

Na de plotselinge transformatie op godsdienstig gebied volgde een periode waarin het hevig gistte op intellectueel en met name taalkundig gebied. Platter is het schoolvoorbeeld van een bepaald soort *selfmade man*, die niet 'op zijn Amerikaans' fortuin maakt, maar zich met een flinke ruk ontwikkelt en gelijktijdig de sociale ladder beklimt, om vervolgens de stamvader te worden van een geslacht van grote geletterden. Er zijn uit het sociaal-culturele ancien régime vele andere soortgelijke geslachten en personen bekend (denk aan de verre voorouders van de geslachten Louvois, Colbert, Villeroy), maar wij hebben het buitengewone geluk om tot in detail het begin van een opklimmende loopbaan te kunnen onderzoeken, die van een vroegere geitenhoeder. Zo veel families hebben, uit slecht begrepen trots, de sporen van hun eenvoudige en geniale oorspronkelijke voorvader uitgewist... Toen Felix Platter zijn ouder wordende vader vroeg zijn eigen herinneringen te dicteren, die voor ons uitermate belangrijk zijn, verwierp hij die snobistische scrupules.

Maar we zijn nog maar in 1526: Thomas heeft de smaak te pakken gekregen en begint zich na zijn gevaarlijke heldendaden als geheim agent gelijktijdig de Latijnse, Griekse en Hebreeuwse taal en grammatica eigen te maken. (De wetenschappelijke studie van het klassieke Duits, het *Hochdeutsch*, dat de jongeman ongetwijfeld kende – hij zal de lutherse bijbel citeren – is de minste van zijn zorgen; hij zal alleen in het dialect van Bazel schrijven. Je wordt niet zomaar een Luther die de Duitse taal vernieuwt.) Met betrekking tot de drie oude talen kiest Platter, die altijd te weinig vrije tijd heeft, krachtdadige middelen. Om wakker te blijven, langer zijn ogen open te kunnen houden en met zijn neus in de boeken te kunnen zitten, kauwt hij 's nachts op rauwe knollen en zelfs op zand met koud water erbij. Zouden we dit recept moeten doorgeven aan eindexamenkandidaten die zich dag en nacht opsluiten om het schriftelijk examen voor te bereiden? Platter koopt met het geld uit de bescheiden erfenis van zijn moeder zelfs een Hebreeuwse bijbel uit Venetië. Het is een van zijn eerste volmaakt persoonlijke contacten met een boek dat van hem is; met het boek bij uitstek. In die tijd krijgt Thomas kost, inwoning en verwarming bij Myconius en later bij enkele personen in Zürich en de naburige dorpen, onder voorwaarde dat hij deze mensen de taal van het Oude Testament leert.[21] Hij leert hun vandaag wat hij gisteren zelf nog niet wist. De doorgave van kennis gaat razendsnel tijdens de renaissance. Kennis wordt gelijk de pest als een besmetting van de een op de ander overgedragen.

Maar het Hebreeuws brengt geen brood op de plank, al kunnen we uit deze eenvoudige uitspraak de enorme sprong voorwaarts afmeten die de vroegere ongeletterde, die nu reeds humanist en semi-geleerde is, gemaakt heeft. En toch... in een ander verband is Thomas gevoelig voor de 'arbeidspropaganda' die van Zwingli en andere hervormers uitgaat; dezen zijn overtuigd van de bijzondere waardigheid van handwerk (Adam spitte, Eva spon, Jezus timmerde). Daarnaast zijn ze, evenals later Richelieu, Colbert en Voltaire, bang voor een overschot aan priesters, latinisten, kortom intellectuelen. Gij zult uw brood verdienen in het zweet uws aanschijns! In de zestiende eeuw was het mogelijk met dergelijke ideeën bepaalde universiteiten of hogescholen te ontvolken; dat zou trouwens ook gebeuren, want het antiklerikalisme dat zich tussen 1525 en 1529 ontwikkelde, behandelde studenten en lezers van willekeurig welke soort, zonder onderscheid te maken of enig nuanceverschil te zien, allemaal als 'zwartrokken'. Na deze hebraïstische periode, die overigens niet zonder gevolgen zal blijven, breekt er in het leven van de jongeman een nieuwe fase aan waarin hij zowel gezel van een meester als student is en één oog in de boeken werpt terwijl zijn handen zich bezighouden met zijn nieuwe werk.

Het toeval dat optreedt bij het kiezen van een zelfs tijdelijk beroep in het actieve leven dat Platter leidt, brengt hem er namelijk toe zich in te wijden in de touwslagerij, een keuze die hij gemaakt heeft na een toevallige ontmoeting met een jonge meester in deze techniek. Onze jongeman uit Wallis gebruikt een deel van de erfenis van zijn moeder om een kwintaal hennep te kopen (naar aanleiding daarvan worden we terloops op de hoogte gesteld van het overlijden van zijn moeder, dat moet hebben plaatsgehad in 1525 of 1526, zonder dat haar zoon daar al te bedroefd om was). Thomas gaat bij zijn nieuwe vriend in de leer. Met de hennep in de hand vlecht hij touw: zijn jeugdige baas moet, ondanks zijn elegante kleding, nogal 'blut' zijn, dat hij niet in staat is zijn nieuwe werknemer van materiaal te voorzien. Maar misschien is er hier slechts sprake van een van de oude regels van het gildesysteem, volgens welke de net in dienst genomen leerjongen kapitaal in de gezamenlijke pot moet inbrengen: in dit geval de textielvezel. Die zal de kosten dekken voor de vakopleiding die de beginneling in ruil daarvoor zal krijgen.[22] Platter, voortaan dicht bij het werk (hij woont bij zijn werkgever), voert een onwaarschijnlijk werkritme in: als de meester slaapt, leest en annoteert de jongeman als een razende Homerus en Pindarus; terwijl hij gelijktijdig intellectuele en ambachtelijke kennis opdoet, wordt de vroegere geitenhoeder de Gargantua van de armen.

Wanneer hij uiteindelijk ongeveer, en eigenlijk nogal slecht, een touw weet te fabriceren, rest Thomas niets anders dan de houder van de winkel in de steek te laten, net als hij vroeger gedaan had met zijn neef Paulus, de bacchant. De ervaren wegloper knijpt ertussenuit voor een rustig verblijf bij zijn vroegere hospita, de vriendelijke Adelaïde. Maar Platter is niet van plan om de zwerm hoertjes waarop deze dame waarschijnlijk toezicht houdt lastig te vallen. Hij woont in het bordeel, maar juist in die oase van prostitutie kan hij ongestoord studeren; daar leest hij tijdens een studieretraite waarvan niemand op de hoogte is zes weken achtereen rustig Euripides en vult zijn exemplaar van de tekst aan met noten. Eenvoudige geneugten. Heeft Zwingli, de puritein, die ook geproefd? Mocht onze nieuwe touwslager de hoertjes bezocht hebben, dan houdt hij daarvan in ieder geval geen agenda bij. Vervolgens besluit hij zijn biezen te pakken. Alweer! Hij gaat van Zürich naar Bazel. Vreest hij de verwijten van de baas die hij in de steek heeft gelaten? Om een dergelijk vertrek waardig te zijn overweegt hij in ieder geval zich volledig te wassen, wat hij waarschijnlijk al in geen eeuwen meer gedaan heeft. Die operatie wordt vergemakkelijkt door zijn invloedrijke relaties in de wereld van de bordelen, die ook stoombaden bezitten. Het warme bad in een van deze badinrichtingen, die onder toezicht staat van een kranige vrouw, leidt voor Platter tot een tijdelijke onpasselijkheid gevolgd door een onvrijwillige val die op zijn beurt eindigt in een nachtelijk modderbad. Was het ongezond geweest om zo, in één keer, het vuil van verscheidene maanden, zo niet verscheidene jaren te verwijderen? Nu Thomas is opgewarmd, vervolgens weer afgekoeld, en in ieder geval gedesodoriseerd (ondanks de modder?), hoeft hij nog slechts zijn boeltje bijeen te pakken om in twee dagen naar Bazel te reizen, waar hij zich vestigt met zijn nieuwe talenten op het gebied van het handwerk en het onderwijs.

Het begin in Bazel is moeilijk: Thomas treedt in dienst bij meester Hans Stähelin, de rode touwslager van Zwabische afkomst die gevestigd is bij de rundermarkt. Dit opvliegende personage, dat altijd een verwensing voor in de mond heeft liggen, is niet geliefd bij zijn werknemers. Hier zien we een van de zeldzame zinspelingen in Thomas' proza zo niet op de klassenstrijd, dan toch op de vijandigheid van de betrekkingen tussen sociale groepen. Zijn zoon Felix zal later over dat onderwerp evenmin spraakzaam zijn. Hoe het ook zij, doordat meester Stähelin niet populair is kan Thomas zonder problemen een baan in zijn bedrijf in de wacht slepen: men staat niet bepaald te trappelen om er in dienst te treden. De rode touwslager werkt voortaan met een leerjongen en twee werknemers, waaronder Platter, die sinds hij in een Zürichs atelier gewerkt heeft niet zonder overdrijving beweert kersvers opgeleid te zijn tot authentiek touwslager. Stähelin voedt zijn personeel erg slecht, met rotte kaas, die zijn vrouw zodra haar man afwezig is snel uit het raam gooit. Er is bijna geen verwarming, de winter is moeilijk door te komen. De jonge leerjongen van de baas maakt Thomas uit voor varkenskop (T 80). De baas zelf is, zoals we al vermoedden, nauwelijks vriendelijker: hij neemt het de jongeman uit Wallis, bij gelegenheid inwoner van Zürich en nu van Bazel, kwalijk dat hij zon- en feestdagen, nachten en zelfs werktijden gebruikt om Plautus te ontcijferen in de originele tekst. Plautus, Platter... Thomas steekt of verstopt de uit de omslag gehaalde bladzijden van de Latijnse komische auteur op artistieke wijze tussen het pak hennep, totdat Stähelin het in de gaten krijgt en in een verschrikkelijk gevloek uitbarst.[23] Het grootste scheldwoord dat Thomas krijgt toegevoegd luidt 'zwartrok'. We zien dat de zwingliaanse propaganda vruchten heeft afgeworpen: kerkelijk of simpelweg intellectueel werk heeft ook in Bazel nog steeds geen goede reputatie. Toch went de rode touwslager op den duur aan Thomas: hij is de enige in het bedrijf die kan lezen en schrijven; hij kan een register bijhouden; hij kan de inkomsten en de uitgaven voor het materiaal, de lonen enzovoort, in de boeken opnemen.

Stähelin gaat zelfs zover dat hij Thomas toestaat, misschien tegen een salarisvermindering, op maandag een uur Hebreeuwse les te gaan geven op de school van de Sint-Leonhardkerk. In het begin drijven de achttien leerlingen de spot met het zeer vuile touwslagerstenue dat hun nieuwe onderwijzer wel moet dragen. Die lessen moeten waarschijnlijk betaald worden. Walliërs zijn op de centen. De jonge 'leraar', die niet makkelijk is, gaat wel vreemd gekleed, maar is daarom niet minder bekwaam. Thomas bezit nu voor het eerst de status en het formaat van een intellectueel: hij bezoekt regelmatig de kleine, lucide, bescheiden gemeenschap van Bazelse humanisten. Onder hen bevindt zich Cratander alias Andreas Hartmann uit Straatsburg, die drukker en boekverkoper is en Plautus uitgeeft: er bestaan in die tijd frequente, rechtstreekse contacten tussen de reformatie in Bazel en de heterodoxie in Straatsburg. Duitstaligheid schept verplichtingen! Genève daarentegen blijft ver weg in verhouding tot de steden langs de Rijn. Maar dat gaat veranderen. Calvijn komt eraan... Calvijn, die onverwoestbare, kleine Picardische brug die al gauw tussen Germanen en Galliërs geslagen zal worden onder het voorwendsel van 'ketterij'... Thomas trekt ook op met de zeer geleerde Beatus Rhenanus, de medewerker van Amerbach, zelf een groot plaatselijk drukker; de Beatus die al gauw een van de beroemde wetenschappers van Sélestat en de Elzas zal worden.[24]

Eindelijk ziet Platter Oporinus ofwel Johann Herbster, eveneens een inwoner van Bazel, die op een dag een fraaie uitgave van een anatomische verhandeling van Vesalius zal verzorgen. Deze Johann was leraar en werd later drukker. Thomas geeft zijn toehoorders les uit een in 1524 verschenen Hebreeuwse grammatica, van de hand van Sebastian Münster, linguïst en kosmograaf: deze auteur zal zich pas in de loop van de zomer van 1529 als leraar Hebreeuws in Bazel vestigen. En daarmee kan de pedagogische fase van Platters activiteiten in Bazel op zijn laatst gedateerd worden in 1528, toen de gelegenheidstouwslager nog maar negenentwintig (of nog jonger) was. Dat is makkelijk vast te stellen: Thomas verklaart namelijk dat hij Münster heeft leren kennen via zijn befaamde grammatica. Die had hij al aan zijn leerlingen uitgelegd voordat hij de auteur ervan persoonlijk ontmoette. Thomas' weg kruist zelfs bij één gelegenheid die van Erasmus, die op dat moment tijdelijk in de stad is. De humanist richt enkele vriendelijke woorden tot de vroegere geitenhoeder. Erasmus zal Bazel (waar hij sinds november 1521 verblijf hield), in april 1529 verlaten en dat bevestigt de voorgaande datering. Platter ontmoet ook een enigszins fantasierijke jongeman, die zich onder zijn hoede aan de studie van het Hebreeuws wijdt. Later zal die jongen bijna tien jaar lang de joodse rabbi's van Kreta, Azië en Arabië (?) afreizen; dat zal hij althans beweren tijdens een later weerzien met zijn Helvetische kennissen.

Tijdens die lessen Hebreeuws, waar het vriendelijk toegaat, licht Platter graag het bijbelboek van de profeet Jonas toe, die drie dagen in de buik van een walvis of van een ander zeemonster zat voordat hij werd uitgespuwd ofwel weer tot leven kwam aan een kust. Het als zodanig aangeduide monster symboliseerde volgens de ongetwijfeld enigszins makkelijke propaganda van de zwinglianen vrij goed de antichrist of de roomse Kerk. Of deze zinspeling nu steekhoudend was of niet, ze was in ieder geval kwetsend; Thomas had er veel plezier in en hij droeg haar graag over aan zijn toehoorders.

Na de mystieke fases die Thomas doorlopen had in Wallis en in Zürich brak in Bazel het pedagogische stadium aan: dat zal voortduren tot de laatste levensjaren van deze zwerver. Er is niet meer alleen sprake van privélessen Hebreeuws die hij (zoals de jaren daarvoor het geval was) enkele bewoners van de omstreken van Zürich geeft; we hebben nu te maken met ware hoorcolleges die Platter verzorgt voor een twintigtal hebraïsten in de dop, die bijeenkomen in de Sint-Leonhardkerk in Bazel. Dat is voor de overtuigde antipapist die Thomas is des te gunstiger omdat Bazel onder leiding van Oecolampadius een protestantse revolutie doormaakt; ondanks het plaatselijke 'papisme' zal deze in februari 1529 definitief voltrokken zijn.[25]

Van onderwijs naar spanning. Thomas' eerste ervaringen als leraar worden abrupt stopgezet door die rare oorlog, eigenlijk snoeverij, die de gereformeerden uit Bazel en hun vrienden uit Zürich en andere steden van het Zwitsers Eedgenootschap aan het eind van de lente van 1529 tegen de vijf katholieke kantons (Luzern, Uri, Schwyz, Unterwalden en Zug) voeren. Thomas Platter, die bijna dertig is, heeft het zo druk als een klein baasje in het kleine leger; hij draagt het kuras van zijn baas, de rode touwslager; hij vervoert wijn voor de toekomstige strijders of onderhandelaars; hij verspreidt boodschappen voor de hoofdkwartieren. Het conflict eindigt rond Sint-Jan 1529 met een staakt-het-vuren bij Kappel. Een enorme pan melksoep waaruit beide partijen, katholieken en protestanten, drinken, symboliseert het eind van dit minuscule conflict, waarbij echter veel wraak- en haatgevoelens meespelen. De Bazelers eisen dat het akkoord over het verraden van ketters dat de paapse kantons met de Habsburger Ferdinand, koning van de roomsen, gesloten hadden plechtig verbrand wordt. Het verraad wordt onder de aandachtige blikken van Thomas tot as gereduceerd! Enkele gematigden uit het protestantse kamp hadden graag kennis genomen van de vervloekte tekst voordat hij verbrand werd; maar de extremisten van het militante antikatholicisme dreigen tot geweld over te gaan als de ongelukkige bladzijden die ze aanklagen niet meteen vernietigd worden. De extremist Zwingli vindt dat deze vrede van Kappel te overhaast tot stand gebracht is en levert er kritiek op. Hij ziet in het op deze wijze afgesloten 'kalmeringsverdrag' de kiemen voor een nieuwe oorlog... waarin hij in 1531 inderdaad de dood zal vinden. Dat gezegd zijnde, zal in Zwitserland het moderantisme van 1529 niettemin op een dag school maken in de vorm van een coëxistentie van de twee godsdiensten; hierdoor zullen de Eedgenoten ondanks de (toekomstige) tegenvaller van 1531 in staat zijn het fanatisme en de verschrikkingen van de godsdienstoorlogen die het naburige Frankrijk dertig of veertig jaar later zullen teisteren, te vermijden.

Het tijdelijke wapengekletter en de vlammende betogen van Zwingli worden wat Thomas betreft gevolgd door rustiger perioden. Zijn zeer bescheiden levenswijze in aanmerking genomen zullen ze (in theorie...) zelfs idyllisch zijn. Is hij, sinds kort terug in Zürich, het soort leven moe dat hij opnieuw leidt in het huis van de oude Hut Macherin, de hoerenwaardin bij wie hij samenwoont met zijn jonge vriend uit Wallis, Simon Steiner, die hij als kleine jongen heeft leren kennen bij een van zijn tantes en die hij vroeger het abc geleerd heeft? De twee zullen vertrouwelijk met elkaar blijven omgaan, zelfs wanneer ze later, wanneer Simon les gaat geven in Straatsburg, van elkaar gescheiden zullen zijn. Tegen het einde van de zomer van 1529, in de tijd dat ze samenwonen in Zürich, leeft Simon van de volkssoep die wordt uitgedeeld in het niet meer in gebruik zijnde klooster van de predikheren ofwel dominicanen. In die uiterst belangrijke tijd trouwt Platter met Anna Dietschi, de dienstbode van zijn meester Myconius. Ze is geboren in 1497 en dus twee of drie jaar ouder dan haar man. Ze is afkomstig uit een familie die, in Zürich zelf, burgers, goudsmeden en edelen telt; het blazoen van deze mensen draagt een gouden kroon. Dat is echter een bedrieglijke sociale achtergrond: afgezien van een kleine inbreng van enkele muntjes trouwt Anna zonder bruidsschat en niet voor niets: ze behoort tot een berooide rurale tak van het prestigieuze geslacht Dietschi. Anna was een dochter van dorpelingen. Haar broer leidt in Luzern een bescheiden bestaan met het vervaardigen van manden, stoelen en bezems...

Als volledige wees, zowel van vaders- als van moederszijde, ging de jonge vrouw al vroeg in betrekking als meisje voor hele dagen. Ze is een actief dienstbode en spinster. Als hennepspinster vult ze het inkomen van haar baas Myconius aan en vervaardigt haar eigen uitzet in de vorm van hemden die ruw aanvoelen op de huid. Ze is niet arm: voor ze trouwde, had ze nog nooit in het stro geslapen (Thomas zal haar bij gelegenheid doen delen in deze nachtelijke ervaring, die hem reeds lang vertrouwd was, zowel uit Zwitserland als uit Duitsland en Polen). Anna is timide en ook vroom, net als haar man. Hoewel ze reeds volwassen zijn, richten de echtelieden zich naar een huwelijksgewoonte die in het christelijke Europa wijdverbreid is: gedurende de eerste twee maanden slapen ze niet met elkaar. Misschien valt die houding te verklaren vanuit de huisvestingsproblemen: het paar blijft apart wonen, zij bij Myconius en hij bij de waardin Macherin. Beiden hebben dus uit vrije wil of uit noodzaak langer dan redelijk was de duur van de verplichte (?) onthouding verlengd. Ze besluiten pas de stap te zetten wanneer Myconius hen, zoals gewoonlijk op vriendschappelijke, geestige wijze vermaant: '*wen wil tu by dim Anni ligen*?' (T 86); 'wanneer ga je met je Anna naar bed?' Na een paar weken hakken ze, vooral uit angst belachelijk te zijn, de knoop door bij een priester die Platter vroeger Hebreeuws heeft geleerd en die hen voor een nacht onderdak verleent. Bij gebrek aan echtelijke haast in het begin van de wittebroodsweken zal Anna Thomas als hij oud geworden is en terugblikt een gelegenheid verschaffen na te denken over de verhoging van de lonen in de zestiende eeuw: de nominale waarde van haar loon als dienstbode was twee derde van wat het in 1572, drieënveertig jaar later, zou zijn geweest, het jaar waarin de man uit Wallis zijn herinneringen op schrift stelt. Maar de werkelijke waarde... De prijsverhogingen zullen deze schijnbare salarisverhoging waarschijnlijk meer dan gecompenseerd hebben, zodat de dienstbode feitelijk 'verarmd' zou zijn.

Op meer prozaïsch niveau doen er zich in het leven van Anna en

Thomas echtelijke twisten voor, die vooral te wijten zijn aan schulden, aan geldproblemen; maar die ruzies maken hun verbintenis op den duur eerder sterker dan zwakker. Laten we echter niet zo ver gaan in navolging van sommige anderen te beweren dat deze huwelijkse twisten een 'uitstekende therapie vormden om scheiding te voorkomen, een soort lange-termijnverzekering voor een echtpaar', zelfs al zal dit echtpaar zonder ernstige barsten tot aan Anna's dood bij elkaar blijven.[26]

Na enkele weken in Zürich besluiten Platter en zijn vrouw terug te keren naar het zuiden: de jonge echtgenoot zal in Wallis, de geboortestreek van de Platters, een dubbel beroep uitoefenen, als pedagoog en als touwslager. Thomas en Anna vormen een paar van textielbewerkers: zij de klossen en het spinnewiel, hij het touw. Een van de eerste etappes van de reis van de Platters eindigt in Sarnen, in het kanton Unterwalden, een streek van verstokte dronkaards als we de Zwitserse verhalen van die tijd mogen geloven, al zijn die wellicht overdreven. De plaatselijke herbergier, een luitspeler, en zijn vrouw, die ladderzat is, hebben de grootste moeite een bed voor het jonge stel op te maken en blijven zelf 's nachts op banken liggen. De volgende morgen ziet de baas van de taveerne, hersteld van zijn monumentale dronkenschap, reeds bij het krieken van de dag kans onze kenner van de klassieke talen de (gepeperde?) rekening te presenteren. Deze voldoet haar met de nodige tegenzin.

Van het traject van Unterwalden naar Visp (in Wallis), over de Alp en de Grimselpas, bestaat het laatste deel uit twee stukken. Het eerste stuk is niet leuk. Ze moeten genoegen nemen met hard brood en, wat nog erger is, op grote hoogte de sneeuw trotseren. Die bevriest op de jurk en het lichaam van Thomas' echtgenote, die blauw ziet van de kou. En ze moeten het hoofd bieden aan de vijandige houding jegens Zürich van de katholiek gebleven autochtone bewoners van Hoog-Wallis (die vijandig tegenover de zwinglianen staan). Maar tijdens hun afdaling naar Viège-Visp ontmoeten ze toch (T 88) beste mensen! Ten eerste, in de baden van Brig, die goed zijn voor beschadigde ledematen, loopneuzen, tremoren, doofheid en krampen, een barbier-herbergier. Vervolgens diens onwettige gezellin, de waardin van de herberg: ze heeft in Zürich een kind gekregen en daarna haar woedende vader verlaten, die overigens korte tijd later tijdens de volgende Zwitsers-protestantse oorlog zal omkomen als nationale held. Gesneuveld voor Zwitserland. Maar voor welk? Iets verderop en iets hoger in de omliggende bergen ziet Thomas een van zijn zusters – genaamd Christine – terug, geflankeerd door een man, negen kinderen en twee zeer oude tantes van de man, van wie wordt beweerd dat ze over de honderd zijn. De zuster overhandigt Thomas het overschot van zijn minuscule moederlijk erfdeel, bestaande uit linnengoed en een ezel. Zo kunnen Anna en Thomas na het opladen van alle bagage op comfortabele wijze verder reizen naar Viège-Visp.

Daar kent Thomas rond 1530 voor het eerst in zijn leven een ware welstand. Hij is tegelijk touwslager en handelaar (of met andere woorden doorverkoper van wijn en appels die verorberd worden door de jongens die hij les geeft; appels die hij heeft kunnen kopen met geld dat hij geleend heeft van zijn oom Antony Summermatter). Hij wordt ook en vooral onderwijzer van de genoemde scholieren. Dat beroep bezit in die tijd te midden van de velden en de bergen nog een groot deel van zijn prestige: het verschaft hem aanzien en steekpenningen, allerhande giften in natura. Hij en zijn vrouw wonen in een mooie ambtswoning met ramen met glas erin en een geleend bed, eveneens gratis. De ouders van zijn leerlingen (in de zomer onderwijst hij een dertigtal kinderen, in de winter slechts zes) voorzien hem (naast een betaling in geld) van melk, groenten en voeten schapevlees. Platters talloze nichten – hij had er *in situ* minstens tweeënzeventig die ongetrouwd waren – verschaffen hem als goede melkmeisjes boter, kaas en eieren. De schoolmeester kan zelfs geld opzij leggen! Wanneer Platter korte tijd later de plaats verlaat, heeft hij dertien goudstukken bij zich. Zijn schulden, die later weer opnieuw zullen ontstaan, zijn voor het ogenblik niet meer dan een slechte herinnering. Het volk genoot in die tijd nauwelijks onderwijs; het is moeilijk te krijgen, maar degene die daar eindelijk in geslaagd is, heeft een kans de armoede te ontstijgen waar hij tot dan toe mee te kampen heeft gehad.

Is deze welstand helemaal nieuw? Jazeker. Is hier sprake van hedonistisch materialisme? Absoluut niet. Want in de eerste plaats zit de lokale bevolking van deze hoge Rhônevallei Thomas 'op te wachten'. Hij wist al sinds zijn jongste jaren – en de mensen om hem heen tot op grote afstand van zijn geboortedorp en zijn tweeënzeventig maagdelijke nichten van de kant van Summermatter wisten dat ook – dat hij voorbestemd was (T 90) om priester te worden; voorbestemd om in zijn parochie in Wallis een overdonderende eerste mis op te dragen, overladen met cadeaus door de tientallen meisjes die bij deze bijzondere gelegenheid in de kerk voorbij zouden trekken voor de traditionele offerande. De vrouwen hadden dit schitterende, ontroerende vooruitzicht in zijn afwezigheid reeds tot ver in de hooggelegen valleien van de streek avondenlang besproken. Wat was het dan ook een teleurstelling voor dit nog aan de roomse Kerk verbonden en van nature klerikale volk om de jongeman in zijn eerste vaderland terug te zien komen met aan zijn zijde een echtgenote die appels doorverkocht aan schoolkinderen, een soort mislukte priestersvrouw, die dus, vergeef ons het woord, slechts een soort halve hoer (*huren*) kon zijn (T 50). Een choquerende term voor de arme Platter, wiens vrouw, zoals we gezien hebben, in werkelijkheid naar het evenbeeld van haar man uitermate deugdzaam is. En bovendien moet Thomas in dit verloren gat, in deze weinig tolerante uithoek, de mis bezoeken en er zelfs zingen: dat is onder het ancien régime de bijna verplichte taak van elke onderwijzer die die naam waardig is. Maar het valt Thomas zwaar de mis bij te wonen, hij wordt er chagrijnig van. Hij houdt er niet van tegen zijn 'geweten' in deze komedie op te voeren, zegt hij. Hij wil zich vrij kunnen uiten, hij die de arme Sint-Jan toch geen enkele vrijheid gelaten heeft toen hij hem veroordeelde tot verbranding in de kachel.

Thomas kan er niet meer tegen: hij gaat tijdelijk terug naar Zürich om Myconius, zijn geestelijke vader, te raadplegen. Een vader... en bijna een schoonvader, die Platter edelmoedig zijn eigen dienstbode tot vrouw heeft gegeven – aan wie deze zelfde Myconius overigens nog een niet te verwaarlozen deel van haar loon verschuldigd is; hij zal het nooit betalen. Men kan vroom en geleerd zijn, maar daarbij ook hebzuchtig of berooid... Myconius raadt Thomas aan zich buiten het aan de afgoden gewijde Wallis te vestigen en zelfs terug te keren naar Bazel, dat voortreffelijke mogelijkheden biedt. Na er in overvloed van geproefd te hebben, maar slechts voor korte tijd, zegt hij het goede leven in Wallis, de voeten schapevlees, de boter, de kaas, dus vaarwel...

Niettemin overpeinst Thomas bij deze gelegenheid, voordat hij definitief naar het noorden vertrekt, aan de hand van enkele kersverse of uit zijn geheugen opgediepte ervaringen een paar cruciale beproevingen in het leven van de bergbewoner of simpelweg de Helvetiër of Europeaan (of Europeaanse) van die tijd. Niet volgens het gebruikelijke drieluik 'hongersnood, pest, oorlog', maar in een minder triviale stijl de kou of liever gezegd de sneeuw, de pest inderdaad, en... bevallingen, als toegang tot het leven en meer dan eens als toegang tot de dood. De sneeuw in het hooggebergte natuurlijk: bij zijn terugkeer uit Zürich, waar hij zoals we gezien hebben ter genezing van zijn gewetensproblemen bij meester Myconius zopas de raad om te 'emigreren' heeft ingewonnen, heeft Thomas het tijdens de Alpentocht over de Grimselpas richting Wallis in gezelschap van een van zijn jonge leerlingen zwaar te verduren. De twee reizigers (T 91) bevriezen bijna in de dichte sneeuw. In zo'n geval is er maar één oplossing, die van de alpinist van alle tijden, van de alpinist avant la lettre. Bewegen, voortdurend bewegen, lopen om niet af te koelen, om te voorkomen dat je door gebrek aan beweging verstijft en de dood vindt. Oude technieken! De leerling dwingen eveneens te bewegen. Zo kunnen de twee metgezellen hun huid redden, een episode die waarschijnlijk plaats heeft gehad begin augustus 1530...

Naar aanleiding hiervan haalt Platter herinneringen op aan een andere, eveneens bijzonder 'aan vorst onderhevige' tocht door het hooggebergte, in zijn eentje deze keer, waarbij hij, niet geheel bekend met de bergen, bijna het leven gelaten had. Terwijl hij in elkaar zakte in de sneeuw, wat een aangename ervaring was omdat de warmte dodelijk uit zijn hart stroomde om zijn handen en voeten te verwarmen (dat is althans de 'fysiologische' verklaring die hij *a posteriori* van dit verschijnsel geeft), zag Thomas in een droom een man verschijnen die net als in het Evangelie energiek tegen hem zei: 'Sta op en wandel.' En dat deed hij; zo kon hij op het nippertje het lot van een zekere *Hibernatus* ontlopen, die vierduizend jaar geleden verdwaalde in de rijp van de Tiroler Alpen. Een half onirisch, half realistisch thema dat ook de Japanner Kurosawa in de Himalaya-scène in een van zijn films zal behandelen. Maar bij de Japanse cineast verschijnt er geen wezen met goddelijke woorden maar een glimlachende jonge vrouw aan de uitgeputte, sluimerende alpinist om hem op de rechte weg van het ontwaken en de terugkeer te zetten, niet naar het hooggelegen gastenverblijf zoals in het geval van Platter, maar door enorme sneeuwhopen heen naar het basiskamp...[27]

Sneeuw, de pest... De vroegere geitenhoeder had de afschuwelijke leegten al genoteerd die de epidemieën van het begin van de eeuw in zijn eigen familie hadden veroorzaakt: de dood van zijn vader, van zijn zusters... Rond 1530 verliest Thomas zijn pastoor uit Wallis aan de pest, een man die tijdens zijn ziekte door iedereen in de steek was gelaten, alleen niet door een jonge knaap. Anna Dietschi-Platter, die reeds een goede protestantse is en vreest voor haar eigen leven, verheugt zich over deze dood, want de geestelijke was onvriendelijk en stond slecht aangeschreven. Wanneer Thomas dit verhaal ophaalt, vermeldt hij nog andere zeer ernstige gevallen van besmetting die hij tijdens twee perioden in Zürich, enige tijd na elkaar, heeft meegemaakt.[28] Voor het ophalen van die herinneringen gebruikt Platter dezelfde techniek als altijd: 'over koetjes en kalfjes gesproken'. 'Over de pest gesproken'... Ten gevolge van deze besmettingen waren er in Zürich een paar massagraven gevuld met in totaal 1600 lijken. Bij een van deze rampen was Thomas misschien besmet geraakt, want er was een steenpuist of een buil op zijn dijbeen verschenen die een van zijn tantes genezen had met hulp van God en een kompres van koolbladeren. Hij had deze barmhartige, efficiënte tante pas kunnen bereiken na een uitputtende voettocht tijdens welke hij, mank lopend vanwege zijn abces, in een halve dag achttien keer in slaap viel. Ondanks alles was hij een onvermoeibare loper, die wij met onze tegenwoordige jog- en wandelprestaties beslist niet overtroffen zouden hebben. Tijdens de tweede pestperiode in Zürich had hij, bij gebrek aan een bed voor hem alleen, tussen twee meisjes geslapen die al gauw besmet raakten; beiden stierven naar hij beweert aan zijn zijde zonder dat hij er ook maar in het minst van te lijden had. Een sterk verhaal? Er schuilt ongetwijfeld een kern van waarheid in deze trieste geschiedenis. Was Platter door de eerder met koolbladeren genezen buil tijdelijk immuun geraakt voor de pest?

Bijzonder dramatisch, ondanks de hoop die erdoor ontstaat, is ook Anna's bevalling, waarschijnlijk in de herfst van 1530.[29] Zowel dramatisch voor haar als voor haar man. De kraamvrouw wordt (zoals dat in Wallis hoort tijdens de middeleeuwen of de renaissance) gratis bijgestaan door een adellijke vroedvrouw die dit werk voor haar plezier (*freid*) doet, want het zou zondig zijn zich te laten betalen om een nieuw zieltje ter wereld te brengen (T 93). Een sympathieke mentaliteit uit vroegere tijden: in Bazel, een modernere plaats, moet de verloskundige wel degelijk betaald worden. Deze mentaliteit vormt echter geen garantie tegen zuigelingensterfte. De adellijke dame wordt geholpen door verscheidene andere 'gedistingeerde' dames, wat bewijst dat Platter in Wallis enkele sporten op de sociale ladder geklommen is. Zelf zweet hij peentjes, zijn hemd is doorweekt; dat doet ons denken aan Hendrik IV, die bij de geboorte van de kleine Lodewijk XIII eenzelfde aanblik bood. Thomas is namelijk getuige van de geboorte, al beletten de over Anna heen gebogen vrouwen de echtgenoot echt te zien wat er gebeurt. De strijd tussen verschillende geloofsopvattingen zet zich voort rondom dit werkbed: de met een houten rozenkrans gewapende assistentes roepen de heilige Margaretha aan en adviseren de toekomstige moeder een mis te laten opdragen in de hoop de weeën te verzachten. Ze beperkt zich ertoe te antwoorden: 'Ik ben trouw aan de trouwe God!' Het echtpaar Platter houdt niet van 'afgodenverering', zij evenmin als hij. Ze is niet voor niets dienstbode bij de zeer zwingliaanse Myconius geweest. De baby, een klein meisje (T 94), wordt onvermijdelijk katholiek gedoopt en zal overeenkomstig de hagiografische smaak van de reeds vermelde dames 'Margretje' (Margretlin) heten. Het kind wordt katholiek gedoopt, maar de peetvader – geflankeerd door 'gedistingeerde' peetmoeders, daar heb je ze weer – is protestants en een 'vriend van de waarheid'. Thomas choqueert wederom de 'conformisten' in Viège door midden op het openbare plein aan wie het maar horen wil te verklaren dat hij, in geval van weduwnaarschap, in plaats van zwartrok (*sic*) te worden liever het beroep van beul of 'vilder' zou kiezen. We leven nog niet in de tijd van de kleine pater Combes, maar het antiklerikalisme van tegenwoordig vindt zijn wortels ongetwijfeld in lang vervlogen eeuwen.

Eigenlijk heeft Thomas een grondige hekel aan Hoog-Wallis, die streek van priesters; zijn vrouw is er (hoewel ze een 'ketterin' is) materieel gelukkig, maar wil er niet lang blijven. Tegen het eind van 1530 of begin 1531 pakt Thomas zijn biezen. De mensen ter plekke hebben er alles aan gedaan om hem over te halen te blijven. De bisschop van de streek, genaamd Von Riedmatten, heeft zelfs een neef naar hem afgevaardigd met vleiende voorstellen voor een promotie die Platter zou hebben opgestuwd naar de best betaalde hoge functies van het bisdom. Thomas beperkt zich ertoe vol bescheidenheid te antwoorden: 'Ik ben te jong en te onwetend.' Een antwoord dat moeilijk serieus te nemen valt, want deze tweeëndertigjarige pedagoog, die wel afkomstig is uit het volk maar vastbesloten is daar geen deel meer van uit te gaan maken, kent al Hebreeuws, Grieks en Latijn! De bisschop begrijpt dat er een addertje onder het gras schuilt en ziet in de weigering die de jonge man uit Wallis zo uitspreekt een aanwijzing voor de meest duistere opvattingen (ketterij). Hij heeft niet geheel ongelijk. En toch zal Thomas goede betrekkingen blijven onderhouden met de familie van deze prelaat, want sommige neven van deze laatste, waaronder een toekomstige bisschop, zullen leerlingen worden van de kostschool die hij vijftien of twintig jaar later opgericht zal hebben (maar in Bazel, niet in Wallis).

De plaatselijke prelaat was niet de enige die Thomas' vertrek betreurde: Thomas' zuster was er ook niet blij mee en richtte haar beschuldigingen tegen Anna Dietschi-Platter, die ze ervan verdacht het vertrek bekokstoofd te hebben. Er dient gezegd te worden dat het tussen de twee schoonzusters, de een uit de stad Zürich en de ander uit de velden van Wallis, niet altijd koek en ei was. Maar de beschuldiging was niet terecht. In dit geval had Thomas de broek aan en hij had alles besloten. De man had niets van een tam konijn; hij kon hoe dan ook niet lang op één plaats blijven. De enigen die verrukt waren over deze nieuwe uittocht van het echtpaar Platter waren de pastoors uit het gebied: zij zagen het kleine gezinnetje (dat naar de mutsaard riekte) met genoegen vertrekken.

Thomas vertrekt dus; hij draagt zijn kleren en zijn baby op de rug in een wieg in de vorm van een *rucksack* bestaande uit een houten parallellepipedum. Hij trekt zijn vrouw, die eveneens te voet is, aan een touw mee, zoals een boer zijn koe mee trekt. Want de jonge Zürichse, die pas bevallen is en geen bergbenen heeft, moet inderdaad getrokken worden! In de terminologie van het moderne alpinisme, waar Wallis in de zestiende eeuw dichter bij stond dan we geneigd zijn te geloven, zou men eenvoudigweg zeggen dat man en vrouw zich aan elkaar hadden vastgemaakt. Het kind heeft bij het afscheid van een van de eerbare peetmoeders een dubbele dukaat cadeau gekregen. En in serieuzer opzicht heeft het Duitstalige, katholieke Hoog-Wallis Thomas niet te kort gedaan: hij heeft dertien goudstukken bij zich; die vertegenwoordigen zijn winst uit het onderwijs en de kleine plaatselijke handel. Het einddoel van deze nieuwe 'nomadisering' is de stad Bazel. Niettemin brengen Anna en Thomas, die zich sinds ze afdalen naar het laagland weer van elkaar hebben losgemaakt, samen met het kindeke Margretlin een kort bezoek aan Myconius. Net lang genoeg om de goede meester te omhelzen en gebruik te maken van zijn gastvrijheid, die even edelmoedig is als zijn portemonnaie gierig is. Het is waar dat de bij Thomas zeer geliefde Myconius de echtgenote van deze eerste een bepaalde som geld verschuldigd is als loon voor haar vroegere werk als dienstbode. Dit reislustige echtpaar onderdak bieden is voor de 'oude' geleerde dan ook een manier om zijn schuld jegens zijn beschermelingen af te lossen.

Vanuit Zürich vertrekt de familie Platter naar Bazel. Thomas draagt wederom het kleine meisje, dat sinds het vertrek uit Wallis zwaarder geworden is: ze is al zes maanden. Anna, de moeder, vervoert met behulp van een schooljongen de plunjezakken van het paar, behalve die welke Thomas door een derde persoon rechtstreeks via Bern van Viège naar Bazel heeft laten brengen. Deze derde drager is een vriend, Thomas Roten, afkomstig uit een belangrijke familie uit Wallis. Altijd weer dat netwerk van notabelen uit zijn geboortestreek! Wanneer Platter eenmaal in de Bazelse kringen is opgenomen, is hij absoluut niet meer de arme, solitaire, bibberende schooljongen van vroeger. Hij beschikt over een stevig netwerk van mensen bij wie hij terecht kan voor onderdak. Hij wordt krachtig gesteund. 'Vrome mensen' of met andere woorden de 'maffia' (in de technische zin van het woord), de maffia van de gereformeerden, plaatselijke aanhangers van Oecolampadius, bevelen hem op onweerstaanbare en dringende wijze aan voor een baan als 'hulponderwijzer' (*provisor*) bij zijn oude vriend en beschermer Oporinus, die zich zonder problemen in de stad gevestigd heeft. Thomas wordt dus een soort adjunct-beheerder, een ondergeschikte pedagoog op de school van de Burg die Oporinus leidt. Deze figuur, die een Grieks pseudoniem gebruikt in plaats van zijn eigenlijke Duitse naam Johannes Herbster, doet op die wijze mee aan een campagne waarbij namen naar klassiek model worden veranderd: de Latijns-Helleense renaissance is in Bazel geen holle term.

In 1526 gaf Oporinus les aan de Sint-Leonhardschool (in Bazel), waar Thomas hem leerde kennen. Oporinus was bevriend met Sebastian Münster, een hebraïst en kosmograaf van de eerste orde (T 163), en diende als secretaris voor Paracelsus, die min of meer de 'doctor Faust' van de Helvetische geneeskunde in de zestiende eeuw was. Een schitterend begin van Oporinus' carrière; deze zal reeds in 1538 tot een professoraat aan de universiteit leiden, nog steeds in Bazel. En dan, in 1542, verandert Oporinus van beroep en wordt drukker. In 1543 levert hij zijn typografische meesterproef af met de publikatie van de prachtige verhandeling van de beroemde Vesalius, de grote anatoom van de renaissance; we doelen hier op de 'zeven boeken over het bouwwerk van het menselijk lichaam', een schitterend in-folio van bijna zevenhonderd bladzijden, met een houtsnede die de titel weergeeft.[30] Leraar-opzichter Oporinus, die lange tijd in de schulden heeft gezeten en zelfs arm was, wordt ten slotte een welgesteld man dankzij een derde en vervolgens vierde huwelijk met twee vrouwen die een grote bruidsschat inbrengen. De weg die hij aflegt als pedagoog, drukker en paramedicus dient Thomas Platter als voorbeeld en dat zal in de toekomst zo blijven, want wanneer hij de jaren van zijn zwerftochten eenmaal achter de rug heeft, wordt hij eerst onderwijzer, daarna drukker, en vervolgens weer onderwijzer; hij voelt zich ook, daar zullen we nog op terugkomen, voortdurend aangetrokken tot de geneeskunde, waaraan zijn twee zoons zich volledig zullen wijden. De geneeskunde als middel om de sociale ladder te beklimmen.

In de jaren 1530-1531 staat Platter op zeer goede voet met de elite van de stedelijke machthebbers in Bazel: zijn mentor Oporinus woont in het grote herenhuis vlak bij het bisschoppelijk paleis, een sociale positie die in zijn soort al enige voornaamheid meebrengt. Bovendien geniet de nieuwe Bazelse immigrant de vriendschap van Heinrich Billing; deze man, zoon van een herbergier en begiftigd met een mooie stem die hem tot een van de koorzangers van de Sint-Leonhardkerk zal maken, is eveneens via het tweede huwelijk van zijn moeder de stiefzoon van de burgemeester van Bazel Jacob Meyer zum Hirzen, een van de wereldlijke pausen van de plaatselijke reformatie. Heinrich Billing heeft Platter serieus geholpen; hij heeft in de stad van het eerder gehouden concilie een eerste 'duurzame' baan als pedagoog voor hem op de kop weten te tikken. 'Duurzaam' met een korreltje zout natuurlijk, *cum grano salis*; want Platter is in feite nog niet aan het eind van zijn omzwervingen en niemand kan zeggen wat de dag van morgen zal brengen. Heinrich Billing zal het huishouden van Thomas, van wie hij een 'uitstekende vriend' is, op een dag zelfs voorzien van een glas in de vorm van een laars, zo groot als een fles; die grillig gevormde drinkbeker maakt het Thomas en Anna mogelijk zonder problemen samen het vaatje wijn leeg te zuipen dat het voornaamste sieraad van hun kelder vormt. Dit diepgelegen lokaal (*keller*) is voor de echtgenoten overigens het decor van een ritueel met wisselende rollen in de trant van 'Ga uw gang' en 'Ik denk er niet aan'.

'Drink,' zegt Platter tegen zijn vrouw, 'want je hebt een kind aan de borst' [Margretlin is overigens al veel ouder dan zes maanden].

'Nee, drink jij maar,' antwoordt Anna, 'want jij studeert en je kunt niet zeggen dat je het ervan neemt.'

Het echtpaar is nog wel niet rijk, maar het is in ieder geval definitief aan de armoede ontsnapt. Dat blijkt wel uit het feit dat het gezinnetje in de tijd dat het in Bazel woonde nooit meer gebrek aan wijn of brood heeft gehad. Het drinken van wijn is, zoals Vauban zal aantonen, reeds onder het ancien régime een teken dat men is opgeklommen naar de lagere middenklasse. De Platters gebruiken deze gezamenlijke dronk in de loop van de dag, nadat ze naar het badhuis geweest zijn. Ze wassen zich dus vaker dan Thomas tien jaar eerder deed. De pedagoog ontvangt een goed salaris: veertig pond per jaar. De stad is niet gierig tegenover deze leraar van groot allure die Thomas voortaan is. Maar de huur van het huisje met het schild met de leeuwekop (het ligt vlak bij de woning van Oporinus en het bisschoppelijk paleis) blijkt hoog: tien pond per jaar.

Hoewel het voedsel van de Platters behoorlijk is en hun woning ook, geldt dat niet voor het meubilair, dat ze bij een uitdragerij gekocht hebben. Afgezien dan van een stoel en een goed bed (gekocht voor vijf pond, niet ver van het huis van Heinrich Billing). De kookketel en het fonteintje, beide met een gat, heeft Platter toevallig gevonden tussen de afgedankte spullen van het stedelijke ziekenhuis.

Een gezondheidsprobleempje in combinatie met de hardnekkige zwerflust die de eeuwige student Platter nog steeds in zich heeft, zal voor enige tijd een eind maken aan deze alles welbeschouwd gelukkige manier van leven. Thomas is namelijk een 'nachtbraker'. Hij is een harde werker en neemt genoegen met enkele uren slaap. We moeten toegeven dat hij, om vanuit totale ongeletterdheid op te klimmen naar de functie van leraar Hebreeuws, Latijn en Grieks, verscheidene inspanningen heeft moeten leveren die de gezondheid van menigeen verwoest zouden hebben: hij heeft dus last van duizelingen; hij wankelt en houdt zich vast aan de muren en de banken van het klaslokaal. Aderlatingen noch poeders van gember, muskaat en suiker, die hem vanaf twee fronten door de plaatselijke geneesheren worden aangeraden, zowel door de aanhangers van Galenus als door die van Hippocrates, zullen daar op dat ogenblik veel aan veranderen.

Dan verschijnt, nadat Thomas consult heeft ingewonnen over deze nogal goedaardige kwaal, de 'beroemde' dokter Johannes Epiphanius (in feite is er in onze bronnen, afgezien van de hier volgende episode, niets van hem bekend). Deze Venetiaan, die lange tijd in München gewoond heeft, waar hij met een knappe vrouw getrouwd is, heeft samen met zijn echtgenote de Beierse hoofdstad moeten ontvluchten; dit om te ontsnappen aan de pesterijen en zelfs onthoofdingen waaronder hertog Wilhelm IV von Wittelsbach de geneesheren uit de hoofdstad van zijn grondgebied gebukt deed gaan naar aanleiding van de beschuldiging dat ze er lutherse ideeën op na hielden en vlees aten tijdens de vasten. Wilhelm IV was de 'ketters' aanvankelijk niet slecht gezind geweest, maar verdacht hen er zozeer van naast hun strikt religieuze stellingnames een bekrompen gewetenloze politiek te voeren dat hij al gauw zijn kazakke gekeerd had. Vanaf 1522 verbood hij alles wat ook maar iets met Luther te maken had. In 1524 kreeg hij van paus Clemens VII speciale bevoegdheden om toezicht te houden op abdijen en bisschoppelijke paleizen. In 1541 nodigde hij de jezuïeten uit om zich in zijn gebied te vestigen. Dit hertogelijke personage liet mensen die wilden afwijken van de goede leer geen andere keus dan ongemerkt weg te gaan of te vluchten. Dat gold ook voor Epiphanius.

In Bazel, waar iedereen elkaar kent, zijn de stedelijke intellectuele kringen weliswaar van hoog niveau maar van beperkte omvang. Thomas Platter, hevig geïnteresseerd in de geneeskunde – een van zijn hobbies –, zoekt al gauw contact met Epiphanius, de Italiaans-Beierse emigrant wiens tweede naam veel meer verwijst naar de Grieks-Latijnse renaissance en de reformatie dan naar vergeten of afgekapte Venetiaanse wortels. Wanneer Thomas de Venetiaan in kwestie tot in de bijzonderheden op de hoogte heeft gesteld van zijn klachten, acht deze zich in staat de duizelingen te genezen. Top! De Platters, Anna en Thomas, treden dus als dienstbode en knecht in dienst in het nieuwe huis van de geïmmigreerde dokter, die zich zojuist in Pruntrut (T 98) gevestigd heeft als persoonlijk geneesheer van de bisschop die in de katholiek gebleven stad resideert. De prelaat is niemand minder dan de vrolijke, corpulente veertiger Philip von Gundelsheim; hij had zijn eerste proeve van bekwaamheid afgelegd in de kathedraal van Bazel. Ook Epiphanius is een vrolijke, grote, sterke kerel: hij heeft, met toestemming van Philip, de gewoonte aangenomen de kelder van de bisschop te ledigen en vervolgens naar zijn eigen huis te gaan en daar wijn te laten brengen. Zo blijft hij tot middernacht in zijn tuin zitten terwijl hij, slechts gekleed in zijn hemd, stevig doordrinkt en eet. Daarmee moeten we deze feiten dateren in de zomer van 1531, want in de winter, die in de Jura nogal koud is, zal men niet bepaald geneigd zijn om zich 's nachts te ontkleden. Overdag kan Epiphanius aandacht schenken aan de duizelingen van zijn knecht en cliënt Platter, die hij ook tot zijn leerling zal maken, want hij zal hem enkele grondbeginselen van de geneeskunde bijbrengen: daar is Thomas nog begeriger naar dan ooit, want hij weet dat deze tak van wetenschap evenzeer of nog meer dan Hebreeuws en Grieks een sleutel is voor het bestijgen van de sociale ladder. Een baatzuchtige mentaliteit die zijn zoon Felix later zal delen. De twee mannen, vader en zoon, zijn daarom niet minder menslievend en welwillend tegenover zieken; maar deze gunstige gedisponeerdheid ten aanzien van andermans gezondheid heeft volgens de Platters pas in tweede instantie betrekking op de geneeskunde, die ze in de eerste plaats beschouwen als een techniek om fortuin te maken…

Op grond van deze beloften voor de toekomst regelt Thomas onmiddellijk zijn vertrek naar Pruntrut. Daarvoor hoeft hij slechts zijn vrouw bij de hand en zijn dochter op de rug te nemen: het is na Viège-Zürich en Zürich-Bazel de derde 'rugreis' van de kleine meid. Het meest ontevreden zijn Platters vrienden uit Bazel die moeite gedaan hebben om in de stad een baan in het onderwijs voor hem te vinden. Ze hadden hun uitgesproken reislustige beschermeling niet goed ingeschat. Thomas zal hen hoogstens nog bij tussenpozen zien wanneer hij heen en weer reist tussen Pruntrut en Bazel om in opdracht van zijn nieuwe meester medicijnen te kopen. Epiphanius laat niet na zijn net aangenomen knecht op wonderbaarlijke wijze te genezen, maar hij zal minder gelukkig zijn ten aanzien van zijn eigen persoon! Aesculaap, verzorg jezelf… Wat betreft Platters duizelingen zijn de middelen eenvoudig. Geen aderlatingen en geen drankjes. Natuurlijke geneeskunde. 'Ga vroeg naar bed samen met je vrouw, en zij zal je dokter zijn' is wat de Venetiaan *grosso modo* tegen Thomas zegt; 'blijf als er 's morgens niemand klopt zolang in bed als je wilt en laat je bij het ontwaken een flinke kop lekkere soep door je Anna serveren.' De geneesheer behandelt (zo weinig), de Natuur geneest. *Natura sanat, medicus curat.* Zorg van vrouwen in plaats van aderlatingen, purgaties of preparaten van apothekers. De 'farmacopee' van Epiphanius lijkt doeltreffend: Thomas' duizelingen verdwijnen zonder gevolgen na te laten, behalve wanneer de voormalige zieke opnieuw extreem lang opblijft. Platter zal deze zeer doeltreffende methode om duizelingen te genezen zelfs overdragen aan zijn vrienden in Bazel, die geen rancune gevoelen over zijn recente uittocht. Onder hen bevinden zich burgemeester Zum Hirzen, de vader van zijn kameraad Heinrich Billing, en de geliefde Myconius; en zelfs enkele jaren later een van zijn cliënten en collega's (F 92), Cellarius alias Martin Borrhaus.[31] Deze eigenaardige figuur, geboren in Stuttgart, had bij zijn startpunt de bescherming van een grote familie genoten. Hij zwierf als student van Tübingen naar Kraków, was bevriend met Melanchthon, gebrouilleerd met Luther, trouwde driemaal en zou vanaf 1536 in Bazel glasblazer, alchimist en leraar worden. Zijn pogingen om complexe lichamen te ontleden in hun eenvoudige samenstellende delen zullen hem uiteindelijk tot een van de intellectuele voorlopers (te midden van vele anderen) van de moderne chemie maken.

Na deze Komedie (de doktoren van Molière uitgeschakeld door de zachte geneeskunde) komt de Tragedie: de pest steekt de kop weer op. Het is zomer (1531). Het seizoen van de epidemieën. De Platters wonen sinds ongeveer drie maanden in Pruntrut. Het eerste slachtoffer van de rondsluipende epidemie is Margretlin Platter. Het meisje is pas één geworden[32] (ze begint net te lopen). Ze sterft na erg geleden te hebben. De ouders zijn in tranen. Daarmee tonen ze meer liefde en meer verfijning dan Thomas' moeder, Amilli Summermatter, gedaan had, die te zeer beproefd was door haar ellendige bestaan om diep geraakt te worden door de tegenspoed van de haren; ze was uiteindelijk nogal ongevoelig voor het ongeluk en zelfs voor de dood van haar nakomelingen. Een collega van Thomas, die schoolmeester is in Pruntrut, zorgt ervoor dat wijlen Margretlin begraven wordt. Haar diep bedroefde moeder weet de kracht nog op te brengen om een bloemstuk voor de kleine overledene te maken. Maar Anna Platter heeft voor enige tijd de levensvreugde en de zanglust verloren die haar in de ogen van haar man zo aantrekkelijk maakten. En juist die bedroefdheid (die, zo noteert Thomas, zo kenmerkend is voor families die getroffen zijn door de pest of erdoor bedreigd worden) zet Epiphanius, die in andere tijden zo joviaal was, aan het denken.

'Je vrouw is triest,' zegt hij kortweg tegen Thomas. 'Dat betekent dat ze waarschijnlijk de pest zal krijgen, zij of mijn eigen vrouw. Zorg dus dat je me van Anna bevrijdt.' Thomas heeft geen andere keus dan aan de bevelen van *Herr Doktor* (zoals Epiphanius wordt genoemd) gehoor te geven. Hij brengt zijn vrouw naar Zürich, waarschijnlijk naar Myconius, haar oude baas. Epiphanius' vrees was terecht. Margretlin had voor ze stierf de hele woning van de Venetiaan besmet. Niet Thomas zelf, die dankzij de pestbuil die hij enkele jaren eerder gehad had voor een flinke tijd immuun was. Maar Epiphanius' vrouw, de eerste volwassene die binnen de huiselijke kring van de grote heelmeester getroffen wordt, blijft met een buil op haar dij in bed in de kamer op de eerste verdieping. De dokter is ontzet over de ziekte van zijn vrouw en drinkt zich, in het volle besef van het drama dat in aantocht is, enkele dagen lang volledig onder tafel...

Wanneer Platter terugkomt uit Zürich vindt hij zijn baas 'barstensvol wijn' onderuitgezakt aan tafel, met de fles voor zich. Het is zondagavond. Epiphanius gaat tussen twee hikken zo ver dat hij Thomas verwijt hem gehoorzaamd te hebben en tot aan Zürich met Anna mee te zijn gegaan; alsof het vertrek van de jonge vrouw via een of ander mysterieus alchimistisch proces de besmetting van de vrouw van de kwakzalver versneld had. In de nacht van zondag op maandag gaat het gordijn op voor de dodelijke odyssee van Epiphanius. Wanneer de dokter wakker wordt, is hij besmet met de pest. Hij ontvlucht het stadje. Hij ontvlucht zijn vrouw; hij vertrekt zonder haar op de hoogte te stellen en volgt de voetsporen van zijn bisschop, die zich sinds enige tijd heeft teruggetrokken in Delsberg, het zomerverblijf van de prelaat van Pruntrut, waaromheen zich bossen en jachtterreinen uitstrekken die de bisschop een tijdverdrijf van de eerste orde bieden. In tijden van pest weten helden, waaronder menig bisschop, zich te doen kennen. Zie het, inderdaad heroïsche, geval van monseigneur De Belzunce in Marseille in 1720... Philip von Gundelsheim daarentegen moet ondanks zijn hoge functie onder de Zwitserse Jurabewoners gerekend worden tot de categorie van de snel doorgestoken laffe holle vaten.

Heeft Epiphanius, vergezeld van zijn knecht Platter zoals dat hoort, inderdaad het spoor van monseigneur Philip gevolgd? Die intentie had hij wel. Maar het resultaat is zeer bedroevend. De ongelukkige heelmeester sleept zich voort over de weg. Het lukt hem maar net om vanaf Pruntrut, een gemeente die voortaan beroofd is van zowel zijn prelaat als van zijn dokter voor lichaam en ziel, een mijl per dag af te leggen. 's Avonds weigert Epiphanius' maag alle voedsel. Dinsdag, de tweede dag van deze lijdensweg, is nog erger. Nadat ze een paard gehuurd hebben, dat eerder dient als ambulance dan als staatsiepaard, vervolgen de mannen hun weg naar Delsberg. Bij de poort van dit gehucht weigert men de arts de toegang. In tijden van pest verschansen gemeenschappen zich; en wat is onder die omstandigheden praktischer dan een vestingmuur?

Epiphanius ziet er, na tengevolge van zijn ziekte en de hevige zomerhitte verscheidene malen van zijn paard te zijn gevallen, niet geweldig uit. De bisschop, die in zijn verblijf *intra muros* van het probleem op de hoogte is gebracht, dwingt de inwoners, of de poortwachters die zich in hun naam uitspreken, om de zieke dokter binnen te laten. Hij nodigt hem aan zijn bisschoppelijke tafel voor de avondmaaltijd. Het ongezonde uiterlijk van zijn bezoeker, zo totaal in tegenstelling met zijn frisse teint van vroeger, baart hem zorgen. Ter verklaring van de trieste aanblik die hij biedt noemt Epiphanius zijn zonnesteek en zijn dronkenschap van de voorgaande dagen. Een verklaring die Gundelsheim overtuigt, want hij kent de drinkgewoonten van de Venetiaan. 's Avonds vouvoyeren de twee mannen, de bisschop en de geneesheer, die bij gelegenheid samen op jacht geweest zijn, elkaar en noemen elkaar vormelijk *Herr* en *Herr Doktor*. Op grond van hun doctorsgraad of hun geestelijke functie behoren ze tot de klasse van de togadragers. Platter daarentegen tutoyeren ze. Het wordt een slechte nacht: Epiphanius, wiens toestand verslechtert, bevuilt zijn bed. Platter, nog steeds vol toewijding, heeft in dezelfde kamer op het bed ernaast geslapen. 's Morgens vroeg wast hij de lakens van de pestlijder welwillend met water en wijn zodat het niet meteen te zien is (*das man nit glich sähe*). Voortdurend de angst dat de dokter herkend wordt als pestlijder. De volgende ochtend springt monseigneur de bisschop (*gnädiger Herr*), die al vroeg op jacht is gegaan, van zijn paard zodra hij terug is bij zijn woning; hij hoort Thomas uit: 'Heeft je meester de pest?' Want kwade tongen hebben Sire Philip intussen verteld dat de baby van Platter aan de pest is overleden en dat Epiphanius' vrouw in Pruntrut aan een buileninfectie van identieke oorsprong lijdt. Tussen Pruntrut en Delsberg verspreiden nieuwtjes zich niet lopend maar als een lopend vuurtje.

In het nauw gedreven door de vraag van de bisschop begint Platter te hakkelen. Hij spreekt vaag over een kou, een syncope doordat de geneesheer tijdens de verzengend hete reis erg veel koele drank gedronken heeft. Maar de bisschop laat zich niet bedriegen. Hij verjaagt meester Epiphanius en zijn knecht Thomas zonder plichtplegingen. De twee mannen gaan, op zoek naar een kamer, alle inwoners van het plaatsje langs, maar ze worden weggestuurd. Uiteindelijk vinden ze een schuilplaats en een goed bed zoals het een 'heer' van de stand van Epiphanius betaamt, bij de medelevende waardin van Het Witte Kruis. Sommige vrouwen tonen zich in deze zaak barmhartiger dan de mannen. Maar niet alle vrouwen... Wanhopig denkt de geneesheer even later aan zijn echtgenote die hij in de steek heeft gelaten in Pruntrut. Platter, met wie hij af en toe in het Latijn converseert, krijgt de opdracht Epiphanius' vrouw op te gaan halen in de hoofdstad van het bisdom en haar, als ze haar echtgenoot voor zijn overlijden nog wil zien, dood of levend mee te nemen naar Delsberg. Zoals te begrijpen valt, scheept de dame (die naar het schijnt genezen is van haar buil) de boodschapper af en noemt haar man een schoft en zelfs een Welsch – met andere woorden een Latijn: Venetiaan of Fransman, dat maakt weinig uit –, een uiterst grove belediging uit de mond van een Beierse. Op dramatische momenten komt de oude vijandschap tussen Germanen en Latijnen weer boven. Epiphanius kan creperen. Het interesseert haar niet meer. Laat God zich er maar mee bemoeien.

Platter laat zich echter niet van de wijs brengen. Redelijk als hij is, brengt hij de Münchense op zijn gebruikelijke wijze tot de werkelijkheid: 'Vrouw, ik denk dat hij doodgaat,' *'Frow, ich gloub, er werde sterben.'* En hij herinnert haar eraan dat ze schulden heeft, dat het echtpaar in de schulden zit. De schuldeisers, waaronder een apotheker, een oude meneer en de overspelige waard van herberg De Ooievaar, zouden wel eens stevige eisen kunnen gaan stellen. Het is niet voor niets dat Epiphanius in Bazel een politiek – of, als men dat liever heeft, een godsdienstig – vluchteling is, die uit München is gekomen met als enige bagage zijn medische kennis. Hij heeft nog niet de tijd gehad om weer fortuin te maken en nog minder om een clientèle en een goede gezondheid op te bouwen. Nadat Platter 'mevrouw Epiphanius' volgens de vormen de les heeft gelezen, moet ze de feiten wel onder ogen zien zoals ze zijn, dat wil zeggen onaangenaam. Getroffen door zijn argumenten, bedaart Epiphania. Ze vertrouwt Thomas, van wie ze weet dat hij eerlijk is (een eerlijkheid die, zoals we zullen zien, in werkelijkheid nogal betrekkelijk is), een klein onderpand toe: fijn linnengoed en een geringe hoeveelheid zilverwerk, dat hij in Bazel moet gaan verkopen om te ontkomen aan beslagleggingen. Thomas, die beide voeten op de grond heeft, 'leent' ook het boek met medische recepten (*experiment buch*) van de baas, een werk dat hij ongetwijfeld van plan is tijdens verloren momenten voor persoonlijk gewin over te schrijven. Hij heeft de hoop nog niet opgegeven eens geneesheer of zelfs doctor in de medicijnen te worden; zo zal hij kunnen ontsnappen aan het lot van onbeduidend leraartje waarvan hij niet zonder reden vermoedt dat het vroeg of laat zijn deel zal worden.

Voorzien van deze 'buit' komt Thomas ten slotte in de loop van vrijdagavond weer bij zijn aan de pest lijdende meester aan. De bisschop, nog steeds bang voor besmetting, heeft de dokter intussen op een paard laten hijsen en hem in gezelschap van een knecht richting Münster ofwel Moutier (T 167), een plaats op enkele kilometers afstand van Delsberg, gestuurd. Dit gehucht had zich onder invloed van Guillaume Farel, de vurige evangelische prediker van Franse afkomst, aangesloten bij de protestantse reformatie naar Bazels model. Thomas wist, hoe uitgesproken zwingliaan hij ook was, zijn ideologische voorkeuren als het uitkwam tot zwijgen te brengen: in Pruntrut had hij samengeleefd met een 'paapse' bisschop en met de persoonlijke geneesheer van deze prelaat, een dokter die zelf lutheraan was. Maar in Moutier zal het afgezien van de laatste riten niet zozeer om religieuze keuzes gaan. Epiphanius is in dit gehucht doodziek. Ondanks de hulp van de knecht was hij tijdens het korte traject vanaf Delsberg natuurlijk van zijn paard gevallen.

De nacht viel. De ochtend brak aan. De nacht van zaterdag op zondag was verschrikkelijk. De herbergier in Moutier was nergens van op de hoogte. Hij had er dus in toegestemd de ziekelijke, zware, corpulente ruiter uit Delsberg onderdak te verlenen. Wanneer de man ten slotte het woord te horen krijgt dat de hele geschiedenis verklaart (pestlijder) wordt hij woedend, ook op zijn vrouw, die verantwoordelijk is voor het opnemen van de gasten. Hij dreigt Platter en zijn meester (T 102) de trap af te gooien (*die Stägen ab werffen*). De chambrettes zijn op de bovenverdieping. Ook Thomas slaat een hoge toon aan; hij slaagt erin samen met Epiphanius en een gereformeerde dominee, die naar Moutier is gekomen om de zondagsdienst te houden, te blijven waar hij is. De predikant probeert, op christelijker wijze dan de bisschop, de Venetiaan in doodsstrijd te troosten en aan te sporen op een goede wijze te sterven. De dominee is minder ingenomen met de parochianen van Moutier: zelfs voor geld weigeren ze al was het maar een paarde- of een varkensstal (*süwstellin*) beschikbaar te stellen waar de stervende in vrede zijn laatste adem kan uitblazen. Thomas vindt alleen een Bazelse (alweer een vrouw) die bijna moet bevallen en op een steenworp afstand van de herberg woont waar Epiphanius op sterven ligt, bereid om zijn baas de laatste diensten te bewijzen. De verklaring voor de edelmoedige daad van dit brave mens, dat zwanger is tot aan haar kin, moet natuurlijk mede gezocht worden in het feit dat de arts en de jongeman uit Wallis net als de barmhartige dame dan wel niet in Bazel geboren zijn maar er toch tot voor kort gewoond hebben. Ze tutoyeert Platter, die ze 'mijn goede vriend' (*gsell*) noemt, en spreekt meneer de dokter met u aan. Hoe dan ook, haar onmiskenbare goede wil contrasteert met de onaangename gedisponeerdheid van de autochtonen.

Een andere vrouw (die hiervoor door Platter betaald wordt) helpt mee de dokter naar het nabije huis van de kraamvrouw te brengen. Deze laatste kust Epiphanius huilend en met een aanzienlijk risico tweemaal op zijn lippen. Ze installeert de nieuwe gast die zal sterven op een comfortabele stoel en vervolgens in de slaapkamer in een mooi, netjes opgemaakt bed, dat de hoge sociaal-medische positie van Epiphanius waardig is. Ze slaagt er zelfs in hem twee nappen soep te laten drinken. Tijdens het traject van de herberg naar de woning van de bovenste beste Bazelse heeft Platter van de omstandigheden gebruik gemaakt om de plaatselijke boeren die in twee rijen aan weerskanten van de hoofdstraat stonden, flink de huid vol te schelden. Hij verwijt ze een hart zonder God te hebben ten aanzien van zijn baas die er zo slecht aan toe is. Schijnbaar horen ze zijn beledigingen aan zonder te reageren.

Thomas is nu verdeeld tussen twee tegenstrijdige imperatieven. Op grond van zijn vriendschap en dankbaarheid, waarvan hij tot nu toe vele malen getuigd heeft (al deed hij op die manier gewoon zijn werk als knecht), is hij verplicht de dokter in zijn laatste momenten bij te staan; maar zijn zorgen over zijn eigen belangen doen zich nu dringend gevoelen. Deze laatste krijgen de overhand. Daar dragen de omstandigheden ook toe bij, want de zieke zelf vraagt de jongeman (T 103) met een verstikte stem in een half-Latijnse, half-dialectische pidgintaal terug te gaan naar Bazel. Hij geeft hem een vergulde tandenstoker mee die hij van zijn halsketting gehaald heeft en ook enkele ringen waarvan de tegenwaarde Epiphania in staat zou moeten stellen enige tijd te leven. Is de liefde voor deze jonge vrouw in de benevelde hersens van de alcoholistische pestlijder in zijn laatste uren weer opgelaaid? Dat vraagt Platter zich eerlijk gezegd niet af. Hij neemt met enkele vriendelijke woorden afscheid van de verpleegster van de dokter (ze zal haar baby krijgen op hetzelfde of bijna hetzelfde moment waarop Epiphanius sterft, want hij zal de avond niet halen); dankzij deze kraamvrouw zal de Venetiaan een eersteklasbegrafenis krijgen die hem waardig is en die past bij zijn doctorstitel (*wie ein doctor*). Platter van zijn kant (T 104) heeft de kostbare medische compilatie van de overledene, die nog altijd goed is om over te schrijven, in zijn tas gestopt; hij reist regelrecht naar Bazel, naar zijn vriend Oporinus.

De kraamvrouw zal haar kosten en haar vriendelijkheid terugverdienen door middel van de luxe kleding van de overleden Venetiaans-Münchense heer; het zal haar geen enkele moeite kosten die in te ruilen tegen klinkende munt. Epiphanius, die sterft als een arme, zonder chirurgijn of artsenij (*weder schärer noch artzny*), wordt als een rijke in een kist gelegd, maar naakt als op de dag van zijn geboorte. Zijn mooie garderobe wordt de plunje van dorpelingen uit de streek: evenzo maakten de bewoners van de zeekusten zich in de goede oude tijd meester van de ladingen van schepen die bij storm op de klippen waren geworpen. Platter van zijn kant had bij zijn ex-baas een eerste onderricht in de geneeskunde gehad. Dat woog wel op tegen het feit dat hij door de pest enkele florijnen van zijn loon niet uitbetaald kreeg. De twee zoons van Thomas zullen deze korte beroepsoriëntatie van hun vader later voortzetten.

Dan volgen er enkele weken vol haarkloverij onder de magistratuur van Bazel, waar Platter beweert eervol uit te voorschijn te zijn gekomen. Maar we bezitten alleen zijn persoonlijke versie van de feiten, die geheel in zijn voordeel pleit. De schuldeisers van de overledene (apotheker, herbergier, oude man...) willen als schadevergoeding beslag leggen op Epiphanius' eigendommen, waaronder de schitterende vergulde tandenstoker en het dikke boek. Oporinus en Platter rekken de zaak en schrijven intussen koortsachtig ieder een helft van het omstreden boek over; vervolgens kopiëren beiden de halve kopie die hun kameraad intussen gemaakt en achtergehouden heeft. Aan het eind van deze episode eindigt het zo gewilde boek zijn loopbaan tussen de boekenverzameling van een van de schuldeisers, waarschijnlijk die van de apotheker, terwijl de kleine 'bibliotheken' van Thomas en Oporinus beide verrijkt zijn met een gekalligrafeerde kopie: de gouden eeuw van de handgeschreven manuscripten is beslist nog niet voorbij! Gutenberg, van wie Thomas later een helper zal worden, heeft zich nog niet doen gelden. Bij gebrek aan fotokopieermachines... Deze onbeduidende zaak zal overigens geen enkel spoor van onenigheid tussen de betrokken personen nalaten. Twintig jaar later zal Thomas' zoon (Felix) de peetvader worden van de bastaardzoon van herbergier Klingenberg, een van Epiphanius' vroegere crediteurs. Deze reeds oud geworden herbergier zal zich namelijk een avontuurtje veroorloven met de dienstbode van de vroegere querulant Thomas Platter, die intussen met dezelfde Klingenberg bevriend is geraakt.

Bij dat alles had men de jonge weduwe van Epiphanius bijna vergeten. Deze dame is genezen van de pest, van die afschuwelijke pest van

1531[33], maar blijft geruïneerd achter; men heeft haar alles afgenomen (*alle ding iren genummen werin* – T 105). Op een dag, veel later, komt ze bij Platter op bezoek: ze vraagt hem om het recept voor een purgeermiddel met rozijnen (*purgatz mit den rosinlinen* – T 105) dat in het boek van haar man staat. Zal ze daarin gaan handelen? In ieder geval heeft ze geen rooie cent meer. Thomas laat haar met een vleugje spijt weer vertrekken. Ze was knap (*sy was hüpsch*). Hij zal nooit meer iets van haar horen. Ze zal aan deze ruwe, korte geschiedenis slechts een herinnering in de vorm van een litteken overhouden, het duidelijke spoor van een buil op haar dijbeen.

En toch nemen die enkele weken van pest en geneeskunde, vooral de stervensweek die Thomas op die manier heeft beleefd, een aanzienlijke plaats in zijn verhaal in: gerekend naar het aantal bladzijden zeven procent van het totaal... Dat komt omdat hier, expliciet vermeld, een kwestie speelt die bij Platter een gevoel van diepe weemoed oproept: zijn gemiste medische roeping. Het enige wat hij nog kon doen was de behoefte een medische loopbaan te volgen overbrengen op zijn nakomelingen.

De zomer van 1531 was voor Platter de tijd van de pest. De herfst wordt een tijd van oorlog, van een conflict waar Thomas zo goed en zo kwaad als het gaat tussendoor glipt. Begin oktober hebben de vijf 'paapse' kantons, opgehitst door de Habsburger uit Wenen, genoeg van het agressieve, imperialistische theocratisme van Zwingli. Deze laatste heeft in Zürich langzamerhand een dictatuur van de deugd gevestigd; hij heeft daar de tolerantie jegens de katholieken afgeschaft die hij terecht ten aanzien van zijn protestantse geloofsgenoten opeist zodra deze in de gebieden wonen die onder invloed van de roomse kerk geplaatst zijn. De vijf katholieke of 'boskantons' – Luzern, Uri, Schwyz, Unterwalden en Zug – hebben een klein maar degelijk leger op pad gestuurd. Het komt uit het zuiden en valt het 'ressort' aan dat onder invloed van Zürich staat. Voor de gereformeerden loopt het slecht af, *es übell erging*. De troepen van Zürich, die slecht georganiseerd en gepolitiseerd zijn en op militair vlak inefficiënt, worden ondanks de dappere zwinglianen die er deel van uitmaken bij Kappel verslagen (11 oktober 1531). Zwingli zelf vecht, gehelmd en gewapend met een zwaard, een bijl en een knots, als een bezetene. Hij sneuvelt. De (gescheurde) helm van de profeet en zijn gevechtsuitrusting zullen in de negentiende eeuw in het nationale museum van het Eedgenootschap belanden.

De expansionistische protestanten in Duitstalig Zwitserland, aan wie sinds Kappel op hardhandige wijze enig gevoel is bijgebracht voor waar de grenzen liggen, worden voortaan wijzer: het land krijgt zijn configuratie waarbinnen beide godsdiensten, de paapse en de gereformeerde, bestaan en samenleven; een configuratie die zonder al te veel wrijving zal blijven bestaan tot aan de kleine Zwitserse oorlog van de *Sonderbund* (1847). Deze zal de krachtsverhouding veranderen ten gunste van de protestanten, zonder dat dezen echter een politiek-religieus monopolie krijgen dat het subtiele evenwicht binnen het Eedgenootschap zou kunnen veranderen. Op de avond van 11 oktober, op het tijdstip dat de lichten ontstoken worden, bereikt het nieuws van de ramp in Kappel Zürich. De noodklok wordt geluid! Platter is die dag bij Myconius. Een vriendschappelijk bezoek? Of het verlangen 'erbij te zijn' in een week, op een dag waarop besloten leek te worden over de toekomst van de heterodoxie in het Duitstalige gebied? Wanneer ze horen van de ramp, gaan veel mannen die in de leeftijd zijn om te vechten naar buiten en posteren zich op de brug. Van de mannen die een wapen konden hanteren was er dus een aantal in de stad achtergebleven. Was hun tekortschieten of hun afwezigheid een van de oorzaken van de nederlaag? Onder deze mannen die naar buiten komen bevindt zich Thomas in eigen persoon. Zijn geweten heeft hem niets te verwijten. Hij is geen inwoner van Zürich. De menigte mannen bedekt nu de brug en de directe omgeving daarvan; ze stroomt al gauw uit over de andere oever. De mannen willen eventuele vijandige bendes het hoofd bieden: die zouden, vertrouwend op hun overwinning, de stad kunnen bestormen en haar bezetten. In werkelijkheid zullen die bendes echter geen inval doen. Het uitbuiten van overwinningen is geen sterke kant van de kantons. Ze willen het imperialisme van de gereformeerden beteugelen, maar niet vernietigen. Daar zouden ze trouwens niet toe in staat zijn.

De nacht van 11 op 12 oktober is koud. Ze maken grote vuren en warmen daarbij hun voeten, waarvoor ze hun schoenen uittrekken, als ze die hebben. Voor Platter is dat het geval: de tijd is voorbij dat hij als arm jongetje in de zomer op blote voeten liep en in de winter op klompen. In de kleine uurtjes komen ze bij het licht van de toortsen de gewonden van de vorige dag tegen: dezen keren strompelend terug naar Zürich. Een smartelijk schouwspel: bij één soldaat is de hand afgehakt; een ander probeert met zijn armen zijn wiebelende, zieke hoofd in evenwicht te houden; een derde voetknecht houdt zijn uitstulpende ingewanden in zijn handen. Zelfs kleine oorlogen zijn tragisch, of ze nu gevoerd worden door Griekse stadstaten of door Zwitserse steden. In het voorbijgaan wordt bijna de hellebaard uit het persoonlijk arsenaal van Myconius gestolen die Platter geleend heeft. Hij blijft vol vertrouwen. De enkele veldheren (*houptlüt*) die de ondergang van het 'leger' van Zürich overleefd hebben, komen ieder op zichzelf terug; de een is verdwaald in de velden; de ander krijgt het verwijt verraad gepleegd te hebben, of in ieder geval zwak te zijn geweest tegenover de paapse tegenstander. Platter heeft een holle maag: hij krijgt geen voedsel aangeboden want hij is geen lid van de reguliere militie van de stad. Dapper als een filosoof besluit hij terug te keren naar de stad; te dien einde steekt hij in tegengestelde richting de brug weer over, die bewaakt wordt door tot de tanden bewapende wachten. Deze schildwachten controleren degenen die de stad in willen, want men vreest een paard van Troje, wat nog steeds mogelijk is; men vreest ook de komst van klaplopers of van gewonde vreemden die verzorgd moeten worden... Thomas' terugkeer naar Myconius is nogal naargeestig.

In de jaren dertig van de zestiende eeuw komen dergelijke tegenslagen veel voor. Enkele seizoenen later, in 1534, krijgen de Franse protestanten er op hun beurt een te verduren wanneer Frans I vanaf de Plakkaat-affaire zijn betrekkelijke welwillendheid jegens hen laat varen en overgaat tot een enigszins discriminerende houding. In de Duitstalige wereld is de veranderlijkheid in negatieve zin minder uitgesproken, minder serieus. Niettemin is het halt dat het regionale protestantisme is toegeroepen duidelijk: de vrede die korte tijd later gesloten wordt, heeft ten doel de grenzen tussen de rivaliserende godsdiensten voor lange tijd te bevriezen. De hoop op een nieuwe bloei van de reformatie of op een volledige revanche van de katholieken wordt van beide kanten ontmoedigd. Deze vrede, die *de facto* gerealiseerd wordt en al gauw *de jure* wordt gesloten, voorkomt echter niet dat er op korte termijn nog enige malen alarm wordt geslagen. Eind november 1531 komen de katholieke boeren uit het kanton Schwyz van de oorlog terug: ze behoren tot de overwinnaars van Kappel. Om zo snel mogelijk hun kantonnale weilanden te bereiken, kiezen ze een voor de hand liggende route: onder de muren van Zürich langs.

Voor de overwonnen maar nog ongeschonden stad (er is nog niet één vijand met geweld over de muren geklommen) is dat een vernederende belediging, een beangstigende provocatie. Zürich is bang. Men is bang voor verraders en men vreest een slachtpartij. De stad heeft een maand eerder de slag verloren. Ditmaal zou ze in een nieuw avontuur best haar 'maagdelijkheid' kunnen verliezen (zo werd de eer van een stad betiteld wanneer ze nog niet bezoedeld was door een invasie van een belegeraar).[34] De (nuttige) angst verwekt een verdedigingsreactie, de burgers gaan de straat op. 's Avonds beveelt Myconius Platter, zijn trouwe discipel, om te blijven: 'Thomas, vannacht slaap je bij mij,' '*Thoma, lig du hinacht by mier.*' De jongeman uit Wallis gehoorzaamt. De twee mannen doen in het gemeenschappelijke bed beiden maar één oog dicht; ze dommelen met hun hellebaard naast zich in bed. Dan breekt de dag aan: de 'Schwyzers' vertrekken; ze verlaten hun tijdelijke onderdak in de boerderijen buiten de stad. Ze trekken zich terug in de streek waar ze vandaan komen. De schrik had flink toegeslagen.

Toch blijft Zürich, zelfs nu Zwingli is omgekomen, volgens talloze inwoners naar de mutsaard rieken. De grond van de stad brandt hen onder de voeten. Dat is overduidelijk in het – natuurlijk complexe! – geval van Georg Göldli, een van de leiders van het protestantse 'leger'. Hij heeft zijn troep zo slecht beheerd dat het vooruitzicht van een nederlaag, dat reeds integraal verwezenlijkt is, nog versneld wordt. Zozeer dat hij door de zijnen beschuldigd wordt van verraad, want toevallig dient Georgs broer in de katholieke gelederen. In 1532, een jaar na de gebeurtenissen, wordt er een rechtsvordering tegen kapitein Göldli ingesteld. De verdachte weet zichzelf vrij te pleiten. Zodra hij weer in vrijheid is, vestigt hij zich in Konstanz. Daar sterft hij in 1536. Het had hem verstandiger geleken een grote afstand tussen zijn vroegere woonplaats Zürich en zijn kostbare persoontje te creëren (T 168).

Myconius zal Zürich op zijn beurt eveneens verlaten, zij het op grond van andere motieven: hij heeft in deze bedreigde, gevaarlijke stad niets meer te zoeken. Een mindere plaag is dat de werkeloosheid op de loer ligt. Bovendien is de pedagoog diep bedroefd over de dood van meester Ulrich (Zwingli): tussen Zwingli en Myconius bestond een oude, vertrouwde genegenheid, die in de eerste plaats te danken was aan de intellectuele en spirituele superioriteit van de eerste van deze twee. Platter beweert sterk bijgedragen te hebben tot Myconius' vertrek naar Bazel en heeft, naar zijn zeggen, zijn invloedrijke betrekkingen met de Bazelse familie Billing aangewend. Hij vestigt de aandacht van zijn meester op de mogelijkheid de post van (gereformeerd) predikant te verwerven die vacant is door de dood van Hiëronymus Bothanus, alias Bothan. Deze figuur, afkomstig uit de Elzas, die gesneuveld was in de slag bij Kappel, predikte tijdens zijn leven vanaf de kansel van de Sint-Albanuskerk in Bazel.

Platter stelt zijn rol in dit geval misschien mooier voor dan zij was en maakt zichzelf met betrekking tot de eindbeslissing van Myconius, de 'kale' predikant, belangrijker dan in werkelijkheid het geval was. Niettemin is het een feit dat deze laatste op het genoemde tijdstip Zürich verlaat. In december 1531 vinden we hem in Bazel inderdaad terug als dominee. Zo vervolgde hij zijn loopbaan als leraar en dominee, die hij doorliep (T 159) in achtereenvolgens Bazel (al eerder), Zürich, Luzern en wederom Zürich en Bazel. In deze laatste stad zal Oswald Geishaüssler, bijgenaamd Myconius, een verheven lot kennen in de protestantse wereld, zowel in de kerk als in het onderwijs, en in 1552 overlijden aan de pest. De reis van Zürich naar Bazel die de twee vrienden Oswald en Thomas – die volgens onze criteria nog jong zijn (ze zijn respectievelijk in de veertig en in de dertig) – aan het eind van de herfst van 1531 ondernemen, is zowel spannend als amusant. Myconius komt, geëscorteerd door Platter, onderweg in het dorp Mumpf een groep van vier adellijke ruiters tegen, die er onbetrouwbaar uitzien. In werkelijkheid zijn het beste mensen, zelfs al is een van hen, junker Hans Egloff Offenburg, 'een van de grootste schurken, vechtersbazen en zuiplappen aan wie de registers van de twisten uit die tijd de herinnering in stand hebben gehouden' (T 110, 169). Eerlijk gezegd had Myconius niet geheel ongelijk dat hij een zeker wantrouwen jegens hen toonde. Het viertal had enkele weken eerder nogal vrolijk de trieste festiviteiten ter gelegenheid van de begrafenis van Zwingli bijgewoond, waarbij ook een paar onbekende strijders begraven werden die bij Kappel en elders gevallen waren in de stellig heilige strijd tegen het papisme. Offenburg en zijn vrienden hadden bij die rouwplechtigheid naar het schijnt vooral gemene zaak gemaakt met de plaatselijke oppositie van paapsen, die opgetogen was van de vrome dictator verlost te zijn.

De argwaan die de trouwe gereformeerde jegens de edelen koesterde, was vooral te wijten aan het feit dat minstens twee van hen familiebanden of professionele contacten hadden met het episcopaat van de roomse Kerk uit de streek. Platter heeft er dus geen moeite mee hen in het voorbijgaan te betitelen als amper vermomde papen en zelden nuchtere dronkelappen. In de herberg van Mumpf ledigt de kleine 'rot' vechtjassen de ene kroes na de andere en maakt een onmenselijk lawaai. Een van hen, een jeugdige junker, wil Myconius dwingen te 'pimpelen' (T 110) onder het voorwendsel dat hij met hem wil klinken. Dat leidt tot een verontwaardigd protest van de 'oude' professor (dat is althans de gerontocratische benaming die de landjonkers op tournee de veertigjarige geleerde toekennen).

'Zo is het genoeg, kameraad,' zegt Myconius tegen de jonge drinker, 'ik kon al drinken toen jij nog niet eens in staat was je gevoeg in de houtspaanders te doen.' (Dienden houtspaanders op de binnenplaatsen van woongebouwen als 'latrine'?) Aan het eind van de zuippartij, als de avond gevallen is, heeft de zoon van Von Landenberg (een van de ruiters), die bijna even zat is als zijn vader, het lef met zijn ellebogen op tafel te leunen. Tot woede van zijn verwekker, Wolfgang Daniël von Landenberg. Dronkenschap alla, maar *je ellebogen op tafel*! Het idee alleen al... Platter en zijn metgezel, die zwijgend getuige zijn van deze gedragingen, krijgen in stilte de slappe lach. De niet-adellijke Myconius heeft weinig respect voor de adel, of althans voor bepaalde edelen en andere ongecultiveerde, pretentieuze, grove zwaardentrekkers. Hij minacht hen evenzeer als de katholieke priesters, die hij allerminst in zijn hart draagt.

In Bazel aangekomen installeert Myconius zich bij Oporinus (*by dem Oporino*, zoals Thomas zegt in zijn mengelmoes van Duits en Latijn). Oporinus, de toeverlaat van ex-Zürichers op doorreis, zolang ze maar 'goed denken'. Al heel gauw, eind 1531, verkrijgt Myconius de pastorie en de kansel van de Sint-Albanus. Op dit punt geeft Platter met een zekere onbescheidenheid te kennen dat hij de nieuwe predikant af en toe tot 'nègre' dient voor het schrijven van een bijzonder delicate preek over een heet hangijzer zoals: 'Laten we proberen te begrijpen waarom God ons allen in deze moeilijkheden heeft gestort' (de betreffende moeilijkheden zijn de nederlaag en de dood van Zwingli). Hoe het ook zit met deze echte of verzonnen rol van 'nègre', Myconius' preken trekken horden mensen en vallen in de smaak bij wetenschappers, zowel op het gebied van het hellenisme als van de theologie.

Het succes van Myconius' preken is van dien aard dat hij in de zomer van 1532 vol triomf Oecolampadius, spiritueel, zo niet politiek leider van de bevolking van Bazel, opvolgt. Een volledige promotie, zowel op academisch als op kerkelijk vlak. Oecolampadius was bijna tegelijk met Zwingli overleden, in de herfst van 1531, maar zijn dood was niet gewelddadig. Er kon een aflossing van de wacht plaatsvinden waar Platters vrienden, met name Myconius, van profiteerden en Platter zelf, direct of indirect, eveneens. In algemene zin heeft de godsdienstige hervormingsbeweging in de personen van Luther, Zwingli, Calvijn en *a fortiori* Platter vaak haar wortels gehad onder de zonen van de middenklasse (Luther, Calvijn) of de welgestelde (Zwingli) of zelfs arme boeren (Platter). De opmars van het protestantisme sluit, bij de Saksen en de Angelsaksen, de Duitstaligen en de Welsches, niet alleen aan bij een verandering in gedrag op spiritueel gebied. Hij vertegenwoordigt ook in alle eenvoud of brutaliteit een aardschok op sociaal gebied (de snelle promoties), op het gebied van het huwelijk (de successieve 'huwelijken' van Hendrik VIII, de huwelijken van nonnen of geestelijken), en op het gebied van het protest (de Boerenoorlog in Duitsland).

Zoals we gezien hebben zou Thomas zijn lezers graag overtuigen dat Myconius zijn briljante carrière aan hem te danken heeft. Zo zou hij zijn vriend binnen de gemeenschap van Bazel als een goede kruiwagen aan een parochiaal baantje geholpen hebben; hij heeft Myconius geescorteerd van Zürich naar Bazel; hij zou deze reis zelfs (op bescheiden wijze) gefinancierd hebben; hij zou onderwerpen geleverd hebben die inspireerden tot een preek. De memoirenschrijver uit Wallis heeft soms behoefte om indruk te maken op de lezers uit zijn familie die kennis zullen nemen van zijn boek, en in dit geval zijn we er niet aan gehouden hem op zijn woord te geloven. Naast het vertrek van Myconius noteren we vanzelfsprekend een ander 'definitief' vertrek naar Bazel: dat van Platter zelf (Thomas zal later weliswaar nog enkele aanvullende zwerftochten maken, maar het moment waarop hij zich een vaste woonplaats in Bazel verwerft zal weldra aanbreken). Zürich biedt Thomas in het laatste trimester van 1531 geen enkel toekomstperspectief meer, noch in civiel noch in militair opzicht. Hij kan zich beter opnieuw in Bazel vestigen om te studeren, wederom te studeren, en zijn brood te verdienen (november 1531). Anna zal zich korte tijd later bij haar man voegen. Sinds de dood van de kleine Margret, een geliefd kind, dat echter de reizen van het echtpaar, al dan niet van elkaar gescheiden, bijzonder compliceerde, is ze – helaas – veel mobieler en 'vervoerbaarder' geworden.

Thomas hervat dus zijn verlengde middelbare-schoolcursus onder Bazelse invloed. Iets wat hem uiteindelijk meer amuseert dan het enigszins humeurige gezelschap van zijn echtgenote, die in die tijd gelukkig niet bij hem is; hij gooit zijn anker uit op het *Untern Collegium am Rheinsprung*, dat eeuwenlang de zetel van de universiteit van Bazel zal blijven. Zijn 'goede meester' in die tijd, bij wie hij zich in de loop van de zomer van 1534 officieel inschrijft (ongetwijfeld later dan hij te verstaan geeft, maar hij moet al vanaf 1531-1532 regelmatig contact met hem gehad hebben), is Phrygio, wiens ware naam Konstantin Sydenstricker is. Phrygio is in de jaren tachtig van de vijftiende eeuw in Sélestat geboren en opgegroeid in het humanistische klimaat dat in dit Athene of Florence van het toekomstige departement Haut-Rhin uitstraalde van de geleerde Beatus Rhenanus, een verwant van Erasmus en verlicht liefhebber van de oude klassieken en de kerkvaders, kenner van de klassieke en Duitstalige historiografie, redacteur, mede-redacteur of annoteur, al naar gelang, van Plinius, Seneca, Tacitus, Velleius Paterculus, Titus Livius, Augustinus, Hiëronymus, Johannes Chrysostomos, Tertullianus,

Thomas van Aquino en Erasmus... Phrygio, die aldus geschoold is en pastoor is geworden in Bazel en vervolgens reeds in 1532 professor aan de universiteit van deze stad – hij werd pas in 1535 overgeplaatst naar Tübingen – is de aangewezen persoon om Thomas de lessen van de renaissance bij te brengen (F 53).

Thomas bezoekt regelmatig de klaslokalen, maar schijnt in deze *Alma Mater* van Bazel eveneens over een piepklein 'kot' te beschikken, of op zijn minst over een bed. Hij slaapt op de universiteit zoals anderen in de kazerne slapen. Bij gebrek aan gerechten uit de gezinskeuken, dat wil zeggen aan een echtgenote om die te bereiden (Anna woont nog steeds in Zürich), eet hij voor drie duiten in het restaurant *Pilger Stab* (pelgrimsstok of pelgrimsstaf), een verschrikkelijk slechte universiteitskantine, waar men bijna even hongerig weggaat als men gekomen is. Bovendien toont meester Phrygio zich een voedend gastheer: hij nodigt Platter menigmaal aan zijn tafel samen met Christian Herbort, een andere leraar die duidelijk ouder is. Thomas houdt deze Christian voor een specialist in parasiteren (*schmorotzen* – T 115), een kameleon die altijd met zijn kont tussen twee stoelen zit, zegt hij nadrukkelijk, een draaier, half-katholiek, half-protestants, die zich richt naar de godsdienstige tendens van de belangrijke steden: gereformeerd in Bazel en katholiek in Fribourg of in Wallis. In 1580 zullen dergelijke specialisten in het wisselen van persoonlijkheid nog steeds in Bazel te vinden zijn, zoals Montaigne vermeldt.

In feite leidt Platter gedurende de eerste jaren van deze nieuwe studietijd in Bazel een onzeker leven. De plaatselijke universiteit is erg ontregeld door de triomf van de protestantse reformatie in 1529. De gewone intellectuele activiteiten worden in dit academische milieu pas vanaf ongeveer 1532 beetje bij beetje hervat, natuurlijk onder beschermheerschap van nieuwe meesters en nieuwe overtuigingen. Platter is in deze vernieuwde situatie voortaan zeer ver afgedwaald van zijn eerste revolutionaire belangstelling die hem ertoe gebracht had de beeldenstorm te steunen (de verbranding van het beeld van Sint-Jan) en zich in te zetten voor de zaak van het populistische ouvriérisme (zijn keus voor het vak van touwslager). Zijn carrière nadert het punt van rijping: op zijn vijfendertigste, in de zomer van 1534, laat hij het stadium van eeuwige student, van zeer vergevorderde, zij het berooide leerling achter zich; hij verwerft een betrekking als bijna definitief leraar (of zo goed als, want er zullen nog enkele, zij het slechts korte onderbrekingen volgen). In dit jaar 1534 ontbreekt het hem natuurlijk niet aan de vereiste beroepservaring: hij heeft al een aantal jaren op verschillend niveau voor pedagoog gespeeld en eerst het abc onderwezen en vervolgens het Hebreeuws, een mooie vooruitgang! Dat Thomas aan het begin van het tweede 'trimester' van de eeuw voornamere rollen kan gaan vervullen is niet alleen het resultaat van zijn eigen verdiensten. Hij profiteert ook van het feit dat er door het vertrek van katholieke leraren, die walgden van de plaatselijke overwinning van de 'ketterij', banen zijn vrijgekomen, en de vele sterfgevallen tengevolge van de pest, ook binnen de intellectuele elite, hebben er eveneens toe bijgedragen dat de man uit Wallis een kans krijgt.

In dit jaar van zijn promotie (1534) krijgt Thomas een bijna volledige baan als pedagoog en wordt wetenschappelijk medewerker of hoofdmedewerker, een functie tussen die van leraar op de middelbare (of lagere) school en die van professor in de volle zin van het woord. Thomas traint zich in het overbrengen van kennis in wat we tegenwoordig zouden noemen het propaedeusejaar. Hij geeft les in Grieks (een taal waarin hij een expert is geworden, evenals in het Latijn en het Hebreeuws). Daarbij maakt hij gebruik van de *Dialogen* van Lucianus, een schrijver met een scherpe tong ten aanzien van menselijke ambities en hemelse godheden: heeft de diepgaande studie van dergelijke teksten Thomas sceptisch gemaakt of althans minder mystiek dan hij tien of vijftien jaar eerder was? De Griekse grammatica die Thomas als leerboek gebruikt is die van Ceporinus ofwel Jacob Wiesendanger; deze theoreticus, afkomstig uit de streek van Winterthur, die vroeger leraar aan de kloosterschool van Bazel is geweest, heeft deze grammatica daar in 1522 gepubliceerd. Het werk zou een duurzaam succes kennen, althans bij de Helvetiërs, en vele malen herdrukt worden. De wijze waarop de stof uiteen wordt gezet is dan ook modern, cartesiaans avant la lettre, met 'lange opeenvolgingen van argumenten die heel eenvoudig en heel makkelijk zijn'. De grammatica wordt bestudeerd in haar vele aspecten: zelfstandige naamwoorden, accenten, declinaties, bijvoeglijke naamwoorden, bijwoorden, voorzetsels... De man uit de bergen van Wallis met hun traditionele beschaving heeft nu toegang tot de fijne classificaties waarmee hij het geheugen van zijn leerlingen voortaan verrijkt, en daarbij is de meester allesbehalve zuinig met uiterst nuttige klappen als dat nodig is. Ze maken, behalve op het kasteel van Montaigne, deel uit van de onderwijsmethoden van die tijd.

De wissels worden op Thomas' lange traject echter opnieuw verzet; een tijdelijke, maar essentiële bifurcatie: de boekdrukkunst! De pest die, banaal genoeg, in die jaren nog steeds rondwaart, neemt namelijk Jacob Ruber (of Ruberus in Latijnse waanwijsheid) weg, een innig geliefde vriend van Platter en Oporinus: Jacob was van zijn beroep corrector in de drukkerij van Johannes Herwagen; deze laatste, in het Latijn Hervagius, kwam uit Oostenrijk en was in 1527 met Gertrud getrouwd, de weduwe van de beroemde drukker Johannes Frobenius. Herwagen was verscheidene jaren medewerker geweest van andere leden van deze grote drukkersfamilie Frobenius. Sinds 1531 stond hij op eigen benen en oefende het beroep van drukker uit met behulp van een aantal werknemers, maar zonder compagnons. Nadat Jacob Ruber was weggevallen, slaagde de bovenste beste Hervagius er gedurende korte tijd in deze overleden medewerker te vervangen door Simon Sulter of Sulzer, een goede student of plaatselijk intellectueel van hoog niveau. Van geleerde naar corrector van drukwerk is in die tijd maar een kleine stap, die snel gezet is, want geleerdheid alleen brengt geen brood op de plank. Maar Sulzer had kennelijk andere inkomsten, of misschien was hij eenvoudigweg volledig bezeten van onderzoek en zuivere cultuur (F 170). De boekdrukkunst was, zelfs in deeltijd, niet verenigbaar met zijn ware interesses; het lukte hem dus zijn baan als opzichter aan Platter over te dragen.

Thomas liet zich eerst bidden en smeken, maar uiteindelijk 'gaf hij toe aan het hartelijke, dringende verzoek van zijn kameraad' en accepteerde de baan. We dienen hieraan toe te voegen dat zelfs de opmerkelijke geleerde die Oporinus was, niet aarzelde overuren te maken teneinde drukwerk te corrigeren. Zo beginnen voor Thomas rond 1536-1539 vier jaren van hard werken, waarin hij onderwijs en drukproefcorrectie combineert. In het zweet zijns aanschijns en gekweld door zorgen voelt hij de roeping ontstaan full-time drukker en zelfs uitgever te worden; hij woont tenslotte in Bazel, de sleutelstad van de Zuidduitse boekdrukkunst, zoals Lyon in de zestiende eeuw het centrum van de boekdrukkunst in Frankrijk vormt. Al gauw krijgt Platter als het uitkomt de rol van baas toebedeeld: wanneer Herwagen afwezig is om de boekenbeurs in Frankfurt te bezoeken blijft Thomas in Bazel en wordt belast met het toezicht. Men merke de vele gaven op waarvan de nieuwe drukker in de loop van de zesendertig eerste jaren van een goedgevuld maar nog niet overvol leven blijk heeft gegeven: hij was achtereenvolgens herder, geitenhoeder, koeherder, bergbewoner, scholier, bedelaar, zwerver, student, zanger, leraar in de drie klassieke talen, touwslager, technicus-drukker en ten slotte schooldirecteur en grondbezitter die zijn grondbezit produktief maakte. Een man van de renaissance in de volle betekenis van het woord, zelfs al heeft hij, evenals veel van zijn tijdgenoten, ruzie met de kalender en geeft hij, afgezien van zijn misschien ruw geschatte geboortedatum (1499) en zijn sterfdatum, niet veel precieze jaartallen aan die belangrijk waren voor zijn curriculum... Die laatste datum, vermeld aan het eind van zijn manuscript, hebben we overigens te danken aan de welwillendheid van zijn zoon Felix.

Maar voor het ogenblik is Thomas nog in leven en maakt hij zelfs kinderen. Na een min of meer gedwongen scheiding hervat hij zijn echtelijke leven met Anna. Zijn eerste dochtertje, Margretlin, in 1530 geboren in Wallis (en niet in 1529, dat is een vergissing van een biograaf van Felix), was in 1531 overleden aan de pest bij dokter Epiphanius, die haar niet lang zou overleven. Het tweede, Margretlin II, wordt geboren in 1533.[35] In die tijd doet Thomas, terug van zijn kuur in de baden van Brig, correctiewerk bij Herwagen. Hij drukt, hij verwekt kinderen, hij geeft les, hij studeert... Samen met zijn vrouw, de immer actieve Anna Dietschi, woont hij in de ambtswoning van een schoolmeester die verbonden is aan de Sint-Pieterskerk. De onderwijzer in kwestie is een zekere Antony Wild, een uitgetreden franciscaan, die korte tijd later een mooie loopbaan zal beginnen op het universitaire *Collegium* en in 1541 overlijdt aan de pest. De kleine Margretlin II is Antony Wild in 1539 overigens voorgegaan in het graf, eveneens tengevolge van de pest tijdens een nogal hevig 'staartje van de epidemie', na een bacillair hoogtepunt in 1538.[36] In 1534 was direct na een verhuizing van de Platters, die, ja zeker, een nieuw stadium van sociale promotie inluidt, intussen Ursula, een derde dochter, geboren. De kleine Ursula zelf levert het bewijs van deze promotie: op een dag wanneer dit 'kindje' (*kindlin*) bijna uit het raam van de nieuwe, aan het huis van Wild grenzende woning van de Platters valt, kan Marx Wolff, een kostschoolleerling van Thomas, nog net haar voetjes (*fiesslinen* – T 119) grijpen.

In de jaren 1535-1536 start Thomas dus zijn lucratieve bezigheid van kostschoolhouder en verleent in zijn huis onderdak aan leerlingen en studenten die slapen, eten en betalen, met gezamenlijke lessen en studie onder toezicht. Thomas is voor deze groeiende menigte kleine en grote jongens en ook jonge lieden die hem in zijn achtereenvolgende huizen zullen omringen een culturele vader (en zonodig een boeman). Anna steekt flink de handen uit de mouwen: wie anders dan zij en eventuele dienstbodes zou zich bezig kunnen houden met het beddegoed, de was en de grote hoeveelheden voedsel voor deze bende bijzonder luidruchtige studenten, die niet leeft van retoriek alleen? Platter geeft *ipso facto* les; bovendien begint hij, harde werker die hij is, in maart 1536 onder eigen naam te drukken, waaruit blijkt dat hij in die paar jaren een flinke sociale of liever gezegd sociaal-professionele 'stijging' doormaakt. De kleine zoeker van de straat en de velden en de schurftige onderwijzer aan de kerkschool heeft hij reeds ver achter zich gelaten, al bewaart hij twee decennia later nog steeds levendige herinneringen aan zijn vroege jaren. In 1536 wordt hij voor de vierde keer vader: in oktober van dat jaar wordt namelijk Felix, de welgenoemde, de gelukkige[37] (F 52) geboren. Hij zal zijn drie zusters ruim overleven (Ursula zal in 1551 overlijden aan de pest, net als haar twee oudere zusters). Felix zal in de tweede helft van de eeuw de traditie van het memoires schrijven, die zijn vader heeft ingeluid, voortzetten.

Globaal gesproken heeft zijn vaderschap een religieuze betekenis voor Thomas: God, de 'trouwe God' van de gereformeerden, staat er borg voor. De Almachtige is voor Thomas daarentegen niet in het geding wanneer de dood van zijn drie dochters hem treft (Margretlin sterft eveneens aan de pest; *Margretli starb mir ouch an der pestelentz* – T 144). Thomas is dankbaar voor de buitengewone kracht die hem vervult; hij voelt zich niet verplicht de, zelfs vrome, hypothese op te stellen dat een hemels decreet de oorzaak zou zijn van de hecatombe onder zijn familie en zijn kinderen. Daarin staat hij dichter bij de 'verlichte' en vaak optimistische theologie van Zwingli dan bij de zwaarmoedige filosofie van Luther, die doordrongen is van de onafwendbaarheid van het kwaad en de dood, die zijn voorbeschikt op grond van het opperste besluit van de Schepper.

Hoofdstuk 3
De kinderjaren van de Platters: Felix

Felix Platter, de enige zoon van Thomas en Anna, wordt dus geboren in Bazel in oktober 1536, kort voor de stedelijke jaarmarkt. De traditionele 'jaarmarktgeschenken' (die de inwoners van Bazel elkaar gewoontegetrouw gaven) werden dan ook op het kraambed van de moeder uitgestald. Daarbij vormde Felix zelf op grond van zijn persoontje het homologe cadeau dat de moeder haar echtgenoot aanbood. En wat een gift, wat een geschenk! Gedurende de bijna halve eeuw die zal volgen zal de jongen zijn vader overstelpen met eer en zeer gelukkig maken. 1536, het jaar van zijn geboorte, was ook het jaar waarin Thomas eigenhandig de eerste Latijnse uitgave van de *Onderwijzing in de christelijke godsdienst* van Calvijn drukte. Maar zoals iedereen weet, ga je van een kind als het eenmaal geboren is, steeds meer houden, terwijl je je aan een boek (vanuit het oogpunt van de drukker of van de auteur, dat maakt niet uit) slechts zolang hecht als je ermee bezig bent: als het eenmaal voltooid is, ligt het achter je en denk je er niet meer zoveel aan... Deze strikt calvinistische voorbeschikking kon, voor wat het jaar 1536 betreft, Felix slechts aanmoedigen, als hij zich daar althans bewust van was, zijn geboorte, zoals hij ook deed, onder het teken van de genade Gods te plaatsen. Het was ook de tijd waarin Thomas, in de kracht van zijn leven, graag klappen uitdeelde aan zijn compagnon-drukker Balthasar Lazius alias Ruch. Ook interessant zijn de aantekeningen die Felix aan zijn vader en moeder wijdde: de eerste, een drukkersbaas, komt naar hij zegt 'uit een goede, talrijke familie' afkomstig uit Wallis. Zijn moeder, Anna Dietschi, komt uit een 'oude, eerbiedwaardige familie waarvan verscheidene leden in de adelstand verheven zijn' (*dorunter ettliche geadlet worden* – F 50). Technisch gesproken zijn deze beweringen niet onwaar. Thomas stamt inderdaad af van een degelijk geslacht van Wallische boeren dat een aantal kennissen van aanzien bezit. En de familie Dietschi, waaruit zijn eerste vrouw geboren was, bestond uit edelen, burgers, goudsmeden en ik weet niet wat meer. Niettemin moet Felix enkele lijnen verderop toch erkennen dat zijn moeder voor haar trouwen slechts een status van (ongeletterd) dienstbode bij Myconius bezat, aan wiens tussenkomst hij zijn voornaam Felix te danken heeft, op grond waarvan iedereen hem geluk voorspelt, een geluk dat hem later inderdaad in redelijke of zelfs aanzienlijke mate ten deel zal vallen. De 'felicitas'...

Het kind werd gedoopt door Benedikt Wydmann, de plaatsvervanger van de toenmalige dominee. Zijn peetouders waren Simon Grynaeus, een Duitser uit Sigmaringen die een zeer gedistingeerde professor in de theologie en het Grieks was; en Johann Walder, drukker. Een harmonieuze werkverdeling: Grynaeus publiceerde de teksten van de Griekse klassieken; Walder drukte ze. Zijn peetmoeder heette Ottilia Nachpur en was de echtgenote van een zeer welgesteld lakenhandelaar (F 52-53). De universiteit, drukkersbazen, handel... Thomas bleef binnen de verschillende sociale milieus waarin hij leefde of waarin hij graag wilde doordringen. Tijdens de volgende etappe, veertig jaar later, zullen de peetvaders en peetmoeders bij de doop van zijn vele kinderen uit zijn tweede huwelijk bijna uitsluitend afkomstig zijn van buiten de economische sector, uit de kerk, de intelligentsia en het stadsbestuur. Een teken van een geslaagde stijging op de sociale ladder, waar hij met geduld naar toegewerkt heeft.

Thomas' volle neef, Simon Steiner, bijgenaamd Lithonius, eveneens uit Wallis afkomstig en van boerse afkomst maar opgeklommen op de sociale ladder, was zeer gelukkig met Felix' geboorte. Simon was in Straatsburg medewerker van de reformator Bucer geworden en vervolgens leraar Grieks aan het gymnasium van deze stad. Lithonius was getrouwd maar kinderloos en wilde, met instemming van Thomas, Felix tot zijn feitelijke adoptiekind maken. Aan deze Straatsburgse droom kwam echter een eind door zijn vroegtijdige dood in 1545. Felix zou althans de mooie bibliotheek van de overledene erven, waarvan de boeken gemerkt waren met een klaverblad. De beide mannen uit Wallis die in hun kinderjaren het alledaagse lot van de analfabeet hadden gekend, werden met de jaren uitstekende bibliothecarissen.

Felix wil de consciëntieuze, gevoelige geschiedschrijver van zijn eigen kinderjaren zijn, wat in die tijd niet zoveel voorkomt. Hij maakt bij zijn herinneringen onderscheid tussen enerzijds die welke authentiek zijn en dus van later datum, en anderzijds die welke afkomstig zijn van anderen maar betrekking hebben op hem en die voornamelijk de vroege jaren betreffen die hij zich zelf niet meer herinnert – of, zoals hij zegt, '1536, '37, '38 en '39'. Leugenachtige of traumatische herinneringen.

Pure kolder: rond 1539 tijdens een pestepidemie (de eerste die in Felix' tekst vermeld wordt, gevolgd door vele andere) lieten enkele flauwe grapjassen zijn moeder, die 's avonds met de spinstok zat te spinnen, een doodshoofd met in de oogkassen een kaars zien dat ze van de naburige begraafplaats hadden gejat. De moeder staat geschokt op; de wieg valt om; Felix heeft een wond en later een litteken op zijn neus. *Een snijwond*: terwijl Anna brood snijdt, klieft ze tengevolge van een verkeerde beweging in het topje van de rechtermiddelvinger van baby Felix. Een litteken *ad vitam*. Vandaar dat de kleine jongen een zekere afschuw heeft van verwondingen, van snijwonden. Het kind zal korte tijd later een min krijgen met een verminkte vinger. Enkel en alleen om die reden zal Felix de pap weigeren die ze hem met die incomplete hand voert; de min moet ontslagen worden en Felix zal nog jarenlang mensen die verminkt zijn of gebroken ledematen hebben met een negatieve, obsessionele houding bejegenen...

1538-1539: terugdenkend aan zijn derde levensjaar levert Felix een eerste, zowel authentieke als vluchtige, persoonlijke herinnering: enige decennia later ziet hij zijn oudere zus Margret, alsof hij erbij is, languit op de grond liggen en bewusteloos het huis in gedragen worden, geveld door een klap met een houweel die de dienstbode van haar moeder haar per ongeluk gegeven heeft terwijl ze in de tuin aan het spitten was. Rondom het bewusteloze kind klinkt overal geschreeuw op. Ze zal echter weer bijkomen en haar broer zal haar al gauw in volle vaart in haar hemd om de tafel zien rennen... Enkele maanden later zal dezelfde Margret overlijden aan de pest. Misschien wordt de levendige helderheid van deze eerste herinnering verklaard doordat er twee 'clichés' uit zijn geheugen over elkaar worden gelegd (de flauwte en vervolgens de echte dood), waarbij het eerste het tweede afdekt. 1539: onder de verrukte blikken van de kleine Felix (F 56) versiert de zesentwintigjarige kunstenaar Matthäus Han, afkomstig uit een familie van meesterglazeniers, de gevel van het huis van de Platters dat Thomas kort daarvoor, in 1538, gekocht heeft. Een herenhuis met de naam *Zum Gejägd*, 'op jacht'. Matthäus Han tekent[1] er een hert en bossen op; vervolgens een hond en een jager (*hundt und jeger*). Op de tegenovergelegen woning, aan de overkant van de straat, tekent dezelfde 'decorateur' het jaar daarop moren, belangrijke personages uit de folklore van die tijd, hoofdpersonen uit de oorlogen die aan het begin van de zestiende eeuw in de Duitstalige wereld worden uitgevochten: in 1529 hadden ze bijna Wenen ingenomen; de Franse koning[2] is in 1532 hun bondgenoot geworden. En wat meer is, in een van de verwarmde vertrekken van het huis van de Platters, genaamd *Zum Gejägd*, hangt een kooi met kleine vogeltjes waarvan de spijlen van ijzerdraad eveneens met vele felle kleuren beschilderd zijn. Veel later zal Felix zijn eigen woning laten beschilderen, die dan op zijn Frans gekleurd zal worden.

Door de zeer warme zomer van 1540, het jaar nadat de schildering van de bovengenoemde moren gemaakt werd, begon de wijnoogst veertien dagen eerder dan normaal en smolten in de bergen gletsjers en firnsneeuw. Uit dat gloeiendhete seizoen bleven Felix nog andere brokstukken bij: een handvol zoute komijnkrakelingen die hij van een vriendelijke vrouw krijgt die op een zondag aan de zomerse tafel van zijn ouders genodigd is; een aardige timmerman die het kind op straat bij de hand neemt en voor een paar stuivers witbrood voor hem koopt (het dagelijks brood was, zowel in Zwitserland als in het aangrenzende Duitsland, veeleer roggebrood). Een andere herinnering, eveneens op het gebied van de smaak, de mond en... de ingewanden: een indigestie tengevolge van kersen die het kind in grote hoeveelheden gegeten had om op een zondag te vieren dat hij voor het eerst een, natuurlijk rode, lange broek aan mocht; zijn broek werd het slachtoffer van zijn overmatige fruitconsumptie. Felix had de kinderjurk, later verwisseld voor de korte broek, veel minder lang gedragen dan Thomas Platter in zijn eigen jeugd. In feite laat dit alles zich nauwelijks vergelijken met de harde ervaringen van de kleine Thomas dertig of vijfendertig jaar eerder. Toch is er een constante: de fascinatie van de kleuter voor paarden en ruiters.[3] Het speelgoedpaard dat de soldaat Platter in de eerste jaren van de zestiende eeuw aan zijn kleine broertje Thomas of Tomilin geeft; het paard van soldaat Meltinger, iemand van wie we geen andere naam kennen en die in de middenwoning van het blok huizen van de Platters woonde (die woning zal later Obere Freie Strasse nr. 92 worden): Meltinger bracht zijn rijdier regelmatig naar de nabijgelegen paardestal die Thomas voor hem gehuurd had, een schouwspel waar Felix altijd van genoot.

En verder herinneringen aan spelletjes: het kegelspel van de werknemers van zijn vader; een houten pop, soepel als een schermer, gekocht op een jaarmarkt; grappen van Thomas' leerlingen, zoons van notabelen uit Wallis, die Felix op hun schouders nemen: ze maken hem, drie turven hoog, wijs dat hij even groot is als de muren van de kamer, helemaal tot aan het plafond. Kletspraatjes van volwassenen om een kind ertussen te nemen: elke sneeuwvlok, zo zeggen ze, is een oude vrouw die alsmaar valt... Dan komt sinterklaasavond: Sinterklaas arriveert op een ezel en geeft cadeautjes aan de kleine kinderen, waaronder Felix, die helemaal gelukkig is. De tegenstelling tussen de Duitse gewoonte, die aan het eind van het jaar de goedheilig man ten tonele voert en het gebruik in de Provence of in Romaanse landen, waar binnen dezelfde winterse cyclus het kerstvuur alle aandacht krijgt, wordt dus reeds vermeld in de zestiende eeuw. Een halve eeuw later zal het Thomas Platter junior, Felix' jongere broer, opvallen tijdens zijn winterse reizen naar Zuid-Frankrijk.

Nog een wonder: het kind vindt eieren in het strobed van *Canis*, de hond van de heer Grauwenstein, wijnbouwer en latinist, die in het huis tegenover hen woont. Vandaar de onuitputtelijke grap: elke keer als de wijnbouwer en zijn vrouw de kleine jongen bij hen thuis uitnodigen en hem eieren bij het avondeten geven, zeggen ze tegen hem: 'Die heeft Canis gelegd.' Hieruit blijkt dat de familie Platter nog steeds met mensen uit het volk omgaat, ambachtslieden en wijnproducenten, al zou Platter senior met zijn streven naar maatschappelijk aanzien graag doen geloven dat hij bij voorkeur alleen de in toog geklede geestelijken en pedagogen ziet. Wat de kleine jongen betreft zullen we ongetwijfeld nooit toegang krijgen tot de uitgebreide afdeling volksverhalen die Felix toch moet hebben gehoord van grootmoeders (van andere kinderen, want de zijne heeft hij al lang verloren). De enige zoon van de Platters is dol op spookverhalen zoals de oude vrouwen ze vertellen en wordt er doodsbang van. Zoals bekend komt nachtelijke angst bij kinderen regelmatig voor en voor Felix is alleen slapen een verschrikking. Hij denkt voortdurend aan de krijsende uil die mensen in hun hoofd bijt (doet hij dat om hun ziel te stelen?). Hij maakt zich zorgen om de zwarte koe *intra muros*, de goede melkkoe van het nabijgelegen ziekenhuis: die is van plan hem rauw te verslinden. Ten slotte belandt Felix bij Thomas in bed en komt er een eind aan het angstige alleen-slapen.

De eerste politieke of godsdienstige herinnering waarvan de datum duidelijk is, zij het dat Felix hem ten dele gereconstrueerd heeft, is zijn eerste en enige ontmoeting met Calvijn in 1541. De Picardische theoloog reisde toen van Straatsburg naar Genève; zijn weg kruiste in 1541 die van Thomas Platter die met zijn zoon aan de hand opliep met zijn oude vriend Hans Rust. Deze laatste was op weg naar zijn nieuwe huis dat hij zojuist in Kalchmatt in Simmental gekocht had. De ontmoeting van de drie mannen uit Bazel (waaronder Felix) met de toekomstige dictator van Genève vond plaats in Liestal (F 93). Platter senior en Calvijn voerden een lang gesprek met elkaar – onvermijdelijk in het Latijn. Ze spraken over de zeer calvinistische *Onderwijzing in de christelijke godsdienst*, die Platter in 1536 gedrukt had. Die gebeurtenis in 1541 heeft Felix niet uitsluitend achteraf gereconstrueerd op grond van de getuigenissen van zijn vader en van Rust, want de jonge verteller herinnert zich ook dat hij bij deze gelegenheid een paar slokken zoete wijn of wijn met suiker gedronken heeft die hem waren aangeboden door Jacob Murer, de zoon van de herbergier in Liestal bij wie de ontmoeting plaatshad. Jacob, die in Bazel studeerde, zou Felix en Thomas vervolgens vergezellen op de terugweg naar de stad, terwijl Rust doorliep naar zijn nieuwe woning.

Deze herinnering van de kleine Platter is het hoogtepunt van een lange saga die voornamelijk betrekking heeft op Hans Rust; het is een soort alchimistisch heldendicht met een korte verschijning van Calvijn. Felix laat deze gebeurtenis herleven met behulp van enkele fragmenten van persoonlijke herinneringen die flink worden aangevuld met verhalen uit de familie. Hans Rust, de medewandelaar van de Platters in 1541, was de zoon van Thüring Rust, een uitgetreden kloosterabt die getrouwd was en een protestantse dominee was geworden. Hans op zijn beurt was griffier, alchimist en dichter geworden; enkele jaren eerder, in de jaren twintig van de zestiende eeuw, toen in de streek rond Bern de 'paapse', vele malen vergulde afgodsbeelden verwoest werden, wilde hij vooral graag in alle categorieën kampioen van het gemoderniseerde iconoclasme zijn. Om zoveel mogelijk profijt te hebben van deze prachtige werkstukken van de Zwitsers-Duitse en Rijnlandse beeldhouwers uit de vijftiende eeuw had Rust een speciaal poeder uitgevonden waarmee hij de vergulde buitenkant van deze beelden die uiteindelijk vernietigd zouden worden, bestoof. Op die manier ontdeed hij ze van hun oppervlakkige tooi, waardoor hij het edelmetaal kon vergaren zonder het kunstwerk met de hand af te hoeven krabben volgens de arbeidsintensieve methode die de gereformeerde goudsmeden tot dan toe gebruikt hadden. Als dat eenmaal gebeurd was, hoefde het vrome, tot op het bot afgekrabde voorwerp alleen nog maar verbrand te worden.

Daarnaast veranderde Rust, die specialist was op het gebied van amalgaam en in het bezit was van de steen der wijzen, kwik in zilver, zodat zijn ovens bijna sprongen. Hij had dus geen geldproblemen (?), zal Felix, die soms lichtgelovig is, beweren – wat Lucien Febvre stof tot nadenken biedt aangaande de irrationele geestesgesteldheid van de zestiende-eeuwse schrijvers.[4] Als rijk man leende Rust geld aan de armen om zo de zonde van de gierigheid te vermijden, die hem na zijn dood in de hel zou doen belanden. Hij had zelfs tegen contante betaling in duiten de kloostergebouwen (*Gebäuligkeiten*) van het klooster van Trub gekocht dat zijn vader geleid had voordat hij uittrad (F 92). De 'privilegiatuur' overleefde zichzelf, van katholicisme op protestantisme. De infrastructuur van de abdij bleef in ieder geval in de familie. De bruiloft van Hans Rust en Sara Rimlenen, een naaister die in dienst was bij de familie Platter, was een bijzonder grappige gebeurtenis: Thomas' leerlingen hingen er, verkleed als narren, zo de pias uit dat Myconius, de serieuze dominee uit Bazel die Oecolampadius was opgevolgd, dacht dat hij het in zijn broek deed. Rust kreeg veel kinderen, met bijbelse voornamen, waaronder een Sara en een Rebecca met wie Felix sneeuwballen gooide; en bovendien een Hermes, wiens voornaam de goddelijke magie van de oudheid opriep. Rust kreeg nog twee andere zoons, waarvan de ene in Parijs woonde en al jong geruïneerd stierf en de ander in het katholieke Bologna studeerde maar later niettemin dominee werd. Waarmee we weer terug zijn bij Calvijn. Martin Borrhaus (F 92), de vriend van Hans Rust, was bevriend met de Platters. Ook hij was alchimist. Hij leidde een zwerversleven en liet zich erop voorstaan dat hij lichamen in hun elementen ontleedde. Daarmee werd hij echter nog geen voorloper van Lavoisier en nog minder van Mendelejev. Maar de toekomstige geneesheer die Felix was, zal hem niet vergeten wanneer hij geïnteresseerd zal raken in de chemische geneesmiddelen van de universiteit van Montpellier.

Nog altijd in 1541 voeren te midden van Felix' werkelijke of folkloristische, zo niet mythische herinneringen aan zijn kinderjaren de pest en de dood – of de doodsdreiging – hun gebruikelijke ballet op. Bijzonder spectaculair is wat dat betreft het Bazelse kruisboogconcours van dat jaar waarbij de ingezetenen en de eedgenoten zijn uitgenodigd op de Petersplatz ofwel Petersblatz. Een oude Zwitserse traditie die men later tegenkomt in de federale schietwedstrijden. Oude gewoonten van de Westeuropese steden, die trots zijn op hun gemeentelijke militarisme. In Bazel werd geschoten op kartonnen poppen in contrasterende kleuren, beweeglijke doelen die als schaakstukken naar voren kwamen. De jongen dacht dat ze leefden (F 57). Tussen de houten fluitjes en de tamboers slopen en renden komische maskers: ze bewerkten de jonge toeschouwers zodanig met slaghouten dat ze er enkelen, onder wie Felix, het ziekenhuis in sloegen. De kruisboogschutter Hans Knüttel, die alom bekend was in de stad en deel uitmaakte van het gilde van de *Saffraankrokus*, zakte in elkaar in volle actie terwijl hij zijn pijlen op de zwart-met-witte poppen richtte. Hij bleek besmet met de pest, waaraan hij korte tijd later overleed. Er brak paniek uit onder de menigte. Het werd de belangrijkste gebeurtenis van het feest. Een ander slachtoffer van de pest van 1541, en beslist niet het enige, was Simon Grynaeus, de hellenist en theoloog, in wiens huis het kind zoals het zich herinnert op zijn vierde of vijfde in zijn hemd heeft rondgelopen. En dan was er nog Simon Steiner, de neef van de Platters uit Wallis, die pedagoog was geworden in Straatsburg en die Felix terugziet wanneer hij even in Bazel is. Als in een droom (het is naar hij zegt een van zijn oudste herinneringen uit zijn kindertijd) ziet hij deze Steiner in zijn herinnering terug op de bovenverdieping van het huis *Zum Gejägd*, waar hij uit de wc komt, een kleine man met een Oostenrijkse leren korte broek aan: enkele jaren later, in 1545, zal ook hij overlijden aan de pest.

Felix heeft een vreselijke afkeer van de voerbak in de tussenkamer, nog steeds in *Zum Gejägd*. Dat is een kuip waarop in het holle deel nog steeds bloedsporen te zien zijn: er is ooit een baby in getuimeld. Het was de zoon van de vorige eigenaar of liever gezegd huurder; de wieg van dit kind, waar niemand op lette, was omgevallen. De deksel van de voerbak was dichtgeslagen boven het slachtoffertje. Men had gedacht dat het ontvoerd was totdat enkele dagen later het op de buik gelegen jonge lijkje gevonden werd. Onoplettendheid van een voedster, zo'n soort voedster waarvan onder de burgerij van Bazel algemeen gebruik werd gemaakt, ook door de Platters. Er rustte een vloek op dat vertrek en als Felix het binnenging rilde hij van angst.

Op andere momenten die hij zich herinnert is er geen sprake van angst: bij de oude heer van het late relaas van 1612, die zich zestig jaar later over het kind buigt dat hij in 1540-1545 was, komt weemoed boven. Weemoed om het groene schrijfkistje (F 60) boven op een commode; het schrijfkistje dat het jongetje op de punten van zijn tenen probeerde te pakken en dat hem ondanks zijn tranen altijd geweigerd werd.

De herinneringen lopen door elkaar en worden soms geantedateerd: een 'Welschse' wijnboer (Frans of Romaans sprekend) genaamd Mumelin, die getrouwd is en vader van een gezin, doodt op enkele passen afstand van het huis van de Platters met houweelslagen iemand uit de buurt die hem bespot heeft om zijn middelmatige Duits, zijn slechte patois. Stop het racisme! Deze Mumelin zal ter vergelding onthoofd worden. Een andere terechtstelling wegens een ellendige diefstalkwestie treft een bewoner van het huis tegenover *Zum Gejägd.* Deze figuur, genaamd Vetterlin, wordt in 1549 eveneens onthoofd (F 61). Men vatte misdaden tegen het persoonlijk eigendom destijds zwaar op. Twee doodvonnissen in twee huizen op enkele passen afstand van dat van de Platters is bijzonder veel. Was de criminaliteit destijds zo wijdverbreid of zwaaide de beul snel met zijn bijl? De tweede hypothese lijkt juister want de huizen in Bazel waren lang niet altijd op slot; wat uiteindelijk toch getuigt van een gevoel van veiligheid...

Felix herinnert zich dat enkele belangrijke persoonlijkheden uit het intellectuele en medische Gotha van Zwitserland en zelfs van Europa hem als kind op hun knieën hebben laten rijden. Daartoe behoren professor Steiner uit Straatsburg, die we reeds ontmoet hebben, maar ook, in 1543, Vesalius, de grote anatoom en verlichte geleerde, wiens assistent Franz Jeckelmann, chirurgijn van beroep, vijftien jaar later de schoonvader zal worden van de groot geworden Felix. En verder Hiëronymus Gschmus, alias Gemuseus, de zoon van een koopman uit de Elzas, vroeger rondtrekkend student (in Zwitserland, Frankrijk, Piemonte), geneesheer, professor, filosoof, natuuronderzoeker, uitgever, schoonzoon van de grote boekverkoper Cratander en broer van de protestantse hervormer van Mulhouse... Kortom, een typische man van de renaissance, die tegenwoordig vergeten is, maar dat niet verdiende (F 61).

Het kind speelt natuurlijk: met snuisterijen die Thomas' leerlingen voor hem op de jaarmarkt van Bazel kopen; en met een schermer met beweegbare ledematen die Heinrich Billing, stiefzoon van een burgemeester en ondanks enkele onderbrekingen een trouwe vriend van Thomas, uit Straatsburg heeft meegenomen: Felix hoeft alleen maar aan de touwtjes van deze houten marionet te trekken. Dat is ongetwijfeld een van de authentieke vroege herinneringen van de zoon van Platter, want Heinrich Billing overlijdt in 1541. Felix is dan nog geen zes (F 62).

Zoals zo vaak gebeurt, versmelt in Felix' geheugen de herinnering aan het ludieke of gemeentelijke militarisme licht met het luisterrijke beeld van zijn vader: Felix ziet Thomas weer voor zich als robuuste veertiger, een lans of hellebaard in zijn vuist en volledig in harnas; de drukkerleraar neemt deel aan de ritmische parades van de burgerwacht ter gelegenheid van een wapenschouw in de voorsteden of een weldadigheidsfeest. Naast zijn vader zet diens vriend Heinrich Petri, meesterdrukker, zijn borst op; hij is de zoon van een drukker uit Bazel en heeft in Saksen gestudeerd, in het vaderland van Luther. Petri is (wat niemand zal verbazen) getrouwd met een weduwe die vroeger non is geweest; later zal hij voor de tweede maal met een weduwe trouwen: die van de boekbinder Hiëronymus Frobenius. Hij valt goed te plaatsen in het drukkersmilieu van de Frobeniussen, Hervagiussen en Episcopiussen; een milieu dat dient als lanceerbasis voor de korte drukkerscarrière die Thomas Platter enkele jaren volgt. Deze heeft zich bevrijd van zijn 'onbeschaafde manieren' of zijn reeds eerder genoemde ruwe bolster van de bergbewoner en geniet nu, in de jaren veertig van de zestiende eeuw, het vertrouwen van zijn stadgenoten. Dat blijkt wel uit het feit dat hij, evenals Heinrich Petri, lid is van het Berengilde of het gilde van de Beren... Dat gilde heeft hem thuis (T 62), in *Zum Gejägd*, het zilverwerk van het gilde in bewaring gegeven, dat wil zeggen twee volle manden: Platters eerlijkheid is alom bekend. Als men tegenwoordig, aan het eind van de twintigste eeuw, zilverwerk wil zien dat nog gildebezit is, moet men naar de Engelse universiteiten, die het *ancien régime* ongeschonden hebben overleefd.

Hoewel hij wat betreft de chronologische volgorde niet erg nauwkeurig is, getuigt Felix, ook als het om herinneringen aan de pest gaat, van een grote aandacht voor het detail. Van zijn derde tot zijn achtste en ook later nog maakten epidemische feiten veel indruk op Felix. Minstens twee van de buurvrouwen uit de wijk overleden aan de pest: de een, die de Wettenspiessen genoemd werd, op een niet genoemd moment ergens tussen 1539 en 1542 (T 62); de ander was Christine of Christelin von Ougstall, die via haar huwelijk was toegetreden tot een familie van wijnbouwers uit de Freie Strasse en pas bevallen was van een dochtertje dat de voornaam Pascasia had gekregen omdat ze geboren was op paasdag 1542, kort voor de tragische dood van haar moeder.

In 1539, het eerste grote pestjaar, waarin de kleine Margret Platter[5] dodelijk ziek werd, evacueerden haar ouders haar jonge broertje Felix en brachten hem bij een drukker genaamd Görg, van wie we overigens weinig weten (F 62) maar die op enige afstand van het ouderlijk huis woonde. Het kind haalt *a posteriori* zijn eigen kleine herinneringen en de feiten die hem later verteld zijn door elkaar: hij was in het geheel niet bang voor het gevaar besmet te worden. Maar hij was wel bang voor zonnestralen. Die speelden door een spleet in het raam op verontrustende wijze met het stof in de kamer. Die angst lijkt hem, misschien achteraf, te zijn aangepraat door zijn zus Ursula, die ouder was dan hij en deze kleine ballingschap met hem deelde. De twee kinderen meenden in dat lichteffect in het stof de aankondiging te zien van de komst van een folkloristisch monster dat mensen onthoofdde en de hoofden opat. Begint Felix in die tijd, zoals hij later beweert, ook belangstelling te tonen voor schaven en zagen, en maakt hij dan de kleine speelgoedtafeltjes en de luit met snaren van stukjes touw waaraan hij vervolgens zo goed hij kan een krasserig geluid ontlokt? Hoogstwaarschijnlijk is hier sprake van een in elkaar schuiven van herinneringen; sommige daarvan betreffen in werkelijkheid gebeurtenissen van na 1539.

Hoe het ook zij, het kind dat zo'n hekel heeft aan fabelfiguren komt terug van Görg met zijn bijl en zijn miniatuurschaaf van een timmerman in de dop; speelgoed dat kleine jongetjes in onze tijd bijna nooit meer krijgen... Ondanks het verbod van zijn vader (wat de historici die over de dood geschreven hebben er ook over gezegd mogen hebben, in die tijd hechtte men er niet altijd belang aan kinderen vertrouwd te maken met lijken), glipt de drie- of vierjarige Felix stiekem het vertrek aan de voorkant van het huis binnen waar het lichaam van zijn zusje Margret II rust, die enkele uren daarvoor aan de pest is overleden (in 1539). De kamer is een rommelhok: er staat een doodsbed, maar er liggen ook peren op een bank. Felix jat er een paar en peuzelt die op achter de oven; hij is nog steeds dol op fruit en dat zal zijn hele jeugd zo blijven. Zoals veel kinderen denkt Felix dat het makkelijk is om terug te komen uit de dood: hij hoeft maar een lei op te lichten zodat er een gat in het dak ontstaat en zijn zus zal uit de hemel vallen en in zijn armen belanden (datzelfde idee[6] zal vijfendertig jaar later terugkeren in een droom over het 'adopteren' van een baby).

Felix geeft al zeer vroeg blijk van artistieke begaafdheid, een begaafdheid die zijn vader als arm kind uit de bergen op dezelfde leeftijd niet verder had kunnen ontwikkelen, behalve dan als zanger. Hij toont interesse in de luit, in de viool. Hij bladert stiekem mooie verluchtigde missalen van perkament door, waarvan hij de bonte bladzijden prachtig vindt: misschien zijn er wel bij van de hand van Fouquet of van Bourdichon... ze zullen echter gesloopt worden door vader Platter, die het velijn gebruikt bij het boekbinden. Onze gespecialiseerde boekhandelaars zouden een zuur gezicht getrokken hebben bij het idee dat deze meesterwerken, waarvan de minste bij Christie's of Sotheby's tegenwoordig miljoenen waard zou zijn geweest, moedwillig vernield zijn. Maar het kind Felix had op dat gebied in ieder geval een goede smaak, vergelijkbaar met die van zo vele vorsten en kunstbeschermers die geld uitgegeven hadden voor de vervaardiging van deze mooie werken, die nu gedoemd waren om vernield te worden.

Veel sterfgevallen tengevolge van de pest, misschien de Wettenspiessen en in ieder geval Christelin von Ougstall, vonden in 1542 plaats, waarschijnlijk in de zomer van dat jaar, vier jaar na de dood van Margretlin II Platter. Het jaar daarop, in februari 1543, arriveert edelman (*junker*) Gedeon von Ostheim als leerling op de kostschool van Thomas (F 64). Deze bijbelse voornaam verwijst naar een held[7] die in het boek Richteren aan de Palestijnse grens de altaren van Baäl en andere 'koppen van Jut' van de oude Hebreeërs in stukken hieuw. Een dergelijke benaming geeft duidelijk aan dat deze jonge junker protestants is en deel uitmaakt van de tweede generatie, geboren in de jaren twintig van de zestiende eeuw, toen de vaders van deze kinderen, bezeten van het Oude Testament, de afgodsbeelden verbrijzelden en de paapsen tartten. Gedeon, die afkomstig is uit een adellijke familie uit de Elzas die zich onderscheiden heeft tijdens de Zwitserse beeldenstorm in 1529, zal enige tijd later een van de 'wederopbouwers' van de reformatie in Bazel worden en in 1566 een mooie woning in de stad voor zichzelf laten bouwen, waar prins Henri de Condé, een van de Franse leiders van de protestantse partij, in 1575 onderdak zal vinden tijdens zijn reizen tussen Straatsburg, Bazel en Bern (F 64) op zoek naar bondgenoten voor de hugenoten.[8]

Het contact tussen de in 1543-1544 achtjarige Felix en een zekere nog piepjonge Gedeon von Ostheim, (sinds kort) commensaal van Thomas Platter, was minder spectaculair, minder 'condeaans' van aard. Later zal Felix zich hoogstens nog herinneren dat de adellijke pensiongast hem destijds een muts of een fluwelen cape (*sammat schlepplin*) cadeau had gedaan die lang mee zou gaan.

Een andere ontmoeting in 1544 is die met kapitein Georg Summermatter, van wie hij eveneens een cadeau krijgt. Deze man is, zoals zijn naam al aangeeft, familie van Thomas' moeder, wier meisjesnaam ook Summermatter was. Maar hun lotsbestemmingen lopen sterk uiteen! Amilli Summermatter was door het ongelukkige lot van haar familie of van haarzelf afgegleden naar de arme boerenstand. Kapitein Georg daarentegen behoort tot de begunstigde leden van hetzelfde geslacht, dat zich snel uitbreidt. Hij wordt notaris, vervolgens officier-kasteelheer en ten slotte vaandelbewaarder en, laten we dat nogmaals herhalen, districtskapitein in Wallis (F 63). In april 1544 (wanneer de pest Bazel eenmaal terloops verlaten heeft) doet de oorlog zich duidelijker gelden, zij het dan van verre: sinds enkele jaren is de oorlog tussen Karel V en Frans I weer losgebrand. Kapitein Georg Summermatter is officier bij de Zwitserse troepen. Deze strijden in Italië aan de zijde van het Franse leger, dat onder bevel staat van een Bourbon, de hertog van Enghien. In Ceresole in Piemonte vindt een bloedige ontmoeting plaats tussen zo'n vijftienduizend man van de Franse kant, waaronder vierduizend Zwitserse voetknechten, en de bijna twintigduizend man tellende keizerlijke troepen, waaronder zevenduizend Duitse landsknechten, onder bevel van markies del Vasto. De overwinning van het leger van de Franse koning kost Karel V tienduizend man die sneuvelen of krijgsgevangen worden gemaakt, tegenover tweeduizend doden aan de kant van de Fransen. De zaak toont vooral aan hoe goed de (met name Zwitserse) infanterie, voorzien van haakbussen en lansen, de aanvallen van de cavalerie weerstond. Dankzij het succes in Ceresole zal Frankrijk Piemonte nog vijftien jaar behouden (tot 1559). Sommige vestingen in Piemonte, met name Pinerolo, zullen de Bourbons, opvolgers van de Valois, pas aan het eind van de zeventiende eeuw verliezen. Om al die nederlagen hoeven niet veel tranen gelaten te worden, want Frankrijk heeft in de loop van de eeuwen in Italië, en zelfs Noord-Italië, met uitzondering dan van Savoye, nooit veel toekomstperspectief gehad.

Felix, die dan negen is, maakt zich natuurlijk niet druk om die geografisch-politieke bespiegelingen. Hij zal zich later vooral herinneren dat hij de Zwitserse Eedgenoten, in lompen geklede, lichtgewonde veteranen, door de Bäumleingasse naar de Onze-Lieve-Vrouwekathedraal heeft zien lopen. De vlaggen en kleren van de overwinnaars (F 68) waren aan flarden (*zerlumpet*). Kapitein Georg Summermatter, die zich aldus deed kennen, was familie van Thomas. Bovendien waren de beide mannen persoonlijke vrienden. Het was dus niet overdreven dat Georg Felix een wambuis en een veelkleurige korte broek cadeau deed, overeenkomstig de esthetische voorkeuren van de vijftiende eeuw en de Romeinse of Florentijnse renaissance. Je hebt niet voor niets in Italië gevochten. Felix was erg trots op die cadeaus. Hij was volop in de groei en zijn lengte veranderde voortdurend, maar hij zou ermee pronken zolang hij ze kon dragen. Het jaar 1544, waarin de glorieuze terugkeer van de veteranen van Ceresole plaatsvond, liet zonder moeite zijn sporen na in het geheugen van het jongetje uit de Freie Strasse: in dat jaar werd de 'Innere Aeschentor' (de stadspoort van Bazel aan het eind van de straat waar de Platters woonden) namelijk ten dele verwoest. De bakstenen en de daksparren van dit bouwwerk, dat deel uitmaakte van de stadsmuur, werden daarna gebruikt voor de bouw van een herenhuis van een adellijke familie.

Van de kleuren van zijn kleren stapt Felix over op de kleur van zijn huid. En zo blijft hij wederom stilstaan bij kwesties van epidemische en epidermische aard, waar de pest zijn gedachten meermalen naar toe leidt. Felix krijgt achtereenvolgens de pokken – in ieder geval vóór 1544, voordat zijn vader zijn eindeloze activiteiten als drukker stopzet – en de mazelen. Twee ziekten waaraan in dezelfde tijd de Indianen op de Antillen en in de nieuwe wereld, die niet immuun waren voor de Europese 'aandoeningen', bij miljoenen stierven. Voor Felix bleken de symptomen, hoe rood hij er ook van werd, goedaardig te zijn. Hij ziekte ze uit op de *gutschen*, een soort divanbed dat in de slaapkamer annex drukkerij (*stube*) stond die in de winter verwarmd kon worden en klaarblijkelijk aan de achterzijde van het huis van de Platters lag, aan de kant van de tuin. De zetters dreven goedmoedig (?) de spot met de kleine zieke en zijn vuurrode kleur...

Het kind, dat gek was op zoetigheid, werd verwend en kreeg snoepgoed (*sieuss, siess, süss*), van dat suikergoed dat in de vijftiende eeuw al een grote rol speelde in het voedingspatroon van de middenklasse en de hogere klasse. Suiker afkomstig uit Zuid-Spanje, de Canarische Eilanden of de eilanden voor de kust van West-Afrika, maar nog niet van de Cariben. In ieder geval bracht dat produkt met zich mee dat op de plaats waar het geproduceerd werd zwarte of op zijn minst donkere slaven aanwezig waren die het suikerriet plantten en afsneden. En verder fruit, waar Felix eveneens dol op was. Felix had, toen hij de pokken of de mazelen had, het voorrecht een geweldige peer te mogen verorberen, die de adellijke dame Magdalena Münch hem eigenhandig kwam brengen. Zij was getrouwd met de edelman Ludwig von Reischach: deze protestant, die om godsdienstige redenen verbannen was, had zich ruim vijftien jaar eerder in Bazel gevestigd; in 1529, een geluksjaar vanwege de machtsovername door de 'ketters' ter plaatse, had hij het burgerrecht verkregen. Hij woonde in een mooi huis aan het plein voor de kathedraal. Zoals gebruikelijk etaleert Felix hier de eervolle adellijke relaties van zijn vader, wiens eenvoudige afkomst hij voor het gemak verzwijgt.[9] Niettemin noteert hij verscheidene malen dat Magdalena afkomstig is uit Wallis. Dat is niet waar, maar het stelt hem in staat deze gulle vrouw met blauw bloed in verband te brengen met het meer boerse bloed van zijn eigen familie. De kinderlijke neigingen krijgen echter weer de overhand: acht jaar oud vindt Felix het, net als vele anderen, heerlijk om ziek te zijn en verwend te worden.

'Hopelijk blijf je lang ziek, zodat je veel kunt snoepen...' zegt hij bij zichzelf. (Als hij alleen was, tutoyeerde de jongen zichzelf, zoals veel Fransen uit Zuid-Frankrijk tegenwoordig nog steeds doen.) Hebben de pokken en de mazelen sporen nagelaten? Felix kreeg als hij buiten werkte nog lang (F 64) rode ogen en zelfs een rode streep op zijn neus (*rote strich über die nassen*). Ernstiger waren zijn problemen met plassen, waarvan Felix ons, à la Montaigne, geen enkel detail bespaart. Branderige, zure urine... 's Middags is hij troebel. Hij laat een wittig spoor op de grond na, zoals zeezout: want hoewel er in *Zum Gejägd* latrines op de bovenverdieping waren, plaste Felix vaker buiten dan gepast was. Hij voelde regelmatig een pijnlijke druk op zijn blaas zodat hij van zijn ene been op zijn andere sprong en zich geneerde wanneer iemand dat merkte. In de loop van zijn rondreizen door Frankrijk, van zijn huwelijk en simpelweg met het verstrijken der jaren, verdwijnen deze symptomen langzaam aan. Wat is er dus de diepere oorzaak van? Veel later zal Platter tijdens zijn reis naar Spiers hierover en passant dokter Johannes Crato raadplegen, een gematigd protestant die schoolgegaan is in het lutherse Saksen en het paapse Italië en de geneesheer is geworden van verscheidene keizers, zowel huidige als toekomstige, zowel volwassen als onvolwassen: met name Ferdinand en Maximiliaan (F 65). Crato zal het over niersteenkoliek hebben en Felix daarmee zodanig ontmoedigen dat zijn terugreis van Spiers naar Bazel verknoeid is. Vals alarm. Maar hoewel Felix er in feite niet aan leed, bleef hij over het probleem nadenken en verhief het in meer algemene zin tot een van de onderwerpen voor zijn wetenschappelijke aantekeningen over urinelozing die hij in 1614 publiceerde. Waar Felix eerder, in de jaren dertig en veertig van de zestiende eeuw, aan leed was iets veel prozaïschers. Binnen een gezinshuishouden waar infecties snel werden overgedragen via de handen en via het linnengoed, had hij misschien doodeenvoudig last van zeer agressieve colibacillen in zijn blaas.

Een leven boven op elkaar... Gezelligheid... Het huis van Thomas en Felix biedt onderdak aan vele kostgangers (*dischgengeren*), die letterlijk hun tafelgenoten of commensalen zijn en waarvan sommigen zoons zijn van edelen of notabelen en een achtenswaardige loopbaan zullen volgen. Het voordeel van deze laatsten is ook dat ze de kleine Felix overladen met cadeaus. We noemen Christoph Efinger (F 65), afkomstig uit een familie van landheren, die een aantal incidenten of ongelukken zal meemaken en uiteindelijk vader van twaalf kinderen zal worden: in

1552, tijdens een pestepidemie, zal op de dag voor de geboorte van zijn oudste zoon Christophs kasteel afbranden. Het geslacht Efinger dat via de mannelijke lijn van hem afstamt, zal ruim drie eeuwen lang een familie van grootgrondbezitters blijven in Aargau: het onderwijs van Platter had destijds bijgedragen aan het latere voortbestaan van een sterke familie. Ludwig von Diesbach, eveneens een telg (F 66) van de Zwitserse adel, zal zijn militaire *curriculum vitae* en zijn staat van dienst later in Duitsland en in Frankrijk voortzetten; hij zal de vriendschap en de bescherming genieten van de hertog van Alençon en van de prins van Condé, dit laatste voor de goede orde onder de protestanten.

De vier gebroeders Truchsess von Rheinfelden, andere kostgangers van Thomas, komen uit een beroemde adellijke familie uit Bazel die al twaalf generaties lang in de stad gevestigd is en zich in haar functie van feodale militaire adel tijdens de renaissance gespecialiseerd heeft in het dienen van de stad en van de gemeenschappen in het Rijnland. Met name een van hen, Jacob, een goedhartige grappenmaker, was goed met Felix bevriend. Gedeon von Ostheim, die we al eerder ontmoet hebben, en Ludwig von Schoenau, afkomstig uit een familie die eveneens tot de (bisschoppelijke of administratieve) hoogwaardigheidsbekleders behoorde, completeerden het tableau. Zij vormden een aristocratische kring (F 66) waarmee de Platters zich graag omringden of in ieder geval graag mee pochten: de Platters, en met name Felix, lieten zich er op voorstaan dat ze met de 'elite' optrokken. Met deze lichting konden ze beter voor de dag komen dan met het vorige gezelschap van ruwe, komieke drukkersgezellen die tot 1543-1544 of zelfs nog veel later zo druk en zo duidelijk aanwezig waren in *Zum Gejägd*.

Thomas en Felix hadden buiten de democratie van de drukkerswereld en buiten het snobisme van het blauwe bloed ook enkele hartsvrienden op het tussenliggende niveau, onder de telgen van de stedelijke patriciërs: dat waren met name de gebroeders Paul en Johann-Ludwig Höchstetter (F 66) die op de kostschool van *Zum Gejägd* zaten en afkomstig waren uit een familie van rijke kooplieden in 'granen, lakenstoffen, specerijen en allerhande metalen' uit Augsburg; een familie die geruïneerd was door een financiële crisis in 1529, iets wat vrij vaak voorkwam in Europa. De twee jongens zeiden de handel van hun vader dus vaarwel en bekeerden zich op klassieke wijze tot de zekerheden die de toga bood, hetzij als symbool van een overheidsfunctie, hetzij als symbool van een beroep. Zie de *Buddenbrooks* van Thomas Mann… Paul richtte zich op de rechtenstudie, Johann-Ludwig ging medicijnen studeren. Met Thomas, die al een eind in de veertig was maar nog steeds kinderlijk speels, deden Paul en Johann graag een spelletje *Spickspeck*, wat inhield dat ze messen in een plank gooiden. Ongeveer ons dartspel, maar dan wat gevaarlijker. Het trio – één 'oude', twee jongeren – schoot bij wijze van vogeljacht ook pijltjes af met een kleine haakbus (of een miniatuurkruisboog?). Dat was het 'papegay-spel'. Of ze wedden wie er van de tafel zou vallen of de ander eraf zou duwen...

De kamer waar ze onder de bewonderende blikken van Felix dat soort, soms ruwe, oefeningen deden, deed eveneens dienst als volière. Op een dag toen ze zo aan het spelen waren, vergaten de gebroeders Höchstetter het raam dicht te doen. De tortelduiven, die daar tot dan toe gevangen hadden gezeten, vlogen allemaal weg. Felix werd er ten onrechte van beschuldigd het raam geopend te hebben en hij kreeg geweldig op zijn kop (*übel gescholten*) van zijn vader, die wel vaker flink uitpakte. Daarna werd achterhaald wat er gebeurd was en kwam de onschuldige waarheid aan het licht. Thomas, een ruwe vader die zijn kinderen zelfs sloeg, moest achteraf zijn vergissing erkennen. Hij was overigens niet de enige die, naast zijn andere bezigheden, vogels hield: de drukker Görg, bij wie Felix tijdens een pestepidemie korte tijd gelogeerd had, bood in zijn huis eveneens onderdak aan kleine vogeltjes. Om terug te komen op de gebroeders Höchstetter, gezien de data waarop ze zich inschreven aan de universiteit en gezien de tijd waarin ze op de kostschool van de Platters zaten, moeten deze spelletjes plaatsgevonden hebben rond 1548 (F 66-67). Felix was toen twaalf of dertien jaar. Paul Höchstetter zal later een juridische loopbaan volgen en in 1563, nog voor zijn veertigste, bij Thomas – alweer Thomas (F 66) – overlijden aan de pest. Johann-Ludwig zal samen met Felix in Montpellier medicijnen gaan studeren; de twee jongeren voelden een tedere vriendschap voor elkaar en hadden veel plezier samen. Johann-Ludwig wordt geneesheer in Württemberg en zal drie jaar na de dood van zijn oudere broer verdrinken in de Neckar.

Rond dezelfde tijd naar het schijnt, maakt Felix bij de gebeurtenissen uit zijn kinderleven voor het eerst melding van een gebed en een droom. Het gebed: Felix was bevriend met een zekere Stelli (alias Stelle, Stölli of Stellin, de spelling van eigennamen staat niet vast), weer een andere kostganger in het huis van zijn vader. Deze jongen was een neef van de junker en kapitein Wolfgang Stelli, uit Solothurn, die lid was van een familie van baljuws uit die stad (*Schultheiss*) en zelf ook baljuw (*Obervogt*) was en bovendien eigenaar van het huis *Zum Samson* in Bazel. De twee jongeren, Felix en Stelli, gingen bijna elke zondag ontbijten (het *morgen brot*) bij de vrouw van deze kapitein Wolfgang, een zekere Salomé, geboren Baer, een Berin zoals men zei, de dochter van een held van Marignano en tante van de kleine Stelli. Ze was een grote, koppige, autoritaire vrouw en absoluut niet geliefd in de buurt; toen ze van een paard viel, moesten kwaadwillige personen daar erg om lachen: toen Salomé op weg naar haar land de brug over de Rijn overstak, viel ze languit op straat, waarbij haar rok tot aan haar middel opstroopte. De jonge Stelli vreesde het slechte humeur van deze tante, te meer omdat hij erg vuil was: hygiëne was, zoals we al gemerkt hebben, niet altijd de sterkste kant van pension Platter. In de hoop de zondagse berisping af te zwakken baden Felix en zijn vriend Stelli zondags voor het ontbijt vurig op de houten schandblokken die op het Sint-Pietersplein in Bazel stonden...

En daarna komt de droom: als kind droomt Felix meermalen dat hij ligt te slapen op een stenen bank in de buurt van het huis *Zum Samson*; deze bank dient om het ruiters te vergemakkelijken hun rijdier te bestijgen. Felix bleef er jarenlang liggen slapen... Een droom van de tweede graad, van een slaper die denkt dat hij slaapt. In ons gemotoriseerde tijdperk zijn we de herinnering aan dergelijke paardendromen kwijtgeraakt, dromen die vroeger zowel bij kinderen als bij volwassenen zo vaak voorkwamen dat ze geleid hebben tot het ontstaan van het Engelse woord *nightmare* en het Nederlandse nachtmerrie. Later zal Felix die droom moeiteloos doorgronden: in 1574... zal hij het huis van kapitein Wolfgang, ofwel *Zum Samson*, kopen en zich daar vestigen. Voor die tijd had Felix, die in zijn geboorteplaats een groot geneesheer was geworden, de kapitein, getrouwd met de humeurige matrone, behandeld toen hij in 1565 door de pest getroffen werd. In april van datzelfde jaar overleed Wolfgang hieraan en maakte zo voor Felix de weg vrij om tien jaar later zijn voorname herenhuis te kopen. In zijn glorietijd bezat de kapitein eveneens een adellijk landgoed in de buurt van Bazel op een plaats die Kliben of Klybeck heette. Salomé, die de onderneming leidde samen met haar man, nodigde Felix en de kleine Stelli uit om op dat landgoed druiven te komen plukken. De jongens verwachtten dat ze er een vrolijk leventje zouden leiden. Maar in werkelijkheid stuurde de dame hen toen de oogst binnen was naar huis zonder ook maar een korst brood. Ongastvrij platteland: Platter junior kwam er nooit meer terug. Had mevrouw Stelli misschien neergekeken op de kleinburger in hem, de zoon van een vroegere bedelaar? Hoe onaangenaam de ontmoetingen soms ook waren, toch waren de Stelli's voor de Platters zolang ze het contact konden onderhouden een aristocratische en dus waardevolle relatie. Bij hen leerde Felix Catharina von Reinach kennen, een andere adellijke dame, die zo lang was dat ze niet onder de deur door kon (F 68).

De bouw van de put bij het huis *Zum Gejägd*, waartoe Thomas opdracht geeft en waar de kleine Felix met verbaasde blikken bij toekijkt, illustreert hoezeer vader en zoon verschillen in stijl en in opvatting: de eerste is concreet, precies, bondig; de tweede daarentegen springt van de hak op de tak en laat zich leiden door de vele details van zijn herinneringen aan zijn kinderjaren. De bouw van de put vindt plaats rond 1543-1544, kort voor de dood van Gertrud (of Anna?) Lachner, de vrouw van verscheidene mannen uit de drukkerswereld (Hiëronymus Frobenius, Johannes Herwagen), die ook een opmerkelijke rol speelt bij deze boring naar water. 'Ik had destijds ruim twintig kostgangers,' schrijft Thomas, die altijd bondig is (T 124), 'zodat ik veel verdiende' (een interessante notitie: de kostgangers die op onwaarschijnlijke wijze opeengepakt waren in de schuren van *Zum Gejägd* vormden op dat moment voor Thomas de doorslaggevende bron van inkomsten die hem in staat stelde in 1544 de risico's van het drukkersbestaan ten dele op te geven en de achtenswaardige zekerheid van een ambtelijke functie te verwerven, in dit geval de pedagogische variant). 'Ik betaalde geleidelijk aan mijn schulden af,' vervolgt Thomas; 'zodra ik het huis gekocht had [1541?], groef ik meteen mijn put.[10] Dat kostte me, afgezien van het voedsel voor de arbeiders, ongeveer honderd gulden.' Wanneer hij spreekt over de tweede put, die hij in de tweede helft van 1549 slaat (T 139) op het landgoed Gundeldingen in een van de voorsteden, zien we bij Thomas dezelfde soberheid in zijn aantekeningen. 'Zodra ik het landgoed Gundeldingen in Hugwald gekocht had, begon ik de put te graven en vervolgens het huis, de schuur en de stal te bouwen of te restaureren; ik plantte wijnstokken, betaalde de arbeiders, kocht drie morgen grasland, enz.' Het is duidelijk dat de ervaring die Thomas bij de eerste boring (bij *Zum Gejägd*) heeft opgedaan, hem bij de tweede (Gundeldingen) goed van pas is gekomen.

Bij Felix, een man met een goed geheugen, die meer 'schrijver' is dan zijn vader, is de mise-en-scène gedetailleerder. Hij was hoogstens acht jaar toen de eerste waterput, bij *Zum Gejägd*, gegraven werd. Zeven decennia later denkt hij met de pen in de hand terug aan het naar boven halen van het zand met korrels zilver en goud erin; *acrymoso* is de benaming die hij deze substantie geeft, een woord dat hij bij Plinius de Oudere of bij Isidorus van Sevilla gevonden heeft, dat is niet precies bekend (F 69). Dankzij Felix missen we niets van de begrijpelijke vreugde van Thomas wanneer zijn arbeiders ten slotte het ondergrondse waterbekken bereiken: Platter senior vult een bontmuts met dit gloednieuwe water en giet die genereus leeg over zijn kameraad Lux Iselin, afkomstig uit een familie van kruideniers en politici uit de streek.

Een andere 'puteale'[11] scène, ditmaal van het melancholieke soort: Gertrud Lachner, de vrouw van de boekbinder Hiëronymus Frobenius, lijdt aan jicht en heeft de gewoonte deze kwaal te behandelen door liters en liters water te drinken, zoals anderen doen bij nierstenen. Ze laat zich dus op een stoel naar de nieuwe put van de Platters dragen en drinkt met behulp van een slang gulzig van het enigszins koolzuurhoudende water. De kuur heeft geen effect: enkele maanden later overlijdt ze (F 69).

De kleine Felix is evenmin de metselaar Michel vergeten: terwijl deze handwerksman de binnenwand van de put glad maakt, gooit iemand van bovenaf per ongeluk een grote steen naar beneden die zijn hoofd en zijn schouders verwondt. Het slachtoffer wordt naar boven gehesen en verbonden door de chirurgijn Franz Jeckelmann, Felix' toekomstige schoonvader. Het is het begin van een reeks van ongelukken: de gehandicapte metselaar, die niet meer in staat is om in de bouw te werken, wordt koerier te paard en stort vanaf een bergpaadje langs een steile helling naar beneden in een bergbeek. Het lichaam van de man wordt niet teruggevonden; de postzak wordt door de kikvorsmannen gevonden op het kadaver van het paard, dat halverwege de stroom is blijven steken.

Volgens zijn zoon kreeg Thomas vanwege de put ook een aantal aanvallen te verduren van de kant van de Bazelse burgerij: een notabele spotte ermee dat de leraar-drukker honderd gulden in het graven van een put gestopt had, een produktieve investering, in plaats van ze uit te zetten tegen rente. Daarmee verloor Platter senior bij een rente van vijf procent vijf gulden rente per jaar, enkel en alleen voor de lol zijn eigen water te kunnen drinken. Dat leidde tot een woedend protest van de kant van Thomas, die zich als we hem geloven moeten, nooit heeft opgeworpen als bankier, woekeraar of geldschieter. En *a posteriori* tot een deugdzame verontwaardiging bij Felix, die des te pikanter is omdat een kwart van zijn zeer aanzienlijke inkomen van succesvol geneesheer te Bazel gedurende een loopbaan van vierenveertig jaar afkomstig is uit rente op schulden.[12]

En nu de afdeling grove grappen: Thomas biedt zijn collega's uit de grafische industrie – Frobenius en *tutti quanti* – elk jaar een overvloedig diner aan dat, God mag weten waarom, het beulsmaal genoemd wordt. Is die naam misschien afgeleid van het ontgroeningsritueel van de drukkers? De zoon van een vriend van de Platters, een jonge jongen die eveneens Thomas heet, wordt de dupe van deze woordspeling (F 70) en zoekt uit angst dat hij opgehangen zal worden zijn toevlucht in een oven.

1543 en 1544 zijn jaren waarin de kleine Platter begint na te denken en de gebeurtenissen chronologisch begint te ordenen. In de zomer van 1543 stortte door een ongeluk een herberg genaamd *Zum Goldenen Kopf* in. Er vielen slachtoffers. Een kinderbalk hield het ingestorte geraamte overeind en beschermde zo een meisje, dat gezond en wel werd terugge vonden. De eigenaars, een man en een vrouw, lieten de herberg herbouwen, en het jaar daarop was hij weer in bedrijf alsof er niets gebeurd was (F 79).

In diezelfde tijd begon Felix' toekomstige lot, en met name zijn toekomstige huwelijk, vorm aan te nemen. We beschikken over enkele pathologische oriëntatiepunten uit die tijd of van iets later: een zweer en hevige kiespijn. Toen Felix een steenpuist op zijn duim kreeg, werd deze opengesneden door zijn toekomstige schoonvader, de chirurgijn Franz Jeckelmann, die zodoende al vroeg zijn intrede deed in het leven van het kind. Deze stafylococinfectie dateert ongetwijfeld van voor de herfst van 1545, want Jeckelmann, de man met het therapeutische mes, woonde destijds nog in zijn huis in de wijk Aeschenvorstadt (F 70). Hij verhuisde in oktober 1545 naar een nieuw en ruimer huis genaamd *Zum Schöneck*. Franz Jeckelmann, die tot de elite van het gemeentelijke gilde behoorde, was nauwelijks jonger dan Thomas. Hij was een zoon van een chirurgijn en kreeg minstens vijf kinderen, waarvan er drie in leven bleven: een meisje, Madlen, dat in 1557 met Felix zou trouwen, en twee zoons, Franz en Daniel, die eveneens chirurgijn zouden worden. Daniel deed reeds op jonge leeftijd ervaring op door een pijnlijke bovenkies bij Felix te trekken. Felix hield er een trauma aan over en zou in het vervolg weigeren nog kiezen te laten trekken. Had hij ondanks zijn voorliefde voor suiker weinig last van cariës? Daniel zal vijftien jaar later trouwen en tijdens de pest van 1563 twee jonge kinderen verliezen (F 70).

Rond 1543-1544 krijgt Felix zijn eerste muzieklessen.[13] Dat sluit aan bij zijn behoefte en zijn aanleg. Vader zong. Zijn zoon, die tot een welgestelde familie behoort, zal een instrument bespelen. Hij is acht jaar (*ich nur acht ierig wass* – F 71). Thomas laat hem luitles geven door een zekere Peter Dorn, die van beroep *lutinist* is. Was deze man familie van Ambrosius Dorn, een timmerman wiens werkplaats, waar het geluid van de zagen en van de houtspaanders opklonk, aan de kant van de Aeschentor aan het huis van de Platters grensde? Of was hij familie van Gerard Dorn, een geneesheer afkomstig uit Vlaanderen die een aanhanger van Paracelsus was en enige tijd in Frankfurt en later in Bazel praktijk zou voeren (F 71)? We weten het niet. In ieder geval had Platter senior Peter Dorn dat jaar in dienst genomen om Felix en alle kostgangers van *Zum Gejägd* luit te leren spelen. Zo vormden ze een muzikaal milieu, een 'kweekbodem' waarin de enige zoon van de kostschoolmeester, een hartstochtelijk muziekliefhebber in de dop, op zijn gemak tot ontwikkeling kon komen.

De luit is een instrument dat welbekend is in de geschiedschrijving, maar Felix' aantekeningen zaaien twijfel omtrent de conclusies van de moderne musicologen die beweren dat de kunst van het luitspel in de zestiende eeuw voornamelijk aan het hof werd bedreven; volgens hen zou deze kunst zich pas in de zeventiende eeuw verbreiden onder de bourgeoisie of in ieder geval geïntroduceerd worden in de salons, het theater en de opera.[14] We zien dat in Zwitserland het gebruik van de luit in werkelijkheid al aan het begin van het tijdperk van de Platters breed verbreid is onder de middenklassen en zelfs onder de kleinburgerij. We zijn het echter met deze musicologen eens wanneer ze beweren dat de richtlijnen van de protestantse liturgie zowel in Bazel als elders een van de essentiële kaders van de muziekbeoefening vormden. Een van de kaders... maar niet het enige. Felix houdt al vanaf zijn kinderjaren – en dat zal zo blijven – van kerkzang... en ook van volkswijsjes en liedjes uit de bergen. In tegenstelling tot zijn vader zingt de toekomstige geneesheer echter zelden, terwijl hij wel veel instrumenten bespeelt. Dat komt omdat de arme kerel bang is bij het zingen zijn kiezen achter in zijn bek (*sic*) te tonen. Hij is hoogstens bereid te zingen als hij goedgehumeurd is, te paard zit, of in gezelschap is van een klein aantal koorzangers. Maar de luit, dat instrument waarnaar Felix tijdens het carnaval of 's avonds na het eten in de maneschijn met een waanzinnige vreugde luisterde, leerde hij onder leiding van verscheidene leraren grondig bespelen; in Montpellier had hij zelfs de bijnaam *den Teutschen lutenisten*, 'de Duitser met de luit' (waaruit blijkt dat in deze stad niet alleen Occitaans gesproken werd, met name niet onder de studenten, die graag Frans spraken). Felix speelde in zijn jongelingsjaren ook luit voor de meisjes; en verder tijdens een Breugheliaanse periode voor boeren in de herberg of ook wel 'bij aubades en banketten' (F 71). Hij gaf tweehonderd kronen uit om de fameuze luit aan te schaffen en gebruikte ook andere instrumenten, misschien het spinet en in ieder geval het clavichord.

In Montpellier zou Felix ook nog harples nemen bij een geneesheer en anatoom van Nederlandse afkomst en later bij een Engelsman die hij voordien genezen had van een dringende aandoening aan zijn blaas. Bij zijn dood in 1614 zou de arts uit Bazel tweeënveertig muziekinstrumenten nalaten (waaronder zeven viola's da gamba), dat wil zeggen de uitrusting van een heel orkest (F 73). Van kindsbeen af vertrouwd met muziek... Als klein kind fabriceerde Felix al een soort van instrumenten met snaren of touwtjes die hij zelf ontwierp en vervolgens probeerde te bespelen. Vóór 1541 (of 1544?) luisterde hij graag naar de zetters van zijn vader die mondharp of hakkebord speelden; enkele jaren later genoot hij van de welluidende prestaties van hetzelfde vaderlijke drukkersproletariaat, dat een beroeps- en gezelligheidsvereniging vormde waarvan de leden dankzij de *ad hoc* indienstneming van Peter Dorn luit hadden leren spelen. Hartstochtelijke liefde voor muziek is in Zwitserland een continuüm van Felix Platter tot Frédéric Amiel.[15] Felix' intrede op achtjarige leeftijd in de wereld van de muziek heeft hem dieper geraakt dan het onderwijs in lezen en schrijven (het eerste boek dat hij ter sprake brengt is geen gewoon leesboek maar een prentenboek, een handjevol vellen perkament met verluchtingen). Wat een verschil met Thomas, die verzot was op abc-boeken, te meer omdat ze lange tijd verboden vruchten voor hem waren geweest!

Lezen en schrijven (in het Latijn) leerde Felix van Johannes von Schallen, een huisonderwijzer die een jaar of twaalf ouder was dan zijn leerling. Deze Johannes was de bastaardzoon van een notaris-kapitein (magistraten namen destijds graag naast de pen ook het zwaard ter hand). Schallen was eerst een leerling van Thomas geweest en werd later diens 'hulponderwijzer' op de school van de Burg. Daarbij nam hij ook de taak op zich Felix en Ursula de taal van Cicero te leren en hun luitles te geven.

In de jaren 1543-1544 wordt Felix zich bewust van de wijde wereld, zowel op politiek als op militair vlak. Een van de startpunten van die politieke bewustwording en die aanpassing die hij als kind doormaakte was de slag bij Ceresole (1544), die hij van verre maar zeer intensief meebeleefde. Het was ook de tijd waarin de geneesheer Vesalius, die het kind ontmoet had bij zijn vader, in Bazel zijn *Zeven* (geniale) *boeken over het bouwwerk van het menselijk lichaam* publiceerde (1543). De grote anatoom gebruikte nogal onorthodoxe methoden om aan lijken te komen, hetzij via de galg, hetzij via de begraafplaats. Wanneer Felix student medicijnen is geworden in Montpellier zal hij al gauw dezelfde ontvoeringstechnieken als de Bazelse meester gaan gebruiken en op zijn beurt de gewoonte aannemen verse graven te openen om aan anatomie-onderdelen te komen. Thomas Platter was een lezer van Vesalius, evenals later zijn zoon. Thomas drukte bovendien Calvijn: in de streek rond Genève, op een flinke afstand van Bazel, stelde de Franse reformator een theodemocratische of simpelweg theocratische regering in. In 1549 zal hij met de zwinglianen uit Noord-Zwitserland een akkoord sluiten over de theologie van het Laatste Avondmaal en over de betekenis van de Eucharistie. In het naburige Frankrijk, dat de beide zoons van Platter elk, met een tussentijd van veertig jaar, zullen bezoeken (Thomas senior zal er echter nooit een voet zetten), is Frans I in 1542 weer een oorlog begonnen tegen Karel V, waarbij hij een verbond gesloten heeft met de Turken en tegen… de anglicanen van Hendrik VIII. Is hier sprake van incoherentie? Niet per se. Dit tweede antiketterse 'spoor' leidt tot de massamoord op de non-conformisten uit Waadt en tot de executie van de hugenoot Etienne Dolet, die misschien een vrijdenker was (1546).

Intussen zien werknemers hun levensstandaard dalen in hetzelfde tempo waarin de prijzen stijgen en de bevolking toeneemt. De Franse taal breidt zich uit onder de elite en de overheid maar verovert de massa nog niet. De gereformeerde Marot vertaalt de psalmen in de landstaal. Het is nog de tijd van de kathedralen: de spits van Beauvais rijst eindeloos de lucht in. Maar het is ook al de tijd van de nieuwe paleizen die symbool staan voor een koninklijke macht die naar volledige soevereiniteit streeft in een tijd, waarin de gematigde koningsmacht van de renaissance niettemin, nog overheerst. In afwachting van het Louvre van Hendrik II wordt het Louvre van Frans I gebouwd en herbouwd.

Felix, die van zijn vader het antipapisme had meegekregen, was op dat gebied minder dan Platter senior. Maar in Rome, aangenomen dat hij op zijn reizen zo ver gekomen was, zou hij niettemin menige gelegenheid gehad hebben om zijn aanleg voor clericofobie de vrije teugel te laten. In die tijd stelt paus Paulus III namelijk de Inquisitie weer in, het toekomstige Heilig Officie; Zijne Heiligheid schenkt eveneens zijn goedkeuring, hoe zou men hem dat kunnen verwijten, aan de oprichting van de Sociëteit van Jezus, de kweekschool van de toekomstige katholieke pedagogen. En *last but not least* roept de paus het concilie van Trente bijeen... Ondanks enig atheïsme dat hier en daar (opnieuw) de kop opsteekt en ondanks de nog verse herinnering aan de feestjes van de pauselijke familie van het oude geslacht Borgia, is het een verbazingwekkende tijd van vrome toewijding. In één en hetzelfde jaar (1541) wordt Ignatius van Loyola leider van de jezuïeten, vestigt Calvijn zich in Genève en lanceert John Knox de reformatie in Schotland. In de Engelse landen wordt de antipaapse aanval voortgezet, in bescheiden vorm op theologisch gebied, maar op economisch gebied vastbesloten (confiscatie van de bezittingen van de kloosters). Met betrekking tot de liturgie en de taal geldt eenzelfde vastbeslotenheid: de gebeden worden omgezet in het Engels... Zo ontstaat een nationale 'anglicaanse' kerk, die zeer chauvinistisch is, maar wel bereid is de koninklijke macht met haar hegemonistische pretenties te dienen; later is ze eveneens bereid de nieuwe dissidente tendensen toe te laten of te tolereren: tendensen om het christendom aan te passen aan de moderne wereld, die hun uitwerking vaak niet zullen missen. Het antiroomse offensief betekent, in verschillende gradaties, ook een confrontatie van de centrale macht in Londen met de Keltische of half-Keltische randgebieden (Ierland, Wales, Schotland); deze staan vaak – maar niet altijd – onder invloed van een zeker papisme dat zelf weer een reactie is op de zegevierende verengelsing. In Ierland vestigt Hendrik VIII vanaf 1541-1542 met matig succes zijn eigen monarchie. Schotland krijgt regelmatig te maken met militaire expedities en overrompelingsacties van het Engelse leger, die echter geenszins tot een overwinning voor de Engelsen leiden. De Schotse samenleving balanceert tussen een reeds genoemde strijd voor het katholicisme en een omslag naar een radicaal protestantisme dat à la John Knox rechtvaardiging door middel van het geloof predikt. Zal ze uit de anglicaanse kerk stappen via de (pro-roomse en pro-Franse) rechterzijde of via de linkerzijde, die al gauw puriteins en zelfs calvinistisch zal worden? De vraag stellen is hem beantwoorden: Schotland zal via de Engelse alliantie de tweede weg inslaan.

Hendrik VIII wil het eilandenrijk in model dwingen; zijn pogingen op het continent zijn naar verhouding nog belachelijker: in 1544 neemt de koning van Engeland, die een bondgenootschap is aangegaan met Karel V, Boulogne in. Het is een precaire overwinning, een operatie van korte duur. Hendrik VIII heeft beter nagedacht wanneer hij zich in 1545-1546 richt op het ontwikkelen van de marine. De toekomst van Engeland ligt op het water. Een waarheid als een koe! Die toekomst zal des te luisterrijker zijn daar de bevolking flink toeneemt en het land een enorme culturele en economische bloei doormaakt. Het grillige, tirannieke, paranoïde gedrag van Hendrik VIII wanneer hij ouder wordt en echtgenotes en medewerkers gevangenzet en executeert, doet daar weinig aan af. Na zijn dood herwint het katholicisme ten tijde van Edward en van Maria de Bloedige (*Bloody Mary*) korte tijd zijn kracht, maar de nationale 'anglicaanse' godsdienst krijgt al weer gauw het overwicht. Hierdoor kan het koninkrijk zich op vreedzame en autonome wijze ontwikkelen, naast een Europa dat vaak verscheurd wordt door oorlogen om dogma's.

Het gezin van Thomas, dat geen belangstelling voor de zorgen van het eiland heeft, is Zwitsers-Duits en dus continentaal en Germaans. In Felix' of Thomas' eerste herinneringen wordt Karel V, de leider van het Heilige Roomse Rijk, amper genoemd. Toch is deze man, die beschouwd wordt als niet meer dan een eenvoudig oriëntatiepunt, degene rondom wie in de ogen van een onpartijdige toeschouwer het lot van de Duitse landen zich organiseert, waar het Zwitserse Eedgenootschap nog steeds bij hoort, al ligt het dan buiten het Rijk.

Met betrekking tot dit Rijk maakt Felix in de jaren 1542-1544 een eerste politieke rijping door; hoewel het nog steeds het stempel van Karel V draagt, bevindt het Rijk zich in een overgangsfase. Nadat de eisen van de ridders en die van de uiteindelijk overwonnen boeren op niets zijn uitgelopen, komt van 1525 tot 1542 de tijd van de vorsten, een periode die beheerst wordt door landgraaf Filips van Hessen en Johan Frederik, de keurvorst van Saksen.[16] In 1542 ligt in een Duitsland dat steunt op zijn bevolking, op zijn al of niet edele metalen en op zijn grote handelaren, de geografische verdeling van de godsdiensten reeds vast: het Pruisische oosten behoort geheel aan Luther, maar ook het midden (Hessen, Thüringen, Saksen) en het noorden, zowel het hanzeatische als het Nedersaksische noorden, met inbegrip bovendien van het hertogdom Brunswijk-Wolfenbüttel, dat sinds 1542 evangelisch is.[17] De gebieden ten zuiden van de Main en langs de Rijn onderhouden daarentegen hun traditionele banden met de keizer.[18] Ze blijven *grosso modo* katholiek en zullen dat tot op de dag van vandaag blijven. De vorsten volgden in hun keuzes de oude Romeinse *limes*...[19]

Maar het volk had die in het begin niet gekozen, want de reformatie was tot bloei gekomen aan beide zijden van die oude grens die een erfenis was van de Latijnse legioenen. De periode van 1543 tot 1553 zullen Michael Stürmer en zijn collega's het decennium van de keizer (*das Jahrzent des Kaisers*) noemen. Die tijd wordt gekenmerkt door een dubbele overwinning van Karel V of zijn verwanten. Ten eerste de overwinning op Willem van Gulik waardoor de invloed van de Habsburgers wordt uitgebreid tot de Nederlandse gebieden en de 'ketterij' in het gebied van de benedenloop van de Rijn een halt wordt toegeroepen. Nadat eenmaal in 1544 de vrede van Crépy was gesloten, die de keizer bevrijdde van de zorgen die de voormalige Franse vijand hem baarde, gaf vooral het persoonlijke succes van Karel bij Mühlberg (1547) de doorslag. De landgraaf van Hessen en de keurvorst van Saksen, die we al eerder noemden, zijn nu de gevangenen van Karel V, die – wat een gelukkig toeval – tegelijkertijd bevrijd is van de laatste druk van zijn vroegere tegenstander Frans I, die in 1547 overlijdt.

Laten we echter het belang van dit keizerlijke decennium niet overdrijven: de vernederde protestantse keurvorsten zijn nog niet definitief buitenspel gezet. Voor het overige zal de vrede van Augsburg in 1555 het principe van *cujus regio ejus religio* bekrachtigen: 'Zeg mij van welke soeverein of vorst je een onderdaan bent, en ik zal je zeggen welke godsdienst, de katholieke of de protestantse, je dringend verzocht wordt te belijden.' Die vrede van Augsburg zal een geografisch evenwicht instellen en zorgen dat de Duitse papen uit het westen en het zuiden en de gereformeerden uit het noorden en het oosten min of meer vreedzaam samenleven; hij zal de krachtsverhouding consolideren tussen enerzijds de landvorsten, die in de Duitse wereld veel machtiger zijn dan in Frankrijk of in Engeland, en anderzijds de keizer, wiens invloed door het principe beperkt, maar absoluut niet betwist wordt; dat alles via bemiddeling door de Rijksdag: ondanks de zeer beperkte groep waaruit de leden voor deze vergadering worden geworven, blijft ze (weliswaar in mindere mate dan het Engelse House of Commons) een van de modellen van ons huidige parlementaire stelsel. Laten we de nuances even over het hoofd zien: in ieder geval straalt de keizerlijke ster feller dan tijdens de voorafgaande generatie en dat zal een jaar of twaalf zo blijven, tot ruim in de tweede helft van de zestiende eeuw.

Felix en *a fortiori* Thomas hadden deze grote keizer tijdens de eerste vijfentwintig jaar van zijn regering, tot aan 1543, in hun herinneringen amper genoemd. Zullen ze meer informatie verschaffen tijdens de daaropvolgende 'lustra', tot aan het moment waarop Karel in 1556 zal aftreden? De Platters verstrekken overigens evenmin veel informatie over het doen en laten van zijn grote vijanden de Turken, die het toppunt van hun macht naderen en wier zeelieden, die een bondgenootschap gesloten hebben met de Fransen, de Middellandse-Zeekust bestoken van Catalonië tot aan Nice. Thomas' buurman laat hooguit een morenkop op de muur van zijn huis schilderen. Felix is ook niet op de hoogte van het lot van wat nog niet Oostenrijk-Hongarije genoemd kan worden, en dat zo Habsburgs als het is, in 1543 overvallen wordt door de Turken, die beslist alomtegenwoordig zijn. En Thomas en Felix weten evenmin wat er gebeurt in Rusland, een grootmacht die destijds onderworpen is aan het anarchistische bewind van de bojaren, dat zal voortduren totdat Ivan IV (Ivan de Verschrikkelijke) er in 1547, wanneer hij eenmaal gekroond is, in zal slagen de feitelijke opperheerschappij over het land weer in handen te krijgen. Nog minder kennis bezitten Thomas en Felix van de gang van zaken in China, waarover in het Westen destijds eerlijk gezegd erg weinig bekend was, althans wat de binnenlandse politiek betreft. Toch gebeuren daar aangrijpende dingen, want in november 1542 heeft een aantal vrouwen uit het paleis (vergeefs) geprobeerd keizer Tsjiatsjing te wurgen; het land was in rep en roer en de keizer had een trauma opgelopen. Het jaar daarop (in 1543) ging de Mongoolse cavalerie op expeditie naar Sjansi. De economie en de ruilhandel (die in de noordelijke provincies al te lijden hadden van de droogte en de hongersnood) waren niet bepaald gebaat bij dergelijke strooptochten.

Ondanks al die ongemakken blijft de conjunctuur gedurende de zestiende eeuw zowel in het Hemelse Rijk als in Europa gunstig, of het nu gaat om de opbrengst van de landbouw en van de textielindustrie of om handwerk en fabrieksarbeid.[20] De Platters zijn, of ze willen of niet, zij het dan indirect, meer vertrouwd met de zuidkusten van Azië en zelfs die in het verre oosten van Azië, want sinds enige decennia voert de Portugese vloot vandaar voortdurend specerijen aan. Thomas en Felix weten niets van die expedities van de Portugezen; maar dankzij alle vrienden die kruidenier zijn in Bazel kennen ze wel de smaak van peper. Want de schepen uit Lissabon hebben in minder dan een halve eeuw zowel voor militaire doeleinden als voor handelsdoeleinden langs de kusten van India (Diu, Goa), Ceylon, Birma en Indonesië een hele keten van havens en steunpunten gevestigd, die eindigt in Japan. Wanneer Felix tussen zijn zevende en zijn negende zijn ogen opent voor de wereld, die wat hem betreft beperkt blijft tot Zwitserland, is een zekere Franciscus Xaverius in 1542 net begonnen met zijn bekeringswerk in Goa, een stad die sinds 1510 in handen is van de Portugezen. Tegelijkertijd vestigen vanaf 1542-1545 de eerste zakenlieden, eveneens Portugezen, zich in het zuiden van Japan, in eerste instantie gedreven door het toeval of door een schipbreuk, later vrijwillig. Ze brengen de Japanners in contact met Europese produkten en vuurwapens en later met de katholieke leer, die dezelfde Franciscus Xaverius vanaf 1549 ook daar zal invoeren. Aan de andere kant van de Stille Oceaan hebben de Spanjaarden in dit vijfde decennium van de eeuw de verovering van Mexico en Peru al achter de rug. Ze drijven hun voorhoedes intussen naar de grote continentale rivieren, de Amazone, de Mississippi, in de richting van de Californische kust en nog verder. Ze naderen San Diego, San Francisco en Oregon – of althans plekken die vroeg of laat onder deze namen beroemd zullen worden.

De expedities van de kolonisatoren uit Spanje komen ook terecht in Florida; en aan de andere kant van het nieuwe rijk in het land van de Maya's, Bogotá, Chili. De pokken richten in naam van de bacteriële eenwording van de wereld reeds enorme ravages aan op de Mexicaanse hoogvlakten en worden daarbij geholpen door andere pandemieën. De Indianen, die niet ontzien worden door de microben en al evenmin door de veroveraars, vinden – bij gebrek aan vaccin – een verdediger in de persoon van Bartolomé de las Casas, die de 'vernietiging van Indië' aan de kaak stelt (1540) en in 1544 tot bisschop van Chiapas (het huidige Guatemala) benoemd wordt. Op de veel uitgebreider schaal van het universum, maar toch betrekkelijk dicht bij huis (in Polen, waar Thomas vroeger oppervlakkig kennis mee heeft gemaakt) publiceert Copernicus in 1543 *De revolutionibus orbium coelestium*, waarin hij de aarde en de mens de centrale plaats in het heelal ontneemt.

Felix' herinneringen gaan verder terug dan de ideologische of politieke 'breeklijnen' van 1543-1544, jaren waarin het kind zich opent voor de wijde wereld die hij, van verre of van nabij, vooral kende door de 'koloniale' of tropische smaak van suiker… Die suiker leidt tot een voorval dat verband houdt met Felix' relatie met zijn meester Scalerus, alias Johannes von Schallen (F 71). Scalerus was min of meer Felix' huisonderwijzer; van 1538 tot 1551 was hij bovendien leerling en kostganger van Thomas geweest en later hulponderwijzer in dienst van deze laatste. Zijn optreden in de tekst van Platter junior dateert hoogstwaarschijnlijk van na 1543-1544: Felix bezit in de tijd waar deze herinnering betrekking op heeft namelijk eigen boeken en zakgeld. Hij houdt in ieder geval, evenals iedere andere kleine boer of stedeling met een normale constitutie, van fruit, of dat nu afkomstig is van een geënte boom of uit het wild. Maar dankzij de inkomsten van zijn vader is hij ook dol op enigszins exotische vruchten, zoals krenten en vijgen, om nog maar te zwijgen van de jeneverbespuree en de andere soorten jam die zijn moeder maakt. Jam is in de zestiende eeuw overigens zeer geliefd.[21] Vanzelfsprekend is de kleine Felix ook gek op suiker en zoetigheid. De suikerrietplantages in de Nieuwe Wereld (de Cariben en Brazilië) zijn nog maar net aangeplant en de belangrijkste suikerrietvelden zullen voorlopig nog in het Afrikaans-Iberische gebied liggen: op de Canarische eilanden, Madeira en de Kaapverdische eilanden.

Om dergelijke geografische details bekommert Felix zich niet. Maar hij geeft zijn laatste centen uit aan suikergoed en wordt in verband met de smokkel van deze superzoete drug[22] het slachtoffer van de chantage van een jonge kameraad, Amandus Langbaum, de zoon van een bureaucraat uit Bazel, die later medicijnen zal gaan studeren (F 74). Langbaum dreigt Thomas op de hoogte te brengen van de buitensporige snoepzucht van zijn zoon en weet zo de enkele gedrukte boeken uit Felix' persoonlijke collectie in handen te krijgen. Scalerus zet de zaak recht door Felix tegenover zijn vader een volledige bekentenis van zijn pekelzonden te laten afleggen. Zo brengt de hulponderwijzer weer vrede in huis.

Bestaat er verband tussen de suiker en Felix' vader? Wanneer Felix te veel gesnoept heeft, ligt hij doodziek in het bed waarin hij 's nachts samen met Thomas slaapt. Deze is bang, want hij weet van niets en hij is verbaasd en begrijpt niet waarom zijn zoon ziek is... Soms zuigt Felix op pastilles of snoepjes die met menie (op basis van lood) roodgekleurd zijn of die door andere kleurstoffen alle kleuren van de regenboog gekregen hebben; sommige zijn zelfs grijsgroen (op basis van koper)... Naar het gevolg kan men wel raden; voor andere kinderen die minder stevig gebouwd waren dan de jonge Platter waren ze waarschijnlijk dodelijk.

In latere getuigenissen uit Montpellier zal Felix graag praten over ladderzatte Duitsers die liggen te snurken, in hun broek pissen en onder vaten rollen, waarvan ze de inhoud naar binnen gieten door de kraan boven hun mond open te draaien. Felix van zijn kant houdt meer van suiker dan van alcohol. Als jongen is hij één of twee keer dronken geweest: zijn hoofd tolde, zijn maag draaide om in bed en hij braakte zijn hart uit zijn lijf. Die paar keer vormden echter een grote uitzondering. In de Languedoc zal Felix zelfs geen eigen wijnkroes hebben (F 75). Hij zal zich ertoe beperken zijn slokje – natuurlijk wel roodgekleurd – water (*drünklin*) te drinken uit het karafje dat zijn moeder hem gegeven heeft.

Suiker, wijn, meisjes... In de winter besluit Felix een sneeuwpop of een kachel van sneeuw in de tuin van zijn vader te maken. Sara en Rebecca, de twee dochters van Hans Rust (een vriend van Thomas) met hun mooie bijbelse namen, staan op een puntige toren achter het huis *Zum Gejägd*. Ze drijven de spot met de sneeuwsculptuur; gekwetst gaat Felix de torentrap op en glijdt uit over de ijzel op een tree. Bij de val schieten er twee tanden door zijn lip. Paniek in huis. Hij houdt er een blijvend litteken aan over. Hans Rust, de vader van de twee meisjes, en van nog een heel stel andere kinderen, is alchimist en dichter, speculeert in kerkelijke bezittingen en vervalst zilver met kwik (F 92). Amalgaam…

Een andere verwonding loopt Felix op in Rötteln in het Zwarte Woud waar hij tijdens de pest van 1551 zijn toevlucht zoekt: wanneer hij zich oefent in hoogspringen valt hij met zijn dij in de puntige ijzeren tanden van een stomp stuk gereedschap. De jongen is dan vijftien jaar. Zijn geheugen en zijn leeftijd vorderen met grote stappen (F 75-76).

Was Felix drie jaar daarvoor vroegtijdig verliefd geworden op zijn nichtje Margret Madlen Erbsin, een knap meisje uit Straatsburg, dat bij Thomas logeerde te midden van diens kostgangers? Deze Madelon (Madlenlin) was een nichtje van een tante van de jongen, een zekere Margret Erbsin, een weduwe, die via weer een ander nichtje Bazel liet kennismaken met de mooie gele jurken met een lutheraans tintje uit de hoofdstad van de Elzas. Thomas en de weduwe verloofden Felix en Madlen met elkaar in het geheim, buiten medeweten van de kinderen, die echter al snel iets begonnen te vermoeden.

De vrienden van Platters zoon, die – hoe is niet bekend – lucht van de zaak hadden gekregen, maakten zich vrolijk om deze vroegtijdige idylle. Felix was erg gesteld op zijn verloofde en reed haar rond in een klein karretje. Toen het meisje terugging naar Straatsburg stierf ze daar aan de pest. Voor de jonge 'weduwnaar', als je dat zo kunt zeggen, moest een nieuwe verloofde gevonden worden, een andere Madlen, ditmaal de goede en de definitieve.

'Verloofd' of niet, Felix hield er al vroeg van geliefkoosd te worden door knappe dames. Op zeer jonge leeftijd laat hij zich reeds knuffelen door een aardige vrouw uit Solothurn die enige tijd bij Thomas komt wonen als dienstbode. Hij moet echter niets hebben van de omhelzingen van de oudere zus van zijn moeder, een manke Zürichse die altijd slecht ontvangen wordt door Anna Dietschi-Platter en ten slotte verdwijnt zonder een adres achter te laten, zonder dat iemand zich daar druk om maakt. Waaruit blijkt dat de familiebanden in de oude Zwitsers-Duitse geslachten niet altijd zo belangrijk waren als onze huidige historici beweren. Deze oude feeks, die door Anna altijd ontvangen wordt met de kreet 'In naam van de duivel[23], kom toch binnen', heeft de jongen een briljante toekomst voorspeld: 'Felix, je zult een grote meneer worden.' Zo werden vader en zoon hun leven lang vergezeld door optimistische voorspellingen in hun eerste jaren. Een bewijs van vertrouwen in de toekomst dat geheel naar de zin was van degenen op wie de gunstige prognose betrekking had.

Vitaal optimisme en een strenge opvoeding: de opvoeding van kinderen gaat in die tijd vaak samen met 'onderdrukking' door de vader of de moeder. Voordat hij zijn eigen geval ter sprake brengt, noemt Felix (F 79) een voorbeeld dat werkelijk extreem en 'antivitaal' is: de drukker Henri (?) Aliot uit Moûtiers in Tarentaise, afkomstig uit een Welschse familie die neigt naar het anabaptisme, rost zijn jonge zoon af. Het ongelukkige kind rent naar de zolder en hangt zichzelf op. In eerste instantie verzwijgt Felix de naam Aliot (zelfmoord is een schande), maar later noteert hij hem in de kantlijn van zijn *Tagebuch.*

De moederlijke 'scheldpartijen' tegen de piepjonge Felix hebben niet zulke gevaarlijke gevolgen. Een daarvan: Thomas heeft zijn zoon net een kwartgulden gegeven om een dolk te kopen die hij al zo lang wil hebben. Vol ongeduld stort de jongen zich op de herfstjaarmarkt. Uiteindelijk koopt hij een hele hoop rotzooi – poppen, een zakmes en God mag weten wat. Wanneer hij op de terugweg zijn moeder Anna tegenkomt, geeft die hem midden op straat een uitbrander, vaart uit tegen de op winst beluste kooplieden en eist dat ze het geld teruggeven. Weer thuis wordt Felix bespot door de kostgangers die zoals gewoonlijk de rol van het koor in het klassieke theater spelen. Thomas en diens nicht (tante Margret) die het nogal een grappige geschiedenis vinden, herstellen de vrede weer. Anna heeft voor niets lopen mopperen (F 78). Nog een strubbeling van hetzelfde soort: wanneer hij nog klein is en een rode jurk draagt, dus nog geen zeven is, krijgt Felix een stel flinke klappen van zijn moeder omdat hij een minuscuul muntstukje (*rappen*) dat hem is toevertrouwd verloren heeft; hij is het kwijtgeraakt tussen de plooien van zijn kinderjurk. 'Je zou toch beter op moeten passen' zegt Chrischona Jeckelmann (de vrouw van de chirurgijn) naar aanleiding hiervan filosofisch tegen Felix, die dan nog niet weet, en zij evenmin trouwens, dat ze later '*in partibus*' zijn schoonmoeder zal worden...[24] Laten we naar aanleiding van dit kleine proces dat het kind op deze wijze wordt aangedaan opmerken dat Anna's boze buien, die afwisselend gericht zijn tegen Thomas en tegen zijn zoon, vooral betrekking hebben op geldproblemen. Het gezin Platter zit namelijk diep in de schulden.

De woedeaanvallen van Felix' vader zijn serieuzer en maken meer indruk, zelfs al is de aanleiding onbeduidend. Ze doen denken aan Hendrik IV die de toekomstige Lodewijk XIII 'voor zijn eigen bestwil' sloeg of liet geselen.[25] Felix krijgt (minstens) driemaal een pak slaag van zijn vader: de eerste keer omdat hij stenen op het dak van Philip de timmerman die naast het gymnasium woont, gegooid heeft, en er een aantal dakpannen zijn gebroken; een andere keer omdat hij de wand die in de school van zijn vader de klassen van elkaar scheidt aan beide zijden met krijt beklad heeft. In beide gevallen wordt de schuldige aangegeven door zijn kameraad Langbaum (F 80), de zoon van een griffier die betrokken is bij de tarweverdeling, een eeuwige klikspaan. Het betrof hier kleine zonden van een scholier die in groepsverband begaan waren en bestraft werden door een vader die voor de gelegenheid zijn rol van ouder en onderwijzer door elkaar haalde. Mama slaat thuis, papa slaat op school. Een slechte (?) gewoonte die echter niet lang zal duren – al moet het ergste nog komen! Op een moeilijk vast te stellen datum (Felix, die vroeg is voor zijn leeftijd, zit al in de vierde en laatste klas van de school van zijn vader: misschien is hij een jaar of twaalf en in dat geval zou het voorval plaatshebben rond 1548) wordt Thomas tijdens de Griekse les achter zijn katheder kwaad omdat zijn zoon niets begrijpt van de *alpha purum*, dat wil zeggen van het feit dat men in het Attische dialect *chôra* zegt en niet *chôré*, zoals men in het Ionische dialect doet. Die subtiele verschillen ontgaan de jongen volkomen en Thomas moet ze hem met geweld bijbrengen door middel van een klap met de plak die bedoeld was voor Felix' rug, maar hem in het gezicht raakt, en bijna in zijn ogen. Het gevolg is een gezwollen, opgezet gezicht en een woedeuitbarsting van Felix' moeder, die verontwaardigd is over het brute gedrag van haar man…

Thomas voelt wroeging en houdt op zijn zoon te slaan; toch had hij tot dan toe niet geschuwd de gesel te gebruiken of de jongen schoppen voor zijn kont te geven. Maar na dit familiedrama midden in de vierde klas overheerst een gevoel van liefde: Thomas' gevoelens van spijt en zijn vriendelijke aard krijgen de overhand. Zou de gesel op twaalf- of dertienjarige leeftijd in bepaalde gezinnen worden afgeschaft? In ieder geval verzorgt de directeur van de school van de Burg Felix aandachtig als hij ziek is; het is uiteindelijk zijn enige zoon. En de tekenen van vaderliefde zullen nog toenemen, zij het dan in briefvorm, wanneer de jonge man student is geworden in Montpellier en in de gelegenheid is verscheidene jaren ver van zijn vaderland te leven (F 81).

Die vaderliefde kwam al eerder tot uiting in Felix' mooie kleren: het is niet van vandaag of gisteren dat kinderen van kleinburgers zo mogelijk nog beter gekleed gaan dan die uit de hogere kringen. Thomas was de lompen uit zijn kindertijd niet vergeten; ze waren blijven plakken aan zijn schurftige huid. Hij zorgde er dus voor dat de kleermaker Wolf Eblinger, alias meester Wolf (F 81), eerst een tweekleurige jurk om Felix benen paste, volgens de middeleeuwse gewoonte voor de helft in de ene kleur en voor de helft in de andere, en later toen hij groot was geworden een witte en vervolgens een zwavelgele broek. Het kind wachtte vol ongeduld op zijn nieuwe korte broeken op het nieuwe marktplein, waar Eblinger, die korte tijd later zou sterven, naar toe kwam om ze hem aan te passen. Deze taferelen uit Felix' kindertijd of jeugd dateren van vóór maart 1550, want dan is Eblinger al overleden. Ze zullen jarenlang hun stempel op Platter junior blijven drukken, want wanneer hij in Montpellier studeert en wanneer hij de reis naar Wallis maakt, is hij nog steeds zeer gesteld op elegante kleding. Daarin gaat hij zelfs zo ver dat hij onaangenaam of antipathiek overkomt op zijn verre neven en nichten in de bergen, die wat luxe kleding betreft absoluut niet in staat zijn met hem te wedijveren.

Een goede vader bemint en straft zijn kind op een goede manier; hij kleedt zijn zoon op gepaste wijze; hij probeert hem bovendien gedegen godsdienstonderwijs te geven. Van de passages in Felix' memoires die beginnen met de woorden *Mein Vater* en die de sterke familiebanden aangeven die Felix met zijn vader heeft, is die welke betrekking heeft op Thomas' functie als predikant bijzonder duidelijk. Vóór de zondagse kerkdienst, die gehouden wordt in de protestantse kerk, leest de vroegere bedelaar uit de Alpen en uit Duitsland voor uit de bijbel en kapittelt hij zijn kinderen en ook zijn vrouw (F 79). Een lutheraanse, zwingliaanse en al gauw ook calvinistische gewoonte: het gezinshoofd van een boerenfamilie, en bij de hugenoten de welgestelde grondbezitter, leest zijn huisgenoten regelmatig voor uit de bijbel.[26] De thema's die Thomas kiest om zijn familie te vermanen zijn gegroepeerd rondom drie hoofdgedachten. Ten eerste de verharding van het hart van Farao, de koning die weigerde de Israëlieten uit Egypte te laten vertrekken. Om de noodlottige wil van de meester van de piramiden tijdelijk te veranderen moest Jahweh maar liefst tien plagen naar de vallei van de Nijl sturen. Vervolgens het thema van het al of niet krijgen van vergeving der zonden: want God zelf verhardde het hart van Farao, waardoor de eigenaar van dit orgaan niet tot de uitverkorenen zou behoren. Van de weeromstuit menen we de hymne van Racine te horen:

Heilige Verlosser, erbarm u over ons!
Beschijn ons met het licht van uw machtige genade,

En ten slotte komen in Platters pastorale preken de gebruikelijke concretiseringen van het figurisme naar voren: de verdrukking waaronder de Israëlieten gebukt gingen was reeds een figuur[27] voor de vervolging waaronder de protestanten in Nederland leden ten tijde van Felix' jeugd. In die noordelijke streken werden op bevel van de regering van Karel V enkele meisjes levend verbrand (F 79), noteert Felix verontwaardigd. Dergelijke gedachten zijn verhelderend ten aanzien van de spirituele ontwikkeling van de familie Platter. We hebben Thomas in zijn jeugd gekend als beeldenstormer toen hij het houten beeld van Sint-Jan verbrandde en daarmee bijdroeg aan de golf van vernietigend iconoclasme die een eind maakte aan de grote cyclus van godsdienstige sculpturen van de Zwitsers-Duitse en Rijnlandse cultuur van het eind van de vijftiende eeuw.[28] Later zal hij een milder standpunt gaan innemen; maar hij blijft ook op hogere leeftijd trouw aan de vrome instelling van zijn eerst katholieke en kerkelijke en later protestantse en zwingliaanse jeugd. Zijn zoon, onze Felix, zal op rijpe leeftijd terugdenken aan de tijd waarin zijn vader hem als kind uit de bijbel voorlas. Hij constateert, lange tijd naderhand, dat hij veel vromer was in zijn zwavelgele tenue van de jaren veertig van die eeuw dan hij zal zijn tijdens zijn studentenleven in Montpellier en *a fortiori* tijdens zijn latere loopbaan als groot geneesheer, wanneer hij in de draaikolk van succes en wereldse zaken terechtkomt. Als student medicijnen in de Languedoc zal Felix zich – althans schijnbaar – enigszins ongevoelig tonen voor de terechtstelling van de 'lutheranen' van Montpellier, veel ongevoeliger dan in zijn vroege jeugd bij het horen van het verhaal van de Nederlandse meisjes die levend verbrand waren, een verhaal dat door de gereformeerde propaganda natuurlijk tot in Zwitserland werd doorverteld. Niettemin zal Platter junior toch protestants blijven.

Levendig en onberekenbaar als hij is, houdt Felix van grappen, die hij tijdens de avonduren binnen de familiekring mag uithalen, waarbij hij het volledige register bespeelt dat de stadscultuur ter beschikking stelt aan de kinderen van de middenklassen. Zijn vader vermaakte zich toen hij een arm kind uit een boerenmilieu was met paardjes of met het maken van miniatuurirrigatiewerken voor weilanden en ontdekte pas later vol verwondering dingen die volkomen nieuw voor hem waren zoals rode dakpannen en kuddes ganzen. Felix weet als stadsjongen uit een welgesteld milieu van het bestaan van de zee; hij zal hem echter *de facto* pas ontdekken in Palavas tijdens zijn studie in Montpellier. Maar hij droomt reeds van reizen over de oceaan en duwt kleine zelfgemaakte houten bootjes over het water van de put voort. Zijn grote passie is het toneel, dat in Bazel, een belangrijke stad, van hoog niveau is. (In dit opzicht lijkt Montpellier, dat toch een grote stad is, rond 1555 achter te lopen: Felix zal er absoluut niet onder de indruk raken van de plaatselijke toneelactiviteiten, die misschien wel minimaal zijn in vergelijking met de terechtstellingen van misdadigers; pas aan het eind van de eeuw zal zijn broer Thomas, die veel jonger is, in de hoofdstad van de Languedoc toneelvoorstellingen bijwonen die deze naam waardig zijn.) In Bazel kreeg Felix al in 1546 niet zozeer waar voor zijn geld (het toneel was gratis) maar wel genoeg om van te genieten. Een voorsprong van Bazel? Een achterstand van Montpellier?

De eerste precieze datum van een toneelvoorstelling die door de zoon van Platter in de stad aan de oever van de Rijn gezien wordt, is 23 mei 1546. 'Onze held' is dan negenenhalf. Vanuit het huis van de kleermaker die zijn jurken of korte broeken maakt, woont hij *De kuise Suzanne* bij, dat gespeeld wordt op de vismarkt (F 83). Dit bijbelse stuk gaat zoals bekend over de wederwaardigheden van een knappe vrouw die in bad verrast wordt door twee wellustige oude mannen (in werkelijkheid twee notabelen of 'ouderen' uit het volk). Suzanne, die er door hen vals van wordt beschuldigd[29] overspel gepleegd te hebben met een jongeman, wordt gered dankzij de handige tussenkomst van een kind dat de profeet Daniël zal worden. Zodoende komen een aantal favoriete thema's van de Zwitserse reformatie naar voren: noodzakelijke kuisheid, profetisme, eerbied voor de bijbel, enzovoort. Het stuk getiteld *Suzanne*, dat door de eeuwen heen volledig in vergetelheid zou raken, is het werk van een zekere Sixtus Birk, in het Latijn Sixtus Betulejus. Birk, een Bazelse schoolmeester van Zwabische afkomst, had dit drama al in de jaren dertig van de zestiende eeuw (ruim voordat het gespeeld werd) gepubliceerd in twee uitgaven, waarvan een in het Latijn. De Bazelers die het stuk in het midden van de eeuw tot leven wekten, vormden een groep van jonge vrienden, tegenwoordig zouden we zeggen een vriendenclub. De man die het stuk in 1546 regisseerde was Ulrich Koch, alias Coccius of Essig, een student van een jaar of twintig, geboren in Fribourg, die later een mooie loopbaan als onderwijzer zou volgen (F 83). Hij zou achtereenvolgens leraar Grieks, leraar dialectiek en godsdienstleraar worden (na het toneel leidden zijn talenten deze impresario naar de katheder). Nog voor zijn veertigste zou Koch bovendien het priesterschap of liever gezegd het domineesambt aanvaarden. Voor de rol van Suzanne had de jonge Koch zonder complexen zijn verloofde, Margret Merian, gekozen, even oud als hij en het dertiende kind van een schipper uit Bazel. Volgens de maatstaven van de renaissance had Margret-Suzanne naakt moeten spelen. De reformatie verzette zich daartegen. Ulrich installeerde zijn Margret dus helemaal in het rood in een zinken badkuip die gevoed werd door de fontein van de vismarkt: aangezien het mei was en niet al te koud, was deze hydraulische ervaring te verdragen. De rol van Daniël werd gespeeld door een jongen (*bieblin*) die maar net iets ouder was dan Felix: het was Ludwig Ringler, die toen elf jaar was; later zou hij glasschilder worden en baljuw van Lugano. Steeds weer de elite of de middenklasse.

Veertien dagen later, op 6 juni 1546, werd Felix geboeid door een ander toneelstuk: op de graanmarkt werd *De bekering van Paulus* gespeeld. De stad had de zaken goed georganiseerd en grote houten hekken om het speelvlak gezet. Het was stralend weer. Het stuk ging over 'de weg naar Damascus', de lichtende verschijning van Christus aan Paulus, die op weg naar de Syrische hoofdstad een zwaar escorte bij zich had. Paulus, die toen ongeveer vijfentwintig was, bekeerde zich terstond en veranderde van vervolger in apostel. De auteur en regisseur van het stuk was Valentin Boltz, een Elzasser van geboorte, predikant in Württemberg en later in Bazel. De rol van Paulus werd gespeeld door Bonaventura von Brunn, een zesentwintigjarige koopman die later burgemeester werd. De brandschilder Balthasar Han, een actief corporatist die tegen de veertig liep, belichaamde Onze Lieve Heer, *Hergoth*; de twee personen van de Drieëenheid, Vader en Zoon, worden onder de pen van memoiresschrijver Felix *a posteriori* samengevoegd tot deze *Hergoth*. Kapitein Hans Rudolf Fry of Frey ten slotte, een robuuste vijftiger, een belangrijk man onder de gemeentelijke elite en bij wat we tegenwoordig zouden noemen het schoolfonds, voert in dit historische stuk het bevel over Paulus' escorte; dat wordt gevormd door honderd stadsburgers in veelkleurige uniformen en een aantal vaandeldragers. Het toneel wordt beheerst door een ronde hemel waarin Onze Lieve Heer zetelt; men rolt er tonnen gevuld met grote kiezelstenen heen en weer om de donder na te bootsen. Een vuurpijl die vanuit dit firmament neerdaalt symboliseert met zijn vlam de verschijning van Jezus. Bij het zien van het wonder van de verschijning van Christus valt Paulus uit paniek van zijn paard – waarmee hij dus niet in gebreke blijft – en zijn broek vliegt in brand. Was deze frats tengevolge van het verdwaalde projectiel voorzien in het scenario? Vanuit het huis van zijn kameraadje Hans Irmy (de achtjarige zoon van een lakenhandelaar, die later zelf ook lakenhandelaar zal worden), waar hij zich op zijn gemak geïnstalleerd heeft, volgt Felix het schouwspel tot in de kleinste details (F 82). Aan het slot van het drama zorgt de plotselinge regen voor enig ongemak, al wordt Paulus' broek er niet door geblust; maar de volgende dag is het weer mooi weer; die tweede dag wordt door de acteurs dus gebruikt om een vrolijke parade in de stad te houden. Zo vermengen zich volgens het klassieke recept van het toneel uit de middeleeuwen en de renaissance, vroomheid (Paulus is als theoreticus van de vergeving der zonden en van het geloof een van de grote 'patroonheiligen' van de protestantse reformatie), gemeentelijk militarisme en de doodgewone burleske parodie.

Een gelijksoortige mengeling van devotie en klucht is te vinden in *De opstanding van Christus*, dat gespeeld wordt op het instituut voor hoger onderwijs (F 81); het is misschien het (Latijnse) werk van Georgius van Langenveldt, bijgenaamd Macropedius, een Nederlands dramaturg en humanist, geboren rond 1475. Dat brengt ons bij de cyclus van de treurspelen op scholen, zowel in Zwitserland als elders; tijdens de zeventiende en de achttiende eeuw zullen van de kant van de katholieken de jezuïeten zich daar op hun beurt in onderscheiden. De jonge Heinrich Ryhiner, de oudste zoon van een gemeentelijk griffier, speelt in deze *Opstanding* op zijn twintigste de rol van de Maagd Maria, in principe toch een matrone (in die tijd worden vrouwenrollen vaak door mannen gespeeld). Heinrich Ryhiner, geboren in 1527, die na zijn studiejaren in Bazel, Parijs, Montpellier en Avignon geneesheer is geworden, wordt uiteindelijk katholiek en Fransman, eerst in de Auvergne en later in het leger van de koning; in 1584 zal hij sneuvelen als soldaat. Zijn schulden en zijn paapse huwelijk zullen voor Felix een voorbeeld blijven dat hij niet wil volgen (F 128). Te midden van nog andere acteurs haalden Thomas' kostgangers in deze *Christus* allerlei streken uit en maakten duivelse sprongen die mogelijkerwijs voorzien waren in het script, want in een dergelijk 'mysteriespel' waren voor de demonen belangrijke rollen weggelegd. Jacob Truchsess von Rheinfelden, een jeugdvriend van Felix, die zich in de troep onderscheidde te midden van de komieken die duivels uitbeeldden, zou later een voorname loopbaan volgen als (alcoholistisch) hoveling van graaf Georg van Montbéliard (F 93, 291), maar moest zich laten behandelen of van de drank af laten helpen door Felix, die geneesheer was geworden en zich al gauw verrijkt had.

In dit hele repertoire was *De bekering van Paulus* ongetwijfeld een van de favoriete stukken. De bekering van Bazel in 1529 was immers een kleurrijke *remake* van die van de apostel; het was niet verkeerd om volgens de mode van die tijd je lamp aan te steken aan die oude lamp van het Oude Testament. Felix' vriendenclub probeerde dus hetzelfde stuk opnieuw te spelen, maar ditmaal met amateurs. Dat deden ze in het huis van de familie Langbaum, waarvan de jonge zoon, eveneens amateurspeler, Felix' vriend en vijand is die hem regelmatig verklikt. Van de andere komediespelers in de dop noemen we (F 86) Lucas Just, die een jaar of twaalf is en later predikant van verscheidene gemeenten, inclusief Bazel, zal worden; en Simon Colross, de zoon van een leraar en dichter, een jongen met grote kwaliteiten, die helaas in 1552 op zestien- of zeventienjarige leeftijd zal overlijden aan de pest – en wel in het huis van Konradt Wolfhardt, alias Lycosthenes, een andere leraar (en auteur); waaruit blijkt dat deze leraren en hun kinderen zowel in het leven als in de dood een samenlevingsverband vormen. Het huis van de familie Langbaum, dat als theater diende voor dit groepje jonge komediespelers, zal voor Felix overigens tot op rijpe leeftijd in cultureel en spiritueel opzicht een belangrijke plaats blijven: in dat huis zal (wanneer het in 1597 in andere handen overgaat) Jacques Covet-Courtois komen wonen, de diaken van de hugenotengemeenschap in Bazel. En we weten hoe sterk de banden zijn die de twee zoons van de oude Thomas, zowel Felix als Thomas junior, met de Franse gemeenschap zullen onderhouden.[30]

In het huis van de familie Langbaum probeerden de jongeren eveneens, zonder veel succes, een ander stuk te ensceneren, *De tien levensfasen*, een thema dat wijdverbreid is binnen de Europese cultuur, zowel op de friezen onder de kroonlijsten van het kasteel van Versailles als op de prenten uit Épinal en in de negentiende eeuw in de grote Noordamerikaanse schilderijen van Thomas Cole. Maar *De bekering van Paulus* bleef, als men uitgaat van het aandeel dat het had in een vijftiental toneelvoorstellingen die Felix in zijn memoires noemt, uiteindelijk toch het favoriete en het meest gespeelde drama. De belangrijkste opvoering van dit mysteriespel, die door de burgers in juni 1546, had veel indruk gemaakt op de al of niet rijke jeugd, te meer omdat de burgerlijke stand van de gemeente zich voor de opvoering ervan, zoals dat in zowel katholieke als gereformeerde steden destijds de gewoonte was[31], had laten bijstaan door honderden figuranten. Felix en zijn vriend Roll, eveneens een kostganger van Thomas, besloten een eigen enscenering van het stuk te maken. Daartoe installeren ze zich op de binnenplaats van *Zum Gejägd*, het huis van de Platters. De jonge Platter, die de rol van Onze Lieve Heer (*Hergoth*) zal vertolken, wapent zich met een rondhout dat de halfjoods-christelijke, half-Jupiteriaanse bliksem moet vertegenwoordigen en beklimt de ladder van het kippenhok. Roll van zijn kant berijdt een schop. Hij is Paulus op zijn rijdier, op weg naar Damascus. Wanneer de apostel op die wijze in korte draf onder de ladder door komt, werpt Felix het bewuste rondhout naar beneden, dat Roll raakt bij zijn oog, zodat het begint te bloeden. De ongelukkige beklaagt zich: 'Ik ben arm en in de steek gelaten door de mijnen. Daarom mishandelt u mij. Op een dag zult u uw trekken thuis krijgen,' enzovoort.

Rolls situatie was in werkelijkheid ingewikkelder dan dergelijke bewoordingen lijken aan te geven. Als kostschoolleerling in Bazel leefde hij inderdaad ver van zijn familie. Maar hij was van een adellijk, zij het berooid geslacht. Zijn volledige naam was Gavin de Beaufort, baron van Rolles, en hij was afkomstig van de oevers van het Meer van Genève, dus uit een deel van Zwitserland waar Frans werd gesproken. Graaf Amédée de Beaufort (de vader van de jongen) was oorlogsveteraan en liet graag de kanonnen bulderen (F 85). In de daaropvolgende jaren zouden de jonge Gavin alias 'Roll' en Platter, hoe de eerste zich ook beklaagd had bij het voorval met de balk, een oprechte genegenheid voor elkaar voelen. Roll was de enige leerling die Thomas tijdens de pest van 1551 bij zich gehouden had. Om preventieve redenen had Thomas in dat zware jaar het internaat volledig ontruimd, maar Roll was gebleven (F 115) omdat niemand zich over hem wilde ontfermen (*vil sich seinen nieman annam*). Thomas overwoog zelfs Roll te 'adopteren', waarbij de telg van een graaf de 'zoon' van een vroegere bedelaar zou zijn geworden, wat een pikant aspect van de zaak zou zijn geweest. Ondanks de 'verlatenheid' waartoe zijn familie hem veroordeelde, zal Roll later een achtenswaardig leven gaan leiden: als burger van Bazel trouwde hij ondanks zijn adellijke bloed (daar is overigens niets tegenstrijdigs aan, de hertog van Saint-Simon, die toch zo hooghartig is, zal zichzelf als de dag daar is evengoed betitelen als burger van Parijs) in 1573 met Gertrud Brand, een Bazelse die de dochter was van een leraar rechten; een van de vele voorbeelden van vrouwelijke 'hypergamie', waarbij meisjes uit het ambtelijke milieu met vertegenwoordigers van de militaire adel trouwen.[32] De baron van Bazel en van het Meer van Genève zal dan tot twee categorieën behoren: hij zal als Frans-Zwitserse edelman lid worden van de Raad van State van Savoye en als stadsburger bovendien eigenaar worden van een groot huis in Bazel. Via hem zal Felix (die van vrij lage geboorte is) reeds in zijn, nogal bevoorrechte, jeugd in contact komen met de Zwitsers-Savooise adel.

Na *Paulus* (een stuk dat hij driemaal noemt) en de *Opstanding* (tweemaal genoemd) komen de bijbelse thema's nog tweemaal terug in Felix' jeugdervaringen met toneel: hierbij gaat het om bliksemschichten en plotselinge bekeringen, die ook in *Paulus* en de *Opstanding* optraden. Het geval van *Zacheüs* lijkt in dit opzicht karakteristiek. Zacheüs is in het evangelie de naam van een zakenman die klein van gestalte is en leider van het 'tollenaarsvolk', een belastingambtenaar die een slechte reputatie heeft vanwege zijn onreine contact met geld[33]; Jezus sprak hem aan terwijl hij boven in de takken van een wilde vijgeboom zat, waar hij in was geklommen om de zoon Gods beter te kunnen zien.[34] Ontroerd door de goddelijke en toch vertrouwde woorden belooft Zacheüs de helft van zijn bezit aan de armen te geven: voor de Eeuwige Vader die in staat is op deze wijze een belastingpachter te bekeren is niets onmogelijk. Het feit dat ze worden voorgesteld in de persoon van een van hun voorgangers, en niet de minste, en dat voor de goede zaak, is de Bazelse burgers, die grote zakenlieden zijn, niet onwelgevallig. Het stuk werd gespeeld in het vroegere augustijnenklooster dat, sinds de reformatie vaste voet in Bazel had gekregen, buiten gebruik was en veranderd was in een school- of universiteitsgebouw (F 84). Tot degenen die de rollen in *Zacheüs* vertolkten behoorden ook de dochters van 'Lepusculus' (haasje) ofwel Sebastian Häsli, die op dat moment een jaar of veertig was; later zou hij leraar Grieks worden en vervolgens full-time (gereformeerd) geestelijke. Altijd weer dat mengsel van banen in het onderwijs en in de kerk. Lepusculus zou zijn aardse loopbaan beëindigen aan de voeten van Felix' moeder, de overleden echtgenote van Thomas, met wie deze hellenistische predikant het graf zou delen.

De auteur van *Zacheüs*, die zelf overigens meespeelde in het stuk dat hij geschreven had, was niemand minder dan Henri of Heinrich Pantaleon. Reeds op jonge leeftijd (hij was nog geen vijfentwintig) zette deze opmerkelijke intellectueel zich aan een langdurige studie: Pantaleon, een figuur met een sikje en een gezicht waaruit humor en spotlust spraken (F 183), schreef zich in of zou zich inschrijven aan de universiteiten van Bazel, Heidelberg en Valence, een middelmatige onderwijsinstelling; hij zou er in recordtijd zijn doctorsgraad in de medicijnen behalen. Hij was, in verschillende perioden, leraar Latijn, retoriek en fysica en in zijn verloren ogenblikken administrateur en zou bij de gratie van het

Heilige Roomse Rijk eindigen als paltsgraaf en gelauwerd dichter. Zijn *Zacheüs*, in 1546 gepubliceerd bij Cratander in Bazel, was het eerste van een lange reeks werken en vertalingen die hij wijdde aan de Kerk, de martelaren, de ridders van Rhodos, de Russen, de Franken, de Germaanse helden, Willem van Tyrus... Het toneelleven (rondom deze stukken die tegenwoordig vergeten zijn maar waar de massa destijds verzot op was) was intens. Behalve de *Zacheüs* werd in het augustijnentheater ook een *Esther* of liever gezegd een *Haman* gespeeld. Het verhaal is bekend: Esther verijdelt de plannen van Haman, de eerste minister van Xerxes (of Artaxerxes?) en redt zo door middel van list en schoonheid het joodse volk van een algehele slachtpartij. Ze slaagt er aan het eind zelfs in vijfenzeventigduizend van haar tegenstanders om zeep te laten brengen omdat ze medeplichtig zijn geweest aan het bloedbad dat gelukkig volledig mislukt is. Dat is enigszins duur betaald. Deze 'midrash' is een apologetisch leke- of mysteriespel. Alweer een plotselinge bekering! Het historische werkelijkheidsgehalte blijkt laag of nihil te zijn. De joodse traditie zal, geconfronteerd met allerlei pesterijen, het stuk lange tijd exploiteren als een waarborg voor vertrouwen in de toekomst. Ook katholieke of protestantse schrijvers en kunstenaars, erfgenamen van de Israëlitische traditie, zullen het exploiteren. Beide partijen identificeren Esther met de rechtvaardigheid van hun eigen zaak en Haman met de slechtheid van de hugenoten of *vice versa* de papen, al naargelang de groep waartoe de auteur in kwestie behoort. Een hele protestantse (in het geval van het zestiende-eeuwse Bazel) en vooral rooms-katholieke literatuur (Lope de Vega, Racine, de laatste op zijn zoektocht naar een rechtvaardiging voor de herroeping van het Edict van Nantes), en ook een groot aantal schilders (Rembrandt in het kamp van de gereformeerden, Veronese, Tintoretto, Rubens, Poussin en Le Lorrain bij de tegenpartij) interesseren zich voor het thema van Esther, dat reeds in de tijd van de jonge Felix en ook tijdens de volgende generaties welbekend is.

De tekst die gebruikt werd voor de voorstelling in Bazel was waarschijnlijk de *Hamanus* van Thomas Naogeorgius, alias Kirchmeyer of Kirchmair; het was uitdrukkelijk een 'nieuwe tragedie' op grond van de bijbel, waarin de laster en de tirannie van de machtigen aan de kaak gesteld werd. De tragedie, die aanzette om God te vrezen, verscheen in Leipzig in 1543 en werd door Oporinus, de vriend van Thomas, in 1547 opnieuw uitgegeven in Bazel. De dramaturg Naogeorgius, die Luther steunde en soms nog 'linkser' was dan deze laatste, schildert Mordechai daarin ongenuanceerd af als een goede protestant en Haman (Hamanus) als een zeer slechte katholiek. De rol van Haman was in Bazel rond 1546-1647 toebedacht aan een zekere Isaac Keller, alias Cellarius, en inderdaad zou deze Cellarius in zijn latere leven niet zo onschuldig als een lammetje blijven (F 169). Hij was de zoon van een lakenhandelaar en later, vanaf zijn achttiende, de schoonzoon van de hellenist en theoloog Simon Grynaeus, die de peetvader was van Felix Platter. Deze symbolische stamboom schiep ondanks het feit dat Isaac zes jaar ouder was dan Felix een geestelijke broederschap tussen de twee jongens. Cellarius had als kind en later als jongeling in Bazel gewoond en vervolgens in Straatsburg, waar hij zijn middelbare-schoolopleiding gevolgd had. In 1546 en 1547, van zijn zestiende tot zijn achttiende, woonde hij in Bazel en in die tijd speelde hij de rol van Haman. Zijn zwerverslot voert hem vervolgens naar Engeland en daarna naar Montpellier, Toulouse en Valence, waar hij promoveert tot doctor in de medicijnen. Hij krijgt, op zijn drieëntwintigste, bijna meteen een leerstoel als hoogleraar in de medicijnen aan de universiteit van Bazel. Een kwart eeuw later moet hij besluiten Bazel te verlaten vanwege een financieel schandaal waarbij hij betrokken is. Ondanks alles blijft hij echter geneesheer en hij vervolgt en beëindigt zijn actieve leven in de Elzas. Een veelbewogen carrière...

Zoals gebruikelijk ontbrak in dit stuk *Hamanus*, dat overladen was met lutheraanse of zelfs ultra-lutheraanse propaganda, niet het tragikomische gedeelte: Ludwig Hummel (een toekomstig predikant), die de rol van de beul speelde en geacht werd Haman en de zoon van deze kwaadaardige minister op te hangen, maakte een verkeerde beweging waardoor Haman junior uitgleed en werkelijk opgehangen werd, zodat hij zijn leven slechts te danken had aan de snelle reactie van de 'ophanger'. Hummel had namelijk de tegenwoordigheid van geest het fatale touw meteen door te snijden. Het 'slachtoffer' Gamaliel Gyrenfalck (de zoon van de predikant) hield aan het incident slechts enkele rode striemen in zijn nek over.

Tot de serie toneelstukken die ten tijde van Felix' kinderjaren in Bazel werden opgevoerd, behoorden ook twee klassieke komedies van Latijnse schrijvers, te weten de *Aulularia* van Plautus, een voorganger van *L'Avare* van Molière, en de *Phormio* van Terentius, een stuk dat een voorbode is van de *Fourberies de Scapin*. Deze thema's, tegenwoordig beroemd door de stukken van Molière, waren dus al sinds de renaissance bekend bij het stedelijke publiek.

Van de veertien voorstellingen in de jaren veertig van de zestiende eeuw die Felix in zijn *Tagebuch* vermeldt, hebben er in totaal acht betrekking op de bijbel, waarvan er zes het Oude Testament betreffen en twee het Nieuwe; zes van de spelen zijn niet kerkelijk en daarvan zijn er drie Latijns (naast de *Aulularia* en de *Phormio* nog de *Hypocrisin*, waarin grote figuren 'in de dop' meespeelden, waaronder Felix en de toekomstige humanist Theodor Zwinger) en twee 'folkloristisch': *De tien levensfasen* en *De herbergier van de droge tak*, een komedie die Thomas Platter zelf geschreven had en die verloren is gegaan – een verlies dat we niet hoeven te betreuren. In totaal in vijfentachtig procent van de gevallen: humanisme en reformatie. De regisseurs en de acteurs, die vaak nog heel jong zijn, behoren allemaal, zelf of via hun voorouders, tot de 'onderling gekoppelde' kringen van protestantse dominees, bureaucraten, leraren, historici, uitgevers, geleerden en drukkers uit de stad Bazel. Kortom, de plaatselijke intelligentsia van intellectuelen en halve intellectuelen. Of eenvoudigweg het ambtelijke milieu in zijn verschillende nuances. Of het toneel nu humanistisch of propagandistisch was, het was een schouwspel dat de elite organiseerde voor zichzelf en voor de kleine man. In weerwil van de latere stereotypen over dit onderwerp was er nauwelijks sprake van absoluut, authentiek 'volkstoneel'.

Juni 1546 is een groot theaterseizoen: Felix, die geboren is in oktober 1536, is dan negen jaar en acht maanden. Hij acteert reeds af en toe.

Oktober 1552: vertrek naar Montpellier; Felix is net zestien. De zes jaar (om precies te zijn vijfenzeventig maanden) die tussen deze twee data in liggen, tussen zijn kindertijd en zijn jongelingsjaren, zijn gevuld met gegevens over zijn familie, over school, over vrienden; door de seizoenen, gemengde berichten, korte reizen; door de grote geschiedenis (gezien van verre); door de pest en door beroepskeuzes... Op bijna elke bladzijde van Felix' autobiografie is zijn vader aanwezig. Zijn moeder verschijnt daarentegen slechts zelden, maar dan wel op doortastende wijze. Toch is mevrouw Platter vaak zwak en ziek. Ze is niet jong meer. Wanneer Felix tien jaar is, is zij al in de vijftig. Ze heeft alleen nog deze enige zoon, het enige kind dat in leven is gebleven. Anna ligt vaak ziek te bed, ze lijdt naar het schijnt aan tuberculeuze pleuritis, waardoor ze last heeft van een droge prikkelhoest; die hoest is symptomatisch voor de steeds terugkerende crises, totdat deze dame in 1572 op achtenzeventigjarige leeftijd overlijdt: aandoeningen van de luchtwegen en astmatische aandoeningen en dergelijke komen veel voor in de vochtige huizen die, afgezien van een kamer of *stube* met een grote aardewerken kachel, slecht of in het geheel niet verwarmd worden.

Al in 1549 leed Felix' moeder als beproeving vooraf of als eerste fase van haar ziekte aan tenesme met bloedafscheiding (*roten schaden*), dat misschien samenhing met de ademhalingsmoeilijkheden die tot haar heftige hoestaanvallen leidden (F 108). Tenesme ofwel pijnlijke samentrekkingen van de anus of de blaas. Felix, toen dertien of veertien jaar oud, was diep getroffen door dit nieuwe ongemak waaraan zijn moeder leed. Een geheugensteuntje: het was het jaar van de brand in het *Beckhenhaus*, waarbij bakker Claus Peyger en zijn vrouw Ursula ondanks de inspanningen van de Bazelers, die onafgebroken emmers water aandroegen, beiden omkwamen: Claus raakte vanwege zijn corpulentie beklemd in een raam van zijn brandende huis en Ursula overleed doordat het overbeladen touw brak waarlangs ze samen met een bakkersknecht of haar zoon vanaf de brandende bovenverdieping naar beneden probeerde te glijden.[35] Een tragedie die betaald wordt met een drievoudige dood (F 108). Men kan niet altijd ongestraft naast de vlammen van een brandende broodoven leven.

Ondanks haar fysieke achteruitgang blijft Felix' moeder een sterke vrouw (zoals Thomas' moeder ook al was). Anna Dietschi deinst er niet voor terug de uit Straatsburg afkomstige beeldhouwer Hans Tobell of Tobel (F 105) flink de waarheid te zeggen wanneer hij het op een dag in zijn hoofd haalt Felix met een bijl in de hand te achtervolgen tot in de keuken van *Zum Gejägd*. Wilde hij het lichaam van de jongen bij wijze van praktische beeldhouwoefening met de bijl bewerken? De kunstenaar in kwestie is niet zomaar iemand: in 1547 had hij het beeld van de gewapende man vervaardigd dat de fontein op het marktplein siert. Nadat hij flink op zijn kop heeft gekregen van de vrouw van de leraar moet Hans Tobell zich voortaan beperken tot minder gewelddadige grappen en maakt hij Felix en zijn kameraadjes bijvoorbeeld wijs dat er een doodstraf wordt voltrokken, een grap die altijd effect heeft: de jongen en zijn vriendjes rennen zo hard ze kunnen naar de plaats van de zogenaamde executie, die echter regelrecht ontsproten is aan de verbeelding van de kunstenaar. Tobell zal in 1558 ziek worden en de jonge dokter Felix vergiffenis vragen. Felix, die dan tweeëntwintig is, heeft pas zijn studie medicijnen afgerond en zal hem barmhartig bijstaan in zijn laatste uren.

Een andere ruzie waarbij Anna Dietschi blijk geeft van haar gebruikelijke energie en zo nodig agressie: Felix heeft ruzie gemaakt met een driftige verkoper van bakvormen voor kruidkoek die een paar van zijn tanden gebroken heeft en zijn gezicht bont en blauw heeft geslagen. Anna gaat de koopman opzoeken, maakt hem uit voor stomkop en weigert de bakvorm te vergoeden die Felix tijdens de vechtpartij gebroken heeft. Anna's slechte humeur kan bij gelegenheid zelfs aanleiding geven tot echtelijke ruzies (F 124) die bijzonder heftig zijn in het voorjaar en de zomer van 1552. Felix, die dan bijna zestien is, is in die tijd al beter in staat de morele en materiële situatie van zijn eigen familie te begrijpen. Hoewel Thomas reeds veel grond en gebouwen bezit, heeft hij in het midden van de eeuw nog dringende schulden. Vandaar het geruzie tussen de echtgenoten. Voor Felix, die zijn best doet een goede verstandhouding te behouden met zijn vader en moeder, op wie hij zeer gesteld is, zijn die ruzies zeer pijnlijk. Ze gaan natuurlijk uit van Anna, die heftig protesteert tegen de stoutmoedige investeringen van haar man, die voortdurend tot schulden leiden. De betrekkingen tussen Felix' ouders verslechteren echter nooit zozeer als die tussen de ridder van Rufach en diens vrouw, een ridder wiens grafsteen (F 122) de jonge Platter in 1551 kon bewonderen toen hij samen met zijn vader naar de Elzas reisde om een nieuwe ezel te kopen. De ridder had zichzelf van hoofd tot voeten gewapend, liggend op zijn buik met zijn gezicht naar de grond in bas-reliëf in de grafsteen laten uithouwen, zodat zijn (in een kuras gestoken) rug naar het hemelgewelf gekeerd was; zijn vrouw had namelijk gedreigd hem in het gezicht te komen pissen indien de kunstenaar de liggende figuur zo zou uitbeelden dat je zijn gezicht kon zien. *Se non è vero...*

Ursula, Felix' zuster, was het enige in leven gebleven meisje in huis. Haar twee oudere zusjes, Margret I en Margret II, die geboren waren in 1530 en 1533, waren beiden overleden aan de pest, in 1531 en in 1539 (F 50). Ursula, die geboren was in 1534, werd vertroeteld door haar vader en moeder en ook door haar broertje Felix, dat twee jaar ouder was dan zij. In 1546 had ze op twaalfjarige leeftijd een tijd in Straatsburg gelogeerd bij Margret[36] Erbsin (F 77), de weduwe van Simon Lithonius Steiner, de neef van de Platters uit Wallis die *famulus* (assistent) geworden was van de Straatsburgse hervormer Martin Bucer en later leraar in de Elzas. Ursula schreef vanuit de hoofdstad van deze provincie charmante brieven naar haar familie in Bazel, maar ze begon al gauw te vinden dat de tijd langzaam voorbijging. Tante Margret Erbsin was intussen namelijk hertrouwd met Lorenz Offner, een dominee uit de Elzas, een huwelijk waaruit vier meisjes en een jongen geboren zouden worden. Gezien deze feiten had Thomas geen andere keus dan zijn innig geliefde Ursula weer naar huis te laten komen. Ze had een hoop om over te praten toen ze haar broertje terugzag: Ursula en Felix (F 117) waren namelijk erg verdrietig over de echtelijke ruzies tussen hun ouders vanwege de al te dringende schulden. Anna, die zich er zorgen om maakte, vertelde de kinderen er soms iets over. Daardoor ontstond er nog een extra band tussen de kinderen, die hevig ontsteld waren over de bescheiden erfenis die hun zou toevallen.

We zien Ursula terug in 1549-1550; ze is dan een jong meisje; ze staat bij het bed van haar moeder, die ogenschijnlijk op sterven ligt. (In werkelijkheid herstelt mevrouw Platter 'dankzij de genade Gods', *durch gottes gnodt* [F 109] – altijd weer die zo protestantse goddelijke genade.) Ook Felix staat aan Anna's hoofdeind. De twee kinderen beklagen zich: genegenheid voor hun moeder die in gevaar is; maar ook, zoals ze eraan toevoegen, angst voor een nieuwe vrouw in het bed van hun vader die de kinderen uit diens eerste huwelijk als we hen geloven moeten vast en zeker zal mishandelen. Onder het ancien régime een frequent thema in de 'verkruimelde gezinnen' of de gezinnen die dreigen verkruimeld te raken.[37] Ursula was overigens een ontwikkeld meisje; broer en zus kregen samen Latijnse les en luitles van Johannes von Schallen, assistent van Thomas en bastaardzoon van een strijdlustig notaris (F 117). Op haar vijftiende of zestiende werd het meisje verliefd op Werlin Bur, een boerenjongen met grote kwaliteiten. Hij hielp mee bij het werk op het land op vader Platters landgoed Gundeldingen buiten de stad. Het was een vrome, serieuze, hardwerkende, sterke, competente jongeman, een zoon van een welgestelde boer en lid van de sekte van de wederdopers. Thomas Platter wilde deze 'ketters' in het algemeen en de familie Bur in het bijzonder naar het voorbeeld van de vrijzinnige Sebastien Castellio (F 89) bekeren tot het officiële credo van de Bazelers zoals dat geformuleerd was door Oecolampadius en Zwingli.

De zaak nam een nogal onverwachte wending, want Werlin werd ook verliefd op Ursula. De wonderen van de bekeerders... Hij vroeg aan Thomas haar te mogen huwen, maar de tranen van zijn dochter ten spijt weigerde deze resoluut. Was het het verschil in godsdienst, eigenlijk niet meer dan een minimaal onderscheid? Of hadden de heer en mevrouw Platter toen reeds grootse huwelijksplannen voor hun kinderen? Ursula was mooi, ontwikkeld en muzikaal en niet langer de dochter van een arm man. Hoe dan ook, er bleken veel jongens te zijn die dongen naar de hand van deze ondanks haar kleine bruidsschat toch aantrekkelijke maagd. De Platters waren niet bereid hun dochter in de echt te verbinden met een gewone boer, al was hij dan welgesteld. Uiteindelijk zou de pest iedereen tot overeenstemming brengen. Dat was overigens voorspeld door meester Wolf, een plaatselijk chirurgijn die graag 'grote rampen' aankondigde. Ursula en Werlin werden bijna gelijktijdig weggenomen door de epidemie van 1551. Later zag Felix de twee zusters van de overleden Werlin, Ann en Ketterin, nog terug. De jonge Platter werd zelfs uitgenodigd op Anns bruiloft; maar de jonge bruid behandelde hem, zoals getrouwde boerinnen deden, voortaan als een vreemde. Dat viel tegen. Wisten die zelfingenomen boerinnen dan helemaal niets van de ontspannen levenswijze van vrouwen uit de stad? Voordat ze aan de poort van de dood kwamen, werden Ann en Ketterin Bur, als we Felix mogen geloven, oud en gerimpeld als appeltjes (F 90).

Ursula oefende tijdens haar korte leven en zelfs *post mortem* een merkwaardige invloed op haar broer uit. Aangezien ze wist dat hij erg proper was, 'zo proper als een kat' (*katzrein*), deed ze op een dag in de keuken van haar vader ringen van vlees om haar vinger die uit de spiermagen van kippen gesneden waren. Ze achtervolgde de jongen en raakte hem aan om hem met de vleesringen te besmeuren. De uitwerking die dat op Felix had was enorm. Te meer omdat het meisje dat experiment ten koste van haar 'broertje' graag herhaalde, hoezeer ze overigens ook op hem gesteld was. Felix ging ervandoor, raakte in paniek, moest overgeven... Zijn walging en het psychische trauma dat hij opliep (maar dat beslist niet overdreven moet worden, want verder was hij een evenwichtig en gezond persoon) waren zo hevig dat hij zijn hele leven lang zelfs niet meer naar een ring kon kijken, of die nu van vlees was of van een ander materiaal, zelfs al was het goud of zilver... Men stopte ze in zijn koeken, in het brood, in de soep... Dat was een bekende grap; men deed het zelfs aan de vorstelijke hoven waar de grote geneesheer die hij op een dag zou zijn, zijn vak zou mogen uitoefenen. Zijn reactie zal altijd hetzelfde blijven: afschuw, misselijkheid en een snelle vlucht... Aangezien hij Freud vanzelfsprekend nooit gelezen heeft, kan Felix 'zonder complexen' schrijven dat hij een afkeer heeft van alles wat rond en geperforeerd was (*rundt und gelöchert* – F 101)... Iets om nader op in te gaan als we de geheimen of de psychologische diepten van Platter junior willen doorgronden. Zelfs de spoelen van spinnewielen boezemden hem afschuw in en de gordijnringen van onze overgrootmoeders had hij ongetwijfeld evenmin verdragen.

Het zal de lezer overigens niet verbazen dat het meisje, hoe welopgevoed ze ook was, vooral in de ouderlijke keuken werkte, terwijl de jongen edelere, intellectuele taken op zich nam en eventueel op het familielandgoed Gundeldingen landwerk deed (waar hij overigens een hekel aan had).

Ursula's dood is een van de aangrijpendste momenten uit Felix' verhaal. In maart 1551 overvalt de pest, die al sinds het jaar daarvoor door de stad waart, op een zondag het huis van de Platters. Niclaus Sterien, een van de kostgangers, afkomstig uit een adellijke familie van officiers, wordt ziek en moet naar bed. Dezelfde middag sterft hij. Ursula, die hem eten komt brengen, treft nog slechts een lijk aan. Ze schrikt zo dat ze, zoals men in die tijd geloofde, van de schok zelf ook ziek wordt: men dacht dat de besmetting kon worden overgedragen door een blik of door angst... Niclaus wordt dezelfde dag begraven op de Sint-Elisabethbegraafplaats (St. Elsbethen) waar binnen korte tijd menig pestlijder hem zal komen vergezellen. Het enige wat Thomas rest, is crisismaatregelen te nemen: zijn kostgangers, waarvan er veel naar Gundeldingen waren om fluitjes te maken van wilgebast, wordt verzocht daar te blijven en niet naar de zondagse avonddienst in de stad te komen. Sommigen van hen, onder wie Felix, worden naar Rötteln in Baden gestuurd, een gebied dat naar het schijnt vrij is van de pest. Twee maanden later, in mei, ontwikkelen de jonge boer Werlin Bur en even later Ursula Platter pestsymptomen: Ursula krijgt een buil op haar dij en is enkele dagen ziek; ondanks de besmetting omhelst ze liefdevol haar ouders en fluistert: 'Zeg mijn lieve broertje gedag' (*meinen lieben bruderlin*).

Ze sterft. Ze is zeventien jaar. Ze wordt begraven op de Sint-Elisabethbegraafplaats waar dertien jaar eerder, in 1539, haar oudere zusje Margret II op zevenjarige leeftijd begraven is, eveneens vanwege de pest. Thomas geeft het bericht beetje bij beetje aan Felix door, die op dat moment in Rötteln verblijft. Na een heleboel omzichtige formuleringen onthult zijn vader in juli 1551, twee maanden na de gebeurtenis, ditmaal zonder iets te verbloemen, dat het meisje is overleden. Zestig jaar later kan Felix deze brief, die overigens teder en toegenegen is, nog steeds niet lezen zonder in tranen uit te barsten. Een oprechte en sterke genegenheid van een broer voor zijn zus, waar ongetwijfeld nog vele andere voorbeelden van bestaan, maar waarvan de grote geschiedenis er slechts weinig bewaard heeft, als we de authentieke van verdriet doortrokken liefde buiten beschouwing laten die de jonge Lodewijk XIII voelde bij het definitieve vertrek van zijn zuster naar Spanje, waar ze in 1615 zou trouwen met de troonopvolger: 'Zo'n goede zus...' zou de vorst eenvoudigweg zeggen.[38]

In deze fase van Felix' dagelijkse leven, dat afwisselend serieus, tragisch en speels is, valt het jaar uiteen in twee duidelijk onderscheiden perioden: de winter, met veel sneeuw en het carnavalsfeest, en de zomer. In de winter geeft Thomas 's avonds voor het eten soms toestemming (F 91) voor een sneeuwballengevecht in de maneschijn, waaraan wordt deelgenomen door zijn kinderen en door de kostgangers, die in die tijd tien tot twaalf jaar oud zijn. Onder de deelnemers of de slachtoffers bevinden zich Ambrosius Frobenius, die naar het voorbeeld van zijn ouders later drukker zal worden, en Niklaus[39] Kalbermatter, een sterke vent uit Wallis, afkomstig uit een adellijke familie van officiers; deze Niklaus zit te werken in het verwarmde vertrek boven aan de wenteltrap en krijgt per vergissing Felix' sneeuwballen, helemaal aangedrukt tot ijs, boven op zijn boeken. Bij gebrek aan sneeuw kunnen de worteltjes die Anna Dietschi, een harde werkster, aan het opspitten is ook als projectiel dienen. Breugheliaanse taferelen van onstuimige kinderen (*meisterlos*)...

Dan komt het carnaval: de sneeuwgevechten gaan door en soms krijgt de huisvader een sneeuwbal in zijn gezicht die niet voor hem bestemd was maar hem tot bloedens toe verwondt, wat hem woedend maakt. De grootste gebeurtenis, één keer althans, was echter Felix' reis, met carnaval, naar de familie von Andlau, een adellijke familie die in Neuenburg woonde, zo'n dertig kilometer ten noorden van Bazel. Sigmund von Andlau (F 87), een kostganger van Thomas, was een goede vriend van Felix. Bij de latrines kneep hij deze zelfs wel eens voor de lol in zijn billen, wat er op een dag toe leidde dat hij zijn handen moest gaan wassen. Felix en Sigmund reisden naar Neuenburg in gezelschap van Balthasar Hummel, die uit een eenvoudige familie kwam, later apotheker in Bazel zou worden en een van de grote vrienden van onze memoirenschrijver zal blijven. Diezelfde Balthasar was ook bevriend met Sigmund, want zijn vader, Peter Hans Hummel (F 88), was lange tijd manusje-van-alles bij de familie von Andlau geweest. Hoe bevriend de twee jongens echter ook waren, de sociale afstand bleef bestaan. Wanneer ze reisden mochten alleen Felix en Sigmund het rijdier van papa Hummel bestijgen: deze was in feite bij hen in dienst. Balthasar ging te voet, zonder dat dat veel veranderde aan zijn goede humeur.

In 'evangelische' (protestantse) kringen bestond het carnaval onder andere uit antiklerikale grappen van de kant van de drie vrienden, die daarin werden aangemoedigd door de moeder van Sigmund von Andlau, geboren Eva von Pfirt. Ze spotten met de katholieke priester die tijdens de mis in zijn rode kazuifel het avondmaal gebruikte zonder het met wie dan ook te delen (in werkelijkheid reikte hij de communie uit, maar dit 'detail' lijkt Felix ontgaan te zijn; misschien moeten we toegeven dat er in het paapse milieu destijds geen sprake was van het 'regelmatig ter communie gaan' van de gelovigen?). Of de drie kinderen vielen (verbaal) een langskomende pastoor aan; daarmee schoten de drie te kort in de verplichte beleefdheid die ze volwassenen of notabelen in het algemeen en priesters in het bijzonder dienden te tonen. Een keihard gevolg van godsdienstvermenging in een klein gebied! En verder genoten ze los van iedere godsdienstige associatie, van de carnavalskoeken, de dansen en de vrouwelijke vermommingen van de mannen.[40]

De drie meisjes Von Andlau, van wie er een getrouwd was en moeder van een baby, vertoonden zich graag, carnaval of niet, zo goed als naakt of in hun onderjurk (*underrock* – F 88) aan Felix: als kind vertelde hij hun verhalen, waar ze op hun knieën naar luisterden, geboeid door zijn verteltalent dat toen reeds tot uiting kwam. Waarachtig een begaafde jongen, die goed kon spreken en bedreven de luit bespeelde...

Over de zomer is onze auteur minder spraakzaam: de troep kostgangers (waaronder Felix) gaat menigmaal naar het landgoed van vader Platter, waar ze meehelpen bij het werk op het land. De jongen wordt er onderworpen aan de chantage van zijn toekomstige kameraden: ze dreigen Thomas op de hoogte te stellen van de snoeporgieën van zijn zoon of van diens herrieschopperij; ze slaan hem, snijden het touw van de schommel door als hij aan het schommelen is, enzovoort. Zonder rancune van de kant van de toekomstige geneesheer... Hij aardt naar zijn vader: op een dag doodt hij bij een poel met een welgemikte kiezel een gans en doet zo de heldendaden van zijn vader uit de tijd dat die als kind door Duits-Zwitserland trok nog eens over. Thomas moet de ganzenhoedster, die financiële schade lijdt door de prestatie van zijn zoon, een vergoeding geven. De jonge Platter, die nog steeds op properheid gesteld is, baadt graag in een zijrivier van de Rijn. Hij wordt meegesleurd door de stroming en het scheelt niet veel of hij verdrinkt; door tussenkomst van een goede zwemmer wordt hij op het nippertje gered.

Evenals het dagelijks leven spelen ook gemengde berichten (zij het zonder kranten of media) een grote rol in de herinneringen van het kind van tien of vijftien jaar. Met de gebruikelijke ingrediënten: seks en geweld. Er was in Bazel een naaister, Regel of Regula Rüttiman, uit Zug (F 102). Ze behoorde tot de sekte der wederdopers, maar hield zich niet altijd aan de strenge regels. Ze woonde alleen, althans in principe, gescheiden van haar man, die was opgesloten wegens krankzinnigheid. Ze naaide en kookte bij Platter en deed het kind Felix in bad; ze maakte hemdjes voor hem, versierd met veelkleurige vogeltjes; ze schertste graag met de kostgangers. Men was erg op haar gesteld. Ze werd, zonder verdere gevolgen, verliefd op Paul Höchstetter, de zoon van een grote koopmansfamilie uit Augsburg, die zelf magistraat werd omdat zijn vader failliet ging. Die liefde dateert waarschijnlijk uit de jaren 1544-1546, toen Paul Höchstetter, destijds ongeveer eenentwintig jaar, bij Thomas woonde. Nadat het voorwerp van haar hartstocht Bazel verlaten had, liet Regula haar keus vallen op een bezadigder persoon die al ver in de veertig was, namelijk Franz Jeckelmann, Felix' toekomstige schoonvader, die in 1549 net zijn vrouw verloren had. 'Het is zover, ik geloof dat ik er eentje heb, hij is weduwnaar,' verklaarde ze tijdens het souper bij Thomas aan tafel. Mannen hebben misschien graag een goede naaister als vrouw. Maar Felix' vader, die in het geheel geen weduwnaar was, kon Regula's overpeinzingen slechts half waarderen. Korte tijd later ging deze vrouw weg bij de Platters om in dienst te treden op kastelen, waar ze veel geld zou verdienen. Genoeg om een huis in Bazel te kopen, waar ze zich weer vestigde; in die tijd kreeg ze een verhouding met de oude herbergier Conrad Klingenberg (F 122), eigenaar van herberg De Ooievaar. Deze Conrad, ook wel Küntz of Cunz genoemd, had geen goede naam, evenmin als zijn dochter Anne, want beiden waren in opspraak geraakt door een aantal schandalen, zowel echtelijke als andere. Uit deze verbintenis met Küntz kreeg Regula een kleine bastaardzoon, Georg Felix, een mooi kind van wie onze Felix de peetvader werd, samen met een meesterkleermaker, een tweede peetvader, die vanzelfsprekend Georg heette (F 123). Later zou deze Georg Felix, die zeer begaafd en zeer welopgevoed was, een loopbaan volgen als chirurgijn en huurlingen uit Bern, frontsoldaten die gestreden hadden in de godsdienstoorlogen in het naburige Frankrijk, opereren aan blaasstenen. Wanneer hij later terugkomt in Bazel verkrijgt Georg Felix door tussenkomst van Felix, die intussen een groot geneesheer in die stad is geworden, het burgerschap van de stad; hij komt op het idee om zijn moeder op te gaan zoeken, die Bazel intussen verlaten heeft omdat ze daar lastig gevallen werd, niet vanwege ontucht maar vanwege haar anabaptisme. Ze heeft zich in Säckingen gevestigd. Daar zal Georg Felix zich in een zatte bui in de echt laten verbinden met de dochter van een dominee of een pastoor tegen de belofte dat ze een bruidsschat van duizend goudguldens zal inbrengen. Het meisje in kwestie was geboren uit een liefdesverhouding tussen een broer (de geestelijke) en diens zus. De 'zwartrok' had naar men zei bovendien niet van zijn dochter af kunnen blijven. Deze specialist in dubbele incest had zich van zijn nakomelinge willen ontdoen door haar te laten trouwen met Regula's zoon. De ongelukkige Georg Felix 'stierf van verdriet' toen hij ontdekte hoe hij gebruikt was. Het meisje vertrok met een andere man; de ontuchtige pastoor kreeg het verzoek op te hoepelen en zich in de verre stad Konstanz te vestigen, waar we zijn spoor kwijtraken (F 102 en 122-123).

Het geval van Georg Felix is gezien de bemoeienis van Regula, die de moeder van deze jongeman is en die een tijdje als bediende bij de Platters gewerkt heeft, in het begin een kwestie van een dienstmeisjesaffaire. Kwamen dergelijke affaires in meer algemene zin in dit sociologische milieu vaak voor? Laten we in ieder geval stellen dat ongewenste intimiteiten, zoals we tegenwoordig zouden zeggen, officieus waren toegestaan: volgens Felix vond men het zelfs in gedistingeerde huizen normaal dat een baas minstens één keer de borsten van zijn dienstbode aanraakte voordat ze ontslag nam.[41] Volgens sommigen moest het meisje zich om een dergelijke gunst zelfs vereerd voelen. De nadrukkelijke beperking 'zelfs in de beste huizen' (*firnemmen hüseren* – F 106) suggereert dat werkgevers uit de heersende klassen in principe verplicht waren beter dan anderen de regels van de ethiek en de wellevendheid in acht te nemen. Wanneer een lid van deze hoogverheven groepen de grenzen overschreed, was een zeker sociaal diskrediet onvermijdelijk. Neem bijvoorbeeld het geval van dokter Hans Leuw: deze had als monnik, gereformeerd predikant, echtgenoot van een non, arts in Solothurn (F 103) ten tijde van de pest en ten slotte anatoom aan de zijde van de grote Vesalius in hoogsteigen persoon, een briljante carrière doorlopen. Toch moest hij Bazel verlaten en zich elders vestigen zonder dat zelfs bekend is wat er van hem geworden is, en dat allemaal wegens overspel en twee onwettige kinderen (F 105). Het was een te groot schandaal geweest.

Of het nu vrouwelijke of mannelijke bedienden betrof, in de omgeving van Thomas beminde men elkaar, vanzelfsprekend; men verstond de kunst van het beminnen. Een goed voorbeeld is de *provisor* of hulponderwijzer van Platters school, de man die Felix en zijn zus Latijnse les en luitles had gegeven. We doelen hier op Johannes (alias Hans) von Schallen, bijgenaamd Scalerus, die geboren was in 1525; zoals we reeds gezien hebben was hij een bastaardzoon van een vader die notaris geweest was en kapitein in de Walliser oorlogen. Hans had vanaf zijn dertiende op de kostschool van Thomas gezeten en was vervolgens diens studieprefect geworden. Hij had een (wettige) broer, een zekere Niklaus, die vroeger in Bazel gestudeerd had en muntmeester geworden was in Sion, met wie hij hevig ruzie maakte, ook bij Thomas. Beide broers gingen elkaar tijdens western-achtige scènes te lijf, wierpen elkaar bierflesjes naar het hoofd (F 107) en gooiden de tafel omver, alles in het donker. De goede Thomas probeerde zo goed en zo kwaad als het ging tussenbeide te komen, terwijl Ursula en Felix gilden van angst. Johannes von Schallen was smoorverliefd op een knappe vrouw uit Bazel, afkomstig uit de gemeentelijke oligarchie, die (zij of haar moeder?) tot de vrouwelijke modellen van Hans Holbein, een schilder van madonna's, behoorde.

Johannes speelde dit (getrouwde) meisje liefdesbriefjes toe via Felix, die nog een kind was en de rol van loopjongen toebedeeld had gekregen. De jonge Platter trof haar, net uit bad, naakt op een divan aan (*gutschen*); waaruit blijkt dat de naaktfiguren die Cranach schilderde niet slechts terugverwijzingen waren naar de klassieke oudheid. De schoonheid nam het briefje aan en geneerde zich absoluut niet voor Felix, die op dat moment veertien jaar was en het schouwspel wist te waarderen. Johannes Scalerus had bij haar gewoond en zelfs een kind bij haar gemaakt, dat haar beste man (*gut man*) opvoedde als een van de zijnen. Later vertrok diezelfde Johannes von Schallen naar Sion om daar onderwijzer en vervolgens burgemeester te worden. Zijn vroegere minnares was wanhopig over deze scheiding; ze schreef hem met haar eigen bloed hartstochtelijke brieven, wilde man en kinderen verlaten om hem terug te zien, leed aan bovarysme en kwam uithuilen op Thomas' schoot, die zich als barse puritein boos maakte over een dergelijke zwakheid. Uiteindelijk stierf ze. Van verdriet zoals de geijkte uitdrukking luidt? Johannes aan de andere kant van de Alpen voelde zich schuldig en biechtte zijn zonden op in brieven aan zijn vroegere baas. Ook hij overleed, volgens Felix op zesendertigjarige leeftijd. Volgens andere bronnen zou hij diaken en teringlijder zijn geworden en dit tranendal na een lang leven al bloedspuwend pas verlaten hebben toen hij reeds in de tachtig was...

Een andere zaak, die veel ernstiger is en tekenend voor het waarnemingsvermogen en het geheugen van onze beste Felix, heeft geen betrekking op het huispersoneel en ook niet op wetenschappelijke medewerkers, maar op een 'verwante'(?) van Thomas. Seks en misdaad ditmaal... Margret Erbsin, een pseudo-nicht en een zeer goede vriendin van de Platters, had na de dood van haar man (1543) enige tijd bij Thomas in huis gewoond. Daar wekte ze de hartstocht op van Niklaus Petri, een pedagoog uit Lotharingen die zich in Bazel gevestigd had en gescheiden was van zijn eerste vrouw, die zich schuldig had gemaakt aan overspel en daardoor zwanger was; vervolgens was Niklaus na een tweede verbintenis weduwnaar geworden. Margret sloeg de avances van deze eenzame pretendent af. Hij beschuldigde Thomas ervan haar ongunstig gestemd te hebben ten aanzien van hem en liet een zwaard slijpen om hem te doden. Intussen keerde Margret terug naar Straatsburg om daar in 1546 te hertrouwen met een predikant (haar eerste man was leraar; altijd weer de endogamie binnen het ambtelijke milieu). Niklaus, die absoluut niet ontmoedigd was door deze mislukking, maakte nu zijn opwachting bij de (achttienjarige) jonge zuster van zijn overleden vrouw; dit knappe meisje, dat Maria heette, zorgde vol liefde voor de kinderen van de weduwnaar. Toen Maria op haar beurt Niklaus' opdringerige gedrag had afgewezen, stiet hij haar op 13 januari 1546 in het vuur van de actie na de protestantse ochtenddienst een dolk in de borst, waaraan ze overleed, maar pas nadat ze, alvorens definitief in elkaar te zakken, *urbi et orbi* onder aan de trap die naar de voordeur van hun gezamenlijke huis leidde geroepen had: 'Hij heeft me vermoord.' (*Er hatt mich gemördet.*)

Zich bewust van zijn misdaad ging Niklaus ervandoor en wierp zich via het gat van de latrines van een naburig huis in de ijskoude Rijn. Niet ver daarvandaan hing een blauw-witte vlag die een generatie eerder bij de slag bij Novara (1513) op de vijand veroverd was. De moordenaar had zich intussen bevrijd van het wapen waarmee hij de misdaad begaan had. Vissers haalden hem uit het water, sloegen het water van hem af, maakten hem droog, warmden hem en lieten hem vervolgens met medeplichtigheid van enkele stadsbewoners naar een bos in de Elzas ten noorden van Bazel vluchten. De soldaten die hem op de hielen zaten, hadden hem echter al gauw ingehaald. Er werd snel een proces tegen hem aangespannen, waarin hij werd veroordeeld tot het rad. Hij kreeg de tijd om een testament te maken bij Thomas, die zo vriendelijk was als notaris te dienen, wat een grote troost voor de veroordeelde was. Acht dagen nadat hij gevangengenomen was, werd hij naar het schavot gesleurd. Dat stelde Felix, die toen tien was, als verplicht toeschouwer van deze executie in de gelegenheid een paar slechte woordspelingen met *hochgericht* (galg) en *gericht* (maaltijd) te formuleren, waar veel om gelachen werd. Hij was een voorlijk kind. Deze executie was, zelfs voor een zeer jonge jongen, dus een *must*, evenals de toneelvoorstellingen van de zomer van 1546 enkele maanden later. De marteling die Niklaus Petri onder de blikken van een enorme menigte onderging was buitengewoon afschuwelijk. De ongelukkige werd vastgebonden op het rad en brulde terwijl de beul met stokslagen zijn ledematen brak (in het Latijn): 'Jezus, zoon van David, heb medelijden met mij!' Bij de laatste slag, op zijn borstkas, schoot zijn tong uit zijn mond. 's Nachts werd hij in het geheim begraven.

De dood van Niklaus Petri (F 96) was, al was hij een misdadiger, de dood van een vroom geleerde en latinist. *'Jesu filii David miserere mei!'* riep hij tijdens de folteringen. Een gewone dief van eenvoudiger stand zal zich prozaïscher en minder godsdienstig tonen; een gauwdief afkomstig uit Rötteln, die wordt weggevoerd om gehangen te worden, zal tijdens de rit naar de galg op de kar slechts zeggen (F 119): 'Ik ga regelrecht naar de galg. De raven zullen me opvreten.' (Is dat van François Villon of gewoon een gemeenplaats uit die tijd die zowel geliefd was bij dichters als bij misdadigers...?)

De pijnlijke, langdurige executie van Petri leek streng, zelfs in de ogen van zijn tijdgenoten die niet bepaald uitblonken in gevoeligheid ten aanzien van het lijden van een crimineel. Men beweerde dan ook dat het gerecht van Bazel zich in Petri's geval tot dit extreme, meedogenloze gedrag had laten drijven door het gemor van het 'lagere' volk. Een gemor dat ontstaan was tengevolge van een gebeurtenis die naar het schijnt had plaatsgevonden tegen het eind van 1545: in die tijd had een grote, dikke Brabantse voerman, die in Bazel werkte, de zeventigjarige moeder van een plattelandsherbergier verkracht en vervolgens op obscene wijze mishandeld; deze oude dame, die de vergissing had begaan zich op weg naar de familieherberg alleen in het Hartwoud te wagen, had daar een jammerlijk lot getroffen in de persoon van de voerman, die haar van haar paard gegooid en vervolgens verkracht had.

De Brabander, die op heterdaad betrapt was, of zo goed als (F 97-98), was gemarteld door de uit Bazel gekomen beul, een grote, potige, zelfingenomen kerel, die hem met gloeiende tangen gefolterd had, een stuk van zijn borst losgerukt had en hem vervolgens half in elkaar gezakt naar het blok gesleurd had om onthoofd te worden; daarna was zijn lijk in het graf aan een paal gespietst. Platter senior had erop gestaan dat zijn zoon voordat het werd dichtgegooid een blik in het verse graf zou slaan, zodat het kind dit grootse en uitermate pedagogische schouwspel niet zou vergeten. Al deze martelingen die men de schuldige had laten ondergaan hadden enigszins overdreven geleken; dit had ertoe geleid dat men onder het Bazelse plebs beweerde dat het te verwachten was dat Niklaus Petri omdat hij een intellectueel (*gelerter*) was die door intellectuelen (de magistraten) berecht werd, een minder hard lot zou ondergaan, hoewel hij een ernstiger misdaad had begaan dan de voerman. En inderdaad is de 'klassejustitie' soms schappelijk voor bepaalde hooggeplaatste academici, zelfs al hebben ze hun vrouw vermoord. Om te voorkomen dat de publieke opinie in beweging komt of dat er opstootjes ontstaan, wat altijd gevaarlijk is, staat de rechtbank van Bazel er dus op Petri zeer hard te behandelen. Executies met pedagogische doeleinden ten behoeve van de massa en ter stichting van de jeugd zullen, zoals bekend, blijven bestaan tot in de negentiende eeuw en zelfs daarna.

Het zal de lezer overigens opvallen dat de criminelen in kwestie vaak vreemdelingen zijn: een man uit Lotharingen van wie gedacht wordt dat hij uit Bourgondië komt (Petri), een Welsche (een wijnboer), een Brabander (de voerman); een oude mentaliteit of een oude situatie...

Kinderen werden niet aangekeken op de schande van hun vader. Was dat het gelukkige effect van de samenleving in Bazel die zich niet zoveel gelegen liet liggen aan de hiërarchie en de druk van adellijke geslachten, maar bezeten was van de reeds enigszins toegeeflijke en democratiserende *Genossenschaft*-mentaliteit? Niklaus Petri's drie zoons doorliepen ondanks het tragische lot van hun vader eervolle, zij het bescheiden carrières. Een van hen werd, met behulp van de edelmoedige Myconius, kleermaker. De andere, die Israel heette, werd schilder; hij zou zijn kunst beoefenen bij Felix in huis, trouwen, en in 1564 samen met zijn vrouw overlijden aan de pest (F 98). Pas na zijn dood zou Felix horen welke bedreiging wijlen de vader van de overleden kunstenaar vroeger onder het slijpen van zijn zwaard tegen Thomas geuit had. In Bazel was men in staat zolang het nodig was het stilzwijgen te bewaren.

Later zal Felix een groot reiziger worden. In de loop van zijn kindertijd en zijn vroege jongelingsjaren reist hij echter slechts één keer naar Baden en maakt hij maar twee voettochten naar de Elzas. Rond 1550 of iets daarvoor neemt zijn moeder, Anna Dietschi, de jongen mee naar een neef en nicht in Straatsburg, een gezin van vrij 'goede' stand, alles bij elkaar genomen van dezelfde stand als de familie Platter, een familie die contacten onderhoudt met predikanten, leraren, organisten en griffiers. Dan, in 1551, na de pest (waarvoor Felix kort daarvoor eveneens Bazel verlaten had) en nog voor de winter gaan Thomas en zijn zoon naar Rouffach, een plaats met een groot kasteel, gelegen in het huidige arrondissement Guebviller (Haut-Rhin). Vader en zoon bezoeken zo de Elzas om er een ezel te kopen, een rijdier dat in Bazel als archaïsch of belachelijk beschouwd wordt, maar dat minder duur is dan een paard als het erom gaat fruit en andere voedingsmiddelen van Gundeldingen naar het centrum van de stad te vervoeren. In beide gevallen herinnert Platter junior zich vrij weinig van de Elzas, waar de renaissance een grote bloei doormaakte. Wanneer de jongeling volwassen is geworden zal hij zich hoogstens herinneren dat hij bij zijn terugkeer van zijn reis naar Straatsburg zijn vader aantrof met een meswond aan zijn arm die hij door een ongeluk had opgelopen. Bij zijn terugkeer van de tweede reis naar de Elzas klaagde Thomas, die ditmaal mee was gegaan: 'Felix, jij bent blij dat je weer naar huis gaat, maar ik niet, want mijn dochter zal ik er niet aantreffen...' Nog steeds dat overleden kind... Felix werd zeer bedroefd bij het horen van die woorden. Thomas Platter kon de dood van Ursula maar moeilijk aanvaarden; niettemin waardeerde hij de aanwezigheid van zijn zoon; zijn vroegere vaderlijke strengheid jegens hem was nog slechts een herinnering.

Vóór de 'ezeltocht' naar Rouffach maakte Felix in de lente en de zomer van 1551, de tijd waarin Ursula overleed, een andere reis naar Baden, namelijk naar Rötteln; daar had zijn vader hem naar toe gestuurd om hem te beschermen tegen de pest (F 118). Die paar zomermaanden gebruikte de jongen, voor wie men de dood van zijn zus lange tijd verborgen hield, om luit te spelen. Bovendien sloeg hij de intriges gade van een verliefde dokter in spe die vol overgave de vrouw van een afwezige soldaat het hof maakte. Felix jatte samen met een vriend peren en appels uit de tuinen van het kasteel van Rötteln zodat hij werd uitgescholden door Ulrich Müllner, de plaatselijke baljuw, die bij deze gelegenheid hevig uitvoer tegen de Zwitsers die, hoewel ze net als de Duitsers *Teutschen* waren, allesbehalve geliefd waren bij sommigen van hen. Later zou deze baljuw ontslagen worden door de heer bij wie hij in dienst was en naar Bazel emigreren. Daar zou hij tengevolge van diensten die Felix hem zou verlenen bij hem in het krijt komen te staan: Felix was namelijk enige tijd later eveneens teruggekeerd uit Rötteln om na zijn verblijf in Montpellier een briljante medische loopbaan in Bazel te beginnen. Ulrich van zijn kant trouwde er, kreeg een kind, 'overleed en rotte weg [*sic*] evenals zijn vrouw en kind'. Een korte grafrede voor deze persoon, op wie Felix, ondanks of vanwege de diensten[42] die hij hem als geneesheer op het laatste nippertje bewezen had, niet bepaald gesteld was.

Behalve deze voorvallen uit zijn eigen leven vermeldt Felix ook gebeurtenissen uit de grote geschiedenis, die hem ditmaal rechtstreeks ter ore komen, al is hij er dan geen ooggetuige van en speelt hij er zelf geen rol in. De echo's van deze gebeurtenissen weerklonken reeds in 1544 (toen het kind negen jaar was) en ook in de jaren daarna. Ze betroffen bijvoorbeeld vluchtelingen van Zwabische afkomst die, wegens hun protestantisme uit München verdreven, het geheel paapse Beieren ontvlucht waren en zich onder nogal ellendige omstandigheden in Zwitsers gebied hadden gevestigd. Zo leerden Thomas en Felix (opnieuw kunnen we wel zeggen) een echtpaar van zeepzieders uit München kennen die lutheraan waren: ze waren vroeger rijk geweest en lid van een gilde dat te goeder naam en faam bekend stond en hadden, voortaan als vluchteling, in 1544 met hun laatste stuivers een huisje in de leerlooierssteeg in Bazel gekocht.

Dankzij de kunst van het zeepzieden leidden ze daar een kwijnend bestaan. Hij, Hans Schräll, was reeds op leeftijd (F 101) en fabriceerde het eindprodukt in zijn woning annex werkplaats. Zijn vrouw, het 'oude moedertje', die Margaretha of Margret heette, verkocht het spul in een piepklein winkeltje, vlak bij de vroegere saffraanabdij. Met hun Beierse dialect en hun Beierse gewoonten en kledij werden de zeepziedster en de zeepzieder als zonderlingen beschouwd. De uit München geïmmigreerde zeepzieder werd zelfs achtervolgd door de stadsraad wegens racistische uitspraken zoals: 'De Beieren en de Zwaben lusten de Bazelers en de Eedgenoten wel gaar'. Zijn vrouw van haar kant was er niet in geslaagd zich te ontdoen van haar Beierse taaltje, dat onder de Eedgenoten veel hilariteit veroorzaakte. Margaretha begroette de kleine Zwitserse kinderen die ze graag in haar armen nam en knuffelde, in alle onschuld met een welluidend 'lieve lulhannes'. Dat doet ons denken aan de bewoners van Zuidwest-Frankrijk die hun taal tegenwoordig nog steeds doorspekken met tussenwerpsels van het genre *putainng* of *konng*, die echter niets te betekenen hebben. Verder verklaarde de zeepziedster regelrecht tegen de apotheker die haar een laxeermiddel voor haar hond verkocht had: 'Mijn hond schijt zo dat hij niet meer in staat is om te werken.' Welnu, Thomas herkende in dit geruïneerde echtpaar de destijds welgestelde, edelmoedige ambachtslieden die hem vroeger in München, toen hij de honden hun voedsel betwistte en op kruimels kauwde die hij tevoren tussen de kieren van de plankenvloer uit gekrabd had, gered hadden van de hongerdood. Hans, Margaretha en hun vroegere beschermeling Thomas, die van schooier pedagoog geworden was, vielen elkaar in de armen. De twee emigranten uit Zuid-Duitsland werden vervolgens (F 101-102) tot aan hun dood belangeloos geholpen door Felix' vader. Zo betaalde Thomas de immigranten uit München terug voor de vriendelijkheid die ze hem betoond hadden tijdens zijn ellendige verblijf aan de oevers van de Isar vijfendertig jaar eerder.

Uiteindelijk bereiken alle geruchten over de oorlogen buiten Zwitserland de stad Bazel en ook de stedelijke jeugd, die dol is op informatie en nieuws, en wel via de verhalen van oud-strijders uit de stad die regelrecht terugkomen van de conflicten in Frankrijk of Duitsland. De verhalen worden desnoods enigszins opgesmukt. Ze vormen een mengsel van historische gebeurtenissen en herinneringen die min of meer achteraf gereconstrueerd zijn. Felix, die een en al oor was, legde een hele voorraad van deze verhalen aan en zou ze later in zijn memoires weer ophoesten. Het eerst werd hij getroffen door het avontuur of liever gezegd de wederwaardigheden van een van zijn buren, de schoenmaker Hans Bart (F 106), eigenaar en bewoner van een huis aan de overkant van de straat. Het was een opsnijder die altijd bereid was op de vuist te gaan voor de protestantse zaak. Het scheelde niet veel of hij had het leven gelaten in de slag bij Mühlberg (1547) of bij Moncontour (1569). Zo hoorde Felix via de meeslepende verhalen van deze Bart over de godsdienstoorlogen in Duitsland en later in Frankrijk. Door de stroom vluchtelingen en de overhaaste preventieve versterking van de hele buitenkant van de vestingmuur van Bazel raakte de jonge Platter er al op zijn elfde en in de daaropvolgende jaren steeds sterker van overtuigd dat een ernstig gevaar als een donkere wolk boven de stad en boven heel Zwitserland hing. Wie wist of niet op een dag Karel V gevolgd door zijn Duitse cavaleristen de stad zou komen bezetten en met laarzen en al in het bed van meneer de burgemeester zou komen slapen?

Die angst was ongegrond. Maar het is wel waar dat Bazel destijds een broedplaats van samenzweringen tegen Karel was, die de 'geheime' (?) agenten van het Rijk probeerden te beantwoorden met de soms belachelijke of tragische middelen die voorhanden waren. In dat opzicht was het avontuur dat langs de oevers van de Boven-Rijn het meest opzien baarde de mislukte moordaanslag op kolonel Sebastian Schertlin. Deze man, die bij toeval soldaat was geworden en zich onder Karel V verrijkt had bij de plundering van Rome (1527), was een dynamische vijftiger. In het midden van de eeuw was hij tegen een flink bedrag overgelopen naar het Franstalige kamp van de aanhangers en huursoldaten van Hendrik II. Het keizerlijke bestuur hield hem in de gaten en liet hem in het oog houden door een spion, een zekere Hans Birkling die, zoals veel van dat soort mannen, een vrolijk leventje leidde in herberg De Bloem (*Zum Blumen*)... die ook bezocht werd door de 'trouweloze' kolonel. Heeft Birkling werkelijk een nogal miserabele poging gedaan om Schertlin door middel van vergiftiging om het leven te brengen? Hoe dan ook, nadat hij gevangengenomen en gemarteld was, 'bekende hij' en werd hij veroordeeld en vervolgens onthoofd. Enige tijd later vertrok kolonel Schertlin met zijn eenheid bestaande uit een twintigtal Zwitserse huursoldaten naar het belegerde Metz om de Fransen versterking te bieden. Het lijk van de gefolterde had nog bijna een moeilijk moment doorgemaakt: Felix Platter, die toen vijftien jaar was (1552), was al zeer geïnteresseerd in de geneeskunde; hij had het lijk graag ontleed. Helaas zei men dat het door syfilis was aangetast en al bij voorbaat was weggerot door de Franse ziekte (*voller Franzosen*). De jonge Zwitser moest van zijn plan afzien, terwijl de beul van Bazel, die knappe Niklaus, liep te paraderen met de kazakken naar Iberische mode die wijlen Birkling hadden toebehoord. Die het eerst komt, het eerst maalt.

Zijn interesse voor anatomie had Felix van geen vreemde (F 103). Zijn vader, die er niet in geslaagd was arts te worden, was dol op secties. Begin 1546 (Felix was negeneneenhalf) had Thomas samen met de chirurgijn Franz Jeckelmann, de vroegere assistent van de grote Vesalius en de toekomstige schoonvader van Felix, op dat gebied een experiment uitgevoerd. Geflankeerd door de apotheker Gengenbach, wiens winkel aan de ossenmarkt lag, hadden beide mannen zich naar de landelijke protestantse pastorie van Riehen begeven. De geestelijke die in deze pastorie woonde was een zekere Johan Jacob Leu, alias Hans Leuw, een vreemd personage. Deze pseudo-geneesheer en predikant, die een aanhanger van Oecolampadius was, al gauw uittrad en bekendstond als een hoereerder, had het onthoofde lijk van een crimineel opgehaald dat de stad Bazel aan de wetenschap geschonken had. Het sneeuwde. Bedelaars kwamen de bewoners van de pastorie volgens gewoonte in groten getale aalmoezen vragen. Er zwierven wolven rond. Felix, die in Bazel gebleven was, ver van dat afgelegen dorp dat Riehen was, vreesde voor het leven van zijn vader voor wie hij ondanks of dankzij de aframmelingen die hij van hem kreeg een diepe genegenheid voelde. Thomas van zijn kant was in het geheel niet bang en vermaakte zich uitstekend. Met behulp van zijn vrienden, de apotheker en de chirurgijn, had hij het lijk dat de autoriteiten van Bazel welwillend hadden afgestaan in stukken gesneden. De drie vrienden hoefden de in stukken gehakte ledematen maar aan de langskomende bedelaars te tonen of deze werden bang en meenden dat hetzelfde lot ook hun te wachten stond. De grap werkte uitstekend totdat een Franstalige zwerver, die dapperder of slimmer was dan zijn Zwitsers-Duitse collega's, met het zwaard in de hand dreigde de flauwe grappenmakers naar het voorbeeld van het knullig geopereerde lijk op hun beurt in worstvlees te veranderen. Men zal met belangstelling opmerken dat een bedelaar – die wel van ver kwam, dat is waar, want hij was afkomstig uit de Welschse landen – in het bezit kon zijn van een zwaard.

De volgende nacht droomde Thomas van kannibalisme; toen hij wakker werd moest hij overgeven. Kort daarna diende het gemeentebestuur van Schaffhausen, een stadje niet ver van Riehen, een klacht in wegens moord: het had nog steeds het bedrog niet door. Hans Leuw, de predikant die bij de grap betrokken was geweest, moest het dorp al gauw verlaten wegens overspel. Hoe vrij de zeden destijds ook waren, de zeden van de geestelijkheid nam men als het geval zich voordeed niet luchtig op. Het skelet dat hierboven afgeschraapt werd kon er niet vandoor: het werd weer volledig in elkaar gezet en bleef in de kelder van de pastorie lange tijd tentoongesteld voor de blikken van de gelovigen uit de parochie (F 103).

'Je zult geneesheer worden, jongen.' Dat was alles welbeschouwd de impliciete boodschap die Thomas aan Felix overdroeg en die werd overgedragen door de chirurgijn en de apotheker, de uitvoerders van de nogal slechte grap. De medische roeping van de jongeling is echter geen eenvoudige of eenduidige zaak. Ze is niet te scheiden van zijn wens de maatschappelijke ladder te beklimmen, zowel in sociaal opzicht als in zijn huwelijk. Dat komt ten dele door de raadgevingen van zijn moeder: Anna Dietschi is niet vergeten dat ze weliswaar arm geboren is, maar uit een gedistingeerd geslacht waaruit al enkele eeuwen lang verscheidene leden van de adel van Zürich en bourgeoisie zijn voortgekomen. Ze wil niet dat haar zoon ook door het sociologische vagevuur gaat dat zij in haar kindertijd gekend heeft. In 1549 op naar men meent haar sterfbed, dat echter nog jaren op zich zal laten wachten, geeft ze de jongen die dan bijna een adolescent is enkele steekhoudende raadgevingen: 'Laat je niet verleiden tot een dom huwelijk met een hoertje, zoals al die stomme studenten doen, jongen. Dan ben je verloren en zul je daarna nog slechts het leven van een middelmatige leraar leiden zoals de assistenten van je vader [bewondert u haar fijngevoeligheid], of anders eindig je als een middelmatige zwartrok of als een onnozele dorpsdominee' (F 109). Dat is niet aan dovemansoren gezegd. In de nu eens vage en dan weer precieze plannen van de veertienjarige jongen vermengen zich ambitie, verlangen naar luxe, carrière en huwelijk. De jongen is gevoelig voor de uiterlijke praal van de mondaine huwelijken die in 1551 in de kringen van de adellijke of gemeentelijke elite in Bazel gesloten worden.

Jammer dan als een van de bruidegommen een vader heeft die tot de overwonnenen in Marignano behoord heeft of als een zo gevormd echtpaar in de loop van het jaar daarop bij de pest van 1552 wordt weggenomen (F 112).

Felix' medische roeping ontstond in de eerste plaats in de familiekring. We denken aan de geneeskundeboeken in het Latijn die vader Platter uitgaf of op zijn minst insloeg en verkocht en waarvan enkele exemplaren in het ouderlijk huis ongetwijfeld het gezin ter beschikking stonden. We denken ook aan de (ongelukkige) geschiedenis van de Venetiaan Epiphanius, de overleden geneesheer en baas van Thomas, die voor hij stierf bij Thomas het, op dat moment natuurlijk vergeefse, verlangen naar een medische roeping had versterkt. Die ruwe anekdote over Epiphanius, die Thomas wel honderd keer bij het vuur verteld had, had een grote rol gespeeld in de eerste vijftien jaren van Felix' leven. De schim van de Venetiaan die opdook uit een verhaal van lang geleden bleef een voorbeeld voor de toekomst.

Felix is wat de motivatie voor zijn medische beroep betreft zowel elitair als zinnelijk. Al tijdens zijn jongste jaren (hij was nog maar acht of tien) was hij dol op slagerijen en slagers en keek hij graag toe wanneer een koeielichaam werd opengesneden om het hart te vinden. Hij sprak het rund aan als het nog leefde: 'Vertel eens welk wonder de slager uit jou te voorschijn zal halen.' Het slachten en in stukken snijden van varkens op de boerderij in Gundeldingen had geen geheimen voor Felix. Om er niets van te missen, spijbelde hij van school. Hij vergat zelfs zijn afkeer voor de vingers van zijn zus met de ringen van de spiermaag van een kip eromheen. Felix maakte met een traan in zijn oog kleine vogeltjes dood om met zijn zakmes in de hand de ader in hun dij te zoeken. Hij ontleedde meikevers, vliegen en bladeren van kliskruid, de laatste eveneens voor hun aderen of nerven. De kinderen van onze tijd doen hetzelfde met kastanjebladeren. Dat was de oorsprong van Felix' *Beruf*, van zijn roeping. *Beruf*, het woord dat Luther zo graag gebruikte, waarmee God de mensen voor altijd roept om een bepaald aards beroep uit te oefenen.[43] Alles welbeschouwd sprak God tot Felix over de toekomst via de ingewanden van een rund of een varken. Een manier van doen waarvan een waarzegger uit de Romeinse tijd, die graag ingewanden bestudeerde, niet van streek zou zijn geraakt.

Deze prozaïsche bedoelingen van Felix waren echter goed te combineren met meer verheven overwegingen. Toen het kind een jongeman geworden was, verlangde hij er niet zozeer naar in het algemeen de ziekte en pijn van zijn soortgenoten te genezen. Die wens vloeit in ieder geval niet uit zijn pen, al toont de jongen anderzijds wel medelijden en is hij bereid iedereen die lijdt en ook alle met de pest besmette mensen in zijn omgeving te helpen. Maar zodra het erom gaat een beroep te kiezen is de blik van de jongeman niet geheel en al liefdadig, maar wordt hij bewonderend. Felix identificeert zich bij voorbaat met dekens, rectoren en professoren in de geneeskunde die hertogen en vorsten behandelen; met de grote academici die hij in fluwelen kledij door de straten van Bazel ziet paraderen, gevolgd door hun knechten te paard. Om zijn zoon aan te moedigen goed te doen, wijst Thomas hem de stoeten van dergelijke notabelen aan. In een protestantse en reeds democratisch wordende stad met zelfbestuur, waar de hiërarchie van de standen allerminst vastligt, kan een begaafde jongeman volop hoop koesteren de sociale ladder te beklimmen, al is ze ook wel eens vergeefs. Deze hoop ontstond bij Felix dan ook al vroeg, aangewakkerd door zijn vader, die hem door het goede voorbeeld, strenge toespraken of desnoods een draai om zijn oren aanzette tot goede studieprestaties.

En vervolgens, op het moment waarop definitief een roeping gekozen moet worden, komt Thomas opnieuw tussenbeide in zijn functie van vader. De keus voor het medische vak die zijn zoon gedaan heeft verheugt hem zonder enige aarzeling en hij moedigt hem aan aantekeningen te maken in een schrift voor plantkunde of therapeutiek. Platter senior neemt ook zijn kostganger Höchstetter (F 111), toekomstig procureur en dokter, in vertrouwen: 'De jongen [Felix] wordt geneesheer bij de gratie Gods. Hij zal doen wat ik niet heb kunnen doen en het zal zijn roeping [*Beruf*] zijn.' Ten tijde van deze uitspraak in lutherse stijl was Felix waarschijnlijk elf of twaalf jaar. In de daaropvolgende jaren voorziet hij dat hem in een dergelijke loopbaan zeer veel weerzinwekkende dingen te wachten staan. Hoezeer hij ook anatoom is, hij kan er niet tegen vuilheid of verminkingen bij anderen te zien. Wanneer zijn moeder doodziek is en moet overgeven ondersteunt hij als een goede zoon haar hoofd maar hij wendt zijn blik af, want hij is bang flauw te vallen van walging. Zijn vader ziet zich gedwongen hem de les te lezen: 'Als jij geneesheer moet worden, zorg er dan voor dat je eerst gewend raakt aan datgene waar je een afschuw van hebt.'

Felix' medische beroepskeuze wordt mede bepaald door huwelijksplannen: op een dag in 1550 (Felix is dan een jaar of vijftien) gaat Thomas even langs bij zijn vriend en mede-ontleder Franz Jeckelmann, de chirurgijn. In diens huis valt zijn oog op Madlen, een knap meisje van zestien of zeventien jaar: ze doet het huishouden voor haar vader, die weduwnaar is. Het jaar daarvoor heeft Franz zijn vrouw Chrischona verloren. Dat is nu een leuke vrouw voor mijn zoon (zegt Thomas bij zichzelf), en hij stelt de jongen er met bedekte termen van op de hoogte. Felix raakt erg opgewonden bij de gedachte; hij stort zijn hart uit bij zijn kameraad Martin Huber, de zoon van een groot arts uit Bazel. En dan, wanneer hij het meisje ontmoet, bloost en stamelt hij en maakt zichzelf belachelijk van verlegenheid. Zij denkt er het hare van, maar zegt niets. Vanaf dat moment kleedt hij zich nog eleganter dan hij tot dan toe gewoon was en begint nog onverdrotener te werken om arts te worden, teneinde een presentabele schoonzoon te worden voor de 'oude' Franz – die in feite nog geen vijftig is.

Die huwelijksplannen ontstaan in de zomer van 1551, wanneer Felix is uitgeweken naar Rötteln, ver van Bazel waar de pest heerst. Het feit of de wens wordt hem meegedeeld via de brieven van zijn vader. Ursula is dood. Madlen zal haar dus op een dag vervangen als Thomas' schoondochter. En het toekomstige paar zal dan leven van de geneeskunde. Felix denkt vol hartstocht aan de jonge Jeckelmann; hij schrijft zelfs enkele gedichten in Latijnse verzen voor het meisje, die hij tussen de voering van zijn kleren stopt en vergeet. Een kleermaker vindt ze en verspreidt ze; heel Bazel lacht erom. Maar Thomas maakt zich niet boos. Hij heeft deze bruiloft met Gods hulp voorbereid. En hij zal uiteindelijk gevierd worden. Terwijl zijn vader de onderhandelingen met Jeckelmann voortzet, loopt Felix zich tijdens de pestepidemie van die zomer van 1551 te vervelen in Rötteln. Het had niet veel gescheeld of Platter senior had zijn zoon volgens de gewoonte van Wallis al in de wieg verloofd. 'Het klikt' tussen de twee mannen. De kleine cadeautjes – wijn en levensmiddelen – gaan van het ene huis naar het andere en *vice versa*. Er hoeft niets meer gezegd te worden. Het spreekt allemaal vanzelf. Het wordt meer dan ooit het geheim van Polichinelle, waarvan Felix tijdens zijn Badense ballingschap op de hoogte wordt gehouden via de spottende brieven van zijn kameraden.

Eind september 1551 begint er, althans wat onze auteur betreft, een nieuwe periode. De pest is voorbij (F 123); de dreiging is in ieder geval, op enkele oprispingen na, verdwenen. Voor de scholieren en de eerste- en tweedejaars aan de universiteit begint het nieuwe studiejaar weer. Dat nieuwe begin geldt voor jongeren en kinderen van uiteenlopende leeftijden; Felix is vijftien; sommigen van zijn medestudenten die evenals hij afkomstig zijn uit de (klein)burgerlijke intelligentsia van de stad zijn elf of twaalf. Homogeniteit wat betreft de sociale klassen, heterogeniteit op het gebied van de leeftijd... Na enkele ontgroenings- of inwijdingsbijeenkomsten stort de adolescent, die nu student in het 'hoger onderwijs' is geworden, zich op de fragmenten van de Romeinse geschiedenis, op de geneeskunde en op het Grieks, waar hij op 'blokt' onder de hoede van Thomas, die zelf een voortreffelijk hellenist is. Sinds de dood van Ursula is men ongelukkig in het huis van de Platters; de ouders maken ruzie wegens vaders schulden waar moeder zich zorgen om maakt. Reden te meer voor Felix om koortsachtig aantekeningen te maken en ijverig de medische lessen van Johannes Huber, professor aan de medische faculteit, te volgen. Platter junior begint zelfs te zwoegen op Hippocrates, die weer in de mode is in Bazel. Zo vinden de intellectuele voorbereidingen plaats voor het grote vertrek naar de medische faculteit van Montpellier. We hebben in het geval van Felix niet te maken met een *selfmade man* à la Thomas die zijn bergdalen verliet om in penibele omstandigheden andere lotsbestemmingen tegemoet te treden. Het betreft hier een goed opgeleide jongen, die in zijn soort veel beter geschoold is dan onze jonge tijdgenoten, of althans de meeste van hen, in 1995 zijn. Felix verlaat het Duitstalige gebied en gaat naar Welschse streken met het doel zich te wagen op het gebied van de Franse, Latijnse en Occitaanse cultuur, zowel op folkloristisch als op universitair niveau. Trek de grenzen over, Felix! Want je zus Ursula, voor wie je vader een groot huwelijk in petto had, is overleden. Jij bent nog Thomas' enige hoop en de toekomst van zijn geslacht.

In de zomer van 1552 neemt Thomas zijn besluit, dat al lange tijd gerijpt heeft. Nu zijn drie zussen overleden zijn, is Felix enig kind. Thomas kan dus zonder problemen voor wie dan ook en zonder wie dan ook te benadelen veel geld uit familiebezit in hem investeren. De jongen naar Montpellier sturen, een van de eerste medische scholen ter wereld en in ieder geval de eerste ten noorden van de Alpen, is hem de garantie geven dat hij onder de beste omstandigheden en bovendien op zeer korte termijn de doctorsgraad kan verwerven. Wanneer hij eenmaal arts is geworden zal Felix zijn vader helpen het familiebudget aan te vullen waar al jarenlang de schulden van de heer des huizes op drukken...

Hoofdstuk 4

De Platter-ondernemingen: Thomas

Inderdaad al jarenlang. In ieder geval sedert de jaren 1535-1536, toen het gezin Platter eerst als gevolg van de pest inkromp tot het trio vader-moeder-dochter en vervolgens, met de geboorte van Felix in 1536, uitdijde tot een viertal. De periode daarna, die loopt van 1536 tot 1551 of 1552, werd op de voorgaande bladzijden onder onze ogen doorlopen door dit Platterkind, met een jeugdige en veelal poëtische blik. De 'oude' Thomas biedt ons over deze zelfde periode de visie van een volwassen, actieve, energieke man. Een proza dat het leven zelf ademt in vergelijking met het af en toe tragische groentjesparadijs van de kleine jongen. De vader, een erudiet man, wil in die periode geld verdienen, of in ieder geval in zijn levensonderhoud kunnen voorzien, en de maatschappelijke ladder beklimmen, kortom: op een eerlijke manier tot een zekere welstand komen. Het tegen betaling onderdak verlenen aan pensiongasten of *Tischgänger* vormt vanuit dit oogpunt een aanvullende bron van inkomsten. Het geld van de leerlingen van het pensionaat, dat regelmatig binnenkomt, helpt de eindjes aan elkaar te knopen; er zullen later nog forse aanslagen op het budget plaatsvinden. Mettertijd hoopt Thomas grond en gebouwen te kunnen aankopen. De *Tischgänger* leveren een leuk extraatje op, aanvankelijk tenminste, want dat gaat veranderen. Maar voor een halve of een hele intellectueel, een die bovendien de oude talen zo goed kent als Platter, schuilt er – zowel in Bazel als in Lyon – een gouden toekomst in het boekdrukken, dat wil zeggen, in het leiden van een drukkerij. Een beroep waar je van kunt leven? In elk geval de vervulling van een lang gekoesterde droom van de typografengezel die nog niet tot de rangen van de meesterdrukkers of *Trukerr herren* (T 129) is toegelaten. Die mensen doen goede zaken en verdienen hun geld met weinig inspanning: dat is tenminste wat de volksmond, die niet altijd even betrouwbaar is, wil. De echtgenotes van deze bemiddelde (?) leerlingen van Gutenberg dringen er voortdurend bij hun mannen op aan dat die naar de *Frankfurter Buchmesse* gaan om er de boeken te verkopen die zij gemaakt hebben. Maar de ongelukkigen worden door hun gades ook verzocht de winkels in deze grote Duitse stad af te gaan om mooie kussens en tinnen serviesgoed te kopen (T 119). Het is waar dat deze dames al te vaak de neiging hebben op te grote voet te leven. Thomas, voor wie een sou een sou is, stelt zich, ook nu hij het tot werkgever heeft gebracht, tevreden met de aanschaf van eenvoudige ijzeren kruiken (*ich koufft isin häven*) aan de oevers van de Main. De vrouwen van de drukker-werkgevers laten het daar niet bij: ze beschouwen zich als personen die in de sociale hiërarchie gestegen zijn; als ze eenmaal zeker weten dat de onderneming van hun man floreert, zwemmen ze als forellen en zalmen tegen de stroom van de minachting in, tot ze een niveau hoger bereiken…

Dat was bijvoorbeeld het geval bij Frau Cratander, de vrouw van Andreas Hartmann die zich ook Cratander liet noemen (T 80), een godvruchtige hervormde drukker in Bazel die afkomstig was uit Straatsburg. Hij had Thomas een boek van Plautus gegeven dat hij in september 1523 in druk had doen verschijnen.[1] Tussen de draden in zijn touwslagerij had Platter de losse katernen aan elkaar genaaid, en zo de werken van de geest verenigd met handmatige bezigheden. Maar voor Cratander zal deze mooie uitgeverstijd spoedig ten einde zijn. Zijn ambitieuze vrouw doet er alles aan om hem, Cratander, evenals hun zoon Polycarpus, zover te krijgen dat hij een punt zet achter het gekrabbel en geklieder (*sudlery*) dat het typografenvak eigen is. Zij slaagt erin hem maatschappelijk gezien een niveau te doen stijgen, want hij wordt boekhandelaar, een beroep dat meer aanzien geniet en waar je zeker minder vuil van wordt. Enige jaren later handelt Thomas overigens op gelijkaardige wijze. Wanneer zijn succes verzekerd is, hij een kapitaal vergaard, leningen geregeld (zij het niet afgelost) en een huis gekocht heeft, verruilt hij zijn lood voor een leerstoel en zijn schort voor een toga. Als alpinist avant-la-lettre zorgt Thomas-de-bergbewoner ervoor dat hij bij het beklimmen van de ladder van zijn loopbaan solide steunen heeft, dat zijn voet goed stevig staat terwijl zijn hand de gladde rots omhoog aftast om ergens hogerop houvast te vinden, een minuscuul uitsteekseltje dat de klimmer de gelegenheid geeft zijn hele lichaam met één ruk omhoog te brengen: van de bedelarij naar het houvast van de geletterdheid, van de touwslagerij naar het onderwijs, van het typografenvak naar de leiding van een kostschool en een reputatie als uitstekend pedagoog, zelfs een die bestreden wordt door de universiteit.

Deze produktieve en graag geld verdienende intellectueel, die zich goed handhaaft in het sociale spel van opwaartse mobiliteit, heeft een groot fysiek voordeel: hij is een echte vechter, een bokser zelfs. Felix zal daar te zijner tijd, dankzij de slagen met de riem waarmee hij grootgebracht wordt, het nodige van weten. Maar de vechterskwaliteiten van Thomas, een universeel mens, echt een man van de renaissance, worden niet alleen in familiekring gebruikt. In de werkplaats, de drukkerij om precies te zijn, waarvan hij tegen 1535 mede-eigenaar zal worden, vindt een homerische strijd plaats met Baltasar Ruch. Tot in 1534 was Ruch als typograaf in dienst van Episcopius; rond 1535 is hij een vennootschap aangegaan met Platter (T 118) en twee andere vaklui om gezamenlijk een drukkerij op te richten, een soort coöperatie. Ruch en Platter krijgen ruzie over de boekhouding van het bedrijf, een financieel probleem waarvoor Thomas zich zoals gewoonlijk zeer gevoelig toont. Ruzies met zijn vrouw gaan tenslotte ook meestal over dergelijke zaken. Als we onze schrijver mogen geloven, wiens versie hemzelf zoals altijd vrijpleit, was Ruch van plan hem van achteren met een dikke plank neer te slaan. Platter, die 's nachts drukproeven aan het corrigeren was, zag de klap aankomen en wist hem te ontwijken. Een worsteling, schrammen, losgetrokken plukken haar, scalpeerpogingen. Thomas verliest bijna een oog in wat uitloopt op een serieuze vechtpartij. Zijn tegenstander vloert hij met een directe, midden in zijn gezicht. Tranen bij de vrouw van de verslagene.[2] Ze worden uit elkaar gehaald door de typografen die in loondienst van de beide vennoten zijn; die zijn van mening dat hun bazen wel wat beters te doen hebben dan elkaar blind te meppen. Resultaat van de aanvaring: Ruchs neus moet acht weken in het verband – precies zolang als de boekenbeurs in Frankfurt, waar de gewonde toch naar toe zal moeten, gehouden wordt – en Thomas' middelvinger vier weken.[3]

Hebben de beide mannen zich achteraf verzoend? In zijn memoires noemt Platter in elk geval zonder rancune Ruch een goede typograaf, moedig (zeker) en met hoogstaande gevoelens; een goede kameraad ook (*gutter gsell* – T 118) die graag hogerop wil: een pluspunt in de ogen van Thomas. De verstandhouding tussen de twee mannen, die tijdelijk verstoord is, wordt later weer goed wanneer Ruch zijn eigen zaak heeft, van 1538 tot 1541. Ook staat vast dat hun relatie in het begin vriendschappelijk was, zo rond 1535, toen Platter, Ruch en de twee andere vrienden besloten tot de oprichting van de boekdrukkerscoöperatie. Ik zeg ongeveer 1535, omdat de overeenkomst is gesloten na de geboorte van Ursula (1534), na de beëindiging van het gesalarieerde bestaan van Ruch, maar vóór de geboorte van Felix (oktober 1536) en eveneens voordat Platter en Ruch hun eerste gezamenlijke boeken produceerden (maart 1536). Wie zijn eigenlijk de beide andere vennoten?

Allereerst de onvermijdelijke Oporinus. Sinds zijn terugkeer uit Duitsland en de Elzas vinden we hem op praktisch ieder belangrijk kruispunt op de levensweg van Platter. Johannes Herbster, Oporinus op zijn Grieks, is zeven of acht jaar jonger dan Thomas. Zijn vader is een bekende schilder (*verriempter Maler* – T 119). Een uitermate nuttige verwantschap, daar Oporinus lid kan blijven van het gilde van zijn vader, *Zum Himmel* (de Hemel), waar de vakgenootschappen van Bazel hun nieuwe leden werven via vriendjespolitiek, op halfprofessionele, halffamiliale, bewust elitaire basis. Wat zou men niet geven voor het geluk erbij te horen, bij deze vrijmetselaarsloge avant-la-lettre? Oporinus is goed geworteld, geïntegreerd in de middenklassen van de stad, en dankzij zijn hogere sociale positie domineert hij op goedmoedige wijze, ondanks het leeftijdsverschil, de uit Wallis afkomstige Platter die in de stad nog steeds beschouwd wordt als een lomperik, een gastarbeider, een *gavache*.[4] Dit soort snobistische verschillen vervaagt overigens snel in een stedelijke gemeenschap waar de pest rondwaart en zovele slachtoffers maakt, en ook vanwege de godsdienstige frisse wind: de nieuw aangekomenen nemen, zodra zij blijk geven van ijver en toewijding, vlot de opengevallen plaatsen in. Zij kunnen rekenen op collectieve erkentelijkheid en de smet die aanvankelijk aan hen kleefde vanwege hun lage geboorte verdwijnt alras.

Oporinus heeft niet één maatschappelijke handicap. Als briljant latinist heeft hij vanaf zijn negentiende carrière gemaakt als docent: eerst in het lager onderwijs, toen in het voortgezet onderwijs en vervolgens in het hoger onderwijs. Daarnaast was hij medisch secretaris van Paracelsus, een buitengewoon voorrecht. Om zijn inkomsten wat aan te vullen werd hij tevens part-time corrector en in circa 1535 gaat hij met Platter en Ruch een vennootschap aan om de reeds genoemde drukkerij op te richten.[5] Vanaf 1542 zal Oporinus, helemaal in de ban van het drukkersvak, al zijn universitaire bezigheden opgeven.

Een belangrijk moment dat de moeite waard is om even bij stil te staan: het absolute hoogtepunt in de boekenproduktie van deze grote uitgever zal in 1543 de schitterende uitgave zijn van een 'Anatomie', de

Humani corporis fabrica van Vesalius. Oporinus is weliswaar een kunstenaar van hoog niveau, in de 'grafische' traditie van de grote ontleder die hij op deze manier wijd en zijd bekendheid geeft, een goede zakenman is hij niet en hij gaat regelmatig failliet. Thomas Platter, die toch bijna alles aan hem te danken heeft, merkt meerdere malen zuur op dat Oporinus weer tot over zijn oren in de schulden steekt. De eerste twee echtgenotes van Oporinus, van wie er ten minste één rijk was (zij kwam uit een familie van goud- en zilversmeden), geven graag en gemakkelijk geld uit, wat de situatie geen goed doet. Pas zijn derde en vierde huwelijk helpen Oporinus er, tegen het einde van zijn leven, bovenop. Maar moet je nu echt vier vrouwen verslijten om een goed leventje te kunnen leiden?

Oporinus heeft grote invloed gehad in een belangrijke fase in het leven van Platter. De jongste, die zeer gesteld was op de oudste, maakte zo langzamerhand van de onbehouwen, schurftige bergbewoner een burger van Bazel die te goeder naam en faam bekend stond. De ondervoede en overbelaste touwslager Platter kan dankzij een initiatief van Oporinus Hebreeuws gaan onderwijzen aan een twintigtal leerlingen van de Sint-Leonhardschool (dat was nog in zijn ultra-protestantse, extremistische periode toen hij heiligenbeelden vernielde). Alweer dankzij Oporinus maakt Thomas, wanneer hij eenmaal is geïntroduceerd in de burgerlijke kringen van Bazel, met behulp van een aanbevelingsbrief (*durch brieff Kundschafft*) kennis met een zekere Heinrich Billing (T 95), de schoonzoon van de burgemeester van Bazel: onze vriend uit Wallis zal voortaan de zegeningen kennen van de bescherming van de familie Billing. Enige tijd later zal Oporinus, die dan directeur is van een vooraanstaande school vlak bij de kathedraal, en zelf schitterend is gehuisvest in het bisschoppelijk paleis (de nieuwe protestantse meesters hebben beslag gelegd op de beste plaatsen en de mooiste woningen), Platter aanstellen als hoofdassistent en beheerder (*provisor*) van diezelfde school, met het fantastische salaris van veertig pond per jaar.

Tegen deze achtergrond begrijpen we beter waarom Platter, hoe oprecht zijn protestantse overtuigingen overigens ook waren, zich ten behoeve van zijn carrière wel moest voegen naar de hervormde lobby in de Noordzwitserse steden: de zwingliaanse in Zürich en de oecolampadiaanse in Bazel. Het was voor hem de keuze tussen zich scharen achter deze 'ketterijen' of genoegen nemen met een onzichtbaar bestaan. Toegegeven, Oporinus, alweer hij, heeft zijn misnoegen kenbaar gemaakt toen Platter niet veel later plotseling, in een onbezonnen bui, zijn comfortabele onderwijsbaan opgaf om als dienaar annex medicijnenstudent bij Epiphanius te gaan werken, de Venetiaans-Beierse arts. Bij deze meester, een verbazingwekkend personage, hoopt de nomade uit Wallis heelkunde te kunnen studeren (ten onrechte; dat zou pas voor zijn zoon zijn weggelegd) teneinde de maatschappelijke ladder sneller te kunnen bestijgen. Het is uiteindelijk weer bij de weinig rancuneuze Oporinus dat Platter, ontnuchterd ontwaakt uit zijn esculapische droom, zijn toevlucht zoekt na de tragische dood van Epiphanius (1531). Dan kopiëren de twee mannen samen de bladzijden van het waardevolle receptenboek van de Venetiaan, die aan de pest was bezweken. De goede onderlinge verstandhouding, die nog wel eens onder druk had gestaan, wordt beter dan ooit!

Ze neemt triomfantelijke vormen aan wanneer Thomas uit Zürich, dat door de paapsen bedreigd wordt, zijn meester en vriend Myconius mee terug neemt... en hem bij (alweer) Oporinus installeert (T 112). Startschot voor een nieuwe stap in zijn carrière, want het jaar daarop zal Myconius niets minder dan de leerstoel van de overleden Oecolampadius erven, die ooit de eerste protestantse predikant en de voornaamste hervormer in de stad Bazel was. Daarna volgen de ontwikkelingen elkaar snel op: de twee 'geleerden', Oporinus en Platter, geven samen les op het propaedeutisch *paedagogium*, waarbij ze van het Hebreeuws naar het Grieks overstappen en, in samenhang daarmee, van het (bijbelse) beeldenstormersfanatisme naar het (hellenistische) tolerante humanisme. Het duo blijft samen wanneer ze, niet tevreden met hun lerareninkomen, een bijbaan nemen als corrector bij een drukkerij (*Oporinus ouch... in den trukeryen corrigiert* – T 118).

Hun latere samenwerking op een hoger niveau als volwaardige boekdrukkerpatroons, rond 1535, heeft dus niets vreemds, al is de ijzige toon waarop Platter later het grote financiële tekort naar voren brengt dat zijn jonge vriend ten slotte zal ruïneren (hij zal er pas door zijn laatste huwelijken weer bovenop komen) tamelijk choquerend. Het was tenslotte Oporinus die Thomas in al die lange, moeilijke jaren had bijgestaan, of het nu om voedsel of onderdak ging of om zijn carrière... Ondankbaarheid, of ten minste nonchalance, iets waarvan de verburgerlijkte, ambitieuze, succesvolle man die Thomas zal worden vaker blijk geeft... In het eerste deel van zijn loopbaan heeft hij in ieder geval veel te danken aan twee mannen: Myconius in Zürich en Oporinus in Bazel. Twee protestanten die allebei, zowel de rigide prediker als de milde humanist, hun leven als burger van Bazel zullen eindigen: Myconius sterft in 1552 aan de pest en Oporinus, alias Johannes Herbster, komt in 1568 te overlijden.

De twee anderen van het boekdrukkersviertal zijn Winter en Ruch; ook zij zijn afkomstig uit de kring van vrienden en familie rond Oporinus, de *deus ex machina* van het stel en veruit de meest getalenteerde drukker van de vier. Ruprecht Winter (T 172) is de zoon van een 'goede koopman' in Bazel. Hij is getrouwd met de dochter van een edelsmid, de zuster van de tweede vrouw van Oporinus. Twee vrouwen die uit een rijke familie komen, maar zich weinig aantrekken van de regels der welvoeglijkheid. Ook deze Ruprecht, van wie er nog boeken bestaan uit het midden van die eeuw, zal uiteindelijk failliet gaan. Hij gaf dan ook alles uit en begreep niets van zaken doen.

Wat Ruch betreft, deze was, niettegenstaande de spectaculaire vechtpartij met Thomas, oorspronkelijk een gemeenschappelijke vriend van Oporinus en Platter. De vier kameraden zijn zeer vakkundig. Ze produceren allemaal, vanuit hun respectievelijke ateliers of vanuit hun gezamenlijke werkplaats, afhankelijk van de periode, boeken die van bijzondere betekenis zijn. Een van de belangrijkste daarvan was (naast de al eerder genoemde *Vesalius* van Oporinus) de *Institutio religionis christianae* (Onderwijzing in de christelijke godsdienst) van Calvijn, dat in 1536 van de persen van Platter rolde. In de stad Bazel, die op zich al voorop loopt, behoren zij bij de betere drukkers. Wat betreft de vakgenootschappen: Oporinus is, zoals gezegd, lid van het gilde van de Hemel. Winter en Ruch zijn aangesloten bij de Beer (*zum bären*). Op hun verzoek neemt dit gilde in 1535 ook Thomas Platter in zijn gelederen op, niet lang voor de geboorte van Felix in oktober, die lange tijd de enige zoon van onze schrijver zal blijven. Platter slaat twee vliegen in één klap: hij verwerft tegelijk het burgerschap van Bazel. Zo wordt hij een, zeer bescheiden, notabele en hij ziet geen enkele reden zijn oude geschiedenis van arm kind uit de bergen te verhullen. Integendeel, hij pronkt ermee, vertelt het aan iedereen die het maar wil horen... De vroegere maatschappij, tenminste die in de democratische Zwitserse steden en misschien ook wel daarbuiten, was dus niet zo snobistisch en gesloten als we wellicht zouden denken.

Rest nog het materiaal en het geld te vinden dat nodig is voor de coöperatieve drukkerij in de dop. Voor de oplossing van dit probleem krijgen ze onverwacht hulp van drukker Cratander (de Griekse vertaling van de naam van Andreas Hartmann), oorspronkelijk afkomstig uit Straatsburg, maar nu woonachtig in Bazel (T 80, 163). Hartmann is al in de vijftig en besluit zich mede daarom, en op aandringen van zijn vrouw, terug te trekken uit de uitgeverswereld en het wat kalmer aan te gaan doen. Hij is boekhandelaar geworden, een beroep dat minder vermoeiend is dan dat van drukker, dat behalve intellect ook de nodige fysieke kracht vergt, en dan hebben we het nog niet eens over de bloedende vingers, veroorzaakt door het veelvuldig omgaan met papier. Cratander wordt in de zaak geholpen door zijn zoon Polycarpus, wiens geleerde voornaam duidt op een helleense traditie binnen de familie.

Polycarpus zelf was tegen 1525 leerling op de kostschool van Collinus[6], wiens echte naam Rudolf Ambüel luidt, of ook wel Am Biel of Am Buol (F 259). Collinus is een echte tijdgenoot van Thomas Platter, want ze zijn beiden in 1499 geboren. Een verfijnde geest, een erudiet (*gelehrter*), deze man die vroeger als student rondzwierf langs de universiteiten in Zwitserland, Oostenrijk en Italië. Hij had zijn betrekking in het onderwijs in Luzern moeten opgeven; deze katholieke stad was niet gediend van zijn opruiende zwingliaanse praatjes. Hij vluchtte naar Bazel, waar hij in 1524 het touwslagersvak leerde en het in 1526 zou gaan uitoefenen, onderwijl cursussen Grieks aan de universiteit gevend. Platter, die als leerling touwslager bij deze jongeman in de leer gaat, vervolmaakt er zijn Latijn met een boek van Plautus dat uitgever Cratander gedrukt had om het aan hem te geven, aan hem en aan een hele 'lezerskring'. In onze tijd kan men alleen maar dromen van dergelijke, Grieks-Latijnse, touwslagerijen. In diezelfde periode heeft Collinus pensionairs om zijn bescheiden inkomsten wat aan te vullen. Later zal het arbeiderisme van de beide mannen wat minder worden en zullen ze, op verschillende tijdstippen, het touwslaan achter zich laten en zich alleen nog maar met onderwijs bezighouden, in voltijd of in deeltijd, al naar gelang. De familie Am Buol, die de Cratanders en de Platters met elkaar in contact brengt (zij zal zich later ook met Felix liëren – F 259) wordt nog interessanter omdat een ander lid ervan – ook een Ambüel-Collinus, maar met de voornaam Kaspar – een van de meest vooraanstaande apothekers in Wallis blijkt te zijn, en een van de grootste geleerden annex warmwaterbadtherapeuten van zijn tijd, in ieder geval in zijn kanton, wat in Zwitserland zeker niet slecht is. Voor Thomas Platter hebben deze mensen een voorbeeldfunctie; zij hebben tenslotte heel veel met elkaar gemeen (eruditie, pedagogie, handarbeid soms, en het leiden van een kostschool). Wij zien hier diverse aspecten van het Zwitserse humanisme op zijn best.

Cratander is de spin in het netwerk dat zo ontstaan is: cultuur, boekdrukkunst, leraarschap, ambachtelijkheid. Hij geeft de beroemde Plautus ten geschenke aan Platter, maar hij onderhoudt ook relaties met Baltasar Ruch, onze vechtersbaas, voor wie hij af en toe nog financieel borg staat. Een andere centrale figuur is Johannes Bebel, alias Bebelius, evenals Cratander drukker in Bazel en afkomstig uit de Elzas. Ook hij heeft vele contacten binnen dit netwerk: hij is bevriend met Platter, tutoyeert hem (laat zich andersom echter Mijnheer noemen) en hij beschouwt hem om volstrekt onduidelijke redenen als een landgenoot (*lantzman* – T 137). De Elzas en Wallis liggen nu niet direct naast elkaar... Maar Bebelius is ook gelieerd aan Ruprecht Winter (T 122) die hij, als de tijd daar is, met plezier zijn schulden kwijtscheldt. En ten slotte is hij heel goed bevriend met Cratander; na diens dood zal hij zelfs diens boekhandel van de ondergang redden en zo de erfgenamen uit de brand helpen. We kunnen wel vaststellen dat we hier te maken hebben met een zeer hecht samenhangend netwerk, een soort holding van mannen afkomstig uit Bazel, de Elzas en Wallis, kortom van 'vreemdelingen' in vergelijking met Bazelers van huis uit.

Cratander schroomt dan ook niet om in het volste vertrouwen het nieuw gevormde viermanschap (Oporinus-Platter-Ruch-Winter) een aantal drukkersmaterialen te verkopen, voor het ronde bedrag van achthonderd gulden. Het is mogelijk dat Ruprecht Winter – die zowel vanwege zijn vader als zijn vrouw enigszins bemiddeld genoemd mag worden – voor een deel van de benodigde *pecunia* gezorgd heeft. Er worden in elk geval termijnen voor de terugbetaling vastgesteld (*uff ein gwyss zyt zu betzalen*). Cratander, de redder in de nood van de vier vennoten, verhuurt hun bovendien zijn huis, De Beer, waarnaar de drukkerij en een vakgenootschap vernoemd worden.

De geboorte van Felix, enige zoon en lieveling van Thomas uit zijn eerste huwelijk, in oktober 1536, biedt een gelegenheid (F 49) de banden die de *selfmade man* Platter in de kringen van uitgevers, pedagogen en geestelijken gesmeed heeft te testen. Inderdaad is de eerste peetvader van de baby niemand minder dan 'Grynaeus': deze Simon Grynaer, geboren aan de oevers van de Donau en daarna student aan de oevers van de Neckar, werd in Bazel leraar Grieks en later bijbelwetenschap. Hij had een stormachtige verhouding met de officiële universiteit in de stad, vanwege academische titels die betwist waren of nooit verkregen, al was het maar omdat hij daar zelf geen moeite voor had gedaan (T 170). De *Alma Mater* stelt geen prijs op autodidacten. Wat dit betreft had Grynaeus bepaald radicale opvattingen; ze benaderen het arbeiderisme of ten minste een zeker anti-universitair extremisme, 'antiprof', dat men in verschillende gradaties ook aantreft bij Myconius en bij Collinus en Platter. Grynaer heeft echter het heilig vuur zodra het gaat om lesgeven. Hij is het die een paar jaar later Platter dringend adviseert opnieuw het pedagogische harnas aan te trekken; in duidelijke bewoordingen houdt hij hem het nobele karakter ervan voor (T 130), maar ook de nadelen: 'Wordt schoolmeester, Thomas! Geen goddelijker beroep! Er is niets passenders voor mij. Ach, waren we maar niet gedwongen [in de klas] alles twee keer te moeten zeggen!' Ondanks deze laatste zin, die nog niets aan actualiteit heeft ingeboet, en die een schaduw werpt over het voorgaande, zal de zoon van Simon Grynaer, Samuel (1539-1599), zich niet laten ontmoedigen; hij onthoudt voornamelijk het eerste deel van de vaderlijke lofzang die de pedagogie zoveel eer bewijst. Samuel Grynaer zal hoogleraar Romeins recht worden aan de universiteit van Bazel (T 181 en 148; F 123). Zijn rol met betrekking tot de familie Platter zal overigens op die van zijn vader lijken. Op 27 juli 1574 zal Samuel peetvader worden van de tweede zoon van onze Thomas, die dan Thomas senior geworden is, een ex-weduwnaar van in de zeventig, barstend van levenslust en hertrouwd met een jonge vrouw; deze jongste zoon, achtendertig jaar jonger dan zijn oudere broer Felix, is niemand anders dan Thomas junior, die evenals Thomas senior en Felix Platter uitgebreide memoires zal nalaten. Om op de doop van Felix terug te komen, het is *Herr* Simon Grynaer – Thomas spreekt hem op deze respectvolle wijze aan – die bij de uitgang van de kerk waar de baby gedoopt is Thomas (senior) laat weten dat dit kind inderdaad *felix* (gelukkig) zal zijn, 'of al mijn zintuigen moeten me bedriegen' (*oder all meine sin driegen mich*). Simon vergist zich echter helemaal niet, behalve misschien in de zin dat Felix, hoewel getrouwd, nooit vader zal worden, hetgeen zijn verwekker overigens niet diep lijkt te bedroeven: Thomas, die op hoge leeftijd voor de tweede maal in het huwelijksbootje zal stappen, zal deze tekortkoming van zijn zoon goedmaken aangezien hij, de patriarch, nog een hele reeks mannelijke en vrouwelijke nakomelingen zal verwekken in zijn tweede huwelijk. De voornaam van Felix is echter meer ingegeven door de naamgevingsgewoonten in Zürich, waaraan Thomas' echtgenote zeer hecht. Ook een van Myconius' zonen heette Felix. Nog een bewijs voor de waarde die vader Thomas hechtte aan zijn connecties met Zürich en Myconius, dankzij welke hij zich aan de misère van zijn kinderjaren had weten te onttrekken.

De laatste peetvader van Felix: *Johannes Walterus typographus*. Iedereen begrijpt dat het gaat om de typograaf Johann Walter, die in die periode werkzaam was in Bazel, en over wie onze bronnen (T 121, 173) geen verdere mededelingen doen. Deze man beweegt zich in dezelfde vakkringen als Thomas, zij het in sociaal-cultureel gezien wat lagere strata. Maar Walters afkomst uit Zürich pleit voor hem. Hieruit spreekt opnieuw de sterke band van onze schrijver met de oude Helvetische stad aan de oevers van de Limmat en de Sihl.

De peetmoeder van Felix, ten slotte, heet Ottilia Nachpur: zij is de vrouw van de jonge vermogende lakenfabrikant Macharius Nussbaum; zij zal niet lang meer leven aan de zijde van haar vermaarde echtgenoot die, spoedig weduwnaar, een tweede huwelijk zal sluiten. Nussbaum komt pas in 1553 te overlijden, na Platter in de tussenliggende tijd een aantal nuttige adviezen over onroerend-goedbeleggingen te hebben gegeven (T 125).

De eigenlijke drukkersactiviteiten van Thomas lijken hun hoogtepunten gekend te hebben, en vervolgens op een laag pitje voortgezet te zijn, in de periode van 1535-1536 tot ongeveer 1543-1544, een tiental jaren in totaal, een beslissende periode in zijn leven. In de zomer van 1535 wordt Platter toegelaten tot het gilde van de Beer, dat open staat voor edelsmeden, munters, loodgieters en, facultatief, voor drukkers. Oporinus, leraar en tevens drukker, blijft overigens ingeschreven bij de Hemel (*zum Himmel*), het tamelijk heterogene gilde voor glasblazers, zadelmakers en schilders, onder wie Oporinus' vader die een vermaard plaatselijk kunstenaar was (T 119). In oktober 1535 volgt een nieuwe promotie: Thomas verkrijgt het burgerrecht van Bazel (*ich ward burger* – T 119 en 172). De man uit Wallis staat niets meer in de weg om zijn drukkersbezigheden te ontplooien, samen met zijn vriend en vijand Baltasar Ruch; later, vanaf het voorjaar van 1538, zal hij gedurende zes of zeven jaar alleen werken. De eerste periode, samen met Ruch, moet ongeveer drie jaar geduurd hebben. In die tijd werden twee dozijn boekwerken gedrukt, religieuze, maar ook humanistische en wereldlijke, en zelfs medische, die het stempel van het koppel Ruch-Platter dragen.

Het hoogtepunt in de 'typo-intellectuele' loopbaan van Thomas wordt vrijwel direct in het begin van de periode van samenwerking bereikt, met gedeelde kosten en winsten (?). Het gaat om niets minder – laten we het nog maar eens zeggen – dan de eerste uitgave van de *Onderwijzing in de christelijke godsdienst* van Calvijn (T 119, 172), de *Christianae religionis institutio*, verschenen in maart 1536. Was Thomas geboeid geraakt door de welhaast mathematische precisie waarmee de hugenootse leidsman op een heldere, cartesiaans-avant-la-lettre wijze, zijn gedachten had overgebracht op de vijfhonderd bladzijden van deze behouden gebleven eerste druk[7], het meesterwerk van de jonge drukker? Calvijn keert zich in deze lange tekst achtereenvolgens tegen de wet (interpretatie van de tien geboden), tegen het geloof (toelichting bij het credo, belang van de rechtvaardiging), tegen het gebed (kanttekeningen bij het Onze Vader), tegen de sacramenten (de enige twee die Calvijn erkent zijn de doop en het Heilig Avondmaal; de vier overige sacramenten die de katholieke Kerk toedient hebben volgens de hervormer geen enkele goddelijke waarde). Calvijn besluit dit magistrale, overtuigende werk met gedachten over de christelijke vrijheid, waarin hij de kenmerken van de twee machten, de kerkelijke en de wereldlijke, met elkaar in verband brengt. De talrijke drukken die later volgen zijn door de aartsketter op allerlei punten aanzienlijk uitgebreid, waardoor ze de levendige en strijdvaardige eenvoud missen die kenmerkend is voor de Platter-uitgave van 1535. Het gehele werk was doordrenkt van de nog ongepolijste grondbeginselen van de predestinatie: volgens de predestinatieleer kan de kruik in geen enkel geval zijn beklag doen bij de pottenbakker (meester over zijn eigenmachtige beslissingen), of deze ambachtsman hem nu tot een eenvoudige po of tot een mooie amfoor geboetseerd heeft (brieven van Paulus aan de Romeinen 9: 21). Het staat de pottenbakker vrij om te doen wat hij wil met de klei. Hij is de meester.

Calvijn, die radicaler is dan Luther, erkent de mis niet, hij loochent de aanwezigheid van Christus in de hostie, bindt de strijd aan met de kerkelijke hiërarchie. Hij sterkt Thomas in zijn extreem afwijzende houding, een erfenis van meester Zwingli. In tegenstelling tot de Picardische denker is Platter echter geen ideoloog. Niettegenstaande de handtastelijkheden in het conflict tussen hem en zijn partner Baltasar Ruch, blijft hij zijn hele leven, en zijn zoons na hem, net als Montaigne een voorstander van geweldloosheid, in elk geval op godsdienstig gebied, van burgerlijke vrede, van intellectuele discussies. Men kan een glimlach haast niet onderdrukken wanneer men, na de titel van de *Onderwijzing*, deze ad hoc tekst leest: 'alles wat de heilsleer betreft beschouwend, een werk dat het verdient gelezen te worden door godvruchtige, toegewijde mensen; een boek met een inleiding die gericht is aan de zeer christelijke koning van Frankrijk [Frans I] bij wijze van geschenk voor de geloofsbelijdenis'. Het is geestig om met betrekking tot dit eerste diepgaande contact van de Walliër met de Franse cultuur, zelfs in zijn Latijnse vorm, de laatste vermelding in het boek te lezen: '*Basileae per Thomam Platterum et Balthasarum Lasium... martio 1536*' (Bazel, door Thomas Platter en Baltasar Lasius [Ruch], maart 1536). Alles in aanmerking genomen verkeren de beide heren in een staat van genade vanwege het omvangrijke werk dat dankzij hen vermenigvuldigd wordt. Het kost ons opeens wat moeite om ons de twee behoeftige, bakkeleiende drukkers voor te stellen die elkaar trachten te scalperen en in het gezicht te stompen. Thomas, dat ontbrak er nog maar aan, maakt in zijn memoires niet eens melding van de *Onderwijzing*, wat erop lijkt te wijzen dat zijn mystieke fase, waar hij zich vanaf 1520, de tijd van zijn zwingliaanse bekering, in bevond, nu achter hem ligt, ook al blijft zijn dagelijkse godvruchtigheid onverlet. Deze zelfde memoires verhalen daarentegen uitgebreid over de financiële moeilijkheden waarmee het viermanschap voortdurend te kampen heeft. Het duo Ruch-Platter lijkt daarbij wel bijzonder kwetsbaar te zijn.

De vier vennoten zetten hun werk voort in Bazel, maar ook in Frankfurt tijdens de grote boekenbeurzen. Tot de activa van de coöperatie behoort de uitrusting die Cratander (die zelf boekhandelaar is geworden) aan hen heeft overgedaan en die achthonderd gulden waard is. Onder de passiva vallen sinds kort enkele leningen ten behoeve van de aankoop van materialen of het functioneren van het geheel. Ook de uitgaven die Ruprecht Winter onnadenkend heeft gedaan horen daarbij: deze compagnon gebruikt een deel van het ondernemingsvermogen dat in principe gereserveerd is als 'gemeenschappelijke pot' om de uitgaven van zijn vrouw te bekostigen. De reisjes naar Frankfurt die ze allemaal maken doen ook een aanslag op het budget, want het geld dat ze er verdienen met de verkoop van boeken wordt vele keren uitgegeven aan snuisterijen en luxe artikelen die de vennoten mee terug naar Bazel nemen. Alleen Platter vormt in dit opzicht een uitzondering. Weliswaar heeft zijn vrouw, vroeger dienstmaagd, het nu soms hoog in de bol, maar ze is niet onderhevig aan de verlangens naar luxe waardoor de dames Winter en Oporinus geplaagd worden. De 'boekdrukkersgroep' heeft in totaal zo'n tweeduizend gulden schuld. Je zou gaan vrezen dat er niet genoeg geld is om het bescheiden salaris van de vier vennoten uit te betalen, dat voor ieder van hen vastgesteld is op honderdvier gulden per jaar (T 107), en dat gedurende de eerste tijd min of meer regelmatig werd uitbetaald. (Ter vergelijking: Platter ontvangt na 1543 als hoofd van een school van de Bazelse overheid het riante salaris van tweehonderd gulden per jaar.)

Vanaf het voorjaar van 1538, om precies te zijn direct na de paasbeurs in Frankfurt, staat Platter aan het hoofd van zijn eigen onderneming; de vennootschap is opgeheven. Meteen daalt de produktie. Platter brengt niet meer zulke prestigieuze titels uit als de *Onderwijzing in de christelijke godsdienst*, die de kans van zijn leven was. Calvijn heeft hem letterlijk gelanceerd in maart 1536, zonder daar verder bij stil te staan, want hij had andere zorgen aan zijn hoofd. De kortstondige terugval van Platter, die op het oog wellicht erger was dan in werkelijkheid, betreft voornamelijk de kwantiteit: 'van maart 1538 tot maart 1543 [of maart 1544?] tekent het bedrijf van Platter slechts voor dertien of veertien uitgaven', in plaats van de vierentwintig in de topperiode Platter-Ruch (maart 1536-maart 1538). Dat zijn gemiddeld twaalf werken per jaar in de eerste, enthousiaste periode, en twee of maximaal drie per jaar toen het bedrijf een eenmanszaak was geworden. Op het eerste gezicht komt Thomas Platter, die nu alleen werkt (wel met betaalde typografen onder zich natuurlijk) als baas nogal onbeduidend over, zeker in vergelijking met de voorafgaande periode toen hij op managementniveau rechtstreeks ondersteund werd door de dynamische en soms dramatische Baltasar Ruch.

Deze oppervlakkige waarneming wordt echter niet geheel geschraagd door de feiten: het is in de loop van de tweede fase, die waarin hij het minst lijkt te hebben geproduceerd, dat Platter zijn huis heeft weten te kopen, evenals een landgoed niet ver buiten de stad. En dat terwijl hij, als je hem moet geloven, zijn rechtmatig deel van de ontbonden vennootschap – honderd gulden – niet eens heeft ontvangen, want dat was naar Ruprecht Winter gegaan. Hoe zit dat dan precies? Waarschijnlijk heeft Platter de coöperatieve onderneming niet met lege handen verlaten maar met medeneming van een aantal zaken, maar verwaardigt hij het zich niet ons daarover te informeren. Wellicht had het pak slaag dat Baltasar Ruch hem wilde geven ook te maken met de rancune van de aandeelhouder-vennoot-manager (T 119) die zich benadeeld voelt door de hebzucht van zijn 'vriend'. Wat er mogelijk ook voor malversaties hebben plaatsgevonden, het staat vast dat Platter zijn onderneming, nu op zijn naam alleen, in maart 1538 op een relatief gezonde basis voortzet. In Bazel heeft hij goede vrienden onder de lettergieters, de metaalgraveurs, de makers van stempels en losse types; zij hebben verschillende reeksen lettertypes verschaft, gepolijst, gegoten, naar grootte gesorteerd, gegraveerd, waar hij niet zonder kan. En dat alles, als je Platter mag geloven, voor een bescheiden bedrag (*umb ein ring gelt*[8]). Onder deze weldoeners, die wellicht minder belangeloos handelen dan onze man doet voorkomen, bevindt zich Martin Hosch, lettergieter, voormalig ingezetene van Straatsburg en sinds 1530 burger van Bazel, wiens weduwe (hij sterft in 1541) zal hertrouwen met een andere lettergieter, Christoph Behem. Typografische endogamie... Ook meester Utz[9], lettergraveur en -gieter is een van hen, en niet te vergeten Peter Schöffer de jonge, in het bezit van een schitterende serie stempels, waarvan de volmaakt geslepen mallen gratis de Platters uitrusting komen completeren. Deze Schöffer heeft het van geen vreemde, 'aangezien hij verwant is aan de uitvinders van de drukkunst in Mainz[10]' (*uss Welsches gschlächt die trukery zu Mentz erfunden ist* – T 122). Peter Schöffer is de zoon van Peter Schöffer senior, schoonzoon en naaste medewerker van Johannes Fust, een financier-typograaf-estheet, die daarvóór zelf de naaste medewerker van Gutenberg was; de drie mannen, Gutenberg, Fust en Schöffer senior, hebben zeer nauw samengewerkt bij de produktie van de beroemde tweeënveertig-regelige Gutenberg-bijbel uit 1453... Geen slechte *pedigree* voor Schöffer junior.

Nadat hij Thomas op zo'n waardevolle manier geholpen heeft, duikt dezelfde Schöffer in 1541 op in Venetië, waar hij bijbels drukt alsmede een werk van Ramon Llull. In 1542 is hij terug in Bazel, waar hij weduwnaar wordt, hertrouwt, het burgerschap verwerft en in 1547 zal overlijden.[11] Behalve het grote scala aan lettertypes schijnt Platter ook tegen niet al te veel geld de nodige persen (*prässen*) te hebben aangeschaft. Platter, ook al is hij nog vrij 'groen' in het vak, wil zo professioneel mogelijk werken met gebruikmaking van machinekapitaal (de persen), maar ook met intellectkapitaal. *Hardware* en *software*... Hij vergeet nooit dat hij pedagoog was (en weer zal worden). Hij leidt dus jonge leerlingen op (*lerbuben*), geeft ze Grieks en Latijn – van het Grieks kennen ze waarschijnlijk niet veel meer dan het alfabet – en laat ze elke dag een werkstuk inleveren (*tagwerch*). Dat Thomas betrekkelijk veel succes had met zijn boeken heeft hij waarschijnlijk te danken aan dit streven naar filologische en typografische kwaliteit.

In zijn memoires heeft Thomas het af en toe over de handel in boeken en de metallurgische techniek in de boekdrukkunst, een techniek waarvan hij eigenlijk alleen de grote lijnen kent. Tenslotte is hij zelf geen lettergieter en evenmin een graveur van stempels, zoals een Peter Schöffer of een Martin Hosch. Hij zegt daarentegen – terwijl hij toch onderaannemer is van Frobenius – weinig over de aanschaf van de eigenlijke materialen: papier, inkt... We weten nu dat er eeuwen voor de officiële ontdekking van dit metaal, titaan, zat in de inkt waarmee Gutenberg zijn bijbel drukte, het titaan dat voor onze jachtvliegtuigen gebruikt wordt. Platter, die in zijn begintijd nog door Ruch met uitstekende adviezen werd bijgestaan, heeft met behulp van zijn vrienden de problemen op het gebied van de 'dragers' weten te overwinnen, zonder nu zelf direct een expert op dat gebied te worden. De bladzijden van zijn *Onderwijzing* uit 1536 zijn na vijftien generaties nog niet vergeeld (zie het mooie exemplaar in de Franse Bibliothèque Nationale). De arbeidskrachten deden de rest en ook de kinderen (Felix en Ursula in die tijd) lieten zich niet onbetuigd; ze hielpen papier vouwen tot hun vingertjes ervan gingen bloeden (*das inen die finger blutten*). Moeder Anna geeft het goede voorbeeld; de tijden zijn zwaar, maar de zaken van de baas lopen goed (*übel zyt, aber es gieng myr woll*).

De eerste jaren als drukker, met name die met Ruch (1536-1538), dragen het risico van omvangrijke schulden in zich voor Platter en zijn collega's en later voor Platter alleen. Het ontbreekt hen niet aan goede adviezen en vooral slechte voorbeelden (bronnen van ontmoediging): een van de adviseurs is Konrad Rösch of Resch, een echte Bazeler, zij het met Zwabische wortels (T 174, F 436), want hij is geboren aan de oever van de Neckar. Hij is verwant met Wattenschnee alias Johannes Schabler (T 123), voor wie Platter als onderaannemer boeken produceert. Evenals Schabler was vriend Konrad Resch, die in Tübingen gestudeerd had, een tijdlang boekhandelaar geweest, zelfs in Parijs, na de slag bij Marignano in 1515, toen de Zwitsers zich ondanks of juist vanwege het bloedbad op Frankrijk gingen richten en op haar cultuur, die door de overwinning en later het humanisme een grote uitstraling had. Resch, die lid is van het gilde van de Saffraan, woont in Bazel op de vismarkt. Hij heeft na elkaar twee zusters gehuwd (F 436), geen slechte manier om er te integreren. Hij houdt lange gesprekken met Platter: hij kapittelt hem vanwege zijn schulden, maar hij vertelt ook over zijn verblijf in Parijs en over Frankrijk. Misschien is Thomas wel door hem op het idee gekomen om zijn zoon Felix voor zijn medicijnenstudie naar Montpellier te sturen.

De oude Cratander, die zelf diep in de schulden zat, bracht Thomas pas op zijn sterfbed op de hoogte van zijn financiële problemen, om hem des te beter te kunnen waarschuwen en te voorkomen dat ook hij het slachtoffer zou worden van een teveel aan passiva op de ondernemingsbalans.

Doen deze ontboezemingen op het sterfbed wel iets ter zake? Tenslotte geniet Thomas door zijn kennis en vaardigheid veel vertrouwen in de stad. Dankzij een forse lening kan hij zelfs verhuizen naar een zeer luxe, gerieflijk pand (zij het nog naar een huurwoning). De verhuizing vindt plaats in 1538, het jaar waarin hij zijn eenmansdrukkerij begint, na de 'scheiding' van Baltasar Ruch (F 55; T 119, 172). Felix, de zoon van Platter, is dan twee jaar. Thomas profiteert hierbij van de uittocht van katholieke priesters. Zij hebben Bazel verlaten toen de hervorming officieel, verplicht werd. De uittocht van de priesters begon al in 1529, toen er een einde kwam aan de macht van de katholieke Kerk in Bazel. Tien jaar later kan Thomas daardoor twee huizen huren die eigendom zijn van de ex-secretaris van het vroegere kapittel van de plaatselijke kanunniken. Deze geestelijke, genaamd Kächtler of Kechtler, was in 1521 uit de Elzas voor zijn studie naar Bazel gekomen (T 174). Na een leuk vermogen te hebben vergaard had hij in de zomer van 1524 drie aangrenzende huizen opgekocht, de latere nummers 90, 92 en 94 van de Obere Freie Strasse (volgens de nummering van een kaart uit 1859, lang na de renaissance; de bebouwing was daar in de tussentijd echter niet veranderd). Ze waren vlakbij een van de stadspoorten gelegen, de Innere Aeschentor, en grensden zowat aan de gotische absis van de Barfüsser Kirche. Met zijn drieën vormden ze een van de zijden van een klein driehoekig pleintje, een verbreding in de Freie Strasse.[12] Kächtler had, door zijn integratie in de stad en door grote aankopen van onroerend goed, op zijn manier blijk gegeven van de typisch Elzasser economische en demografische overvloed die hem van huis uit eigen was en waarin protestanten zich niet van katholieken onderscheidden. De Elzas fungeerde als een voedselreservoir voor de bevolking van Bazel en als bron van financiën voor de geld- en onroerend-goedmarkt in de stad. Na 1529 had Kächtler als zovele priesters en andere katholieken moeten emigreren, verjaagd door de protestantse revolutie. Maar de republiek Bazel gedroeg zich keurig. Het was tenslotte geen 1793! Er was een bewind dat weldra democratisch, representatief zou zijn, zonder koninklijke of goddelijke verhevenheid, en dat – uitzonderingen daargelaten – de goederen van de emigranten niet confisqueerde. Platter kan dus huurder worden van twee huizen van de gevluchte secretaris van de kanunniken voor het niet overdreven hoge bedrag van zestien gulden per jaar. Ter vergelijking: de winst van een bescheiden drukkersvennoot annex werkgever bedraagt zo'n honderd gulden per jaar. We zien hier welke weg Platter tussen 1531 en 1538 heeft afgelegd, tussen het moment dat hij, zonder een ogenblik te aarzelen, om in zijn levensonderhoud en studiekosten te voorzien bij een geneesheer in dienst treedt als kamerdienaar, en het moment dat hij zijn eigen zaak begint en weliswaar schulden heeft maar toch in betrekkelijk goeden doen is. Hij kan zich nu wat ruimer vestigen en tegelijk nog meer bedden voor kostschoolleerlingen installeren. Het nieuwe en ruimere onderdak, waarvan hij de voorgevel laat opknappen, biedt tevens ruimte aan extra typografische apparatuur. Er worden drie drukpersen neergezet. Het werk dat Thomas aanneemt voor Frobenius, of juister gezegd: Frobenius-Herwagen, doet hij naast zijn eigen commercie. Een stuk of twintig, en later wel dertig tot veertig rumoerige pensionairs – scholieren en studenten –

vinden zo goed en zo kwaad als het gaat wel ergens in het pand een plekje en zij brengen flink wat geld in het laatje (*so hat ich mer den zwenzig tischgenger, das ich do vill gwan*). Het is een combinatie van diverse winstgevende activiteiten: de drukkerij-uitgeverij en het familiepension, waar moeder Anna een zeer belangrijk aandeel in heeft en zich behoorlijk afslooft. Felix en zijn zuster Ursula hebben, te midden van de drukte van al die mensen, hun eigen, verwarmde kamertje op de bovenverdieping. Helemaal boven, onder het dak, heeft de afwezige ex-secretaris van de kanunniken een deel van de vliering voor zichzelf gehouden om zijn oude plunje, niet meer gebruikte soutanes en dergelijke, te bewaren. De arme Kächtler hoopt nog steeds dat de katholieke, apostolische en roomse godsdienst, met hem erbij, op een dag een waardige rentree zal maken in de stad Bazel, en op die gelegenheid wil hij voorbereid zijn. Platter, die overigens goede contacten – voornamelijk per brief – met Kächtler onderhoudt, maakt zich daar niet druk om. Hij bekommert zich vooral om de afbetaling van zijn schulden en – o wonder – hij slaagt daarin dankzij de boekuitgaven en de kostgangers. In 1539, een jaar nadat hij de panden was gaan huren, is hij dermate tevreden dat hij een hertekop met een gewei, en een hond en een jager op de muur van zijn nieuwe woning laat schilderen, aan de kant van het pleintje. (Het gaat om het huis dat in de negentiende eeuw nummer 90 zal hebben en dat het dichtst bij de Barfüsser Kirche gelegen is.) Voortaan zal het drie verdiepingen tellende huis de naam *Zum Gejägd* of *Zum Gejegt* (op jacht) dragen.

Gaat het om de hertenjacht? De jacht met windhonden? Zou Thomas landheerlijke ambities koesteren? Voor Felix misschien... De afbetaling van de schulden van de drukker-pedagoog komt plotseling zwaar in het gedrang. Want Platter heeft begrepen dat in een eeuw van inflatie – als je de zaken verstandig aanpakt – het lenen van geld op middellange termijn op hetzelfde neerkomt als jezelf verrijken. Alle ruzies met zijn vrouw Anna ten spijt blijft Thomas op dit punt onvermurwbaar, al krijgt hij nog zo veel borden naar zijn hoofd. Krediet is een goede zaak, vindt hij. God in hoogst eigen persoon, die zo vaak aanwezig is bij de positieve gebeurtenissen in Platters leven, die Thomas in 1538 van zijn ziekte heeft genezen en die hem een mannelijke nakomeling heeft geschonken, God zal hem nu opwekken om niet alleen te huren maar om de drie huizen aan de Freie Strasse te kopen, en dat terwijl de pensionhouder tot dan slechts een deel van het geheel had bewoond. Het is 1540 en de ongelukkige Kächtler weet dat er voor hem geen enkele kans meer bestaat om ooit nog terug te keren naar zijn vroegere woonplaats, in het kielzog van de katholieke geestelijkheid, aangezien het papisme in de stad Bazel met wortel en tak is uitgeroeid. Hij en zijn 'vrouw', Ursula Güderin (echtgenote, maîtresse, gouvernante of concubine? de situatie is niet duidelijk), besluiten tot de verkoop over te gaan van alle drie de huizen aan het driehoekige pleintje aan de Freie Strasse. 'Op advies van God en enkele andere brave mensen' (*sic*) koopt Thomas eerst de beide huizen die hij daarvoor nog had gehuurd en vervolgens het derde, aangrenzende huis, dat eveneens aan de kanunnik toebehoorde. Dit laatste om te voorkomen dat een of andere landbouwer Thomas voor zou zijn en er beesten zou gaan houden, wat hem vervolgens het recht zou geven zijn mesthopen op het pleintje uit te spreiden. Dat zou een hoop stankoverlast geven en bovendien zou Platter dan geen put kunnen slaan, want de gier zou het grondwater verontreinigen, dat in Bazel niet erg diep lag. Zodra de drie panden in zijn bezit zijn kan Thomas met de put beginnen. De operatie kost hem honderd gulden, exclusief het eten voor de werklieden, het equivalent van zijn jaarsalaris als vennoot in de drukkerij.

Vanwege de aanschaf van de huizen moet Platter zich gelijk weer in de schulden steken, maar minder dan in een andere tijd het geval zou zijn geweest. Want door de uittocht van een groot aantal al dan niet geestelijke rijke katholieken is de prijs van de huizen, die geveild worden, enorm gekelderd. Bovendien wordt Thomas kredietwaardig bevonden; vanuit hun ver weg gelegen verbanningsoord gaven de kanunnik-secretaris-verkoper en zijn levensgezellin de voorkeur aan de dynamische Platter boven kandidaat-kopers die meer aanzien maar minder geld hebben of minder zelfstandig zijn, zoals een zekere Von Offenburg, een adellijke *Junker* uit een lichtelijk belachelijke familie, die Thomas tijdens een reis van Zürich naar Bazel al eens ontmoet had, en een hoge ambtenaar, de muntmeester (*Müntzmeister*) van de stad Bazel. Thomas, die als winnaar uit de bus komt, blijft het hele jaar 1540 bezig met zijn onroerend-goedtransacties; eind januari 1541 wordt de zaak gesloten met de definitieve aankoop van de drie panden voor het ronde bedrag van negenhonderdvijftig gulden; deze prijs is inclusief de betalingen die in de voorafgaande periode al zijn gedaan. Verscheidene zakenlieden hebben in de onderhandelingen tussen de katholieke partij (Kächtler) en de protestantse partij (Platter) als makelaar gefungeerd zonder dat godsdienstige tegenstellingen nu zo'n grote rol speelden. De tijden van Thomas' fanatisme zijn voorbij; contacten met gelovigen van andere kerken zijn voor onze man inmiddels gewoon, en de verschillende geloofsrichtingen – oecolampadiaans en rooms – kunnen zijns inziens heel goed naast elkaar bestaan, al blijft er over en weer wel veel onderhuidse agressiviteit merkbaar. De man uit Wallis, die nu over invloedrijke contacten beschikt, profiteert van de adviezen van hooggeplaatste vrienden, de waarde oude heren (*die lieben alten herren*), onder wie burgemeester Zum Hirtzen en de lakenfabrikant Nussbaum.

Schulden! Tussen de apothekersrekeningen door, die Thomas min of meer trouw in zijn memoires vermeldt, kunnen we vaststellen dat de eerste twee huizen samen hem voor zevenhonderdvijftig gulden verkocht zijn. De huur die Platter er eerder voor betaalde, van 1538 tot 1540, bedroeg zestien gulden per jaar; een verhouding huursom-koopsom van 2,1 procent, voorwaar niet slecht. Maar de eigenaar, katholiek en afwezig als hij was, was natuurlijk niet in de gelegenheid om veel druk uit te oefenen op zijn huurder en toekomstige koper, die ook nog eens de steun had van de protestanten van het heersende gezag in Bazel. Vandaar de woedeaanvallen van Kächtler, die zich gemanipuleerd voelt door de drukker: 'Jouw hypotheek op de bezittingen, die is nog geen bak met as waard' (*ein züber mit äschen*), zegt hij Thomas op een dag, recht in zijn gezicht (T 125). Onze hoofdpersoon had hem namelijk voorgesteld een hypotheek te nemen op zijn eigen bezittingen om de terugbetaling van zijn schulden te garanderen. Hoe het ook zij, voor die zevenhonderdvijftig gulden kreeg Platter geen leegstaand, maar een gedeeltelijk gemeubileerd pand. Hij was ermee akkoord gegaan vijftig gulden te betalen voor de meubels van Kächtler, oude bed-onderstellen en strozakken die in werkelijkheid helemaal niets waard waren maar die Thomas wel moet overnemen vanwege zijn twintig of dertig pensionairs. Uit nogal gecompliceerde berekeningen blijkt dat Thomas voor de daadwerkelijke afbetaling van de koopsom, vijf procent rente over de eerste vijfhonderd gulden en twintig procent over de overige tweehonderdvijftig gulden betaalt, met andere woorden vijfenzeventig gulden rente per jaar, een rentetarief van tien procent per jaar. Dat is niet overmatig veel, vooral niet als men bedenkt dat in die periode regelmatige of schoksgewijze prijsverhogingen heel normaal zijn, wat de verkoper ertoe dwingt het rentepercentage enigszins op te schroeven om zich in te dekken tegen de onvermijdelijke inflatie die in de lucht hangt (en waarvan men de dieper liggende oorzaak of oorzaken niet doorziet: de komst van edele metalen uit Amerika, naast die welke van oudsher uit Centraal-Europa en uit de Soedan kwamen, en de grote bevolkingsaanwas, waardoor de vraag toeneemt en dus de prijzen omhooggaan...). We moeten echter niet vergeten dat de prijsstijgingen in de ogen van de zestiende-eeuwse burgers weliswaar indrukwekkend zijn, maar zeer gematigd in vergelijking met de soms pijlsnelle stijgingen van de kosten voor het levensonderhoud die onze eeuw gekend heeft.

Het duo in onroerend goed Platter-Kächtler houdt zich al spoedig bezig met de koop van het derde huis (dat, zoals gezegd, grenst aan de beide andere percelen). Begin 1541 komt daarmee de totale en definitieve prijs van de transactie op negenhonderdvijftig gulden (in 1975 honderdtwintigduizend Zwitserse frank). Dat is niet bepaald weinig, maar ook niet overdreven veel naar onze huidige maatstaven, ook al zijn die flink 'opgeblazen' vergeleken bij die van de zestiende eeuw. Na een paar hevige woordenwisselingen met Kächtler in Fribourg weet Platter, eenmaal terug in Bazel, het benodigde geld bij elkaar te krijgen. Vanaf het tweede jaar (1542) betaalt hij, met behulp van welwillende tussenpersonen uit Bazel, driehonderd gulden aan de uitgeweken secretaris. In vijf jaar weet hij alles af te betalen (*ich hatt in 5 jaren gar zalt*). En zo is hij dus tegen 1546-1547 een volwaardig grondbezitter (T 127). Grondbezit... De droom van zovele boeren van vroeger, terwijl ze hun hart onderploegden in een lap grond! Ook Thomas Platter is een boer (van origine) en hij zal het enige tijd later weer worden, tenminste, in deeltijd. De goede relaties met de protestantse Bazelse burgerij, het netto jaarinkomen van de drukkerij (tweehonderd gulden) en ten slotte het uitputtende werk van vader, moeder en kinderen om de slaapzaal die tot pensionaat was geworden te laten lopen, kortom connecties, inkomsten en arbeid hebben deze krachttoer mogelijk gemaakt. Het is een goede, zelfs winstgevende zaak: tegen 1539 was *Junker* Von Offenburg bereid voor twee van de huizen zeshonderd gulden contant (*bar*) te betalen. Een paar jaar later bood de muntmeester van Bazel twaalfhonderd gulden voor slechts één van de drie panden die inmiddels van Platter waren. We hebben het dus over een collectie onroerend goed die snel in waarde stijgt, en die in een paar jaar tijds wel twee- of driemaal zoveel opbrengt. De economische conjunctuur in de jaren dertig is (ondanks een aantal tegenvallers in de uitgeverswereld) vrij gunstig. Het is dus een goede tijd voor dit soort plezierige heropwaarderingen waarvan instinctieve rekenaars zoals Thomas met graagte profiteren.

Na het huis de agrarische aanwinsten. Thomas' loopbaanplanning is met vaste hand geschreven. Zoals veel van zijn gelijken en zijn opvolgers, westerse stedelingen, begint de nieuwbakken burger van Bazel op bescheiden schaal grond aan te kopen. In het voorjaar van 1549 is hij alleen nog maar de schuldenvrije eigenaar van drie belendende percelen in de Freie Strasse, maar de tijd om in een hogere versnelling te gaan, en zich opnieuw in de schulden te steken, komt naderbij. In juni van datzelfde jaar koopt Platter een paar stukken land met bijbehorende gebouwen, vlak bij wat middeleeuwse kasteelachtige bouwwerken.[13] De landerij ligt op een kwartier lopen ten zuiden van de oude stadswallen van Bazel (die zich bevonden waar nu de Gundeldinger Strasse loopt). De verkoper, en dat is geen kwestie van toeval, is een zekere Ulrich Hugwald Mutz, of gewoon Hugwald. Hij komt uit Thurgau en hoewel hij een tikkeltje ouder is dan Thomas is ook hij geboren aan het einde van de vijftiende eeuw. In zijn jeugd was hij verzot op handenarbeid en landbouw: 'Je zult werken, je zult je brood verdienen in het zweet jouws aanschijns' (F 103). Hij had zelfs een tijdje geprobeerd als boer te leven, zich dat soort leven eigen te maken. Maar toen stak het virus van het elitisme en de pedagogie weer de kop op (T 178), en tot in 1540 gaf hij onderwijs op de school in de Burg; daarna werd hij hoogleraar aan de faculteit der kunsten. In 1549 publiceert hij in het Latijn een boek over de geschiedenis van Duitsland (op kosten van de auteur? met geld dat Platter hem toegezegd of betaald had?). In Bazelse kringen was het zo dat iedereen (bijna) iedereen kende, tenminste, boven een bepaald sociaal niveau dat Platter al lang ontstegen was. Maar afgezien daarvan is het zeker op Platters school, de school van de Burg genoemd, dat Platter en Hugwald elkaar rond 1540 hebben leren kennen. Hugwald als vertrekkende docent, aan wie nog vaak wordt teruggedacht, en Platter die in de jaren veertig deel uitmaakt van het lerarencorps van deze school.

De drukker-onderwijzer, die platzak is, moet zich voor de grondaankopen opnieuw in de schulden steken. Het is voor hem overigens geen probleem om ergens te krediet te krijgen (T 137, 178). Platter leent vijfhonderd gulden van de herbergier van De Witte Duif, een zekere Hans Galle wellicht, en tweehonderd gulden van Jacob Kannengiesser, die hij onmiddellijk uitbetaald krijgt. Kannengiesser is een lakenfabrikant die waarschijnlijk sinds ongeveer die tijd verloofd is met Esther Frobenia, de dochter van de drukker-boekbinder Frobenius, vriend en beschermer van Platter.[14] Minder dan twee jaar later trouwt Jacob met Esther, in de winter van 1550-1551. Ook uit dit voorbeeld blijkt de weldadige invloed van de boekdrukkersgroep Frobenius-Herwagen-Episcopius, waarin Thomas nog niet meer is dan een kleine compagnon, maar toch al aardig wat invloed heeft. Johannes Herwagen de oudere heeft trouwens ook een belangrijke rol gespeeld bij de leningen aan Thomas. Hij voelde daar wel niet zoveel voor, maar het was het minste wat hij kon doen, omdat Thomas hem een geweldige dienst had bewezen (F 138) door hem met zijn vrouw te verzoenen (*ich im wider zu siner frowen geholffen han*), een zekere Frau Lachnerin, de vroegere weduwe van wijlen Johannes Frobenius, de grondlegger van de dynastie van boekdrukkers in Bazel waaraan hij zijn naam gegeven had (F 69, 357). Het moet gezegd worden dat Herwagen er bijzonder slecht voorstond: tot grote woede van zijn echtgenote had hij een verhouding gehad met de vrouw van zijn stiefzoon, een zoon uit het eerste huwelijk van Frau Lachnerin, een verhouding die tussen 1542 en 1545 heel wat tongen in Bazel in beweging bracht. Hij had een Thomas Platter nodig om hem uit deze netelige situatie te redden (T 138, 179). De schulden die Platter aanging liepen uiteindelijk fors op toen het er niet meer alleen om ging de grond in Gundeldingen te kopen, maar er ook op te planten, te graven, te bouwen... Dat ging niet zonder tranen, tandengeknars en woedeuitbarstingen van de kant van Thomas' vrouw, die als altijd hevig ontsteld raakte vanwege de financiële tekorten waarmee haar man, die over heel wat meer verbeeldingskracht beschikte dan zijzelf, haar steeds weer confronteerde. In elk geval heeft Thomas geweigerd een borg aan Hugwald te geven; dat zou slechts betekenen dat er een derde handenbinder bij kwam, die hem later op zijn best allerlei narigheden kon bezorgen. De Walliër is dan ook zonder aarzelen de oude weg ingeslagen. Na eindeloze onderhandelingen verhypothekeert hij, bij wijze van betalingsgarantie, aan Hugwald... de grond die hij zojuist van hem gekocht heeft, en de drie percelen (*huser*) die hij negen jaar daarvoor van de secretaris van de ex-kanunniken in Bazel had gekocht. Platter heeft voortaan zijn schaapjes op het droge, zij het niet met contant geld, maar in de vorm van grond, wat hem alleen nog maar kredietwaardiger maakt.

Zaken doen, dat doe je met het geld van anderen. Thomas, in deze fase van zijn leven, leent nog niet zelf geld uit; hierin verschilt hij van zijn zoon als deze volwassen is. En evenmin is hij een woekeraar met zeer kortlopende leningen. Hij is een van de velen die het geld van anderen doet rollen, en het in waarde doet toenemen, tot wederzijds profijt. Investeer, investeer, het is de wet, en de profeten: de school, het pension, de drukkerij, het huis, de landbouw, morgen de universitaire studie van zijn enige zoon, de enige overlevende uit het nest. Het is bovenal het nieuwe domein in Gundeldingen waarin Thomas zwaar investeert, met wat voorhanden is en met behulp van leningen, tegen zestig gulden rente per jaar: hij is hierdoor duizend gulden schuldig aan de hele burgerij van Bazel (*alle burgshafft* – T 138), lees: zijn vrienden en bekenden, niet allemaal even vriendschappelijk trouwens wanneer het om rente gaat, die te zamen de sub-elite vormen van de stedelijke en wereldlijke protestanten. Crediteur-drukkers, crediteur-herbergiers... De bourgeoisie? Zeker. Maar niet de heersende klasse van aristocraten en vermogende zakenlieden, voor wie Platter slechts een kleine man is. En evenmin het puikje van de dominees en de professoren die moeite hebben om financieel rond te komen, ook al staat God op het spirituele vlak aan hun kant. God, die ook wat deze zaak betreft (T 138) met Thomas in zee gaat, zoals altijd wanneer de zaken goed gaan... De twee peetvaders... Maar God moet wel geholpen worden. Thomas bouwt of restaureert op de vroegere funderingen het huis, de schuur en de stal. Net zoals hij bij zijn woning in de stad had gedaan laat hij een put slaan op dit landelijke stuk grond. Hij spaart zichzelf niet en laat bovendien voor de werkzaamheden mannen komen die hij voedsel en een loon moet geven. Dus nog meer leningen, steeds maar weer leningen. Hij bezit wijngaarden, en naar goede Walliser gewoonte wordt hij veehouder; hij koopt drie morgen grasland (voor honderddertig gulden) van de wagenmaker Lux Dersam, die bezigheden heeft in de ziekenhuizen en bij de gildes in de stad (T 139). Dit is geen Platter meer, dit is Gouberville![15]

Verbazingwekkend, en toch ook typerend, deze terugkeer naar het land, via de stedelijke entiteit! De boer uit de bergen van Wallis wordt landbouwer op de vlakte bij Bazel. Geografische afdaling en sociale stijging, beide gesitueerd in een oceaan van soortgelijke gedragingen. In de loop van de laatste eeuwen van het ancien régime hebben honderdduizenden mensen uit de stad, zodra ze het zich konden veroorloven, zodra ze kleine industriëlen of ambtsdragers waren geworden, grond gekocht; ze bewerkten die met hun eigen handen en met die van hun gezinsleden, huisbedienden en arbeiders. Doel van dit alles was het produceren van voedsel voor eigen gebruik; zich, in geval van hongersnood of crisis, van voedsel verzekerd te weten; een oud 'agrarisch' atavisme vrijheid te geven (Felix Platter zal in dit opzicht heel wat minder ruraal zijn ingesteld dan Thomas); ten slotte wil men gewoon geld beleggen, ook geleend geld, en er zelfs aan verdienen, dankzij de verkoop van de landbouwprodukten. Om een overigens respectabele traditie in de geschiedschrijving[16] enigszins te nuanceren: deze mensen hebben de plattelandsbevolking en het platteland niet 'uitgebuit'. Integendeel. Zij hebben geïnvesteerd, de produktiviteit van de grond verhoogd, verscheidenheid geïntroduceerd, activiteiten ontwikkeld met een grote toegevoegde waarde zoals bijvoorbeeld wijngaarden en grasland. Op deze wijze beantwoordden ze aan de vraag uit de stad, die dure produkten wil, hoogwaardige waren, van goede kwaliteit (wijn, vlees, melk, groenten...). Zo werd er een nieuwe vorm van platteland geschapen, onder de rook van de stad gelegen, met wijngaarden, moestuinen, boomgaarden, boerderijtjes, die de monotonie van de velden met graangewassen en de weiden met vee doorbreekt, zowel op het vlakke land als in de meer bergachtige gebieden. Het geval Platter is uit dit oogpunt een typerend voorbeeld. Het is ook een wandelend resumé van de sociale groepen waartoe hij achtereenvolgens behoord heeft, met velerlei petten op, soms pijlsnel stijgend, soms met een slakkegang: de groep van de eigenaars-uitbaters-stedelingen-plattelanders-verbeteraars, in ieder geval; van voorstadbewoners met een huis in gotische stijl, nog in de zestiende eeuw, en een miniatuurwijngaard; maar ook de groep van de bergbewoners, de bedelaars, de kleine burgerij, de bourgeoisie; van de arme kleine luiden in de primaire sector of aan de zelfkant; van de werkenden, en later de micro-notabelen, in de secundaire sector (de drukkerij), de tertiaire sector (onderwijs) en wederom de primaire (de 'hoeve' onder de rook van de stad); dat alles in de plaats van een tamelijk primitieve en reeds vergeten roeping van priester. Een man van de renaissance, halfweg tussen Lazarillo de Tormes en Guillaume Budé. De schooier en de geleerde...

Het agrarische bedrijf in de groene voorstad is zo goed als aangekocht en het zal binnenkort gaan functioneren. Maar Thomas wordt even bevangen door een gevoel van verscheurdheid, tussen zijn laatste beroep (drukker) en een van zijn oude roepingen (onderwijs). Zeker, de drukpersen zijn behoorlijk rendabel met hun netto opbrengsten van zo'n tweehonderd gulden per jaar. Maar de vingers van mevrouw Platter en de kinderen bloeden doordat ze zoveel met het papier in de drukkerij in de weer zijn. De gezellen van de drukkerij, die huis en haard van de Platters delen, geven regelmatig blijk van incompetentie (*ungeschikt* – T 129); natuurlijk is niet iedereen geschikt voor correctiewerk, zelfs niet voor eenvoudig zetwerk als het om Grieks of Hebreeuws gaat: niet-Latijnse lettertekens kunnen verraderlijk zijn... Wat erger is, is dat deze zelfde gezellen arrogant zijn (*unbscheidenheit* – T 147). Op weinig subtiele wijze stellen ze looneisen – voortdurende prijsstijgingen hebben zo hun consequenties – en er hoeft weinig te gebeuren of er komt een grote staking (*strike, streik*), net als in Lyon; daar wordt gestaakt door de werknemers in de drukkerijen langs de Rhône.

En verder heeft de oorlog opnieuw economische repercussies: het gaat om het laatste conflict tussen Frankrijk, onder de regering van Frans I, en de keizer, dat van 1542 tot 1544 duurde: het gevolg van het 'immorele' Frans-Turkse verbond tegen Karel V en pogingen van 'germaanse' zijde (de Habsburgse keizer Karel V) om het Franse territorium binnen te vallen. De overwinning in Ceresole van de troepen van de koning uit het huis Valois,[17] onder bevel van François de Bourbon, prins van Enghien, in april 1544 heeft Bazel ook rechtstreeks betroffen, aangezien duizenden Helvetiërs aan de strijd hadden deelgenomen. Felix, die dan acht is, zal zich deze gebeurtenis, of de verhalen die veteranen hem erover vertelden, nog lang herinneren. Dat alles, of het nu ging om onplezierige oorlogshandelingen, weinig inschikkelijke arbeidskrachten of een markt die nodig moet aantrekken, al die dingen samen zullen Thomas Platter op den duur gedemotiveerd hebben en hem het drukkersvak uit hebben gedreven naar het rustiger vaarwater van het onderwijs. Daar leeft men tenminste onbezorgd, of iets minder bezorgd.

Niets in deze zaak is simpel. Het verband tussen enerzijds de zo uiteenlopende activiteiten van Thomas, de drukkerij incluis, en anderzijds die niet aflatende drang om onderwijs te geven, heeft van ongeveer 1520 tot 1555 een (per definitie) veelzijdig karakter. Platter is meer dan een man met twee maîtresses: de pers om mee te drukken en de klas om te onderwijzen. Deze harde werker, deze zondagsboer, heeft nog heel wat andere dingen gedaan, maar de relatie meester-leerling was de rode draad in zijn leven. Zo had hij vlak voor hij leerling-touwslager werd, in de jaren 1520, zelf het abc onderwezen in Wallis; daarna werd hij onderwijzer van de beide zoons Werdmüller in Zürich (T 65), waar hij genoeg te eten kreeg; vervolgens gaf hij privé-les Hebreeuws aan predikanten uit de omgeving van deze stad; ten slotte, na een stage bij Collinus, de hellenistische touwslager, zien we hem als loontrekker bij een 'rode touwslager' in Bazel, waar hij Plautus bestudeert tijdens het vlechten van kabels en in dezelfde periode onder de hoede van Oporinus Hebreeuws geeft aan een twintigtal leerlingen op de Sint-Leonhardschool. Niet veel later is hij onderwijzer – en middenstander, samen met zijn vrouw – tijdens een kortstondig verblijf in Wallis (T 80). Eenmaal terug in Bazel, vanaf 1531, is hij *provisor* of hoofdassistent op een middelbare school.[18] Dan, na het intermezzo met Epiphanius en de dood van Zwingli, wordt hij Oporinus' collega op het *paedagogium*, een goed aangeschreven instelling waar hij van 1532 tot 1540 Grieks geeft; daarnaast wordt hij, met Oporinus, corrector bij de drukkerij van Herwagius. Er wordt zelfs overwogen, nog steeds die onderwijs-draad, Thomas opnieuw als onderwijzer in Wallis te benoemen. Maar de benoeming gaat niet door omdat iemand over hem geklikt heeft bij de bisschop van Sion.

Ondanks zijn werkzaamheden als corrector en vervolgens als drukkersvennoot en even later als zelfstandig ondernemer verleent Platter onderdak aan kostgangers... en blijft onderwijs geven! In wezen zal de drukkerij als zodanig, ondanks de meesterzet van de Platter-editie van de *Institutio christiana* van Calvijn in 1536, een weliswaar belangrijke, maar tamelijk korte episode in zijn leven vormen, een episode die zich nog zal voortslepen tot tegen 1555. Het leeuwedeel van het volwassen leven van Platter zal, meer nog dan een (onweerlegbaar) drukkersepos, een leerdicht zijn. Te meer gezien de bizarre stappen die de stadssecretaris die in 1538 met onderwijszaken was belast, ondernam. Dit heerschap, Heinrich Ryhiner, was niet de eerste de beste. Na zijn studie aan de universiteit van Bazel was hij lange tijd (F 157) procureur van de bisschop en keizerlijk notaris. Hij had zelfs een kroniek van de boerenoorlog van 1525 geschreven. In 1538 liet hij Platter, die beschouwd werd als onderwijsdeskundige, bij zich komen om hem om raad te vragen: 'Hoe verklaar je,' zo vroeg hij Thomas, 'dat de universiteit uit zakelijk oogpunt niet goed functioneert?' Een vraag die ongetwijfeld in vele tijden werd en nog zal worden gesteld... Thomas windt er geen doekjes om. 'Te veel docenten, nog meer zelfs dan studenten' is de kern van wat hij zegt (waarmee hij onderstreept hoe weinig studenten er in die tijd aan de universiteit van Bazel zijn). En hij voegt eraan toe: 'Nodig een paar goede docenten uit Duitsland uit, een stuk of acht, niet meer; ze zullen graag komen vanwege de godsdiensttwisten die daar woeden. Betaal ze goed, en er zullen voldoende studenten zijn (*gnug*).' 'Maar wat moet er dan van onze eigen pedagogen hier worden (*unsren basleren*)?' vraagt de vroede vader, de bezorgde woordvoerder van een stad waarin academische verworteling en professorale endogamie weliswaar niet altijd met de werkelijkheid stroken, maar wel degelijk worden nagestreefd en gewenst door mensen van die soort, die werkloosheid onder gediplomeerden niet op prijs stellen en concurrentie van buitenstaanders nog minder. 'Als u mensen uit Bazel vindt, neem of houd die dan,' besluit Thomas. 'En zorg anders voor goede mensen van buiten, in het belang van de studerende jeugd...' Zou Platter zichzelf, omdat hij uit Wallis komt, als een vreemdeling beschouwen, en dus immuun voor de perfide adviezen die hij geeft tegen de belangen van de autochtone docenten in? Als dat zo is, dan vergist onze man zich. Want de gemeente, na respectvol zijn advies ingewonnen te hebben, verandert geheel van tactiek (niet van strategie). Ze laat hem in de steek en dankt hem, evenals Oporinus, af (*gab uns urloub* – T 129), een ontslag dat niet op professionele gronden plaatsvindt. De stad kan het niet verkroppen dat de beide mannen van twee walletjes eten,[19] met andere woorden dat ze drukkers voor eigen rekening zijn maar ook docenten in overheidsdienst, betaald uit de staatskas, en dat ze het een vanwege het ander verwaarlozen, hun onderwijstaken afraffelen opdat ze de persen des te beter kunnen laten draaien, zodat ze tenminste een fatsoenlijk inkomen genieten. Het tweevoudige afdanken, dat de beide slachtoffers met enige moeite accepteren, vindt wat Thomas betreft waarschijnlijk plaats in de herfst van 1538, en voor Oporinus in 1539. Een tweeling-ontslag dat echter pas in 1540 zijn beslag krijgt.[20] Hoe vervelend ook, de breuk met de Bazelse autoriteiten zal van korte duur zijn. De behoefte aan goede docenten voor het voortgezet onderwijs is veel te groot. Vanaf 1541 (naar zijn zeggen), en op zijn laatst in december 1544, slaat Platter de omgekeerde weg in en verruilt deels zijn werk in de eigen onderneming voor de publieke sector, in casu het onderwijs. Onder druk van de omstandigheden was hij aan de vooravond van dit nieuwe stuivertje verwisselen in feite alleen maar drukker. In het midden van de eeuw zal hij zich echter (weer) volledig aan het onderwijs wijden en aan zijn kostschool, met naast de 'lieve blonde hoofden' slechts af en toe wat typografisch werk en zijn grote agrarische hobby. In de tussentijd zijn in Lyon de grote drukkersstakingen geweest (1539-1542). Hebben die nog weerklank gevonden in de kringen van de prikkelbare, incompetente (Platter *dixit…*) typografen uit Bazel in loondienst? Zijn ze er zo in geslaagd Thomas te ontmoedigen, de nog niet zo lang geleden begonnen grafische werkgever, die bepaald niet voor zijn leven gebakken was aan dit vak?

De oorlogen in die tijd, die de boekenmarkt verstikken, hebben de zaken evenmin goed gedaan: men denke vooral aan het nieuwe conflict tussen Frankrijk en de keizer dat van 1542 tot 1544 wordt uitgevochten; en vergeet niet de vijandelijkheden in diezelfde tijd, met name in het hertogdom Kleef, tussen Karel V en de Duitse protestanten. De nederlaag van de lutheranen bij Mühlberg in 1547 ging hun geloofsgenoten in Bazel, zowel in het drukkersvak als elders, heel erg aan het hart. Getroffen door een crisis(je) in de uitgeverswereld gaat Platter, de voortreffelijke pedagoog die hij nu eenmaal is, met aanleg voor zowel Hebreeuws als Grieks, zich dus wederom verdienstelijk maken in het onderwijs. Zijn aangeboren vermogen tot mobiliteit komt hem bij deze zoveelste wisseling van werkkring opnieuw van pas. Hij komt hiermee tegemoet aan de goedbedoelde aansporingen van zijn vrienden en beschermers, onder wie burgemeester Adelbert Meyer zum Pfeil, die al in de zestig is (T 176); aansporingen ook van de zijde van de chirurgijn

Theodor Brand, toekomstig burgemeester en tien jaar ouder dan Thomas, een soort halfpatriarchaal figuur. Deze Brand, afkomstig uit een vooraanstaande chirurgijnenfamilie, is bovenal de wijze van het stadhuis, de grote gladstrijker van meningsverschillen.

Ook Simon Grynaeus, peetvader van Felix, beveelt Thomas warm aan de stap te zetten naar schoolse en buitenschoolse bezigheden; hij toont op zijn hoogst enig wantrouwen jegens het academische geleuter. Dit waardevolle advies, hoe gematigd ook, dateert in elk geval van voor 1 april 1541, de dag dat Grynaeus op negenenveertigjarige leeftijd komt te overlijden. In het eenstemmige koor van de platterofielen in de gemeente bevindt zich ook mijnheer de stadssecretaris (*den herren Stadtschriber*), die Thomas, die graag pronkt met zijn goede connecties, niet zal nalaten te noemen ten overstaan van zijn toekomstige toehoorders. Een enkele stem die uit de toon valt: die van Myconius, de oude vriend. Toch hebben de vroede vaderen hem naar de vroegere drukker uit Wallis gestuurd in de hoop dat hij hem er van zal overtuigen dat hij beter de pers voor de katheder kan ruilen (T 130). Maar Myconius is zich maar al te goed bewust van de eigenzinnigheid van zijn leerling. 'Ik weet dat je de beste bent,' zegt hij, hem familiair tutoyerend. 'Maar dat is het hem nu juist, ik ken je. Je zult precies doen waar je zin in hebt (*du wirst dim kopf wellen nach gan*). Je zult boos worden op de universiteit. Ze zal je geen les laten geven zoals jij dat wilt.'

Een vergeefse waarschuwing! Het aanbod is te aanlokkelijk. Platter heeft schoon genoeg van de edele kunst van Gutenberg, die hij in ieder geval niet meer voltijds of bijna voltijds wil uitoefenen. En bovendien, hoogleraar worden, dat is voor de gemankeerde priester die Thomas is zoiets als de ene toga vervangen door de andere, het is het (virtuele) geestelijke habijt verruilen tegen het (reële) professorenkledingstuk, het is het verwerven van tweeledige achting, de menselijke en de goddelijke. Of zoals Herr Rudolf Fry het heel goed uitdrukt wanneer Thomas iets bij hem komt kopen: 'Mijn beste, wordt toch schoolmeester. U zult in de smaak vallen; u zult de gemeenteraad, God en de wereld een dienst bewijzen.' Fry is koopman van beroep (T 130) en een van de belangrijkste leden van de stadsraad, belast met onderwijsaangelegenheden. Steeds weer de dubbelfunctie van onderwijsinstellingen in die tijd: kleine christenen afleveren, maar ook, indirect, sociaal-economisch gezien competente leden van de maatschappij, die, vanwege hun nieuwe, gedeconfessionaliseerde kennis, misschien wel minder christelijk zullen worden... Paradox!

De aankoop waar we het zoëven over hadden, die Thomas bij Rudolf

Fry wilde doen, was overigens een voor ons interessante. Hans Rudolf Fry, afkomstig uit Mellingen en lid van de stadsraad sinds 1529 (het jaar van de protestantse omwenteling in Bazel: je kunt dus stellen dat dit heerschap, dat zo opgeklommen is, behoort bij de groep hervormden die voortaan de dienst uitmaakt in de stad, een groep waarbij het Platter altijd voor de wind gegaan is) verhandelt diverse produkten, waaronder perkament, en het is daarvoor dat Platter hem is gaan opzoeken. De uitstekende kwaliteit van het perkament dat Fry verhandelde was hem niet ontgaan. Vele stukken kwamen gewoon uit verluchtigde manuscripten uit de middeleeuwen en de kleine Felix Platter, die dol was op plaatjes, verlustigde zich in de aanblik ervan in de achterkamer van zijn vader. Voor Thomas Platter betekende de aanschaf van perkament de zekerheid dat hij de boeken die hij drukte met leer kon laten inbinden: hij gebruikte hiervoor de gratis hulp van zijn jonge kostgangers, die voor de gelegenheid tot leerling-boekbinders waren getransformeerd. De pensionaatsleerlingen, die een jaar of vijftien waren, en vaak afkomstig uit Wallis en van goede afkomst, spraken Latijn met hun meester; ze adoreerden hem, ofschoon hij af en toe heel streng kon zijn; ze aten groenten, eieren en melkprodukten van zijn grond. Alle twintig, en later dertig of meer (vanaf 1538) hielpen ze hem met boekbinden, en nog meer met het kostgeld dat hun ouders vaak pas na veel bidden en smeken betaalden; zo kon Thomas nog min of meer rondkomen[21], ofschoon hij doorgaans veel dringende schulden had.

Rudolf Fry probeerde als handelaar zijn velijn te slijten aan Thomas, het hoofd van de schools aandoende boekbinderswerkplaats. Diezelfde Fry, maar dan in zijn functie van plaatselijk politicus met de onderwijsportefeuille, bezwoer Platter al zijn tijd in het onderwijs te stoppen en zijn typografenschort, ja zelfs zijn boekbinderstenue aan de wilgen te hangen. Een groot deel van de plaatselijke elite zanikte de immigrant uit Wallis aan zijn kop – en dat is niet te sterk uitgedrukt – opdat hij helemaal van levenswijze zou veranderen. Ze wilden hem graag tot directeur bombarderen van de school in de Burg. Deze toonaangevende school (T 176), een soort dependance van een belangrijke plaatselijke kerk, zal in de loop van de volgende decennia inderdaad Platters grote onderwijsinstelling worden, nadat ze in het tijdvak 1537-1541 achteruit was gehold onder zes verschillende directeuren. Een 'instabiel regime' is vaak schadelijk, en dat geldt net zo goed in het onderwijs. In de ogen van verschillende deskundigen en notabelen uit de stad gaat Thomas Platter duidelijk door voor een serieuze kandidaat als leidinggevende, die bovendien uitstekend kan doceren. In een gemeenschap waar welbeschouwd het talent niet voor het oprapen ligt, acht men hem er wel toe in staat de school uit het moeras te trekken.

Voordat hij de drukkerij grotendeels kan sluiten (en een andere winkel, te weten het onderwijs, uit kan breiden) moet Platter nog een paar zaken afhandelen, zowel in de hoedanigheid van drukker als in die van ambulant verkoper: Thomas gaat naar Frankfurt om er zijn voorraad gedrukte boeken te verkopen. Een regelrechte uitverkoop, tegen de prijs van het gewicht van het papier (*das myr Kum das papyr zalt ward*). Dat is tenminste wat Thomas beweert. De koper van de paperassen is geen ander dan Barthli Vogel, uit Wittenberg, die nog een jaar of twintig zaken zal doen met de grote drukkers uit Bazel. Op deze wijze ontstaat er een niet van belang ontblote band tussen Platter en Barthli, tussen een vroegere discipel van Zwingli en een landgenoot van Luther.

Thomas heeft nog heel wat boeken in zijn vestiging in Bazel achtergelaten. Hij doet ze, buiten de verkopen in Frankfurt om, over aan de Parijzenaar Jacques de Puys. Ten slotte doet Platter de uitrusting van de drukkerij, de drukpersen en de rest, van de hand. De koper is Petrus of Pietro Berna, afkomstig uit Lucca, die probeert zich een plaats te verwerven in de tamelijk gesloten groep van drukkers in Bazel (hij zal daar in de tweede helft van de eeuw volledig in slagen). Berna heeft zich in 1542 ingeschreven bij de universiteit van Bazel; Platter zelf is pas in de herfst van 1544 directeur van de school in de Burg geworden. Het is dus tussen 1542 en 1544 dat in elk geval een deel van de drukkersbenodigdheden is verkocht en er, kortom, in zekere zin een afscheid heeft plaatsgevonden van de drukpersen, het velijn, de loden letters (T 136, 178). Bij de opheffing van de onderneming zijn mensen betrokken uit alle windstreken: Wittenberg, Frankfurt, Bazel, Lucca, Parijs... De hele Internationale van de boeken die voor het merendeel in het Latijn werden uitgegeven en dus in heel Europa te lezen zijn, is opgeroepen en vertegenwoordigd bij de bescheiden uitverkoop van de banden en de uitrusting van zomaar een drukker, van gering formaat, die over kosmopolitische relaties beschikt die daarom des te opmerkelijker zijn.

Het meest verbazingwekkende is wel dat een man die leraar gaat worden zijn boeken verkoopt... Weliswaar heeft hij voor zijn lessen, ook al zijn die nog zo op boeken gestoeld, slechts een vrij gering aantal gedrukte exemplaren nodig, namelijk die welke op de lijst staan van de belangrijkste auteurs in het onderwijsprogramma (Cicero, Terentius, Homerus...). Maar hij moet hoe dan ook tot verkoop overgaan, want onze man, die zo hongert naar grondaankopen, probeert op allerlei manieren aan geld te komen. De liquidatie van zijn drukkerskapitaal, op de markten van Bazel en Frankfurt, geeft hem trouwens maar weinig respijt. Eind jaren 1540 steekt hij zich opnieuw diep in de schulden vanwege de aankoop van het landgoed Gundeldingen. Aan het eind van het jaar 1549 heeft hij bijvoorbeeld een schuld (T 137) van honderd kronen (*Sunnenkronen*). Hij heeft geld kunnen lenen van Hervagius alias Herwagen, wat niet zo moeilijk was aangezien hij deze man niet veel eerder, zo rond 1545-1547, een grote dienst had bewezen door hem met zijn echtgenote te verzoenen: het paar was, zoals we gezien hebben, door een diep dal gegaan nadat Hervagius en de vrouw van zijn stiefzoon, Frobenius junior, een verhouding hadden gekregen. Thomas, genereus als altijd, had aangeboden te bemiddelen en was erin geslaagd de tijdelijk gescheiden echtelieden weer gelukkig met elkaar te herenigen.

Platters gulle aanbod levert hem trouwens geen profijt op. Hervagius toont zich jegens hem een strenge kredietverlener. En de grote drukkers uit Bazel, Frobenius, Episcopius en *tutti quanti*, worden woedend wanneer ze zien dat Platter partij trekt voor hun vroegere compagnon en vriend, en huidige vijand, Hervagius, die Frobenius junior op schandelijke wijze de hoorns had opgezet. Ze gaven onze man uit Wallis geen opdrachten meer, terwijl ze hem anders zeker voor tien jaar werk gegund zouden hebben, genoeg om gedurende een decennium drie drukpersen te laten draaien. Platter zou een rijk man geworden zijn (*ein richer gsell* – T 138). Maar omdat hij door hen in de steek gelaten was, moest hij uiteindelijk zijn zaak wel sluiten, of in het gunstigste geval de werktijden drastisch terugbrengen. Het was in elk geval een van de redenen (er waren er nog heel wat meer) die de memoirenschrijver in spe ertoe brachten de drukkerij langzamerhand op te geven, ten gunste van het onderwijs. De in de steek gelatene laat op zijn beurt in de steek. In zekere zin werd Platter verstoten uit het drukkersmilieu als gevolg van het schandaal rond Hervagius, dat door Thomas' bemoeienissen een schandaal rond Platter werd. Door van beroep te veranderen boog hij in feite een tegen hem uitgevaardigd decreet tot uitstoting om tot een daad uit vrije wil.

Gezien deze situatie wordt het een probleem wat te doen met de vordering van honderd kronen die Hervagius op Thomas heeft. Aangezien er van de schuldeiser niets te verwachten viel, ondanks Platters behulpzaamheid bij diens problemen, regelt Thomas het zo dat zijn schuld door Bebelius wordt overgenomen, een collega-drukker die hem wel vriendelijk is blijven bejegenen en die heel wat 'coulanter' is dan Hervagius. Anders gezegd: Bebelius heeft Hervagius het bedrag van de schuld betaald, zodat hijzelf de schuldeiser van Thomas wordt. En Bebelius bezat zelf niet eens een deel van het geld om dit genereuze gebaar mee te financieren. Maar wat doet dat ertoe! Zonder dralen leent hij de benodigde honderd kronen van Balthasar Han, de artistieke glasblazer uit Bazel, ooit leerling van Holbein, en een invloedrijk man in de stadsraad en in het gilde van de Hemel.[22] Deze Balthasar lijkt zijn mening over Thomas te delen met de meer verlichte geesten onder de Bazelse elite: 'Het is een goede vent. We moeten hem helpen.' De lijn van kredietverstrekkers houdt hier nog niet op: Han, die zelf ook niet over zo veel contanten beschikt, onttrekt het bedrag aan een som geld van zeshonderd kronen die bij hem in bewaring is gegeven door graaf Michel de Gruyère (uit Fribourg), die ondanks zijn wervende naam gewoonlijk zwaar in de schulden zat, maar bij deze gelegenheid gelukkig niet (T 137, 179).

Zo raken, in dit leensysteem van de oude stempel, het krediet van de stad en de bijwijlen in het niets oplossende schatten van de oude aristocratie met elkaar verweven. De circulerende schuld blijft echter op naam staan van de gehelvetiseerde Elzasser Bebelius, wiens ware naam Johann Bebel luidt. De schuld is enige tijd blijven staan, aangezien Bebelius – die helemaal geen rente vroeg – pas na 1550 kwam te overlijden. Wanneer zijn einde nadert laat de bedlegerige Bebelius Thomas bij zich roepen door Bonaventura von Brunn, een vriend van Balthasar Han en van de Platters; Brunn, toekomstig burgemeester, maakt deel uit van het gefortuneerde milieu van lakenfabrikanten, leerlooiers en slagers dat Thomas sinds de jaren 1540 op voet van gelijkheid behandelt; als immigrant uit Wallis wordt hij weliswaar getutoyeerd, maar men respecteert hem. Vanaf zijn sterfbed laat Bebel weten dat hij de schuld overdraagt aan iemand die minder clementie heeft dan hij, maar die wel fatsoenlijk is. Het gaat om... zijn schoonzoon, de drukker Isengrinius[23], die, anders dan zijn schoonvader, Platter verplicht niet alleen deze schuld terug te betalen, maar ook het bedrag, inclusief rente, van leningen die hij hem later af en toe nog verstrekt. Al met al niet zo prettig, maar evenmin rampzalig of uitbuiterig. Al staat Thomas van tijd tot tijd onder druk (*ubertriben*), deze degelijke, intelligente en ijverige man zal goede vriendschapsbanden blijven houden in de stad. Hij zal langzamerhand zijn schuld weten af te lossen, zodat er geen deurwaarder op zijn deur komt kloppen om beslag te leggen op zijn bed, zijn meelkist of zijn vaatwerk.

Als Thomas nu alleen maar financiële zorgen had gehad! Maar tot twee keer toe komt er een andere bezoekster bij hem binnenvallen, die zeker zo geducht is als de plaag van de geldnood. De pest, zij weer... Een eerste epidemie (T 128) duurde van augustus 1538 tot juni 1539. Margretlin II (1533-1539), de tweede dochter van Thomas en Anna, stierf in deze periode aan dezelfde ziekte als haar zusje Margretlin I (1530-1531) acht jaar daarvoor. Naast het drukken van boeken concentreerden Thomas' bezigheden zich in die tijd op het leiden van de kostschool; dankzij enkele tientallen leerlingen wist hij 'de eindjes aan elkaar te knopen'. Maar dan komt de pest; het is augustus 1538. Dit keer kunnen de jongelui niet naar huis worden gestuurd, ver weg in Wallis. Ze zouden er als dragers van ziektekiemen hebben rondgelopen, de ziekte om zich heen verspreidend. Met ongeveer veertig personen in totaal – het gezin Platter en de pensionairs – verblijven ze daarom gedurende een trimester, vanaf augustus tot laat in de herfst, circa twaalf kilometer buiten Bazel. Het tijdelijke logement bevindt zich in Liestal, een dorpje dat vroeger onder de bisschop ressorteerde (T 128). Het gezelschap woont akelig dicht bij het kerkhof, bij een herbergier, Ulrich Wentz, die vroeger leerlooier was en uit een familie komt die in de textielnijverheid werkt (F 54). Aangezien de groep Platter slechts één kamer bewoont laat het zich denken dat een deel van de leerlingen elders ondergebracht is. Felix, die twee is, slaapt nog af en toe in een wieg.

Uit de weinige woorden die eraan gewijd zijn komt duidelijk naar voren dat de dood van de kleine Margretlin II Platter en zijn vrouw diep bedroeft. Ingehouden spreekt Thomas over de dode als een lief kind (*lieb kind*), vrolijk, charmant (*hübsch kind*). Zestien weken na aanvang van de tijdelijke ballingschap vanwege de epidemie is Thomas terug in Bazel en hij pakt dadelijk zijn drukkerswerkzaamheden weer op... om ze enkele jaren later weer te reduceren vanwege de overstap naar het onderwijs. Maar ruim een decennium gaat voorbij, en een ander *lieb kind* zal in 1551 bezwijken onder de grote pestinvasies[24] in het midden van de eeuw, die rampzalig blijken uit te pakken voor Bazel; in de loop van de tijd worden ze wel wat milder, maar ze bestrijken toch nog bijna vier jaar (1550-1553). Het gaat om Ursula ofwel Urselin, de derde dochter van de Platters, de enige die ze nog hadden en de oudere zus van Felix.[25] Ze sterft op achttienjarige leeftijd (haar vader schrijft per abuis zestieneneenhalf). De dood van Ursula leidt tot het verbreken van een aantal relaties. Zeker, de buren van de Platters komen het meisje naar haar laatste rustplaats brengen. Maar de groep jonge kostschoolleerlingen verspreidt zich intussen als een zwerm mussen. Met de pest in de stad konden ze wel leven, maar de pest in het huis van hun baas, hospes en kostschoolmeester, dat was andere koek; hun bleef geen keus dan te vertrekken, en snel.

Aan het begin van het nieuwe schooljaar, in de herfst van 1551, kunnen ze weer terugkeren naar de gewone gang van zaken. De pest is teruggedrongen; ondanks het recente verlies heropent de school van Platter haar deuren. Het onderwijs daar neemt nu zijn definitieve vorm aan, en men kan zich voorstellen hoe de school van dat moment af aan over een periode van ruim dertig jaar zal blijven functioneren. Natuurlijk heeft Thomas een aanzienlijke onderwijskundige ervaring opgedaan. In 1531 was hij assistent op de school in Burg, het plaatselijk gymnasium zou je kunnen zeggen. De acht jaren daarna gaf hij Grieks in het propaedeutisch jaar aan het *paedagogium.* En vanaf 1544, en niet zozeer vanaf 1540 zoals Thomas abusievelijk vermeldt, waarschijnlijk omdat hij er niet van beschuldigd wil worden dat hij meer dan vier jaar (1540-1544) uit het onderwijs was geweest, zal Thomas weliswaar geen alleenheerser zijn maar wel sterk domineren in het voortgezet onderwijs in Bazel.

Op de school die hij voortaan leidt werkt hij met drie collega's onder zich. Het viertal verdeelt zijn talenten over vier klassen die elke dag vier uur les krijgen, twee uur 's morgens en twee uur 's middags. De lesuren worden onderbroken door studie-uren onder toezicht. Het programma omvat lezen en schrijven en Donatus in de eerste klas; Latijnse schrijvers en catechismus in de tweede; de bijbel, Cicero, grammatica, schone-taalleer en Griekse fabels van Aesopus in de derde klas; Ovidius, Terentius, vertalingen naar het Latijn, dialectiek, spraakkunst en muziek (het laatste in kleine doses) in de vierde en laatste klas. Het moet gezegd worden dat dit vierklassensysteem[26] van lager niveau en minder geperfectioneerd was vergeleken met het systeem van de jezuïeten van zes of zeven klassen: er viel dus nog het een en ander te verbeteren, los van het feit of men katholiek bleef of hervormd werd.

Het godsdienstonderwijs, dat onderbroken wordt door een intensieve kerkgang op zondag en maandag, wordt niet veronachtzaamd. De schrijvers die behandeld worden – Cicero, maar ook moderne latinisten zoals Erasmus en Castellio – zijn gekozen vanwege hun humanistische en tolerante inslag. Het fanatieke iconoclasme dat Thomas Platter in zijn jeugdig enthousiasme ooit propageerde, en waarop hij nu terugkijkt als een ultradogmatische, hysterische kinderziekte, ligt ver achter hem. De tijden zijn voorbij dat Thomas' godsdienstige overtuigingen hem oogkleppen opzetten, hem als het ware in een ideologisch cachot opsloten.

De leerlingen zijn tussen de zes en de vijftien jaar oud; binnen elke jaargroep kunnen de leeftijdsverschillen behoorlijk oplopen. De universiteit tracht een pietluttige controle uit te oefenen op Thomas' onderwijskundige initiatieven, maar die is verdraaglijk en makkelijk te omzeilen. Hoe dan ook, Platter wordt beschouwd als een van de meest degelijke, betrouwbare docenten voor leerlingen uit de Elzas, de omgeving van Bazel en Wallis, en alles bij elkaar genomen als een van de beste Noordhelvetische deskundigen op het gebied van voortgezet onderwijs. Zijn leerlingen komen wanneer ze hun diploma hebben behaald terecht in het beroepsleven, de handwerksnijverheid, de handel, ofwel ze wijden zich nog een aantal jaren aan een voortgezette studie aan de universiteit. Een deel van de klasse van ambtsdragers in Bazel is gevormd door Thomas Platter, of het nu gaat om geestelijken, docenten, juristen of professionele of semi-professionele bestuurders in de plaatselijke en regionale politiek.[27] Geheel volgens verwachting dragen zijn vroegere leerlingen hem op handen. Eenmaal teruggekeerd naar hun geboortegrond zijn ze hem geheel toegewijd: Platter heeft overal vrienden.

Zonder de buitengewone bijdrage van zijn vrouw, trouw kameraad en onvermoeibaar, zou Thomas Platters succes in zijn vriendschappen en in zijn beroep, of in zijn vriendschappen vanwege zijn beroep, onverklaarbaar zijn. De ontwortelde man uit Wallis heeft een groot deel van zijn successen aan haar te danken, zeker waar het het beheer betreft van de onderwijsinstelling die Platter wijd en zijd befaamd maakt. Zij zorgt voor de keuken en de gemeenschappelijke tafel voor de talrijke leerlingen van het pensionaat wier financiële bijdragen het de schooldirecteur mogelijk maken rond te komen. En op 20 februari 1572, de nog ver in de toekomst liggende sterfdag van Anna, zal het Thomas noch Felix ontbreken aan herinneringen aan 'het huismoedertje' (*hussmutterlin*)[28] dat zovele jaren een plaats innam in het bed van de eerste en de kindertijd en de jeugd van de tweede. Bourgeois van origine, adellijk zelfs, maar weeskind en dus klasseloos, was Anna eerst gedurende zeven jaar dienstmaagd geweest bij Myconius. Het verstandshuwelijk dat de goede meester gearrangeerd had tussen haar en Platter groeide – niet zonder echtelijke twisten over geldkwesties – uit tot een diepe wederzijdse genegenheid en bij Thomas (getuige zijn brieven aan Felix) zelfs tot ware huwelijksliefde en een stoïcijnse houding tegenover de slechte buien van zijn vrouw ('wat wil je, ze heeft zo hard gewerkt, ze is ouder geworden en ze is een vrouw', schreef Platter filosofisch aan zijn zoon in 1553).[29] Ondanks het feit dat ze voortdurend moet hoesten, tandeloos is en ongeletterd, in 1564 zes zeer pijnlijke pestbuilen heeft, onvermoeibaar bezig is met de drukkerij of met de spinstok waarmee ze katoendraad maakt die ze verkoopt om wat zakgeld te verdienen, raakt Anna Dietschi-Platter haar gevoel voor humor in al die jaren in Bazel niet kwijt, en kan ze nog helemaal weg zijn van het verleidelijke sikje van een van haar zuidelijke kostgangers, zonder dat dit consequenties heeft.

Later, nog steeds ongeletterd, zal ze brieven dicteren die aan haar zoon Felix gericht zijn, die inmiddels in Montpellier studeert (1552-1557); het ontbreekt haar soms aan inspiratie, maar ze getuigen altijd van haar moederliefde. Ze is echter welbespraakt genoeg wanneer ze Felix schriftelijk wil laten weten dat hij niet verliefd moet worden op een Française (zijn Duitstalige verloofde Madlen wacht op hem in Bazel) en ook om hem te smeken geen schulden te maken. De enorme schuldenlast van Platter senior, ontstaan door de aankoop van grond en huizen, baarde deze dame al meer dan genoeg zorgen. Ambitieus waar het de carrière van haar zoon aangaat (die schitterend zal zijn), zal ze later uit Montpellier een blijk van dankbaarheid en cadeaus ontvangen via de post, of liever, degene die als postbode fungeert. Zo ontvangt ze in 1555 een kist met vijf dozijn sinaasappels. De terugkeer van Felix in Bazel in 1557, en vervolgens, nog in hetzelfde jaar, de verloving van de jongen met een jong meisje waarop Anna zeer gesteld is, brengen haar ook grote vreugde. Wanneer Anna in de vijftig is, nog steeds actief, maar mager en uitgeteerd, zingt ze echter nog alsof ze twintig is, *ac si viginti esset annorum*.[30] Een jaar na de promotie van haar zoon tot hoogleraar in de geneeskunde zal ze, in 1572, sterven.

Zoals we al zeiden, de herfst van 1551 betekent een terugkeer naar de gewone gang van zaken: de pest is niet verdwenen, maar ze woedt niet meer zo hevig. Felix begint in dit seizoen aan een korte universitaire propaedeuse in zijn geboortestad. Het eventuele vertrek van de adolescent naar de school voor geneeskunde in Montpellier zal voortaan nooit meer ver uit de gedachten van de Platters zijn, zo hevig zijn de ambities van vader en zoon om Aesculaap te gaan dienen.

Dankzij allerlei ingenieuze plannen zullen de in het verschiet liggende vestiging van de jongeman in de hoofdstad van de Languedoc en het zoeken naar een studentenkamer hun beslag krijgen. In die tijd was dat heel gebruikelijk wanneer een familie niet over de middelen beschikte om het hoger onderwijs te bekostigen van een zoon die voor lange tijd ver van huis was. Laten we de achtergrond van Felix' (F 128) op handen zijnde verhuizing eens analyseren. Friedrich Ryhiner, de zoon van een griffier in Bazel, en vriend (weldra bondgenoot) van de Platters, studeert in Montpellier, waar de apotheker Laurent Catalan hem huisvest, terwijl in ruil daarvoor Jacques Catalan, de zoon van Laurent, in Bazel verblijft bij vader Ryhiner. Maar Ryhiner junior, die tussen twee haakjes steeds meer op Frankrijk gericht raakt (hij wordt later kolonel onder Hendrik III), vertrekt naar Parijs. Zal zijn plaats in Montpellier bij Catalan senior onbezet blijven? Geenszins. Want Jacques Meier, de zoon van een functionaris in Straatsburg (F 128), zal zich bij hem installeren... in ruil voor Jacques Catalan, die meteen van Bazel naar Straatsburg verhuist. Bovendien is Gilbert Catalan, de broer van Jacques en zoon van Laurent, ook in Straatsburg gearriveerd in ruil voor Hans von Odratzheim (de zoon van een Straatsburger raadslid) die een paar jaar als leerling-pillendraaier bij vader Catalan in de leer zal gaan. Er zijn dus twee zonen Catalan in Straatsburg en twee Straatsburgers in de apothekerswerkplaats in Montpellier: de balans is in evenwicht.

Maar dan keert de jonge Odratzheim terug naar de Elzas en er valt opnieuw een open plek. Deze zal door Felix Platter worden ingenomen, die niet veel later uit Bazel vertrekt, richting Montpellier. Gilbert Catalan heeft in deze situatie geen recht meer op zijn plaats in Straatsburg, aangezien het evenwicht in de uitwisseling tussen de Elzas en de Languedoc verstoord is. Gilbert gaat dus van Straatsburg naar Bazel, waar hij de 'niche' die ontstaan is door het vertrek van Felix naar Bazel zal opvullen. De balans klopt zo weer; Catalan senior zal nu een Straatsburger, Meier, en een Bazeler, de jonge Platter, onder zijn hoede hebben. De beide zoons Catalan, Jacques en Gilbert, hebben een plaats in Straatsburg en een in Bazel. Een zekere Heinrich Wulff, een Duitse arts die vroeger in Montpellier heeft gestudeerd, is degene die deze constructie, waarin de jongemannen als betalingen per postwissel met elkaar van plaats ruilen, mogelijk heeft gemaakt.

Deel drie

IN OCCITANIË

(1552-1556)

Hoofdstuk 5

Afreizen naar Montpellier

... Rest hen deze uitwisseling te verwezenlijken. Tegen het eind van de zomer van 1552 begint men met de toebereidselen voor het vertrek van Felix: de jongeman (nog maar net zestien) zal van de gelegenheid gebruik maken dat er ieder jaar vele Lyonese kooplieden terugkeren van de beurs in Frankfurt. Men zal een van degenen die over Bazel terugreizen vragen om Felix tot Lyon te begeleiden. En voor het vervolg zal men iemand anders zoeken, zodat de jongen niet alleen reist op het laatste traject, van waar de Saône en de Rhône elkaar ontmoeten tot aan Montpellier. Want onze student in spe heeft nog niet de leeftijd om zonder enige begeleiding een dergelijke reis te ondernemen. Het komt dan ook heel goed uit dat de Elzasser Thomas Schöpflin, die net als vader Platter in het onderwijs zit (muziek) maar aanzienlijk jonger is, eveneens een reis naar het zuiden wil ondernemen. Deze vroegere schoolmeester uit Bazel is bevriend met de Platters en heeft hen harmonieleer bijgebracht. Hij zal in dezelfde periode als zoon Platter in Montpellier studeren, en zich daarna als arts in Colmar en in Zwitserland (F 73, 129) vestigen. Schöpflin is een goed voorbeeld van hoe het beroep van onderwijzer een springplank naar een ander beroep kan zijn... naar een beroep dat nog meer aanzien geniet, dat van arts bijvoorbeeld. Thomas Platter, die te laag gestart was, had deze sprong net niet meer kunnen maken. Schöpflin zal daar dus wel in slagen. Deze zelfde persoon heeft ook bepaalde connecties met Zwitserland, de Languedoc en de Elzas, een combinatie die we in Felix' levensloop vaker zullen tegenkomen.

Rest het de Platters hun zoon voor de reis van het nodige te voorzien en een paard voor hem te zoeken: voor zeven kronen vindt Thomas een klein rijpaardje (*rösslin*). De loop der gebeurtenissen zal tonen dat het bijna net zo gevoelig is als zijn nieuwe, jonge meester. Maar de Lyonees die bereid zou zijn als gids en mentor voor Felix op te treden gedurende diens omzwervingen door Frankrijk moet nog gevonden worden. Deze hypothetische persoon laat op zich wachten. Een zekere Bering, drukker in Lyon, van wie men hoopte dat hij langs zou komen, komt niet opdagen. Is het uit angst voor de pest, die nog steeds af en toe de kop opsteekt in de omgeving van Bazel (F 129)? Gezien de omstandigheden moet men genoegen nemen met de gedistingeerde Robert, (jurist?) uit Parijs. Deze verklaart zich bereid samen met de student het traject af te leggen tot Genève, het doel van zijn eigen reis. Daarna zouden ze wel verder zien. Overigens, het idee van Genève bevalt de vader van Felix wel: een jaar eerder, toen de pest weer eens in de buurt van Bazel huishield, dacht hij er al over zijn zoon ergens veilig onder te brengen, hetzij in Genève, hetzij in Zürich.

In 1552 kwam de pest inderdaad terug, ook in de stad, al was het op bescheiden schaal. Ze moesten een besluit nemen. Vertrekken. Op 9 oktober worden zijn spullen ingepakt; zo min mogelijk. Hij zou tenslotte alles moeten dragen, al was het op de rug van een paard, dus het moest niet te zwaar worden. De vader (en niet de moeder zoals men licht had kunnen denken) maakte de bundel klaar voor Felix: twee hemden en een paar zakdoeken, ingepakt in wasdoek. Thomas gaf Felix, met pijn in het hart, een écu en zeven kronen mee, waarvan drie van goud; een deel ervan werd ingenaaid in de kleding van de jongen. Van zijn moeder kreeg hij slechts één kroon en uit dit verschil blijkt dat zij minder te zeggen had over de gezamenlijke financiën. Thomas, de krent, onderstreepte nog eens dat hij hem het geld tot op de laatste sou geleend had, ook dat voor het paard. Felix, die dat vaker gehoord had, hield het zich voor gezegd. 'Werk, geef je de moeite...' Nog één keer het oude liedje, dat de toegesprokene overigens serieus nam. Voor de avond van 9 oktober 1552 had Thomas de chirurgijn Franz Jeckelmann (en zijn zoon) voor het souper uitgenodigd. Er was nog altijd sprake van dat dochter Jeckelmann zou worden uitgehuwelijkt aan Felix. De maaltijd – konijn en kwartel – verliep in een vrolijke sfeer. Een diner van jagers. De toespelingen op het komende huwelijk vlogen over de tafel en iedereen deed alsof hij het niet begreep. Om negen uur moest Franz de bescheiden smulpartij verlaten. Hij werd opgehaald om een pestlijder, Batt Meier, die in de hele stad als een losbol bekendstond (F 131), te aderlaten. Niemand zei iets over de kalme moed van Franz, snijder in besmettelijke builen. Hij deed gewoon zijn plicht.

In de ochtend van 10 oktober kwamen er twee ruiters aan bij het ouderlijk huis: het waren Thomas Schöpflin en de Parijzenaar Robert, die Felix de eerste etappes van het traject zouden vergezellen. Frau Anna Platter, die de vorige avond nog zo vrolijk was, huilde. Zou ze haar zoon ooit terugzien? En bovendien had deze vrouw, ofschoon ze niet aan politiek deed, angst, zoals vele andere inwoners van Bazel: keizer Karel V trok in die tijd met een leger van minstens zestigduizend man op naar Metz; hij wilde de Lotharingse stad heroveren op de Franse koning Hendrik II en op de troepen van François de Guise. Zou het keizerlijke leger, als het daarin slaagde, niet overgaan tot het innemen en verwoesten van Bazel? Dat was wat Anna Dietschi-Platter vreesde, maar gelukkig werd haar angst niet bewaarheid, vanwege de uiteindelijke nederlaag van de belegeraars. Wij raken hiermee echter aan een wezenlijk aspect van de francofilie van de Platters en de Bazelers. Hendrik II, zo katholiek als hij was, en uitsluitend vanwege zijn allianties met de protestantse Duitse vorsten, was een zeer presentabele bondgenoot voor de Zwitsers tegen het Heilige Roomse Rijk. Deze latente francofilie is een van de onderliggende redenen voor het vertrek van Felix naar de universiteit van Montpellier, die een van de allerbeste medische opleidingen in het Welschse gebied bood.

De jongeman restte niets meer dan zijn paard te bestijgen (waarbij de sporen hem door zijn gebrek aan ervaring zodanig hinderden dat ze hem beentje lichtten en van een trap lieten rollen). De eerste etappe, of halve etappe, voerde de reiziger en zijn metgezellen tot Liestal, een stadje waar de Platters een paar jaar eerder Calvijn hadden ontmoet. (De plaatselijke herbergier, wiens zoon in Bazel studeerde, offreerde de drie reizigers een gratis maaltijd.) Het was ook in Liestal dat Thomas afscheid nam van zijn zoon, waarbij hij zijn tranen maar net wist te bedwingen. De emotie snoerde zijn keel dicht. Bij Felix maakte op dat moment een verwachtingsvolle vrolijkheid plaats voor een lichte weemoed. Maar Platter junior deed er heel verstandig aan om enige afstand te creëren tussen zijn geboortestad en zijn dierbare persoontje: op de dag van zijn vertrek moest de knecht van zijn reisgezel Schöpflin evenals de dienstmeid van zijn vader Thomas, die Anna Oswald heette, vanwege de pest het bed houden. De Freie Strasse, de straat waar de familie Platter woonde, werd opnieuw een haard van pestbuilen. Anna Oswald zou gelukkig, net als alle andere keren dat ze door de ziekte getroffen werd, herstellen (F 131, 132). Felix vernam deze berichten trouwens pas veel later, uit een brief van zijn vader. Op 10 oktober, na nog een aantal kilometers te hebben afgelegd en een val van het paard zonder ernstige gevolgen, overnachtten Platter junior en de anderen in een herberg in het dorp Langenbruck (F 132).

De volgende etappe voerde de reizigers naar de 'grote' stad Solothurn: middagmaal in herberg De Leeuw, te midden van de jaarlijkse kermisdrukte. Schöpflin, die heel goed luit kon spelen, waagde zich nu aan het kerkorgel, met de toestemming van Meester Georgius, de officiële organist. 's Middags kwamen ze langs de abdij van Frauenbrunnen, die vanwege de reformatie al bijna een kwart eeuw aan het beheer van de kerk onttrokken was. De eerste toeristische notitie: in de schemering ontcijfert Felix met moeite de middeleeuwse inscriptie bovenin een stenen pilaar, die ten behoeve van de passanten de nederlaag van een Engels leger in 1375 vereeuwigt. De jongeman werd erdoor getroffen: hij tekende – iets wat hij zelden deed – deze zuil na in zijn reisjournaal. Het is in de memoires van de arts in spe de eerste verwijzing naar de tamelijk recente geschiedenis (hier de veertiende eeuw). Een alleenstaande middeleeuwse notitie, in het broddelwerk van opeenvolgende indrukken dat het *Tagebuch* van de reiziger nu is. De rit van die elfde oktober eindigde na het invallen van de duisternis in een rokerige herberg met een grove boerenclientèle, vlak bij slot Jegenstorf (F 133). Het was nog maar één mijl naar Bern. 12 oktober. Aankomst in deze stad, gastronomisch bezoek aan herberg De Valk, ronde langs – protestants geworden – kerken, inspectie van de stadswallen en de berenkuil. De middag verliep alleraardigst: Felix dronk overvloedig bij een heldere bron die ze passeerden en reisde een stukje samen met een pasgetrouwde jongedame, wier benen hij te zien kreeg doordat zij van haar paard viel. Zij overnachtten in Fribourg, in Welschs gebied, tegenwoordig zouden we Romaans- of zelfs Franstalig gebied zeggen. Het passeren van de taalgrens maakte grote indruk op Platter, meer nog dan de benen van de jonge bruid. Men liet hem slapen op zijn Frans; vandaag de dag weten we wat dat wil zeggen. Fransen slapen in bedden die met lakens en dekens zijn opgemaakt. Duitsers niet. Psychoanalytici hebben bladzijden volgeschreven over het warme inwikkelen in lakens en dekens in de Latijnse landen. Hoe zat dat in de zestiende eeuw?

Hier komt het beeld naar voren van een van de dramatische (?) delen van de reis; het roept herinneringen op aan de criminaliteit waaronder de jonge Thomas Platter had geleden toen hij in de eerste decennia van de eeuw door Duitsland zwierf. De dag van de dertiende oktober begon al slecht: de hele ochtend regen. Na een forse rit droogden de reizigers zich bij herberg De Leeuw in Romont en gebruikten daar tevens de maaltijd. De middag was nog erger: nog meer regen. Schöpflin dwaalde af en het kostte de anderen heel wat tijd voor ze hem terugvonden; vervolgens verdwaalde de groep zelf midden in een woud waar rovers zich schuilhielden. Het trio stuitte op ongastvrije dorpelingen en belandde uiteindelijk in een rode herberg, in een plaatsje dat Mézières heette en waar boeren en schooiers zich een stuk in hun kraag dronken met zure wijn waarbij ze kastanjes en roggebrood aten. Een onrustige nacht. De landlopers, berstensvol, snurkten voor het vuur, dat uitging. De drie reizigers uit Bazel lagen nog geruime tijd wakker naast hun ontblote zwaarden (de eerste toespeling op de wapens waar Felix tijdens zijn tocht van Zwitserland naar Frankrijk over beschikt).

Drie uur voordat de dag aanbreekt maken zoon Platter en zijn metgezellen zich met hun reeds afgematte rijdieren uit de voeten. Ze nemen de weg naar het bos, uit voorzichtigheid met een paar omtrekkende bewegingen, gegidst door de jonge dorpeling die hen de avond tevoren naar die vreselijke herberg geloodst had. Deze gids, van wiens hulp zij zich middels een overvloedige fooi verzekerd hadden, bracht hen tot de weg naar Lausanne, dat zij zonder verdere problemen bereikten. In de plaatselijke herberg werden zij gelukgewenst met het feit dat ze het er levend van afgebracht hadden. Het woud van Jorat had een uitermate slechte reputatie. Het was zeer aannemelijk, gezien de verhalen die de ronde deden, dat de schurken in wiens gezelschap ze een deel van de nacht hadden doorgebracht hen overvallen of zelfs vermoord zouden hebben, ware het niet dat de bandieten in hun alcoholische slaap gedompeld waren. De tocht van Duits- naar Franstalig Zwitserland was, dat moest eerlijkheidshalve gezegd worden, niet bepaald veilig... Enige tijd later werd de aanvoerder van de rondzwervende bende in Bern geradbraakt nadat hij velerlei misdaden bekend had, waaronder de boze opzet studenten te vermoorden in de herberg van Jorat die door een verdachte herbergierster gedreven werd. Was Felix daaraan ontsnapt? Of overdreef hij het gevaar om indruk te maken op eventuele lezers?

Lausanne was in die tijd[1] een vrij groot, tamelijk landelijk dorp met zesduizend inwoners, ingeklemd tussen de wijngaarden langs het meer van Genève en, meer naar het noorden, het woud van Jorat, dat zo rijk aan bandieten was. Sinds 1536 had het gezag van Bern dat van Savoye en de bisschop verdrongen. Het protestantisme op zijn Duits, met de Franstalige liturgie, voerde de boventoon in Lausanne. In plaats van de twaalf heiligdommen van vroeger, waren er nu nog slechts twee, 'ontroomst' en stevig in handen van de nieuwe cultus. De Berner overheid, in de persoon van een baljuw die werd bijgestaan door plaatselijke medewerkers, functioneerde naast een 'burgemeester' en een raad die min of meer voortkwam uit de plaatselijke elite. Een protestantse academie, voornamelijk bedoeld om dominees op te leiden en met een capaciteit van zo'n zevenhonderd studenten (veel voor zo'n kleine plaats), draaide op volle toeren, ofschoon zij in 1559 *de facto* naar Genève moest verhuizen. Deze verhuizing moest ervoor zorgen dat de opleiding, die de hugenoten zo vrijelijk openstelden voor jonge mannen, een wat meer Welsch karakter zou behouden.

Felix Platter was daar in het land van kennis en vriendschap, zowel politiek als religieus gezien, zij het niet op taalkundig gebied. Maar hij zou slechts enkele uren in Lausanne blijven, op 14 oktober, voor een eenvoudig middagmaal.

Bij het naderen van Genève[2], vanuit het oosten, kon het haast niet anders of Felix werd getroffen door het zicht op de massieve vestingmuren en bastions die tussen 1530 en 1540 waren opgetrokken. De woonwijken die onderaan de stadsmuren lagen had men volledig met de grond gelijkgemaakt, voor de veiligheid. Dat betekende dat er zeventienhonderd mensen onder dak gebracht moesten worden, wat de woningnood in de stad *intra muros* nog veel groter maakte. Deze voorzorgsmaatregelen waren met name tegen de Savooiaarden gericht. Tussen 1513 en 1532 had Genève zich namelijk losgemaakt van haar bisschop en van de hertogen van Savoye. Daarna, vanaf 1532, hadden de predikingen van Farel en de zwaarvallende voogdij van Bern, een bondgenoot die bitter nodig was, de politieke emancipatie getransformeerd tot een godsdienstige breuk. Sedert de jaren 1535-1536 werd de mis 'eindelijk' niet meer gevierd en de inwoners van Genève, of degenen die uit hun naam spraken, besloten te leven onder de wet van het evangelie, in navolging van de hervorming in Bern. Het Franse element speelt er een belangrijke rol in: vanaf 1536 verbindt Calvijn, met ups en downs, met perioden van verbanning en van aanwezigheid, zijn lot aan dat van de stad. Kort na Felix' bezoek zal de calvinistische overheersing een pijnlijk hoogtepunt kennen in de terechtstelling van Michel Servet, schuldig bevonden aan ultraprotestants extremisme: Calvijn was er helemaal niet van gediend links voorbijgestreefd te worden. De stadsbevolking groeide snel in die tijd, vanwege de toevloed van hugenoten die Frankrijk ontvlucht waren of Italië, of – gedurende een korte periode – Engeland. Genève, dat in 1550 vijftienduizend zielen telde (net zoveel als Montpellier in die tijd), groeide in 1560 tot ruim tweeëntwintigduizend inwoners. Men bouwde nieuwe verdiepingen op de huizen, verdubbelde ze; men bouwde zelfs de binnenplaatsen vol. Bij ontstentenis van katholieke geestelijken trouwden en doopten de dominees zoveel ze konden. De reformatie bewoog de plaatselijke autoriteiten tot het oprichten van corporaties voor ambachtslieden, gildes naar Rijnlands model, en het aanstellen van tarwepolitie, net als in Lyon; tot dan toe had men een zekere vrijheid voorgestaan in de produktie en distributie van tarwe. De boekdrukkunst, voor de hugenootse propaganda, maakte een grote ontwikkeling door. De boeken van Calvijn waren voor velen een bron van inspiratie en werden bestsellers. De zijdebewerking, de uurwerkindustrie en het verfraaien van boekbanden met de verguldpers kenden een eerste bloei of anders een eenvoudig begin onder de hoede van geschoolde ambachtslieden, met name Italianen waar het de zijde betrof. Het scheepsverkeer dat zorgde voor het transport van hout en wijnen naar de haven van Genève bracht leven op de noord- en westoevers van het meer van Genève.

Het Savooise patois bleef levend, als reactie op de vele vreemdelingen uit het westen en uit ressentiment jegens de vroegere meesters uit Savoye; zowel de eersten als de laatsten spraken Frans, uit gewoonte, van kindsbeen af aan, of uit snobisme, al naar gelang. In Genève had Felix de eer Calvijn te ontmoeten, met wie hij zich in het Latijn kon onderhouden, want hij begreep geen stom woord van het Frans van de preek die deze grote man voor een talrijk gehoor hield. De grote leider van de Franse 'ketters' bezorgde onze student een reisgezel in de persoon van Michel Héroard, een chirurgijn uit Montpellier, later de vader van Jean Héroard, die lijfarts van Lodewijk XIII zou worden. Een Parijse boekhandelaar, Dupuys, die enige jaren daarvoor nog boeken uit het fonds van Thomas Platter had aangekocht, zou zich ook aansluiten bij het gezelschap dat op 17 oktober de weg langs de Rhône en naar Montpellier nam. Felix zou Frans moeten spreken, of liever: Latijn. Hij had zich intussen van ballast ontdaan: hij had zijn haar laten knippen, dat hij naar de plaatselijke mode in Bazel tot dan toe lang had gedragen; nu volgde hij de mode van de korte lokken, gebruikelijk in de steden van het Heilige Roomse Rijk, ja, zelfs in Frankrijk, maar nog niet in het Zwitserse Rijnland. De prijs voor het laten verwijderen van deze beschermende haardos was een verkoudheid: de jonge Zwitser zou een paar dagen veel hinder ondervinden van een lopende neus.

Toen ze in de middag van 17 oktober uit Genève vertrokken, waren ze met zijn vijven: Felix, Schöpflin, Héroard en zijn knecht, en ten slotte de boekhandelaar Dupuys. De route liep bijna rechtstreeks naar Lyon, over Collonges en Nantua, waarbij ze de Rhône voorlopig aan de linkerhand hielden. Het oponthoud in Collonges stond voor Felix in het teken van een nachtelijke diarree; hij bevuilde het balkon rondom de eerste etage en de onderliggende, net gewitte muren van de herberg waar ze waren neergestreken. Felix zal er later plezier in scheppen dergelijke intieme herinneringen op te halen. Wat was de herbergier boos! Ze gaven de schuld aan de knecht van Héroard, die in alle vroegte naar Nantua was vertrokken om onderdak voor de volgende nacht te regelen. De blaam treft altijd afwezigen.

Op 18 oktober ging men op weg, of liever gezegd, op de slechte paden die via Nantua van Collonges naar Cerdon leiden. Paden in beekbeddingen; vele molens maakten gebruik van deze waterlopen met verval. Voor de eerste keer vermeldt Felix gehangenen aan de rand van een klein stadje in deze regio; er hangen er zo veel dat hij er tot zijn grote schrik in het donker bijna tegen een aanstoot. Is het een typisch Frans verschijnsel, die verhangingen zo openlijk vlak buiten de stad? In vergelijking daarmee is men in de Duitse wereld wat dit aangaat minder exhibitionistisch.

Het betreden van de ex-staat van Savoye, in het meest noordelijke deel, betekent, wie zou het geloofd hebben, contact met 'Frans' territorium, zij het van recente datum. Het hertogdom Savoye was in 1536 met geweld geannexeerd door Frans I: de dood van Francesco Sforza, in 1535, die Milanees grondgebied bezat waar de koning van Frankrijk zijn welgevallig oog op had laten rusten, bracht deze laatste ertoe de Alpen over te steken om zo mogelijk de grote stad in de Po-vlakte in te nemen; vanwege de geografische omstandigheden moest hij daarbij wel heenwalsen over de legitieme vorst van de Alpenstaat, Karel III van Savoye. De Fransen voelden zich gesteund door de alliantie met Bern. Een eeuwigdurend verbond van Zijne Zeer Christelijke Majesteit met de protestantse facties tegen Karel V, tegen de Habsburgers.

De troepen uit Bern waren in 1536 opgerukt naar Genève. Zij dekten zo de 'noordflank' van de Franse invasie. Zeventien jaar later, in 1552, bijna gelijktijdig met het bezoek van Felix aan het Rhônegebied en de Languedoc, zal door de overwinningen van de Franse troepen van de hertog van Guise op de keizerlijke belegeraars van Metz de controle van Hendrik II over het niet meer bestaande hertogdom van de verbannen Karel III nog groter worden. En dit des te meer doordat de Franse intendanten, die geenszins uit waren op buitensluiting, zich hadden weten te verzoenen met de plaatselijke bevolking door hun oude vertegenwoordigende instelling (de statenvergadering) in stand te houden; door haar ook een spiksplinternieuw gerechtshof te geven, gezeteld in Chambéry en toegewijd aan de gezagsdragers die uit de Seine of de Loire waren gekomen. Een gerechtshof dat hooguit de handvol protestanten in die streek koeioneerde. Genoeg om de in deze bergen almachtige katholieke geestelijkheid dolblij te maken en nog meer genegen met het bezettende Frankrijk te collaboreren.[3] De linkerhand van Hendrik II, bondgenoot van de Duits-Zwitserse 'ketters', wist op deze manier niet wat zijn rechterhand deed, die zonder scrupules Savooise hugenoten op de brandstapel gooide. In het verfranste Savoye, sinds de jaren 1540 een bolwerk van de contrareformatie, ging het goed met de bevolkingsaanwas; het leger van de Valois had, in tegenstelling tot heel wat andere binnendringende legers, niets gedaan wat de ontwikkeling van de bevolking in het gedrang had kunnen brengen. Sinds het begin van de eeuw was de bevolking op het platteland met de helft toegenomen en in de steden zelfs verdubbeld. Zoals zo vaak in die tijd ging de bevolkingsgroei wel gepaard met grote armoede: geheel volgens de klassieke malthusiaanse theorie hield de groei van de economie, met name van de landbouw (*a fortiori* van de plattelandsindustrie, die in Savoye niet zeer ontwikkeld was), geen gelijke tred met de aanwas van de bevolking. Vele landbouwbedrijfjes beschikten zelfs niet over een koe, en velen die tot bittere armoede waren vervallen migreerden van het platteland naar de steden, met name Lyon.

De demografische groei is ondanks alles in velerlei opzicht een teken van de levenskracht van de renaissance in Savoye. In dit gebied zal men pas weer eenzelfde ontwikkeling kennen in... de negentiende eeuw! De Fransen, die alleen maar profiteerden van de dynamiek en de daadkracht van de inheemse bevolking, deden het land geen kwaad tijdens de kwart eeuw dat ze hun aanwezigheid deden gelden, in afwachting van hun abrupte vertrek: in 1559 zal vrijwel het hele voormalige hertogdom op legale wijze worden teruggegeven aan de jonge Emmanuel-Philibert. Deze briljante generaal, commandant van de Spaanse troepen, had het leger van Hendrik II en diens botte opperbevelhebber, Anne de Montmorency, in 1557 verslagen in de buurt van Saint-Quentin. Emmanuel-Philibert is niemand anders dan de natuurlijke erfgenaam van de vroegere hertogen die tot 1536 over Savoye heersten. Maar in 1559, vlak voor de grote godsdienstoorlogen, zal Platter junior alweer enkele seizoenen terug zijn in zijn geboortestad Bazel. Hij zal het stof van het roomse Savoye, waarvan het hem weinig deert of het koninklijk dan wel hertogelijk is, dan al lang hebben afgeschud van zijn schoenen, die van een groot reiziger die eindelijk gesetteld is.

In Nantua baart het voorbijgaan van Felix, in het begin van de jaren 1550, heel wat minder opzien dan dat van Frans I. Zeventien jaar eerder had de koning, komend uit La Bresse, hier halt gehouden en onderdak gevonden in het klooster of de plaatselijke priorij.[4] De twee achtereenvolgende priors van het klooster, François en Pierre du Breul, bleven in hun hart op de hand van Savoye. *In situ* verzetten zij zich succesvol tegen de overheidsdienaren van de Valoisvorst, die waren afgevaardigd door Louis de Lorraine, kardinaal De Guise, nauw bevriend met de koning van Frankrijk en (in theorie) begunstigde van de prebende van Nantua. Pierre du Breul had zijn onuitgesproken devies niet gewijzigd: uit Nantua geen monnik, geen sou voor de geestelijkheid van het grote naburige koninkrijk.[5] De stad, aan een visrijk meertje (op de lokale wapenschilden staat een zilverkleurige forel op een veld van sinopel), was zo gelegen dat iedereen die uit Duitsland, Zwitserland of Italië naar Lyon wilde erlangs kwam. Omdat messingdraad hier gemakkelijk geïmporteerd kon worden had de stad zich gespecialiseerd in de vervaardiging van spelden, die naar het zuiden werden geëxporteerd. Verder stroomafwaarts zou Felix dan ook de zwaarbeladen muilezels van de speldenfabriek passeren; zonder zich daarvan bewust te zijn zou hij eveneens vlak langs de grote transportroute voor de Franse karren komen, die even ten noorden van Nantua liep. Maar de route van de jongeman, die onbetwistbaar naar het zuiden voerde, is voor wagens onbegaanbaar; de smalle, hobbelige paden zijn alleen geschikt voor lastdieren, zoals Platters paard.

Woensdag 19 oktober 1552: langzaam vordert Felix via Savoye, bezet gebied onder Frans bestuur, richting koninkrijk. 's Ochtends zijn de reizigers door een bergachtig gebied en door een kastanjebos getrokken. Kastanjes bevatten koolhydraten, heel belangrijk in een streek die zo geaccidenteerd is dat graangewassen, doorgaans de belangrijkste leverancier van koolhydraten, niet dezelfde vrijwel ongelimiteerde verspreiding kennen als in de vlaktes van de Saône en de Seine. Zo kan Felix alvast voorzichtig wennen aan de uitgestrekte gebieden met kastanjebossen in Zuid-Frankrijk, die Olivier de Serres[6] enige tijd later niet ver daarvandaan voor zich zal zien in 'de Dauphiné, de Haut-Provence, een deel van de Languedoc zoals Vivarais, Gévaudan, de Velay. Tevens op verschillende plaatsen in de Auvergne, de Limousin, Périgord, de Guyenne, Gascogne...' Kortom: de Alpen, het Centraal Massief en het zuiden van de Jura... Tussen de middag, nadat ze het 'broodbomenbos' verlaten hebben, gebruiken de reizigers de middagmaaltijd in Saint-Maurice-de-Béynost[7], in herberg De Kardinaalshoed. Ze bevinden zich nu in het gebied dat onder de invloed staat van de grote Italiaanse bankiers in Lyon, die zich niet te goed voelen om hun woekeraarspraktijken uit te breiden tot in deze afgelegen streek rondom Saint-Maurice.[8] 's Avonds, na de volgende etappe, overnachten Platter en zijn vrienden in een gehucht in herberg De Kroon bij een dronken Duitse herbergier.

Ondanks deze Germaanse toets zijn ze nu echt in Frankrijk, in het koninkrijk van de Valois, waar sinds ruim zes jaar Hendrik II regeert. Een koninkrijk dat, op het oog tenminste, in 'topvorm' is: sinds de honderdjarige oorlog is het nog niet zo dichtbevolkt geweest. Rond 1552 telt het ongeveer twintig miljoen zielen, dat wil zeggen, in het gebied dat binnen de huidige grenzen van Frankrijk zou vallen; ongeveer zestien of zeventien miljoen mensen binnen de grenzen van het toenmalige Franse grondgebied. De oorlogen die 's lands vorsten sinds 1494 hebben gevoerd hebben in wezen alleen de naburige naties beroerd; het Franse grondgebied bleef *grosso modo* een veilig toevluchtsoord. In dergelijke omstandigheden is de landbouwproduktie, die gebaat is bij een lange periode van binnenlandse vrede en regionale ontwikkeling, voldoende om de massa onderdanen van Hendrik II te voeden, met uitzondering van één jaar van buitengewoon grote schaarste. Wel heeft, tengevolge van de grote bevolkingsaanwas en de inflatie, het sterk achterblijven van de lonen zeer nadelige gevolgen voor de levensstandaard van de 'kleine luiden'. Maar over het algemeen kunnen die 'er mee leven'; alleen bij vlagen schieten de sterftecijfers omhoog. Aan de top van de Franse maatschappij staat de monarch, die het geheel zo goed en zo kwaad als dat gaat dirigeert met een minimum aan ambtenaren (zo'n tienduizend 'officieren'[9] voor het hele land, wat heel weinig is wanneer men het vergelijkt met de miljoenen functionarissen die de achtereenvolgende Franse republieken in de twintigste eeuw emplooi zullen bieden). Wat de hoogste leider van het politieke en bestuursapparaat betreft, kunnen we zeggen dat Hendrik II een ontwikkeld man was, intelligent zonder nu echt briljant te zijn, met militair inzicht en zeer besluitvaardig. Gezien wat hij bereikt heeft in de omstandigheden waarin Frankrijk zich destijds bevond, doet hij in niets onder voor Frans I, wiens bewind per slot van rekening (hoe groot zijn verdiensten ontegenzeglijk ook zijn) meer rampen kende dan dat van zijn spruit.

In tegenstelling tot de opvattingen die een zekere Michelet[10] geventileerd heeft, in wiens ogen Hendrik II in ieder opzicht slechts een treurige figuur is, geeft de recente Angelsaksische historiografie – als altijd onpartijdig in interne Franse conflicten – blijk van een tamelijk positieve visie op deze koning.[11] Zijn onverwachte dood in 1559, die het land spoedig in de burgeroorlogen zal storten in de loop waarvan Frankrijk gekweld wordt door haar eigen bevrijders en door haar tegen-bevrijders, toont trouwens *a contrario* achteraf het nut aan van de levende en fysieke aanwezigheid van een dergelijke potentaat tijdens de twaalf jaren na 1547. Een zeker evenwicht tussen rivaliserende facties die nauwe banden met de machthebber hebben – die van Montmorency, wat vreedzamer, en die van Guise, autoritairder en oorlogszuchtiger – is van wezenlijk belang voor het bewaren van de binnenlandse vrede, een vrede die weliswaar precair is, maar o zo waardevol als je hem vergelijkt met de rampzalige slachtingen die tussen 1560 en 1594 zullen plaatsvinden. De staat blijft onder Hendrik qua structuur traditioneel: dominant blijven het hof, de hoge adel van de gouverneurs van de provincies en de officieren van de gerechtshoven en de andere soevereine hoven. Het archaïsme, of tenminste de trouw aan de gewoonten, gaat echter gepaard met pogingen tot modernisering: de aanstelling van staatssecretarissen, de verre voorvaderen van onze ministers; aanstelling ook van intendanten van financiën, die als onder-staatssecretarissen functioneren en gespecialiseerd zijn in budgettaire zaken; en ten slotte doen ook enkele 'intendants de généralité', een soort commissarissen van de koning, hun intrede, de voorlopers van de beroemde regionale intendanten die Richelieu en vooral Lodewijk XIV zo na aan het hart lagen. Uit het oogpunt van kunst en literatuur heeft de renaissance geen nadelige gevolgen ondervonden van de dood van Frans I, ook al was hij een belangrijke mecenas die een aantal opmerkelijke prestaties op zijn conto heeft. Michelet suggereert een cultureel verval na 1550.[12] Welnu, het oeuvre van Ronsard, in volle bloei, en dat van Philibert de l'Orme en Primaticcio zouden voldoende moeten zijn, te midden van andere voorbeelden, om deze mening te ontkrachten.

De openbare orde in Frankrijk wordt in het midden van de zestiende eeuw krachtig gehandhaafd, niettegenstaande de vele 'blunders' in het leven van alledag. De grote opstanden in het zuidwesten in 1548, zowel op het platteland als in de steden, werden bloedig onderdrukt door het koninklijke leger. Toch hebben ze hun doel bereikt, namelijk het voorkomen van vernieuwingen op het gebied van de belastingen, die bedoeld waren om de oorlogen te financieren, een modernisering die Hendrik wilde doorvoeren door middel van een evenwichtige verdeling van de zoutbelasting over het hele nationale grondgebied, inclusief Aquitanië. De aanvoerders van het oproer werden ter dood gebracht, maar de machthebbers moesten ervan afzien de zoutbelasting op te leggen aan de mensen die tussen de Loire en de Garonne woonden. Wat voelbaarder gevolgen had was de sterke opkomst van het protestantisme, in de steden en zelfs in sommige plattelandsgebieden, vooral in de Cevennes. Tegen de stroom 'ketterse' bekeringen voert Hendrik een tamelijk streng, onderdrukkend beleid, dat hij overigens niet van toepassing acht op zijn 'klassebroeders', de elite, de aristocratie. Onderdrukking dus jegens de lagere en de middenklassen, maar de bruutheid ervan moet wel enigszins genuanceerd worden: de koning, een aanhanger van de Gallicaanse kerk, wilde in Frankrijk niet zo'n excessieve inquisitie krijgen als in Spanje. Het koninkrijk is dan ook niet een echt inquisitieland geworden, waarmee het zich hoe dan ook geluk kon wensen, ook al legden de civiele rechtbanken als het om religieuze zaken ging zeer zware straffen op. Bovendien moet Hendrik, vanwege zijn oorlogen tegen de ultra-katholieke Habsburgers, de protestantse Duitse vorsten, die zich als zijn bondgenoot opstellen, niet tegen zich in het harnas jagen, evenmin als de zwinglianen en andere 'ketters' uit Zwitserland, eveneens bondgenoten van Frankrijk zijn.

Militair gesproken begint Hendrik II zijn regeringsperiode uitermate succesvol. Piemonte, Savoye en Corsica zijn in Franse handen. De koning heeft onlangs tevens ten koste van Karel V zijn bezittingen uitgebreid tot aan Metz, en tot aan Boulogne ten koste van de Tudors. Teleurstellingen blijven later natuurlijk niet uit, maar men voelt zich dan niet zo reddeloos verloren als destijds, na het fiasco van de slag bij Pavia (1526). Het Frankrijk van Hendrik II, met zijn vierhonderdvijftigduizend vierkante kilometer, zijn duizendtal ommuurde stadjes en zijn grote steden die, zoals in het geval van Parijs, wel driehonderdvijftigduizend inwoners konden hebben, is de machtigste 'eenheidsstaat' in het toenmalige West-Europa, ook al wordt het in omvang voorbij gestreefd door het conglomeraat van heterogene grondgebieden onder Karel V, dat loopt van Duitsland tot Italië en van de Nederlanden via Spanje tot Amerika.

Als Felix niet zo'n standvastig karakter had gehad, had hij gemakkelijk tussen twee loyaliteiten verscheurd kunnen raken: die aan de Teutoonse gemeenschap, waarvan hij reeds een geacht lid is, *Teutsch* tot in het diepst van zijn wezen, en die welke hij graag aan dit Frankrijk zou gunnen, met zijn lappendeken aan talen, die echter bijna allemaal op het Latijn geënt zijn, en waarvan hij meer dan een lustrum zo niet een burger dan toch een inwoner zou zijn die meer dan bereid was te leren, te observeren en zich te verbazen.

20 oktober 1552: 'Wij zijn in Lyon aangekomen door een vlakte' (*durch ein eben landt*). Lyon, waar Felix van 20 tot 23 oktober blijft, is voor die tijd een grote stad, op het toppunt van haar bloei.[13] De stadsbevolking is er minstens verdriedubbeld sinds de regering van Lodewijk XI: in het midden van de zestiende eeuw zijn er tegen de zestigduizend inwoners. De stad staat op hetzelfde niveau als Florence, Rome, Antwerpen, Londen en Sevilla; de handel krijgt geweldige impulsen van Italiaanse kooplieden en tevens door de uitgaven die het Franse leger doet voor de oorlogen die de Valoisvorsten op het Iberisch schiereiland voeren. In Lyon vindt men de belangrijkste drukkerijen en zijdeïndustrie van Frankrijk. De bankiers op het kruispunt van Savoye, de Saône en de Rhône staan garant voor de voorschotten aan het koninkrijk, dat vele ecu's nodig heeft om de militaire uitgaven te bekostigen. En de kooplieden, in overgrote meerderheid Italianen, zitten op de eerste rij, dat wil zeggen dat ze ruim vertegenwoordigd zijn in het 'consulaat', het college van gemeentelijke magistraten.

De groep armen en 'kleine luiden' krijgt over het algemeen zeker niet haar rechtmatig aandeel in de groeiende collectieve rijkdom. De consuls, ofte wel de schepenen, hebben echter, dat moet men hen nageven, een gedurfd sociaal beleid gevoerd dat goed in de tijdgeest paste. In 1531 werd de *aumône générale*, de armenzorg, ingevoerd, bedoeld om de stad in het algemeen en het plebs in het bijzonder van tarwe te voorzien. Het moet gezegd worden dat het volksprotest Lyon hevig in beroering had gebracht: het was de opstand of *rebeyne* van 1529, ontketend door de gilden uit protest tegen de hoge graanprijzen. Daarna kwamen de stakingen van de typografen, het eerste grote arbeidsconflict in de moderne tijd; de weerklank ervan, die in Bazel in de tijd van Thomas Platter al gesignaleerd werd, deed zich in de talrijke drukkerijen in Lyon nog steeds gevoelen toen Felix er verbleef.

Zelfs ondanks de aaneenschakeling van grote en kleine stakingen bloeide de boekproduktie, wat erop wijst dat het een stad met cultuur betreft, in dit opzicht zeer wel te vergelijken met Bazel, dat overigens veel minder inwoners had dan Lyon. Bovendien zijn heel wat ambachtslieden geletterd, met name natuurlijk degenen die in boekdrukkerijen werken. Grote dichters doen de stad eer aan, onder wie Louise Labé die in 1555 haar *Élégies et sonnets* zal publiceren, het hoogtepunt in haar persoonlijke en literaire loopbaan:

Baise m'encor, rebaise moy et baise;
Donne m'en un de tes plus savoureux
Donne m'en un de tes plus amoureux
Je t'en rendray quatre plus chaus que braise.[14]

In deze warme, hartelijke streek, waar niet iedereen puriteins is, valt het ontkiemen van het protestantisme, stroomop- en stroomafwaarts, samen met de komst van Felix. In 1546 werd het zomerfeest, het *Pardon de la Saint-Jean*, een feest dat zowel religieus als communaal was, verstoord – of naar sommigen zeggen, vervuild – door een opstootje van hugenoten. In 1551 werd er een koninklijk bevelschrift uitgevaardigd door Châteaubriant dat, geheel in de geest van Hendrik II, ketterij en de verkoop van verboden boeken moest beteugelen. In mei 1553 werd een half dozijn studenten die in Lausanne waren opgeleid levend verbrand op de place des Terreaux in Lyon, ondanks de petities en smeekbeden die vanuit de archipel van zowel oecolampadiaanse als zwingliaanse steden in Helvetië verzonden waren. In het voorjaar van 1561 kon de reformatie triomfantelijk in het hele Rhônedal uitvloeien.

Felix maakt het vanaf 1552 allemaal van heel dichtbij mee. In oktober van dat jaar, tijdens zijn rit te paard door Lyon (F 139), ziet hij een 'christen in overhemd', een hugenoot bedoelt hij, met een grote strobaal op zijn schouders bij wijze van brandstof, die naar de plaats wordt gevoerd waar hij verbrand zal worden.[15] De koelheid van de getuige uit Bazel, *in vivo*, staat in schrille tegenstelling met zijn kinderverdriet toen men hem, van horen zeggen, vertelde over de folteringen van de jonge meisjes die, helemaal in de Nederlanden, voor de goede zaak van het protestantisme waren terechtgesteld. Felix wil graag doorgaan voor een anatoom, doordrongen van strikte objectiviteit: hij went zich aan deze gang naar de foltering te beschouwen, net zoals hij zich, ondanks zijn aanvankelijke angsten, al snel niet meer van de wijs laat brengen wanneer hij, stroomafwaarts langs de Rhône, tegen een van de in stukken gesneden lijken aanstoot die aan de rand van de steden aan galgen of bomen opgehangen zijn (F 137, 138).

Gedurende de korte tijd die hij in Lyon verblijft krijgt de aanstaande student in de medicijnen zijdelings nog wat mee van de wederwaardigheden van de 'ketterij'. In de loop van diezelfde maand oktober van het jaar 1552 komt de jongeling in Lyon, op een kruispunt van informatiestromen, het nieuws ter ore van de overwinningen van kolonel Schertlin, wiens tegenspoed bij Bazel de Bazelers enige maanden eerder nog zo opgemonterd had. Met zijn kleine troep gemotiveerde huurlingen, die vijandig stonden tegenover de keizer én de protestanten, had Schertlin zojuist in Picardië een verpletterende nederlaag toegebracht aan een andere kolonel, een Nederlander die in dienst was getreden van Karel V. Deze militair, Maarten van Rossem, had eerder van zich doen spreken omdat hij het Picardische land naar believen plunderde; hij vulde er zijn zakken op de weinig scrupuleuze wijze van de *condottieri* en de staatslieden uit die tijd.[16] De episode Van Rossem-Schertlin vond plaats tegen de achtergrond van het grote conflict tussen Karel V en de protestantse Duitse vorsten, die de steun hadden van Hendrik II: de koning van Frankrijk had kort daarvoor Metz veroverd op de keizerlijke troepen; hij zou zich in Metz staande weten te houden ondanks het tegenoffensief van de keizer, dat plaatsvond in de laatste weken van 1552.

Voor de Zwitser is Lyon bovenal een doorgangsplaats, een toegang tot het zuiden. Voor onderdak heeft Felix de keus uit minimaal een vijftigtal hotels[17], bestemd voor de vele passanten in de stad, met name rondreizende kooplieden die voor de beurs komen of op bescheiden schaal handel drijven. Hij gaf er de voorkeur aan, zoals zo vaak tijdens zijn lange tocht, tussen Duitsers te verkeren; dat gaf hem een gevoel van veiligheid. Hij neemt dus een kamer, of ten minste een bed, bij het uithangbord van de Ours (Beer) bij een landgenoot, Paulo Herbelin uit Zürich (F 138), hotelhouder van beroep. De cliënten zijn allen Teutoons; zelfs de aardewerken kachel – elders in Frankrijk nauwelijks bekend – ontbreekt niet en staat, net als in Bazel, midden in het verwarmde vertrek. De gemiddelde overnachtingsprijs in een hotel van deze klasse, niet te luxueus noch te luizig, ligt in die tijd rond de veertien à vijftien sou per dag[18]; het gemiddelde dagloon van een bouwvakker bedraagt vijf sou in het midden van de eeuw. Dit tarief, dat dus niet voor Jan en alleman is weggelegd, komt overeen met de vijftig sou die de toekomstige student verklaart uitgegeven te hebben voor de drie overnachtingen in Lyon van 20 tot 23 oktober 1552. Gelukkigerwijs[19] had onze man zijn eigen paard; als hij nog een rijdier had moeten huren waren de kosten met de helft opgelopen.

De leden van het groepje reizigers waar Felix Platter deel van uitmaakte hadden op het gebied van paarden niet altijd geluk. Een van hen, Schöpflin, had zijn rijdier in Bazel gekocht van Werner Wölflin, een lakenhandelaar die tevens lid van de stadsraad was en bekendstond als een eerbaar man. Het was een schitterend dier, maar het werd al snel kreupel en onbruikbaar. Bedrog van de kant van de verkoper? Schöpflin moest het paard weer verkopen op de markt in Lyon, tegen een lage prijs. Het moet gezegd worden dat de paarden van zowel reizigers als handelaren doorgaans overbelast werden; ze moesten niet alleen de ruiter dragen, maar ook nog alle bagage.[20] Er bezwijken er aan minder. Schöpflin zal zijn reis in elk geval per schip moeten voortzetten, op een van de ontelbare boten die volgestouwd zijn met ezels, graan of textielbalen, boten die op de stroom mee met roeispanen worden voortbewogen en op de terugweg stroomopwaarts getrokken moeten worden vanaf het jaagpad, door mannen of trekpaarden.

De 'scheepservaring' van Platter op de Rhône was van korter duur. Omdat hij de rivier niet wilde afzakken maar alleen wilde oversteken, om zijn toekomstige leermeester Rondelet, heelmeester en professor uit Montpellier, op te zoeken die in die tijd in Lyon verbleef, werd hij zeer onvriendelijk bejegend door de vrouwelijke schipper, die, toen ze eenmaal aan boord waren, dreigde hem overboord te gooien als hij niet de volle prijs betaalde. Met frisse tegenzin gehoorzaamde hij haar. Dit was zijn kennismaking met het fenomeen 'veervrouwen' op de Rhône, geharde vrouwen waarover onze bronnen verder geen woord zeggen.[21]

Dokter Rondelet was dus het doel van Felix' uitstapje op het water. De grote arts was voor enige tijd uit Montpellier gekomen om zich geheel te wijden aan kardinaal Tournon. Deze, luitenant-generaal van de provincie Lyon sinds 1542, was in 1551 aartsbisschop van Lyon geworden. Vlak na de dood van Frans I was hij tijdelijk uit de gratie geraakt bij Hendrik II. Enige tijd later had hij zich echter in Rome een goed bemiddelaar getoond tussen de paus en de Franse koning. Later was Tournon, in september 1552, zegevierend teruggekeerd in Lyon.[22] De hoogwaardigheidsbekleders hadden hem ontvangen: onder hen de monniken en de clerus, de kooplieden uit Duitsland, Milaan, Lucca en Florence, ten slotte de schepenen van Lyon. Allen waren in weelderige kledij gehuld, van satijn en velours, waarin de kleur zwart overheerste. De kardinaal ging in rood en wit gekleed. De pracht en praal waren echter van korte duur: uitgeput door zijn hoge leeftijd en door de diplomatieke beslommeringen was de prelaat al spoedig gedwongen het bed te houden, zonder de stad nog te kunnen verlaten. Op 14 oktober ging het beter met hem, maar Rondelet, onverzettelijk als hij was, week geen duimbreed van zijn zijde. Het is dus in de bisschoppelijke residentie dat de jonge Platter een bezoek brengt aan de reeds beroemde geneesheer van de universiteit in de Languedoc.

Guillaume Rondelet werd in 1507 geboren in Montpellier, in een kinderrijk gezin. Zijn vader was handelaar in kruiden en specerijen, zeg maar een welriekende apotheker.[23] Komt het doordat hij bij een betaalde min werd ondergebracht dat Guillaume zo lang een zwak en ziekelijk bleekneusje is geweest, getroffen door alle mogelijke ziekten behalve elefantiasis?[24] Zo zal hij het later zeggen met zijn kolderieke humor, die hem er ook toe bracht in 1530 in Montpellier het komische stuk te spelen van de dokter en de stomme vrouw, samen met François Rabelais, eveneens student in Montpellier. Rondelet, die al vroeg wees was geworden, woonde eerst bij zijn zus Catherine, de bemiddelde weduwe van een Florentijnse koopman die zich voorheen in de Languedoc had gevestigd, en werd later door een oudere broer opgevoed. De latere gesprekspartner van Platter, die ook 'procureur' was geweest, dat wil zeggen afgevaardigde van de studenten in Montpellier, was al spoedig gewonnen voor de protestantse ideeën, wat hem er overigens niet van weerhield de prelaat te behandelen.

Net als de Platters heeft Rondelet veel gereisd. Zo heeft hij enkele jaren in Parijs gewoond, waar hij zich helemaal ondergedompeld heeft in niet alleen de Latijnse, maar ook de Franse cultuur, zoals de zuidelijke elites in die tijd dat gewoon waren. Daarnaast heeft hij de grote Italiaanse universiteiten afgeschuimd: Padua, Ferrara, Bologna, Pisa. Als jongeman heeft hij om zijn brood te verdienen korte tijd gepraktizeerd in een paar gehuchten in de Vaucluse en het Centraal Massief. In de Franse hoofdstad heeft zijn vriend Jean Gonthier d'Andernach, van oorsprong een Duitser maar opgeleid in de Nederlanden en in Frankrijk, en een pionier op het gebied van de in Europa herlevende anatomie, grote invloed op hem uitgeoefend. Guillaume Rondelet, ook helemaal bezeten van anatomie, zou letterlijk zijn vader, moeder, kinderen en vrienden ontleed hebben als hij daarvoor de kans had gekregen; soms kreeg hij inderdaad de gelegenheid wanneer in de kring van naaste bekenden iemand kwam te overlijden. Hij heeft, soms met succes, geprobeerd een klantenkring op te bouwen van grand-seigneurs, wereldlijke en geestelijke hoge heren. Een van hen was de bisschop van Montpellier, maar zijn allerbelangrijkste klant zou kardinaal Tournon worden. Een hoogst opmerkelijk feit aangezien deze Tournon sinds 1527-1528 fel gekant was tegen het protestantisme, of het nu Frans was of internationaal. Klaarblijkelijk storen Rondelets heterodoxe opvattingen de illustere prins van de kerk absoluut niet. Rondelet verlaat de kardinaal trouwens regelmatig om in Montpellier zijn wetenschap te gaan doceren. Hij bekleedt immers sinds 1545 een leerstoel aan de universiteit in deze stad. In Lyon hanteert Rondelet kwistig de klisteerspuit[25] en ontvangt intussen Felix voor een bezoek dat slechts kort zal duren. De ontmoeting moet de beide mannen, de Zwitser en de arts uit Montpellier, niet onverschillig hebben gelaten, want Rondelet, de vooraanstaande botanicus en anatoom, zal later in de Languedoc Felix' leermeester worden in verscheidene belangrijke basisvakken, zowel met betrekking tot het menselijk lichaam als tot het samenstellen van een herbarium.

Op 23 oktober 1552 verlaten de Zwitser en zijn vrienden Lyon in de richting van Vienne: Thomas Schöpflin op een boot op de Rhône; Felix Platter en Michel Héroard te paard over de linkeroever van de rivier. De ruiters rijden zo direct de Dauphiné binnen, een regio waarmee ze nader kennis zullen maken naarmate ze de stad Vienne naderen. Het is een grote provincie die sinds de (tijdelijke) aansluiting van Savoye bij het koninkrijk in 1536 bevangen is door de uitbreidingskoorts. Het massief van de Chartreuse en het Piemontese markgraafschap Saluzzo zijn nu binnen de invloedssfeer van de Dauphiné gekomen, die zich daardoor plotseling als erfgenaam beschouwt van het oude imperialisme van de Allobrogen.[26]

Diezelfde avond arriveren de reizigers in Vienne; ze stijgen af bij de herberg Sint-Barbara aan de rue de la Chèvrerie, in het oostelijke deel van de stad.[27] De ochtend van de 24ste wordt besteed aan een toeristisch rondje door de stad: er is genoeg te doen. Het op één na grootste stedelijke centrum in de Dauphiné[28], met ongeveer achtduizend inwoners (Grenoble, de provinciehoofdstad, telt ongeveer twaalfduizend zielen), verdient beter dan het geringschattende 'oude stadje' (*alt stettlin*) zoals Felix het wat al te snel kwalificeert (F 139). De student interesseert zich in feite nauwelijks voor deze stad vol kerken en kapelletjes, wel een paar dozijn voor enkele honderden priesters, evenzovele doelwitten voor de propaganda van de hervormden ter plaatse: de 'ketter' Servet is in die tijd woonachtig in Vienne en werkt er heimelijk aan de uitgave van een duivels boek. Hoe dan ook, de Romeinse monumenten in Vienne – een theater, de tempel van Augustus en Livia, de zuilengang van het badhuis, het heiligdom van Cybele, het odeon, de piramide van het circus – nog niet allemaal als zodanig geïdentificeerd, boeien hem het meest, met name de piramide, waarvan hij een vrij goed gelijkende schets maakt en waarover hij schrijft: 'Zij is puntig, gebouwd door de Romeinen, een mooie antiquiteit.' Hij weet niet, en dat is geen wonder, dat de piramide zich in het keizerlijke tijdperk midden op een open vlakte bevond en het circus, waar wagenmenners met grote snelheid door de bochten gingen, op die manier in tweeën deelde.

Het rondje Vienne is snel gedaan. Nog diezelfde dag vertrekken de jongelui: Schöpflin wederom op een Rhôneboot, Felix en Héroard te paard. Luidruchtig vliegen de afscheidswoorden over en weer tussen het jaagpad en het midden van de rivier. Na een paar kilometer stuiten de ruiters op een zijrivier aan de linkeroever van de Rhône. Recente regenbuien hebben het waterpeil zodanig doen stijgen dat ze haar niet kunnen oversteken: ze kunnen niet verder naar het zuiden. Dan verschijnt er een grand-seigneur op hun pad, die naar Zuid-Frankrijk onderweg is met vijf paarden en het huispersoneel ernaast. Het is Pierre Danès, de huisonderwijzer van de troonopvolger, de latere Frans II. Pierre Danès en Felix spreken elkaars taal niet en ze beginnen een gesprek in het Latijn. De jongeman uit Bazel had het niet beter kunnen treffen. Danès, geboren in 1497 in een Parijse familie van lakenhandelaars en bontwerkers, heeft lesgegeven aan het koninklijk college[29] en leeft sindsdien van kerkelijke beneficiën (hij is pastoor in Suresnes). Achter hem ligt een verleden van humanisme en van dienstbaarheid aan de monarchie. Ofschoon hij niet veel schrijft, heeft hij wel de uitgave van Plinius de Oudere verzorgd. Hij kent Aristoteles, Cicero en Lucianus op zijn duimpje. Al naar gelang zijn leeftijd en de situatie was hij leerling of vriend van Budé, Dolet, Turnèbe, Rabelais, Marot, Oronce Finé...

Deze buitengewone man is vervuld van de heilsleer van Erasmus, van de pre-reformatie, het italianisme, het rationalisme uit Padua[30] dat naar ketterij riekt, maar als een vurig aanhanger van de Franse koningen is Danès tevens de beschermeling van grote prelaten en kardinalen (Charles de Lorraine, Selve, Tournon, Contarini, kortom het neusje van de zalm van het conclaaf). In aanleg is de man een hugenoot, maar hij zal zich nooit als zodanig manifesteren, want hij wenst geen schisma en wijst de dwingende onbuigzaamheid van de augustiniaans-calvijnse genade af. Hij is een pelagiaan, en een vriend van de jezuïeten. Hij zal eindigen als bisschop van Lavaur, en voorvechter van een tamelijk rechtlijnig katholicisme. Maar in 1552, wanneer hij door de Dauphiné reist, is hij nog maar halverwege zijn lange loopbaan. In 1546 was hij nog afgevaardigde voor Frankrijk op het concilie van Trente; in 1556 zou hij biechtvader worden van zijn leerling, de dauphin, een felbegeerd ambt. In het midden van de eeuw is Danès nog tolerant en staat hij open voor nieuwe dingen, met name waar het jongeren betreft. Hij krijgt er geen genoeg van Felix vragen te stellen over de godsdienstige en politieke problemen van de stad Bazel, die toch een notoire haard van ketterij is.[31] In afwachting van de daling van het waterpeil van de zijrivier van de Rhône, neemt Pierre Danès zijn nieuwe vriend mee naar een edelman in de omgeving, van lage adel en zonder geld, een agrariër-beheerder à la Olivier de Serres, die de reizigers hartelijk ontvangt op zijn eenvoudige boerderij en hun enige tijd later de middagmaaltijd serveert, niet zonder even later ook de rekening van dit feestje te presenteren. De middelmatigheid van de landjonker... Daarna komt een knecht aankondigen dat de rivier aan het zakken is en vertrekt iedereen weer. Het paard van Danès leidt dat van Felix door het nog diepe wed. De karavaan stopt voor de nacht in Saint-Vallier, een stadje van duizend of tweeduizend inwoners[32] dat net als andere plaatsen op stedelijk en demografisch gebied de krachtige invloed van de renaissance ondergaat. De consumptie, de handel, de landbouw, de lokale machthebbers en het onderwijs lijken zich er symbiotisch te ontwikkelen, elkaar versterkend.[33] Lakenhandelaars, papierfabrikanten (dankzij de nabijheid van de drukkerijen in Lyon), ruiters voor de posterijen, timmerlieden, hoefsmeden, slotenmakers, metselaars, vrachtrijders van zout (nog steeds de gabel!), barbiers, modeontwerpers, touwslagers, wevers, ververs, garen- en bandverkopers en natuurlijk de onvermijdelijke slagers, bakkers en molenaars animeren dit minuscule maar desalniettemin zeer drukke en levendige plaatsje.[34]

Om niet met zijn mond vol tanden te staan brabbelt Felix op de avond van 24 oktober zijn eerste Franse woorden: '*Donne-moi allons*' (geef me laten-we-gaan), zegt hij in de herberg tegen de knechten van Pierre Danès, want hij denkt, God weet waarom, dat het woord *allons* dat hij zo vaak hoort, 'drinken' (*drincken* – F 141) betekent. Zestig jaar later hierop terugkijkend, wanneer hij al lang beter weet, heeft hij daar nog steeds plezier om.

Het is ook ergens tussen 1609 en 1612, wanneer hij zijn memoires schrijft, dat Felix, die inmiddels in de zeventig is, *a posteriori* klaarheid brengt in de volgende etappe van zijn tocht langs de Rhône in 1552, vanaf Saint-Vallier. Bij het verlaten van deze stad (F 141), in de ochtend van 25 oktober, is hij langs een berg gekomen, waar hij aan de hand van aanwijzingen die hij gekregen had een oud (Romeins?) gebouw herkent dat men in die contreien het huis van Pilatus noemt. Deze persoon zou daar de laatste jaren van zijn leven in armoede hebben doorgebracht. De plaatselijke legende over de komst en de dood van Pontius Pilatus in de Rhônevallei bleef leven in de herinneringen van de bewoners van de Dauphiné en ook bij Duitse geleerden. Maar Felix zal zijn kennis voor de laatste afronding van zijn memoires completeren dankzij een boek dat in 1610 in Bazel wordt uitgegeven en waarvan hij kennis neemt vlak na de verschijning ervan. Men vindt er bijna woord voor woord de termen die hij twee jaar later over dit onderwerp zal gebruiken, bijvoorbeeld dat Pilatus daar 'in armoede' leefde (*ins ellendt* of *im ellendt*).[35] Heel het zuidoosten van Frankrijk was vol, overladen zelfs met evangelische herinneringen die abusievelijk in de streekverhalen waren opgenomen in de persoon van Maria Magdalena, Pilatus en enkele anderen...

Eenmaal het zogenaamde huis van de Romein voorbij steekt Felix met een veerboot (*im schif*) de Isère over met zijn paard en zijn bagage. Op deze 25ste oktober bereikt hij Valence, dat in 1552 oogt als een fiere stad, met haar dubbele buitenmuren met dikke torens, de grazige weiden aan de oostkant van de vestingwal, de handel in tarwe, wol en vooral zout. De achttienhonderd huizen en de minimaal vijf- tot zesduizend inwoners vormen heel wat meer dan een klein stadje, een *stettlin*; het is kort en goed een belangrijke plaats of, in de woorden van Platter, een *statt.* Felix, de consciëntieuze student, noteert de aanwezigheid van een universiteit ter plaatse die op dat moment sterk in opkomst is en het met succes opneemt tegen de concurrerende intellectuelen uit Grenoble. Het is ongetwijfeld de gerichtheid op de geneeskunde die de jonge reiziger en latere memoirenschrijver zo boeit in Valence: vanaf 1566-1567, wanneer hij zelf op het hoogtepunt van zijn carrière in Bazel staat, levert de universiteit van Valence ieder jaar drie tot zes doctoren in de geneeskunde af.[36] In het begin van de jaren 1550 is de opleiding echter meer op de rechtenstudie dan op de medicijnen gericht, dit onder de invloed van Italiaanse steden zoals Bologna, Padua, Pavia en Pisa.[37] Bij het middagmaal krijgt de jongeman uit Bazel de avances van een serveerster in de herberg te verduren, die hem een grote peer offreert. De jongeling, die bloost als een pioen, slaat op de vlucht. Racine heeft honderd jaar later (1661) ook al pech met een andere serveerster, die een réchaud onder zijn bed zal zetten bij wijze van kamerpot. Een taalkundig misverstand, zou je denken; of wellicht een door de toekomstige dichter verkeerd begrepen poets van het meisje?

Bij het verlaten van Valence zakken Felix Platter en Michel Héroard af naar het punt waar de Drôme, die uit het oosten komt, in de Rhône stroomt. Ze steken deze rivier met een veerbootje over. Zo'n bootje is niet ongevaarlijk, maar Felix heeft er geen problemen mee.[38] Nog tot 1789 zullen hier scheepjes gebruikt worden; in dat jaar komt er een brug gereed, 'een echt trait-d'union tussen het noorden en het zuiden'.

Alvorens de Drôme over te steken is Felix langs de wallen van Livron gereden, een versterkt stadje met een donjon die betoverd is door feeën, en die de vallei van de Drôme en de weg naar Marseille domineert. Livron was toen een kleine stad (*stettlin*), die waarschijnlijk vijftienhonderd inwoners telde,[39] onder wie een twintigtal priesters of geestelijken die hun werk doen in één parochiekerk en veertien kapellen. De gemeenschap beschermde zich behalve met de muren ook met ophaalbruggen en monumentale poorten. Een burggraaf sprak recht uit naam van de bisschop van Valence en hield een oogje op de schepenen, die min of meer democratisch gekozen waren, meer min dan meer. Een ziekenhuis, een graanhal en marktpleinen gaven gestalte aan het economische en sociale leven *in situ.* René Favier plaatst heden ten dage het zestiende-eeuwse Livron in de categorie 'belangrijke marktvlek'.[40] Deze plaats maakte echter – maar dan in terugblik – grote indruk op Felix Platter. In zijn memoires zal hij het beleg van Livron in herinnering brengen. De stad werd geïnfiltreerd door hugenoten en werd daardoor na 1560 protestants; het genoemde beleg vond plaats in 1574 op bevel van Hendrik III onder aanvoering van maarschalk Bellegarde, commandant van het katholieke en koninklijke leger. Drieduizend kanonschoten en talrijke stormlopen waren niet genoeg om de onverzettelijke verdedigers op de knieën te dwingen, onder wie zich ook vrouwen bevonden die, met hun spinstokken in de hand, vanaf de muren de vijand bespotten en op afschuwelijke wijze wraak namen op de lijken van de aanvallende soldaten. De komst van versterkingen, onder aanvoering van de jonge Lesdiguières, die nog een grote toekomst tegemoet zou gaan, dwong de katholieken het beleg op te geven.[41]

Die 25ste oktober was al met al een lange dag geworden, die na een korte, nieuwe etappe eindigde in Loriol, een 'stad' met driehonderd huizen en vijftienhonderd inwoners, die eveneens ressorteerde onder de bisschop van Valence. De reizigers vonden er een herberg die nog open was, De Drie Koningen, die uit het evangelie wel te verstaan. Het flink uit de kluiten gewassen gehucht had allure en het had zich goed beschermd. Omdat het 'drukbezocht' was, was er een omwalling met vijftien torens gebouwd, genoeg om te zorgen dat de Franse legers, die er op weg naar Italië vaak langs kwamen, zich *intra muros* netjes gedroegen. De welvaart van de zestiende eeuw had er, ook al was ze slecht verdeeld, haar stempel op gedrukt: sinds 1535 werden er officieel vier kermissen per jaar gehouden en was er elke week een marktdag, toegestaan door of officieel bekrachtigd met een octrooibrief van de koning.

De bevolking, met name de armen, hadden het niet beter dan elders. Maar ze hadden tenminste de troost, hoe lachwekkend ook in de ogen van een protestantse student in de medicijnen zoals Platter, dat zich in hun collegiale kerk de kaak van de heilige Romain de Barral bevond, nog compleet met al zijn tanden, die met goddelijke toestemming de zorg voor alle mondkwalen toebedeeld had gekregen.

In de ochtend van 26 oktober verliet Felix de herberg van Loriol. Een paar uur later, na het rustig aan gedaan te hebben, stopte hij in Montélimar om zijn middagmaal te gebruiken. Het was een stad met zesduizend inwoners en smalle, kronkelige, vieze straatjes. Montélimar was destijds even befaamd vanwege de marokijnbewerking als later, na 1759, vanwege de noga. Wijngaarden, onlangs ontgonnen, verdrongen zich bij de poorten van de omwalling en getuigden van de recente groei, typerend voor de renaissance. In de jaren 1510 hadden de (Duitstalige) landsknechten overigens slechte herinneringen nagelaten aan de inwoners van Montélimar. Het stadje beweerde vrijgesteld te zijn van de belasting aan de koning en klampte zich vast aan dit verzinsel; noch de vorst aan de oevers van de Seine noch het gerechtshof in Grenoble liet zich echter voor de gek houden.

Onze ruiters doorkruisen het stadje, praktisch zonder in te houden, van noord naar zuid waarbij ze de doorgaande route parallel aan de Rhône volgen. Ze komen binnen aan de noordkant door de Sint-Maartenspoort; daarna, voorbij de muren, nemen ze de rue Droite, de rue Alamanderie, Fruiterie, Saunière, la Barute en de rue Charreterie, en ten slotte de Porte Aygu. De collegiale Heilig-Kruiskerk, die op dat moment gerestaureerd wordt, ligt aan hun rechterhand, evenals het minderbroedersklooster dat ten prooi is aan de woelingen van de hugenoten; deze laatsten vinden vooral bij de vrouwen van Montélimar veel weerklank. Ten slotte rijden ze langs de commanderij Saint-Jean-de-Jérusalem, aan hun linkerhand. Op dezelfde avond, de 26ste oktober, rijden Héroard en Platter nog helemaal door tot Pierrelatte, waar ze de nacht doorbrengen. Het gehucht wordt gedomineerd door een steile rots en er staan een paar kapelletjes die gewijd zijn aan de Heilige Engelen. Ook is er een vesting met een monumentale poort uit de tijd van de zwarte pest. Pierrelatte zal elf jaar later een moment van bescheiden roem kennen waar het wel zonder had gekund: in juli 1562 richt baron Des Adrets, aan het hoofd van een troep protestanten en een bende *égorgeurs* (keelafsnijders) uit Orange, een moordpartij aan onder de bewoners van het plaatsje en het koninklijke en katholieke garnizoen dat daar gelegen was, voornamelijk haakschutters uit de Provence.[42] Felix, geïnteresseerd als hij is in kruiderijen en fruitteelt, wordt onmiddellijk getroffen door de aanblik van olijfbomen, die rondom Pierrelatte al in groten getale aanwezig waren – als het ware tegen de klimatologische noordgrens aan geplakt – en verder verspreid staan langs de weg die van het dorp naar Pont-Saint-Esprit voert. Vanwege de aanhoudende economische groei in de zestiende eeuw, die in latere eeuwen schoksgewijs doorzet, vindt er sinds die tijd een opmars van de olijfbomen naar koelere streken plaats.[43] In 1552 ziet Felix dus bij Pierrelatte de eerste olijfbomen, beladen met groene en rode vruchten, en met zwarte, die al rijp zijn maar nog erg bitter naar de smaak van de verteller. Drie eeuwen later zal Flahaut tien kilometer noordelijker olijfboomgaarden aantreffen, ter hoogte van Viviers. Op de rechteroever van de grote rivier is de verschuiving aanzienlijk: in het jaar 1595 loopt de noordgrens van de olijfbomen volgens Thomas Platter junior langs Bourg-Saint-Andéol; in 1886 ligt zij 33 kilometer verder stroomopwaarts. De boom rukt dus ieder jaar op naar het noorden met de respectabele snelheid van een kilometer per decennium, tien kilometer per eeuw.

Hoe dan ook, zo tegen november 1552 wordt er een begin gemaakt met het afslaan en het rapen van de olijven, zoals gewoonlijk rond dezelfde tijd dat de populieren, de elze-, appel-, pere-, pruime- en kersebomen, en de kastanjebomen met hun op egeltjes lijkende vruchten, hun blad verliezen. De kastanjes vallen en de landlopers komen toegesneld om ze op te rapen. Het gebladerte van de wijnstokken wordt geel, maar de hulst blijft groen; de eerste rapen worden gerooid; slakken vernielen de tarwe die gezaaid is. Vele kinderen gaan nog blootsvoets, ondanks de modder in de herfst; het is de tijd van verderfelijke koortsen.

Op 27 oktober, na een korte rit tussen olijfboomgaarden door, komen Felix, Héroard en Danès aan bij de muren van Orange, een klein oud stadje (*gar alt stettlin*) – in werkelijkheid helemaal niet zó klein met z'n vijfduizend zielen. Een tweede Montélimar... De stad, bestuurd door consuls en syndici, behoort in theorie, en soms ook in de praktijk, aan de prinsen uit het Nederlandse vorstenhuis Van Nassau. De officieren van de Nassaus werden echter niet erkend en soms letterlijk bestreden door elementen uit het volk en door de pro-Franse factie. Deze laatste zegevierde toen de oorlogen tussen de Valois en de Habsburgers er in 1549 toe leidden dat Orange voorlopig werd geconfisqueerd door Hendrik II. Los van de politieke gebeurtenissen had deze stad geen gebrek aan factoren die de acculturatie bevorderden: de beraadslagingen van de raad worden sinds 1525 in het Frans gevoerd in plaats van in het Latijn. Ruim twintig jaar later duiken de eerste protestanten op, aan het eind van een slaperige incubatietijd van de ketterij. De plaatselijke bisschop, Rostaing de la Baume-Suze, die zijn functie sinds 1543 uitoefent, treedt met opgelegde vasten en gevangenisstraffen niet al te streng op tegen deze vernieuwers, die wellicht van een afstand door de Nassaus beschermd worden. Wat Felix betreft, tijdens de paar uur die hij doorbrengt in Orange toont hij vooral belangstelling voor de Romeinse oudheden (*antiquiteten*) in de stad, vooral voor de grote triomfboog, die dienst doet als doelwit voor kruisboogschutters, en voor de grote muur van het *proscenium* van het theater, waarop – welk een verschrikking – de haakschutters van de stad oefenen. De vooruitgang hou je niet tegen.[44]

’s Avonds komt het groepje ruiters aan in Avignon. Een belangrijke, machtige stad (*mechtige stat*), zal Felix schrijven. En inderdaad, ondanks het vertrek van de opvolgers van de heilige Petrus is het in 1552 nog steeds een vrij grote gemeenschap. De stad telt halverwege de zestiende eeuw nog vijftien- tot zestienduizend inwoners, heel wat minder dan de dertigduizend zielen in 1368, en zeker minder dan de veertigduizend in 1343, ten tijde van het hoogtepunt (in deze stad) van de pauselijke macht. Maar toch zijn het er in de tijd van Hendrik II nog altijd drie keer zoveel als toen Clemens V in 1309 naar Avignon kwam, toen het op zijn hoogst vijf- tot zesduizend inwoners had.[45] Hoe dan ook, in de tijd van de Platters begint de gemeenschap van Avignon, zuiver en alleen vanwege het vertrek van Zijne Heiligheid, langzaam maar zeker te desintegreren, terwijl de stad zelf haar enorme, gastvrije afmetingen bewaart die overgebleven zijn uit de veertiende eeuw. Men heeft er de ruimte in 1552. Wie zou zich daarover beklagen?

Avignon blijft bovendien een belangrijk handelscentrum voor Italiaanse kooplieden, een schakel tussen Lyon en Marseille, met import uit en export naar de Levant. In de nabijheid van de stad produceren de molens aan de Sorgue voornamelijk papier (ook hier doet de invloed van de drukkerijen in Lyon zich nog gelden). De fabricage van zijde – en in het bijzonder van zijdevelours – onder de invloed van Milaan en Lyon neemt in Zuidoost-Frankrijk de tweede plaats in, na Lyon. En in het hele graafschap Venaissin is geld uit Avignon in omloop: het is geïnvesteerd in belastingpacht of in de pacht van tienden, in leningen aan omliggende dorpen en ten slotte in leningen met een zeer korte looptijd, maar tegen woekerrentes, een praktijk die met lede ogen werd aangezien als het joden waren die de rol van intermediair speelden… en die van zondebok.[46] Woeker of niet, we hoeven vanzelfsprekend de onbetwistbare welvaart van Avignon in de jaren 1550 niet te idealiseren. Al vanaf het begin van de regeerperiode van Frans I is het aantal hongersnoden verveelvoudigd en ook het achterblijven van de lonen, de verpaupering, heeft de joods-christelijke gemeenschap aangetast. Wanneer Felix aankomt, overweegt een aantal mensen een bedeling voor de nooddruftigen op te zetten: in 1555 zal die inderdaad in het leven geroepen zijn.

Avignon leeft niet alleen van zijde, papier, lage lonen en aalmoezen. De basisindustrie van deze stad is nog altijd het katholicisme, grote opslokker van tienden, distributeur van beneficiën, dat voor allerhande aankopen en uitgaven zorgt, kortom de grote gangmaker van de lokale economie is. Het (onder-)pauselijke apparaat levert de stad veel profijt op, maar drukt er ook zwaar op: een kardinaal als pauselijk afgezant, een aartsbisschop, kanunnikenkapittels die een hoge vlucht nemen in de zestiende eeuw; priesters en vooral diakenen van wie er jaarlijks ruim zeshonderd gewijd worden en van wie de meesten vervolgens elders gaan werken of werkeloos blijven. En dan zijn er nog de veelvuldige, spectaculaire processies, gesubsidieerd door het stadhuis; de particuliere religieuze verplichtingen, geïnspireerd door de verspreiding van de gedrukte getijdenboeken. De stad kent dus een enorme godsdienstige vitaliteit, zelfs al hebben de plaatselijke prelaten mogelijk een concubine in huis. De dirigenten van de koorknapen hebben een goede opleiding genoten: dankzij hen stijgt het stedelijke muzikale leven tot grote hoogten, waarmee Avignon wat dit betreft op hetzelfde niveau staat als Bazel en Neurenberg. De jonge Platter toont zich er zeer gevoelig voor. In Avignon aangekomen raakt hij plotseling in een korte, maar diepe depressie waar hij snel weer uit is; achtereenvolgens bezoekt hij twee kerken in de voorstad Villeneuve waar het gezang en de orgelklanken zijn verdriet verzachten. ‘God heeft mij kracht gegeven,’ schreef hij daarna (F 142). En deze keer gaat het niet meer om een specifiek hugenootse of roomse godheid... Doordat hij alle interkerkelijke verschillen opzij kan zetten, komt de jongeling er dankzij de harmonie van het kerkgezang weer bovenop, onder de hoede van een zeer oecumenische, eeuwige Vader. Waaruit maar blijkt dat Felix (Montaigne zal zich daar in 1580 rekenschap van geven) niet geheel sektarisch is op het gebied van godsdienst.

De avond van 27 oktober en de hele volgende dag in Avignon zijn onaangenaam, deprimerend zelfs, voor een jongen die tot dan toe nooit echte tegenspoed had gekend. Pierre Danès neemt afscheid, heel vriendelijk, en vertrekt naar zijn woning in de Provence, waar hem een glorieus lot wacht dat hem een paar jaar later tot biechtvader van de koningskinderen en bisschop van Lavaur zal maken. De jongeling en de humanist beloven elkaar een weerzien, maar het lot beslist anders; menig reizigersvriendschap is een kort leven beschoren. Ook Michel Héroard neemt afscheid van Felix en stuurt hem voor onderdak naar Villeneuve-lès-Avignon, de oude voorstad op de oever van de Rhône; de herbergen zouden daar minder duur zijn, en de heiligdommen zeer de moeite waard. Michel Héroard zelf gaat wat gerieflijker logeren bij een van zijn vrienden, de muntmeester van Avignon. De stad ziet een grote stroom al dan niet edele metalen langskomen, vaak geschikt om geld van te maken. In feite sjoemelt de welwillende vriend van Héroard met de weegschalen waarmee hij het koper afweegt dat voor pasgeld, de *billon*[47], wordt gebruikt; de waarheid zal pas later aan het licht komen.

In herberg De Haan, in Villeneuve-lès-Avignon, een proletarische voorstad, bevindt Felix zich te midden van een clientèle van tamelijk grove (*rauwen*) Rhôneschippers met blauwe kalotjes en broeken met wijd uitlopende pijpen. De eenzaamheid, de slapeloosheid en de angst vermoord te worden maken dat hij een slechte nacht heeft in het krot. Hij is diep ongelukkig. Ook zijn paard, in een stal er vlak naast, is psychologisch gezien niet in topvorm; het voelt zich in het afschuwelijke kot verloren tussen de boerenpaarden die het noch uit het noorden noch uit het zuiden kent. Het rijdier en de ruiter, Duitstaligen[48], vertrouwen elkaar bij het krieken van de dag hun leed toe, en Felix huilt lang tegen de hals van het dier waaraan hij zo gehecht is. In de loop van de dag van die 28ste oktober zullen de ochtendlijke nevelen echter oplossen: kerkmuziek, reeds genoemd, en dan een uitnodiging om te eten en te slapen bij de muntmeester-gastheer van Michel Héroard... De zoon van de oude Platter geraakt net zo snel uit zijn 'depressie' als hij erin is gekomen! Het volgende vertrek, bij het aanbreken van de dag op de 29ste, richting Languedoc, vindt zo plaats onder gunstige voortekenen. In alle vroegte verlaat Felix het huis van de muntmeester, steekt de befaamde brug van Avignon over en gaat eerst langs de herberg in Villeneuve om de rekening te betalen alvorens te vertrekken. De herbergierster, die ten minste kan rekenen, schrijft de rekening met een krijtje op een lei, of op een plankje, dat zij de jongeman voorhoudt: tarief eenentwintig sous, waarvan twee als fooi; met de andere hand bidt de dame haar rozenkrans: schietgebedjes. Onmogelijk om over het bedrag dat zij eist in discussie te gaan: de taalbarrière, Occitaans/Duits, laat dat niet toe. Eenzelfde situatie van wederzijds onbegrip had Felix eerder meegemaakt met de bootsvrouw op de Rhône, die overigens heel wat agressiever was. Maar de rozenkrans en de schietgebedjes vormen voor Felix een aanbeveling; deze roomse symbolen maken nog eens duidelijk dat het bezoek aan de katholieke kerken in de Comtat een radicale invloed op Felix heeft uitgeoefend; van nu af aan zal hij als hij op reis is belang stellen in de heiligdommen van de katholieke Kerk, die hij tot dan als openlijk belijdend protestant en uit protest altijd genegeerd had, hij, die alleen maar oog had voor hugenootse kerken en Romeinse oudheden. Ontwikkeling van een bepaalde gevoeligheid, een openheid van geest...

Wanneer Michel Héroard ook aangekomen is, tuigt de jonge Helvetiër zijn rijdier op. Op weg naar het westen, bij het eerste steile gedeelte, begint het dier te kreupelen. Het blijkt slechts een steentje tussen hoefijzer en hoef te zijn en nadat het ertussenuit is gehaald loopt het paardje weer goed. Ze steken de Gardon met een veerpont over. Op 29 oktober tussen de middag houden ze halt bij herberg De Engel, in het dorp Sernhac (tweehonderd haarden, circa duizend inwoners). De dochter van de baas wil Felix omhelzen, zoals dat in deze streek de gewoonte is met klanten, maar de onnozele hals ontwijkt de zoen en gaat er als de gesmeerde bliksem vandoor, richting Nîmes. In al zijn verlegenheid heeft hij zijn eerste kennismaking met de provincie Languedoc achter de rug.[49] De algemene situatie is niet veel anders dan in Savoye en de Dauphiné: demografische vlucht, opeenhoping van mensen; een zonder meer geweldige economische groei, die echter toch onvoldoende is, gelet op de te talrijk geworden 'volksstam'; verrijking en acculturatie van de elites, verpaupering van ten minste een deel van de 'kleine luiden'. Op korte termijn is de tarwesituatie echter niet slecht. In oktober 1552, vlak voor de aankomst van Felix in de Languedoc, hadden de provinciale staten van Nîmes toestemming gegeven voor de vrije handel van tarwe tussen de baljuwschappen onderling, van Beaucaire naar Carcassonne en *vice versa*; het was echter verboden tarwe uit de provincie te exporteren, wat erop wijst dat de graanvoorraden, zonder minimaal te zijn, kennelijk reden tot bezorgdheid gaven voor komende overbruggingsperiodes. Wat de oorlog met het buitenland betreft, die was niet direct naast de deur, maar hij leidde desalniettemin tot mobilisatie van de adel. In juni 1552 waren in Occitanië leenmannen en achterleenmannen van blauwen bloede opgeroepen tegen de Spanjaarden. Maar in juli werd bekend dat de Iberische galeien zich hadden teruggetrokken; er was niets meer te vrezen. De adellijken die naar aanleiding van de Spaanse dreiging verzameld waren, verstoorden op zijn hoogst een paar keer de orde, wat de burgerstand had kunnen verontrusten. In deze zelfde maand oktober bereikten berichten uit het verre Metz Zuid-Frankrijk: Karel V was begonnen met de belegering van de stad, die door Guise werd verdedigd.

Het oprukken van het protestantisme in de provincie is 'onrustbarend', meer nog dan in andere streken, en wel zodanig dat op een concilie in de kerkprovincie Narbonne, in december 1551 – een vergadering overigens waarop geen enkele bisschop uit de buurt aanwezig was, waaruit wel weer blijkt hoe hardnekkig bepaalde misstanden kunnen blijven voortbestaan – werd besloten dat het narrenfeest, een veel te wereldlijk spektakel, en ondermijnend voor het kerkelijk gezag, voortaan niet meer in de kerk gevierd mag worden; een verbod ook op bals in het kerkgebouw of op het kerkhof. De priesters wordt verzocht in de toekomst geen gehoor meer te geven aan uitnodigingen van hun parochianen voor banketten die men *de fructu* noemt, en waarop 'Gedenk David zonder truffel' en andere groteske psalmen gezongen worden. Maar deze maatregelen komen laat. In Nîmes, doel van de nieuwe etappe van Felix' reis, werden in augustus 1551 een paar ketters verbrand; hun goederen werden verbeurd verklaard. De jacht op hugenoten, zowel in Nîmes als in Montpellier, Montagnac, Béziers en Pézenac, vindt plaats op instigatie van speciaal daarvoor door het gerechtshof van Toulouse aangestelde commissarissen en is gebonden aan bepaalde, welomschreven grenzen; we zullen daar later op terugkomen.

Op 29 oktober 's avonds komen Felix en Michel aan in Nîmes bij herberg De Rode Appel. De volgende ochtend bezoeken ze het amfitheater, bewonderen de beeldengroep die Romulus en Remus voorstelt; de een vlak bij de dij van de wolvin, de ander bij de tepels van het wilde dier dat hem lijkt te liefkozen.[50] De beide jongelingen tonen in het amfitheater ook belangstelling voor het beeld van een man met drie gezichten, waarvan twee met een baard, en elk met een kroon; dit beeld staat tegenwoordig in het museum van Lyon.[51] Rest hun nog het priapische trio in hetzelfde amfitheater, waaronder een fallus waar de vogels aan gepikt hebben en die 'onze passies die ons duizend pijnen doen lijden' voorstelt. Thomas Platter junior zal er later diep van onder de indruk zijn.[52]

Nîmes was in de eerste vijfentwintig of dertig jaar van de zestiende eeuw een stad geweest van vrome boerenarbeiders en opzienbarende mirakels die waargenomen werden bij een afbeelding van het Kruis. Dat veranderde allemaal. Sinds 1530 wilde de leidende klasse, doordrongen van het opnieuw opkomende humanisme, vanwege de nieuwe beproevingen die de toegenomen armoede bracht, sterk regulerend optreden: verplicht werk voor bedelaars; dwingende bijstand aan vagebonden, die desnoods in ketenen geslagen of naar de galeien gebracht werden. Het plaatselijke bordeel, een haard van geslachtsziekten, werd op last van het stadhuis gesloten. Hoewel de leden op wereldlijke gronden in de stadsraad gekozen werden, voelde de raad zich gerechtigd hervormingen door te voeren in de kloosters en toe te zien op de zuiverheid van de zeden van de nonnen. Met dit moralistische elan verwierf de 'ketterij', waarvoor ter plaatse een grote toekomst was weggelegd, een grote aanhang. De achtereenvolgende bisschoppen van Nîmes, geestelijk verwant met Briçonnet uit Tours en beschermd door Margaretha van Navarra die op haar beurt openstond voor de op erasmiaanse leest geschoeide ideeën van deze humanist, waren tegelijk afwezig bij en medeplichtig aan een hervorming die gematigd bleef. De hugenoten groeien hier relatief sterk daar de priesters in Nîmes minder waakzaam tegen hen optraden dan hun collega's in Avignon, die onderworpen waren aan de bijna rechtstreekse controle van een strenge pauselijke regering. Sinds 1534 was er in Nîmes een avantgardistisch college (middelbaar onderwijs) met uitmuntende pedagogen waarvan onder andere de 'sekte' van de hugenoten profiteerde. In deze stad van zes- tot zevenduizend inwoners, trots op haar Romeinse monumenten, maar vol cloaca's en wanordelijke steegjes, had het traditionele katholicisme zijn toekomst achter zich. De folteringen en brandstapels konden de opmars van het protestantisme wel wat afremmen, maar de greep naar de macht door de calvinisten bleek in 1561, bij het begin van de onlusten en de beeldenstormen, onvermijdelijk. De industriële perspectieven, met name de wollen-stoffenfabricage en vooral de zijdebewerking, werden pas van groot belang in de zeventiende en achttiende eeuw. Wanneer Felix door Nîmes komt, treft hij een voorspoedig jaar, 1552, waarin noch de pest noch de honger de stad onveilig maken. Dat blijft uiteraard niet zo, maar de rust op die fronten heeft een weldadige uitwerking.[53]

Het korte bezoek van de Helvetiër vindt plaats tussen een paar voor Nîmes belangrijke gebeurtenissen in: de vlucht naar Genève, begin 1552, van de grote plaatselijke notabele Pierre d'Airebaudouze, bekeerd tot de nieuwe dogma's van Calvijn die het bovengenoemde college ter plaatse heimelijk verbreid had; de plaatsing van schildwachten op de Predikerstoren en op de Sint-Antonietoren om een eventuele inval van de Spanjaarden te kunnen pareren; de aankoop van okshoofden wijn ter gelegenheid van de statenvergadering van de Languedoc in de stad in oktober 1552; de installatie van de nieuwe rechtbank in december van dat jaar; de terugkeer van de ossenmarkt, die een tijdje daarvoor naar een plek op een kleine tien kilometer buiten de stad was verbannen en die voortaan in een buitenwijk vlak bij het karmelietenklooster zou worden gehouden; en vooral, een teken van een goede economische gezondheid, de oprichting van een commerciële beurs, met name voor het wisselen van geld, op de Calade, het plein bij de kathedraal.[54]

De oudheden van Nîmes worden in snel tempo bezocht, op 30 oktober. Na dit korte archeologische rondje, zo halverwege de ochtend, vertrekken Felix en Michel uit Nîmes en gaat het verder naar Montpellier. Het middagmaal wordt genuttigd in Lunel, een stadje (*stettlin*) met ongeveer vijfentwintighonderd inwoners[55] langs de route die de beide grote steden verbindt. 's Ochtends rijden ze nog tussen olijfboomgaardjes door, afgewisseld met gerstakkers en tarwevelden. In Lunel drinkt onze Zwitser zijn eerste pul muskaatwijn, een lokaal produkt of geïmporteerd uit Frontignan. Het is nog warm, zo aan het eind van deze oktobermaand, en Felix, die nog gewend is aan de koele herfstmaanden in Bazel, wordt erdoor verrast: na het eten besluiten de jongelui een uiltje te knappen, een siësta naar goed zuidelijk gebruik. Ze werpen zich op de strozakken in de herberg. Enige tijd later rijden ze alweer door Lunel heen: het is een stad van veefokkers, met modderige straten, niet ver van de grote weiden en evenmin van de zoutziederijen op de oevers van het kustmeer. De stad dateert grotendeels van voor de grote crises van de jaren 1348-1450. De stadswallen, daterend uit de dertiende eeuw en opgekalefaterd in de eerste helft van de vijftiende eeuw, begrenzen een gebied dat bijna driemaal zo groot is als het oude Romeinse *castrum*, waarvan de sporen nog terug te vinden zijn in de loop van de straten, en dat gelegen was op het kruispunt van de noord-zuidroute (Sommières-Mauguio) en de oost-westroute (Nîmes-Montpellier), dezelfde die Felix zal volgen. In 1552 zit het katholicisme in Lunel nog stevig in het zadel, dankzij de herinnering aan de heilige Gerardus, die, naar verluidde, van lokale adellijke komaf was. Dankzij de herinnering ook aan Sint Antonius uit Padua: deze grote man had hier in de buurt, als door een wonder, de kikkers tot zwijgen weten te brengen wier gekwaak het gebed van de franciscaner monniken verstoorde. Een wonder uit de hagiografie of een gevolg van de verstedelijking, met haar vernietigende uitwerking op de ecologie van de moerassen? Maar het hele religieuze apparaat, te beginnen met het hierboven genoemde klooster van de volgelingen van Franciscus van Assisi, dat in de tijd van Frans I nog velerlei financiële voordelen kende, alles zal binnen een paar seizoenen worden weggevaagd door het protestantisme, dat in 1552, het jaar van Platter, wortel begint te schieten in Lunel.

Bij het verlaten van het stadje ontsnappen Héroard en Platter trouwens aan de tamelijk gevaarlijke, professionele dievenbende die de omgeving van de buitenherberg De Witte Taveerne onveilig maakt. Het is nog een rode herberg, die sinds een paar jaar tevergeefs bestreden wordt met de bureaucratische, ondoeltreffende vervloekingen van Hendrik II. Pas in de zeventiende eeuw zal er orde op zaken gesteld worden. De twee jongens komen steeds dichter bij Montpellier, einddoel van hun reis. Het is een zeer belangrijke stad waarvan de rechtbank, nog ditzelfde jaar geïnstalleerd, zojuist de baronie Lunel onttrokken heeft aan het baljuwschap van Nîmes en Beaucaire en onder haar eigen jurisdictie heeft gebracht. Naar het westen rijdend op zijn paard, op deze namiddag van 30 oktober, verheugt Michel Héroard zich op zijn aankomst diezelfde avond nog in Montpellier, zijn geboortestad. Onderweg komen de beide ruiters door Sambres, dat Felix later, in zijn memoires, Chambéry zal noemen! Iets verder, bij de brug over de Lez, vlak bij de herberg in Castelnau, stuit de jongeman op de lijken van een aantal gehangenen, zielen die naar een betere wereld overgegaan zijn. Ofschoon hij de laatste weken harder is geworden, is het een onaangename ervaring, vreemd zelfs (*seltzam*). De oude 'gedeprimeerdheid' uit Avignon maakt zich opnieuw meester van Felix. Hij spreekt, in stilte of hardop, een laatste gebed uit, het enige dat hij sinds zijn vertrek noemt. Hij smeekt God om zijn genade (*gnodt*) – hij is niet voor niets hervormd – zowel voor de studie die voor hem ligt als alvast voor zijn terugreis naar Zwitserland. Vanaf de top van de heuvels, waarop een kruis staat, hebben onze kameraden een weids uitzicht op de hoofdstad van de Languedoc en niet te vergeten, een première voor Felix, pal in het zuiden de Middellandse Zee.

Bij de poorten van de stad voelt Felix zich nog wat ongerust, begrijpelijk voor een jongeling die een vreemde stad binnenrijdt die zelfs echte Fransen verbijstert, zo verrassend zijn de steden van Zuid-Frankrijk voor nieuw aangekomenen. Gelukkig monteren de eerste taferelen die de jongen in de stad aanschouwt hem op, en leiden hem af van de gehangenen in Castelnau: de beide ruiters (zij stappen niet af, zelfs niet *intra muros*) kruisen het pad van vooraanstaande, al dan niet adellijke burgers, die witte overhemden en banieren en snaarinstrumenten dragen; zij houden zilveren schaaltjes in hun hand, en lepels waarmee ze lawaai maken en snoepjes uitdelen aan jonge meisjes van goede komaf die ze onderweg tegenkomen…

Het is zondag 30 oktober, de vooravond van Allerheiligen, dat weer gevolgd zal worden door Allerzielen; de vooravond ook van de heidense ceremoniën uit de oudheid, Halloween met zijn doden en zijn tovenarij, heden ten dage nog goed bewaard gebleven in Angelsaksische landen, maar in de Latijnse landen overdekt met een sausje van een tweedehandse katholieke liturgie. Maskers, vermommingen, dansen, verschillende activiteiten van de groep jongeren en het uitdelen van lekkernijen waren aan beide zijden van het Kanaal kenmerkend voor de korte fase in de religieuze cyclus die, in Montpellier op deze zondag in oktober 1552, volgens het getuigenis van Felix meer Allerheiligen dan Allerzielen is, met meer vermakelijke, elitaire en feestelijke vieringen, die goed geïntegreerd waren, dan met tomeloze, ordeloze dodendansen.[56]

Nu ze zijn aangekomen in Montpellier scheiden zich de wegen van Felix Platter en Michel Héroard; in het centrum, vlak bij de apotheek van Catalan, bij wie de Zwitserse student zijn intrek zal nemen, nemen ze afscheid. De winkel annex apothekerswerkplaats, naast het familiepension van Laurent Catalan, de baas van de zaak, is gelegen tegenover wat in de twintigste eeuw de prefectuur van Montpellier zal worden, op haar beurt geflankeerd door de plaats waar de huidige markthallen staan. Michel Héroard is nog niet doorgereden naar het huis van zijn vader of Felix, aan zichzelf overgelaten, ziet apotheker Laurent Catalan en zijn vrouw in hun deuropening, waar ze naar de dansers in de straat staan te kijken, want het is zondag, dag van beschouwelijke rust voor meester-winkeliers. Platter junior springt van zijn paard, spreekt de apotheker plechtig aan in het Latijn en overhandigt hem een aanbevelingsbrief die hij uit Bazel heeft meegenomen; hij kreeg hem bij zijn vertrek van een notabele die Catalan kende. Er komt een gesprek op gang, nog steeds in het Latijn. Catalan slaakt diepe zuchten (*seufftzget*) wanneer hij denkt aan zijn grote zoons die zo ver weg zijn, pensionairs op de oevers van de Rijn, in uitwisseling met de zojuist gearriveerde. Zuchten die ons vier eeuwen later nog bereiken.

Men brengt Felix' paard naar de stal. Een jonge Elzasser van goede komaf, Johann von Odratzheim, werkzaam als 'leerling-pillendraaier' of stagiair-pensionair bij Catalan (F 128), brengt de Zwitser naar het kamertje dat al sinds het einde van de briefwisseling tussen Bazel en Montpellier voor hem gereedgemaakt was. De dienstmaagd van Catalan, Béatrix, hoeft hem nog slechts zijn laarzen uit te trekken, en de ruiter is weer voetganger geworden. Ondanks haar tragisch einde enkele jaren later wijdt Felix slechts enkele regels aan deze zelfde Béatrix, in een nogal droog verslag dat wel een officiële medisch-juridische verklaring lijkt: 'Op 3 december 1556 werd de voormalige dienstbode van Catalan, Béatrix [Bietris], die me mijn laarzen heeft uitgetrokken bij mijn aankomst in Montpellier in 1552, opgehangen op het plein [bij het stadhuis en de Onze-Lieve-Vrouwekathedraal] aan een galg die maar één arm had. Ze werd gehangen en gewurgd. Zij had een jaar geleden [1555] het huis van Catalan verlaten en was bij een zwartrok [*pfaff*] gaan werken die haar vervolgens zwanger gemaakt had: na de bevalling had ze het kind in het toilet van de zwartrok gegooid, alwaar het lijkje werd aangetroffen. Vandaar de veroordeling en de terechtstelling van de moeder. Men heeft het lichaam van genoemde ter ontleding aan de Geneeskundige Hogeschool gegeven; de uterus was nog dik en opgezwollen, want de bevalling had nog maar een week eerder plaatsgegrepen. De beul wikkelde de overblijfselen van het lichaam van de terechtgestelde in een laken en hing dat op aan een galg, even buiten de stad.'[57] Geen woord van verwijt, in deze tekst, aan het adres van de kerkelijke minnaar (die naar het zich laat aanzien ongestraft is gebleven), behalve dan misschien door het gebruik van een woord als zwartrok, dat echter op zich bij een overtuigd protestant als Felix Platter geen enkele verbazing hoeft te wekken.

Aan het eind van deze oktobermaand hoeft onze jongeman nog slechts de rekening op te maken, een rekening die door de latere tekstbezorgers en ook door mijzelf enigszins bijgesteld is. De reis Bazel-Montpellier heeft eenentwintig dagen geduurd, waarvan er zestien echt aan het reizen zijn besteed en vijf aan rust of toeristische uitstapjes. Gemiddeld gaf hij elf sous en zestien denier per dag uit; het gemiddelde dagloon van een metselaar is in die tijd vijf sous. De student in spe, zelfs al is hij de zoon van een platzakke leraar, bevindt zich dus, we hadden niet anders verwacht, in een heel wat betere positie dan de proletariërs. De gemiddelde etappe per paard bedroeg vijfenveertig kilometer per dag, met uitschieters naar dertig en zestig kilometer, afhankelijk van toeristische attracties, de windrichting (tegenwind), enzovoort. In die zestien reisdagen heeft Felix in totaal iets meer dan zevenhonderd kilometer afgelegd: zevenhonderdvijf volgens zijn eigen berekeningen, zevenhonderdtwintig volgens een wat afwijkende berekening. Voor hedendaagse automobilisten is de afstand tussen Bazel en Montpellier, over autowegen, nog maar zeshonderdvierenvijftig kilometer, men vermijdt immers omwegen (F 145). Dat is minder dan een dag voor een redelijk snelle chauffeur. In dit geval wordt de reisduur dankzij de moderne tijd zestien keer zo kort…

Zo beweegt men zich in 1552 van een stad met zestienduizend inwoners (Bazel) naar een met twaalfeneenhalfduizend zielen (Montpellier), ooit befaamd vanwege de handel, maar in de zestiende eeuw in dit opzicht weggeconcurreerd en verdrongen door Marseille en door de havens in de provincie. In Montpellier zullen de rechterlijke macht en de universiteit (met name geneeskunde) het stadsleven steeds meer gaan domineren.

Hoofdstuk 6

Leven in Montpellier

Op 4 november 1552 schrijft Felix zich in bij de universiteit van Montpellier: de avond tevoren had hij gezien hoe midden op straat een heleboel 'ketterse' boeken verbrand werden, die daarvoor clandestien gecolporteerd werden. Hij heeft geen vinger uitgestoken. Waar zou dat goed voor zijn geweest? Wel heeft hij zijn paard verkocht voor acht kronen; daarmee kan hij wat kleren en een Catalaanse deken kopen, een *flassada* (de novembernachten zijn al fris). De inschrijving bij de universiteit op 4 november vindt plaats onder de auspiciën van Du Chatel, een briljant geneesheer, rokkenjager, katholiek, geïmmigreerd uit Parijs. Felix doet toelatingsexamen bij hem en slaagt; hij mag beginnen met zijn medicijnenstudie. De 'marraanse'[1] kruiwagen, of liever gezegd, de joods-katholieke of zelfs joods-protestantse kruiwagen, heeft bij dit alles ongetwijfeld een rol gespeeld. Doktor en decaan Antoine Saporta zal optreden als Felix' officiële patroon, in universitaire termen: zijn tutor, aan wie hij altijd raad kan vragen, zijn intellectuele 'vader', officieel erkend door de plaatselijke autoriteiten. Antoine Saporta is een vriend van Rabelais en kleinzoon van een joodse arts die naar Lérida was geëmigreerd, Louis I Saporta, ooit persoonlijk 'verzorger' van de Franse koning Karel VII. Louis II Saporta, zoon van Louis I en vader van Antoine, studeerde in Montpellier en was vervolgens zeer in trek als arts in Toulouse. Antoine Saporta, marraan, niet alleen van geboorte, maar ook door familie- en huwelijksbanden en diverse vriendschappen, heeft protestantse sympathieën. In zijn relatie met Saporta profiteert Felix van meet af aan, sinds zijn aankomst in Montpellier en eigenlijk al eerder, van de warme aanbevelingen van de kant van zijn kostbaas-apotheker Laurent Catalan, ook een marraan met lutherse sympathieën (de zoon van deze Catalan noemt zich op een gegeven moment Spanjaard van origine, Fransman van nationaliteit en Duitser, lees: lutheraan, in zijn hart). Er bestaat dus een, niet zeer in het oog springende, marraans-protestantse connectie tussen Bazel en Montpellier, want de zoons van Platter zijn kostganger, of zullen dat zijn, bij Thomas Platter en – de tweede schakel – decaan Antoine Saporta en Catalan zijn vrienden en, zo mogen we het wel stellen, geloofsgenoten. Laurent Catalan zelf is trouwens een complexe persoonlijkheid: hij laat zijn baby's van het mannelijk geslacht besnijden, maar hij wordt sterk aangetrokken door de protestantse, bijbelse en antiklerikale cultuur van Felix. Hij laat niettemin ook missen opdragen aan de Heilige Maagd opdat die zijn zoon Gilbert zal bijstaan, die hij als een mislukkeling beschouwt en die hij graag, met behulp van vrome gebeden, zou zien terugkeren naar een arbeidzaam leven. Een driedubbel oecumenisme, dat de joodse wortels, de hervormde nieuwigheden en de katholieke tradities in zich verenigt. Een all-riskverzekering...

Felix zal de komende vijf jaar godsdienstig gezien een tamelijk bizarre periode doormaken. Hij mijdt de dominicaanse missen, zelfs de nachtmis, als de pest, terwijl zijn jongere broer Thomas junior, een liefhebber van 'folklore' die wellicht ook zijn lezerspubliek wilde voorlichten over paaps bijgeloof, aan het eind van de eeuw juist graag de katholieke vieringen in de kerstnacht te Montpellier bijwoont. Maar Felix, hoe wantrouwend hij ook tegenover de kerk van Rome staat, hoedt zich er in deze jaren wel voor zich als hugenoot kenbaar te maken. Hij heeft er geen enkele behoefte aan zich als martelaar op te werpen. In het kader van een meritocratisch systeem verblijft hij nu in Montpellier om aan zijn carrière te werken. Punt. Toen hij nog een kind was, bloedde zijn hart voor de jonge Nederlandsen die het slachtoffer waren geworden van de vervolgingen onder Karel V; maar als student, ouder en wijzer, lijkt hij bedaarder. Hij beziet met een vrij koele blik de folteringen die enkele protestanten in Montpellier ten deel vallen. Alleen doet hij op een dag zijn best om te verhinderen dat men in de apotheek van meester Catalan terpentijn komt kopen om de brandstapel van een zuidelijke ketter, die vanwege de regen steeds uit dreigt te gaan, nieuw leven in te blazen (F 190). De winkeljongens in de apotheek maakten Felix bij deze gelegenheid echter snel duidelijk dat hij echt moest uitkijken en dat hij, als hij de beulsknechten terecht wilde wijzen, zelf misschien op de brandstapel aan zijn einde zou komen. Felix is niet dom; hij begrijpt de boodschap en dringt niet verder aan. Hij houdt zijn mond. Hoe dan ook, hij zal in Montpellier niet één keer een clandestiene protestantse dienst bijwonen, terwijl een dergelijk avontuur weliswaar gevaarlijk maar verre van ondenkbaar was. Als Felix het had gewild, zou hij vaak genoeg de gelegenheid gehad hebben. We moeten echter erkennen, te zijner verdediging, dat hij nooit een protestant ontleed heeft, terwijl hij waar het roomse lijken betrof absoluut geen gêne kende.

Felix houdt dus in Montpellier, in de jaren 1552-1556, een soort godsdienstige winterslaap. Dat betekent echter niet dat zijn 'ketterse', of liever gezegd 'oecolampadiaanse' overtuigingen minder sterk worden of dat hij geen vriendschap met 'paapsen' zou kennen, zoals bijvoorbeeld met professor Honoré Du Chatel, die hij zelfs bij zijn voornaam noemt. Typerend is ook de haat-liefdeverhouding die Felix heeft met broeder Bernard (F 209, 261), een geestelijke die hem voorziet van coq-au-vin en van heimelijk opgegraven lijken voor clandestiene ontledingen. Pas in 1557, vlak voor zijn vertrek naar Bazel en na jaren gebruik te hebben gemaakt van de goede en loyale diensten, zal Felix breken met broeder Bernard die zo lang zijn medeplichtige en bijna een vriend was geweest.

Als student aan de medische universiteit van Montpellier[2] profiteert Felix Platter van de groei en het prestige van de instelling, die zich sterk heeft ontwikkeld dankzij initiatieven van Karel VIII die er aan het eind van de vijftiende eeuw op gericht waren vier leerstoelen te creëren. De monarchie nam goed nota van de vernieuwingen die al tussen 1462 en 1485 in Montpellier waren doorgevoerd. Deze betroffen de studies rechten, theologie en vrije kunsten. Het academische verval dat in deze streek tijdens de honderdjarige oorlog was ingetreden was onder Hendrik II al niet meer dan een vage herinnering. De ziekenhuizen daarentegen speelden, ook al was daar nog zoveel te doen, nog steeds slechts een uitermate geringe rol in het onderwijs van de toekomstige artsen; die interesseerden zich meer voor ziektes dan voor zieken. Felix heeft weliswaar bedlegerigen van vlees en bloed gezien in Montpellier, maar dat was een bijzondere gunst, die hij te danken had aan zijn vriend en docent Du Chatel, alias Castellan.

Net zoals vroeger bij de Sorbonne en nu nog in Oxford het geval is, konden in Montpellier studenten zonder geld, voornamelijk uit de Lozère en Catalonië, dankzij een systeem van colleges profiteren van de intellectuele prestaties van de *Alma Mater.* Over het algemeen was de 'macht van de student' geen loze kreet, al werd die macht hun vanaf 1550 betwist door de Grands Jours van Béziers, waar professor Schyron aan de touwtjes trok. De jongelui, Duitsers incluis, konden het docentenkorps dwingen hun lessen fatsoenlijk voor te bereiden, hetzij door te dreigen op de salarissen te korten, hetzij door een staking te organiseren onder de toehoorders van die lessen. Felix moest in de herfst van 1556 tegen wil en dank een keer meedoen met zo'n staking, met het risico zijn goede meester Saporta diep te bedroeven (F 258). Magister Saporta was, zoals gezegd, van marraanse origine, iets waar weinig mensen zich aan stoorden in een samenleving waar rassenvooroordelen nauwelijks een rol speelden, zolang men het christelijke geloof maar omarmde. Een secretaris, een pedel en een betaalmeester van de beurs vormden samen het bescheiden bureaucratische apparaat dat de administratieve machine van de universiteit, het beheer en het bestuur, goed gesmeerd liet lopen.

De geografie van het intellect zat als volgt in elkaar: de hoogleraren in Montpellier keken neer op de 'universiteiten' van Valence en Orange. Bovendien wisten ze zich vanwege de wetenschappelijke vrijheid die ze genoten superieur aan hun collega's in Parijs. Maar omdat ze niet gek waren namen ze wel degelijk de natuurlijke dominantie van de hoofdstad in acht; een Parijzenaar is altijd een grote broer. Voor het onderwijs dat in Avignon werd gegeven, waar veel jonge Duitsers studeerden, hadden ze overigens wel respect. Maar het feit dat een aanzienlijk deel van de professoren daar oorspronkelijk uit Montpellier kwam, was daar wellicht niet vreemd aan. Wat betreft kuuroorden en warme baden in de omgeving van Montpellier, die een steun voor de universiteit hadden kunnen betekenen: het fortuin van de bronnen van Balaruc, een aantal kilometers buiten de Clapas,[3] lag nog verborgen in de schoot van de toekomst; pas helemaal aan het eind van de zestiende eeuw, wanneer Thomas Platter junior in de buurt is, zal dat concrete vormen aannemen. Het baden in zee, dat de minerale balneotherapie altijd kan vervangen, werd door de artsen in Montpellier alleen voorgeschreven bij (honds-)dolheid, altijd moeilijk te genezen, en tegen schurft en allerlei soorten jeuk (in die contreien *grattadis* genoemd).

In de Clapas wordt het lokale pantheon, het aesculapische collectief, gevormd door de vier regenten die de leerstoelen bezetten die in 1498 door Karel VIII waren ingesteld en in principe uit de staatskas werden betaald. De instelling van de leerstoelen was van het grootste belang voor het zelfrespect van Montpellier, dat verder versterkt werd door onder andere de vestiging van twee rechtbanken, een *chambre des comptes* in 1523 en een *présidial* in 1552, en door de verlegging van de bisschopszetel van Maguelonne naar Montpellier in 1536. Kennis trok macht aan. Alleen de vier regenten van geneeskunde (een beperkende wetgeving waakte daar sinds enkele jaren over) kozen de kanselier-regent, meester na God van de *Universitas.* Bovendien moest de rest van het onderwijs door slechts vier of vijf doctoren gegeven worden (een andere malthusiaanse regeling uit 1554). De decaan van de doctoren fungeerde als decaan *tout court.* Hij was voornamelijk verantwoordelijk voor het opstellen van de roosters en hij moest ervoor zorgen dat het volledige studieprogramma werd aangeboden. De vier regenten hoefden geen belasting te betalen, wat enig gemor onder de burgerij teweegbracht, maar wat er ook gezegd werd, zij behoorden niet tot de rijkste mensen in de stad maar tot de middenklasse; ze onderscheidden zich eerder door hun kennis dan door hun inkomen. De regenten in het midden van de eeuw waren allen hugenoten, in ieder geval in hun hart, met uitzondering van doctor Honoré Du Chatel, een overtuigde roomskatholiek. Zij recruteerden hoofdzakelijk in hun eigen kringen, al dan niet met een intern of extern concours. Dat begon al in de jaren 1550, dus dat zegt wel wat over de vervolgingen onder Hendrik II. Die waren vooral gericht tegen mensen van buiten en tegen openlijke belijders van de ketterij die zo onvoorzichtig waren zich te laten pakken.

Van de professoren, regenten en andere doctoren herinnert Felix zich vooral Jean Schyron, afkomstig uit de Anduze (tegenwoordig Gard), een kanselier-regent met hugenootse inslag, maar zeer reactionair (hij had, laten we dat niet vergeten, op de achtergrond aan de touwtjes getrokken toen de restrictieve maatregelen van 1550 en 1554 werden afgekondigd). Schyron was 'heel oud' (zestig...) en stond erom bekend zijn sluitspieren niet te kunnen beheersen tijdens de hoorcolleges, wat veel hilariteit veroorzaakte in de stad waar christelijke barmhartigheid nu niet bepaald wijdverbreid was. Zijn openbare lessen, die ooit getuigden van een medisch hellenisme van uitzonderlijk hoge kwaliteit, stelden niets meer voor als we de jonge Platter mogen geloven. Over de onnavolgbare Rondelet, Rondibilis genoemd, afkomstig uit de Languedoc en in het bezit van een hoog voorhoofd, een grote neus en een dikke baard, die Schyron opvolgde als kanselier-regent, zullen we verder weinig zeggen; hij is uitvoerig besproken naar aanleiding van Felix' bezoek aan hem in 1552 te Lyon. De jongeman uit Bazel bewondert Rondelet mateloos vanwege diens grote gaven op het gebied van de zoölogie, en met name de anatomie. Uit wedijver ontleedde Felix zelfs honden. Met de resten daarvan veroorzaakte hij verstoppingen in het toilet van Laurent Catalan, die daar woedend over werd (F 187). Nee, dan Rondibilis. Had die geen autopsie gedaan op zijn schoonzus en weldoenster, en op zijn eerste vrouw en zijn doodgeboren zoontje, en hen vervolgens ontleed, net als – in het openbaar – de placenta van zijn tweeling? Hij weet bovendien alles van vissen. Hij heeft de mijtachtige of 'zier' ontdekt die schurft veroorzaakt. In 1554 is hij de man achter het nieuwe anatomische amfitheater in Montpellier. In 1564 zal Rondelet zich nog een keer onderscheiden doordat hij bij een bezoek van Karel IX een verviervoudiging weet te bewerkstelligen van de magere salarissen van de vier hoogleraar-regenten, die sinds het eind van de vijftiende eeuw nooit waren bijgesteld, ondanks de enorme inflatie. Wel moet gezegd worden dat de professoren niet alleen van dit salaris hoefden te leven, omdat ze ook vele consulten gaven. De salarisverhoging sloot bovendien aan bij een tendens die in de hele Languedoc merkbaar was, want in hetzelfde jaar (1564) werden ook de lonen van de voedsters in Montpellier opgetrokken,[4] die eveneens bijna zeven decennia bevroren waren geweest. De hele sector van de lichamelijke verzorging was in beweging. De salaristrap had echter heel wat moeite met het inhalen van de prijsindexlift.

Naast Rondelet-Rondibilis is er Antoine Saporta, de doctor-decaan vanaf 1556, die eerst marraan-katholiek en toen protestants was (en vervolgens, na de Bartholomeüsnacht, weer katholiek; we begrijpen wel waarom). Hij blijft, zoals ook in de bedoeling lag, de patroon, de plaatselijke 'vader' van Felix Platter. De grote vriend van de Zwitser is echter doctor, later hoogleraar-regent Honoré Du Chatel. Deze achtenswaardige Parijzenaar werd een tijdlang bij concoursen voor een professoraat steeds afgewezen vanwege zijn katholieke overtuigingen – en dat ruim voor de dood van tegenstander der hugenoten Hendrik II. Du Chatel dwong echter uiteindelijk zo veel respect af dat de discriminatie ophield. Van het begin af aan nodigt hij Felix uit om te komen dineren, neemt hij hem mee op ziekenbezoek, geeft hem een kaartje om, vanuit een raam met uitzicht op het schavot, met een aantal dames en heren van betere stand de terechtstelling bij te wonen van een antipaapse boer en tovenaar, aan een galg bij het stadhuis. Bij wijze van anatomieles! De geneesheer is ook de minnaar van de echtgenote van de oude doctor Griffy, en hij komt haar graag de pols voelen wanneer haar man weg is.[5] Felix speelt dan, net als Polonius, luit achter een kamerscherm. Shakespeare... of Marivaux? De jongeman uit Bazel noemt per slot van rekening dit in zijn ogen zeer Parijse personage, dat ver in Occitanië terechtgekomen is, bij zijn voornaam, Honoré. Du Chatel zal het nog brengen tot lijfarts van koningen (van Frankrijk); er zijn trouwens vele oud-studenten van de universiteit in de Languedoc die een bloeiende carrière eindigen als archiater[6] bij een van de gekroonde hoofden van Europa. Dat zal overigens, dertig jaar later, in zekere zin ook gelden voor Felix, als sluitstuk van een fenomenale sociale stijging.

Maar nu gaat het nog om eenvoudige studenten; de geneeskundecolleges worden van Sint-Lucas (18 oktober)[7] tot Pasen gegeven door professoren, die daar geen vergoeding voor krijgen. 's Zomers mogen de gewone doctoren (de niet-regenten) op hun beurt – gratis – onderwijs geven, terwijl de professoren-regenten in het zomerseizoen door kunnen gaan met het geven van lessen, en daarvoor dan wel betaald moeten worden. Volgens Felix zijn de lessen vaak van middelmatige kwaliteit, maar is dat nu niet nog steeds vaak het geval aan de hogescholen en universiteiten? De lessen zijn dan misschien niet zo goed, ze nemen wel veel tijd in beslag. Behalve op zon- en feestdagen en de woensdag, de dag van Hippocrates, begint de dag aan de universiteit iedere ochtend om zes uur, met de colleges van Sabran, Saporta en Schyron. De jonge Duitsers, die niet bepaald warm lopen voor het geleuter van de laatste, gebruiken het uur dat hij op het rooster staat om met een klein clubje anderhalve liter uitstekende muskaatwijn te drinken en varkensvlees met mosterdsaus te eten (want het eten van varkensvlees is taboe in het huis van Catalan, marraan en koosjer in hart en nieren – F 163). Het *breakfast* vindt plaats in herberg De Drie Koningen, in een buitenwijk, onder de school voor geneeskunde die zich *intra muros* bevond, in de huidige rue de l'École-de-Pharmacie. Dan, om negen uur, haasten de jongelui zich weer de helling op om het college van Rondelet, dat altijd druk bezocht wordt, niet te missen. Na de maaltijd tussen de middag volgen de hoorcolleges van professor Bocaud, een hugenoot uit Montpellier, en van de doctoren Guichard, Fontanon en Griffy (de 'rivaal' van Castellan). De beide laatsten hebben eveneens hun wortels in Montpellier. Tot zover wat de heelkunde in de eigenlijke zin van het woord betreft. 'Scheikunde' en farmacie zijn vakken die Felix al doende leert, in de apothekerswerkplaats van hospes-apotheker Catalan, maar ook door het overschrijven van buitenlandse recepten die onder de studenten circuleren. Wat anatomie betreft geniet Felix van de praktische verrichtingen van Rondelet en van zijn eigen expedities, met een paar anderen, die tot doel hebben lijken te roven van de kerkhoven rond Montpellier. Onze man ontleedt lijken zoals anderen ademhalen.

De hoorcolleges bestaan hoofdzakelijk uit voordrachten uit het werk van Griekse auteurs, voorzien van commentaar. De geest van de renaissance heeft halverwege de eeuw Montpellier onmiskenbaar veroverd. Er worden steeds meer Grieken onderwezen: eerst Hippocrates, nuchter, degelijk en hogelijk gewaardeerd door Rabelais, die hier in de tijd van Frans I al eens geweest was; daarna Galenus en Paulus van Aegina, die postuum, respectievelijk in 1531 en 1545, een flitsende opkomst beleven in de voordrachten van de professoren. Felix Platter zelf ontpopt zich als een groot bewonderaar van Galenus, wiens ingebonden werken, op de rug van een ezel geïmporteerd uit Lyon of Bazel (F 186, 188), zijn bescheiden bibliotheek op het zolderkamertje bij Laurent Catalan sieren. Ondanks de reactionaire aanbevelingen van de Grands Jours van Béziers in 1550 worden de werken van de Arabische medici, die in de middeleeuwen nog zo bewonderd werden, nu niet meer onderwezen in de Languedoc. Sindsdien worden de volgelingen van Mohammed nog slechts beschouwd als kwalijke tussenpersonen die een goed zicht op de zuivere Griekse teksten verhullen... terwijl ze die teksten toch op zeer verdienstelijke wijze, zij het soms niet helemaal nauwkeurig, in het Semitisch vertaald hadden. Eén ding is zeker: in het medisch onderwijs in Montpellier heeft men de islamiet Avicenna sinds ongeveer 1550, 1555 laten vallen als een baksteen. Ook Rhazes moet er rond die tijd aan geloven, hoewel hij na 1560 nog een *comeback* beleeft, maar dat blijkt slechts een korte opflakkering; daarna dooft het Arabische vuur definitief.

De renaissance schrijdt dus met grote schreden voorwaarts, zeker in Montpellier. Geworteld in de Grieks-Hebreeuwse cultuur was zij in de tweede helft van de vijftiende eeuw in Europa opgekomen met de uitvinding van de boekdrukkunst en met de val van Constantinopel, die de stroom van manuscripten uit de Griekse oudheid naar het westen, inclusief medische teksten, op gang bracht. Karel VIII, in 1495 teruggekeerd uit Napels, was grotendeels zelf verantwoordelijk voor de introductie van de renaissance in de Franse kunst van het boekbinden en het verluchten.[8] Tegen 1525-1535 nam de opnieuw opkomende daadkracht steeds grotere proporties aan met de verovering van Mexico en van Peru, die de historicus Bennassar[9] als de echte ontdekking van Amerika beschouwt, of ten minste als de enige echte inbezitneming van het Amerikaanse continent – het onafwendbare einde van de middeleeuwen dus. In dezelfde tijd was er de uitbarsting, de verspreiding van het gedachtengoed van Luther en Zwingli, dat ervoor zorgde dat mensen als Thomas Platter zich zo tussen 1520 en 1530 zowel aan het katholicisme als aan het traditionalisme van het platteland ontrukten. In de jaren 1550 is het overduidelijk het Griekse cultuurgoed dat zegeviert, zowel in de kastelen van de Valois als aan de universiteit van Montpellier, waar het medisch hellenisme, in zijn pure rechtlijnigheid, triomf na triomf viert bij de docenten en bij de leerlingen, Felix incluis.[10]

Ook buiten de colleges vergt de studie veel van een briljante, gewetensvolle en gemotiveerde student als onze Zwitser: net als in Oxford moeten de studenten seminars houden in de vorm van *disputatio* of 'oppositie', in een klein groepje of voor een breder publiek. In 1556 betekent dit dat Felix iedere veertien dagen een keer aan de beurt is; eerst alleen met een groepje Duitsers, maar daarna ook met Franse studenten erbij. Felix is trouwens de enige van de *Teutschen* die zich aan dergelijke translinguïstische ervaringen waagt, ook al vindt de voordracht in kwestie meestal plaats in het... Latijn.

Ook besteedt hij veel tijd aan het overschrijven van farmaceutische formules uit Italië en uit Duitsland, die de studenten aan elkaar doorgeven. Deze kunnen betrekking hebben op de keuze van de beste klysma's, nog onbekend in Bazel; selecties van topische middelen, zalven, purgeermiddelen; kruidenmelanges, kaneel, gember, brouwsels die winderigheid tegengaan, enzovoort. Daarbij wordt er gewerkt aan een collage van medicinale en andere planten, op de bladzijden van een kruidenboek. Dankzij Felix kan er ook, clandestien, een manuscript gekopieerd worden van Falcon, de grote marraanse heelmeester uit Montpellier, die in 1540 was overleden. De joods-katholieke medicus was de schrijver van een werk dat postuum werd uitgegeven en waarin heelkunde en chirurgie in samenhang gebracht werden. Falcon was heel erg rijk geworden (en ook hierin zal hij als voorbeeld voor Felix dienen).

Onze student uit Bazel en de ijverigste onder zijn collega's gebruiken voor hun verschillende bewerkingen altijd de 'hyperanalytische methode', ofte wel de *Isagoge*, overzichten met accolades en subaccolades; een methode om wetenschappen te classificeren, waarbij grote probleemvelden onderverdeeld worden in kleinere thema's, die op hun beurt verder onderverdeeld worden; een taxonomische techniek die in de oudheid werd uitgedacht door Porphyrius, en werd vervolmaakt en/of gebruikt door Raymund Llull in Catalonië, Ramus en Figon in Frankrijk, en Fallopius in Padua, met Zwinger en Platter in hun Zwitsers-Rijnlandse kielzog. Zo nodig eindigde dat in verbeten zittingen tot diep in de nacht, bij kaarslicht, onder de hanebalken van huize Catalan en een hemel die bezaaid was met sterren en klaarhelder dankzij het mooie weer en de afwezigheid van luchtvervuiling.

Ten slotte zijn er natuurlijk nog de praktische oefeningen, met patiënten. Maar pas op! Als je gesnapt wordt, loop je een grote kans beschuldigd te worden van kwakzalverij, en van het illegaal uitoefenen van de geneeskunde, tenminste als je officieel nog geen arts bent. De sancties op deze gevaarlijke clandestiene bezigheid: een ritje op een ezel, schrijlings en achterstevoren, het mikpunt van spot en projectielen die plaatselijke boeven je toewerpen. Een tragikomisch ritueel, dat al enkele eeuwen oud is en dat al in het jaar 1000 in Rome gebruikt werd voor de tegenpausen die beschuldigd waren van de illegale uitoefening van het soevereine pausdom.[11] Felix biedt dus alleen op uiterst behoedzame wijze assistentie aan de bedlegerigen; op dit vlak kiest hij voor redelijke oplossingen, dat wil zeggen, alleen zijn Duitse kameraden kunnen hem als medicus of paramedicus consulteren. Hij kan ervan op aan dat zij hem in elk geval niet aan de autoriteiten zullen verraden, al was het alleen al vanwege de taalbarrière.

Men moet de omvang van de universiteit in die tijd niet overschatten. In de zestiende eeuw telde de universiteit in Montpellier hoogstens honderdvijftig tot tweehonderd geneeskundestudenten; per jaar waren er zo'n dertig tot vijftig nieuwe inschrijvingen. Inschrijving was overigens niet mogelijk voor mensen die zelf al een ambachtelijk of technisch beroep hadden uitgeoefend; daarentegen keek men niet naar wat de vader van de kandidaat voor werk deed; ook uit de lagere klassen werden studenten toegelaten. Rond 1950 telde de faculteit van geneeskunde in Montpellier nog steeds slechts zo'n zevenhonderd ingeschrevenen, en de studie is nog even tijdverslindend als vier eeuwen geleden, met dat verschil dat in plaats van de hele dag hoorcolleges te moeten volgen de studenten aan de Clapas in de tweede helft van de twintigste eeuw 's ochtends stage lopen in een ziekenhuis en 's middags colleges volgen.

Felix Platter is zich in Montpellier komen vestigen in een periode dat het aantal inschrijvingen tot een ongekend hoogtepunt was gestegen: jaarlijks tweeënvijftig nieuwe studenten in de jaren 1550 tegen dertig à veertig in de vijf daaraan voorafgaande decennia. Na 1565 daalde het aantal inschrijvingen weer vanwege de godsdienstoorlogen, eerst tot een dertigtal per jaar en later, naarmate de oorlogen langer duurden, tot een stuk of vijftien. Dankzij het feit dat Hendrik IV een einde aan de oorlogen maakte, aan het eind van de zestiende eeuw, vond er opnieuw een stijging plaats tot ongeveer dertig inschrijvingen per jaar. Dat was ook de tijd dat Thomas Platter junior in Montpellier studeerde (1594-1600).

Het studentenmilieu is tamelijk kosmopolitisch te noemen. Vanaf het allereerste begin tot aan het einde van de zestiende eeuw, kwamen er op ruim drieëndertighonderd inschrijvingen zeshonderdtweeënnegentig van studenten uit het buitenland. Onder hen tellen we er tweehonderdzeventig van het Iberisch schiereiland, merendeels Spanjaarden, die nogal geïsoleerd van hun medestudenten van de andere kant van de Pyreneeën leefden, wat te wijten was aan de oorlogen tussen Frankrijk en Spanje die de onderlinge verhoudingen vergiftigden. Ook verschilde het 'ultra-zuidelijke' katholicisme van de inquisitielanden nogal van de Franse opstelling. In de godsdienstoorlogen zal dat opnieuw bewezen worden door de oprichting van de katholieke partij van de 'politieken' ofte wel gematigden, een typisch Frans fenomeen, dat hen scheidde van hun Spaanse geloofsgenoten en van de aanhangers van de katholieke liga. Aan de andere kant waren er driehonderdvijftien afkomstig uit de Duitse gebieden of, meer algemeen, Centraal-Europa. Gemakshalve worden daar ook de studenten uit Polen, Scandinavië en de Nederlanden toe gerekend, toch zeker geen Teutonen.

Daarnaast zijn er vijfenzeventig Italianen. Een van hen, een zekere Flaminius of Flamini (F 191), over wie we verder geen informatie hebben, kreeg postuum bekendheid door een voorval dat in 1554 de tongen in de Languedoc in beweging bracht. Flaminius was nogal heetgebakerd en stond altijd snel klaar met zijn ponjaard. Bij een ruzie aan het eind van een bruiloftsbal, dat gegeven werd ter gelegenheid van het huwelijk van de zoon van professor Fontanon – die in de hele provincie beroemd was vanwege zijn muilezelin die al meer dan veertig jaar oud was – reeg genoemde Flaminius zich stom genoeg aan de degen van een zekere Le Beau, een student (van adel) uit Tours, die ook geneeskunde deed. Le Beau werd gearresteerd na een achtervolging over de daken. Na enige tijd gevangen te hebben gezeten werd de jonge, in feite onvrijwillige moordenaar eindelijk vrijgelaten. Later, in het begin van de zeventiende eeuw, zal hij zijn carrière als arts beëindigen in Tours. Behalve de vijfenzeventig Italianen die we zojuist noemden (let wel, voor de hele zestiende eeuw), waren er ook nog zevenentwintig jongelui van de Britse eilanden, zowel uit Engeland als uit Ierland. Over het algemeen waren de bisdommen die toentertijd het best vertegenwoordigd waren aan de faculteit van geneeskunde in Montpellier die van Bazel, Konstanz, Genève, Utrecht, Luik en Doornik, plus vijf Spaanse bisdommen. Men ziet dat Felix in tweeledig opzicht typerend is: hij schrijft zich in op het demografisch hoogtepunt van de studentenpopulatie (in de loop van het voorspoedige decennium van de jaren 1550), als Montpellier echt 'in de mode' is in Europa; bovendien is hij afkomstig uit het Zwitserse diocees (Bazel) dat bijzonder sterk georiënteerd is op het academische en medische leven in de stad in de Languedoc.

Maar niet uitsluitend daarop. Het is het leven in het algemeen, het zuidelijke leven, dat de jonge noorderling een haast volmaakt contrast biedt met de Rijnlandse omgeving waarin Felix zijn eerste vijftien levensjaren heeft doorgebracht. In en rond Montpellier voelt Felix zich dan ook ontheemd; en in 1553, bij het begin van de lente, eind maart, begin april, wordt hij zich daar extra bewust van, wanneer de bremstruiken, de papavers en de amandelbomen in bloei komen, wanneer de elzekatjes uitkomen en de wilgen bladeren krijgen en de buksbomen bloeien op de causse. Grote vliegen beginnen ongemak te veroorzaken, slangen en hagedissen komen uit de grond te voorschijn; 's avonds zwermen de vleermuizen uit; de jonge lijsters zijn al groot; de sappen van de kastanjebomen stromen volop en kinderen, die blootsvoets naar buiten gaan, maken hoorntjes van hun schors. Met opgestroopte mouwen worden de wijngaarden omgespit; er worden erwten en maarttarwe gezaaid; de lammetjes voor de slacht worden geschoren; men eet weer verse salades.

Met het aanbreken van dit heerlijke seizoen, kwam er in de jonge Bazeler een hevig verlangen op om de zee nog eens te zien; de zee, die hij een enkele keer, vanuit de verte, vanaf een heuveltop tussen Sambres en Castelnau, vlak voor zijn aankomst in Montpellier in oktober had gezien: de Middellandse Zee, vlak, strakgespannen als een enorme lap stof, schitterend met haar reflecties van goud en van vuur. De verleiding was des te groter omdat Felix elke dag vanuit zijn zolderkamertje in het vakwerkhuis van Laurent Catalan (vlak bij de huidige prefectuur), altijd uit de verte, de zee kon zien. Hij beweerde zelfs bij herhaling dat hij haar tot in het centrum van de stad kon horen (F 173)! Toen hij zijn ongeduld niet meer kon bedwingen is hij er op 22 februari met een paar vrienden naar toe gegaan, ten zuiden van Pérols, niet ver van het tegenwoordige Palavas. Het was een mooie, warme dag. In Pérols bezochten Platter en zijn vrienden, allemaal Duitstalige studenten, een mineraalwaterbron (F 160), waarvan het water 'vergiftigd' zou zijn en waaraan een lakei van een Franse koning ooit onder het onverschrokken oog van Zijne Majesteit bezweken zou zijn (?). Het groepje was het ondiepe kustmeertje zo goed en zo kwaad als dat ging overgestoken met een bootje zonder schipper en zonder roeispanen, dat met een touwconstructie vanaf de kant overgetrokken moest worden. Het strand, tussen het kustmeertje en de zee, was bedekt met algen, schelpen, sepiabeen en visgraten, meer dan genoeg om een karretje mee te vullen (F 161). Door het komen en gaan van het zeewater raakten de sokken en schoenen van de bezoekers doorweekt; zij kleedden zich uit en gingen zonder te aarzelen baden. Het water was heerlijk, vonden de jongemannen uit het Noorden. De dagtoeristen bedekten zich daarna met lekker warm zand. Dat was trouwens ook heel gezond: de huid werd er droog en stevig van. Het baden in zee werd voorgeschreven tegen schurft, hoofdzeer en diverse vormen van allergie, in een wereld waarin men zich zelden waste. De jonge Duitsers verzamelden schelpen in allerlei kleuren en ronde krabben. Daarna terug naar Pérols voor de middagmaaltijd, en 's avonds naar huis, naar Montpellier.

Wat er ook gebeurde, op de vastendagen was de zee aanwezig op alle tafels, en zeker op die van Laurent Catalan: vanuit het apothekershuis keek je rechtstreeks uit op de kleine, stinkende vismarkt in de smalle straatjes midden in het centrum, niet ver van de slagerij, de meel- en de kruidenmarkt... De marraan Catalan had er geen enkel belang bij vlees te eten in het verboden seizoen, met het risico de godvruchtigen onder zijn klanten te choqueren. Vandaar dat er in februari en maart altijd stokvis op het menu stond, of tong, tonijn (die welke naar de markt gebracht werden waren wel tot vijftien voet of meer lang); en natuurlijk makreel of gefrituurde, overheerlijke sardientjes; veel paling ook, langoesten van wel twee voet lang; garnalen soms, manden vol; en dit alles bereid met olie (nooit boter in Montpellier). En op de vastenavonden kropsla, witlof, uien, kastanjes – geen kaas en geen fruit.

Een nieuwe poging om de zee te bereiken, op 7 april: de Duitse studenten maken een uitstapje naar Villeneuve-lès-Maguelonne, waar een versterkte kerk in romaanse stijl aan de kust oprijst, bedoeld tegen zeerovers uit de Maghreb. Maar deze keer is er geen bootje waarmee ze het meertje kunnen oversteken naar Maguelonne. Ze keren onverrichterzake terug naar Montpellier. Toeristische en badfaciliteiten zijn er niet. De inheemse bevolking is beducht voor malaria, overgebracht door de kust-*palus.* Ze zwemmen vrijwel nooit; het aantal keren dat ze per jaar in zee baden is op de vingers van een hand te tellen. In Montpellier staat men bovendien wantrouwig tegenover de stinkende, brakke kustmoerassen. De vriend van Felix, Melchior Rotmundt, die vroeger in Tübingen en Parijs gestudeerd heeft en later stadsgeneesheer van Sankt Gallen is geworden, had er persoonlijk ondervinding mee opgedaan toen hij dit uitgestrekte modderige gebied wilde oversteken met een witte broek aan, om de stad Aigues-Mortes te bezoeken, die ook toen al befaamd was vanwege de ommuring en de vuurtoren. De overigens uitstekende patrijzen die Felix en hij genoten in een plaatselijke herberg waren niet voldoende om hem te verzoenen met zijn bevuilde kleding.

Toen de vastentijd voorbij was, op 22 mei (F 197), ging het weer richting zee. Opnieuw denkt Felix er goed aan te doen zich na zijn bad in het warme zand te begraven. Drie dagen later blijkt hij bronchitis, of een neusverkoudheid, te hebben opgelopen, een verschrikkelijke catarre, zoals hij die wel eens vaker heeft en waarvan hij het gevoel heeft dat hij eraan doodgaat. Dankzij een purgatie is hij weer snel op de been. Van een afstand maakt vader Platter zich grote zorgen om deze ongezonde uitstapjes. Per brief leest hij zijn kroost vanuit Bazel de les en dient hem van advies (F 185): 'Felix, wees toch voorzichtig met dat baden in zee, vergeet niet dat je een paar jaar geleden bijna in de Rijn verdronken was; en kijk ook uit voor Françaises die je proberen te verleiden.' Op 30 augustus 1557 gaat de student uit Bazel opnieuw met een paar Duitse kameraden naar zee (F 222). Er zijn deze keer een paar *Teutschen* bij die de zee nog niet eerder gezien hebben; zij zijn nog maar net aangekomen in Montpellier. Ze verzamelen kruiden, algen en schelpen, en ze gaan zwemmen. Een van de nieuwelingen is Johann Wachtel, geboren in Straatsburg als zoon van een apotheker; hij is naar Montpellier gekomen als apothekers-stagiaire. Niet veel later zal hij zelf een zaak openen in de hoofdstad van de Elzas, bij de Sint-Jacobskapel, aan de rue des Piques. Felix en Johann (die niet kan zwemmen) duwen elkaar speels, maar toch ook vrij ruw, kopje onder, tot het zoute water hen de neus uitkomt.

Een van de schitterendste uitstapjes naar zee was ook een van Felix' laatste. Eind september 1553 vroegen twee Duitse schrijvers of de student hen wilde begeleiden naar het strand bij Maguelonne; ze wilden hun zoölogische verzameling completeren. De verzamelaar is Heinrich Pantaleon, een klein mannetje met een golvende baard, een ronde hoed en een intelligente blik in zijn ogen. Vanwege allerlei intriges heeft deze godgeleerde de door hem gewenste baan als predikant van de Sint-Pietersparochie in Bazel niet gekregen. De teleurgestelde Pantaleon, die als jongen briljant was, en nu een humanist is à la Montaigne en zeer ontwikkeld, heeft zich op zijn dertigste op de studie van de geneeskunde gestort; die heeft hij in een paar trimesters afgeraffeld aan de middelmatige universiteit van Valence, waar voor weinig geld doctoraten [en ezelsmutsen] te behalen zijn. De 'studie' van Pantaleon nam het eind van 1552 en het begin van 1553 in beslag. Dat deed nogal wat stof opwaaien in Bazel (F 286), waar men bang was dat de plaatselijke medici, door de opening van een nieuwe praktijk naast de reeds bestaande, nog meer verlegen om werk zouden komen te zitten. Het moet gezegd worden dat Pantaleon al gedurende de jaren 1540 uit pure belangstelling lessen had gevolgd bij zijn vriend Alan zum Thor, leerling en compagnon van de grote in Bazel werkzame geneeskundigen Paracelsus en Vesalius.

Als nieuwbakken doctor medicinae was Pantaleon naar de Languedoc gekomen om eens kennis te maken met de medische kringen in

Montpellier en tevens om een oude schuld te innen bij een recalcitrante debiteur die aan de oevers van de Hérault woonde. Heinrich was dol op aantrekkelijke vrouwen en drinkliederen en een groot liefhebber van patrijs, maar vijgen en granaatappelen kon hij niet uit elkaar houden. Bij zijn uitstapje naar Maguelonne met Felix had hij geen reden tot klagen. Pantaleon was zelf een niet onverdienstelijk prozaschrijver, en een van de andere deelnemers aan de excursie was de Duits-Latijnse dichter Peter Lotich, die heel goed was in het improviseren van gedichten. Deze student, de zoon van een boer, had al heel wat universiteiten afgeschuimd en als ex-soldaat werd hij door sommige mensen aangezien voor een geheim agent. Sinds een paar jaar verdiende hij zijn brood als huisonderwijzer van de zoons van een Duitse adellijke familie, de familie Stibar; hij vergezelde de jonge Stibars op hun reizen en begeleidde ze bij hun studie aan Franse hogescholen, waaronder die van Montpellier. Lotich was altijd en eeuwig verliefd; hij zong over zijn hartstochten, die altijd tot mislukking gedoemd waren. Zo bezong hij onderweg naar het strand een zekere Claudia uit Wittenberg, die hem ontrouw was geweest, en een Tunicata uit Montpellier, alias Kallirhoe, de vrouw van een jurist uit de Auvergne (F 214). Deze Tunicata was ziek geworden en ten slotte overleden, ondanks de goede zorgen van dokter Rondelet: in betere handen kon men niet sterven. Peter Lotich zal niet veel meer geluk hebben in Italië, waar hij smacht naar een herderinnetje dat is voorbestemd tot maagdelijkheid en het kloosterleven. Onderweg naar Maguelonne deden de beide schrijvers (F 184) wie de mooiste Latijnse waanwijsheden te berde kon brengen (*Germani socii tendunt ad litora maris*: de Duitse kameraden gaan naar de zeekust). Ook Felix deed een duit in het zakje. Af en toe brachten ze brallend het lied over de ridder van Steurmarck ten gehore, dat in de zestiende eeuw tot ver buiten de Vogezen populair was geworden. Eenmaal op het strand aangekomen begonnen ze kisten vol te stouwen met schelpen. Op het terras dat boven de kerk van Maguelonne ligt moet Felix opeens aan Afrika (*Aphrika*) denken; hij weet dat het daar ergens tegenover hem moet liggen, ver naar het zuiden (F 256). Pantaleon houdt de zee verder voor gezien. Hij slaat rechtsaf, richting Pézenas, in de – naar zal blijken, ijdele – hoop het geld dat men hem schuldig is terug te krijgen.

Na 1553, op enkele uitzonderingen na (Felix kon bijvoorbeeld heel erg genieten van het schouwspel rond de *bouliech*, een lang net dat een stuk of twintig mensen in zee uitgooiden en vervolgens weer vol met vis het strand optrokken), leek Felix' innerlijke drang om naar zee te gaan en te zwemmen afgenomen te zijn. Was hij nu al blasé geworden ten opzichte van een binnenzee waarvan hij eerder de charmes nog apprecieerde? Was hij wellicht bang voor de moeraskoorts die hier aan de kust voorkwam, en die nog niet door de moderne medische wetenschap was teruggedrongen tot tropische gebieden? Of richtte hij zich volledig op zijn studie, om na zijn terugkeer in Bazel een kleinere kans te lopen werkloos te blijven, het lot dat zovele gediplomeerden trof? Hoe dan ook, hij werd van alle kanten gewaarschuwd voor het gevaar van verdrinking, en mogelijkerwijs werd hij daar op den duur gevoelig voor. Zo ontving Felix nog in augustus 1555 in zijn 'verbanningsoord' een stapel brieven uit Zwitserland. Ze gingen over zijn verloofde, over verschillende muziekinstrumenten, en over die vreselijke jongen, die onverbeterlijke rokkenjager van een Gilbert Catalan, de zoon van Laurent de apotheker, en niet te vergeten over de Vlaamse humanist Utenhove die kort daarvoor zijn intrek had genomen bij Thomas senior. Een van de brieven was geschreven door Albrecht Gebwiller, de burgemeester die Felix tijdens de pestepidemie van 1551, die waaraan zus Ursula gestorven was, in huis had genomen. De vroede vader schreef Felix over de laatste tragisch afgelopen zwempartij in de Rijn, op 5 april 1555: jongens uit Bazel deden een wedstrijd wie het verst van de grote brug af kon duiken; massa's nieuwsgierigen verdrongen zich bij de brugleuning, die bezweken was onder de druk. Tientallen mensen waren in het water gevallen. Slotenmaker Heinrich Sprenger had zijn rug gebroken toen hij op een houten vlot viel dat tussen de pijlers van de brug vastgebonden lag. Een klein meisje, dat door haar ouders om mosterd gestuurd was, had het ongeluk wonderbaarlijk genoeg overleefd. Toen ze opgevist werd was ze weliswaar bewusteloos, maar zeker niet dood, en in haar handjes hield ze de mosterdpot en het muntje van vier sou, voor haar boodschap bij de kruidenier, geklemd. De zegeningen van een goede opvoeding...

Ondanks deze ontmoedigende voorvallen gaat Felix het jaar daarop nog één keer zwemmen, zij het ditmaal in zoet water. De zomer van 1556 was een van de heetste en droogste die West-Europa gekend heeft, vergelijkbaar met de zomers van 1718, 1794 en 1976... Er woedden dat jaar, 1556, bosbranden tot op Cotentin,[12] het schiereiland in Normandië, dat normaal gesproken voor deze plaag gespaard bleef; zelfs de Normandische weidegronden veranderden in stromatten. In Montpellier, dat sinds eind april gebukt ging onder de hitte (*grosse hitz* – F 246), brandde de woning van een koopman uit; dat was op de place Notre-Dame, vlak bij de gelijknamige kathedraal (en bij wat nu de place Jean-Jaurès is). Het vijftiende-eeuwse huis was van steen, wat in die tijd tamelijk ongewoon was; meestal werd er met hout en leem gebouwd. De muren bleven overeind, maar van de binnenkant was niets meer over. De brand trok een hoop toeschouwers. De mensen waren verrukt over het schouwspel dat hun geboden werd; het ontbrak er nog maar aan dat ze applaudisseerden; geboeid volgden ze het verloop van de brand. In Bazel, waar de gildebanden veel sterker waren dan in Frankrijk, zouden in een soortgelijke situatie de mensen een ketting hebben gevormd en ongevraagd met emmers water hebben gesjouwd. Zo niet in Montpellier. Op een van deze verzengend hete dagen gaat Felix een duik nemen in de Lez, logisch, maar wel tegen zijn nieuw verworven gewoonte in om niet meer te baden, noch in zee, noch in een rivier. De arme jongen hield het niet meer uit en dat was niet zo vreemd. De aarde was zo brandend heet dat de honden duizend doden stierven als ze tussen de ploegvoren liepen. Felix zelf haastte zich over de velden om zich des te eerder te kunnen onderdompelen in het stroompje en hij voelde de aarde branden onder zijn voeten, dwars door zijn dunne schoenzolen heen.

Een heerlijk bad bij een uitgedroogde oogst... De verzengende hitte, die zich vanaf eind april (F 244) had doen gelden, kwam met een paar grote onweersbuien die het hele platteland opfristen ten einde. De voeten brandden niet meer. Ze ploeterden door de plassen. Op 15 juni werden door blikseminslag de klokketoren, het altaar, de decoraties binnenin en de deur van de Sint-Hilariuskerk verwoest. De kerk, vlak bij de kapel van de predikheren en niet ver van waar nu de Jardin de Peyrou is, werd met gemeenschapsgelden weer helemaal gerestaureerd, maar in 1561 door de hugenoten opnieuw verwoest. Wat een pech! Na de hagelbuien op 25 juni, waarbij hagelstenen zo groot als kippeëieren uit de lucht vielen, barst er op 11 juli 1556 een verschrikkelijk onweer los, dat nog meer vernielingen aanricht. De straten veranderen in woest kolkende kanalen, levensgevaarlijk, want het risico door de stroom meegesleurd te worden was verre van denkbeeldig. Felix was bang voor een onvrijwillig bad dat zomaar op verdrinking kon uitlopen.

De goedgelovige inwoners van de stad waren in de ban van een apocalyptische profetie die al een tijdje circuleerde, niet alleen in Montpellier, maar ook elders.[13] Het einde van de wereld, dat daarin voorspeld werd, zou op 22 juli 1556 komen, de feestdag ter ere van de heilige Maria Magdalena. Gelukkig verliep deze 'Madeleine', die zo noodlottig zou aflopen, zonder speciale problemen. Wel hield de hitte in Zwitserland nog enige tijd aan; vader Platter beklaagde zich over het verlies van een paar jonge boompjes (*junge beum*) die hij kort tevoren had geplant (F 254).

Zondvloed of niet, Felix associeert medisch gezien de zomer met sterfgevallen tengevolge van de warmte, met hoge koortsen en zelfs met de pest die in het begin van de warme augustusmaand in 1555 al in Toulouse rondwaarde, 'niet ver bij ons vandaan' (F 221). Het leven in de stad reageert, zoals bijna ieder jaar, sterk op de zomerse beproevingen: de mensen in Montpellier besproeien hun appartement en in de toch al smalle straten wordt gepoogd met bebladerde takken en doeken extra schaduw te creëren (F 175). De gewoonte om grote doeken uit te hangen boven straten en binnenhoven om schaduw te krijgen is langzamerhand verdwenen in Zuid-Frankrijk, maar in Italië en Spanje zie je af en toe nog steeds dat patio's op die manier koel worden gehouden. De tarweoogst, die hier vroeger in de zomer valt dan in het noorden van Frankrijk, vindt plaats in een tijd waarin de landbouw bruist van activiteit: het verzamelen van de graankorrels, maar ook het rooien van hennep en het snijden van het nagras van de klaver (*auzerda*). Knollen worden gezaaid, de wijngaarden geschoffeld. De boeren weten niet meer waar ze met hun hak moeten beginnen. Werkzoekenden uit de Cévennes zwermen voor de oogsttijd uit over de vlaktes van de Bas-Languedoc; de schapen uit dat gebied zoeken het juist hogerop, op de bergweiden van de Aigoual in de Cévennes; de weg van de mensen en die van de dieren kruisen elkaar onderweg. Men ondervindt veel ongemak van wespen en verder van vlooien en luizen, die in deze tijd van het jaar bijzonder agressief zijn. De tarwe die nog op de velden staat wordt haast verdrongen door onkruid, en terwijl de distels overal in bloei staan verwelken de klaprozen. Men eet frambozen en Christusperen, en – je moet tenslotte aan de toekomst denken – men maakt schattingen van de grootte van de rozijnen die nu nog aan de stam hangen: worden het zoiets als kikkererwten, als peperkorrels, als zaadjes? De kwartels en de krekels maken een hoop misbaar; de jonge merels, nauwlettend in de gaten gehouden door de plaatselijke nimrods, zijn al net zo dik als vader en moeder merel.

Felix echter, hoewel hij vanwege zijn afkomst wel degelijk affiniteit heeft met het landleven, volgt het oogsten in ieder geval alleen van de zijlijn. Platter junior is geen Breughel. Zijn belangstelling gaat voornamelijk uit naar het dorsen. Vanaf de stadsmuren en ook ergens in een buitenwijk die in de nabijheid van de Sint-Dionysiuskerk ligt, kijkt hij uit op een van de grote dorsvloeren die bestemd zijn voor de graanbouwers uit de stad, en waar een half dozijn muildieren net als in het circus de hele dag rondjes loopt om de garven te pletten en het kaf van het koren te scheiden. Thomas junior, die weliswaar minder intelligent is maar meer geografische interesse heeft, en ook generalistischer is ingesteld dan zijn broer Felix, zal bovendien opmerken dat er zich op het platteland bij alle grote hoeven zo'n deel bevindt. Er is een belangrijk verschil dat beide Platters hebben waargenomen: in Zwitserland wordt er 's winters gedorst met een vlegel, terwijl dat aan de Middellandse Zee in de zomer gebeurt, op een dorsvloer. Een Italiaans-Franse kunstenaar van hoog niveau, die de invloed heeft ondergaan van de school van Fontainebleau, zal deze beide methoden in één doek weten samen te brengen, een meesterwerk van etnografisch begrip en picturaal irrealisme.[14]

De weken gaan voorbij. Of het nu burgers of studenten zijn, de inwoners van Montpellier voelen zich allemaal wel op een of andere wijze betrokken bij de verschillende etappes van de vruchtvorming van de druif. Ze staan altijd met één been in hun wijngaarden, die zeer dicht bij de stadsmuren liggen en soms zelfs binnen de versterkte omwalling. Al verscheidene jaren achtereen gaat Felix zo rond 10 augustus (20 augustus volgens de moderne, gregoriaanse kalender) zijn meester Laurent Catalan helpen tafeldruiven te plukken (de echte druivenpluk, voor de wijn, zal pas later plaatsvinden). Het wijndomein van de apotheker ligt in het landelijke gebied vlak buiten de stad. De graslanden bij de wijngaarden zijn in dit seizoen getooid met herfsttijloos, met lila bloemen, en zitten vol dikke, witachtige, geel gespikkelde rupsen; grijze sprinkhaantjes springen overal op. De vijgen worden geoogst en het nagras gemaaid.

Behalve door Catalan wordt Felix op zijn tochtjes om tafeldruiven te plukken (F 175 en 202) gewoonlijk eveneens vergezeld door Balthasar Hummel en Jacob Myconius. De eerste, Balthasar, kwam uit een Bazels gezin van negen kinderen, van wie er twee predikant waren geworden en een ander als hoofdassistent (*provisor*) werkzaam was op de school waarvan Thomas Platter senior directeur was. De vader van dit talrijke kroost, Peter Hans Hummel, was huursoldaat geweest (F 87). Balthasar, die al van jongs af aan bevriend is met Felix en lange tijd leerling bij verschillende apothekers is geweest, zowel in Zwitserland als in Montpellier, zal in de periode van de godsdienstoorlogen apotheker in Bazel worden. Jacob Myconius was geadopteerd[15] door Oswald Geisshüssler (F 51, 166), bijgenaamd 'kaalkop' (Myconius), de geestelijke erfgenaam van Oecolampadius. Deze autodidact was dominee geworden in Bazel, alsmede geestelijk leermeester en hartsvriend van Thomas Platter senior. De student Jacob zal de doctorstitel behalen aan de middelmatige universiteit van Avignon (jonge lutheranen werden door deze pauselijke stad niet verafschuwd), bruidsjonker zijn op het huwelijk van Felix in 1557, en stadsgeneesheer (*stadtarzt*) in Mulhouse. Jacob was van nature duidelijk minder 'puriteins' dan zijn papa; hij ontbrak zelden bij de nachtelijke drinkgelagen van Felix en co, wanneer die de fusten in de kelder van Laurent Catalan leegzopen, die zich daar eerlijk gezegd niet om bekommerde.

Bij het plukken van de druiven in augustus koos Catalan graag Hummel als mikpunt van zijn plagerijen, want de jongen sprak nog steeds nauwelijks een woord over de grens, laat staan Occitaans. De apotheker richtte zich dan in slecht Latijn tot de jonge Zwitser: 'Neem toch je zwaard (*gladium*) om de druiven los te snijden.' De ander trok zijn dolk, waarop Catalan vroeg 'Wou je vechten (*vis pugnare*)?' om hem vervolgens uit te leggen dat hij het niet over een dolk had gehad, natúúrlijk niet, maar over een wijnbouwersmes om de stelen mee van de wijnstokken te zagen. De druiveranken in het gebied bij Montpellier werden niet met latwerken omhoog geleid, zoals in Lausanne of Genève, maar ze kropen over de grond, net als elders in de Languedoc. Wat mevrouw Catalan betreft, zij hoefde na de pluk alleen nog maar de trossen aan het plafond van Felix' kamer op te hangen, om te zorgen dat de ratten ze niet aanvraten. Platter junior beweerde dat de druiven die daar hingen zo groot en zo vol waren dat hij er maar één per dag (?) hoefde te eten om zijn verlangen naar dit fruit, waar hij zo dol op was, te bevredigen.

Het echte werk, de druivenpluk, begint pas in september, vaak in de tweede helft (volgens de gregoriaanse kalender). Dat is een drukke tijd, nog los van het plukken en persen van de druiven: ook de eikels voor de varkens worden dan verzameld; de braamstruiken zijn zwaar beladen; de noten en de kastanjes worden uit de bomen geslagen; de peren zijn op hun best, als ze tenminste niet wormstekig zijn; men eet allerlei waterhoudende knolgewassen, maar de bladluizen werpen zich op de geplante knollen, en hebben het daarbij vooral voorzien op de bladnerven; duiven en slakken doen zich te goed aan de gezaaide tarwe; mollen doen wat mollen nu eenmaal doen in de weilanden en de velden; de spinnen werken dag en nacht; wespen en lijsters hebben zich geïnstalleerd in de wijngaarden; wolven dalen af uit de Cévennes; de slangen zijn nog niet weggekropen in de grond; en de kinderen, nog steeds blootsvoets ondanks de modder van de eerste herfstbuien, gaan nog zwemmen in de rivier.

Felix, helemaal opgeslokt door het begin van het nieuwe studiejaar, helpt niet mee bij de druivenpluk. Hij beperkt zich, zoals we hebben gezien, tot het plukken van tafeldruiven in de vakantiemaand augustus. Maar het ontgaat hem niet dat zijn patroon, Catalan, het er heel druk mee heeft: '13 september 1552 [23 september, nieuwe stijl], mijn meester is klaar met de druivenpluk. In de herfst is het klimaat hier gewoonlijk heel vochtig. Het regent veel, veel meer dan in de winter' (F 181). Vervolgens beschrijft hij, net als zijn jongere broer Thomas dat aan het eind van de eeuw zal doen, het verloop van de oogst en het vinificatieproces in Montpellier: de gezadelde ezels (1553) of muildieren (1595), die elk beladen met twee kuipen of *comportes* met druiven, één aan iedere kant, naar de stad lopen; het balken van de ezels fungeert als toeter. De voorbijgangers die zich, bij gebrek aan trottoirs, niet op tijd uit de voeten weten te maken lopen het risico op een pijnlijke aanvaring, zo smal zijn de straten. Een naakte man, bij zijn armen opgehangen aan een balk, vertrapt de druiven in een kuip in de wijnkelders. Als hij niet uitkijkt, loopt hij het gevaar te stikken (F 254) vanwege het koolzuurgas dat vrijkomt bij de eerste gisting. De fusten worden versjouwd door vaklui op dat gebied. Eerst krijgt men de clairet, dan de donkerrode wijn, en ten slotte de *aiguade*[16] of nawijn voor het huispersoneel van de eigenaar. Occitaanse wijn, een stadsprodukt bij uitstek, of liever gezegd: een symbool van een zekere synergie tussen stad en platteland, impliceert bepaalde omgevingskenmerken. In wijnstreken, ook die welke een zekere mate van polycultuur kennen, zoals die in de Montpellierais[17], maakt men voornamelijk gebruik van ezels en muildieren voor het dragen en trekken van lasten, terwijl men in het Centraal Massief vooral koeien en op het Zwitserse plateau en in Noord-Frankrijk paarden gebruikt.

De souterrains in het middeleeuwse en het moderne Montpellier doen met hun talrijke kelders met kruisgewelven denken aan gatenkaas. In 1553 maakt de stad de indruk een gigantische wijnonderneming te zijn, collectief en individueel tegelijk. Een vijfde van de stadsbevolking leeft van de landbouw, met de wijnbouw op de eerste plaats: in alle straten en op alle pleinen zijn mestgaten gegraven. Felix ondervindt dat aan den lijve in januari 1553, wanneer de carnavalsbals voor de hogere kringen beginnen. Naar een van die danspartijen vergezelt de Zwitser de dochter van professor Griffy, een van de kopstukken van de geneeskundefaculteit, protestant natuurlijk. Ze is tevens de kleindochter van een voormalige rector magnificus van de universiteit. In een poging zijn danspartner te behoeden voor zo'n mestpoel, stapt Felix er zelf midden in, waardoor het meisje er van top tot teen onder komt te zitten. Boze tongen beweerden dat hij een loopje met haar had willen nemen.

Er bestaan twee drinkculturen naast elkaar in Montpellier: de ene, de grootste groep, is die van de inheemse bevolking die regelmatig en zonder excessen drinkt; de andere, een minderheid, is die van de Duitse studenten. Dezen lessen weliswaar minder vaak hun dorst met wijn, maar dat doen ze dan ook ongelimiteerd, ongebreideld. De Catalans bijvoorbeeld houden wel van een glaasje, maar ze worden nooit dronken. Rode wijn is er zoveel men wil, zij het dat er water bij gedaan wordt. Hij stijgt niet naar het hoofd. De kostgangers van de apotheker verzoenen zich zo met het eenvoudige maar koosjere en macrobiotische voedingspatroon waaraan ze onderworpen zijn. Stoofpot tussen de middag, salade en geroosterd vlees 's avonds (behalve tijdens de vasten, dan staat er vis op het menu). Ook bij het ontbijt van de studenten, als ze dat tenminste thuis gebruiken, is er vaak wijn. En ten slotte, voor het souper 's avonds laat: coq-au-vin, bereid door een medeplichtige monnik, bij de nachtelijke expedities die naar een kerkhof *extra muros* georganiseerd worden door de lijkenrovers, de liefhebbers van clandestiene ontledingen. Felix en andere Franse of Duitse studenten doen regelmatig mee aan dat soort macabere ondernemingen.

Het echte doorzakken is, in Platters herinnering, strikt voorbehouden aan Duitsers. In Marseille, in september 1555, tijdens een toeristisch uitstapje vanuit Montpellier, wordt Felix voorgesteld aan twee Duitse edellieden, landsknechten in de compagnie van Reckenroth die aan de zijde van de troepen van Hendrik II heeft gevochten, in de omgeving van Sienna, met Blaise de Monluc (F 226).[18] In een Provençaalse herberg ledigen de twee mannen samen met Felix een aanzienlijke hoeveelheid kruiken; ze moeten de jongeman zelfs uitkleden voor het slapen gaan, zo duizelt het hem. Diezelfde nacht doen de beide heren het, stomdronken als ze zijn, in hun paarse broek.

De rest van de reis is van hetzelfde allooi, en de studenten (uit de burgerij) gedragen zich nauwelijks beter dan de beroepssoldaten (aristocraten). Op de terugweg uit Marseille stoppen Felix en zijn vrienden, allen medicijnenstudenten uit Montpellier, om de beroemde brug over de Gard te bewonderen (F 230). In de dorpsherberg van Sernhac, waar ze zullen overnachten, bedrinken ze zich om het hardst terwijl ze dobbelen of een kaartje leggen. Stephan Kunz, alias Contzenus, de neef van een protestantse hervormer uit Bern, die later niet in Montpellier maar in Avignon zijn doctoraat zal halen en nog later stadsgeneesheer zal worden in zijn geboortestad, wordt al maar agressiever. Hij wil van alles kapotmaken, dreigt het kruit te laten spreken. De spanningen tussen Kunz en Benedikt Burgauer (F 203) lopen hoog op. Deze Benedikt, de zoon van een dominee in Schaffhausen, studeert ook in Montpellier, zal ook zijn doctorsgraad in Avignon halen en zal ook stadsgeneesheer worden, in Schaffhausen ditmaal. Men kan de twee kemphanen haast niet uit elkaar krijgen en tot kalmte brengen. Kunz staat uiteindelijk de volgende ochtend, geheel ontnuchterd, vroeg op; hij verlaat beschaamd Sernhac en keert in zijn eentje terug naar Montpellier. Iedereen geeft hem ongelijk (25 en 26 september 1555).

Andere gigantische slemppartijen: na een hele nacht met een glas in hun hand, hebben Johannes Ludwig Höchstetter en Melchior Rotmundt, die volslagen bezopen zijn, een geweldige grap bedacht: Melchior, die een 'melkmuil' is (baardeloos) laat de grote baard van Ludwig afknippen en plakt die op Ludwigs borst. De ex-bebaarde, onherkenbaar veranderd, doet alsof hij een net nieuw aangekomen Duitser is. Hij wordt met de nodige honneurs ontvangen. Wanneer hij zich bekend maakt, heerst er grote hilariteit en Felix moet zijn buik vasthouden van het lachen. Ludwig Höchstetter, geboren in een grote patriciërsfamilie van (geruïneerde) kooplieden in Augsburg, heeft gestudeerd of gaat nog studeren in Tübingen, Montpellier en Heidelberg. Hij wordt stadsgeneesheer van Esslingen, en verdrinkt in 1566 in de Neckar. Rotmundt, de zoon van een baljuw en student in Bazel, Tübingen, Parijs en Montpellier, wordt later magistraat, lid van de stadsraad en stadsgeneesheer in Sankt Gallen. Zijn broer Kaspar, die in 1555 in Lyon zit, zal de grondlegger worden van een machtige, familiale handelsfirma (F 55 en 239). Voor het zover is moeten de jongelui nog wat wilde haren kwijt.

Een man die van alle markten thuis is, student en ex-student, landsknecht en vrijdrinker, is Hans Brombach die uit een familie van wapensmeden stamt. In 1553 of 1554 werd hij van de universiteit in Bazel gestuurd wegens dronkenschap. Als wacht in dienst van Antoine van Bourbon, koning van Navarra (de vader van Hendrik IV), komt hij veelvuldig in contact met hugenootse geloofsgenoten aan het hof van zijn werkgever. Wanneer hij in het voorjaar van 1554 met zijn hellebaard en andere wapens Montpellier aandoet, wordt hij gastvrij onthaald door Platter en zijn landgenoten. Ontroerd zweert hij eeuwige vriendschap met de Zwitserse studenten en als dank voor deze eed gieten zijn nieuwe vrienden hem bij zijn vertrek uit de stad een glas wijn over zijn hoofd (F 196, 18 april 1554).

Op het gebied van drankzucht, of beter gezegd de grote drinkgelagen die van tijd tot tijd werden aangericht, meestal min of meer feestelijk of voor de gezelligheid, tekent zich een onderscheid af tussen mensen uit de landen langs de Rijn (of ook Bretagne, Normandië, Engeland,

Polen) en de autochtonen in Zuid-Frankrijk, het Occitaanse wijnland. Deze laatsten zijn gematigd in hun drinkgedrag, ofschoon er ook onder hen wel eens iemand over de schreef gaat. De mannen uit het noorden zijn pas later in aanraking met wijn gekomen, eeuwen, zelfs duizenden jaren na de bewoners van het Middellandse-Zeegebied. Zij zijn er niet in dezelfde mate in geslaagd de consumptie van wijn te beheersen, te assimileren, te civiliseren aan de hand van Dionysische bacchanalen of christelijke culten, tot een redelijk, gematigd niveau. In de huidige gegevens over alcoholisme in Frankrijk en Europa is dezelfde noord-zuidverdeling eveneens zichtbaar. En dat is ook wat de teksten van de Platters herhaaldelijk suggereren. In de havenkroegjes van Barcelona, volgens Thomas Platter junior, wel honderd prostituées maar niet één dronkelap. Net zo, in de omstreken van Montpellier, in 1552: 'Mijn meester Laurent Catalan heeft in het dorp Vendargues [een paar kilometer buiten Montpellier] een huis met grond erbij,' schrijft Felix. 'De zetboer (*meier*) ter plaatse, een zekere Guillem, was heimelijk tot ons geloof overgegaan [het protestantse]. Hij fulmineerde vaak tegen de papen, en ook tegen de marranen, vooral wanneer hij zich een stuk in de kraag gedronken had (F 166). Dat was een manier van doen die Guillem geleerd had in Duitsland [in Zwitsers Rijnland]; Laurent Catalan had hem namelijk naar Bazel gezonden als begeleider van zijn twee zoons, Gilbert en Jacques, ieder in een mand op de rug van een ezel [zodat de beide jongens, comfortabel vervoerd, in die stad hun studie en leertijd zouden kunnen afronden]. In feite,' zo besluit Felix, 'heb ik in Montpellier maar heel zelden mannen gezien die zich aan wijn bedronken hadden, behalve onze Duitsers.'

Een tekst die nadere aandacht verdient. Het is onwaarschijnlijk dat Guillem de antisemitische of althans antimarraanse gevoelens waar sprake van is geheel en al op zijn reizen langs de Rijn heeft opgedaan. Het was eenvoudigweg zijn manier (en die van andere mensen uit de lagere strata in de Languedoc) om – zij het op een laag peil – de 'klassenstrijd' te voeren tegen zijn patroon Catalan, die zelf marraan of joodse christen was. Het contact met Duitsers heeft daarentegen zeker bijgedragen aan de bekering van Guillem tot het protestantisme. Zijn drankzucht hoeft niet geworteld te zijn in zijn contacten met Duitsers, maar ze past wel in het patroon dat de Teutoonse gebieden kenmerkt, volgens Felix.

Laten we een stap verder gaan: zou men in de ogen van een Bazelse student in Montpellier wel een goede, oprechte Duitser uit de middenklasse kunnen zijn als men niet ook een vrijdrinker was? Ik bedoel een goede drinker, groot consumeur van voortreffelijke rode wijn? Felix stelt zich deze vraag in mei 1554, als het over Hans Beat Häl of Hel gaat, een van zijn tijdgenoten in Bazel over wie hem per brief uit Zwitserland berichten bereiken. Hans Beat (F 198) is de zoon van een winkelier en de knappe dochter van een chirurgijn. Hij was een schoolkameraad van Felix en schreef zich in 1547-1548 in bij de universiteit van Bazel. Zijn op zijn zachtst gezegd opmerkelijke gedrag bezorgde hem daar al gauw problemen. Het was een knappe jongen, met een schelle stem, enige zoon, en vanwege dit laatste was men lange tijd heel toegeeflijk jegens hem. In zijn studententijd zwierf hij altijd door de stad met zijn luit, een instrument waarop hij mooi kon spelen. Hij zat achter de meisjes aan en was altijd aan het donderjagen. Ook kwam het wel tot vechtpartijen met zijn medestudenten. Desondanks verloofde hij zich met een naaister, die Barbara heette en de dochter was van een visser, uit een keurig gezin in Klein-Bazel. Hans en Barbara trouwden in januari 1551; in hetzelfde jaar werd Hans toegelaten tot het gilde van de Saffraan. De jongen bleef echter een ongeregeld leven leiden (F 199). In augustus 1553 'zit hij zelfs zes dagen en zes nachten in de gevangenis opgesloten' omdat hij de aanstichter was van een nogal aanstootgevende schertsvertoning. Bovendien was hij ongehoorzaam aan zijn ouders, bij wie hij na zijn huwelijk was blijven wonen. Hij moet zweren dat hij zich in de toekomst verre zal houden van huizen van ontucht alsook van de gildehuizen. Voortaan mag hij alleen nog eten bij zijn vrouw en bij zijn vader en moeder. Het huwelijk schijnt niet vreselijk slecht te zijn, want er worden twee kinderen uit geboren, Hans Beat junior en Jacob, die het nog ver zullen brengen: de eerste wordt leraar in het voortgezet onderwijs, de tweede dominee. Weliswaar zullen ze, voor het zover is, worden opgevoed door hun grootvader, en niet door hun vader die hen zonder veel scrupules in de steek laat als ze nog heel jong zijn. De aanleiding hiervoor is dat Hans verliefd is geworden op Anna Bottschuh (die dan zeventien is). Anna of Annette (Anneline voor vrienden) is de dochter van een overleden tonnenmeter en de stiefdochter van de herbergier Gregor Wentz, van De Zalm op de korenmarkt. Hans Beat had het meisje op de klassieke en fijnzinnige manier van een huwelijksbelofte aan het sterfbed van zijn eerste vrouw Barbara voor zich weten te winnen. Op Catalaanse tapijten had hij Anneline zwanger gemaakt, tijdens een van de spontaan georganiseerde muzikale dansavondjes; de tapijten lagen er om het geluid te dempen, vanwege de benedenburen.

Toen haar zwangerschap bekend werd, belandde Hans Beat in de gevangenis, waar hij een zelfmoordpoging deed. In juli 1554 werd hij uit Bazel verbannen. Anneline wilde zich ook van kant maken, maar tevergeefs. Zij kwam ervan af (net als haar moeder, als medeplichtige) met een boete van vijftig gulden; daarna volgde de bevalling. Uiteindelijk zal ze twee of drie keer trouwen, onder andere in 1557, haar eerste wettige huwelijk, met de herbergier van De Ster, een collega dus van haar stiefvader Gregor Wentz. In de loop van haar huwelijkse leven zal Anneline verscheidene malen voor overspel veroordeeld worden. Wat Hans Beat betreft: nadat hij Bazel had moeten verlaten was hij naar Lotharingen gegaan; daar verleidde hij, onverbeterlijk als hij was, en oecumenisch bovendien, een non van goede geboorte uit het klooster van Remiremont, waar de nonnetjes bekend stonden om hun nobele afkomst en hun lichte zeden. Het meisje werd opgepakt en haar minnaar even later ook. Hans werd op een kar vastgebonden. Bij het oversteken van een rivier viel hij in het water en verdronk; zo kwam hij met zijn voeten samengebonden in een betere wereld. Men is er nooit achter gekomen of iemand hem, misschien wel per ongeluk, een handje geholpen heeft. Eerlijk gezegd was de man al lang niet meer te vertrouwen, 'want,' zo schrijft Felix, 'hij dronk nooit wijn, alleen als de nood zeer hoog gestegen was, en dan deed hij er suiker in.' 't Idee alleen al...

Anders dan in Zwitserland leiden in de Languedoc alle wegen naar de wijn, of ze komen ervandaan. Dit betekent echter niet dat men dit vocht in grote hoeveelheden naar het noorden exporteert, want het is slecht houdbaar. Felix zelf geeft kapitalen uit aan de kisten die hij naar zijn ouders stuurt, met van alles en nog wat gevuld, maar hij heeft er niet één keer een goede fles wijn bij gedaan. Hij stuurt echter fruit (behoorlijk exotisch naar Zwitserse maatstaven) en allerlei planten en dierenskeletten, en rozijnen of *passerilles* die hij vaak bewonderd had terwijl ze te drogen lagen, op zijn toeristische uitstapjes naar Villeneuve-lès-Maguelonne in het gezelschap van de Duitse edellieden. Als de pakketten na ontvangst in Bazel geopend werden, apprecieerde moeder Platter altijd de vruchten in het bijzonder. Thomas Platter, die als we zijn zoon mogen geloven culinair gesproken een 'boerensmaak' had, liet die heerlijke sinaasappelen en wat niet al graag aan zijn Anna. Maar allebei, man en vrouw, waren ze dol op de rozijnen die ze dankzij hun zoon Felix uit het zuiden ontvingen.

Na de rozijnen de olijven. De oogst ervan, laat in de herfst of begin van de winter, is ook spectaculair, maar duidelijk minder beladen met symboliek dan de wijnoogst. In het olieseizoen, begin november 1552, wordt Felix, die dan nog een groentje is in Montpellier, vanaf de eerste olijvenoogst onmiddellijk omgeven met Duitse saamhorigheid. Van meet af aan vormt de jongen uit Bazel met een aantal studenten een groepje: met Jacob Baldenberger, alias Baldenbergius, uit Sankt Gallen, student in Bazel, dan in Montpellier, en later geneesheer in Zwitserland (F 147); ook met Gregor Schett uit Saksen, die na zijn afstuderen in Montpellier gemakkelijk een baan vindt als hoogleraar in de anatomie en de chirurgie aan de universiteit van Leipzig; met de Vlaming Johan Vogelgang, die al langer in Montpellier met zijn medicijnenstudie bezig is; en vooral met Hans Odratzheim, zoon van een raadslid uit Straatsburg, assistent-leerling-stagiair-apotheker bij Catalan, en kamergenoot van Felix. Bij het opstaan (uit het bed dat zij delen), vroeg in de ochtend van 2 november, stelt Hans Felix gerust, die wat geschrokken is van de Don Quichot-achtige aanblik van met lansen gewapende strijders, onder de ramen van de apothekerswerkplaats. In werkelijkheid zijn het olijvenplukkers die met lange stokken gewapend zijn; ze zijn net uit de bergen aangekomen om zich te verhuren voor de oogst van de steenvruchten die net van kleur veranderd zijn – de vruchten bevatten nu voor negentien procent vet, wat de komende weken zal oplopen tot vijfentwintig procent. Het verzamelen; de eerste persing met granieten molenstenen die door ezels in beweging worden gehouden; daarna, nadat de eerste sappen zijn vrijgekomen, wordt de koek met kokend water overgoten; de tweede persing; opslag van de olie die zo verkregen is in grote aardewerken potten, voor huishoudelijk gebruik, of in geiteleren zakken, voor de export per ezel of muildier.

Het produktieproces van de olie, tussen Allerheiligen, Kerstmis en Pasen, is in die streek een stedelijke aangelegenheid, van ondernemers en arbeiders die hard werken zonder zich te beklagen. Ze slapen weinig (tot verbazing van de artsen). Ze eten voortdurend en doen hun seizoensarbeid met veel inzet; het geeft hun de mogelijkheid de eindjes aan elkaar te knopen, wat anders nooit zou lukken. Los van dit alles heeft de olijfboom buiten het seizoen, bijvoorbeeld in de zomer, een buitengewone en macabere functie: als 'ter lering dienende paal' voor de gerechtelijke procedures. Op 22 juli 1553 wordt er in Montpellier een knappe jongeman, een bakkerszoon die schuldig bevonden is aan een misdaad, voor zijn terechtstelling naar de place Notre-Dame voor het stadhuis gevoerd. Daar is net een houten schavot met een lang blok en een baldakijn van planken opgericht. De scherprechter blinddoekt de veroordeelde, legt hem met zijn buik op de grond en zijn ontblote hals op het blok. Vanonder zijn mantel trekt hij een groot jachtmes om herten mee aan stukken te snijden te voorschijn, dat voordien niet te zien was geweest. Daarmee slaat hij tweemaal in de hals, zodat het hoofd van het lichaam gescheiden raakt. Vervolgens snijdt hij de armen en benen eraf, schikt dat alles, het hoofd tussen de ledematen, op de planken vloer van het schavot. De hele nacht blijft het zo liggen. De volgende ochtend hangt hij de stukken aan een olijfboom buiten de stad en laat ze daar rotten. Pure Machiavelli, met de olijfboom als toegift.[19]

Olijfbomen, granen, wijnranken: we vinden ze allemaal terug op het agrarische bedrijf, de mas of de boerderij, bijvoorbeeld dat van hospes Catalan, dat in principe niet veel verschilt van het domein van Thomas Platter in Gundeldingen (*meierhof*). Wat dit betreft blijft Felix op bekend terrein. Laurent Catalan bezit een mas in Vendargues, een dorp dat nog geen twaalf kilometer buiten Montpellier ligt. Mas: een landerij waar verscheidene gewassen worden verbouwd en waar vee gehouden wordt en die tevens als buitenverblijf dienst doet. De twee zonen van Catalan maken er af en toe een ritje naar toe (op de rug van een ezel), ieder met een meisje achterop, een marraans meisje welteverstaan. De zetboer, die het bedrijf voor rekening van de eigenaar beheert – de *payre* of *ramonet* in de taal van de Languedoc, *meier* in het Duits van Felix – is de Guillem die we al eerder ontmoet hebben, de verbazingwekkende mengeling van antisemitisme, alcoholisme, knetterend antipapisme en crypto-lutheranisme...

De mas zelf, en ook de grond, de olijfboomgaard, de wijngaard, de tuinen... – wat zouden ze zijn zonder de mannen (en vrouwen) die zich ermee bezighouden, de boeren, de tuinders van Occitanië waar Felix meer dan eens mee in aanraking is gekomen? Guillem, de beheerder van de mas in Vendargues, hebbben we al kort ontmoet. Dankzij het *Tagebuch* kunnen we nader kennismaken met de tuinman Antoine, of liever Antony. Felix gebruikt namelijk graag Occitaanse voornamen (Guillem, Antony) voor de mannen uit het volk, terwijl hij zich van Noordfranse benamingen bedient voor Gilbert, Laurent en andere mensen die tot de (marraanse of zuiver christelijke) elite behoren. Een letterlijk laag-bij-de-grondse tweetaligheid, en zo spontaan dat het vanzelf gaat; Felix komt niet eens op het idee er een verklaring voor te geven. In beide gevallen gaat het, zo ziet hij het, om een Welschse taal, een niet-Duitse taal. Of het nu de taal van het noorden of die van het zuiden van Frankrijk is, dat is hem om het even, niet alleen met voornamen maar ook met de rest.

Antony komt voor ons in beeld op 28 of 29 januari 1554. De beroepstuinman, die zich zowel in het stedelijk als het plattelandsmilieu thuisvoelt, een 'rurbaan' zoals er in de renaissance meer van waren, is in die tijd in dienst van apotheker Catalan, die tuinen (*ortalisses*[20]) bezit aan de rand van de stad. Zij dienen als voedselbron voor zijn gezin en kostgangers, maar ook voor het fabriceren van farmaceutische produkten op basis van geneeskrachtige planten. In het stille seizoen verwerft Antony zich, met instemming van zijn baas, aanvullende inkomsten door een aantal malen op en neer te reizen naar Zwitserland of naar de Elzas, ten behoeve van Duitse studenten, met pakjes en brieven van privé-aard of met als eindbestemming de universiteit. Het particulier initiatief is nog niet verdrongen door de nationale postdiensten die Lodewijk XI in het leven heeft geroepen.[21] Dat gebeurt pas in de tijd van Hendrik IV.

Een van zijn eerste reizen naar Zwitserland (F 192) maakt Antony voor twee jonge cliënten. Allereerst Jacob Huggelin, student in Montpellier, vierentwintig jaar oud, zoon van een kleermaker uit Bazel (F 152). In de winter van 1554 heeft Jacob geld nodig: hij vertrouwt Antony een boodschap toe die moeder Huggelin moet bewegen het benodigde bedrag aan Antony mee te geven. De tweede klant van de tuinder-postbode is Felix, die hem een pakje voor Thomas senior meegeeft dat kostbare geneesmiddelen bevat. Het belangrijkste daarvan is triakel, een wondermiddel dat overal goed voor zou zijn, ook tegen de pest, en dat Rondelet hoogstpersoonlijk heeft vervaardigd van adderpoeder (deze dieren komen tenslotte meer voor in het Montpellierse kreupelhout dan in Bazel). In het pakketje zit ook een paars drankje dat ontsproten is aan de bloemperken van Antony.

De tuinman-boodschapper blijft vier weken onderweg. Zo lang duurt de tocht te voet. Felix, die ongeduldig op zijn terugkeer wacht, richt op zijn middagwandelingen, na de les en voor het avondeten, zijn schreden naar de olijfboomgaarden langs de weg naar Nîmes, bij het dorp Castelnau. Antony moet daar hoe dan ook langs komen. Eindelijk, op 26 februari, ontwaart de student in de verte de robuuste gestalte van Antony, die behouden terugkeert van zijn tocht naar de Rijn. In Bazel was hij met open armen ontvangen door de ouders van Felix en hun vrienden. De ontmoeting werd gevierd met rode wijn, waarbij Antony zich laat kennen als een beschaafd drinker – dit in tegenstelling tot zijn collega Guillem die in die contreien de nationale 'ondeugden' van de Duitsers had overgenomen. Antony heeft een groot pak brieven uit Bazel bij zich, maar de beleefdheid gebiedt de jeugdige kostgangers van de apotheker met het openen van hun post te wachten tot na het eten. *Aan tafel wordt niet gelezen.* Laurent Catalan, de heer des huizes, geneert zich echter niet en leest de brieven van zijn zoons, de stagiairs in de Rijnvallei. Felix eet zo snel mogelijk, zodat ook hij eindelijk zijn post kan lezen. Allemaal goed nieuws, zo blijkt. Maar voor Huggelin is er geen sou van zijn moeder. Er wordt daarom besloten de 'vliegende tuinman' nogmaals naar Bazel te zenden voor de goede zaak, voor een nieuw verzoek aan mevrouw Huggelin iets van haar schatten af te staan.

De zomer van 1554 gaat voorbij zonder dat er iets vernomen wordt over Antony. Daar is niets vreemds aan: in dit seizoen wordt hij volledig in beslag genomen door zijn werk op het land en in de tuinen. Hij duikt weer op, tenminste in onze teksten, op 14 november. Op die dag stuurt Felix zijn vader een kist met 'exotische' vruchten (sinaasappels, vijgen, granaatappels), een langoest zonder scharen en een krab die zo groot is als een bord. In de kist bevinden zich ook een cactus uit Amerika, via Spanje en Italië in Montpellier gearriveerd (Felix noemt alleen Italië, maar de werkelijke oorsprong spreekt voor zich), een muizeskeletje en een brief. Antony heeft ook een bijdrage geleverd: de granaatappels heeft hij voor de student in zijn tuin (*uss seim garten*) geplukt. Antony, een echte vakman, is niet alleen boomkweker, hij verbouwt ook groenten. Is het de tuinman zelf die de opdracht kreeg deze kist, op de rug van een ezel of muildier, naar het noordoosten te brengen? Een brief van Thomas aan zijn zoon zou daarop kunnen wijzen. Hoe dan ook, Antony vertrekt op 16 november naar Straatsburg (via Bazel?) voor rekening van een Duitse student, voor wie hij, zoals meestal het geval is, geld mee terug moet brengen. De trouwe Antony is af en toe op van vermoeidheid, door al die pakjes en die reizen. Thomas, die hem elke keer hartelijk verwelkomt in Zwitserland, steekt in zijn brieven steeds weer de loftrompet over hem. Het is ook door Antony, via een brief van Felix die hij aan het einde van 1554 naar Bazel brengt, dat het nieuws van de aanwezigheid van een stuk of veertig Turkse galeien (Turkije is een bondgenoot van Frankrijk) in Frontignan en in Aigues-Mortes bij het echtpaar Platter bekend wordt. De banden van Hendrik II met het Ottomaanse Rijk zijn bedoeld als tegenwicht tegen de Habsburgers, zowel de Spaanse als de Oostenrijkse.

Antony komt vlak voor Kerstmis 1554 terug uit de Elzas (via Helvetië): hij is van Bazel naar Montpellier veertien dagen onderweg geweest (F 211); hij brengt een aantal brieven van jonge vrienden van Felix mee en ook van de humanist Castellio en van Thomas zelf, een epistel dat gedateerd is op 10 december 1554. We zitten nog altijd in het koude seizoen, waarin er niet zoveel werk is in de tuinbouw, en lange tochten aan de orde van de dag zijn: op 28 februari 1555 vertrekt Antony opnieuw naar Straatsburg, met een tussenstop in Bazel. Op 8 april is hij weer terug, met een brief van Thomas, gedateerd op 28 maart (dus twaalf dagen lopen van Bazel naar Montpellier). Behalve deze brief ontvangt Felix uit de handen van Antony twee mooie groene stukken leer. De jongeman zal daaruit een broek laten snijden die onder het dansen de bewondering opwekt van de jongelieden uit de Occitaanse adel: in Montpellier heeft men nog nooit zo'n (korte) broek gezien. Helaas zit hij Felix net iets te strak; de kleermaker heeft het allemaal wat erg krap bemeten, zodat hij een deel van de huiden kon gebruiken om er een tas (*seckel*) voor zijn vrouw van te maken (F 217).

De laatste reis, of in ieder geval de laatste ons bekende reis, maakt Antony op 1 november 1555 (F 233) opnieuw in opdracht van een Duitser (*Teutsch*), nu zouden we het een Elzasser noemen, richting Straatsburg. Op weg naar het noorden zal Antony een brief van Felix bij Thomas achterlaten. De student schrijft zijn vader over het begin van het nieuwe studiejaar, dat nog niet zo ver achter hem ligt. Terugkeer van Antony op 13 december, na twee stops: Bazel en Straatsburg (F 236). De tuinman brengt Felix een lange brief van zijn vader, in leer gebonden, een echt boekwerkje. Thomas prijst zichzelf gelukkig met de betrekkelijk grote tolerantie in Montpellier jegens de lutherse studenten van Duitse afkomst; hij vertelt ook over de heimelijke en naar het zich laat aanzien gunstig verlopende stappen die hij onderneemt richting verloofde *in partibus* van Felix, Madlen Jeckelmann, door de tussenkomst van een hoogbejaarde koppelaarster, moedertje Frön; die was nog peetmoeder van Madlens vader.

De allerlaatste opgetekende ontmoeting met Antony vindt plaats in januari 1556 (F 240): 'Omdat mijn meester Catalan [in zijn officina] ook suikererwtjes [snoepjes] liet maken en deze in een grote pan op een kolenvuur tot kleine balletjes werden gesmolten, had mijn meester deze taak, want dat was zwaar werk, toevertrouwd aan de robuuste boer [*buren*] Antony. Tijdens het werk kwam het overhemd van Antony uit zijn gulp. Voor de grap pakte ik een mes en deed ik alsof ik zijn overhemd wilde afsnijden. Het liep echter uit de hand. Ik sneed niet alleen in zijn overhemd maar ook in zijn balzak [*seckel*], zodat de testikels eruit hingen. Antony was boos. Ik gaf hem een teston.[22] Hij was spoedig weer genezen.' Een stomme grap, die niet gespeend is van lompheid...

Een portret van Antony ten voeten uit behoort tot de mogelijkheden:

het is een boer (*buren*), maar ook een vakkundige stadse producent, een gespecialiseerde tuinman, die fruitbomen – granaatbomen – kan enten en kweken. Een goede kameraad, een natuurkracht: in etappes van meer dan vijftig kilometer per dag overbrugt hij het traject Bazel-Montpellier in dertien of veertien dagen, terwijl Felix, te paard, daarvoor zestien volle dagen nodig had. Deze bewerker van de aarde is bovendien actief in het stedelijke domein van de toenmalige farmaceutische industrie. Voor vreemde talen heeft hij niet veel aanleg (om in het Duits of het Latijn met Platter senior te spreken heeft Antony een tolk nodig), maar hij doet een fenomenale geografische praktijkkennis op over het gebied van Zuid-Frankrijk via Zwitserland tot de Elzas. Het is een beminnelijke man, een harde werker, maar vaak moe, aldus Thomas Platter. Ook al is hij waarschijnlijk analfabeet, binnen de 'lagere klassen' is hij op zijn manier een man van de renaissance.

In de boerenwereld heeft Felix voornamelijk kennisgemaakt met mannen, zoals Guillem en Antony, met de grootschalige verbouw van granen, (wijn-)druiven en olijven, en met tuinen. De dieren van de boerderij (evenals de 'kleinschalige' flora en fauna) komen daarentegen slechts zijdelings ter sprake, behalve wanneer ze anders zijn dan Felix in Zwitserland gewend was. Zo noteert hij vaak iets over ezels en muildieren, zeldzaam in Helvetische contreien (behalve bij zijn vader, de grote ezeldrijver voor de Eeuwige) maar veel voorkomend in de Languedoc. Daarentegen wordt hij in het zuiden getroffen door de afwezigheid van koeien. In Vendargues, op de mas van zijn meester Catalan (F 166), ziet hij veel schapen, heel gewoon in deze regio, die hier *cabrils* genoemd worden; zij hebben lange, afhangende oren, zeer kenmerkend voor deze soort maar ongekend op de oevers van de Rijn. In Marseille nog meer exotische hoogstandjes, maar dan Afrikaanse: rammen uit Barbarije, met gevlochten staarten van wel een paar meter lang (?), met in elkaar gedraaide hoorns en vachten tot op de grond, genieten de eer beschreven te worden door Platter. Dat geldt ook voor de struisvogels, de Turken, de Moren die blokken natuursteen optillen, en de koraalgewassen.

Van nog veel verder weg, oorspronkelijk, komen de kalkoenen in Vendargues; vetgemest met vers gras (F 166) gaan ze in groten getale tegelijk, met nauwelijks een hoeder of hoedster erbij, naar de markt of de kermis. Alleen dankzij de publikatie van Platters geschriften weten we dat dit gevogelte, kort daarvoor uit Amerika geïmporteerd, al zo vroeg in de geschiedenis in de Languedoc aanwezig was. Ook uit Amerika komen de cactus en de waringin, waarvan Felix stekjes naar Bazel stuurt. En onze auteur kent Braziliaans hout (F126), want hij schrijft dat de wijn die hij drinkt bij het schrijven van zijn dagboek of boekje (*biechlin*) tijdens een reis door de Provence 'roder is dan het hout uit Brazilië' (april 1555). Als laatste (ver)gift uit de nieuwe wereld, aan de culturele horizon van een hele jonge man: de 'treponema', de syfilis die terloops werd genoemd naar aanleiding van de dood van kapitein Niklaus Irmy (mei 1553). Het slachtoffer van de nieuwe ziekte 'op een geheime plek van zijn lichaam', Irmy, was een koopmanszoon, lid van de stadsraad en getrouwd met de mooie Anna Meyer. Zij was de dochter van een van de burgemeesters van Bazel en werd op haar zestiende in geknielde houding door Holbein vereeuwigd in zijn schilderij 'Madonna van Darmstadt'. Weduwe Irmy, de madonna buiten dienst, die naar het schijnt niet besmet is geraakt (Niklaus had de 'Franse ziekte' in Parijs opgelopen), gaat een tweede huwelijk aan, alweer met een kapitein, Wilhelm Hebdening. Vijf jaar later wordt ze opnieuw weduwe als haar man sneuvelt op een ietwat klassieker veld van eer (F 107, 168, 223). Kalkoenen, treponema, cacteeën, Braziliaans hout: Amerika is in de Montpellierse teksten van Platter alomtegenwoordig vanwege haar biologische inbreng. De edele metalen uit Mexico en de successen van de conquistadores in West-Indië hebben onze memoiresschrijver kennelijk niet kunnen boeien.

Met of zonder kalkoenen uit de nieuwe wereld, op en buiten de mas en de grote agrarische domeinen, wilde dieren hebben slechts zelden in het proza van de jonge Platter gefigureerd. Zijn bezoek aan een gebied in de *garrigue*, het kreupelhout, met zijn kenmerkende vegetatie van steeneiken en zonneroosjes, in juli 1553, geeft hem de gelegenheid een paar konijnen te 'schetsen' die er voor de wandelaar als een haas vandoor gaan. Daar ze zich met geurige grassen gevoed hebben is hun vlees verrukkelijk, maar de jacht op hen is verboden; alleen de zwartrokken (*pfaffen*) van een kloostertje in de nabijheid mogen op de konijnen jagen. In 1596, wanneer Thomas junior naar ditzelfde stukje natuur komt, een plaats die Grammont heet en tussen Montpellier en Pérols gelegen is, zullen de 'zwartrokken' tengevolge van de godsdienstoorlogen verdwenen zijn. De kloosterkerk zal inmiddels een nieuwe functie hebben gekregen, namelijk die van opslagplaats van akkerbouwwerktuigen van de boeren uit de omgeving, maar de konijnen zullen er nog steeds zijn, actiever én meer genoten dan ooit. Ook patrijzen zijn er in overvloed, en verrukkelijk; vooral in de dorpen op de vlaktes, vlak bij de moerassen, maken ze deel uit van menige maaltijd (F 184, 256).

Reigers en kustvogels, die in dit moerassige gebied veel voorkomen, vormen het doelwit van stroperijen door Duitse studenten zonder geld, zoals bijvoorbeeld Sigmund Weisel uit Breslau, die op 26 augustus in Montpellier aankomt. Hij is onbehouwen (*grob*) en platzak. Omdat hij een goede schutter is, kon hij aan het eind van zijn tocht aan voedsel komen door op meervogels te jagen, waarbij zijn hond Fasan hem hielp door zwemmend de prooi op te halen. De ontwortelde *teutsche* studenten in de Languedoc brengen geld bijeen om hem te helpen. En met succes. Later wordt hij arts in Silezië, waar hij in het begin van de zeventiende eeuw aan Duitsers en Polen tijdens de lange winteravonden verhalen zal vertellen over zijn jachtavonturen van destijds, op de kust van de Golfe du Lion.

Sigmund Weisel komt aan. Maar Felix begint zich af te vragen of hijzelf niet eens moet vertrekken. Hoe dan ook, de teerling is geworpen: hij heeft schoon genoeg van het onderwijs dat de universiteit hem daar biedt, en dat hij, op enkele uitzonderingen na, middelmatig vindt. En dan wordt de bladzij, een bladzij in elk geval, omgeslagen: op 28 mei 1556, in de tijd van de grote droogte, behaalt Platter junior het baccalaureaat in de geneeskunde (F 245). Zijn patroon (*praeses*), Antoine Saporta, die sinds een jaar weduwnaar is, is zijn promotor. Felix was trouwens indertijd zo fijngevoelig geweest met een paar kameraden mevrouw Saporta naar haar laatste rustplaats te brengen. Bij zijn afstuderen onderwerpen de professoren Schyron, Griffy, Fontanon en Feynes Felix aan een spervuur van kritische vragen. De zitting duurde van zes tot negen uur 's ochtends. Daarna krijgt Felix een rode toga: hij houdt een redevoering en reciteert in het Latijn een aantal rijmelarijen van zijn hand, waarin hij ook stilstaat bij zijn Duitse kameraden in Montpellier. Hij betaalt elf pond en drie sou examengeld; hij krijgt er een diploma voor terug dat voorzien is van een enorm zegel, een diploma dat in het Latijn gekalligrafeerd is door een kopiist met een mooi handschrift, de Elzasser Johann Sporer, als student ingeschreven in Montpellier sinds mei 1555.

De 'bezegeling', de buluitreiking, vindt plaats in de Sint-Firminuskerk, waar de zegels van de universiteit bewaard worden. Het is een manier om te laten weten dat de katholieke klerken nog steeds toezicht houden op de school voor geneeskunde, zij het minder streng dan tevoren. Felix overweegt, nu hij zijn graad heeft, een bedevaart naar Santiago de Compostella te maken. Natuurlijk uit zuiver toeristische motieven, maar je weet maar nooit... Dit idee was voor het eerst bij hem opgekomen (F 244) in april, toen hij vijf pelgrims uit Compostella ontmoette, allen afkomstig uit het katholieke en rurale kanton Zug, midden in Zwitserland. Een van hen, Caspar Frey, die een arm miste, was trouwens beroepspelgrim; hij was al vijftien keer van Zwitserland naar Galicië en weer terug geweest om, tegen vergoeding, te boeten voor de zonden van andere mensen, die geen tijd of geen zin hadden om zelf een bedevaart te ondernemen. De vijf nomaden droegen een baard en waren behangen met gewijde penningen en sint-jacobsschelpen. Ten tijde van de ontmoeting bevond zich een stel weerzinwekkende oude kwezels in hun gezelschap, eveneens bedelpelgrims, die een treurige indruk gaven van de fysieke schoonheid van de Zwitserse vrouwen. Maar de plannen van Felix om naar het zuiden te reizen liepen op niets uit. De voortdurende hitte in de zomer van 1556 werkte ontmoedigend, evenals wellicht de angst voor de Spaanse inquisitie, die heel wat harder optrad dan de Franse, die betrekkelijk tolerant was als het ging om hervormde studenten uit Duitsland (F 236). De student ziet er in ieder geval van af de Pyreneeën over te steken. Daarentegen is Felix in gedachten steeds vaker in Bazel, waar zijn aanstaande op hem wacht. Nog dertig of veertig weken te gaan...

Deel vier

HET JAAR 1557

Hoofdstuk 7

Voorjaar 1557: naar Parijs

Maar ook die gaan voorbij. In januari 1557 ruikt Felix de stal. Het moment van afscheid nemen is daar en er zijn steeds meer tekenen in die richting, ook al zijn ze niet allemaal even gunstig. Die maand is het de tijd van de beroemde winterdansen (als voorloper van het carnaval) en op de twaalfde wordt de jonge Bazeler, samen met een paar vrienden uit de lokale adel, uitgenodigd voor een gemaskerd bal bij een familie uit de hogere kringen, een van de vele maskerades, ook wel 'vermommingen' (*mumerien*) genoemd. De als weinig eerbaar bekend staande vrouw des huizes verliest tijdens dit nachtelijke feest een kostbare rozenkrans. Felix wordt van de diefstal verdacht, wat hem doet gruwen. In werkelijkheid (?) heeft de dame het religieuze sieraad heimelijk aan haar minnaar, een 'zwartrok', cadeau gedaan; ze probeert de verdenking op een ander te laden om haar echtgenoot om de tuin te leiden. Misnoegd over deze affaire besluit Felix de bals in Montpellier voortaan te mijden. Hij ontvangt op ruwe wijze (F 262) een afgezant van de vrouw met de rozenkrans, vanzelfsprekend een monnik, die eist hem te mogen fouilleren (het is een zekere Bernard, een 'scheermesbroeder' of kadaversnijder, die hij nog kent uit Zwitserland).

De laatste brieven worden geschreven en de laatste bagage gepakt voor de grote reis aanvangt. Felix stuurt (met een ezel of een kar) een kist vol boeken en kleine geraamtes van vissen en landdieren naar Bazel. Overigens getuigt hij van psychologisch inzicht: in de brief die hij bij dit pakket voegt stelt de jonge Platter de overbezorgde Thomas gerust, die de smartelijke vrees koestert dat zijn spruit werkloos zal raken. 'Ik ben nu twintig en heb al veel ervaring opgedaan,' benadrukt Felix, 'en het zal me ongetwijfeld lukken de stad Bazel te behandelen met de goede farmaceutische middelen uit Montpellier, die oneindig veel beter zijn dan die uit mijn Zwitserse vaderland.' De jongeman denkt op zijn laatst in de maand mei terug te zijn in zijn geboortestad. En inderdaad is hij terug in Bazel op 9 mei 1557, na een reis door Aquitanië, de Loirevallei, Ile-de-France, Bourgondië en Franche-Comté. Voor het zover is beseft de briefschrijvende student in de medicijnen dat hij tussen zijn vertrekpunt in de Languedoc en zijn Zwitsers-Duitse eindpunt een geldelijke verversing nodig heeft. Dus moet Thomas vanuit Bazel zorgen dat een tussenpersoon, een zekere Martin Betschart, in Parijs geld kan geven aan de jonge Platter, zodra hij bij de Seine-oever is.

In de laatste brieven die Felix in januari voor zijn vertrek uit de Languedoc aan zijn vader schrijft, is hij de tolk van apotheker Catalan, die wil dat zijn zoon Jacques Catalan de komende Pasen uit Bazel naar Montpellier terugkeert. Hij heeft nog een suggestie: Jacques zou zich van Bazel tot Montpellier kunnen laten vergezellen door de jonge Sigmund von Pfirt, zoon van een vriend van de Platters, een vroegere kanunnik van Bazel die was uitgetreden en getrouwd. De zoon van Pfirt zou de reis maken om medicijnen te studeren in Zuid-Frankrijk. Felix had zelfs al een zakenman in Montpellier gevonden die Sigmund onderdak kon verlenen en wiens eigen zoon het paard van de nieuwkomer (na gebruik) zou terugbrengen naar Bazel. Het sociale netwerk van Montpellier, dat hij in 1552 al grondig had bestudeerd, kende in 1557, aan de vooravond van zijn vertrek, geen geheimen meer voor Platter junior.

De laatste paar weken vinden er nog een aantal onverkwikkelijke incidenten plaats: op 18 januari is er in Montpellier een zwangere vrouw die zich hoog boven de straat in evenwicht houdt op een strak gespannen koord, alsof ze koorddanseres is (F 262). Op 21 januari geven de Duitse vrienden van Felix hem als afscheidsgeschenk, tijdens een nachtelijk drinkgelag, een hazepeper... die gemaakt blijkt te zijn van een kat. Iets wat het slachtoffer van de grap niet bepaald waardeert.

Op 26 januari komt er nog een 'allerlaatste' brief van Thomas, gepost op 29 december. Bijna een maand vertraging! Uit dit vaderlijk schrijven verneemt Felix dat drie van zijn vrienden inmiddels in Bern, Mulhouse en Colmar officieel benoemd zijn tot 'stadsgeneesheer' zoals men het in Duitsland noemt. Zij hadden alle drie in Montpellier gestudeerd. Twee van hen hadden alleen de doctorsgraad van Avignon: dit waren Stephan Kunz en Jacob Myconius. De derde was Schoepfius of Schöpflin, een vroegere schoolmeester die in 1552 Felix vergezelde op zijn reis van Zwitserland naar de Languedoc, en die bovendien de doctorstitel had behaald aan de universiteit van Valence. Een goed teken voor de jonge Platter, wiens zonder meer voornamere academische titels het goed zullen doen in Zwitserland (bovendien zou hij in 1557 ook nog het doctoraat van Bazel krijgen).

Nog meer 'laatste brieven': van de docent medicijnen Huber (Felix' goedmoedige leermeester in Zwitserland); van Coelius Curio of Curioni, de bekende Italiaanse Erasmuskenner, die over de Alpen was gevlucht, zich in Bazel had gevestigd en de verbindingsschakel was geworden tussen het Piemontese, Zwitserse en Nederlandse humanisme. Ook een brief van Balthasar Hummel, zoon van een huurling en een goede vriend van Felix, die voorlopig, tot hij rijk was, als onbemiddeld apotheker in het Zwitserse werkte. Uit deze brieven vernam de jonge Platter van de zeer goede huwelijken die een aantal van zijn studiegenoten hadden gesloten met meisjes uit de Bazelse burgerij, zowel de hogere als de middenklasse. Een medische studie en een goed huwelijk... De klassieke weg voor een ambitieuze jongeman om hoger op de maatschappelijke ladder te komen. Goede voorbeelden om na te volgen...

Nu moet hij alleen nog een metgezel vinden voor de reis van Montpellier naar Bazel, via Toulouse, Bordeaux en Parijs. Het is een gewichtige zaak en uiteindelijk kiest Felix Theodor Birkmann, een jongeman wiens verblijf in Montpellier na twee jaar ten einde loopt. Theodor, uit een drukkersfamilie in Keulen (F 218), en heel wat voornamer dan die gewone familie Platter, is een knappe jongen met kennis van de traditionele Griekse artsenij en een uitstekend muzikant. Felix heeft hoge verwachtingen van deze metgezel met het oog op de broodnodige afleiding tijdens de lange reis.

Een nog wezenlijker keuze is die van het rijdier. Er is een paard beschikbaar, vlakbij het huis van Catalan. Het behoort toe aan de adellijke Simon de Sandre, die naast de apotheek van de marraan woont. De aristocraat had het dier gekocht van een jonge 'pillendraaier' uit Straatsburg, die stage liep bij Catalan. Dit robuuste paard kwam dus uit de Elzas naar de Languedoc en eindigde ten slotte in Bazel.

Felix was nu voorzien van een vriend en een paard en hoefde alleen zijn luit nog maar te verkopen, wat hem intens speet. Daarna volgde het afscheidsmaal met zijn – waarschijnlijk Duitse – vrienden. Evenals het afscheid van zijn docenten (*doctoribus*) en zijn Franse vrienden uit noord en zuid; en ook van enkele jongedames, vluchtige scharrels waarover wij verder niets weten.

Op 27 februari 's morgens tegen tienen verlaat het reisgezelschap Montpellier. Het bestaat uit Birkmann, Gilbert Catalan, Felix en een aantal Duitse vrienden die hun kameraden op de lange weg een eindweegs 'begeleiden'. Het daaraan voorafgaande afscheid was uitgebreid en hartverscheurend: de oude Catalan stond voor zijn deur te huilen, geflankeerd door zijn vrouw en alle overige familieleden en bedienden. Felix' 'hart brak' bij het idee dat hij de stad waar hij zoveel van hield (*geliepten statt* – F 263) nooit meer zou terugzien. Na een halve dag reizen naar het zuidwesten in de richting van Pézenas komen de jongelieden in Fabrègues, een oud rond dorp of *circulade* met een paar honderd inwoners, een embryonaal-protestantse samenleving levend van mengteelt, waar men vaak op een houtje moet bijten.[1] Na het middagmaal in de herberg vervolgen zij hun route naar Loupian, een dorp van hetzelfde kaliber als Fabrègues, gelegen tussen het strandmeer en de 'bergen' van Sète. De volgende dag, na het laatste deel van de oude Romeinse weg of *via Domitia* te hebben afgelegd, komt het kleine gezelschap op zondag 28 februari aan in Béziers, waar volop carnaval wordt gevierd. Deze stad, indertijd gelegen in het hart van een groot graangebied, profiteert van de algehele economische opleving rond 1550. In het jaar voorafgaand aan Felix' bezoek is er een vrijdagse weekmarkt ingesteld of officieel bekrachtigd, die wordt bezocht door kooplieden uit een gebied van honderd kilometer in de omtrek.[2] De stad wordt bestuurd door de plaatselijke bisschop (uit een roemrijke Italiaanse familie), beambten van de koning (discreet) en door het vroedschap (stevig in het zadel en Franstalig, tenminste in geschrift, sinds 1540).

In de hoedanigheid van schepenen hebben de magistraten van Béziers, in navolging van andere steden, bij de verkiezingen ruimschoots gewonnen van de kooplieden, die weliswaar voortvarend zijn, maar voortaan op het tweede plan komen in het gemeentehuis. Vaarwel aan de 'goede oude stad' die sinds mensenheugenis was overheerst door handelslieden. In het ambtelijke wereldje neemt de pas ingestelde lokale rechtbank de vroegere functies van de baljuw over. De rechtbank vormt daarmee een soort rechterlijk centrum bestaande uit een vijftigtal min of meer hooggeplaatste ambtenaren, in een stad van nog geen tienduizend zielen; zo kunnen enkele splinternieuwe adellijke geslachten ontstaan, ofwel in het bed verwekt, of in opdracht van de koning. Een kwestie van conformisme? Ondanks de aanwezigheid van enkele weifelende hugenoten zijn ze hier al buiten het verspreidingsgebied van de hervorming, namelijk de Cévennes, Nîmes en Montpellier. Felix zal pas veel meer naar het westen en noordwesten een enigszins vergelijkbaar gebied vinden: in Montauban en de streken langs de Garonne.

In Béziers wordt de groep van Platter, bestaande uit Duitse jongeren uit de Elzas, Zwitserland en elders, ontvangen met een carnavaleske farandole van gemaskerden, de jonge joden, of beter gezegd marranen van de familie van Isabella Catalan, de dochter van de vroegere kostbaas van Felix. Zelf was zij al eerder van Montpellier naar Béziers verhuisd, na haar huwelijk met een van de carnavalvierders van Béziers, de zoon van een daar gevestigde marraanse koopman. Die avond, wanneer de maskers af zijn, is er een groot banket met bal na bij deze koopman. Gilbert Catalan, de nietsnut van de familie, die Felix het eerste deel van de reis heeft vergezeld, danst met zijn nichten uit Béziers. Zij zijn ook heel vriendelijk voor de Elzassers in het gezelschap. Felix brengt vrijwel de hele avond genoeglijk bij de haard door met een christelijk geworden joods meisje, gekleed in een gebreide geelzijden lange broek. Geel is in die tijd in de Languedoc de lutherse kleur.[3] Het meisje plaagt de Zwitser er goedmoedig mee dat hij door verder te trekken de *welsche* (Franse) meisjes in de steek laat. Zij beschouwt zich niet in de eerste plaats als jodin (ook al is ze dat van oorsprong), noch als Occitaanse, maar veeleer als Française of in elk geval als 'vreemdelinge' voor de Zwitsers, als iemand die een Romaanse taal spreekt, met zeer waarschijnlijk hugenootse sympathieën. Tussen het middagmaal in de herberg en het feestmaal van die avond heeft Felix zelfs nog tijd een korte toeristische wandeling te maken. Als zo vaak interesseert hij zich het meest voor de *Antiquitäten.*

Hij schrijft niets over de Sint-Nazariuskathedraal. Toch heeft hier een berucht maar overschat bloedbad plaatsgevonden[4]; de Sint-Nazarius ligt op een uitstekende rots met uitzicht over de Orbe, als een grendel, een veiligheidspal tegen een eventuele invasie vanuit Spanje, over land of via de rivier... Felix is echter wel gefascineerd, zoals heel Béziers al meer dan duizend jaar, door het – weliswaar beschadigde – beeld van keizer Augustus alias Pépézuc (vadertje courgette) (*sic*); deze reusachtige marmeren man inspireert in de baroktijd melodrama's in de streektaal, zoals de 'Grafrede door de afgezant van Pépézuc'.[5]

We zullen Béziers niet verlaten aleer we verslag hebben gedaan van een vervelende maar zeer onbeduidende gebeurtenis die Felix overkwam. Net als Montaigne was hij in zijn beschrijvingen gericht op het persoonlijke detail. Tijdens zijn gesprek met het meisje in de gele broek breekt er een stukje van een kies af (*ein kleinem sticklin von einem hindesten zan* – F 264). Hij schrikt er hevig van omdat hij vreest dat zijn gebit nog verder achteruit zal gaan. Moeten we wat zijn 'tandheelkundige' problemen betreft opnieuw de oorzaak zoeken in Felix' overmatig gebruik van suiker? Is de schuldige suiker uit Spanje of uit Sicilië afkomstig? Of, wat waarschijnlijker is, is het eveneens Iberische suiker van verder weg, van Madeira, de Azoren, de Canarische eilanden, de Kaapverdische eilanden of zelfs São Tomé in de Golf van Guinea? De mogelijke oorzaken van deze breuk veroorzaakt door cariës zijn legio, in een tijdperk dat de invoer van suiker uit Spaanse en Portugese gebieden en de Afrikaanse eilanden twee procent uitmaakt van de totale Franse import.[6] Eén ding is zeker: het is nog geen Braziliaanse suiker.[7] Deze komt in die tijd slechts mondjesmaat op de Zuideuropese markten.

Op 1 maart 1557 verlaat het nu nog slechts Duits sprekende gezelschap vroeg in de ochtend Béziers: Gilbert Catalan is er niet bij; geheel naar zijn aard heeft hij besloten enkele dagen langer bij zijn nichten in Béziers te blijven. Tegen de middag, na een snelle rit van zo'n twintig kilometer naar het zuidwesten, komen de reizigers aan bij de stadsmuren van Narbonne.

In 1557 was dit nog een middelgrote of zelfs kleine stad van zesduizend inwoners, bestuurd door een vroedschap die na de laatste verkiezingen van begin februari 1557 – die net als de voorafgaande en volgende verkiezingen keurig verliepen – bestond uit, in hiërarchische volgorde, een doctor in de rechten, twee burgers, een apotheker en twee kooplieden.[8] Net als in Avignon was het alweer een flinke tijd geleden dat Narbonne dertig- tot veertigduizend zielen geteld had, die tussen 1300 en 1340, nog voor de 'grote pest', merendeels geweldig opeengepropt huisden in wat toentertijd een van de grootste textiel- en lakencentra van middeleeuws Europa was. Toch had de fraaie zestiende eeuw, met al haar inherente tegenstellingen, diepe sporen getrokken in deze grote stad van de Languedoc, een grensstad en toegangspoort tot zowel de Roussillon als Spanje. Tussen 1490 en 1560 had Narbonne zich omringd met nieuwe, moderne, 'Italiaanse' vestingwerken.[9] Ze kostten een fortuin aan belastinggeld en dus aan de belastingplichtigen van de Languedoc. Ze belichaamden de ongecompliceerde samenwerking tussen de beambten van de Franse koning en de schepenen van Narbonne. Deze waren vanaf 1537 vanzelfsprekend net als elders meegegaan in de gemeentelijke 'revolutie' in het hernieuwde Zuid-Frankrijk. Edelen, notarissen en overige magistraten, die loyaal waren aan de monarchie, volgden in het gemeentehuis de kooplieden en lakenfabrikanten op die lange tijd de elite van het lokale bestuur waren geweest. Wat betreft de ruimte *intra muros*, deze was ook sterk verbeterd in de zestiende eeuw, ook al herkreeg de bevolking niet haar grootte van rond 1300. De bevolking herstelde zich slechts gedeeltelijk en tot op zekere hoogte; nieuwe, voor bewoning bestemde gebouwen vulden de braakliggende terreinen die een eeuw of nog langer geleden waren ontstaan onder Karel VI en Karel VII, die regeerden in moeilijke tijden. Op de brug der kooplieden, die de twee stadsdelen, genaamd het dorp en de stad, aan weerszijden van de rivier de Roubine met elkaar verbond, waren sinds Lodewijk XII huizen gebouwd waar de handelaren woonden. De stad bedwong het water door middel van een aquaduct, fonteinen en molens.

Het merendeel der immigranten is afkomstig van het Centraal Massief en uit het oostelijk deel van Aquitanië, dus het Noordfranse taalgebied. Er zijn weinig Spaanssprekenden (afgezien van een enkele verdwaalde edele uit het naburige Catalonië), waaruit blijkt dat de relatie tussen Frankrijk en Spanje niet goed is, en dat ook niet zal worden. De intensieve landbouw in het omringende vlakke land zorgt voor de bloei van de stad. Net als elders langs de Middellandse-Zeekust is er een grote toename van olijfbomen. Het graan, dat ook nu nog het belangrijkste (export) produkt van de streek rond Narbonne is, doet het goed. De dorpen blijven trouw aan de democratie van de agora ofwel het marktplein, waar het woord nog steeds het belangrijkst was; het op schrift stellen van bestuurlijke en andere maatregelen gebeurde voornamelijk in de hoofdstad van de streek. Aan de kust is de zoutwinning op haar hoogtepunt en ze kan concurreren met die van de Camargue. Zij levert het geld voor de vestingmuren en vormt behalve een moerassig ook een winstgevend grootgrondbezit dat in handen is van de stedelijke aristocratie. Omdat Narbonne geen haven meer heeft, is er geen rechtstreekse lakenhandel meer met de Levant, zoals die in de dertiende eeuw bloeide. Maar zij maakt wel deel uit van het belangrijke Provençaalse kustnetwerk, met als belangrijkste plaats Marseille, een netwerk dat zich uitstrekt van de Andalusische kusten via Barcelona, Aigues-Mortes, Genua en Livorno tot de streek rond Rome. Van deze handel is de wede uit Toulouse een van de belangrijkste exportprodukten, naast ijzererts, laken en andere stoffen, en honing en wijn. Sociologisch gezien ontwikkelt zich ter plekke een nieuwe adel, bestaande uit autochtonen en een handvol Spanjaarden en Italianen. Deze laatsten zijn vaak vroegere kooplieden of zonen van kooplieden, die meegekomen zijn in het kielzog van voormalige Florentijnse bisschoppen, die door de Valoisvorsten in de bisdommen Narbonne en Béziers benoemd waren.

In vele opzichten heerst er in Narbonne een aangename Italiaanse leefstijl waarvan de renaissanceliteratuur van het schiereiland verslag doet aan de hand van eigen waarnemingen in de Bas-Languedoc. De

Toscaanse bouwstijl is aan de kust van de Golfe du Lion nog terug te vinden in de *griffouls* of marmeren sierlijsten van fonteinen en façaden. Het protestantisme krijgt geen vaste voet aan de grond in het ver van Genève en zelfs van de Cévennes verwijderde Narbonne. Het stuit hier op een krachtig, door het vrome Spanje geschraagd papisme, dat net als in Carcassonne en Toulouse hardnekkig standhoudt.[10]

Felix en zijn Duitse vrienden blijven een dag en een nacht in Narbonne, op 1 en 2 maart 1557: de maandag voor en de ochtend van vastenavond. Wanneer ze op 1 maart tegen de middag bij de stadsmuren arriveren, worden ze nogal koeltjes ontvangen. De schildwachten bij de Porte de France weigeren het Duitse viertal binnen te laten, onder het voorwendsel dat zij onderdanen zijn van de Habsburgers (met wie men in oorlog is) en dus handlangers van het vijandige Spanje. Felix antwoordt dat hij Zwitser is. Voor het eerst sinds zijn verblijf in Frankrijk laat hij zich zo duidelijk voorstaan op zijn Zwitserse identiteit, terwijl hij zich in het bijzijn van zijn *welsche* vrienden meestal uitgeeft voor wat hij in feite is: *Teutsch*, Duits. In dit geval doet hij er echter verstandig aan te benadrukken dat hij een *Eidgenosse* (Eedgenoot) is, vanwege het simpele feit dat er in 1516 een eeuwige vrede was gesloten tussen Zwitserland en Frankrijk. De schildwacht is door deze verklaring onmiddellijk milder gestemd en laat de jongelieden de stad binnen. Ze worden ondergebracht in de herberg op voorspraak van de gouverneur zelf, de van oorsprong Italiaanse Fourquevaux. Opnieuw storten ze zich in het carnavalsfeest, nu van Narbonne, onder leiding van een gemaskerde Duitse edelman die in de stad woont.

Op toeristisch gebied wordt het oog van de avonturier uit Bazel naar de overblijfselen uit de Romeinse oudheid getrokken. Sinds kort zitten de witte brokken marmer ingemetseld tussen de grijze stenen van de vernieuwde stadswallen. Felix heeft zelfs tijd om de Sint-Justuskathedraal te bezoeken. Deze is de moeite van een bezoek waard, hoe paaps hij ook is. De student is verrukt (niet zonder ironische bijgedachten) over de enorme kaarsen, die zo hoog zijn dat men ze moet aansteken en doven met behulp van een ladder. De 'Verrijzenis van Lazarus', het prachtige schilderij van Sebastiano del Piombo (dat nu in de National Gallery in Londen hangt), keurt hij geen blik waardig, tenminste niet in zijn verslag, terwijl zijn jongere broer Thomas veertig jaar later vol bewondering en tot in detail de handen en het levensechte haar van de personages zal beschrijven. Ondanks de laatste vreugdevuren van de '*Gras*' (de vleesdagen voor de vasten), barst Felix in tranen uit in zijn bed, net als eertijds in Avignon[11]; maar dit keer vloeien zijn tranen omdat hij Montpellier, de stad die zijn hart heeft gestolen, nooit meer zal zien en ook omdat hij opziet tegen de gevaarlijke reis door het zuidwesten en westen van Frankrijk. Zijn enige reisgenoot is nu nog Theodor Birkmann, omdat de overige Duitsers terugkeren naar de Bas-Languedoc. Felix en Theodor rijden naar Toulouse en laten de weg naar Spanje links liggen.

De ochtendetappe van de tweede maart begint in de vroege uren van de vasten die niets feestelijks meer heeft voor de twee jongemannen. Tegen het middaguur arriveren ze in Moux, een typisch grensdorp van driehonderd inwoners, dat nog net in het bisdom Narbonne ligt, maar al 'gepositioneerd' is in het toekomstige arrondissement Carcassonne.[12] Het is begin maart, de brem bloeit al en de knoppen van de kersebomen staan op springen. Er zijn veel bijen, vliegen, mieren en citroengele en rood met zwart gevlekte vlinders. Ze plukken wat paddestoelen, de abrikozebomen bloeien, de perzikbomen krijgen al jonge blaadjes, op de grasvlakten groeien weer biezen en de braamstruiken lopen uit; de lelietjes-van-dalen zullen spoedig loten van meer dan een duim hebben. In Moux komen Theodor en Felix weer op krachten in de herberg, want de jonge Platter hoort tot de mensen die genoeg geld hebben om onderweg in herbergen te eten. Voor hen geen picknick, ook al werden ze graag zo afgebeeld door de Franse schilders van de negentiende eeuw. De tweede etappe voert de *Teutschen* naar Carcassonne waar ze aan het einde van de middag aankomen. Hier brengen ze de nacht door.

In 1557 is Carcassonne een stad van bloeiende lakenhandel en -industrie: al in 1547 wilde men er een munterswerkplaats vestigen[13], halverwege de reeds bestaande 'munten' in Montpellier en Toulouse.[14] Carcassonne is niet erg intellectueel: degenen met een studieknobbel trekken al jong weg om in Toulouse en omstreken carrière te maken. In 1557 heeft Carcassonne nog maar net kennis gemaakt met het protestantisme, dat door een aantal afgezanten – onder wie uitgetreden monniken – van Margaretha van Navarra, die zelf in Nérac of de Béarn verblijft, onder de handwerkslieden wordt gepropageerd. De geestelijkheid van Carcassonne, die houdt van missies, wonderen en overige 'papische' religieuze syndromen, heeft het niet bepaald op de koningin van Navarra, die evenwel niemand minder is dan de zuster van de koning; toen zij in 1537 op doorreis was in Carcassonne ontving Margaretha van de schepenen slechts een aantal kisten met kaarsen, jam en dranken, terwijl de eerste de beste baljuw op rondreis, de gouverneur van de Languedoc en vanzelfsprekend de koning of koningin van Frankrijk in die tijd een kostbare bokaal of zilveren en gouden vaatwerk ten geschenke kregen.[15]

De reeds van oudsher voor ketterij beduchte schepenen van Carcassonne zijn trouwens 'geroyaliseerd'. Ze wilden ook niets liever, als gevolg van de reeds lang bestaande en als vanzelfsprekend gegroeide verstandhouding tussen de koninklijke macht van de magistraten en het zelfstandige gemeentebestuur. Al in 1547 hebben de magistraten, met hun grotere staatsbewustzijn, de kooplieden uit het baljuwschap verdrongen, net als elders in het zuiden van Frankrijk. In feite is er niet echt sprake van een 'gemeenschap' in Carcassonne: zij wordt soms op een onvergeeflijke manier ondergraven door conflicten tussen de bewoners van 'boven' (de ommuurde stad) en die van 'beneden' (de open stad), het woonoord van lager allooi, 'op de vlakte', met een minder kerkelijke bevolking die ook minder moet hebben van het ancien régime, in tegenstelling tot de lieden van de bovenstad. De bovenstad is in de periode 1555-1565 conformistisch; er wonen zeer weinig hugenoten, nog minder dan het beetje dat in de benedenstad woont. Bovendien betwisten de beide steden elkaar de vestiging van instellingen, vooral wanneer het om nieuwe instituten gaat[16]: de door een baljuw voorgezeten rechtbank, net als elders in 1552 ingesteld, is in de tijd van Felix Platters bezoek de inzet van de strijd tussen de boven- en de benedenstad. Bij de aanvang in 1552 wordt de rechtbank gevestigd binnen de muren van de bovenstad, de verheven en vanzelfsprekende zetel van alles wat een officieel karakter, het stempel van de staat heeft. Maar al in mei 1553 wordt de rechtbank verplaatst naar de benedenstad.[17] In september wordt zij na een uitspraak van het adviescollege van de koning abrupt teruggeplaatst naar boven; in december verhuist zij door privilegebrieven weer naar beneden; in februari 1554 volgt een nieuw arrest waardoor de rechtbank wederom naar de bovenstad gaat; in mei is er na een koninklijk edict weer een 'afdaling'; in september laten de koninklijke adviseurs alles weer omhoog gaan, waarbij ze een onderzoek van *commodo et incommodo* in het vooruitzicht stellen; en in december bepalen privilegebrieven opnieuw de terugkeer naar de 'nieuwe stad'. Dit proces van opeenvolgende verhuizingen (die min of meer letterlijk plaatsvinden) zou nog drie generaties doorgaan.

Felix geeft zich op zijn eigen manier rekenschap van de gespleten identiteit van de stad. Carcassonne, zo schrijft hij, '*liegt zum theil im boden, zum theil auf den Berg*' (half op het vlakke land, half op de heuvel – F 266). Felix schrijft ook dat zijn reis te paard vanaf Narbonne die dag (2 maart 1557) acht mijl was, wel Platter-mijlen natuurlijk. Felix verlaat Carcassonne op 3 maart... Acht maanden later breekt er in deze stad een pestepidemie uit die minstens tot de volgende vastentijd (1558) duurt. Naar men zegt had zij vijfentwintighonderd doden tot gevolg, waarschijnlijk ruim een derde van de totale bevolking. Eénmaal gedaan is nog geen gewoonte, maar toen waren boven en beneden, de ommuurde stad en de open stad, broederlijk verenigd in de ramp die hen allen trof.

Op 3 maart 1557 vindt het vertrek uit Carcassonne plaats, vroeg in de ochtend van Aswoensdag. Het is nu veertig dagen lang vastentijd (F 266): geen vlees meer (*kein fleisch mer*) gedurende meer dan een maand, tot de jongemannen in de eerste helft van april in Parijs aankomen. De lokale bevolking schijnt zich keurig aan de vasten te houden, zelfs degenen die aangeraakt zijn door het protestantisme. Het vroom-katholieke Frankrijk is, in elk geval op het eerste gezicht, geen mythe.

Het eerste deel van de weg naar Toulouse is slecht. In Castelnaudary, waar ze de eerste avond halt houden, stoot Felix, gezeten op zijn paard, in het donker in een nauwe straat zijn hoofd tegen de vleeshaken van een slagerij die uit de muur steken. Het bloed van de Zwitser stroomt over de eraan hangende stukken vlees. De volgende dag zien ze ten westen van Castelnaudary de laatste uitlopers van de Bas-Languedoc en het begin van het platteland van Aquitanië. De streek is duidelijk welvarend. Er is overwegend een rijk geschakeerde mengteelt[18] waar het volk goed van kan leven, ook al is het lot van de kleine man soms hard. Er wordt wede (in kleine hoeveelheden), granen en druiven geteeld. Er zijn natuurlijk geen olijfbomen, want het klimaat is te vochtig en er is regelmatig sprake van vorst. Er zijn nog grote wouden, maar deze lijden onder een te intensieve houtkap. De bevolking gaat niet goed met het ecologisch evenwicht om: in extreme gevallen, wanneer er (door te veel kappen) geen hout meer is, stoken de boeren hun ovens met stro om brood te bakken.

De heuvelachtige vallei van de Ariège is vlakbij: de mijnen en ijzersmelterijen voorzien er in de behoeften van het noorden, zowel die van burgers als militairen. Aan de benedenloop van de Ariège bevindt zich in Le Mas-d'Azil een kruitfabriek: de grotten zitten er boordevol salpeter. De bevolking telt ook hugenoten, aangemoedigd door het lokale vorstenhuis van Margaretha van Navarra en later dat van Jeanne d'Albret. Er is een overvloed aan zilver: men probeert het (vergeefs) te winnen via 'vosseholen' (die men voor mijngangen houdt) in het graafschap Foix, maar dit metaal komt sinds 1549, na de stormloop op het zilver in Noord-Mexico, hoofdzakelijk uit het zuiden; de enorme hoeveelheden edelmetaal die via Spanje uit Zuid-Amerika komen bereiken via Narbonne, Bayonne en de passen van de Pyreneeën ook Aquitanië.[19] In eerste instantie merkt Felix niet veel van alle bedrijvigheid in het zuidwesten van Frankrijk: zodra hij met zijn metgezel Castelnaudary heeft verlaten wijkt hij af van zijn route om te ontkomen aan de bedreigingen van een stelletje struikrovers. Wanneer ze in galop weer zijn teruggekeerd naar de weg naar Toulouse halen de twee studenten een landgenoot in die hun sympathiek lijkt (F 267). Het is een Duitser die als losse landarbeider en bedelend zijn brood verdient. Hij heeft een jonge hond aan een touw, een zwaard over zijn schouder en hij zingt luidkeels... Het is Samuel Hertenstein, afkomstig uit Luzern, de zoon van dokter Philipp Hertenstein, en zelf ook een bekend arts in Zwitserland. Samuel studeerde van 1546-1549 in Bazel en was een leerling van Thomas Platter bij wie hij Felix als klein jongetje heeft ontmoet. Daarna werkte hij als wonderdokter in Toulouse, waar hij bekend was in alle speelholen. Hij had gevochten in Piemonte en keert nu haveloos terug naar Toulouse, de roze stad waar hij voldoende hoopt te verdienen voor de terugreis naar Bazel. Nadat ze een aantal herbergen hebben aangedaan, waar Samuel familiair doet tegen de waard, arriveert hij samen met Felix en Theodor in Toulouse op de avond van 4 mei. Gedrieën huren zij een kamer in de herberg Sint-Pieter.

Toulouse is in die tijd waarschijnlijk de vierde of vijfde stad van Frankrijk, na Parijs, Lyon, Orléans en Rouen; er wonen minstens dertigduizend mensen (het juiste aantal is niet bekend). De economische invloed van de hoofdstad van Aquitanië strekt zich tussen 1550 en 1560 uit over een gebied van vijftienduizend vierkante kilometer, de oppervlakte van drie huidige Franse departementen.[20] In plaats van een lange verhandeling geeft een kort uitstapje naar de geschiedenis van de drogerij- of kruidenierswinkels van Toulouse een goed inzicht in de recente economische ontwikkeling van de stad tijdens de renaissance. Voor die tijd, in de tweede helft van de vijftiende eeuw, was het aanbod van de lokale kruidenierswinkel, die een enigszins ander aanbod had dan wij vandaag de dag kennen, beperkt tot een aantal basisprodukten: olijfolie en zeezout uit de Bas-Languedoc en stokvis uit de Atlantische Oceaan. Kruiden en nonferrometalen speelden nog slechts een marginale rol. Vanaf 1506-1510 was er echter een nieuwe ontwikkeling: er kwam meer koper uit Centraal-Europa, tin (van de Britse eilanden) en was (voor de steeds belangrijker nachtverlichting, tekenend voor de toename van 'verlichte geesten' in een universiteitsstad). Er kwamen ook steeds meer verfstoffen en verfbenodigdheden zoals Vlaamse meekrap en aluin; er werden steeds meer specerijen gekocht en de consumptie van Portugese suiker steeg. Toen kwamen de jaren 1527-1531, die in vele opzichten cruciaal waren omdat ze samenvielen met het steeds groter wordende probleem van de armen en met de eerste zwakke geluiden van de reformatie in het zuiden. In deze jaren was er eveneens sprake van de bescheiden opkomst van een consumptiemaatschappij, ongetwijfeld hoofdzakelijk (maar niet exclusief) ten behoeve van de elite: er was een steeds grotere aanvoer van Duitse was, stokvis, hout uit Brazilië (Amerika deed zich gelden) en ook van ladingen suiker en gedroogde vruchten.

Tussen 1540 en 1560 vestigde Toulouse haar naam als exportgebied van landbouwprodukten: gedroogde pruimen, ganzeveren, saffraan en vooral wede, de plant waarvan indigo wordt gemaakt, en die in die tijd zorgde dat er in de stad fortuinen werden verdiend. De handel in Toulouse bloeide des te meer omdat de stad profiteerde van bijzondere belastingvoorrechten. In 1558, het jaar dat volgde op de doorreis van Felix, betaalde de stad Toulouse geen duit van de 562.282 Tournooise ponden aan belasting die door de gezamenlijke inwoners van de Languedoc werden opgebracht, omdat zij sinds de grote brand die haar in 1463 had getroffen vrijgesteld was van belastingen. Dat waren voordelige vlammen... Bovendien hoefde Toulouse aan de koning slechts de geringe som van 2500 pond belasting te betalen.[21]

Felix' verblijf in Toulouse op 5 maart 1557 heeft vooral een theologisch en militair karakter: hij bekijkt de vestingmuren, gebouwd van bakstenen (*bachenen steinen*); hij inspecteert de onlangs gebouwde stadsmuur, voorzien van ravelijnen en halve manen dankzij de Italiaanse bouwmeesters – de latere maarschalk en vestingbouwkundige Vauban was, gezien het grote aantal steden dat al sinds het midden van de zestiende eeuw werd versterkt, een navolger en eigenlijk de laatste uit de rij, in plaats van een voorloper. Hij bezoekt er ook de beroemde kerken; Felix' antiklerikalisme ten opzichte van deze gebouwen is nog duidelijk aanwezig maar het krijgt een steeds 'zachtere aanslag'. Ondanks het feit dat Toulouse binnen haar muren bijna achthonderd echte en denkbeeldige[22] hugenoten bergt, is de stad nog steeds, door de aanwezigheid van een hoogste gerechtshof, een bolwerk van het katholicisme. Dat in tegenstelling tot het gemeentebestuur, dat sympathiek tegenover het protestantisme staat. De jonge Zwitser interesseert zich met name voor het fascinerende heiligdom La Daurade. Het is de *deaurata*, simpelweg de 'goudkleurige'. Het is een van oorsprong Visigotisch of Frankisch monument dat bijzonder goed bewaard is gebleven. Het heeft de vorm van een regelmatige tienhoek en een altaar 'met daarboven een koepel, met in het midden een opening'.[23] Het bouwwerk ligt vlak naast de rivier, bijna met de fundamenten in het water, tussen de zetel van de landvoogd en de stedelijke vismarkt.

La Daurade is van binnen versierd met een mozaïek met gouden achtergrond, afgewisseld met marmeren zuilen. Van onder tot boven geven de in zilver en goud gevatte steentjes beknopt, sinds zij in de Merovingische tijd waren gevoegd, de kern weer van de joods-katholieke theologie, gewijd als zij zijn aan Abraham en Mozes, de aartsengelen en de apostelen, het kind Jezus en de Maagd Maria. De kerk als geheel is gewijd aan Maria, wat weinig aantrekkelijk is voor de overtuigde protestant Felix Platter. De toekomstige arts is als altijd bedacht op de Gallo-Romeinse en heidense archeologische overblijfselen, zelfs bij een bezoek aan een kerk, en hij verklaart dan ook zelfverzekerd dat La Daurade oorspronkelijk geen christelijk bouwwerk maar een Isistempel was. (Thomas Platter junior zal later spreken van een Jupitertempel – T2 409.) Kortom, alles liever dan iets katholieks! Onze schrijver is niet voor niets Zwitser, humanist en protestant. Aan de vooravond van de godsdienstoorlogen werd deze Daurade gebruikt door een benedictijner orde die het kapittel van Cluny al in 1535 wilde hervormen door haar nieuwe statuten te geven.[24] Onder Richelieu krijgt zij een groep benedictijnen uit Saint-Maur binnen haar muren, die de regel van Cluny afschaft; zij zouden zich specialiseren in wetenschappelijk onderzoek. La Daurade wordt helaas in de achttiende eeuw verwoest, waarmee het Franse erfgoed beroofd wordt van een zeldzaam fraai voorbeeld van religieuze kunst, ontsproten aan de late oudheid of het prille begin van de middeleeuwen. Felix noemt met name het mozaïekwerk van het heiligdom. Hij vertelt ook een overlevering die hij in 1557 in Toulouse hoort: wanneer men een van de gekleurde steentjes diep in de muur of de vloer drukt, komt het na één nacht weer aan de oppervlakte, waar het zijn eigen, dus normale plaats weer inneemt in het netwerk van heilige steentjes.

Voor de Zwitser – die duidelijk een liefhebber van kerken is geworden, maar niet van papen – is de immense Sint-Serninusbasiliek, een goed voorbeeld van Romaanse en Zuidfranse bouwkunst, nog belangrijker. In de zestiende eeuw bezit de Sint-Serninus nog een grote financiele en religieuze macht. Felix, als altijd op zoek naar de kern van de zaak, interesseert zich vooral voor de crypte. Hierin staan twaalf zilveren doodkisten waarin, naar het schijnt, de lichamen van de twaalf apostelen worden bewaard... – om te beginnen het onthoofde skelet van de heilige Jacobus. En dus blijven de pelgrims voor Santiago de Compostella, volgens onze schrijver, langskomen in de Sint-Serninus, naar het voorbeeld van hun middeleeuwse voorgangers die, nadat ze te veel hadden betaald voor de wijn en de haver en door de veekooplieden waren voorzien van blinde of afgematte paarden, ondanks alles tevreden verder trokken, hun blik gericht op een verre graftombe.

Het laatste deel van het verblijf van Felix Platter in Toulouse gaat op een holletje. In de toeristische memoires van Felix is naderhand geen sprake van de parlementsleden van de stad die toch een belangrijke rol speelden, noch van de zeer strijdbare hugenoten ter plekke (weliswaar in de minderheid en spoedig buiten spel gezet); noch van de plaatselijke universiteit met haar bloeiende intellectuele leven. Bekwame juristen legden er in navolging van Coras de laatste hand aan hun theorieën over de wetgevende soevereiniteit van de (monarchistische) staat, theorieën die spoedig overgenomen zouden worden door Bodin.[25] De universiteit van de stad was gespecialiseerd in juridisch onderwijs en was net zo belangrijk als Avignon voor de theologiestudie was, Nîmes voor de letteren en Montpellier voor de geneeskunde. Bovendien herinnert Felix zich dat hij in Toulouse een drukkerij bezocht waar een van de drukkers een vroegere leerling en boodschappenjongen van Thomas Platter senior bleek te zijn. Felix werpt ook een vluchtige blik op de molens van Bazacle, met hun stenen zuilen, houten opbouw en pannendaken, molens die voortdurend bevoorraad worden door lange rijen ezels die met graan komen en weer weggaan met meel.

Deze 'fabriek' was in staat, als we de wellicht wat overdrijvende Thomas Platter junior mogen geloven, honderdduizend mensen te voeden (T2 422), zowel in de stad als op het platteland. Hoe overdreven deze getallen ook zijn, de belangrijke 'meelfunctie' van Toulouse, die twee eeuwen later zelfs zou leiden tot de export van 'meeltonnen' naar de Antillen, kondigde zich reeds in 1557 aan. Maar dit soort overwegingen waren op dat moment niet belangrijk, en terecht! Ze moesten opschieten: de reizigers voelden zich opgejaagd, want er heerste pest in de stad en er waren al vierhonderdvijftig huizen besmet.[26] Op 6 maart 1557 verlaten Felix en Theodor na het middagmaal Toulouse en begeven ze zich op weg naar Montauban. Eerst betalen ze de bazin van herberg Sint-Pieter nog voor hun overnachtingen. De vrijgevige Samuel Hertenstein, die platzak is, neemt hartverscheurend afscheid van hen, maar niet dan nadat hij zijn naam in het gulden boek van de jonge Zwitser heeft gezet. Felix zou deze zwervende wonderdokter, die Zwitserland niet bereikte en in Frankrijk stierf, niet meer terugzien.

De gebruikelijke route van Toulouse naar Agen en Bordeaux loopt via Montauban en wijkt licht af naar het noorden, weg van het jaagpad langs de Garonne. Door deze noordelijke 'omweg' kunnen de reizigers op een makkelijke manier de rivier de Tarn oversteken, middels de stenen brug (uit de veertiende eeuw) met zijn zeven spitsbogen.

De weg bleek over het algemeen veilig, wat een eeuw eerder wel anders was, toen er in de nasleep van de honderdjarige oorlog nog overal struikrovers waren. We kunnen vaststellen dat Felix tijdens zijn langdurige reizen in Frankrijk slechts enkele keren werkelijk last heeft gehad van vijandig gezinde boeven: ten noorden van Lausanne in 1552, in een herberg in het graafschap Venaissin en toen hij Castelnaudary verliet. De jongeman kwam er telkens met de schrik af. Alles in aanmerking genomen had het Frankrijk van Hendrik II weinig last van criminaliteit, zeker gezien de geringe hoeveelheid marechaussee en politie, zoals ze nu heten. Wat Montauban betreft, deze stad was in de twaalfde eeuw uit de grond geschoten (eerst in de vorm van een dambord, later van een trapezium) en inmiddels was ze weer volledig hersteld van de moeilijke tijden die ze in de late middeleeuwen had doorgemaakt: de vrijwel geruïneerde stad was in de veertiende eeuw een militair steunpunt in het zuidwesten van Aquitanië geworden voor de Engelsen onder de prins van Wales.

In de tijd van Hendrik II functioneerde de volledig 'opgeknapte' stad, die nog steeds voorzien was van machtige vestingmuren en een plein had met arcaden in Florentijnse stijl,[27] als doorvoerhaven van wijn en graan naar de benedenloop van de Garonne, via de rivier de Tarn. In de zestiende eeuw kwamen er rond het centrum van de stad steeds meer werkplaatsen voor de fabricage van gewone stoffen en grof laken. Het aantal arbeiders nam sterk toe; deze kwamen als altijd uit de 'bevolkingsreservoirs' van de Rouergue op het Centraal Massief en de districten van Mende en Saint-Flour. De renaissance-architectuur had vanaf Lodewijk XII in de herenhuizen van Montauban haar onuitwisbare tekenen achtergelaten in de vorm van dessus-de-portes met mandhengsels, die in de plaats waren gekomen van de traditionele, in Zuid-Frankrijk wijdverbreide bovendorpels met accoladebogen uit de late gotiek.

Van de drie uitvoerende machten die het gezag over de stad uitoefenen en vaak met elkaar samenwerken – de bisschop, de plaatsvervanger van de baljuw (quercynol) en de schepenen – zijn de laatsten het actiefst. Net als elders hebben de schepenen veel invloed en zijn zij meestal magistraten en geen handwerkslieden. Zij vormen een republiekje van stadsvorsten, kleine potentaten wier voornaamste verdienste is dat zij er altijd bij zijn wanneer er op straat iets gebeurt.

De vroedschap is het lokale protestantisme welgezind omdat bisschop Jean de Lettes, neef van de vorige prelaat Jean des Prés en oom van de latere zielenherder Jacques des Prés, smoorverliefd is op een adellijk meisje. Hij huwt haar in 1556 en brengt het laatste deel van de wittebroodsweken door tussen Genève en Lausanne. Zonder het gerechtshof van Toulouse, dat voortdurend waakte over de hele streek, zou de 'ketterij' in Montauban weinig tegenwerking gehad hebben. Het protestantisme is stevig geworteld in de klasse der handwerkslieden; het werd oorspronkelijk ingevoerd door docenten van een aantal uitstekende scholen in de stad, bijgestaan door het middenkader van de lokale geestelijkheid, onder wie een rechter van de clerus, een 'beheerder van de bisschoppelijke bezittingen' en een prediker à la Savonarola.

Ondertussen maakt Felix kennis met het grote 'lintvormige en gespikkelde' hugenotengebied rond de Garonne. Het contrast met de 'ketterse futloosheid' die hij tussen Béziers en Toulouse had ondervonden is opmerkelijk. Na het verlaten van Toulouse bevond Platter zich in Montauban in hervormd gebied, zoals hij dit eerder had gekend in Nîmes in 1552 en in de jaren daarop had gevoeld in Montpellier. In de buurt van Montauban, in de Sint-Jacobuskerk, doet onze reiziger opnieuw een indrukwekkende protestantse ervaring op, maar dit keer... door een hond genaamd Pocles, die hem al enige maanden vergezelde. Een waarlijk lutheraans beestje! Ze wilde de eetbare inhoud van de eucharistiekelk oppeuzelen, die op het altaarlaken van de kerk stond. Al bij haar eerste poging werd de viervoetige rover weggemept door de ter plekke aanwezige koster. Pocles hield aan deze ervaring een diepe afschuw van de paapse eredienst over. Zowel in Frankrijk als in Zwitserland blaft ze voortaan, wanneer de gelegenheid zich voordoet, tegen elk katholiek altaar en elke hostiekelk. Zo kondigt ze op luidruchtige wijze de hervormingsgezindheid van haar baasje Felix aan. De hond is een papenvreter.

De daaropvolgende etappe, van 7 en 8 maart, voert naar Moissac: een Cluny-abdij met een prachtig portaal, vakwerkhuizen, een oude brug van hout en steen... En daarna overschrijden ze een ecologische grens: er verschijnen steeds meer koeien in het landschap (Felix had er al in jaren niet meer zoveel gezien), dat steeds vochtiger en groener wordt naarmate ze verder naar het noordwesten gaan. In de middag van 8 maart arriveren de twee ruiters, in gezelschap van de hond Pocles, in Agen (F 270). Agen kent reeds een grote bloei en telt veertienduizend inwoners (onder wie zesduizend hugenoten), en deze stad, waarvan de schitterende kapellen van de Sint-Stefanuskathedraal kort daarvoor van nieuwe gewelven zijn voorzien, kan wedijveren met Montpellier, ook al is de afwezigheid van een universiteit een handicap op intellectueel gebied. Niettemin presteert de stad ook het een en ander op dit terrein. Tussen de pasgebouwde wijken met hun huizen van rode baksteen en zichtbare skelet ontdekt Felix een grote bedrijvigheid: Agen exporteert via de Garonne gedroogde pruimen en vaten meel.

De rijkelijk aanwezige Italiaanse kooplieden leven naast een bonte mengeling van immigranten uit de Poitou, Bretagne en het zuidwesten van Frankrijk. Agen is een van de zestien grote belasting-innende steden van het koninkrijk[28], en ligt op een kruispunt van wegen: het water van de brede Garonne, en over land de verbinding tussen de Zwitserse kantons en het Baskenland via Auvergne en Gascogne. De handelaars en vooral de ultramontaanse prelaten hebben de weg gebaand voor de ook uit Italië afkomstige intelligentsia: 'Een monnik,' zo schreef Felix (F 270) 'sprak ons op straat aan en vroeg ons of wij Julius Scaliger wilden ontmoeten, een vermaard inwoner van Agen. Maar het was bedoeld om ons te bespotten en we zijn er niet op ingegaan.' Misschien was dit wel zo, maar in die tijd maakte de fameuze humanist Scaliger inderdaad, zoals de monnik zei, actief deel uit van een netwerk van beroemde schrijvers. De in Riva del Garda geboren Julius Caesar Scaliger was een vroegere Italiaanse soldaat, een voormalige monnik en een verwoed verzamelaar, die bisschop Della Rovere naar Agen was gevolgd. Scaliger trouwde hier en werd schepen van Agen. Hij schreef ook en van hem verscheen postuum in 1561 zijn *Poetice*, dat later het classicistische werk van Boileau zou inspireren. Scaliger behoort tot de beroemdste schrijvers die banden hebben met Agen: wij noemen onder meer de zoon van Scaliger (zijn kinderen maakten alle een indrukwekkende carrière, in de adel, de magistratuur en de handel), en daarnaast Palissy, de beide Margaretha's – van Navarra en van Valois (de eerste was van grote betekenis voor de hugenoten van de midden-Garonne) – en ook Monluc, Nostradamus, Belleforest en vooral Bandello…

Deze novellist van de renaissance en vriend van Scaliger was de beschermeling van de oorspronkelijk uit Genua afkomstige familie Fregoso (die Agen ook een bisschop leverden) en die sinds 1542 als welgestelde ballingen in Agen verbleven. Bandello schreef en publiceerde tijdens zijn twintigjarig verblijf in Agen (1542-1561) zijn beste werk, waaronder de *Novelle* (Novellen) die onder meer de inspiratiebron vormden voor *Romeo and Juliet* van een zekere Shakespeare. In 1554, enkele jaren voor Felix in Agen kwam, had Bandello juist tien jaar lang nauwgezet de functie van bisschop van Agen vervuld! Een hele prestatie voor deze bezinger van een onbetamelijk hedonisme, die meer wegheeft van Musset dan van Bossuet. De tot prelaat verheven schrijver moest dan ook slechts de zetel warm houden totdat de officiële titulaire bisschop, een jonge spruit uit het nest Fregoso, oud genoeg was. Toen Bandello er genoeg van had, diende een tweede warmhouder, ene Corniolio, op zijn beurt als bisschop van 1555 tot 1558, juist in de tijd dat Felix de stad bezocht.

Op 9 en 10 maart overbrugden de reizende studenten in twee etappes de afstand tussen Agen en Bordeaux. Felix verdronk bijna, met paard en bagage, bij het oversteken van de Garonne, omdat het bootje dat hen moest overzetten kapseisde, maar ze waren gelukkig al dicht bij de oever. In Aiguillon, waar de Lot in de Garonne stroomt, moesten ze zweren dat ze niet uit Toulouse kwamen, waar de pest heerste. Hun meineed werd des te gereder aanvaard omdat ze zich ook dit keer kenbaar maakten als Zwitsers, de bondgenoten der Fransen. In een herberg in Aiguillon maakten ze tot hun vreugde kennis met een sprekende papegaai, die was meegenomen uit de tropen. Ze hadden nog een nieuwe taalkundige ervaring: in de buurt van Marmande, in een streek die sinds kort was herbevolkt met 'noordelijke brabbelaars' uit Saintonge en Anjou, hoorden ze voor het eerst het 'door de grote massa' gesproken Frans. Vervolgens passeerden ze het zwaar versterkte La Réole en Saint-Macaire, een van de weinige steden die weigerden zich aan te sluiten bij de eerste opstand tegen de accijnzen in 1540.[29] Tussen Saint-Macaire en Bordeaux moesten ze door het bos van Cap de l'Homme, dat een roversnest scheen te zijn. Bij Bazel, Lausanne, Lunel en Toulouse, en nu ook bij Bordeaux, verborgen de bossen volgens Felix allerlei reële of vermeende gevaren. Betekende ontbossing dus meer veiligheid? Overigens was zijn angst om overvallen te worden zowel in Cap de l'Homme als elders ongerechtvaardigd.

Toen ze op de avond van 10 maart bij de vestingmuren van Bordeaux arriveerden, konden ze de stad niet meer in omdat het avond was; de poorten waren al gesloten. Ook hier ging veiligheid voor alles! Felix en zijn metgezel aten in een herberg van een buitenwijk. Op het menu stond inktvis en spinnekrab (*sepia, merspinnen*); ze waren dicht bij de oceaan...

Op de ochtend van 11 maart gaan ze Bordeaux binnen. Er is een overvloed aan herbergen. De beide nieuwkomers kunnen kiezen tussen De Vier Bedelaars en Het Wapen van Bretagne, het wereldse De Draaiende Aarde, of de eenvoudige Struisvogel, Het Witte Paard of De Drie Konijnen.[30] De studenten worden aangetrokken door de haven en ze installeren zich in De Rode Hoed, alias De Kardinaalshoed, vlak naast een woud van masten en boegsprieten. Hoewel de Garonne bij Bordeaux breed is, was het rond 1550 voor schepen bijzonder moeilijk laveren en aanmeren en er waren zeer veel aanvaringen. De belangrijkste reden hiervoor waren de met wijn beladen schepen uit Aquitanië, die vrijwel moeiteloos de rivier kwamen afzakken, waarna ze de oceaan opvoeren, op weg naar de afnemers in het noorden; Felix zag hoe de wijn met tonnen vol op een Engels schip werd geladen. Er was ook een enorme export van wede, hennep, honing en houtteer. Daartegenover kwamen er (uit de Nederlanden) via de Atlantische Oceaan naar de kusten van de Gironde meubels, schilderijen, tapijtwerk en het koperwerk van de Vlaamse koperslagers; en daarnaast laken, tin, lood en albast van de Britse eilanden; gedroogde, gerookte en gejodeerde vis ter bestrijding van kroep; tarwe en zout uit Saintonge; en uit Baskenland en Spanje, in minder grote hoeveelheden, ijzererts, wapens, ankers, aardewerk, balen wol, tonnen sardines en walvisvlees, en Portugees zilverwerk.[31] De min of meer recent ontdekte koloniale gebieden leverden suiker (Madeira), hout uit Brazilië en vooral kabeljauw uit Newfoundland. Deze produkten werden vanaf 1517 in grote hoeveelheden ingevoerd en vormden vooral na 1546 en de daaropvolgende jaren een belangrijk deel van de totale import.

In de tijd van Hendrik II werden in goede perioden wel twintig Newfoundlandvaarders uit Bordeaux gesteund met risicovolle leningen. Het handelsverkeer was sterk gegroeid onder de laatste vijf koningen van het huis Valois; de stad kende voortdurend een exportoverschot, zowel in gewicht als in geldwaarde. Het gevolg was dat er overal op de kaden grote hopen ballast lagen, waar men geen weg mee wist. In de haven kwamen steeds meer klanten en deze breidde zich steeds verder stroomafwaarts uit. Binnen de stadsmuren kon Felix niet om de vele zuiderlingen heen die zich mengden tussen de vijfenveertigduizend inwoners van Bordeaux.[32] Er waren natuurlijk Basken en mensen uit Bayonne, en ook bezochten talloze Spanjaarden de stad. Ze werden echter nog in aantal overtroffen door de Normandiërs en met name de Bretonnen en Engelsen. Vanaf 1550 kwamen er ook zeer veel Duitsers, Vlamingen en andere Nederlanders als voorbode van het grote overwicht dat de Hollanders in de zeventiende eeuw zouden krijgen in de handel met Aquitanië. De bij de Amsterdammers geliefde brandewijn werd al sinds 1513 in kleine hoeveelheden uit Bordeaux geëxporteerd. Dit was anderhalve eeuw voordat het distillatieproces in de Languedoc haar glorieuze opmars zou maken. Men heeft het nog steeds over 'Marignano 1515'. Maar er zijn ook andere jaartallen uit die tijd belangrijk (voor Bordeaux): de eerste brandewijn werd hier in 1513 gestookt[33]; van een kanunnik verscheen het eerste lutherse boek in 1521; *ibidem* het eerste geval van syfilis in 1514; de eerste kabeljauw uit Newfoundland arriveerde er in 1517. Deze laatste twee waren de eerste duidelijke invloeden vanuit Amerika, de een goed, de ander slecht.

In de grote massa schepen wemelt het van de kleine 'trampers', kustvaarders van vijfenveertig ton. Bij laag water lopen ze zonder problemen aan de grond, zegt Felix, omdat hun kiel minder te lijden heeft dan die van een groot schip onder invloed van getij, ballast en vracht.[34] Het zijn kleine bootjes die allerlei soorten vracht 'oppikken' en even gemakkelijk de ondiepe kreeftengronden als het doolhof der diepzee bevaren. Over het algemeen beperkt de apparatuur van de schipper (de 'meester') en de stuurman zich tot een kompas, dat sinds 1500 gangbaar is in Bordeaux, een klok en een peillood, vrijwel altijd zonder zeekaarten. De inwoners van Bordeaux spelen zelf nauwelijks een rol als zeevaarder en laten zelfs aan hun eigen kust het varen over aan buitenlanders. Van de schepelingen, zowel de gewone matrozen als de leidinggevenden, zijn er slechts zeshonderd afkomstig uit een toch dichtbevolkte stad. Dat is erg weinig! De helft van hen is stuurman op de aken die de rivier bevaren of vist op lamprei, een vis die in het voorjaar de rivier opzwemt, en die Felix gedurende de drie dagen dat hij in Bordeaux is 's middags en 's avonds krijgt voorgezet in herberg De Rode Hoed; zo visrijk is de in die tijd nog nauwelijks vervuilde Garonne. De overige zeevaarders uit Bordeaux gaan de zee op; zij zijn verenigd in religieuze broederschappen en niet in beroepsgilden, zoals gebruikelijk in de noordelijke landen. De kooplieden van Bordeaux handelen in wijn, zoals die van Toulouse in wede en de Engelsen in laken en vis.[35] Het reistempo verschilt al naar gelang men schipper, ruiter of *treponema pallidum* is. Felix deed er te paard vijf dagen over van Toulouse naar Bordeaux. Hetzelfde traject per schip zou hem vier dagen hebben gekost, maar elf in tegengestelde richting, de Garonne op. Bacteriën reizen minder snel. Het duurde twintig jaar voor de syfilis vanuit Napels Bordeaux bereikte (1494-1514).[36]

De tweeënzeventig uur die Felix in deze stad doorbracht stonden door een toevallige ontmoeting en de persoonlijke voorkeur van Felix in het teken van de muziek (*wir musicierten* – F 272). Een uit Bern afkomstige winkelier die naar Aquitanië was getrokken en die handelde in snaarinstrumenten hield hun gezelschap. Hij leende Felix een harp en Theodor een luit. Het zo ontstane Zwitserse trio bracht een groot deel van de tijd door met het geven van pretentieloze muziekuitvoeringen die zorgden voor een grote toeloop van de inwoners van Bordeaux. Dat hoeft niet te verbazen: onder Lodewijk XII en Frans I woonde Clément Janequin in Bordeaux; deze componeerde onder toezicht van het aartsbisdom bijna twintig meerstemmige liederen, die voor tachtig procent over de liefde gingen en voor de rest over de oorlog.[37]

De gemeenschappelijke cultuur van deze voor alle invloeden openstaande gemeenschap wordt gevormd door het Latijn, pregnant aanwezig in de geest van La Boétie en Montaigne, welke laatste in die tijd (1557) als jongeman magistraat wordt bij het gerechtshof van Bordeaux. De Zwitserse bezoeker is zich scherp bewust van dit wijdverbreide gebruik van het Latijn in Bordeaux. Hij maakt een uitstapje buiten de vestingmuren, in gezelschap van een uit Bern afkomstige gids, naar het amfitheater, genaamd het paleis van Galenus, een groot, ellipsvormig bouwwerk in de vorm van een langwerpig ei, zoals Thomas Platter junior zou zeggen (T2 411). Het gebouw dateert uit de Romeinse periode der Severi (na 193 van onze jaartelling). Het monument heeft relatief dunne muren met drievoudige muurankers en bevat een ondergrondse gevangenis. Toen het net gebouwd was, bood het plaats aan vijftienduizend toeschouwers die kwamen kijken naar gevechten tussen dieren en gladiatoren.[38] In de tijd dat Felix ze bezocht waren de nog majestueuze en goed bewaard gebleven ruïnes van het amfitheater, gelegen buiten de stadsmuren op braakliggend terrein, een ontmoetingsplaats voor geliefden; deze trokken zich nauwelijks iets aan van passerende ruiters, tweewielige ossewagens beladen met tonnen of gewone bezoekers.

De beide Platters zouden, met een tussentijd van veertig jaar, ook een bezoek brengen aan de 'beschermzuilen', eveneens een indrukwekkend overblijfsel uit de Romeinse tijd van Bordeaux, dat ook bezocht werd door nieuwsgierige wandelaars en verliefde stellen. De beide broers telden er, onafhankelijk van elkaar, zeventien of achttien nog rechtop staande zuilen, met kapitelen met acanthusmotieven, architraven en kariatiden. Een centraal gelegen tuin (in de plaats gekomen van het oude keizerlijke forum) in de vorm van een driehoek herbergde, of beter gezegd overdekte in de zestiende eeuw immense wijnkelders, dicht bij een aantal kleine huizen met pannen daken. De bekende architect Perrault zou in de tijd van Colbert eveneens deze 'beschermzuilen' zien, voor ze werden neergehaald en onder Lodewijk XIV werden vernietigd om meer plaats te bieden aan de kanonnen van het Château-Trompette, die de potentiële opstandelingen af moesten schrikken aan het eind van de grote revolte van Bordeaux in 1675. Bordeaux was niet voor niets, tot leedwezen van de Zonnekoning, een stad 'van buskruit' die gemakkelijk in verzet kwam en dus bedwongen moest worden. Dit was reeds het geval in de tijd van Felix, toen Hendrik II vrij repressief optrad tegen de inwoners van Bordeaux.

Behalve met de aan de rand van de stad gelegen monumenten uit de oudheid, maakte Felix ook kennis met de rest van de stad (*überal*), in gezelschap van zijn gids uit Bern. Hij bekeek met grote belangstelling het gerechtsgebouw van de streek (*das haus wo das Parlament wird gehalten* – F 272). Het ging om het oude Ombrièrepaleis, waar nu de straat met dezelfde naam loopt, op de zuidoosthoek van het vroegere Romeinse *castrum*.[39]

Het Ombrièrepaleis, een middeleeuws gebouw ingebed in de bouwwerken uit de Oudheid, was oorspronkelijk het kasteel van de hertogen van Aquitanië en werd in de dertiende eeuw de zetel van de zeer Brits georiënteerde baljuwrechtbanken van Gascogne, bij de zuidoostelijke opening van een eerdere vestingmuur, die weer gebouwd was op de muren van het *castrum*. Sinds de zestiende eeuw herbergden de oude muren van het voormalige fort de rechtbank van Bordeaux. De magistraten waren grote wijnboeren, die rondom dit hoge tribunaal met zijn vervallen uiterlijk in weelderige huizen woonden. Ook Felix viel de slechte staat op van het indrukwekkende, symbolisch belangrijke gebouw, de bouwvalligheid van het geheel en de 'smerigheid' van de rechtszalen. Toch stonden scherpzinnige beschouwers als Platter junior niet stil bij dit armzalige uiterlijk. De rechtbank had inderdaad de kwalijke gevolgen ondervonden van de tegen de belastingmaatregelen gerichte volksopstanden van 1548 (in de Gironde) en het gevolg was dat de rechtbank door strafmaatregelen van Hendrik II tijdelijk werd opgeheven. Maar vanaf 1550 namen de zaken weer hun normale loop...

Het soevereine hof (waarvan het aantal magistraten was verdrievoudigd vanwege de hoge vlucht die de bevolking, de economie en de staat namen tussen Lodewijk XI en Frans I) fungeerde nog steeds als scheidsrechter in de stad en op het platteland. De rechtbank bestond uit beschaafde, ontwikkelde mannen. Zij stonden op gelijke voet met de gouverneur van de koning en diens luitenant-generaal. Zij maakten het de overige officiële instanties van de stad en de staat niet gemakkelijk, zowel die op juridisch als op militair en financieel gebied. Hoewel het protestantisme reeds was doorgedrongen in de intellectuele en aristocratische milieus zorgde de rechtbank dat de stad en de haven, met zijn schepen die de naam droegen van de Maagd Maria en de heiligen, gehoorzaam bleef aan het katholicisme, in navolging van het soevereine hof in Toulouse, waar het papisme nog steviger was geworteld dan aan de benedenloop van de Garonne. Bordeaux, dat goed- of kwaadschiks trouw was gebleven aan de traditionele eredienst, kende dan ook niet de calvinistische kentering zoals die in diezelfde tijd plaatsvond in Nîmes en Agen: twee gemeenschappen (en zo waren er nog vele in de Cévennes en aan de middenloop van de Garonne) waar de propaganda van enkele predikanten er, door gebrek aan een duidelijk tegenwicht van officiële zijde, op den duur voor zorgde dat een meerderheid van de bevolking en van de stedelijke instellingen de 'ketterij' aanhing. Het weerstand biedende, hardnekkige katholicisme van de inwoners van Bordeaux, of in elk geval van een aantal hooggeplaatsten onder hen, had niettemin een open, christelijk karakter, ook al raakte haar blazoen besmeurd door de martelingen die verschillende calvinisten in Guyenne moesten ondergaan. Het 'papisme' van Bordeaux stond dichter bij de ideeën van Montaigne dan bij die van de papen in Toulouse en van de aanhangers van de fanatieke Guises of de zeer gemotiveerde kardinaal de Lorraine. Hoewel hij het zich niet bewust was, voelde de humanist Platter zich thuis bij de geletterden van Bordeaux. Overigens kwam Felix ook later nog aan zijn trekken toen hij in 1580 de auteur van de *Essais* ontmoette, toen deze naar Bazel en vervolgens naar Italië reisde.

Op 14 maart gaat Felix samen met Theodor (F 272) aan boord van een schip genaamd Aquilon (Noordenwind; of Aiguillon, Aansporing); ook al is het een schip uit Bordeaux, dit keer heeft de naam niets te maken met de Maagd of een heilige. De aanlegsteiger is vlak naast herberg De Rode Hoed, wat het vertrek vergemakkelijkt. Tegen de middag, na een reis zonder noemenswaardigheden, legt het schip aan in Blaye, op de rechteroever van de Gironde, een kleine stad met een centrum, een fort en een buitenwijk, het geheel gecontroleerd door een bijzonder winstgevend tolkantoor, waar alle schepen van en naar Bordeaux moeten betalen. Felix situeert Blaye abusievelijk, zonder verder commentaar, halverwege Bordeaux en La Rochelle (!). Een korte maar krachtige, enorme blunder: Blaye ligt dicht bij de eerstgenoemde stad, maar relatief zeer ver verwijderd van de andere. Thomas Platter junior, die Blaye aan het eind van die eeuw zou bezoeken, heeft er meer over te melden. Hij is vooral 'informatief' over de streeklegenden. Hij maakt, terecht of onterecht, gewag van een Karolingisch graf van Roelant; de held van het *Chanson de Roland*, met zijn reuzenkracht, zou vanaf deze plek op de rechteroever zelfs een zware lans tot midden in de Garonne hebben geworpen, terwijl de rivier ter hoogte van het tolfort toch bijzonder breed is (T2 449). Na een tussenstop in een herberg in Blaye, voor het onvermijdelijke middagmaal, steken Felix en zijn metgezel de grens tussen Guyenne en Saintonge over; ze begeven zich naar Mirambeau, waar ze 's avonds aankomen en de nacht doorbrengen.

Met de grens tussen Guyenne en Saintonge hebben de beide reizigers, naar het schijnt zonder er erg in te hebben, ook de grens overschreden tussen de taalgebieden van *oc* en van *oïl*, het Frans uit het zuiden en het noorden. Het is zelfs voor het eerst dat Felix voet zet op echte 'Franse' bodem, ook al was Saintonge ruim een eeuw eerder nog 'Engels'... De weg naar het noorden voert langs de vrijwel nieuwe landhuizen van Saintonge, met hun spitse, ronde of polygonale hoektorens. Zij zijn als het ware het stempel van de wederopbouw, na de verwoestingen van de honderdjarige oorlog. Saintonge heeft zich inmiddels ook hersteld van die andere, en meer recente beproeving die zowel in Charente als Bordeaux meer vernielde dan de oorlogen met de Engelsen, namelijk de opstand tegen de zoutbelasting in 1542 en in 1548.

Op 15 maart is Felix getuige van een genrestukje tijdens de ochtendrit, die nog steeds naar het noorden gaat: hij komt een provoost tegen, op zoek naar misdadigers, vergezeld door een troep ruiters. In het bijzijn van de jongeman neemt de provoost een boef gevangen, bindt hem vast aan het halster van een paard en voert hem weg naar een onbekende bestemming (F 272). De betreffende ambtenaar is een van de gewestelijke of speciale provoosten, wier functie in de tijd van Karel VIII en Frans I door middel van verschillende edicten in het leven werd geroepen en verder uitgebreid. Zij trekken langs de wegen, grijpen verdachten in de kraag en spreken ook summier recht. Dit is waarschijnlijk wel effectief, maar de gewone rechtbanken hebben er zware kritiek op. Het is een oud probleem. Mogen politiebeambten ook rechtspreken? In 1557 zijn de provoosten in Saintonge en elders nog steeds actief. Er zijn er echter niet veel (Felix was er geen meer tegengekomen sinds Montpellier, in feite sinds Lyon). Hendrik II had enige jaren daarvoor gedaan of hij ze afschafte, maar of zijn maatregel nu wel of niet gemeend was, veel effect had ze niet: de provoosten bleven onder bescherming van de koning door de gewesten rondtrekken en hun functie uitoefenen.[40]

Op 15 maart komen de twee studenten eerst bij Pons, een belangrijke pleisterplaats op de route (in tegengestelde richting) naar Santiago de

Compostella: een gasthuis met enorme gewelven, gesticht tussen 1157 en 1192, dat onderdak en eten verschafte aan de pelgrims die uit het noorden kwamen en het dorpje passeerden op weg naar het zuiden. Felix en Theodor hebben in Pons alleen tijd om een vluchtige blik te werpen op de imposante donjon, die rond 1185 is gebouwd; het is een rechthoekig[41] bouwwerk van dertig meter hoog, met aan de noordkant een in de vijftiende eeuw toegevoegd torentje.

Diezelfde dag bereiken de reizigers even na de middag Saintes, een aan de rivier de Charente gelegen stad met vier- tot vijfduizend inwoners, die haar naam heeft gegeven aan de streek Saintonge. Wanneer ze om de stadsmuren rijden zien ze links het plaatselijke amfitheater liggen, dat is gebouwd in de tijd van Tiberius en waarvan het perfecte ovaal het arenadal siert. Iets verder naar het westen zien ze het dicht bij de stad gelegen heiligdom van Sint-Eutropius, een kerk voor pelgrims op doorreis.[42] Sint-Eutropius heeft een fonkelende, nauwelijks een eeuw oude klokketoren – de gotiek ervan is als nieuw. De beide jongemannen steken de vijf meter brede stadsgracht over die heel Saintes omgeeft en gaan de stad binnen, waarvan de stadswallen staan op de plaats van de vestingmuren van het oude Romeinse *castrum*, die bovendien nog zijn uitgebreid in de richting van de rivier. Ze sluipen door de Porte-Évèque, gelegen in het rechtsgebied van de prelaat van de stad en gaan door de nauwe straatjes waar de met ijzer beslagen wagenwielen elk moment een voet van een voorbijganger kunnen afrijden: de huizen hebben balken met houtsnijwerk, façades met dubbele topgevels, ramen met vensterkruisen en torentjes die bereikbaar zijn via een nauwe wenteltrap.[43] Ook al is de route die ze volgen bochtig, deze correspondeert ruwweg met de vroegere *decumanus maximus* die het voormalige *castrum* van Saintes vrijwel van noord naar zuid in tweeën deelde. Onze studenten komen vlak langs de woning van de bisschop, de opzienbarende Tristan de Bizet[44]: deze betoont (uit luiheid?) een zekere toegeeflijkheid ten opzichte van de hugenoten ter plekke, waarvan een groep actieve handwerkslieden de drijvende kracht is.[45] Door een duistere geschiedenis betreffende de moord op zijn neef staat hij daarentegen op slechte voet met de verschillende autoriteiten van de streek, zowel burgers als katholieken. Evenals het omliggende diocees wordt de route die Felix neemt overschaduwd door de Sint-Pieterskathedraal, een overweldigend woud van spitsbogen, volledig herbouwd ten tijde van Lodewijk XI en zijn opvolgers. Dit nagenoeg nieuwe heiligdom zou nog slechts twaalf jaar bestaan: het werd grotendeels verwoest toen de protestanten de stad in 1568 overnamen.

De beide *Teutschen* zien aan hun rechterhand in de verte een aantal gezichtsbepalende onderdelen van de stad: daar is de grote brug uit het einde van de twaalfde eeuw, het werk van de geniale geestelijke Isambert, en daarbovenuit de ongeveer dertig meter hoge Mausifrote-toren; aan de ene kant van de brug staat de kapel van de Heilige Maagd en op de andere oever van de Charente een triomfboog uit de tijd van Tiberius, een boog met twee openingen die normaliter ongetwijfeld de aandacht getrokken zou hebben van onze (die dag te haastige) amateur-archeoloog. Aan weerszijden van de brug liggen schuiten beladen met zout om stroomopwaarts te gaan; wanneer ze stroomafwaarts gaan zijn ze beladen met graan, wijn, dakpannen, aardewerk en hout voor fusten. Direct ten noorden van de Mausifrote verheft zich een vestingtoren; hierin bevindt zich de werkplaats van de beroemde hugenoot Bernard Palissy. Precies op deze plaats, met uitzicht op gotische en antieke bouwwerken en op riviertaferelen, heeft de meester het geheim ontdekt van wit email en vervolgens van gekleurd email. De vismarkt ligt op een steenworp afstand; hier haalt Palissy de visvormen vandaan voor zijn veelkleurige schalen. 'Meester Bernard' neemt bovendien een eminente plaats in in een actieve kring van calvinistische intellectuelen.[46] De uitvalsweg van de stad loopt langs het gemeentehuis; hier volgt burgemeester Antoine Ogier (als ontvanger van de gendarmerie) in 1557 een lange reeks magistraten op, sinds 1492, en ongetwijfeld ook ver daarvoor, allen edelen of rechters.[47] Net als elders zijn ook hier de kooplieden verdreven van hun hoge posten; ze verliezen echter niet hun rechten: het gemeentehuis grenst aan de lange hallen waar vlees, brood en laken wordt verkocht, onder het wakend oog van een donjon met machicoulis, het 'capitool', gelegen op de westelijke stadswallen. Nadat Felix zo de hele stad heeft doorkruist verlaat hij Saintes door de noordelijke poort, genaamd de Aiguière, waar de weg naar Poitiers begint.[48]

Weldra zijn ze in de Poitou! Maar voorlopig zijn ze nog even in Saintonge. Onderweg ontmoeten de beide vrienden een sympathieke man, een inwoner van Saint-Jean-d'Angély (hun volgende halteplaats). Deze man is enthousiast over de schoonheid van Felix' gezicht: 'U hebt een prachtige neus,' zegt hij tegen de jongeman, die geflatteerd is (F 273). Felix komt niet voor niets uit Bazel, waar Hans Holbein de jongere, die er werkte van 1517 tot 1532, portretten maakte van Erasmus en van burgemeester Jacob Meyer, waarbij de vooruitspringende neus 'het bepalende deel van het gezicht' werd.[49]

Zoals maar zelden het geval is, beschrijft Felix ook een deel van het gesprek dat ze met hem voeren op weg naar de Poitou: de vriendelijke medereiziger beschrijft hun een aantal bijzonderheden van het land waar zij doortrekken. Wanneer ze dit horen zijn onze beide reizigers bedroefd dat ze geen tijd hebben om een bezoek te brengen aan de vrijhaven La Rochelle met haar twintigduizend inwoners. Ze laten de stad bewust links liggen en gaan dieper het land in op weg naar de Loirevallei en naar Parijs. Vaarwel, reeds ververwijderde luchtspiegeling van La Rochelle, de stad die al verbonden is met Amerika, met haar nieuwe en verbrede straten, omzoomd met passages, booggalerijen en stenen huizen, nadat de houten krotten van de eeuw daarvoor verwijderd zijn; met haar prachtige nieuwe herenhuizen met dorische zuilen en friezen met ossekoppen. De havenstad exporteert (dan al) brandewijn, wijn, zout en graan en importeert specerijen (via de Kaaproute en niet meer via Venetië), drogerijwaren, suiker, textiel en zoute vis.[50] De katholieke priesters van La Rochelle, die slechts weinig scholing hebben (maar dat zal nog veranderen), kunnen in de discussies nauwelijks op tegen de militante hugenoten, wier propaganda een rijke voedingsbodem vindt in deze stad met een sociaal bewogen religieus karakter.

In Saint-Jean-d'Angély overschrijdt Felix opnieuw onzichtbare grenzen, nu niet alleen een taalgrens maar ook een juridische grens. Hier loopt de scheidslijn tussen het geschreven recht (in het zuiden) en het gewoonterecht (in het noorden). In Saint-Jean hebben de drie ordes van Saintonge in het jaar 1520, bijeengebracht door de leden van het hoogste gerechtshof, de bepalingen vastgelegd van de gewoonten van deze provincie.[51] Het was ook in Saint-Jean dat een andere Felix, een monnik uit de tijd van Pepijn de Korte, het door hem in Egypte gestolen hoofd van Johannes de Doper meebracht naar de plaats waar later een klooster zou verrijzen. Later kwamen er nog meer beroemde hoofden bij deze verzameling, ook van onthoofde heiligen (die van Sint Reverentius en Sint Marcus).

Toen Felix Platter in Toulouse was had hij belangstelling voor relikwieën, maar in Saint-Jean toont hij geen interesse voor de schedels van Reverentius, Marcus en Johannes de Doper; ze zouden dan ook niet lang meer bestaan. Vijf jaar nadat Felix in Saint-Jean was werden ze vernietigd door de hugenoten. Was dit een groot verlies? In feite was er in Saint-Jean-d'Angély een overvloed aan restanten van heiligen, die de lokale monniken al sinds 1539 commercieel exploiteerden, tot ergernis van het gerechtshof in Bordeaux.

16 maart 1557: een lange etappe van zestig kilometer met weinig gebeurtenissen; ze gebruiken hun middagmaal in Villedieu (ruim twintig kilometer ten noorden van Saint-Jean-d'Angély) en schieten 's middags

flink op (bijna veertig kilometer naar Chenet, het dorp waar ze overnachten). Niet te vergelijken – behalve wat de vermoeidheid betreft – met de prachtige volgende dag (17 maart), die de reizigers naar Lusignan voert, de stad van de fee Mélusine, zoals ook Felix schrijft. De jongeman is zo onder de indruk dat hij zich vergist in het aantal kilometers, of beter gezegd mijlen, dat ze hebben afgelegd.

Lusignan, een vesting uit de tiende of elfde eeuw die door de hugenoten nog zou worden aangevallen, was vroeger in handen van de heren van Lusignan; vanaf het einde der middeleeuwen was de stad Engels bezit en ten slotte kwam zij aan de Franse koning. De jonge Platter heeft een prachtig uitzicht op het op een heuvel gelegen kasteel (*uf dem Berg*).[52] In dit fort zou de fee Mélusine gewoond hebben (*gewont soll haben* – F 273). De reislustige Karel V was zeventien jaar eerder ook naar Lusignan gekomen om de verhalen te horen die de oude wasvrouwen vertelden over de slangenfee Mélusine, waarin de dames rotsvast geloofden.[53] Aan het eind van de eeuw vertelt Thomas Platter junior, de jongere broer van onze schrijver, op zijn beurt over een bepaalde plaats in de Loirevallei, niet ver van Poitiers, waar eveneens verhalen over Mélusine de ronde doen, die overigens door de edelen en het gewone volk van de streek serieus genomen worden (T2 490 e.v.). In Cinq-Mars-la-Pile[54] bekijkt Felix een zo stevig gebouwd kasteel dat alleen feeën, de geesten van spoken of goden, zo denkt men, het hadden kunnen bouwen. Het zwaarste kanon kon niets beginnen tegen deze onverwoestbare muren. Eén van de torens was het toevluchtsoord of de gevangenis van een fee die ook Mélusine heette. Kortom, telkens weer dook deze tovenares op, over wie, volgens de Platters, sinds het laatste kwart van de vijftiende eeuw veel geschreven en gepubliceerd was, ook in het Duits, aan de hand van veel oudere manuscripten. De beide broers (T2 471) interesseren zich echt voor het feeërieke verschijnsel dat ze hier tegenkomen, omdat ze weten hoe belangrijk Mélusine is als patrones van het bouwen; zij metselt en bouwt muren die kanonskogels kunnen tegenhouden; hieruit blijkt het moderne en niet slechts middeleeuwse karakter van Mélusine. Overigens gaat men er in Poitou van uit dat zij de boon (uit Amerika) heeft meegebracht, wat betekent dat zij in de zestiende en zeventiende eeuw nog springlevend is en de inwoners allerlei diensten bewijst.

Het totemistische aspect van Mélusine[55] ontgaat de Platters evenmin. Hoewel de kerk de mens beschouwt als gemaakt naar het evenbeeld van God, is Mélusine half reptiel en half vrouw: zij baart moeiteloos een groot aantal krachtige jongens, de stamvaders van aristocratische families, van wie zij de totem is: van de Lusignans (Poitou), de Sassenages (Dauphiné), enzovoort. De Platters interesseren zich over het algemeen voor de christelijke en heidense mythologie: daarom wijden zij hier en daar een paragraaf aan deze mythische vrouwen, de latere tegenhangsters van de Gallische moedergodinnen. Behalve over Mélusine heeft Thomas junior het (in de Camargue) ook nog over de opzienbarende adellijke familie Porcelet (Biggetje), die zowel in de Provence als in Lotharingen beroemd is: hun adellijk geslacht stamde natuurlijk niet af van een zeug (T2 134), maar van een middeleeuwse dame die wegens haar wandaden was vereenzelvigd met het vrouwelijke varken. Zij was moeder en grootmoeder van ontelbare heren die 'biggetjes' werden genoemd, maar die allen van goede huize en hoge komaf waren. We kunnen daaraan toevoegen dat het feeënmatriarchaat verscheidene keren wordt genoemd, bijvoorbeeld met betrekking tot de adel van Lotharingen, een streek die de Platters ook goed bekend was.[56]

Het traject van Lusignan naar Poitiers (17 maart) wordt in een middag afgelegd. De reizigers komen spotzieke boeren tegen (is het gedaan met de zuidelijke hartelijkheid?) die niet erg hulpvaardig zijn bij het wijzen van de weg en die de reiziger onvermijdelijke vragen stellen – Ah, u wilt daar naar toe, het is daar mooi, ik ben er ook geweest, volgens mij bent u hier vreemd, waar komt u vandaan, het is mooi weer, het is een mooie weg, waarom reist u alleen, en meer van dat soort onzin – voordat ze zich verwaardigen het juiste antwoord te geven. Sommigen, de armsten, zijn handwerker (landarbeiders), anderen ossedrijver; ze zijn gewapend met stokken, soms met een roestig, kort zwaard. Felix en Theodor, en later ook Thomas junior, zijn verrukt over het grote aantal halfwilde ezels dat zij onderweg tegenkomen, de fokdieren van de armen, bestemd om de merries te dekken die zorgen voor de muilezels van de Poitou, die tot naar Spanje worden geëxporteerd.

Als we de derde Platter mogen geloven verdienen de ezels goed de kost aangezien ze met een paar dekkingen per dag dagelijks vier of vijf kronen opleveren, terwijl hun marktwaarde als 'dekhengst' slechts honderdtwintig kronen bedraagt. Een mooie verhouding tussen investering en opbrengst. De beide *Teutschen* verbazen zich ook over de enorme hoeveelheid vogels en konijnen die de lokale bevolking met strikken en fretten vangt. Ze naderen de wildrijke streken van Noord-Frankrijk. Het ontbreekt de bevolking niet aan dierlijke eiwitten, ook al is de armoede van een deel van de lagere standen in een periode van algehele voorspoed en sterke bevolkingstoename een wezenlijk probleem. Onze reizigers trekken langs kleine kastelen die in de vijftiende eeuw met koninklijke toestemming werden versterkt en voorzien van machicoulis, uitkijktorens, hoektorentjes, trappen, dakvensters en sierlijsten.[57]

In 1557 beleeft de Poitou relatief gezien dan ook een bloeitijd; de honderdjarige oorlog is bijna vergeten maar de godsdiensttwisten en later de inname van La Rochelle in 1628 zullen *post festum* een schaduw werpen over de eclatante successen van deze opbloei in de zestiende eeuw. Over het algemeen hanteert men in de landbouw in de Poitou het drieslagstelsel. De zon schijnt hier beduidend minder dan in het zuiden, ook al zien ze regelmatig amandelbomen, wellicht een teken dat het klimaat iets warmer was dan vandaag de dag. De bewoners spreken een merkwaardige taal die niets meer heeft van het Occitaans maar ook niet veel van het Frans zoals dat in Parijs wordt gesproken. De obsessie met de dood is nog overvloedig aanwezig en naast de oude Romaanse kerkjes staan rouwkapellen, nieuw gebouwd door de heren der elite. Er zijn bijna onmerkbare maar ingrijpende veranderingen in de omgeving. De 'open velden' maken plaats voor het coulissenlandschap met zijn hagen, pachtpercelen van weidegronden afgescheiden door bomen die de heren langzamerhand aanleggen, dankzij een systeem van voorkoop (erfelijke naasting), ten koste van de lenen van de aan hen ondergeschikte boeren, en eveneens ten koste van de steeds verder ontginde heidevelden vol bremstruiken. Het landgoed vervangt het oude feodale stelsel door een contractuele verhouding, ook al is deze nog niet kapitalistisch.[58]

Op de ochtend van 18 maart arriveren de reizigers in Poitiers voor een kort oponthoud. Felix beklimt de torens. Hij bewondert de tuinen (*gerten*). Poitiers is een belangrijke stad met vijftien- tot twintigduizend inwoners, een bevolkingsaantal dat, na de pijnlijke leemten die de godsdiensttwisten achterlieten, pas weer bereikt en overschreden zou worden aan het begin van de zeventiende eeuw. In 1557 is de bevolkingsdruk groot, met als gevolg dat de huiseigenaren van de stad hoge huren vragen die de toevallige passant het vel over de oren halen. Paradoxaal genoeg heeft de, overigens slecht geplaveide, stad, door een weinig adequate bouwstrategie een zee van ruimte over binnen haar grote ommuring: zowel ten tijde van Hendrik II als Hendrik IV zijn er groenzones, tuinen, braakliggende terreinen en moestuinen in overvloed. Het specifiek stedelijke aanzicht is, ondanks het overal aanwezige vuil, sterk verbeterd door de nieuwe façades van de herenhuizen in renaissancestijl, waarvan de schuin oplopende ramen de windingen volgen van de wenteltrappen. De stevige omwalling van de stad is bijna zeven kilometer lang en telt zeventig torentjes. Net als elders is deze beschermende muur gefinancierd door belasting te heffen op wijn, of de mensen het nu pruimden of niet... bovendien is het een muur van protectionisme die dient als intimidatiemiddel, maar ook om belasting- en tolrechten veilig te stellen. De stad is goed verdedigd en haar 'maagdelijkheid' is verzekerd, zoals de uitdrukking in die tijd luidt. Dertien jaar nadat Felix er is geweest doorstaat zij in 1569 de belegering door Coligny, ondanks de bruggehoofden die de admiraal op de linkeroever van de rivier de Clain liet slaan. Door dit succesrijke verzet zou Poitiers voortaan bekend staan als een bastion van het katholicisme.

Iemand als Platter kon een dergelijke stad natuurlijk niet aandoen zonder tenminste even een bezoek te brengen aan de overblijfselen van Romeinse bouwwerken (met veronachtzaming van de vleeswordingen van het christendom). Waarschijnlijk heeft Felix, zoals Thomas junior in elk geval deed, zoals gewoonlijk een blik geworpen op het amfitheater ter plekke, dat dateerde uit het eind van de tweede eeuw van onze jaartelling en dat een van de grootste van het oude Gallië was.[59] Dat gold ook voor de overblijfselen van het aquaduct dat ten tijde van de keizerlijke glorie de stad van water voorzag. In de tijd van Platter was het een leger van ezels en niet langer een netwerk van Gallo-Romeinse loden pijpen dat (tegen betaling) het water aanvoerde in een stad die overigens nauwelijks bronnen en regenputten bezat. De herberg waar een van de Platters logeerde heette Bij de Bron, wat aangaf hoe bijzonder de aanwezigheid was van een dergelijke bron *intra muros*, die klaarblijkelijk ook voor publiek gebruik was bedoeld.

Overspringend van de oudheid naar de middeleeuwen en van het amfitheater naar het vorstelijk paleis getuigen de Platters beide van hun grote interesse voor het driehoekige kasteel dat hertog Jean de Berry, de broer van Karel V de Wijze, aan het eind van de veertiende eeuw aan de rand van de stad had laten bouwen als onderdeel van de vestingmuren; een kasteel dat korte tijd later onsterfelijk zou worden door de verluchtingen van de *Très Riches Heures*, het getijdenboek dat onder mecenaat van hertog Jean tot stand kwam. Jean de Berry had dit 'herenhuis' ingericht voor de tweehonderdtachtig mensen van zijn gevolg. In de zestiende eeuw, ten tijde van Felix, woont er alleen nog een eenvoudige huisbewaarder! Het burggraafschap van Poitiers is niet meer wat het geweest is, maar de handel in boeken neemt er een steeds grotere vlucht. Felix ontmoet in de stad een boekhandelaar met het wapen van Bazel op zijn uithangbord, bij wie vroeger een oude kennis van de familie Platter had gelogeerd, en die niemand minder was dan de rechtsgeleerde professor Bernhard Brand. Deze chirurgijnszoon (F 273) was gelieerd aan de invloedrijkste families uit gilden en stadsbestuur van Bazel en van de Elzas. Zes jaar daarvoor had genoemde Bernhard tijdelijk zijn jonge Duitse vrouw verlaten om in Frankrijk te vechten. Daarna was hij naar Zwitserland teruggekeerd en kende hij een schitterende carrière, waarna hij door bemoeienis van de keizer in de adelstand werd verheven. Het enige probleem dat de heer Brand met zijn geleerde gasten had, was dat zij nauwelijks konden kiezen: de stad telde in de jaren 1550 drie boekdrukkerijen en drieëntwintig boekhandels! Een heel normale 'boekennijverheid' in een universiteitsstad met tweeduizend studenten en scholieren, die twaalf procent van de bevolking uitmaakten. Een ware kweekplaats van lokale ambtenaren!

Afgezien van de gebruikelijke armoede van een deel van de 'lagere' standen is Poitiers vooral een stad van ambtenaren, zaakgelastigden en advocaten. Een stad van overheidsdiensten waar, in hogere kringen, het geld rijkelijk vloeit. De Platters wanen zich even in Montpellier: de rijken dansen er 's winters en de armen 's zomers, respectievelijk op het ritme van het carnaval en van de oogstfeesten. De oude volksdansen van de Poitou maken opgang in Frankrijk en bereiken zelfs moeiteloos het hof. En toch (moeten we wel spreken van toch?) is deze in vele opzichten bekoorlijke stad niet rijp voor het antipapisme. Het beeld is heel anders dan in Niort, een kleiner centrum in de Poitou waar de hervorming al snel oppermachtig is. In Poitiers bestaat al sinds de vijftiende eeuw een bloeiende organisatie van de geestelijke en staatsrechtelijke structuren (de baljuwrechtbank, fiscaal en financieel centrum, een 'rijksmunt') en deze zijn, net als in Bordeaux en Toulouse te sterk. Calvijn zegeviert niet of nauwelijks in de grote bestuurscentra, in het noorden evenmin als in het zuiden. De hugenoten in de Poitou zullen altijd een minderheid blijven, zij het een invloedrijke en actieve. Maar over het algemeen wijden de intellectuelen van deze streek, onder wie magistraten en andere juristen, zich liever aan de verlokkingen van de schone letteren dan aan de veeleisende gestrengheid van de ketterij.

In 1599 verlaat Thomas junior Poitiers in het noordoosten, via de Pont-à-Jaubert over de rivier de Clain; een kunstwerk op zich, bekroond met een vierhoekig spits torentje. Eenmaal buiten de muren komt de ruiter langs de hutjes van de arme buitenwijken van Montbernage en Saint-Saturnin, waar als gewoonlijk de sociale onderlaag woont (het gemiddelde belastingbedrag lag hier in 1552 tussen zes en vijfentwintig stuivers, terwijl het op de linkeroever, in de dure wijken van het centrum waar de magistraten woonden, meer dan honderd stuivers bedroeg). De jongere broer van Felix raakt helemaal opgetogen wanneer hij, vlak bij de buitenwijken, plotseling oog in oog staat met de rechtopstaande steen, de indrukwekkende neolitische dolmen die de op Mélusine lijkende heilige Radegonde, net als haar zusters in de Camargue en Anjou de draagster van stenen, daar had neergelegd voor zij binnen de vestingmuren haar kerk oprichtte. Thomas junior zou aan het eind van de eeuw vandaar naar de Loirevallei gaan. Toen Felix op 19 maart 1557 Poitiers verliet zal zijn route niet veel anders zijn geweest. Zodra ze de stad uit zijn hebben Felix en Theodor het geluk dat ze worden vergezeld door een derde die hen enige tijd gezelschap zal houden, een 'extra veiligheid' die ze sinds Narbonne hadden ontbeerd.

Van Poitiers gaan ze op 19 maart gedrieën naar Châtellerault. Het is een verbazingwekkende stad, in de eerste helft van de zestiende eeuw tot bloei gekomen doordat er een baljuwrechtbank werd gevestigd en de rivier de Vienne stroomafwaarts bevaarbaar werd gemaakt[60], met bovendien een verrassende bestemming. In 1549 had Hendrik II het hertogdom Châtellerault verpand aan de Schot Jacobus Hamilton, graaf van Arran, als beloning voor de goede diensten die Jacobus Frankrijk had bewezen bij het huwelijk van de koning met Maria Stuart. De jonge graaf van Arran, de erfgenaam van de nieuwe hertog, rustte niet voor hij zijn nieuwe hertogelijke stad tot het protestantisme had bekeerd. Wederom een bewijs van het, onwillekeurige, dubbelspel van Hendrik II: enerzijds liet hij de protestanten vervolgen en anderzijds moedigde hij hen aan door de soms onbezonnen steun die hij gaf aan zijn Schotse of Franse 'trouwe edelen' die gewoonlijk sympathiseerden met de nieuwe ideeën.[61]

Op de route van Châtellerault naar Tours hebben de drie reizigers, zoals het hoort, een 'Loire-kasteel' (eigenlijk bijna aan de Loire) ingelast. Het is het kasteel van Candé[62], een fraaie woonstee uit het begin van de zestiende eeuw, tussen Montbazon en Tours. Dit landhuis was van een markies die een schitterende verzameling helmen en schilden bezat (F 274). Dit herinnert eraan dat er in het nabijgelegen Tours ten tijde van Jacques Coeur en later van Lodewijk XI een krachtige, op Italiaanse leest geschoeide wapenindustrie was gevestigd. In 1557 zijn hiervan nog flinke restanten over en de vroegere produkten spoken rond in de kastelen van de streek, die fungeren als wapenmusea.[63] Dan volgt er een landelijk tafereel: het trio beklimt een duiventil in de vorm van een lage, dikke toren bij de boerderij van het kasteel van Candé. De duiventil is een van de traditionele feodale bouwwerken in Noord-Frankrijk; de duivemest, die eerst in de vorm van graankorrels van de korenvelden der boeren was opgepikt, was, *ex officio*, eigendom van de leenheer. Zo ontdekt Felix op één dag de boerderij en het kasteel, beide zo typerend voor de basisstructuur van deze streek. De feodaliteit tussen de Loire en de Maas...[64]

In de middag van 20 maart naderen de mannen Tours. De (niet al te beste) weg vanuit Châtellerault voert door een moerassig gebied, genaamd 'Boyres', voor hij uitkomt bij de stad Tours, gebouwd op een meer dan twee kilometer lange en vijf tot negen meter hoge heuvel langs de Loire, ingeklemd tussen de rivier en het drasland maar buiten het bereik van het hoge water. Eind maart is een overgangsperiode voor deze industriestad: het is het einde van de winter met zijn korte avonden, omdat kaarsen duur zijn; dat betekent ook het einde van het seizoen van de lage lonen en de werkloosheid.[65] 'Alleen de rivierscheepvaart heeft van oktober tot mei zijn drukste tijd' op de Loire: stroomafwaarts komt graan uit Beauce en wijn uit de hoger gelegen gebieden, dankzij een waterloop die sinds de renaissance weer nieuw leven is ingeblazen; stroomopwaarts gaat leisteen en daarnaast zout, een van de belangrijkste bronnen van inkomsten van de sociale en fiscale elite. Zoetwatervis als snoek, karper, baars, barbeel, paling, brasem, platvis en lamprei staan vaak op het menu en bepaald niet alleen in de vastentijd.[66]

Wat betreft onderdak heeft Felix opnieuw ruimschoots de keus: de stad herbergt regelmatig koninklijke personen en telt zo'n vijftig herbergen. Tours heeft een grote bevolking die de stad samen met Parijs, Lyon, Rouen, Bordeaux en Toulouse tot een van de belangrijkste van Frankrijk maakt: twintigduizend inwoners in 1557 tegen ongeveer tienduizend aan het begin van de veertiende eeuw. In de tijd van Hendrik II raakte Tours zonder ingrijpende gebeurtenissen over haar grootste bloei heen. De koningen van het huis Valois verbleven tachtig jaar lang, tussen 1444 en 1524, min of meer regelmatig in de stad; inmiddels hebben zij haar verruild voor andere grote plaatsen in Touraine, en met name voor Parijs en omgeving. De centralisatie verplicht hen hiertoe. Maar aan de samenloop van de Loire en de Cher zijn nog fraaie resten te vinden. Van de steden die Felix heeft bezocht is Tours, behalve Lyon, een van de weinige die een industrieel bolwerk genoemd kunnen worden: een derde van de bevolking leeft van de zijde-industrie, terwijl er vele werkplaatsen zijn voor borduurwerk, tapijtweven, edelsmeden en luxe wapens. Belangrijke adellijke families als de Berthelots in Azay-le-Rideau en de Bohiers in Chenonceaux zijn verantwoordelijk voor de bouw van de kastelen langs de Loire. Tours is een van die steden die zich koesteren in de stralen van de vorstelijke zon, terwijl hun gebouwen en vestingmuren neerkijken op de boerenkikkers die kwaken in het nabijgelegen moeras.

Tijdens zijn korte verblijf in Tours brengt Felix een bezoek aan het koninklijk paleis, ingekapseld door de noordoostelijke muur van de oude stad, bij de zuidkant van de brug over de Loire, die zelf aan het begin van de zestiende eeuw bijna volledig opnieuw in steen was herbouwd. Bij deze reconstructie werd het houten wegdek vervangen, dat voor die tijd op gewelfde bogen de Loire overspande, wat bij hoog water levensgevaarlijk was. Het kasteel was vierkant met vier massieve hoektorens en was gebouwd aan het eind van de dertiende eeuw onder Filips de Stoute. De koningen Karel VII en Lodewijk XI hadden niet veel op met het logge bouwwerk, waar ze slechts af en toe kort verbleven. Volgens een 'Trojaanse' legende bevond zich in het oude stadsfort het graf van Turnus, de beklagenswaardige rivaal van Aeneas. Dit sprak Felix wel aan, die hield van Latijnse betweterij. De Zwitser had ook gelegenheid, zo meldt hij, de fraaie fonteinen van de stad (*die schön brunnen*) te bezichtigen. Zij waren dan ook de moeite waard: in 1506 had burgemeester Bohier, telg uit een van de beroemde families van de streek, besloten de stad te voorzien van stromend water vanuit de Saint-Avertinbron.[67] Door de aanleg van een ondergronds aquaduct en een grondduiker onder de Cher konden er *intra muros* vier fonteinen worden aangelegd waaraan de beste kunstenaars van de provincie werkten, met name de schilder Bourdichon. Eén van deze fonteinen, bekostigd door Jacques de Beaune-Semblançay, bestaat nog steeds.

Tegelijkertijd verplaatste men de vismarkt en de slachtplaatsen naar een terrein buiten de vestingwallen. De inwoners van Montpellier was dit in diezelfde tijd niet gelukt en bijna vijf jaar lang, van 1552 tot 1557, hadden de geuren van de in het centrum gelegen vismarkt de neus van student Platter geplaagd.

Op 21 maart verlaten Felix en Theodor Tours in de richting van Amboise. Ze zijn inmiddels ver verwijderd van Occitanië en bevinden zich in het hart van de tuin van Frankrijk. De reizigers gaan recht op hun doel af: ze zijn verrukt over de grotwoningen, die ongetwijfeld zeer oud zijn, maar die tijdens de renaissance in de zestiende eeuw opnieuw worden gebruikt als woon- en opslagplaats: 'We zijn [langs de linkeroever van de Loire] langs zeer veel rotsen gereden met uitgehouwen ruimten; ze worden gebruikt als goed afgesloten huizen, waarbij het stenen plafond van de grot dient als dak; zo waren er zeer vele...' (F 274). Veel van deze grotten waren inderdaad zowel opslagplaats voor wijn als onderkomen van de boeren: het zachte tufsteen was gemakkelijk met een houweel te bewerken; de wijnstokken groeiden langs de rotsen, rondom deuren en vensters; de schoorstenen rookten langs hellingen van zacht krijt.

Aan de hand van bouwkundige patronen dateren hedendaagse geleerden een aantal van deze weinig hygiënische grotwoningen, die de kalkrotsen tot een gatenkaas maakten, in de tijd van de Valois. De tekst van Felix Platter bevestigt dit en soortgelijke grotwoningen bestonden in diezelfde tijd in Aquitanië, Schotland, de Camargue en Cornwall.[68] Aan de vooravond van de godsdienstoorlogen, in een periode van economische bloei, is het leven in grotten[69] geen overblijfsel uit de prehistorie. Het is een zeer wijdverbreide manier van leven die, hoewel niet erg comfortabel, volkomen legaal is, zowel voor de passementwerkers uit de zijde-industrie van Tours en omgeving als voor de arme boeren van de streek.

De jongste van de drie Platters is in 1599 nieuwsgierig genoeg om een van deze woningen, die sommigen ongezond noemen, te bezoeken. 'Ik heb in deze streek zeer veel in de rots uitgehouwen woningen gezien,' schrijft Thomas Platter junior. 'Ik ben in sommige ervan binnengegaan. Deze mensen leven als vossen in hun hol. Meestal zijn het arme boeren (*arme bauren*) die in deze ellendige huisjes wonen. Ze liggen meestal op schootsafstand van elkaar tegen de helling of langs de weg' (T2 498). Wanneer Thomas II dit schrijft, vergeet hij dan dat zijn eigen vader Thomas I, weliswaar lang geleden, ook een 'arme boer' was?[70]

De agrarische Loirevallei, die Felix stroomopwaarts volgt tot Orléans, lijkt enigszins op het pauselijke graafschap Venaissin bij Avignon, eveneens produktief gemaakt door een groeiende bevolking (waarbij de toename van het aantal boeren er volgens het geijkte patroon voor zorgt dat er meer en meer ontgonnen wordt ten koste van de gemeentegronden[71]). De Loirevallei is echter verder ontwikkeld omdat de veeleisende koninklijke hofhouding fijne produkten eist (meloenen, asperges...). Van Tours tot Amboise, en zelfs nog verder, rijdt Felix langs de grote ophoging uit 1480, die hij vanaf de zuidelijke oever, waarlangs hij van west naar oost zijn reis voortzet, op de rechteroever ziet liggen.[72] 'Grote ophoging' is het juiste woord: het herinnert eraan dat de middeleeuwse *turcies*, dijken van staken en steengruis, beplant met bomen en bedoeld om de akkers te beschermen, waar men nu en dan het water doorliet voor het vruchtbare slib, sinds het eind van de honderdjarige oorlog langzaam maar zeker werden vervangen door *levées* (ophogingen), die volledig uit aarde bestonden, zonder stenen, bomen of staken. Deze dijken waren hoog genoeg om overstroming te voorkomen; de oevers waren modern strak, bedoeld om de Loire te kanaliseren, de scheepvaart te bevorderen en een commercieel nuttige weg aan te leggen, natuurlijk bovenop de ophoging. Kortom, de *turcie* was landelijk en het produkt van simpel handwerk en de ophoging was het werk van een ingenieur des konings: zij moest de veeleisende stadseconomie stimuleren en was niet bedoeld om de boerenakkers vruchtbaar te maken met slib. De beslissende semantische verschuiving[73] van *turcie* naar ophoging, van platteland naar stad, vond plaats rondom 1550, de periode dat Felix Frankrijk bezocht.

In de regeringsperiode der Valois tot aan het uitbreken van de godsdienstoorlogen was er sprake van een duidelijk merkbare verstedelijking en deze resulteerde in een keten van steden waarvan de jonge Platter er slechts enkele kon bezoeken. Het gebied tussen Tours en Orléans, dat onze student van 21 tot 26 maart doorkruist, is bezaaid met steden van verschillende grootte: Gien, Sully, Jargeau[74], Orléans, Meung, Beaugency, Blois, Amboise... Een aantal daarvan zijn rivierhavens die onder toezicht staan van de kooplieden die handel drijven op de Loire. Een zestal heeft een stenen brug over de rivier. Deze vormen de knooppunten in een netwerk van wegen; de noordelijke en zuidelijke uiteinden van dit ruitvormige netwerk aan weerszijden van de rivier worden gevormd door Chartres en Bourges. De Loire is een heirweg waarlangs invloeden uit Italië binnenkomen, of het nu gaat om de vestiging van de zijde-industrie in Tours of, spoedig daarna, die van aardewerkfabrieken in Nevers.[75] Hierlangs komen, via het koninklijk hof, ook de protestantse ideeën: Calvijn bezocht in 1530 de universiteit van Orléans; de extreem antipaapse 'plakkaten', die leidden tot de onderdrukking van de hugenoten, werden in 1534 aangeplakt in Amboise; de boeren uit de streek rond Blois kwamen in 1542 in opstand tegen de tienden; hertog Antoine van Bourbon 'besmette' zijn hertogdom Vendôme met hervormingsgedachten; de stedelijke bevolking (edelen, priesters, mensen in vrije beroepen, handwerkslieden en handelaren, lakeien en huisbedienden) leverde vele aanhangers der 'ketterij'. Protestantse kerken, of beter gezegd gemeenten, werden 'opgericht' in Angers in 1555, in Tours en Blois in 1556, in Orléans in 1557 (het Platterjaar) en in Beaugency in 1559.[76]

Op 21 maart rijden Felix en Theodor van Tours naar Amboise. De 'weg' tussen beide steden, langs de linkeroever van de Loire, is niet erg goed ondanks de flinke som geld die de koning in 1552 beschikbaar stelde om dit deel van het wegennet in de vallei te verbeteren. Felix nadert Amboise van de westkant, waar de Sint-Dionysiuskerk buiten de muren staat, vlak bij het gasthuis. De uit de twaalfde eeuw stammende Sint-Dionysius is in de zestiende eeuw gecompleteerd met een rijk versierde zijbeuk, vanwege het groeiende aantal inwoners van de stad. De kerk ligt dicht bij het Sint-Dionysiuskerkhof dat dient als bewaarplaats der doden en als opslagplaats van de houtzagerijen. Waarschijnlijk houdt Platter voor zijn middagmaal halt in de buitenwijk Saint-Denis, op het plein met diezelfde naam.

Nadat Felix door de Sint-Dionysiuspoort de stad is binnengegaan, ziet hij een deel van de vestingwallen. Deze zijn goed onderhouden en voorzien van kanonnen, 'veldslangen' en 'vuurstokken'. Ze hebben wachthuisjes tegen de muren en ze maken van Amboise, dat wordt geflankeerd door een imposant kasteel, een van de veiligste plaatsen van het koninkrijk waar de vorsten van het huis Valois over konden beschikken.

In 1557 woonden er vijftien- tot zestienhonderd mensen in Amboise. Oorspronkelijk was het een eiland tussen de Loire aan de noordkant en de twee armen van een zuidelijke zijtak, genaamd de Amasse. De grote rivier is op deze plaats vernauwd; dit vergemakkelijkte voor reizigers vanuit het verre Parijs de weg naar Spanje, die op de linkeroever de oost-westroute kruist. Binnen de stad zijn de straten vol varkens, ganzen en duiven. De openbare gebouwen tonen hun muren van witte steen, overdekt met lei. De woningen van particulieren hebben pannendaken en zijn van hout. Rieten daken zijn verboden in de stad, uit angst voor brand. Amboise heeft een school, maar geen college; in 1557 wordt er ook een drukkerij genoemd. Dankzij Hendrik II krijgt de stad datzelfde jaar ook een burgemeester; deze is in principe iemand met een 'korte rok', dat wil zeggen iemand van adel.

Felix volgt op enige afstand de oever van de Loire en rijdt van zuidwest naar noordoost, van de Sint-Dionysiuspoort naar het centrum van de stad, over de huidige rue Nationale, de grote doorgaande weg van Amboise; de student komt langs de Horlogetoren, die wordt geflankeerd door onwelriekende leerlooierijen. Als in een schimmenspel gaat hij langs de oude gebouwen uit de vroege middeleeuwen en zelfs uit de late oudheid, die in de renaissance zijn vernieuwd. Hij had de *ecclesia* (de Sint-Dionysiuskerk) al gezien; nu ontdekt hij de *vicus* (burcht) verder stroomopwaarts en ziet hij ten slotte op een uitstekende rotspunt boven het stadje oprijzend het *oppidum* of *castellum*, het grote kasteel dat onder Karel VII en Karel VIII een machtig koninklijk paleis is geworden.

Felix laat de grote brug over de Loire links liggen. Bij deze brug is in 1521 de Onze-Lieve-Vrouwekerk gebouwd, een van de vele artistieke en religieuze produkten van de renaissance. Aan zijn rechterhand ziet hij de vruchtbare velden van de *varennes*, drooggelegd in de nadagen van de honderdjarige oorlog, waarlangs de levensmiddelen komen uit de vallei van de Cher; deze varennes zijn ook de tuinen waar abrikozen, peren, kersen, morellen, anjelieren, appels en christusperen groeien. Iets verder oostwaarts komt de jongeman uit bij het tussen de rivier en het kasteel ingeklemde havenkwartier Petit-Port. In Petit-Port staan de nieuwe gebouwen van die tijd: de zoutopslag en het gemeentehuis. Onze schrijver maakt gewag van het nog altijd fiere, onneembare kasteel van Amboise met zijn kazematten, diepe grachten en torens, zijn arsenaal en dikke muren. Thomas Platter junior zal veertig jaar later, meer dan nu zijn oudere broer Felix, scherpzinnig ingaan op de filosofie die stad en fort verenigt: in de herberg van Amboise bekijkt Thomas junior een schilderij voorstellend de paus (zegenend), de rechter (die vonnist), de vrouw (die haar echtgenoot bedriegt), de boer (die anderen voedt), de dood (als moordenaar) en ten slotte de koning die iedereen behoedt en beschermt (*ich verwahre und beschirm euch alle*) met zijn vorstelijke macht die zowel meewerkend als militair is. De rol van desnoods oorlogvoerende verdediger is in Amboise dus niet langer voorbehouden aan de edelen, die bovendien in het gemeentehuis zetelen, maar wordt gedeeld met de koning, die het recht op oorlog voeren en bescherming bieden heeft geërfd van de edelen. De koning en zijn (permanent aanwezige) leger bewaken de ingangen van het enorme kazemat, bewaken in feite de hele stad en het kasteel. Zo illustreert het schilderij van de tot aanpassing geneigde herbergier een van de aspecten van de 'opkomst van de moderne staat', waarbij het monopolie op wapengeweld langzamerhand overgaat naar de monarchie. De Franse vorsten, voor en tijdens Karel VIII, zijn verwoede jagers in de bossen van de Loirevallei; van hoog tot laag, van het kasteel tot in de stad ziet de jongste Platter hiervan overal de tekenen. Op het hooggelegen exercitieplein (waar driehonderd soldaten tegelijkertijd kunnen oefenen), ziet Thomas junior in de kapel van het kasteel, aan het spreekgestoelte, een hertegewei van vijftien voet lang (?) en zes voet breed. Het gewei heeft twaalf takken waarvan de hoofdtakken aan de basis een dikte hebben van een menselijke kuit. Het dier dat deze formidabele 'takkenbos' droeg, werd gedood door Lodewijk XI in het bos bij Lutzelbourg in de Ardennen.[77] Het zo geslachtofferde reuzenhert schijnt een gouden halsketting te hebben gedragen met de naam Julius Caesar erin gegraveerd!

Thomas junior kreeg ook de kans dragees (gesuikerde amandelen) te voeren aan een tam hert dat in alle vrijheid rondliep op het plein van het kasteel van Amboise. De 'cultus van het hert' had dus koninklijke goedkeuring: na de dood van Lodewijk XI liet Karel VIII, ook een verwoed jager[78], op het binnenplein van het kasteel een kapel bouwen gewijd aan de beschermheilige van de jacht, Sint Hubertus. We zien er (ook vandaag nog) een bas-reliëf op de bovendrempel van een deur, van een hert met een gewei getooid met een lichtend kruis, waarmee het zich aan zijn achtervolgers kenbaar maakt als een metamorfose van Christus. Dit christelijke thema komt overigens uit de bepaald niet katholieke folklore van India of Armenië. Buiten het kasteel heeft men in de buitenwijken van Amboise, aan de overzijde van de brug op de rechteroever van de rivier, in de tijd van Karel VIII nog een Hubertuskapel gebouwd. Deze is behoorlijk groot en bestaat uit één enkele hoofdbeuk met vijf traveeën en meet drieëntwintig bij negentien meter.

Ultra-moderne dragees of suikergoed voor een springlevend hert; christelijke inkapseling in de vorm van een kapel of kerk; een mengeling van middeleeuwen en heidendom afkomstig uit de bossen van de Ardennen, evenzeer folkloristisch en Germaans (aangezien hieruit de legenden stammen van het wonderhert van Sint Hubertus); hierbij dan nog de herinneringen aan de oudheid in de vorm van de naam of de ketting van Julius Caesar, die goed op de hoogte was van de geheimen van de Ardennen.[79] Er ontbreekt niets in dit heldendicht van het grote hert en de koninklijke jager van Amboise, een heldendicht dat de Platterclan op doorreis, bezeten als ze zijn van een cultureel syncretisme, wel moet verrukken.

In de loop van de middag van 21 maart vertrekken ze naar Blois, waar ze 's avonds zullen aankomen... Wanneer de reizigers de grote brug van Blois (van zuid naar noord) oversteken zijn ze getuige van een zelfmoord, iets wat in de zestiende eeuw maar weinig voorkwam. In Blois, een grote stad met bijna twintigduizend inwoners kwam dit vrij 'moderne', zelfvernietigende gedrag weliswaar vaker voor dan in kleine steden of dorpen.[80] Vanuit dit oogpunt bezien vormde de brug een voortdurende verleiding: onder de ogen van Felix werpt een vrouw zich over de balustrade met de bedoeling zichzelf te doden (F 274). De ongelukkige wordt een heel eind meegevoerd door de stroom voor men haar weer op de kant kan trekken. Felix springt van zijn paard en rent naar het slachtoffer om hulp te bieden. Ze ademt nog. Een apotheker duwt haar pillen in de mond. Ze kan ze niet kauwen of doorslikken. De 'therapeutische' snoepjes blijven in haar keel steken. De vrouw stikt en sterft. De Zwitser is woedend.

Een tragedie die als verliespost wordt afgeboekt. Voordat Felix vanaf de linkeroever de brug overgaat naar de stad, passeert hij eerst de zuidelijke poort van de brug; vervolgens komt hij op het middengedeelte langs wachthuisjes, molens en uitstalkasten met pens, waarna hij aan het andere einde van de brug door de noordelijke poort, die wordt geflankeerd door twee torens, de stad ingaat. Hij rijdt naar het noorden en buigt ten slotte af naar het westen, dwars door een buurt vol winkeltjes. De beroepen zijn er systematisch gegroepeerd: eerst de schoenlappers, dan de geldwisselaars en de slagers.[81] Blois is de hoofdplaats van een groot wijngebied en ook het hart van een streek met veel veeteelt, wat in de stad gestalte krijgt in de vele slagerijen en leerlooierijen. Het regelmatige bezoek van vorstelijke personen stimuleert ook de vervaardiging van luxe-artikelen (de stad telt een tiental edelsmeden). Daarnaast zijn er pottenbakkers, tapijtwevers, emailleerders, handschoenenmakers, messenmakers en meubelmakers. Bovendien is er nog een zeer geavanceerde tak van nijverheid: in 1528 was er al een klokkenmaker in Blois, de eerste officiële in dit vak, in 1535 waren er al drie of vier, zeven onder Hendrik II en zeventien onder Hendrik III.[82]

De beide reizigers komen langs gotische bouwwerken met torentjes met schijntrappen. In de strak tegen elkaar liggende percelen waar gebrek is aan openbare ruimte en het wemelt van de doodlopende straatjes, staan deze bouwwerken van nog redelijk recente datum zij aan zij met de nieuwe woningen van edelen en burgers die de stilistische ontwikkeling volgen van de Loirekastelen: regelmatige façades, horizontale sierlijsten, medaillons, boven elkaar geplaatste pilasters, 'versierd met ruiten en schijven'.

Aan het eind van deze ontdekkingstocht, aangekomen bij de muren van het kasteel (dat ligt ingesloten in de stad), ziet Felix een belangrijke innovatie[83] zowel wat betreft het uiterlijk van paleizen als het uiterlijk van de macht. Geïntroduceerd door Lodewijk XII is ze dan reeds zestig jaar oud. Zij is in overeenstemming met het machiavellistische uitgangspunt volgens welke een koning zich het beste kan verschansen in de liefde van het volk.[84] Zonder in sentimentaliteit te willen vervallen kunnen we stellen dat de van een grote macht en een krachtig leger voorziene Lodewijk XII, bevrijd van de burgeroorlogen die zijn onmiddellijke voorgangers hinderden, zich de 'luxe' kon permitteren de fortificaties van zijn huizen en kastelen te slechten die hem scheidden van zijn onderdanen in Blois. Voor het eerst in de Europese geschiedenis veranderde hij zijn kasteel (tot ergernis van sommigen) in een schitterende ontvangstruimte, waarvoor muren waren opengebroken of neergehaald en waarbij tuinen werden aangelegd voor bezoekende buitenlandse vorsten. In dit nieuwe, zeer open paleis en in de omgeving daarvan bracht hij een hofhouding onder van honderden dienaren en duizenden soldaten. Een hof dat het staatsapparaat omringde, glans verleende en liet functioneren.

Uit de teksten blijkt dat Felix Platter vooral aandachtig heeft gekeken naar de grote façade van de loggia's, uit de tijd van Frans I. De Zwitser heeft het wat Blois betreft over een geweldig (*gwaltig*) koninklijk paleis, waarbij dit geweldige niet verwijst naar de onneembare vestingmuur (die er al niet meer was), maar naar de verrukking van de Duitse bezoeker bij het zien van het enorme bouwwerk. Amboise was een plaats waar het stadsbestuur zich sterk ontwikkelde, maar het was ook een militair bolwerk. Voor Blois gold voortaan alleen het eerste. Over deze relatie van het kasteel, en ook van de mannen en vrouwen van de stad, met het koninklijk gezag is de jongste Platter nog uitgesprokener dan zijn oudere broer. Hij schrijft (T2 500): 'Men zegt dat wanneer de koning zich naar Blois begeeft, de vrouwen van de stad lachend tegen elkaar zeggen, terwijl ze met beide handen de voorkant van hun buik krabben (*das vordetheil des bauchs*): "Buurvrouw, de koning komt." En wanneer Zijne Majesteit weggaat zeggen ze treurig, terwijl ze hun achterwerk krabben: "Buurvrouw, de koning gaat." '[85]

Op 22 maart 1557 vertrekken ze vroeg in de ochtend uit Blois op een minder spectaculaire manier.[86] Felix gaat opnieuw over de brug, nu zuidwaarts, omdat hij over de rechteroever naar Orléans rijdt. Aan het eind van de middag komen de twee jongemannen (F 275), die hun middagmaal hebben genuttigd in Saint-Laurent-des-Eaux, na een eerste lange etappe van vijfenveertig kilometer, aan in Notre-Dame de Cléry. Het is een dorp van honderdvierenvijftig huizen[87] (ongeveer zevenhonderd inwoners), en wel zevenennegentig woningen ten zuiden en zevenenvijftig ten noorden van de hoofdweg, met enige pogingen tot versterking; het geheel is geschaard rondom een kerk gewijd aan de Moeder Gods, wier hemelse genade leidt tot lokale voorspoed. Felix beschrijft nauwkeurig de vele pelgrimages (*grosse wallfarten*). Rond 1280 (zo zegt men) hebben boeren er een beeld van de Maagd met kind opgegraven, een wonder dat men veel ziet op gewijde plaatsen. Dit Mariabeeld, in boerenstijl uit een dikke balk gehouwen, trekt in 1557, rondom een in de vijftiende eeuw vernieuwde kerk, nog steeds een proeve van Breughelachtige mensen: zieken, stommen, biddende herders, kluizenaars en liefhebbers van allerlei soorten goddelijke tussenkomst, ook op maritiem gebied. De Maagd van Cléry verricht zelfs wonderen voor drenkelingen, ook al bevindt ze zich honderden kilometers van zee.

Als we de beide Duitsers mogen geloven lijkt dit heiligdom bij het vallen van de nacht op een groot verlicht schip, met zijn grote en kleine kaarsen die bij honderden fonkelen in de vensters van het enorme kerkschip. Felix voegt daaraan toe dat de kerk ontelbare ornamenten telt; de muren zijn volledig bedekt met houten benen, ex-voto's van was en zilveren ledematen; relikwieën en graftombe van Lodewijk XI en de graaf van Dunois, deze laatste overdekt met koperen blazoenen; het hart van Karel VIII in een doosje met grafschrift; glas-in-loodramen, schilderijen, verguldsel, reliëfs, bronzen, marmeren en albasten beelden, booggewelven en pilaren versierd met groteske dieren, een adelaar met een schaap in zijn klauwen, doedelzak spelende kanunniken en rozetten, eikels, kalfstanden, parels en bolvlakken, nissen met schelpmotief, lofwerk en door Hendrik II geschonken uit hout gezaagde koorstoelen; beelden van de heilige Sebastiaan, de heilige Jacobus met pelgrimsstaf en de heilige Andreas.[88] Onze beide protestanten vervolgen geringschattend hun weg op enkele honderden meters van deze wonderen: ze geven hun paard de sporen om de laatste vijftien kilometer te overbruggen die hen nog scheiden van Orléans. Diep in de nacht komen ze bij deze stad aan.

Felix en zijn vriend verblijven in Orléans op 24, 25 en 26 maart 1557. Ze logeren in herberg De Landsknecht, waar veel Duitse studenten komen. Orléans is een grote stad: één van de grootste die de Zwitser sinds zijn vertrek uit zijn geboorteland heeft bezocht. De stad telt bijna dertigduizend inwoners, tegen twaalf- tot vijftienduizend in de tijd van Karel VII. De streek, die aan de vooravond staat van de godsdienttwisten, heeft een lange periode van vrede gekend: sinds Jeanne d'Arc in 1429 Orléans bevrijdde tot 1557 (toen Felix er was) en 1558-1559 (de laatste jaren van een verre oorlog die eindigt met de inname van Calais in 1558 en het verdrag van Cateau-Cambrésis in 1559). Het bebouwde, of bouwrijpe, deel van Orléans is groter geworden sinds de laatste Valoisvorsten, beginnend met Lodewijk XI, het stadsgebied hebben verdubbeld door de aanleg van een nieuwe vestingmuur, die veel groter is dan de vorige. De straten van Orléans zijn relatief breed; de stad is een uitzonderlijk staaltje van elders nog nauwelijks op gang gekomen stedebouwkunde en is voorzien van een drietal grote pleinen waar graan-, wijn- en groentemarkten worden gehouden.

Voor Felix is Orléans een plaats waar hij niet omheen kan; het is ook een universiteitsstad met een grote groep landgenoten, Zwitserse en Duitse studenten, zo'n twee- of driehonderd *Teutschen* in de ruime zin des woords. Het zijn vooral rechtenstudenten met een vooropleiding in Grieks en Latijn. Afgezien van twee personen uit Saksen is het twintigtal studenten dat van achter de Vogezen en de Rijn komt en van wie Felix de geboorteplaats of de oorspronkelijke woonplaats noteert afkomstig uit wat we anachronistisch West-Duitsland kunnen noemen. Deze jongelieden komen uit de Elzas, uit Zürich, Augsburg, Zweibrücken of Beieren (F 276) – een diversiteit die Platter vaker tegenkomt. Enkelen van hen zijn edelen, of bezig dat te worden. Anderen hebben de voor de renaissance typerende klassieke zwerftocht achter de rug: Johannes Achilles Yllisung uit Augsburg stond ingeschreven bij de universiteiten van Padua in 1552, van Freiburg in 1555 en van Orléans in 1557. In 1572 zou hij lid van de Raad van State worden en baljuw in Zwaben.

In Orléans ontmoet Felix zijn jeugdvriend Sigismund von Andlau opnieuw, die nu eenentwintig is; twaalf jaar eerder had hij hem leren kennen en vriendschap met hem gesloten in het internaat van zijn vader, in de tijd dat zij beiden Latijnse verzen opdreunden (F 86, 87, 275). De nu in Orléans gevestigde Sigismund aarzelt niet ter ere van Felix het geld te laten rollen en de 'rode loper voor hem uit te leggen'. En dat is niet meer dan billijk: toen de jonge Platter in Montpellier studeerde had hij zich zelfs in de schulden gestoken om rondjes te geven aan zijn Duitse vrienden, die net als hij slechts tijdelijk in de hoofdstad van de Languedoc verbleven. Sigismund organiseert een schitterend banket (*panquet*) in Orléans, in gezelschap van andere Duitsers, 'afkomstig uit verscheidene standen, van hoog tot laag' (*von hoch und nider standts*). Bij deze maaltijd worden allerlei soorten jams geserveerd, waar de mensen uit die tijd dol op zijn en die op zich al een groot deel beslaan van het 'landbouwhandboek' *Théâtre d'agriculture* van Olivier de Serres. Felix spoelt deze zoetigheid weg met grote hoeveelheden wijn uit Orléans, die hij erg lekker vindt (in de stad en de omliggende streek, die vol wijnstokken staat die beroemde wijnen produceren, leren de leerling-wijnbouwers van het vlakke land de fijne kneepjes van het vak in de praktijk). Nog een 'digestief' ongemak is de vastentijd, en het door Andlau aangerichte zogenaamd luxe eetfestijn bestaat voornamelijk uit bedorven zeevis, ongezond voedsel waar Felix al meer dan genoeg van heeft genuttigd tijdens zijn wekenlange reis door Frankrijk, die geheel in het teken staat van het door de katholieke kerk voorgeschreven veertigdaagse vasten. De nacht daarop, van 23 op 24 maart, is Felix dan ook doodziek. De volgende ochtend heeft hij zeer veel pijn.[89] Zijn Duitse vrienden fluisteren: 'Hij brengt het er niet levend af.' Het vooruitzicht van een middagmaal brengt de jonge Platter echter weer op de been.

Aan tafel! Alle ellende is weer vergeten en hij brengt een bezoek aan een huis waar Duitse studenten wonen die een bal geven. Onder de bewonderende blikken van de Duitsers voert hij typisch Franse (*welsche*) dansen uit. De Duitse kolonie verdubbelt onmiddellijk haar attenties ten opzichte van de reizigers. Ze krijgen harpen te leen en gedurende achtenveertig uur worden zij, in een stad waar het gilde der muzikanten floreert, door hun kameraden tot hun officiële musici benoemd. Deze Duitse kameraden studeren aan de plaatselijke universiteit, die een van de beste van het land is, en vormen er een van de vele 'naties'.

De universiteit van Orléans beschikt over een groot aantal boekdrukkerijen en bibliotheken; zij wordt eveneens geschraagd door informele en officiële groepen juridische specialisten, geleerden en neo-latinistische dichters. Het spreekt vanzelf dat de reformatie, vorm gegeven door de bezoeken van Calvijn en Beza, hier een bijna wettig kind is van het humanisme: een humanisme waarvan de felle bewoordingen van de voortdurend oplaaiende strijd tegen de scholastiek de hele eeuw door zullen klinken, in een stad met vele geletterden, halverwege Parijs en Lyon. Iemand als Thomas Platter senior, die in Bazel les geeft in Grieks en Hebreeuws voor zoveel daalders per toehoorder, zou hier wonderwel passen: in Orléans zijn vele hellenisten die zo veel mogelijk individuele of collectieve bijlessen geven om van te leven. De lutherse studenten uit het Duitse taalgebied voelen zich op hun gemak (weliswaar terughoudend omdat de antiprotestantse brandstapel een blijvende dreiging vormt) te midden van het reeds diepgewortelde protestantisme in Orléans.

Het groepje Duitsers laat Platter de bezienswaardigheden van de streek zien. En als eerste toeristische attractie is er, als een zomers uitstapje van een groepje badgasten, de brug over de Loire met het standbeeld van Jeanne d'Arc. Het is niet een enkel beeld, maar een groep personen, hier neergezet tussen 1502 en 1508; er is een Christus aan het kruis, de Heilige Maagd, een monarch (ongetwijfeld Lodewijk XII) en de Maagd van Orléans met loshangend haar, zwaard, sporen, lans, helm en vederbos... Felix bekommert zich niet om het patriottisme van de autochtonen; hij interesseert zich zonder meer voor oude kunstvoorwerpen en dus beschrijft hij de jonge vrouw (van wie hij niets weet) als een in steen gehouwen 'antiquiteit'! Maar de maagd van Orléans is in brons gegoten en nog niet zo lang geleden vervaardigd, namelijk aan het begin van de zestiende eeuw. Een dubbele flater.

Vanaf de brug is de stad van west naar oost in een oogopslag te overzien: in het midden links verrijst de Tour Neuve boven op de stadswallen; uiterst rechts de Tour de la Brebis die waakt over het zuidoostelijk deel van de ommuring; iets verder naar het noordoosten staat de kerk van Notre-Dame-du-Chemin, vlak bij de Bourgogne-poort, die de weg naar het oosten beheerst; ten slotte verrijst in het midden op de achtergrond de kathedraal van het Heilig Kruis, die werd vernieuwd aan het eind van de vijftiende eeuw. Wanneer Felix dit heiligdom met het groepje Duitsers bezoekt, zijn ze verrukt wanneer ze in de hoofdbeuk een Heilige Maat ontdekken, die nauwkeurig de maten van het lichaam van Christus aangeeft en die als een relikwie wordt vereerd. Zodra de Platteriaanse, of pre-Voltairiaanse of calvinistische ironie, onvermijdelijk zodra er sprake is van relikwieën, weer voorbij is, beklimt Felix samen met zijn nieuwe vrienden de grote toren van de kathedraal, waarvan de bouw nog pas rond 1511 werd voltooid. Wanneer de Zwitser na een duizelingwekkende klim bijna boven is aangekomen, aan de voet van de met lood beklede torenspits, moet hij een wankel trappetje op dat helemaal naar de punt voert. Sommigen van de groep wagen zich hieraan. Maar de trap schommelt en wanneer Felix zich omdraait ziet hij diep beneden zich de nauwe straatjes rondom de kathedraal, waar het krioelt van de mensen. Hij is slechts heuvelland gewend en raakt in paniek. Hij gaat weer naar beneden, waarbij de kwinkslagen van zijn kameraden hem bespaard blijven.

Op de ochtend van 26 maart verlaat Platter de stad[90] en rijdt recht naar het noorden, dwars door het bos van Orléans waar het wemelt van de varkens die hier volgens seizoenstrek worden gefokt en gevoed met eikels. Eerder al heeft de Zwitser een nieuw zadel voor zijn paard gekocht bij een zadelmaker in de stad, omdat het oude versleten was (F 277). Net als hun landgenoten in de Languedoc doen de Duitsers van de universiteit de reizigers uitgeleide (*das gleit*) over een afstand van zo'n dertig kilometer, tot aan het middagmaal; even daarvoor hebben zij hun naam gezet in het 'gouden boek' van Felix, een klein notitieboek (*stammbiechlein*) vol handtekeningen, gezegden, wapens en opdrachten.

Wanneer de reizigers, nog steeds noordwaarts rijdend, het bos verlaten, maken ze kennis met dichtbevolkt platteland, of beter gezegd land dat is herbevolkt na de verwoestingen die de Engelse oorlogen er rond 1440 hadden aangericht. Naarmate Parijs dichterbij komt, loopt de bevolkingsdichtheid in 1557 (op het platteland) op tot vijfenzestig à zeventig inwoners per vierkante kilometer en zelfs tot honderdtwintig in de onmiddellijke omgeving van de stad. Een grotere dichtheid dan die van de zeventiende eeuw. Felix ziet onderweg geen enkele ezel of ezelin, maar wel karren met vier wielen waarvan de wielassen niet meer zoals vroeger van hout maar van metaal zijn. Aan het eind van die eeuw legt Thomas Platter junior vrijwel ditzelfde traject af over een geplaveide weg in een rijtuig. Aan weerszijden van de weg zijn de boeren bezig voorjaarskoren te zaaien (voornamelijk haver) of het land aan het ploegen om het braak te leggen. Het braakleggen is niet verplicht en de boeren laten op dit land een of twee schapen grazen. Het vee bestaat vooral uit roodbonte koeien met hun bruine, zwarte en lichte vlekken. In de buurt van Étampes wisselen de korenvelden (wintertarwe en vroege haver) af met percelen knoflook en uien. Er groeit ook een heleboel niet: geen paardebonen en linzen, zelfs geen mannaklaver (nog niet), ondanks de enorme afzetmarkt voor de paarden in de hoofdstad. De hellingen zijn bezaaid met wijnstokken, het bewijs dat er rond Parijs veel wijngaarden waren. Deze zijn nu verdwenen, maar ze vormden toentertijd een van de grootste wijngebieden ter wereld. De driehonderdvijftigduizend inwoners van de hoofdstad moesten immers kunnen drinken. De open velden zijn immens, kenmerkend voor het nog niet veel voorkomende grootgrondbezit; andere landerijen zijn minuscuul (kleine, langgerekte stroken van tachtig bij vijf meter), eenvoudige percelen met koren of wijnstokken, in een eindeloze herhaling. Het middelmatige produkt van de wijngaarden is slechts een paar maanden houdbaar[91] en de opbrengst is armzalig (tien tot twintig hectoliter per hectare).

De dorpen, met hun dicht opeenstaande huizen, zijn zo dichtbevolkt dat de tussenliggende grote en kleine boerderijen sinds het midden van de zestiende eeuw ook steeds meer uitgroeien tot gehuchten en dorpen. In de honderd jaar daarvoor werden de kerken op het platteland gerestaureerd of herbouwd; de gotische of flamboyante stijl overheerst nog. Lokale beeldhouwers hebben deze bescheiden heiligdommen voorzien van vele retabelen en grafstenen. Deze getuigen van de relatieve luxe waarin de inmiddels overleden boerengeneratie leefde; zij konden zich verrijken onder Frans I toen er sprake was van een economische bloei op het platteland. Heldere ramen verlichten de kerk ten behoeve van een menigte gelovigen van wie enkelen de gebeden reeds ontcijferen in een min of meer goedkoop missaal, een cadeautje van Gutenberg aan de streek. De boeren hier zijn overwegend vrome katholieken, ondanks een lichte protestantse invloed. Zij herinneren zich allen nog levendig de grote droogte van 1556, toen de dorpsbewoners zich onder een woud van kruisen in processie naar de Parijse reliekschrijn van de heilige Geneviève begaven om regen af te smeken.

In die maartmaand van 1557 gaan gegoede boerenechtparen te voet, te paard of in een kar over de drukke weg, hij 'gekleed in een tabberd die tot halverwege zijn benen reikt', een kledingstuk dat de zorgvuldig dichtgeknoopte wambuis vrijlaat; zij is 'getooid met een plat kapje of een in de nek vastgebonden hoofddeksel', ze heeft een rozenkrans aan haar gordel, haar jurk en rijglijfje zijn versierd met 'een halskraag en afgezet met velours'. De man vervoert het graan en hooi dat hij rechtstreeks zal verkopen op de Parijse markten, zodra hij voorbij de verkeersopstoppingen in de rue Saint-Jaques is. De boerin verzorgt alles: 'koeien, pluimvee, melken en kaas maken, oven, voorraadkelder, woonruimte, het weven, schapen, tuin, kleding, al het huishoudgerei'. De boeren vormen een soort erfelijke, vrijwel altijd onderling huwende kaste, gehecht aan hun boerderij met twee morgen land, ongeveer zeventig hectare per boerengezin. De sociale klasse van landbouwondernemers plant zich snel voort: de vrouwen huwen jong; ze zijn goed gevoed en leven langer dan de handarbeidsters of 'dagloonsters'.

In sociologische termen gesproken verpachten de grote boeren de landerijen in opdracht van een bovenlaag van grootgrondbezitters, bestaande uit hoge heren – dit zijn abten van kloosters en belangrijke magistraten en overheidsdienaren, kortom de hoge omes van de hoofdstad – en daarbij nog een deel van de landadel, die ook beschikt over uitgestrekte domeinen.

Felix wil zo snel mogelijk naar Parijs en heeft momenteel niet meer de nieuwsgierigheid die hem er indertijd toe aanzette een aantal dagen door te brengen met de humanist en grootgrondbezitter Pierre Danès, toen zij samen door de Rhônevallei trokken, of die hem, een week voor zijn huidige doortocht door de landstreek Beauce, verleidde tot een bezoek aan het kasteel van Candé, het verblijf van kasteelheren die verzot waren op moderne wapenrusting. Tussen Orléans en Parijs deed Felix dan ook geen van de pretentieloze landhuizen aan die hij regelmatig onderweg passeerde en waarin de landjonkers van het Ile-de-France hun leven sleten, terwijl zij hun land lieten bewerken 'door knechten' of het verpachtten. Wanneer Platter ze wel bezocht had, zou hij in deze microwereld van aristocratische huizen ongeveer dezelfde omstandigheden[92] hebben aangetroffen als in een 'flinke' boerderij. Beide onderkomens hadden twee slaapkamers, een benedenkamer, eiken of notehouten meubels van vergelijkbare makelij: 'bedden, tafels, kisten, banken, schemels, buffet of boerenkast'. Het echte standsverschil tussen 'boerenkinkel' en 'bevoorrechte' werd bijvoorbeeld pas zichtbaar in de stal: vier paarden van gemiddeld zeven of acht jaar oud bij de een, maar zeven paarden bij de ander. Net als in de dertiende eeuw beschouwde de edelman zichzelf nog steeds als een 'ridder'...

Op 27 maart zijn de reizigers in Étampes. Ze rijden door dit lange lintdorp, dat in feite een stadje is van vierduizend zielen en dat tussen 1480 en 1520 opnieuw was bevolkt door immigranten uit Noord- maar ook vaak uit Zuid-Frankrijk (Auvergne, Limousin). Sinds 1514 of 1517 heeft het een daadkrachtig gemeentebestuur dat zich beijvert voor de bouw van nieuwe scholen en ziekenhuizen. De stad, die haar rechten kreeg aan het eind van de regering van Lodewijk XII, staat inmiddels bekend als een 'goede stad', zoals het hoort (sinds Frans I) voorzien van wethouders en een splinternieuwe burgemeester, zoals gewoonlijk een adellijke magistraat. Felix en Theodor doorkruisen Étampes door *intra muros* de weg Orléans-Parijs of Bordeaux-Parijs te volgen, het tegenovergestelde van de route die de pelgrims naar Santiago de Compostella namen. Bij de Sint-Maartenspoort van Étampes, de toegang tot de oude stad voor de toeristen die van zuid naar noord (of nauwkeuriger gezegd van zuidwest naar noordoost) gaan, betalen Felix en zijn makker het traditionele 'versperringsrecht', een tol die de ruiters evenzeer verbaast als de koopwaar die ze zien. Daarna volgen ze, af en toe van hun paard vallend, de gebruikelijke doorgaande weg in de stad, namelijk de ruelle d'Enfer (Hellesteeg), die bijzonder kronkelig, nauw en hobbelig is; vervolgens nemen ze de rue des Cordeliers, vlak bij het uit de dertiende eeuw daterende klooster met diezelfde naam; daarna komen ze via de 'scherpe doorbraak' van de rue de la Manivelle in de lagergelegen rue de la Foulerie (Voldersstraat, een naam die verwijst naar de lakenindustrie), de rue Saint-Antoine, rue de la Juiverie en rue de la Tannerie en ten slotte in de rue Évezard die leidt naar de 'uitgaanssluis', ofwel de Évezardpoort, geflankeerd door twee ronde torens met muuropeningen voor kanonnen. Zijn deze oude proppeschieters wellicht bedoeld om het Britse gevaar te keren dat plotseling naar het noorden kan komen? Buiten de muren gekomen rijden Felix en zijn metgezel langs de haven van Étampes. Deze was sinds 1490 steeds verder uitgebreid; ze is een geschenk van de rijke zestiende eeuw. Pramen van een meter diepgang, die maar al te vaak vastlopen op de slecht uitgebaggerde ondergrond vol modder, vuilnis en zand (het beroemde zand van Étampes, steun en toeverlaat van de glasmakers), laden in deze haven, op weg naar Parijs, meer dan honderd zakken graan, waarop men soms een intellectueel ziet zitten, die van de kalme reis over het water profiteert om een boek af te maken. Nadat Felix het leprozenhuis is gepasseerd, dat in feite nog maar vier of vijf melaatsen telt, van wie het merendeel ook nog simuleert, vervolgt hij zijn middagroute.

Onze jongeman zal zich van Étampes vooral een tiental kerken en klokketorens herinneren die binnen twee generaties perfect zijn opgeknapt; hij herinnert zich ook (aan de linkerkant van zijn weg door de stad) een groot kasteel met dakpannen en een overhangende slottoren die la Guinette wordt genoemd – die in de voorgaande eeuw zijn vereeuwigd in de *Très Riches Heures* van de gebroeders Limburg. Platter junior had eerlijk gezegd slechts een vluchtige blik kunnen werpen op het 'centrum' van Étampes en op de herenhuizen die hier recentelijk waren gebouwd voor de minaressen van de koning, zowel van Frans I als van Hendrik II; zij waren onlangs 'gecentraliseerd' in het dicht bij Parijs gelegen stadje.[93]

Wanneer ze Étampes verlaten hebben en door bossen en wijngaarden zijn gereden, komen de reizigers in een dichtbevolkte landbouwstreek rondom Arpajon (een plaats die indertijd Châtres heette). Ten oosten van hen liggen verscheidene uitgestrekte korenvelden en dan zien ze aan de rechterkant van de weg plotseling de zogenaamde leprozerie van Sint-Blasius, niet ver maar wel een eindweegs van Arpajon: een leprozenhuis vergelijkbaar met dat wat ze waren tegengekomen toen ze Étampes verlieten. Châtres is een stad waarvan de vestingwallen in de laatste dertig jaar langzamerhand zijn hersteld en die nu is voorzien van muren, torens, grachten, poorten en ophaalbruggen. Het is een klein stadje met niet meer dan twaalf- of vijftienhonderd inwoners. Dit aantal bereikte niet eens de kritische drempel van drieduizend inwoners waardoor een gemeenschap zich een 'goede stad' mocht noemen. Als er al sprake was van een gemeentebestuur, had dit maar weinig invloed; die van de heren daarentegen, de machtige hoogwaardigheidsbekleders, is groot – of het nu gaat om de Malets de Graville, hof- en krijgsadel, of om de Villeroys, vertegenwoordigers van de nieuwe elite der staatssecretarissen.

Châtres geeft veel aan deze twee families, maar heeft ook veel aan hen te danken. Nadat de reizigers de stad zijn binnengegaan door wat logischerwijs de Étampespoort heet, hoeven ze slechts de enige hoofdstraat te volgen: deze leidt, zoals het regionale centralisme vereist, naar de Parijse poort. Langs de weg staan huizen, waaronder veel herbergen (nog steeds de invloed van Parijs), die, ook binnen de vestingwallen, zijn omgeven door bosjes, tuinen en voedingsgewassen... In het noorden van de stad, nadat de beide mannen de vrijwel nieuwe markthal met zijn twaalf kastanjehouten pilaren zijn gepasseerd, uit dezelfde tijd dat de eerste stadsmarkten verschenen (1490), steken ze de brug over de Orge over. Ze werpen even een blik op het in de stad gelegen kasteel van de Malets de Graville, zowel beschermheren van de geestelijkheid als van de wijnmarkten; dit onderkomen beschikt over een aanpalend park van maar liefst zeven hectare, vergelijkbaar met de hedendaagse tuin van het Palais-Royal. Het ontbreekt zeker niet aan groengebieden in Châtres-Arpajon. Ten slotte, vlak bij de Parijse poort en nog *intra muros*, verheft zich de eertijds romaanse Sint-Clementskerk. Deze was in 1360 door de Engelsen in brand gestoken waarbij bijna duizend mensen levend waren verbrand; rond 1510 werd de kerk op initiatief van de heren herbouwd in laat-gotische stijl.

Felix en Theodor verlaten de stad en gaan noordwaarts langs het park en het buitenkasteel Chanteloup dat Frans I in 1518 schonk aan Nicolas de Neuville, heer van Villeroy en secretaris der (koninklijke) financiën, in ruil voor een ander landhuis waarvan de gezonde buitenlucht zo goed was voor Louise van Savoye, de moeder van Zijne Majesteit. Felix heeft geen tijd om te stoppen bij Chanteloup, maar zijn jongere broer Thomas was aan het eind van die eeuw minder gehaast: hij was ook op weg naar de hoofdstad en had een paar uur respijt om de heerlijke tuinen rondom het landhuis te bezoeken. Bij die gelegenheid bewonderde de jongste Platter verschillende Romeinse legenden, uit de *Amores* van Ovidius, uitgebeeld met kleuren, bladeren en planten op de muren en in de borders van voornoemd park. Hij waardeerde vooral het stevige zand van de paden, in grote hoeveelheden afkomstig uit de zandafgravingen van Étampes en rechtstreeks overgebracht naar Chanteloup. Dankzij deze zandlaag kon men door de tuin dwalen zonder dat zolen of hakken nat werden (T2 543) wanneer het regende (*man auch regenwetterszeit gar trocken darinnen gehen kann*). Waaruit blijkt dat de met zand bestrooide paden, die zorgvuldig werden aangeharkt om elke voetstap uit te wissen, en die geliefd waren bij de classicistische hoveniers, ook bedoeld waren voor het comfort van de voetganger en niet alleen een lust voor het oog.[94]

In de middag van 27 maart, nadat ze door een gebied waren gereden met links wijngaarden en rechts een bosrand[95], arriveren ze in Montlhéry, een dorp met duizend tot twaalfhonderd inwoners, gesitueerd op een heuvel die wordt gedomineerd door een op de noordflank van de wijnberg gelegen kasteel, dat is voorzien van vier opeenvolgende vestingmuren met middenin een dertig meter hoge vestingtoren met een met lei en lood bedekt kegelvormig dak. De beide ruiters gaan het stadje binnen door de Baudrypoort en rijden door de Grand-Rue en de rue de la Chapelle, die worden geflankeerd door herbergen en een tiental broodovens; aan het eind van hun tocht door Montlhéry komen ze bij de Parijse poort. De winkeltjes van de zogenaamde rue des Juifs (Jodenstraat) en de rue du Soulier-de-Judas (Judasschoenstraat), met hun vele laken- en graanhandelaars, wevers en grutters en hun netwerk van onderling verbonden kelders, interesseren Platter nauwelijks. Montlhéry is een marktstadje aan de grote weg naar Parijs en heeft in het midden van de zestiende eeuw te lijden onder 'de kwaadaardigheden, plunderingen en diefstallen van slechte jongelieden', grijpgrage durfals, 'lieden die vrijwillig op de velden wonen', jongens die van geen enkele heer afhankelijk zijn en die de plaatselijke bevolking 'al vaak hebben afgerost, geplunderd, geslagen en beledigd'.[96] Deze beschrijving (die wellicht wat overdreven was) maakte deel uit van het verzoekschrift waarmee de inwoners in 1540 toestemming vroegen de stad (op eigen kosten) af te sluiten met stevige muren voorzien van schietgaten. Dus nog een muur erbij! Ondanks de inspanningen van een ter plekke geïnstalleerde, ondernemende provoost was de criminaliteit in de streek niet slechts een mythe; Thomas junior zou er zich aan het eind van die eeuw over beklagen dat hij, niet ver van Montlhéry, 's nachts in zijn slaap was beroofd door een viool spelende acrobaat (T2 546).

Hoofdstuk 8

Voorjaar 1557: Anabasis

Het Duitse vriendenpaar verlaat Montlhéry en rijdt in de middag van 27 maart eindelijk Parijs binnen via de eindeloze rue Saint-Jacques (*durch S. Jacob Stross* – F 278). Eerder al waren ze langs Longjumeau en Berny gekomen en hadden ze de prachtige weg midden tussen de wijngaarden genomen. Deze volgt het traject van wat vandaag de dag de 'ligne de Sceaux' is en komt uit bij de grootste stad van het vasteland, het 'grote beest', en sinds kort opnieuw, ten koste van de Loirevallei, de hoofdstad van het koninkrijk der Capetingen.

Vanuit het zuiden van Parijs zien de beide mannen in de verte de heuvel (*berg*) van Montmartre met het benedictijnenklooster (*Kloster*), waarin eertijds (voor 1503) een zestigtal nonnen een schandelijk leven leidden, die nu echter 'hervormd' zijn in de katholieke zin van het woord. Deze abdij van Montmartre kijkt uit over een uitgestrekte wijngaard, waarin halverwege de nederige kapel staat waar Ignatius van Loyola in 1534 de grondslag legde voor zijn jezuïetenorde.[1] De grote stad is als het ware ingesloten door windmolens (*windt mülenen*). Ze worden beheerd door een groot aantal agrarische molenaars, die worden gedomineerd door een handvol rijke molenaars die tevens meelhandelaar zijn.[2] Dit moet wel, ze moeten wel, willen ze een nog steeds groeiende stad van driehonderdvijftigduizend inwoners voeden, de grootste stad van christelijk Europa. De beide jongemannen rijden zonder af te stijgen dwars door de dan in volle ontwikkeling zijnde voorstad Saint-Jacques; deze is typerend voor een 'voorstadsstraat', bijna een dorpsstraat, met de huizen samengeklonterd langs de van zuid naar noord lopende hoofdweg.[3] De kapel van Saint-Jacques-du-Haut-Pas laten ze links liggen en ze gaan de stad binnen door de Saint-Jacquespoort, die deel uitmaakt van het dominicanenklooster dat pas herbouwd is voor enkele tientallen monniken, wier aantal voortdurend toeneemt door nieuwe roepingen. Nog steeds door de rue Saint-Jacques rijdend, de oude Romeinse weg naar Orléans, 'een vitale verkeersader', met zijn hoge, dicht opeenstaande woningen, boekhandels en drukkerijen, maar ook bevolkt door kleine luiden, komen Felix en Theodor *intra muros* in het stadsdeel ten zuiden van de rivier, genaamd 'van de universiteit'. Links van hen ligt de wijk Sainte-Geneviève, de Latijnse wijk bij uitstek, en rechts de wijk Saint-Séverin. Tussen deze beide, en nog steeds in de rue Saint-Jacques, nemen ze hun intrek in herberg Het Kruis (*Zum Kreutz*).

Hier ontmoeten de reizigers een *Teutsch*, de eerste uit een vrij lange reeks, een zekere Jochum, een belangrijke notabele uit Straatsburg, wiens echte naam Johann von Mundolsheim luidt (F 278). Die avond van 27 maart proeven ze voor het eerst de 'sfeer' van de stad. Deze leeft natuurlijk van het gecentraliseerde bestuursapparaat van de monarchie: een ambtelijke staat, wat perfect tot uiting komt in het gerechtshof en de rekenkamer waarvan het aantal ambtenaren ten tijde van Hendrik II voortdurend toeneemt[4]; een geldstaat, belichaamd in de schatkisten van de vorst, ondergebracht in het Louvre, die vaker leeg zijn dan gepast is. Het doet er niet toe of Zijne Majesteit in persoon oorlog voert in het noorden of oosten, of op jacht is in de bossen, Parijs zal altijd zeggen: *l'État c'est moi.* Dit wordt nog versterkt omdat Frans I, sinds hij is teruggekeerd uit Spaanse gevangenschap, en later ook zijn zoon Hendrik, steeds vaker verblijf kiest op de min of meer nabijgelegen Seine-oevers, zoals blijkt uit de bouw in 1528 van het kasteel van Madrid te midden van de jachtwouden van het Bois de Boulogne. Rond 1520 werd het financieringssysteem van het vorstendom bestuurlijk op een nieuwe leest geschoeid; dit was, samen met andere veranderingen, van beslissend belang voor Parijs. Uit dit decennium dateren ook de eerste serieuze plattegronden van de hoofdstad: de beroemde 'opengewerkte tekening' van Truschet en Hoyau, een houtgravure, een fraaie plattegrond die bewaard is gebleven tussen de paperassen van de universiteit van Bazel, blijft een late afspiegeling van deze eerste kaarten; hij is, *a posteriori*, rond 1550 gedateerd. De economische en demografische wederopbloei van de stad moet begonnen zijn in de jaren 1445-1450; in 1500 zijn er tweehonderdduizend inwoners; en tijdens het bezoek van Platter zijn dit er 350.000, zodat het grote inwonertal van voor de zestiende-eeuwse pestepidemie en oorlogen definitief is overschreden. 'In het niet verzinken' ook de Italiaanse steden: Napels telt ruim tweehonderdduizend zielen in 1547; Venetië honderdvijftigduizend in 1557; Milaan honderdtachtigduizend na 1550. Om niet te spreken van Londen: zestigduizend inwoners in 1520 en al tweehonderdduizend in 1600, duidelijk minder dan de Franse hoofdstad, ondanks een buitengewoon snelle groei.[5]

De 'vrede' heeft veel bijgedragen aan de groei van Parijs, zelfs al bevindt Frankrijk zich in feite voortdurend in staat van oorlog; maar dat zijn slechts kleine conflicten aan de grens met Italië, Lotharingen en 'België', met legers die veel kleiner zijn dan in de daaropvolgende eeuw. Parijs heeft sinds 1544 (vrede van Crépy-en-Laonnais) geen buitenlandse invasie meer te duchten gehad tot in augustus 1557 de Spanjaarden de Fransen verslaan bij Saint-Quentin – weliswaar een datum die slechts enkele maanden af ligt van het bezoek van Felix, maar in maart-april 1557 is Parijs nog op haar gemak en heeft men geen idee van de komende catastrofe (die overigens niet overdreven moet worden).

Op diezelfde avond van 27 maart maakt Felix zijn eerste wandeling langs de Seine-oever; hij is verbaasd over het enorme aantal bootjes van allerlei soort en afmeting dat ligt afgemeerd (en waar de schepen tussendoor moeten laveren). Parijs lijkt in die tijd meer op Bordeaux, waar Felix ook op bezoek was, dan op Limoges of Clermont. De zee is niet ver af. Zeevis en schaaldieren worden bijzonder snel, zo mogelijk binnen achtenveertig uur, naar de stad gebracht; ze zijn maar zelden verstorven wanneer ze op de markt komen in de hoofdstad. Kruiers, sjouwers en andere havenwerkers, in totaal meer dan vijfduizend mensen, en waterdragers (meer dan tienduizend mensen) completeren het bedrijvige, bijna zinderende beeld van kaden en straten. Overal is armoede, en deze houdt gelijke tred met de groter wordende rijkdom (die ongehoord is), omdat de teruggang van de salarissen sinds het begin van de zestiende eeuw rampzalig is. Hierbij speelt de regering een rol omdat de monarchie van de renaissance[6], die relatief soepel is ten opzichte van de provinciale volksvertegenwoordigingen, het gedrag der vroede vaderen in de hoofdstad juist aandachtig volgt en stuurt. Overigens werkt men sinds 1533, op gezag van diezelfde monarchie, aan de bouw van het stadhuis, een van die enorme bouwwerken in Italiaanse stijl. Het zou pas aan het einde van die eeuw voltooid worden.

De provoost der kooplieden, vergelijkbaar met een burgemeester, is meestal (ondanks het tegengestelde edict van 1547) een edele of een magistraat, want het gemeentehuis in Parijs is van nature 'ambtelijk', net als in Montpellier en Béziers. Dit heerschap wordt nauwlettend gevolgd door de vorst: sinds Étienne Marcel wordt Parijs door de ambtenaren van het centrale gezag gezien als een grote eenheid die in het oog gehouden moet worden. De gemeentelijk provoost wordt, niet zonder koninklijke inmenging, gekozen door zeer beperkte groepen kiezers. Hij staat aan het hoofd van de vertegenwoordigers van de zestien stadswijken, de befaamde 'zestien' die pas reële politieke macht krijgen tijdens de laatste twee decennia van de zestiende eeuw (die in het teken staan van de katholieke liga). Voorlopig zijn de zestien nog braaf. Een nijpend probleem daarentegen is de opkomst van het protestantisme, zowel onder burgers, magistraten als edelen. Een opkomst die vijf maanden na de aankomst van Felix, begin september 1557, veel stof zal doen opwaaien. Op die dag verzamelen zich in de rue Saint-Jacques, niet ver van de herberg waar de student logeerde, achter het college van de Sorbonne driehonderdvijftig hervormden; ze worden vroeg in de ochtend van 5 september gearresteerd door de in het Châtelet zetelende procureur des konings, na een onaangename nacht die de vorm aanneemt van een kleine pogrom. Onder de gevangenen bevinden zich enkele Zwitsers die spoedig worden vrijgelaten op verzoek van de Zwitserse kantons. Een aantal van hen had Felix indertijd ontmoet.

Op de ochtend van 28 maart besluit Felix herberg Het Kruis te verlaten. Is deze misschien te duur? Hij verhuist met zijn collega naar een huurkamer zonder enig uitzicht in herberg De Gulden Vijzel, eveneens gelegen aan de rue Saint-Jacques. De naam is hoogdravend, de werkelijkheid daarentegen smerig. De twee jongemannen delen een minuscuul kamertje met één bed, gelegen boven een apotheek, vanwaar de naam. Hier zullen ze meer dan drie weken blijven, tot 21 april. Van hieruit bezoeken ze verschillende stadswijken, op de linkeroever, de rechteroever en in het centrum. Al dadelijk maken ze kennis met een Vlaming die Duits-Zwitser is geworden: we blijven in Duitse sfeer. Carl Utenhove, zoals zijn naam luidt, komt uit een welgestelde Gentse familie; hij bezoekt de beide vrienden regelmatig in de Gulden Vijzel; daarvoor moet hij een miezerig wenteltrapje beklimmen dat naar hun 'thurne' leidt. Zijn familie had banden met Erasmus[7] en met de universiteit van Montpellier. Carl Utenhove maakte neo-Latijnse gedichten. De Platters kennen hem goed omdat hij leerling was op het gymnasium van Thomas senior in Bazel. Daarna studeert Carl in Vlaanderen en Keulen met de bedoeling docent, en met name hellenist te worden. Zo komt Felix in de persoon van Utenhove zelfs in aanraking met de Angelsaksische en Duitse representanten van de Vlaamse diaspora. Deze is nog sterker vertegenwoordigd in Parijs dan al het geval was in de Languedoc.

In de Vijzel ontmoet onze Zwitser nog een andere (tijdelijk) ontheemde. Het is zijn landgenoot Balthasar Krug, de zoon van een baljuw en halfbroer van een toekomstige burgemeester van Bazel, eveneens Krug geheten, een megalomaan die in de loop der jaren een van de belangrijkste relaties van de familie Platter zal worden. Balthasar is een onberekenbare maar vriendelijke en gewiekste jongen die rijker is aan Parijse relaties dan aan geldmiddelen. Ze maken ook kennis met de Zwitserse garde van de Franse koning, ongetwijfeld protestanten, zonder dat iemand daar moeite mee heeft. Hun braspartijen houden ze in herberg Het Schaap, ook in de rue Saint-Jacques. Een van hen, afkomstig uit Zürich, viert er zijn bruiloft; zijn bruid nodigt Felix uit voor een drinkgelag. De ander, een zekere Jockel uit Bazel, die bijzonder lang is, heeft last van zijn dijbeen en hij consulteert de reizende arts die hem zijn geleerde mening geeft. Is dit dezelfde persoon als degene die enkele dagen later sterft aan een mankement in zijn dijbeen?

Zijn er bij deze vluchtige contacten van Felix dan alleen maar Duitsers en aanverwanten? Dat is niet helemaal waar. Felix ontmoet ook Fransen, maar meestal zijn dit artsen; zij brengen hem op de hoogte van de medische ontwikkelingen in Frankrijk. Dit was natuurlijk reeds het geval in Montpellier, maar ook in Lyon waar hij, zodra hij in Frankrijk was aangekomen, werd ontvangen door Rondelet. Zijn eerste 'medische' bezoek in Parijs is aan Jacques Goupyl, genaamd Gubillus, een hellenist uit de Poitou en docent aan het Collège Royal, aan wie we kundige medische, botanische en zoölogische publikaties danken in het Grieks en Latijn, gebaseerd op teksten uit de oudheid, te weten het werk van Alexander van Tralles, Aretaeus van Cappadocië, Dioscorides, Galenus, Paulus van Aegina en op literair gebied ook dat van Ausonius en uit Italië het werk van Alessandro Piccolomini. Het merendeel van deze vooral medische vertalingen was gepubliceerd vóór 1557, dus kende Felix ze. De grootste verdienste van Goupyl is wel dat hij in 1554, in een mooi zakboekje bestemd voor studenten, voor het eerst het werk van Rufus van Efese liet verschijnen over de verschillende lichaamsdelen, over de nieren, de blaas, laxeermiddelen en over de menstruatie.[8] Deze Rufus zal Felix zeven jaar later goed van pas komen tijdens een pestepidemie in Bazel in 1564: op 26 juli van dat jaar ontdekt Thomas Platter een door de pest gezwollen lymfeklier bij zijn rechterknie en spoedig daarna een karbonkel, zoals Felix constateert wanneer hij, zonder schaamtegevoel, de broek van zijn vader uittrekt (F 435). Hij geeft zijn vader bij deze gelegenheid pillen van deze zelfde Rufus (van Efese), op basis van wijn met tweederde deel aloë en eenderde deel mirre, tegengiften bij uitstek. Daniel Jeckelmann, de zwager van Felix en chirurgijn van beroep, snijdt de negenoog open zonder vrees voor besmetting. Enkele weken later is de door zijn zoon en schoonzoon verzorgde Thomas weer op de been.

Wanneer Felix in maart en april 1557 in Parijs is, ontmoet hij ook de filosofisch geschoolde en uit Zwitserland afkomstige Louis Duret, die op een fraaie *cursus* als hofarts en professor aan het Collège Royal mikt. Duret is een mooiprater, populair bij de studenten, specialist in de Hippocratische en Arabische geneeskunde, en men beschouwt hem als traditionalist.[9] Datzelfde kan niet gezegd worden van Jean Fernel, een moderne geest... of beter gezegd een klassieke denker, die dientengevolge vijandig stond ten opzichte van de commentaren van islamitische artsen bij de klassieken, ofwel de 'Arabische vuiligheid' (*sic*). Felix' ontmoeting met de tot Parijzenaar geworden Fernel, die datzelfde jaar ook lijfarts van Hendrik II werd, is beslissend. Deze verschaft de Zwitser wezenlijke argumenten tegen de docenten van de universiteit van Bazel wanneer hij, enkele maanden later, zijn proefschrift verdedigt over het veel bediscussieerde vraagstuk van de natuurlijke lichaamswarmte.[10] Het feit dat Felix probleemloos wordt ontvangen door drie prominente figuren uit de medische wereld van het Ile-de-France (Duret, Goupyl en Fernel) kan erop wijzen dat de jonge Zwitser reeds een zekere reputatie had. Deze opende in elk geval de deur van zijn oudere collega's. Wellicht beschikte Felix hiertoe over brieven van Saporta, zijn hoogleraar in Montpellier die goed bekend stond in de medische wereld, zowel in Frankrijk als in de rest van Europa... Maar de Parijse universiteit, inclusief de afdeling geneeskunde, gaat gebukt onder het religieuze keurslijf van de professoren van de Sorbonne. Felix vindt hier niets terug van het vrije onderzoek dat ontvankelijk is voor joodse en protestantse invloeden, en waarbij vooral sectie kan worden verricht, zoals hij dat bijna vijf jaar had meegemaakt in de Languedoc. Overigens moet de Sorbonne, voor een protestant die zijn naam eer aandoet, niet minder zijn dan de door de duivel verdoemde synagoge, een afschuwelijke intellectuele hoer, de hellepoort...[11] Maar Felix bekommert zich hier niet om!

Hoewel Jean Fernel Frans is, heeft hij toevallig een neef van Duitse afkomst, de boekhandelaar en drukker Andreas Wechel, en deze is zo vriendelijk Felix de bezienswaardigheden te laten zien van de universiteit, de *cité* en de rest van de stad. Andreas is de zoon van een oorspronkelijk uit Zwitserland afkomstige drukker uit het Ile-de-France, Christian of Chrétien Wechel, die onder Frans I honderden wetenschappelijke werken vervaardigde voor het Franse publiek.[12] Als opvolger van zijn vader (die zelf weer opvolger was van Conrad Rosch[13], een Zwitsers-Parijse boekhandelaar 'met het wapen van Bazel' van 1515 tot 1526), zet Andreas volgens een lange familietraditie de boekhandel in de stad voort. Hij ontvangt graag buitenlanders; zijn huis is een ontmoetingsplaats voor protestanten op doorreis, of ze nu uit Zwitserland of Duitsland komen. Wechel junior staat algemeen bekend als hugenoot en ontsnapt lange tijd aan vervolging, totdat ook zijn boekenvoorraad in 1569 wordt verbrand. Daarna moet hij in 1572 na de Bartolomeüsnacht uitwijken naar Frankfurt aan de Main; daar blijft hij tot zijn dood actief als boekhandelaar. In 1557 verkent Felix met deze in die tijd nog zeer Parijse gids de omgeving van de rue Saint-Jacques en de verschillende Seine-oevers. Een van hun eerste uitstapjes voert hen naar het Louvre: koning Hendrik II is afwezig omdat hij die dag op zijn landgoed Villers-Cotterêts verblijft, in het *Tagebuch* geschreven als Ville-Accoustrée (opgedirkte stad)!

Hendrik II is graag in het grote kasteel van Villers-Cotterêts, dat niet lang daarvoor is gebouwd, maar wel in de traditionele 'vierhoekige' vorm, met zijn lange binnenhof, puntdaken, hoge, rechthoekige schoorstenen, het park gefestonneerd met altijd groene buksbomen, de lanen met hazelaars, aangevuld met een orangerie en een bebost gedeelte voor de jacht.[14] De koning is voor deze gelegenheid dus 'vertrokken' naar een van zijn paleizen in het noordoosten, maar niet alleen om zich te ontspannen. Ook om er toezicht te houden op zijn metselaars (de bouw aan het kasteel ging gewoon door); en ten slotte was het vooral om een blik te werpen op het eerstvolgende slagveld, dat Zijne Majesteit overigens weinig goede vooruizichten bood. Het bestand van Vaucelles (februari 1556) was zojuist opgezegd; Frankrijk verklaarde opnieuw luchthartig de oorlog aan de Spaanse Habsburger Filips II, de zoon en gedeeltelijke erfgenaam van Karel V. Opnieuw het huis van Bourgondië! Door te huwen met Maria Tudor verzekerde Filips II zich voor een aantal jaren van Engelse steun. Een steun die lastig is voor Hendrik II omdat de noordelijke grenzen van Frankrijk, gezien de as Madrid-Brussel-Londen die zich aan het aftekenen is, niet verdedigd worden: François de Guise is met een leger van dertienduizend man juist vertrokken naar Italië, zodat het in Attigny (huidige Ardennen) samengetrokken Franse leger nog slechts twintig- tot vijfentwintigduizend man telt, aangevoerd door de weinig capabele Montmorency. Dit restant is niet opgewassen tegen het vierenveertigduizend man sterke leger van Filips II onder aanvoering van de bekwame Emmanuel-Philibert van Savoye. Deze heeft overigens nog een appeltje te schillen met de Fransen, omdat ze hem in 1536 hebben beroofd van zijn erfgoed in de noordelijke Alpen en in Piemonte. Dat roept om wraak! De zelfverzekerde Filips II heeft zich geposteerd bij Cambrai en wacht het juiste moment af.[15]

In het strategischer dan Parijs gelegen Villers-Cotterêts treft Hendrik II maatregelen tegen het komende gevaar. Uit de nederlaag die de Fransen in augustus zullen lijden bij Saint-Quentin blijkt dat deze ontoereikend waren. Begin juni houdt Hendrik II, eveneens in Villers-Cotterêts, krijgsraad over de problemen met de Engelsen.[16] In maart en april is de situatie al overduidelijk, maar Felix spreekt er met geen woord over in zijn dagboek dat hij dagelijks bijhoudt en vijftig jaar later in het net schrijft. Onwetendheid? Vast en zeker. Maar onverschilligheid, stilzwijgen en behoedzaamheid spelen ongetwijfeld ook een rol.

Of de koning nu wel of niet aanwezig is, de Zwitser interesseert zich voor het Louvre. Sinds 1528, toen Frans I besloot definitief naar Parijs terug te keren, is dit paleis opnieuw een geducht machtscentrum, vlakbij het parlement gelegen, wat altijd handig is. De autoriteiten hebben overeenkomstig de nieuwe situatie gehandeld. De grote centrale vestingtoren is geslecht en vervangen door een geplaveide binnenplaats: het huidige Cour carrée. Net als Blois al eerder begint het Louvre zijn karakter van vesting te verliezen: het wordt een relatief open kasteel dat zo goed en zo kwaad als het gaat wordt opgenomen in de stadswallen en dat bij voorbaat vertrouwen stelt in de genegenheid van de Parijse bevolking. Sinds kort zijn de Seinekaden gelijkvormig, kaarsrecht, bestraat en berijdbaar; ze lopen door tot onderlangs het paleis, daar waar eertijds de paarden dronken tussen het jaagpad en de modderige waterkant, uitgehold door drinkplaatsen. Pierre Lescot en Jean Goujon werken aan het 'Cour carrée' in wording, waarvan de westvleugel[17] bijna klaar is wanneer Felix er gaat kijken.

Zowel op de heen- als de terugweg ziet de jongeman de lokale bevolking: wasvrouwen, edelsmeden, zeemtouwers en vishandelaars; hovelingen met gepunte snorren en pluimhoeden. Ondanks het komen en gaan van de koning en zijn regelmatige verblijf buiten Parijs is het Louvre in zijn nieuwe vorm van de jaren 1550 een van de grote machtsapparaten van die tijd. Het is van latere datum dan de Verboden Stad van Peking en het Kremlin, die twee uit de vijftiende eeuw stammende gesloten residenties; het gaat chronologisch echter vooraf aan de aanstaande bouw van het Escorial, het grote, abdij-achtige verblijf van Filips II, dat net als het paleis van Hendrik II halfopen is.

Na het bezoek aan de politieke macht, belichaamd in het lange gebouw langs de Seine, volgt de bezichtiging van de universiteitsgebouwen en de kerken waarvan Felix er een groot aantal bezoekt (*vil collegia, vil kilchen*). Zoals het een goede Duitser betaamt vervult vriend Wechel de functie van Baedeker. De zo afgebakende tocht langs de kerken is zuiver toeristisch, aangezien de beide mannen totaal niets ophebben met de paapse vroomheid als zodanig; hun kerkenroute loopt van de gloednieuwe zanggalerij van de Saint-Étienne-du-Mont naar de immense bouwplaats van de Saint-Eustache in het noorden, waar op dat moment gebouwd wordt aan de koorkapellen en de laatste traveeën van het schip. De bouw van de kerk gaat even snel als het tempo waarin de dynamische buurt eromheen, die van de Parijse Hallen, gestalte krijgt. En daarna volgt in één adem door het bezoek aan de Notre-Dame, in het hart van de klerikale, gerechtelijke en welvarende wijk van de cité. Om de kerk binnen te gaan laat Felix (in tegenstelling tot vandaag de dag) het gasthuis rechts liggen en het rond 1500 geheel herbouwde heiligdom van de heilige Christoffel links. Wanneer hij de kathedraal binnengaat wordt hij belegerd door een keur van geestelijken, kwalitatief heel wat meer mans dan de priesters uit Montpellier die de student in de voorafgaande jaren was tegengekomen.

Aan het eind van die eeuw zou zijn broer Thomas junior, als goede antiklerikaal, benadrukken dat er in het koor van de Notre-Dame van Parijs voortdurend grote aantallen pooiers en hoerenmadammen rondzwierven die hun diensten aanboden aan vreemdelingen (T2 560). Vlakbij de pilaren van de kerk zag Thomas ook bedden vol met vondelingen. Wat de 'prostitutionele' activiteiten betreft, het klopt dat op het Ile de la Cité al eeuwenlang[18] een 'rosse buurt' was, rondom de rue Glatigny en tot aan de Notre-Damebrug, 'die eerlijk werd gedeeld met de kathedraal'. Deze ontucht was dus doorgedrongen tot binnen in het immense gotische bouwwerk, in een periode dat er minder onderscheid werd gemaakt dan in onze tijd. Net als in Orléans schrijft Felix alleen dat hij de torens van de Notre-Dame heeft beklommen, waar hij van bovenaf uitzicht had over de met lood beklede daken en de grote klokken. Het kerkportaal, het middenschip en het oksaal zijn in die tijd nog ruwweg zoals de bouwer Jean Le Bouteiller ze na de laatste grootscheepse verbouwingen in het jaar 1351 had achtergelaten. Het geheel dat Felix zag zou nauwelijks meer veranderen; in elk geval niet tot de architectonische ingrepen die aan het eind van de zeventiende eeuw plaatsvonden op initiatief van Lodewijk XIV. De voor de Notre Dame zo typerende zuivere gotiek zou zo meer dan drie eeuwen bewaard blijven, van 1360 tot 1660, ten voordele van de jonge Zwitser en van Thomas junior, bij hun beider bezoek.

De kleine afstand van de Notre-Dame naar de Pont au Change, die Felix de Pont aux Orfèvres noemt, is snel overbrugd. Nu geen bezichtigingen meer; de student wil een aantal cadeaus kopen voor Madlen Jeckelmann, zijn officiële verloofde. De (houten) Pont au Change, gebouwd aan het eind van de dertiende eeuw, is de oudste brug van Parijs en ook de stevigste, te oordelen naar de manier waarop hij slechte weersomstandigheden heeft doorstaan; de lage huisjes aan weerszijden zijn wel regelmatig vervangen, ongeveer elke vijftig jaar – *vast alle 50 jahr*[19], meldt Thomas junior. Ze belasten de brug enorm… en bevestigen hoe stevig hij is. De Pont au Change ligt min of meer in het verlengde van de noord-zuidas (de rue Saint-Denis) en aan de westkant dichtbij de klappermolens van de Pont aux Meuniers. Een of andere idioot heeft een aantal jaren voor het bezoek van Felix zelfs voorgesteld ook molens te installeren op de Pont au Change! Deze brug grenst aan de welvarende stadswijken en ligt dichtbij een aantal belangrijke gebouwen op de rechteroever. Onder meer de kerk Saint-Jacques-de-la-Boucherie, met zijn beroemde toren uit 1510, een meesterwerk van de flamboyante gotiek; en verder de slagerijen van de (in verval zijnde) grande boucherie; de Châtelet-vesting, de belangrijkste plaats van het lokale gezag, omdat het de zetel is van de provoost van Parijs en van de bestuurderen van het Ile-de-France; ten slotte de opgemetselde Seinekaden van de rechteroever die we al bij het Louvre zagen en die uit 1528-1538 stammen en waarover lange rijen karren rijden, van de Pont de la Cité tot aan het koninklijk paleis en tot waar de huidige Tuilerieën liggen.[20]

De Pont au Change was de brug waarover de vorsten reden bij hun plechtige intocht; sinds 1515 vervulde de Pont Notre-Dame deze rol. Maar hij is nog steeds de belangrijkste locatie voor de goudsmeden[21]: er worden gouden relikwieën, versierselen, monstransen en schrijnen gemaakt en verkocht… In 1557 doet Felix dus op de Pont au Change zijn 'juweleninkopen' in een goedgelegen werkplaats, die in handen is van de juwelier Hans Jacob David, telg uit een beroemde familie uit Bazel, die in Zwitserland reeds hoge posten bekleedt in de stedelijke raad van advies en bij de beurs en die min of meer behoort tot de adel van de Zwitserse metropool. En Hans heeft het gemaakt in Parijs.

Felix koopt voor een vriendenprijs, omdat hij een Duitser is, een gouden kettinkje voor Madlen. Dit sieraad wordt later inderdaad aan haar gegeven en blijft in de familie: wanneer Madlen al jaren Frau Platterin is, geeft ze het op haar oude dag aan het gezin van Thomas junior, de jongere broer van Felix; nauwkeuriger gezegd, aan de mooie Chrischona, de vrouw van Thomas, die aan het begin van de zeventiende eeuw wordt geschilderd met dit gouden voorwerp aan haar gordel. Onze student ontmoet in 1557 bij Hans David ook een jongen van zijn leeftijd, Felix Keller. Deze uit Zürich afkomstige jongeman volbrengt op de Pont au Change een intensieve proeftijd als leerling-juwelier, voor hij weer terugkeert naar zijn geboortestad waar hij juwelier, raadslid en lid van de belangrijkste gilden zal worden (F 280). De stad Parijs kent sinds de dertiende eeuw[22] een lange traditie van kunstnijverheid en fungeert als een voortreffelijke school voor edelsmeden – die zich daarna definitief vestigen in het hart van Frankrijk of terugkeren naar hun geboorteland om de vaardigheden die ze bij de Fransen hebben opgedaan verder te perfectioneren. De Pont au Change toont de bezoekers ook haar boekbinderswerkplaatsen, in een tijd dat deze kunst in Frankrijk op haar hoogtepunt was[23], ten tijde van Hendrik II: Felix is in de stemming voor cadeaus en koopt, opnieuw voor zijn verloofde, een zakbijbel, of tenminste een halve bijbel (een '*Testamentum*', ongetwijfeld het Nieuwe Testament), een kundig gebonden boek waarop hij in gouden letters de naam van het meisje laat aanbrengen. Is het een Latijnse vulgaat en dus een katholieke bijbel? Of is het de Duitse vertaling van Luther, die ontsnapt is aan het waakzame oog van de koninklijke censoren omdat deze de taal van het buurvolk niet kunnen lezen?

We kunnen met recht stellen dat de antiklerikale gevoelens van Felix altijd op een of andere manier de kop opsteken, nog afgezien van het feit dat het kopen van een bijbel op zich al niet erg katholiek was. Een paar dagen na zijn bezoek aan de boekbinder gaat de jonge Zwitser noordwaarts op excursie naar het Innocentskerkhof dat aan de lange rue Saint-Denis lag, zes of zeven 'blokken' ten noorden van de Pont au Change en het Châtelet. Dit lijkt de lotsbestemming van de rue Saint-Denis te zijn, want wanneer deze weg verder noordwaarts wordt gevolgd komt de wandelaar bij het Trinitékerkhof, waar de doden van het gasthuis werden begraven tot een koninklijk verbod uit 1554 hier, om hygiënische redenen, voorgoed een einde aan maakte.[24]

Hygiëne, of eerder het tegendeel daarvan, is elke stap van deze wandeling prominent aanwezig: sinds de pest van 1531 verspreidde het Innocentskerkhof, dat letterlijk was volgepropt met doden, een ondraaglijke stank, die als een gevaar voor de samenleving werd beschouwd. Deze nog maar nauwelijks afgenomen (?) stankoverlast zou een kwart eeuw later Felix onaangenaam treffen toen hij het Innocentskerkhof bezocht. In elk geval was er nog steeds sprake van een overbevolking van lijken op deze plaats, waar de vroegere vertrouwdheid met het verscheiden nog rondspookt. De bewoners van de buurt hebben zich erbij neergelegd, een buurt waar enige prostitutie voorkomt, maar die hoofdzakelijk leeft van de textielindustrie (garen-en-bandverkopers, ververs, lakenscheerders, lakenhandelaars...). Ook buiten de muren van het Innocentskerkhof is er voor elk wat wils en Felix wordt er geconfronteerd met de overblijfselen van de laat-middeleeuwse kunst: een albasten skelet van de dode Sint Innocentius, daterend uit het begin van de zestiende eeuw, en een knekelhuis, geïllustreerd met taferelen uit een dodendans.[25] Ook de renaissance is vertegenwoordigd, en wel in de bas-reliëfs van de nimfen van de Seine, de arcaden en de gegroefde pilasters rond de nieuwe Innocentsfontein (1549), die het voorkomen heeft van een koninklijke tribune en is ontworpen door Jean Goujon. De culturele verandering komt duidelijk tot uiting in het verschil tussen het albasten grafbeeld uit 1500 en die galerij van Hendrik II uit het midden van die eeuw. Wat echter niet verandert is het antiklerikalisme van Platter junior: op het Innocentskerkhof ziet hij een processie langstrekken die bijna een uur en een kwartier duurt, zoveel monniken en papen (*pfaffen*) lopen er in mee. Met dit door Felix denigrerend bedoelde woord 'papen' duidt hij de oppermachtige schare geestelijken aan; een schare die enkele tientallen jaren de baas zal zijn in het Parijs dat de katholieke liga steunt.

De bezoekers bleven in die tijd inderdaad niet gespeend van religieuze optochten, vooral begrafenissen: enkele dagen voor de komst van onze Zwitsers, was in maart de rouwstoet langsgetrokken van de overleden kardinaal Bourbon, wat leidde tot eindeloze ruzies over de rangorde, waarbij de kanunniken van de Notre-Dame op de vuist gingen met die van de Saint-Germain-l'Auxerrois.[26] En terwijl de pesterijen tegen de protestanten gewoon doorgingen (het gerechtshof had kort daarvoor de bisschop gevraagd de namen door te geven van verdachte predikers) nam Hendrik II passende maatregelen tegen de beschamende processies door de volgorde te verordonneren waarin de regeringsorganen mochten deelnemen aan religieuze processies: eerst kwam het gerechtshof, dan de Rekenkamer, de rechtbank voor belastingzaken, de rijksmunt, de provoost van Parijs, het Châtelet en ten slotte het gemeentehuis.

Op een zondag – was het 28 maart of 4 april? – wist Felix niet wat hij die ochtend zou gaan doen; naar de mis gaan kwam niet ter sprake. Bovendien zou de aartscalvinistische hond Pocles zijn meester hiervan weerhouden hebben. Dus loopt Felix die ochtend van zonsopgang tot twaalf uur 's middags met ferme pas helemaal rond Parijs, de stad die, zoals gezegd, zo rond is als een pompoen.

De Duitse gemeenschap in Parijs is een stad in een stad; beter gezegd een zeer levendig dorp. Felix komt nauwelijks buiten deze samenklittende groep, alleen om aan het begin van zijn verblijf een bezoek te brengen aan de drie beroemde Franse artsen. Voor het overige houdt hij zich bij zijn eigen soort. Een Duitser verwondt zich boven aan zijn knie en de jonge Zwitser gaat onmiddellijk naar hem toe; hij vindt dat hij nog redelijk 'fris' is (*ziemlich frisch*). De volgende dag is de Duitser dood: embolie, een bloeding, een dodelijke infectie? Algehele consternatie (*was uns allen leidt*). 's Avonds vindt de begrafenis plaats bij het licht van fakkels, dat de uitgestalde wapenschilden van de overledene beschijnt: hij was van adel. De Duitsers van de stad, zowel studenten als winkeliers, zijn bij de begrafenis aanwezig, onder wie ook Felix, ook al is hij voor hen slechts een trekvogel, een jonge ooievaar uit de Elzas of Bazel die op uitvliegen staat. Maar zijn reeds in het Ile-de-France gewortelde landgenoten adopteren de jonge Zwitser zolang hij in Parijs is.

Bovendien strekt de gemeenschapszin zich zelfs uit tot de Middeneuropese landen zonder acht te slaan op grenzen, net als in de tijd van Thomas senior. Wanneer er in dat voorjaar van 1557 een Poolse heer in Parijs overlijdt dan 'begeleiden wij hem naar zijn laatste rustplaats,' noteert Felix, die als altijd gefascineerd is door begrafenissen zodra het gaat om mensen van de andere kant van de Rijn, in de meest brede betekenis van deze geografische aanduiding, die reikt tot aan de Wisla.

Zwitsers krediet: Felix, wiens financiële middelen ontoereikend zijn geworden, moet zich, om er weer bovenop te komen, wenden tot een landgenoot die hij nauwelijks kent. Martin Betschart, die ook in Bazel heeft gewoond en oorspronkelijk uit Luzern (?) komt, heeft nu Parijs als woonplaats. Hij werkt als pandjesbaas en is wellicht een woekeraar; tussen 1557 en 1559 is hij agent of commissionair in Noord-Frankrijk voor een drukkerij in Zürich. Ten tijde van Hendrik II woont hij in een klein straatje met prostituées (*gmeine weiber*), in een blok huizen genaamd Champ-Gaillard, een huizenblok in de vorm van een hoefijzer of een halve maan, halverwege de Saint-Nicholas-du-Chardonnet en de rue Bordelle, tussen de rue d'Arras, rue Saint-Victor en rue Clopin. Champ-Gaillard is in feite een beruchte buurt; het gerechtshof van Parijs[27] had zich er in 1555 al over beklaagd. Betschart zelf is een vreemde man, wiens gezicht vol littekens en de ermee samenhangende pikante anekdotes hem beroemd hebben gemaakt bij de Duitsers op doorreis. Hij heeft een hebbelijkheid: hij strijkt onophoudelijk met een natte vinger over zijn neus in de ijdele hoop de opzichtige littekens die zijn gelaat ontsieren weg te vegen.

In het verleden had hij verschillende beroepen uitgeoefend, waaronder corrector bij een drukkerij en kopiist van muziekpartituren. Vervolgens werd hij bevorderd tot vertegenwoordiger van de Duitse natie in de Franse hoofdstad; van 1529 tot zijn dood in 1569 was hij zaakgelastigde, daarna quaestor en vervolgens nestor van de Duitsers in Parijs. Hij zou beschouwd kunnen worden als een Zwitserse geheim agent. Voor studenten uit de Jura en de Alpen probeert hij steeds een zo laag mogelijke kamerhuur te bedingen. In zijn brieven klaagt hij dat in Parijs (en vooral in Champ-Gaillard) de zeden der jongeren bederven, terwijl de Franse mannen onder de plak van hun echtgenotes zitten. Om Felix weer 'op te kalefateren' leent hij hem twaalf kronen op het krediet van zijn vader. De jongeman verbaast zich over de bende in het huis van Betschart, dat is volgestouwd met allerlei voorwerpen, meubels, juwelen en zelfs voedsel dat schuldenaars bij deze woekeraar als onderpand hebben achtergelaten: het is een bank van lening, een bemiddelende instantie tussen de Rijn en de Seine.[28]

Begin april gaat Felix naar Saint-Denis, een stadje met een grote abdij en tweeduizend inwoners,[29] heel wat minder dan de tienduizend zielen die er in de veertiende eeuw, voor de zwarte dood, woonden. De recente privilegebrieven van Hendrik II (november 1556) gaven Saint-Denis het recht haar middeleeuwse jaarmarkten weer te houden, maar dit compenseert nauwelijks de financiële tegenvallers.[30] De decimering van de bevolking wordt belichaamd in de grote groenstroken (met gewassen, bomen, tuinen of braak liggend) binnen de vestingwallen. De weg tussen Parijs en Saint-Denis was al heel vroeg ontstaan door de omzwervingen van de – dode of levende – heilige Dionysius die zijn afgehouwen hoofd in zijn handen draagt. De weg van de hoofdstad naar het klooster is ook de route die de *hanouars* gewoonlijk nemen; zij zijn zoutkruiers van beroep, maar wanneer een vorst sterft vervoeren zij ook het koninklijke lijk.[31] De laatste keer dat dit gebeurde was in 1547, toen Frans I stierf. Wanneer Felix en Theodor naar Saint-Denis gaan komen ze de stad in via de wedemarkt. Daarna nemen ze de rue Cordonnerie en de rue Boulangerie en komen ze langs het gasthuis. Vandaar bereiken ze de naar de heilige Denis genoemde abdij. Het is al laat en Felix en Theodor nemen hun intrek in de herberg De Moor.

's Avonds hebben ze nog tijd voor een stevig spelletje kaatsen in een speciaal hiervoor bestemde ruimte. De Platters amuseren zich graag met dit tijdverdrijf; Thomas junior heeft het in 1595 in Montpellier over acht kaatsbanen: zeven in de stad en een in een *vorstatt*. De kaatsbanen van Montpellier worden vooral bezocht door gerechtsdienaren en soldaten, vrijgezellen die dol zijn op dansen, paarden en sport. In Parijs telt Thomas maar liefst elfhonderd kaatsbanen (slechts zeshonderd volgens andere bronnen, maar zelfs dit betekent nog steeds één baan per vierhonderd personen of honderd gezinnen). Kaatsbanen zijn zo populair en vooral zo rendabel dat men in de Parijse voorsteden, die half verwoest waren door de belegering van 1590, liever de kaatsbanen herbouwde dan de oude woningen; dat bracht meer op...

Als voorbeeldig toerist die al heel wat heeft geleerd neemt Felix in 1557 uit de eerste hand kennis van de schatten en gewijde kunstwerken die zich op een paar passen van de herberg De Moor in de kerk en het klooster van Saint-Denis bevinden. Felix beschrijft en bewondert ze. Hij onderscheidt drie soorten: religieuze en culturele voorwerpen (relikwieën en oudheden), beeldhouwkunst die te maken heeft met de dood (tombes) en gewoon kostbare voorwerpen, in de zin van rijkdom in dit ondermaanse (*kostliche Sachen*).

Eerst de relikwieën, die dit keer zonder protestantse ironie worden bekeken: de Zwitser noemt een crucifix van goud of zilver voorzien van fragmenten van het echte kruis, geschonken door Jean de Berry; daarnaast nog een bij de kruisiging gebruikte nagel, in een vergulde reliekhouder, geschonken door Constantijn (!) aan Karel de Grote. En nog een geschenk van Constantijn... Het hoofd van de heilige Dionysius, met een mijter met twee slippen en overdekt met edelstenen, dat wordt vastgehouden door twee vergulde engelen, terwijl een derde engel een gelobde reliekschrijn vasthoudt met daarin de onderkaak van de heilige. De relikwiebuste van de heilige Benedictus weegt meer dan zestig kilo. Hierin bevinden zich delen van de schedel en de arm van deze stichter van de orde der benedictijnen: de buste is overdekt met antieke cameeën, waaronder een Victoria, een linkerprofiel van Domitianus en twee galopperende paarden, alle in 1401 aan de abdij geschonken door dezelfde hertog Jean de Berry (een aantal van deze cameeën zullen later, in 1804, tijdens de kroning van Napoleon, verhuizen naar de valse 'kroon van Karel de Grote', bestemd voor de Franse keizer).

Een gouden reliekschrijn met de hand van de apostel Thomas, omgeven door een paar engelen, was eveneens een geschenk van de hertog: de vinger van de apostel Thomas, die hij ooit in de wond in Jezus' rechterzijde had gestoken, 'was met goud overdekt en getooid met een grote ring met edelstenen'.[32] Felix noteerde ook een tand van Johannes de Doper (onze 'wetenschappelijke' bronnen spreken in dit verband slechts van een reliekschrijn van Johannes de Doper met daarin een stuk van diens schouder en een tand van de martelaar Pancratius, evenals twee tanden van een walrus, geschonken door de Schotse koning David). Daarnaast het geld dat Judas had ontvangen voor het verraad van Christus; de lantaarn die diezelfde Judas had vastgehouden toen Jezus gevangengenomen werd. Wat betreft de oudheden, het andere facet van een bepaald 'geheel' uit de renaissance, eerst de christelijke cultuur en de antieke cultuur, deze bestonden (naar Felix beweerde) uit cameeën met afbeeldingen van Cleopatra, Antonius en Nero, wat waarschijnlijk een verzinsel was aangezien de echte cameeën uit de schatten van Saint-Denis de keizers Claudius, Augustus en Caracalla voorstelden. De laatste 'antiquiteit' (?) die Felix noemt is een 'kaak' of slagtand van een olifant: na herlezing van alle inventarislijsten kan het hier alleen gaan om de 'hoorn van Roelant, genaamd Olifant', die in werkelijkheid een Spaans-moorse jachthoorn uit de elfde eeuw was; als het hier tenminste niet gaat om een andere jachthoorn uit de collectie van Saint-Denis, die stamde uit de vijftiende eeuw en was versierd met een aap die uit een miskelk tevoorschijn komt en preekt tot in twee rijen opgestelde vogels.[33]

Vervolgens heeft Felix het over de voorwerpen die met de dood te maken hebben, de dood der Groten, gestalte gegeven in de beroemde graftombes van de basiliek van Saint-Denis, die betrekking hebben op de begrafenis van de vorsten uit de renaissance. Geen monnik verstoort de thanatologische excursie van de jongeman, of vraagt hem op strenge toon, wanneer hij om een grafsteen heen loopt, of hij hugenoot of katholiek is. De twee Duitsers bezoeken eerst de tombe van Karel VIII, met het bronzen mausoleum dat door de weerzinwekkende opgravingen van 1793 een fatale slag zal worden toegebracht. Dan gaan ze naar de laatste rustplaats van Lodewijk XII en Anna van Bretagne. Hier staan de gotische spitsbogen van het baldakijn naast het classicistische *tempietto*[34]; voor de ogen van de Zwitser ontvouwt zich het geijkte thema van de twee lichamen van de koning: zijn aangrijpend realistische naakte lijk en dezelfde persoon als levend monarch, geknield. Op de kist van het Frans-Bretonse paar vindt men, bij de schending[35] van de graftombes aan het eind van de achttiende eeuw, twee kronen van verguld koper: gevolg van de gierigheid van Frans I, die evengoed een kroon van edelmetaal op de baar van de overledenen had kunnen laten plaatsen. Maar de spilzucht van hun opvolger richtte zich vanzelfsprekend meer op het zichtbare dan op de verborgen krochten van een graf. Bij de witmarmeren beelden die het monument van Lodewijk XII omgeven, werpen Platter en zijn kameraad slechts een vluchtige blik op de voorwerpen met een drie- of zelfs vierdubbele functie: spiegel en slang van de behoedzaamheid, zwaard en bol van de gerechtigheid, leeuwehuid van de kracht, uurwerk en teugel van de matigheid. Aan de (graf)triomfboog voor Claude van Frankrijk en Frans I, die gehuld zijn in een stenen lijkwade en als beelden op een stylobaat liggen, wordt in het voorjaar van 1557 nog gewerkt (*doran man noch werckt* – F 281).

Felix noemt bij het grafmonument van Frans ook nog de afbeeldingen van Louise van Savoye, de moeder van de koning, en van Charlotte, Louises kleindochter. De jonge Platter is enthousiast over de vorm en de getrouwe weergave van de knielende en liggende figuren. Deze doden zijn vol leven: de gevoeligheid van de jongeman past uitstekend bij de kunst van de renaissance, waarvan hij de tijdgenoot is. Ook de beelden uit de 'middeleeuwen' raken hem: hij beschrijft het graf van de opperbevelhebber van het leger (uit de veertiende eeuw). Gaat het hier om Louis de Sancerre, met zijn brute gelaatsuitdrukking, of om Bertrand du Guesclin? Necrologie schept verplichtingen: Felix waardeert het feit dat de abdij fungeert als het open geschiedenisboek van Frankrijk, als een kerkhof van helden vol pilaren en standbeelden.

Vroomheid, classicisme en het beeld van het verscheiden maken ten slotte plaats voor een vroege vorm van museumgeschiedenis, die wordt geïllustreerd door *regalia*, voorwerpen die gebruikt werden bij de kroning, gecombineerd met een samenraapsel van oude dingen. Bij de *regalia* ontdekt Felix een scepter of gouden stok met aan het uiteinde een hand[36], gemaakt van de tand van een narwal (het is in feite het symbool van de rechterlijke macht van de koning).[37] Hij ziet ook de drie koningskronen, die vandaag de dag verdwenen zijn: de 'kroon van de koning' uit de gotische tijd, met op de muts 'de grote robijn van Jan de Goede'; de kroon van de koningin, stammend uit 1250-1300, voorzien van gouden plaatjes en verbindingsstukken, cabochons en Franse lelies; en uit dezelfde tijd als de 'koninginnekroon' de heilige kroon voorzien van honderdvijftig grote parels en – opnieuw relikwieën! – een deel van de doornenkroon en enkele haren van de Verlosser. Van deze drie kronen verdwijnt er een in 1590 wanneer vertegenwoordigers van de katholieke liga hem confisqueren en omsmelten; de beide andere is ditzelfde lot beschoren in 1793 en 1794. Nog meer *regalia* in de vorm van de drie zwaarden die de abdij in de zestiende eeuw in zich borg: het zwaard van Karel VII, het zwaard van 'Karel de Grote' (het werd *Joyeuse* genoemd en wordt tegenwoordig in het Louvre bewaard); en vooral het zwaard van Lodewijk de Vrome dat tijdens de Revolutie zou verdwijnen. Van deze drie ziet Felix, of in elk geval noemt hij zonder verder commentaar, slechts het derde zwaard, dat wordt toegeschreven aan Lodewijk de Vrome.[38]

De plaat of het bord (*tafel*) bedekt met edelstenen, waar Platter opgetogen over is, is waarschijnlijk het grote rood-met-witte sluitstuk waarmee de graftombe was afgesloten, dat Karel V de Wijze voor zijn zoon had laten maken en dat getooid was met een heraldische bloem, veertig parels, negen rode robijnen en vier briljanten.[39] Als basiselementen der *regalia* noemt de Zwitser ook de vorstelijke kledij: broeken en schoenen (*Hosen und Schuh*) maken deel uit van de 'grafkostuums'; het zijn kostbare korte broeken, versierd met parels[40], en schoenen met sporen voorzien van draken en leeuwekoppen[41] (een van deze koppen was in 1547, tien jaar voor het bezoek van de Zwitser, opnieuw gemaakt). Ten slotte nog twee belangrijke 'curiositeiten': een eenhoorn van zes voet lang (*ein einhorn 6 schu lang*), die achter het altaar bewaard werd in een bassin met water dat werd gedronken voor therapeutische doeleinden. Het is een van de best bewaard gebleven narwaltanden in Frankrijk. En wat Felix tot besluit de 'beker van Salomo' (*Soll des Künigs Salomons gwesen sein*) noemt, was eenvoudigweg een Sassanidische beker van bergkristal, in goud gevat en daterend uit de zesde of zevende eeuw: het was een geschenk van Karel de Kale ofwel een door Karel de Grote bij een plundering buitgemaakte bokaal; 'deze schitterend bewerkte drinkbeker is van zuiver goud bezet met prachtige smaragden en granaten', zoals de redacteur van de *Grandes Chroniques de France* al in de veertiende eeuw schreef.[42]

De Zwitser bracht slechts dertig uur door in de abdijstad Saint-Denis.[43] Half april was hij weer in Parijs. Nauwelijks terug brengt hij een kort bezoek aan Les Tournelles waar zich met name de koninklijke stallen bevinden. In maart en april waren dus twee loodrecht op elkaar staande toeristische lijnen uitgezet: Louvre-Tournelles, anders gezegd oost-west, als de lijn van de (koninklijke) macht; en Sorbonne, Notre-Dame, Innocents, Saint-Denis: de religieuze lijn die min of meer noord-zuid loopt. En op de kruising was er de Pont au Change waar hij inkopen deed, cadeaus kocht en geld kreeg.

Les Tournelles maakte deel uit van een groot aantal koninklijke verblijven, gelegen langs de oostzijde van Parijs. Een daarvan was het voorname herenhuis Saint-Paul, dat al sinds de regering van Frans I of zelfs eerder niet meer in gebruik was. In dit grote gebouw had Karel V de Wijze, zo zei men, zo democratisch geleefd, zo dicht bij het gewone volk, dat Sébastien Mercier[44] onder Lodewijk XVI dacht dat hij achteraf kon spreken van een 'volksfront' (*sic*) van de middeleeuwse monarchie. Les Tournelles was door de verschuiving naar het westen, die in vele grote steden al eeuwen plaatsvond, langzamerhand uit de gratie geraakt.

Al in 1519 werd het verlaten door Louise van Savoye, die het er vond stinken. De koninklijke familie bleef er 's winters komen, maar in de overige seizoenen ondervond het huis concurrentie van Fontainebleau, Saint-Germain en het Louvre.

Les Tournelles bleef echter een zeer gunstige lokatie voor paardrijden en diende ook voor het oefenen van troepenmanoeuvres: hoewel het park *intra muros* lag, was het bijzonder groot en leende het zich voor militaire oefeningen. Wanneer Felix een bezoek brengt aan het huis, in het voorjaar van 1557, ziet hij op de eerste verdieping twee silhouetten zich scherp aftekenen achter een raam van het grote huis, dat van kroonprins Frans (de toekomstige Frans II) en van hertog Karel II van Lotharingen[45]; deze laatste zou het jaar daarop (1558) trouwen met Claude de France, de tweede dochter van Catharina de Medici. In april 1557 grijpt kroonprins Frans plotseling een hond, die hij uit het raam gooit naar een ruiter, een page die in galop voorbij rijdt; de page vangt het dier handig op (F 283). Vijfenveertig jaar later haalt Felix deze herinnering op bij hertog Karel, wiens lijfarts en vriend hij inmiddels is geworden.

Onze auteur schrijft zijn herinneringen aan Parijs en aan Lotharingen pas op onder Hendrik IV en Lodewijk XIII. Maar in 1557 is de Zwitser nog maar eenentwintig en staat hij voor een heel ander soort beslissing. Natuurlijk verveelt hij zich geen moment in Parijs, maar hij moet weer verder. Zijn geld raakt op en de cadeaus zijn duur. De Zwitser verdoet zijn tijd in het Ile-de-France en Madlen, zijn verloofde, zou wel eens in de armen van een ander terecht kunnen komen. Op weg dus! Natuurlijk houden de *Teutschen* eerst nog een groot vriendenmaal voor een van hen de terugweg aanvaardt. Bij dit banket op 20 april is een grote groep jonge Zwitsers aanwezig. Zij hebben een rondreis gemaakt door het midden en oosten van Frankrijk; ze willen vreemde streken zien en de grote stad bezoeken en nu ze toch in Parijs zijn, waarom zouden ze dan niet ook Felix ontmoeten, die *in absentia*, in zijn geboortestad aan de Rijn een legendarisch persoon is geworden door zijn langdurige en belangrijke verblijf in het buitenland. Bij dit diner is ook soldaat Hans, militair *in partibus*, aanwezig; door een gelukkig toeval zal hij Felix op de terugweg vergezellen. Verder is er het neusje van de zalm van de jonge boekdrukkers en van de uit Bazel afkomstige studenten klassieke talen. Daar is bijvoorbeeld de drieëntwintigjarige Basilius Amerbach die studeerde in Duitsland, Frankrijk en Italië, zoon van een jurist en zelf humanist, die spoedig professor en rector magnificus in Bazel zou worden. Zijn verblijf in Parijs van 1557 tot 1558 is van historisch belang omdat hij hiervandaan een exemplaar (het laatste dat ons nog rest) naar zijn geboortestad zal meenemen van de kaart van Truschet en Hoyau, dat nu de trots is van de universiteitsbibliotheek van Bazel. Basilius Amerbach zou deze kaart aan zijn vriend Theodor Zwinger ter inzage gegeven hebben voor het schrijven van het werk genaamd *Methodus Apodemica*.[46]

Platters tafelgezelschap bestaat naast Amerbach ook nog uit Caspar Herwagen, eveneens een telg uit een beroemde Bazelse drukkersfamilie. De Herwagen in kwestie is echter niet meer dan een bastaardloot, omdat hij de natuurlijke zoon is van een priester afkomstig uit dit drukkersgeslacht. Nadat Caspar met lof zijn studie in Frankrijk en Duitsland heeft afgesloten komt hij achtereenvolgens in dienst bij een katholieke bisschop en een protestantse vorst. Ten slotte is daar ook Aurelius Erasmus Frobenius, wiens naam alleen al een programma op zich is, aangezien hij de zoon is van een drukker (de uitgever van Erasmus), de broer van een drukker en zelf ook drukker is... en binnenkort ook vader van een hele kinderschaar onder wie een drukker. Naast hem zit Eusebius Bischoff, zoon van een drukker en zelf ook weer drukker, die op zijn veertigste door de keizer in de adelstand verheven zal worden. Daarnaast zit de twaalfjarige Bernhard Burckhardt, afkomstig uit een familie van lakenhandelaren en vroede vaderen, die op zijn beurt ook spoedig zijde- en lakenhandelaar zou worden; men kan zich afvragen waarom zijn ouders Bernhard al zo jong naar Parijs hebben laten gaan, maar de jongen werd op reis vergezeld door een groep potige vrienden. Ten slotte noemen we nog Hans Jacob Ruedin, zoon van een ijzerhandelaar: hij zal over een paar dagen de vervelende reisgenoot zijn van Felix van Parijs tot Bazel. Bij dit feestmaal van humanisten zit ook een hele reeks min of meer rijke jongelingen aan, veelbelovende vrienden en collega's die hun land verlaten hebben om te reizen. Het is het slotakkoord van het wekenlange verblijf van de jonge Platter in Parijs; het was een van de hoogtepunten in zijn leven. Na veel gedraal (Ruedin heeft bij een balspel een oogwond opgelopen) gaan op 22 april drie personen op weg naar Étampes en vandaar rechtstreeks naar Orléans, Bourges en Bazel: het zijn natuurlijk Felix, geflankeerd door de tot de tanden bewapende huurling Hans en de jongeheer Ruedin met een verband over zijn linkeroog. Het doet denken aan een gravure van landsknechten uit de renaissance. Bijna een Dürer...

De terugweg vanuit Parijs gaat via Étampes (24 april) en in de twee daarop volgende dagen naar Orléans... Op de avond van 26 april overnacht Felix in Pierrefitte, op de weg van Orléans naar Bourges. De ochtend van de 27ste reist hij door tot het dertig kilometer van Bourges gelegen Neuvy. Hier heerst de pest; na een rap middagmaal snellen de Zwitser en zijn kameraden naar Bourges, waar ze 's avonds aankomen. Onderweg zijn ze langs weiden met houtwallen, heidevelden en wijngaarden gereden, voor ze het Champagne van het graan (met hier en daar een wijngaard) ten noorden van de hoofdstad van de Berry bereiken. De reeds enkele eeuwen aan de gang zijnde vernieuwing van het platteland valt de reiziger op. Bij gebrek aan andere criteria test hij deze aan de hand van het aantal nieuwe landhuizen: van de (onvolledige) lijst van honderddrieëntwintig kasteeltjes in de Berry[47] 'telt men er tweeënzeventig die tussen 1430 en 1550 zijn uitgebreid of hersteld; tweeënzestig daarvan zijn zelfs volledig herbouwd'. Kortom, in 1557 is een op elke twee landhuizen van recente datum. De Italiaanse voorgevels van deze huizen met hun met medaillons overladen loggia's completeren de fraaie torens 'met hun vensters versierd met onregelmatige frontons'.[48]

Felix weet het een en ander over de stad Bourges. Via zijn Duitse contacten had hij het jaar daarvoor gehoord over de ramp die zich hier begin juli had voltrokken: de vijftienjarige hertog van Beieren, die in Bourges studeerde, was tijdens een boottochtje vlak bij de stad verdronken in de rivier de Auron. De lokale bevolking was ondersteboven geweest van dit ongeluk en dat gold ook voor de Duitse studenten die ingeschreven stonden bij de universiteiten van het koninkrijk der Valois, zowel in het noorden als het zuiden.

In zekere zin is deze verdrinkingsdood veelbetekenend: in de omgeving van Bourges is behalve bouwland veel moerasland met talloze riviertjes, en in de grachten rond de stadswallen staat hierdoor vrijwel altijd water, zelfs in perioden van droogte. Dit geheel vormt een goede verdediging. Op de omliggende heidevelden en braakakkers grazen veel schapen, zodat er zowel in als buiten de stad molens en werkplaatsen zijn waar een zeer goede kwaliteit laken wordt gemaakt. Bij processies wordt rekening gehouden met het belang van de textielbranche voor de streek. In januari 1544, bij de geboorte van de toekomstige Frans II, gingen de vreugdevuren in Bourges vergezeld van een defilé waarin (achtereenvolgens) de studenten, de gerechtsdienaren, de wijnboeren en, vlak achter hen, de kaarders, volders en wevers liepen. Wat de handel betreft noteert Felix in zijn memoires het vijftal jaarmarkten van Bourges, op het gevaar af het belang ervan te overschatten: in werkelijkheid hadden deze markten al lang niet meer de luister die de door Anna van Beaujeu bijeengeroepen staten-generaal van het koninkrijk ze in 1484 toeschreven.

Een grote brand in 1487, die de helft van de stad verwoestte, had *post factum* in ernstige mate afbreuk gedaan aan de levenskansen van deze markten. Wanneer Thomas Platter junior in 1599 in Bourges is, telt hij langs de stadsmuren tachtig vestingtorens (op de plattegrond van 1567 stonden er slechts zo'n vijftig![49]). Tweeënveertig jaar daarvoor, in 1557, nadert Felix de stad vanuit het noorden. Eerst steekt hij de onvermijdelijke waterlopen met hun laken- en korenmolens over. Zodra de jongeman *intra muros* is ziet hij rechts het nieuwe gasthuis, gebouwd rond 1520: het gebouw getuigt van een rijke bouwperiode en van bevolkingsgroei, en ook van de ondernemingsgeest van de stad, die 'goede stad' is geworden sinds zij in 1492 een ondernemend gemeentebestuur kreeg. De bevolkingsgroei gaat gepaard met een grotere armoede, die sinds het derde decennium van die eeuw voortdurend toeneemt. Midden in de stad slaat de student linksaf de rue du Bourbonnou in, niet ver van de poort met diezelfde naam, met zijn twee spitse torens. De rue du Bourbonnou loopt langs een wijk met monumentale panden en Felix neemt zijn intrek in herberg De Gekroonde Os waar hij enkele dagen blijft.

Als eerste heeft hij een ontmoeting met Duitse studenten. De bloem van de universiteit van de Berry! Lodewijk XI had deze onderwijsinstelling in 1463 gesticht; het was een van de vele succesvolle ondernemingen van deze koning. In 1517 kwam er, naast andere disciplines, een rechtenfaculteit aan de universiteit van Bourges, dankzij een kosmopolitische werving die door de stad werd gefinancierd. Men haalde een aantal beroemdheden naar de oevers van de Auron, onder wie de Portugees Ferrandina, de Duitser Wolmar, de Fransman Jacques Amyot en vooral de beroemde Italiaanse rechtsgeleerde Alciatus, die de theorie van de vorstelijke soevereiniteit had ontwikkeld. Na een periode van zwak beleid rond 1530 was er een wederopbloei vanaf het begin van de regering van Hendrik II: er kwam een eind aan de stem van de studenten in de benoeming van een rector magnificus; er werden goede docenten aangesteld, zoals de Breton Le Duaren, Cujas uit Toulouse en de 'Duitse Parijzenaar' Hotman. Deze hoogleraren, die twee generaties omvatten, vormden geniale leerlingen als Calvijn en Beza. Er werden her en der enkele protestantse zondebokken verbrand, maar de grote denkers van de ketterij bleven rustig in hun leerstoel of in hun herenhuis zitten. Net als die van Montpellier ging de universiteit van Bourges rond 1550, zelfs nog voor de dood van Hendrik II, vrijwel in haar geheel over tot het protestantisme. Beter nog, zusters van koningen beschermen de plaatselijke intellectuelen; zij zorgen ervoor dat de universiteit zich kan ontwikkelen en weinig te duchten heeft van de pesterijen van de inquisitie.

Het zijn de prinsessen Margaretha van Navarra, de zuster van Frans I, en Margaretha van Valois, de zuster van Hendrik II; deze laatste vestigt zich halverwege de zestiende eeuw in haar hertogdom Berry. Het is begrijpelijk dat de Duitse studenten zich in een dergelijk plezierig klimaat 'comfortabel' voelden in Bourges: de meesten waren luthers en gingen graag om met hun Franssprekende geloofsgenoten.

Dit weerhield de Duitsers er echter niet van deel te nemen aan katholieke ceremonieën, zoals bijvoorbeeld in 1556 na de verdrinkingsdood van de jonge hertog van Beieren. Dit is een van de weinige gelegenheden dat we van Felix Platter een duidelijk overzicht krijgen van de 'natie' der Duitse studenten. Voor het lichaam van de prins uit, dat met veel pracht en praal naar de kerk der jacobijnen in het centrum van de stad werd gebracht, ten westen van de naast de vestingmuur gelegen kathedraal, liepen zo'n honderd tot honderdtwintig Duitsers, elk met een fakkel die versierd was met de wapens van het slachtoffer. Achter deze grote groep liep nog een Duitser met een lange lans met daaraan een vaandel van zwart taffetas, bedrukt met de deviezen en overige eretitels uit de stamboom van de Beierse prins. Zijn met zwart laken getooide paard werd door twee jonge Duitsers aan de teugel geleid; zij vervoerde het jeugdige hart van de gestorven hertog, dat werd begeleid door twee Duitse edelen, aan elke kant een. Daarna volgde het lijk dat rustte op de schouders van acht of tien in het zwart geklede Duitsers. Achteraan de stoet kwam een groot aantal Fransen uit het gemeentebestuur en van de universiteit. Uit de grootte van de stoet blijkt hoeveel Duitsers er in Bourges waren[50] in de tijd van Hendrik II en van de jonge Platter; deze bevolkingsgroep uit het oosten was zelfs onderverdeeld in leeftijdsgroepen en in rangen en standen...

Felix ontmoet deze studenten in Bourges driehonderd dagen na deze gebeurtenis, op 27 april 1557. De volgende dag bezoekt de Zwitser onmiddellijk een aantal kerken en kapellen. Het zijn slechts een paar stappen van het zogenaamde 'gebouw der hogeschool' naar de aangrenzende Sint-Stefanuskathedraal. Wanneer de jonge Thomas (veertig jaar later) in de voetsporen treedt van zijn oudere broer geeft hij ons een idee van het toeristische uitstapje dat Felix ter plekke maakte. In de Sint-Stefanus – 'de grootste Franse kerk', schrijft onze auteur (die overdrijft) – wordt in 1557 nog steeds volop de architectuur van de renaissance toegepast, gebaseerd op de gotische bouwkunst van de dertiende eeuw. De student uit Montpellier kijkt met genoegen naar de met lood bedekte torenspits, met daar bovenop een bronzen kruis van twaalf voet hoog, die men bezig is op te richten boven de hanebalken van de middenbeuk.[51] Platter komt tot de kern van de zaak wanneer hij de kathedraal betreedt door het nieuwe portaal gewijd aan de heilige bisschop Guillaume, vol hagiografische, in steen uitgehouwen afbeeldingen; een portaal dat de stevige fundamenten doorbreekt van de zware Tour de Beurre, die ook van na 1506 dateert en op de verschillende verdiepingen is gelardeerd met balustraden en boogvullingen. De beide broers waarderen de ramen van het grote gebouw, heldere ramen die toch het felle zonlicht tegenhouden, zoals Thomas junior zal zeggen, waaronder het kleurige, in 1557 nog prachtig heldere glas-in-loodraam van het kleine heiligdom der Telliers, dat dan een kwart eeuw oud is, en waarvan de gebrandschilderde figuren het veelbewogen leven illustreren van deze familie: tijdens de renaissance schonk de familie Tellier Bourges zes kannuniken.

In de vlakbij de kathedraal gelegen Sainte-Chapelle vinden zowel Felix als Thomas het vorstelijke spoor van de onvermijdelijke hertog Jean de Berry, die ver na zijn dood een trouwe metgezel is tijdens hun omzwervingen, zowel in Tours als in Étampes, zowel in Saint-Denis als in Bourges. In de in 1405 ingewijde schatkamer van de Sainte-Chapelle, die een imitatie is van die in Parijs, ziet Thomas junior het onschatbare grote kruis, afgezet met robijnen, turkooizen, smaragden en parels zo groot als hazelnoten, en overdekt met cameeën waaronder het wazige aristocratische profiel van een edelman, gekroond met eikebladeren: het was gemaakt voor hertog Jean de Berry.[52] Uit het wanordelijke geheel noemt Thomas II onder meer kazuifels geborduurd met voorstellingen, een gouden kroon van mecenas Jean en een drinkbeker gemaakt van een enorme smaragd... We krijgen ook een kijkje in de museumgeschiedenis: de voorwerpen worden bewaard in gesloten kisten in de onderaardse gewelven en deze worden slechts geopend voor bezoekers wanneer ze waardig worden bevonden de inhoud te aanschouwen. De Platters dalen als het ware af in de kerkgeschiedenis van Bourges: de architectuur van de renaissance (de Tour de Beurre); de kerkschat uit de vijftiende eeuw; en ten slotte een duik in de twaalfde eeuw toen de crypte van Sint Stefanus werd gebouwd: de jongste Platter laat deze ondergrondse kerk tot haar recht komen; het is een luchtige ruimte waarvan de kapitelen, net als bij de Notre-Dame van Parijs, zijn versierd met bladeren van varens, waterlelies en bereklauw.

Eerst studenten, dan priesters en ten slotte soldaten... Wanneer Felix de kathedraal verlaat loopt hij zuidwaarts. Hij laat het gerechtsgebouw en het aartsbisschoppelijk paleis links liggen, een langgerekt gebouw met hoge puntgevels en kruisramen; wanneer hij de kerk van Notre-

Dame-de-Sales gepasseerd is, komt hij bij de Grosse Tour van de vestingwal, zetel van het militaire apparaat. De Tour is versierd met rustiek werk, dat hoogdravend diamantkopversiering wordt genoemd (*wie die spitzen diamant* – T2 519). Hij was gebouwd in 1188 op initiatief van Filips Augustus: de ronde vormen van de Grosse Tour van Bourges zijn nog steeds indrukwekkend en vreesaanjagend, met onderaan een muurdikte van zes meter (*Die wändt seyen 18 Schu dick*, zoals Thomas junior nauwkeurig noteert). Sinds de dertiende eeuw bewaarde men in dit fort grote hoeveelheden wapens en munitie, met name pijlen voor kruisbogen.[53] Het was een arsenaal dat de eeuwen moest kunnen doorstaan: achter een van de deuren van het bouwwerk ontdekt Felix een oude kruisboog, zo lang en breed als een man (*ein mans lang und gross*). Lodewijk XI, die belang stelde in de Tour, had een ijzeren kooi laten maken in de wapenzaal 'boven de eerste balklaag'.[54] Deze was twaalf vierkante voet groot en had dus zijden van iets meer dan een meter, zodat ze niet veel plaats bood. De kooi was gemaakt van hout met ijzerbeslag. Felix noteert met genoegen het bestaan van deze kooi en beweert dat een koning (?) er langdurig in opgesloten had gezeten. Zoals gewoonlijk slaat Felix enigszins een slag naar de feiten uit de Franse geschiedenis, zelfs de recente. Vergelijk wat dit betreft de volkomen foute inschattingen van de jongeman met betrekking tot Jeanne d'Arc.[55] Zijn broer Thomas springt nauwkeuriger met zijn bronnen om en hij bevestigt dat de ongelukkige die er zat opgesloten een zekere *Sforcia* was, in feite kardinaal Ascanio Sforza, de broer van de Milanese hertog Lodewijk de Moor, die de gevangene van Lodewijk XII was in de Saint-Encizegevangenis in Lyon en daarna in de Grosse Tour van Bourges.[56]

Thomas II en vooral Felix willen graag meer weten over de economische activiteiten in Bourges, maar houden het bij soms oppervlakkige algemeenheden. Er is echter een uitzondering: tijdens zijn kortstondig verblijf in Bourges is Thomas getroffen door het feit dat de klokkegieters midden op straat werken. Een geavanceerde techniek!

Deze techniek handhaaft zich eeuwenlang, zonder veel wijzigingen, tot in onze tijd. In 1599 is men druk doende klokken te gieten om de carillons te vervangen die de hugenoten vanaf 1562 naar beneden hebben gehaald en kapotgeslagen of omgesmolten. Thomas noteert dat vele toeschouwers valse of niet meer in omloop zijnde munten in de smelt werpen waarvan de klokken worden gegoten. Een weinig scrupuleuze manier om 'financieel' bij te dragen aan het gemeenschappelijke project. Ondanks deze onkiesheid generen de geestelijken zich niet een paar dagen later de zo ontstane klok te dopen (*taufen*). Deze doop is een ceremoniële plechtigheid, voegt Thomas eraan toe, die graag mag spotten met priesters. Afgezien van deze grap herhaalt Thomas junior hiermee een aantekening van zijn broer; hij had niet voor niets in zijn jeugd nauwkeurig de eerste versie gelezen van het dagboek van Felix. Deze was in 1557 inderdaad getroffen door de grote klokken (*gröste glocken*) in de torens van de kathedraal.

De Platteriaanse of beter gezegd 'bi-Platteriaanse' visie op Bourges is in feite eclectisch, en zelfs 'impressionistisch' in de letterlijke betekenis van het woord, omdat zij meestal niet erg diepgaand of volledig is. Toch ontgaat Felix een belangrijk detail: de moeilijke economische situatie van de 'lagere standen' in de stad in 1557. Hij vermeldt het eenvoudigweg niet! Uit het interessante dagboek van de lokale pastoor Glaumeau – een merkwaardige man die in concubinaat leefde en logischerwijs protestant werd – weten we dat de aanvoer van tarwe in Bourges en omgeving slecht was in 1557 ten gevolge van de droogte van 1556: 'In genoemd jaar, gedurende acht of tien maanden, was het graan bijzonder duur, zozeer dat een schepel tarwe werd verkocht voor zeven of acht stuiver. En haver voor vijf stuiver. De arme lieden hadden het zo moeilijk dat, volgens oude mensen, er sinds mensenheugenis nog nooit een dergelijk slecht jaar was geweest, ook al had men vaker meegemaakt dat het graan duur was; maar [vroeger] leden de mensen minder, want alle overige goederen waren goedkoop; maar in het onderhavige jaar was alles duur, en daarom, toen de maanden augustus, september en oktober aanbraken, kwamen er ontelbare ziekten over het arme volk zoals pestkoortsen en andere ongeneeslijke ziekten, waaraan verscheidenen stierven.'[57]

Maar laten we niet blijven stilstaan bij deze intelligente analyse van een geestelijke waaruit duidelijk blijkt hoe de gevaarlijke, jaarlijks terugkerende hoogste prijs (van tarwe) samenvalt met de algehele inflatie in de zestiende eeuw en de daarmee samenhangende verarming, waaronder het 'gewone volk' lijdt… en we kunnen vaststellen dat de weliswaar bescheiden financiële middelen van de reizende Felix blijkbaar zodanig waren dat hij de rampspoed die bepaalde streekbewoners overkwam het hoofd kon bieden en zelfs kon negeren, ook al moet hij deze onderweg wel degelijk zijn tegengekomen. In zijn jeugd had de vader van Felix dit soort ellende ook meegemaakt, maar de zoon van de oude Thomas maakt al deel uit van een bevoorrechte klasse. Bovendien maakt hij niet meer dan een vluchtige toespeling op de pest die heerst in het dorpje Neuvy, vlak voor hij in Bourges aankomt. Het is een impliciete verwijzing naar de pestepidemieën die het gevolg zijn van de mislukte graanoogst, waarover pastoor Glaumeau zich enige tijd later hevig ongerust zal maken. Maar laten we Felix niet beschuldigen. Wanneer hij enkele jaren later in Bazel stadsgeneesheer is geworden, zal hij zijn uiterste best doen de helpende hand te bieden tijdens de epidemieën die zijn stadsgenoten treffen. Dan maakt de ijver van de arts veel goed van de onachtzaamheid van de toerist.

Felix verlaat Bourges op 29 april: men is juist begonnen aan de bouw van de eerste overdekte kaatsbaan van deze stad[58], en dat is een belangrijke gebeurtenis. De Zwitser neemt niet de normale weg naar het oosten, naar Bourgondië, ofwel de route via Nevers, een weg die meer naar het midden van Frankrijk en het Centraal Massief gaat en een broeinest van struikrovers is. De weg is bovendien onveilig omdat hij dwars door het gevaarlijke bos van Frétoy voert. In 1557 is het gevaar van een aanval bepaald niet denkbeeldig, wellicht vanwege de voedselschaarste door de droogte en de mislukte oogsten; ze hebben menige schurk het woud ingedreven waar reizigers een aangewezen buit vormen. Onze jongeman besluit in plaats daarvan recht naar het noordoosten te gaan via de 'grote oude weg' of 'steenweg' via Sancerre, Clamecy en Vézelay naar Dijon. De eerste etappe, in de middag van 29 april, voert de ruiter naar Sancerre. Het is een oude stad die in de tiende en elfde eeuw 'uit de grond schoot' en die nu ovaalvormig is en drieduizend inwoners telt; zij ligt op een kwart mijl van Saint-Thibaut, een haventje aan de Loire, met zo'n vijftig inwoners. De stad telt ongeveer vijfhonderd huizen waarvan vele tijdens de renaissance zijn gebouwd of herbouwd, en die als een amfitheater tegen de heuvel van Sancerre genesteld liggen. Het geheel wordt bekroond door een parallellepipedumvormige citadel van honderd meter lengte. Dit op een rotspunt gebouwde kasteel heeft een ijzeren poortdeur die rechtstreeks uitkomt op het omringende land, dat in feite een groot konijnenbos is – men vermaakt zich door ze vanaf de kantelen te beschieten. De stad is omgeven door een muur met vier poorten en op regelmatige afstand van elkaar negen torens. Felix nadert de stad langs een op een lichte helling gelegen wijngaard, die bewerkt wordt met ezels en waar het wemelt van de egels. De druivesoort die dan in de mode is heet chardonnay voor de witte en pinot noir voor de rode wijn. Beide worden geëxporteerd naar Parijs, Vlaanderen en Normandië en zijn bestemd voor de tafels van edelen en rijke burgers.[59] Felix gaat de stad binnen door de Porte de Bourges, ook wel Porte Vielle of Portevieil genoemd, waaronder het afvalwater van de inwoners wegstroomt. Hij verlaat de stad in het oosten via de Porte Oyson, een verbastering van het woord 'portillon' of 'porteson' (deurtje)... als onze auteur tenminste niet het scholierenpad genomen heeft dat onderlangs de stadsmuren loopt 'van Portevieil naar Portoyson'. In 'gewone' tijden heeft de stadsmuur geen nut voor Sancerre, en toch omgeeft hij de stad van onder tot boven, vanaf het kasteel tot aan de ellipsvormige ommuring van de weg rond de stad. Deze ommuring is evenwel ook functioneel in vredestijd, onder Hendrik II, omdat hij zorgt dat er geen wolven in bebouwd gebied kunnen doordringen. Zonder adequate omheining zouden ze 's nachts tot in de stad komen, aangelokt door de grote hoeveelheden vlees bij de slagers van de stad.

De functie van de muur verandert in dit opzicht vanaf 1561 wanneer de stad, waar al lange tijd zich net bekeerde hugenoten wonen en later ook vele protestantse vluchtelingen, een van de bolwerken van de reformatie wordt. Vanaf dat moment is Sancerre 'voorbestemd' voor het afschuwelijke beleg van 1573 door de katholieke royalisten, indertijd even berucht als later het beleg van La Rochelle. Wanneer Felix oud geworden is, brengt hij zijn ervaringen in Sancerre als jongeman in 1557 in verband met de berichten die hij jaren later in kranten leest en van anderen verneemt; in zijn memoires noemt hij de ernstige hongersnood (*hungersnöthe*) waaronder Sancerre zucht door de belegerende katholieken in het rampjaar 1573.[60]

Op 29 april steekt Felix opnieuw de Loire over en nadert hij vanuit het zuiden de stad Cosne. Het is een kleine, vierkante agglomeratie met vijfentwintighonderd tot drieduizend inwoners, geflankeerd door een kasteel dat is omgeven door een vestingmuur met vier of vijf torens. Omdat hij vanuit het zuiden komt gaat de student de stad binnen via de weg, de brug en de poort die alle de naam Saint-Aignan dragen. Boven de poort verrijst een spitse toren met wellicht een kruis. Felix doorkruist de stad van zuid naar oost; hiervoor neemt hij de rue d'En-bas, de rue Jean-d'Or, de rue des Chapelains en ten slotte de rue Bourgeoise. Aan zijn rechterhand ziet hij de grote Sint-Jacobskerk met zijn uitgebouwde façade. Links dwaalt zijn blik over een wijk waar in de kerkelijke en ambtelijke gebouwen verse sporen zijn te zien van de nieuwe renaissancebouw. Deze zijn vooral goed zichtbaar in de kapel Notre-Dame-de-Galles, waarvan de vrijwel nieuwe glas-in-loodramen de wapens dragen van de bisschop van Auxerre, met een groot aantal draken en zilverkleurige banieren.

Zo was ook de naast de kapel gelegen en onder Lodewijk XI opgeknapte 'zoutzolder' gerenoveerd. De ramen van het Mariaheiligdom en de vlak ernaast gelegen zoutopslag communiceren met elkaar zoals de kanunniken van Notre-Dame-de-Galles, met hun in drieën gedeeld blazoen van zilver, groen en zwart, dat doen met hun buren van de zoutbelasting, de commiezen wier wapens drie baren hebben van zilver, rood en goud. Slechts een nuanceverschil... Cosne heeft lucratieve inkomsten uit de tolheffing op de Loire en uit de zoutbelasting. De stad kan prat gaan op haar sociale instellingen: er is al een begin gemaakt met de klassieke overgang van het middeleeuwse leprozenhuis naar het moderne gasthuis. In de tijd van het bezoek van Felix ontbrak het evenmin aan religieuze onrust. Het bijna publieke huwelijk van een priester veroorzaakte aan het eind van de regering van Frans I een schandaal in Cosne; het gevolg was dat er in 1551 een brandstapel werd opgericht waarop de ongelukkige gehuwde priester in het openbaar tot as verwerd, nadat hij eerst was gewurgd in overeenstemming met de toenmaals geldende regels der menselijkheid. Bovendien had in 1556, vier seizoenen voor onze jonge Zwitser arriveerde, de bereden politie, toch al niet bepaald geschikt om leerstellige knopen door te hakken, zich naar Cosne moeten begeven om er 'de slechte mensen uit te roeien', kortom om streng op te treden tegen ketters; zonder veel succes. Felix logeert in Cosne in een herberg waarvan hij ons de naam niet noemt. Bij het krieken van de dag verlaat hij met zijn metgezellen de stad[61] via de Porte d'Auxerre in de richting van Clamecy.

Ze komen langs Donzy, waar de lokale baronie, die viel onder Frans van Kleef, de eerste hertog van Nevers, halverwege die eeuw werd veranderd in een hertogdom met pairschap.[62] Ze begeven zich naar Clamecy, een stad van vijfentwintighonderd inwoners gelegen aan de Yonne. Er is een bloeiende school gevestigd waarvan alle leraren en leerlingen een kwart eeuw later zullen worden weggevaagd door de pest van 1582.[63] Sinds het midden van de zestiende eeuw wordt er op verschillende manieren hout gevlot naar Parijs, de zeer grote stad die koortsachtig groeit en altijd hongerig is naar haardhout uit de Morvan of elders.[64]

Nadat Felix en zijn kameraden op 1 mei Clamecy hebben verlaten passeren ze het vroegere klooster van Vézelay dat op een heuvel ligt (*uf dem berg* – F 288). Deze vroegere benedictijnenabdij met haar met een enorm Christusbeeld getooide timpaan, haar hoge Romaanse hoofdbeuk en de met lindebomen beplante terrasvormige tuin is in 1557 nog slechts een zwakke afspiegeling van wat zij ooit was, ondanks of dankzij haar uitgestrekte landerijen en de toevloed van pelgrims. De vroegere monniken hebben, met steun van Frans I, van paus Paulus III verlof tot secularisatie gekregen, wat betekent dat ze zijn veranderd in een college dat nu nog slechts een tiental strikt seculiere kanunniken telt (het malthusianisme eist haar tol...), met een commende genietende abt die door de koning is benoemd.

In deze plaats 'rondom de abdij' leiden alle overige wegen naar het protestantisme, ook al is het hier van voorbijgaande aard. In 1555 ontstond er in de stad een kleine gemeenschap van hugenoten. Maar een 'ongeluk' komt nooit alleen: kardinaal Odet uit Châtillon, de broer van Coligny, werd in 1560 abt van Vézelay. Hij ging al spoedig over tot het protestantisme waardoor hij, tussen twee haakjes, kon trouwen met Isabelle de Hauteville, die half zo oud is als hij. Felix rijdt via een 'weg onder de muren' aan de zuidkant snel langs de voet van de abdij; hij steekt de Yonne over en neemt de weg naar Dijon. In zijn in 1612 geredigeerde herinneringen, aan de hand van haastige notities in een zakboekje, noemt hij Vézelay slechts terloops. Hij spelt de naam als Verdelet, een vergissing die te wijten is aan de associatie met het woord 'verdet', het kopergroen dat onze kroniekschrijver heeft zien verwerken in duizenden plaquettes door vrouwen uit het volk of de burgerij in de Languedoc.[65]

De etappe van 2 mei voert van Précy-sous-Thil naar Fleurey-sur-Ouche. Er is sprake van een gevaarlijk incident (*ein grosse gfor*). In dit drassige gebied waagt de Zwitser zich op een nauw pad (F 288) over een dijk tussen twee vennen. Het pad wordt uiteindelijk zo smal dat het paard niet meer verder kan en ook niet kan keren, en de ruiter niet kan afstijgen. Felix riskeert dus in het water te vallen met paard en al zijn spullen. Het lukt hem echter zonder af te stijgen achteruit te gaan, waarna hij een omweg neemt.

Op maandag 3 mei arriveert de jonge Platter bij Dijon, een stad gelegen op mergel en puddingsteen uit het Oligoceen en meer recente aanslibbingsgronden, aan het uiteinde van de hellingen met wijngaarden, waar men, zoals de zonen van Thomas bevestigen, nog regelmatig Gallo-Romeinse munten opgraaft (T2 906). Het stadsgezicht vormt een ware *skyline* van hoge, gekartelde, voornamelijk kerkelijke gebouwen, te midden van de vijftien of twintig grote kerken en kapellen die de stad telt. Deze 'vier of vijf' zeer grote gebouwen zijn de Sint-Philibert, de Sint-Jan en de Notre-Dame met haar kerktoren voorzien van een lichtkoepel met nachtwakers; daarnaast de Sint-Benignus waar de koningen van Frankrijk tijdens hun rondreis zweren dat zij de privileges en vrijheden (*privilegien und freyheiten*) van de inwoners van Dijon zullen respecteren; en ten slotte de opmerkelijke Tour de Philippe. De tijd van de hertogen van Bourgondië, toen Brussel en Mechelen de hoofdsteden van deze vorsten waren en Dijon hun officiële necropool, is nog niet zo lang voorbij. Het inwonertal van Dijon, protestantse handwerkslieden en katholieke wijnbouwers, bedraagt ten tijde van Hendrik II ongeveer vijftienduizend zielen; misschien zelfs wel twintigduizend opeengepakte mensen, sinds in 1513 de Zwitserse infanterie, ook nog voorzien van kanonnen, een schijnbelegering uitvoerde na een korte veldtocht. Met het oog op een dergelijke aanval hadden de autoriteiten een aantal buitenwijken met de grond gelijk gemaakt om kale hellingen te creëren. Net als in Genève moesten de bewoners van de buitenwijken opnieuw gehuisvest worden, wat *intra muros* een probleem opleverde... en er toe leidde dat er nieuwe woningen werden gebouwd.

Er heerste ook een zekere armoede in de ogenschijnlijk welvarende gemeenschap: meer dan duizend mensen, ruim een tiende van het inwonertal, werd officieel beschouwd als levend onder het bestaansminimum. Deze mensen werden toevertrouwd aan de armenzorg die, net als in Lyon, was opgericht ten tijde van de tarwecrisis van 1529; deze instelling werkte samen met het gerechtshof, de gemeenteambtenaren en de belangrijkste burggraaf om de opbrengsten van collectes en aalmoezen te verdelen.

Het onverwachte Zwitserse gevaar van 1513 had de ingeschapen, van oudsher bestaande neiging van Dijon zich te verschansen achter dikke muren alleen nog maar versterkt. Dit werd mede veroorzaakt doordat de hoofdstad van Bourgondië volgens het verdrag van Senlis (1493) een grensstad was onder handbereik van de keizerlijke voorposten, die voorheen Spaans waren. De muren van de stad waren dus getooid met een tiental grote nieuwe torens, heel wat vreesaanjagender dan de ontelbare torentjes die de middeleeuwen op de ommuring van menige andere stad hadden achtergelaten; zij boden Felix vrijwel dezelfde aanblik als enige tijd later de gravure in vogelvlucht van Dijon die Édouard Bredin in 1574 maakte als illustratie voor de *Cosmographie universelle* van Belleforest.

De dikke muren worden aangevuld met een flinke militaire macht in de stad: de vijf min of meer spitse torens van het kasteel van de monarch, aan de rand van de vestingmuren, vlak bij de plek waar Felix (onopvallend) Dijon is binnengegaan, worden slechts bewaakt door acht tot tien 'koninklijke' soldaten, maar het stadsbestuur beschikt indien nodig over acht- tot tienduizend gewapende mannen, inclusief een aantal hulptroepen van het platteland. Toch is de vrees gerechtvaardigd dat dit gemeentelijke militaire vertoon, dat enigszins verweven is met de Bourgondische cultuur, de macht van de Franse koning ondergraaft.

Maar de inwoners van Dijon zijn Karel de Stoute al bijna vergeten, driekwart eeuw na de dood van deze beroemde hertog. De loyaliteit aan het koninkrijk wint het van het terugverlangen naar een zelfstandig Bourgondië.

De typische archomanie[66] van Dijon, die manie voor de rechterlijke macht, wordt dan ook van decennium tot decennium groter en fraaier, in de loop van de halve eeuw die voorafgaat aan het bezoek van de Zwitser. In 1511 installeert het provinciale gerechtshof zich in een eigen paleis. In 1533 worden de Staten van Bourgondië gevormd als ware het het grote rad op de kermis: in het midden de financiële instellingen en de rekenkamers; op de omtrek achtereenvolgens de gemeentebesturen, de adel en de geestelijkheid. In 1533 schijnt het complexe kiesstelsel van de gemeente Dijon voltooid: het is een soort leeuwerikenpastei met het werkelijk kiesrecht als leeuwerik en de wederzijdse coöptatie als het paardevlees. Tussen 1536 en 1538 zorgen de tijdelijke veroveringen van Frans I in Savoye ervoor dat het (beperkte) rechtsgebied van het gerechtshof van Dijon wordt uitgebreid tot aan Bresse en Le Bugey. In 1537 wordt dit gerechtshof, dat voortdurend streeft naar meer gerechtsdienaren, uitgebreid met een extra raadskamer, de strafkamer ofwel de Tournelle. Vanaf 1542 wordt Bourgondië, met Dijon aan het hoofd, opgenomen in het districtenstelsel, de verre voorouder van de provincies, dat in het hele koninkrijk tegelijk wordt ingevoerd. In 1533 kopen burgemeester en wethouders van de stad de lokale koninklijke marechaussee terug van een behoeftige, door de oorlogen in de schulden geraakte monarchie.

Deze chronologische details gaan Felix eerlijk gezegd slechts zijdelings aan, alleen in zoverre zij de stad in die tijd al een maniakaal juridisch aanzicht geven. Dit blijft zo gedurende het hele ancien régime en gaat zelfs zo ver dat de boeren van de streek worden geregeerd door een kliek stedelijke magistraten van het gerechtshof, die gezamenlijk het platteland in handen hebben en dit als verlichte heersers bestieren.[67] Felix had zijn eigen besognes, eveneens van chronologische aard. Vanaf de vroege ochtend van 3 mei had hij zich in de geschiedenis gestort, gecentreerd rond de drie voorafgaande eeuwen. Nog voor hij Dijon binnenging had hij onderweg een bezoek gebracht aan het ten westen van de stad bij de vestingmuur gelegen kartuizerklooster van Champmol. Hij was vol bewondering over de graftombes van de Bourgondische hertogen (*schöne begräbnissen*) en hij waardeerde het grafmonument van Filips de Stoute, die bijna levensgroot in een azuurblauwe met hermelijn afgezette schoudermantel lag afgebeeld, rustend op de leeuw van Vlaanderen. Een typerend samengaan van de Capetingen (de Franse lelie) en de Vlaamse wilskracht. De Zwitser was getroffen door de beelden van monniken die rond een miniatuurklooster lopen, onder aan de tombe van Filips, en wier monnikskappen door de verschillende standen hun uiteenlopende karakters verrieden: prediker en dandy, asceet en denker.

Felix had zelfs het voorrecht, dat wij niet meer hebben, de complete calvarie-beeldengroep van het kartuizerklooster te aanschouwen, het doel van vele pelgrims die werden beloond met een aflaat, tot stand gekomen aan het eind van de veertiende en het begin van de vijftiende eeuw dankzij Claus Sluter. De gekruisigde Christus, bemiddelaar voor het hiernamaals, wordt hier geflankeerd door Johannes de Doper die van zijn geloof getuigt, een Maagd van Smarten en een zondige of berouwvolle Maria Magdalena. Hoewel Felix het Nieuwe Testament kent, verwart hij dit Golgothatafereel met dat van een in steen gehouwen Olijfbergscène (*gehuwener ölberg*). Een kleine nuance in deze vergissing: het zegt iets over de devotie van een jonge Zwitser ten opzichte van het Laatste Avondmaal en de angsten van Christus, waarvan de Olijfberg in de eerste eeuw van onze jaartelling inderdaad getuige was tijdens het evangelische tijdstip van het 'Goede Nieuws'.

Van de 'ketter' Felix kon echter niet gevraagd worden dat hij *in situ* in vervoering raakte door de Mariaverering. Toen Georges Lengerand, burgemeester van Mons (in het huidige België), Champmol in 1486 bezocht, zag hij in de kerk der kartuizers een 'tafereel in vermeil van het verscheiden van de Maagd Maria, een andere, bijzonder mooie kapel van de Aankondiging van de Maagd Maria [...] en prachtige relikwieën, waaronder de arm van Onze Lieve Vrouwe'. Niets van dat al vloeide uit de pen van Platter junior. Als inwoner van Bazel en de hele tijd *in partibus* had hij voorgoed een streep gezet onder de aanbidding van de Moeder Gods. Wat de monniken betreft, slechts beelden deze keer, bespaart Felix ons zijn protestantse grappen over de geestelijke of wereldse 'zwartrokken'. Was hij wellicht werkelijk getroffen door de grootse grafpracht van het kartuizerklooster van Champmol?

Aan het einde van die welgevulde dag in mei had Felix de nacht in Dijon kunnen doorbrengen in een herberg, want in deze actieve stad met haar lakenindustrie en tingieterijen waren er dankzij de economische bloei van dat moment vele herbergen: de stad ligt niet voor niets aan de grote weg van Rouen via Parijs naar Lyon, die des te drukker was sinds Bourgondië in 1482 door de Franse kroon was geannexeerd. In 1530 waren er zo'n dertig herbergen in de stad en in 1593 waren het er zesenzestig; dus rond 1557 zullen het er ongeveer vijftig zijn geweest. In navolging van Lyon voerde het gemeentebestuur een economische politiek van laisser-faire en verzette het zich fel tegen de macht van de gilden; het kon de spontane groei van de stedelijke herbergen slechts toejuichen. De 'ontregeling der zeden' waar dit soort ontwikkeling regelmatig toe leidde, omdat herberg en bordeel vaak samengingen, stuitte in Bourgondië op een zekere puriteinse weerstand die toentertijd opkwam ten gevolge van de toename van geslachtsziekten. Het leidde in 1538 tot het voornemen een huis voor gevallen meisjes in te stellen in de rue de la Poulaillerie.

Maar Felix wilde niet blijven hangen. Bazel kwam in zicht. De jongeman nam nog net de tijd om tijdens het middagmaal zijn jonge vriend Caspar Krug te ontmoeten, die toen in Dijon woonde. Caspar was vijftien, net als Felix toen hij in 1552 naar Montpellier vertrok. Hij was de zoon van Caspar Krug senior, zoon van een slotenmaker en zelf ijzerhandelaar, gildehoofdman en vervolgens burgemeester van Bazel. Vader Caspar Krug stond zich graag voor op het feit dat hij Zwitser en latinist was en in 1563 werd hij in de adelstand verheven door keizer Ferdinand I, toen deze een bezoek bracht aan de Rijnstreken (F 299). Over Caspar Krug junior, de zoon van deze belangrijke notabel, weten we alleen dat hij opgroeide in het schitterende ouderlijk huis Spalenhof (waar zich later het stadstheater zou vestigen) en al zo lang (*ein zeit lang*) in Dijon woonde dat hij de Duitse taal vrijwel vergeten was (*Teutsch vergessen*), wat het contact met Felix lastig maakte. Studeerde Caspar junior in Dijon? Dat is niet erg waarschijnlijk. De pogingen van Frans I om in 1516 in Dijon een universiteit op te richten waren mislukt en bovendien kon de stad prat gaan op een instituut voor hoger onderwijs dat sinds de oprichting in 1530 bijzonder actief was en dat de opvolger was van de school die werd geleid door Pierre Turrel, de Nostradamus van Bourgondië die in 1523 een werk publiceerde met de titel *Grant pronostication.*

In de middag van 3 mei neemt Felix afscheid van de jonge Krug en verlaat hij Dijon door de zuidpoort van de stad; zijn weg voert hem langs de oude, deels herbouwde Sint-Michelskerk: de triomfantelijke façade met een typisch renaissancistisch Laatste Oordeel, was tussen 1547 tot 1551 tot stand gekomen. Via het merkwaardig ronde en zwaar verstevigde Sint-Pietersbolwerk, dat het hoofd bood aan eventuele legers uit de Franche-Comté, een bolwerk dat in 1515 aan de zuidflank was gebouwd in aansluiting op het herstel van de stadsmuren, begeven de beide jongemannen zich op weg naar Auxonne en Dole. Eerst steken ze de zeer visrijke Ouche over (*sehr fischreich wasser*).[68] Ze overnachten in Mouni, in de streek Genlis, enkele mijlen van Dijon.

Op 4 mei steekt Felix de Saône over via een brug die indruk op hem maakt. Stroomop- en stroomafwaarts varen schepen onder de bogen door, geladen met ijzererts, graan, glaswerk en hout uit Lotharingen, balen leer en wol, olie en haring... De middag en avond worden gebruikt om Dole, een stad van ruim drieduizend inwoners, te bekijken. Ze krijgen een vluchtige indruk van de onregelmatige, veelhoekige stadswallen, voorzien van zeven bastions met bastionoren en evenzovele gordijnen, op initiatief van keizer Karel V 'op zijn Genuees' gebouwd in 1541 om het uit het westen komende Franse gevaar af te wenden. Daarna volgt een wandeling naar het centrum van de stad; ze komen langs de Onze-Lieve-Vrouwekerk, een plompe laat-gotische collegiale kerk, begonnen in 1509 en voltooid in 1557, het jaar dat Felix de stad een bezoek brengt. De toren annex poort van de Notre-Dame, bekroond met een klokketoren die tevens dienst doet als uitkijktoren, waarin permanent een wachtpost zit, is nog niet helemaal voltooid.[69] Dole is, zoals uit allerlei dingen blijkt, bevreesd voor Franse invallen, die in die periode van vrede in de streek echter maar zelden plaatsvinden. Het stadje heeft voor haar verdediging bijna duizend man onder de wapenen, actief en als reservist, in de vorm van schutters en haakschutters uit de stad en de buitenwijken.

Naast de toren annex poort van de Notre-Dame bevindt zich een markthal met achtenveertig winkels. Daarnaast verrijst het gerechtshof, de zetel van het gemeentebestuur, waarvan de twintig over twee kamers verdeelde magistraten, afkomstig uit de lokale elite, het voor het zeggen hebben in het hele gebied van de Comté, alias de Franche-Comté. Zij belichamen, zoals het staatspatriottisme vereist, het ideaal van een regering van rechters, een ideaal dat nooit gerealiseerd zal worden door het minder fortuinlijke Parijse gerechtshof, ook al streefde het daar tussen Fronde en Revolutie wel naar. Overigens zou Felix Platter zich op de universiteit van Dole, waaraan hij een kort bezoek bracht, wel op zijn gemak gevoeld hebben: er wordt kennis overgedragen aan een honderdtal zonderlinge en flirterige studenten[70], afkomstig uit Vlaanderen, Tirol, Saksen en Pommeren... kortom *Teutschen*! Landgenoten van Platter, in de ruimste betekenis van het woord.

De ochtend van 5 mei vertrekken ze uit Dole en rijden ze naar Besançon (net als Dole in die tijd geen Franse stad), dwars door de Comté: huizen met puntgevels, boerderijen met dikke muren met daarin kleine raampjes, kozijnen en blokstenen, het geheel overkapt door enorme daken waaronder de oogst wordt opgeslagen. De dorpjes zijn omgeven door muren van rode baksteen, omringd door greppels of het modderige water van een riviertje dat erlangs stroomt. Op 6 mei rijdt Felix Besançon binnen door de Porte des Arènes met haar dubbele poortdeur en chicanes. Ze doorkruisen zowel *extra* als *intra muros* een grote wijngaard: deze strekt zich uit ten noorden, ten zuiden, ten westen en ten noordwesten van de stad. Midden in de stad komen de beide mannen wijnbouwers tegen met over hun schouder een reiszak en tweetandige vork, in hun hand een kleine houweel of een snoeimes en een tonnetje aan hun riem.

De avond van 5 mei overnachten ze in herberg Het Gewei. De hele volgende dag brengen ze door in Besançon (tienduizend inwoners), waar tegenover het gemeentehuis het standbeeld staat van de door de lokale bevolking aanbeden keizer Karel V, gezeten op een adelaar in volle vlucht. Hans Ruedin, de zoon van een ijzerhandelaar uit Bazel en de stugge reisgenoot van Felix vanaf Parijs, heeft in zijn jeugd in deze streek gewoond. Hier heeft hij Frans leren spreken. De onderwijsvoorzieningen van de stad zijn niet duidelijk gestructureerd, maar niet slecht; sinds tien jaar is er in Besançon een deels wereldsgeleid college met vier klassen (lezen en schrijven, grammatica, retorica en Grieks). Hans Ruedin neemt Felix mee naar zijn vroegere hospes voor een goede maaltijd. De beide jongelieden brengen de dag door met dansen, luit spelen en praten en flirten met de dochter des huizes, een zekere Barbel. Professor Felix Platter zou drieënveertig jaar later deze zelfde Barbel opnieuw ontmoeten tijdens een reis naar de Franche-Comté. Zijn vroegere danspartner, die inmiddels in de zestig is, is dan oud en lelijk geworden volgens de Zwitser, die ongetwijfeld vergeten is zelf in de spiegel te kijken... Ondertussen had zij twee onwettige kinderen gekregen, die dan al volwassen zijn.

Op 6 mei 1557 maken Felix en Hans, nadat ze de jonge Barbel alleen hebben gelaten, een wandeling met een aantal edelen die zichzelf, in dit vrolijke gezelschap, nogal overdreven bestempelen als *buren* (boeren). Deze jongens komen uit recent in de adelstand verheven families uit de streek; zij treden in de voetsporen van de twee beroemde edelen uit de Comté, Nicolas Perrenot en diens zoon kardinaal Granvelle. De 'aristocratische' pierewaaiers komen oorspronkelijk uit de rechterlijke bourgeoisie; deze verdringt de oude adel afkomstig uit de landelijke omgeving van Besançon. De nieuwe kameraden van Felix gaan samen met hem herrie schoppen bij de huizen van de Italiaanse kooplieden (uit Genua, Milaan en Florence) die vanwege hun handel in Besançon zijn komen wonen. Ze ontmoeten in de stad Duitse zakenlieden (uit Straatsburg, Württemberg en Bazel) evenals kooplieden uit Genève. Ze steken een deel van hun kapitaal in de omringende wijngaarden. De vestiging van Italianen is deels verklaarbaar door het in april 1535 genomen besluit van de republiek Genua om in Besançon valutamarkten te organiseren. Deze wisselmarkten waren echter een kort leven beschoren omdat de Genuezen al spoedig tot de slotsom kwamen dat de vestiging in Besançon lastig en zelfs nadelig was…

Deze gebeurtenis uit 1535 bleek niettemin belangrijk: dit soort wisselmarkten hielden de naam *bizensone*, ook al waren ze voortaan elders gevestigd – in Poligny en in Chambéry. Het feit dat de naam *bizensone* een soortnaam werd geeft aan hoe belangrijk deze tijdelijke vestiging was voor het bewustzijn en de economische toekomst van de stad. Wat betreft de knokpartijen die de Franssprekende jonge edelen voerden met de groepen vreemdelingen in de stad, of ze nu uit Italië of van elders kwamen, deze waren schering en inslag in de grotere steden. Of het nu ging om felle ruzies tussen studenten uit verschillende landen of om deels etnische, deels sociale tegenstellingen, ze brachten de autochtone edelen in conflict met de van oorsprong Italiaanse handelaars…

Tijdens zijn verblijf in Besançon[71] maakte Felix zich vooral zorgen over het gedrag van zijn vriend Hans Ruedin. De avond dat zij een drinkgelag aanrichtten met de jonge edelen van de streek was hij zo dronken geworden dat hij nog geheel gekleed languit op het bed was gestort dat de herbergier de beide jongens had afgestaan. Platter was hierdoor diep gegriefd omdat dit hem veroordeelde tot een slapeloze nacht, waarop hij uiteindelijk besloot zich uit te kleden en met zijn blote achterwerk op het slapende hoofd van Ruedin ging liggen (F 290). We weten niet wat er daarna gebeurde, maar laten we niet onmiddellijk concluderen dat hier sprake is van latente homoseksualiteit, de dooddoener van psychoanalytici die zich opwerpen als historici.

Dit onfatsoenlijke verhaal maakte voorlopig een einde aan de inmiddels veertien dagen durende korte, heftige en uiterst moeizame omgang met Hans Ruedin, de reisgenoot van wie Felix hoge verwachtingen had toen zij uit Parijs vertrokken maar die hem in werkelijkheid heel wat moeilijkheden bezorgde. Tijdens de terugreis deden ze niets dan ruzie maken, met als gevolg dat de een zijn excuses moest maken aan de ander zodra ze in Bazel waren. We kennen slechts Platters versie van hun conflicten. Hans, die Felix tutoyeerde, was volgens hem een welgestelde, verwaande kwast, die graag – en soms ook wel aardige – grappen uithaalde. Hij was nog erg onvolwassen en bezat niet veel kennis. Tijdens de eerste dagen van hun gezamenlijke reis had hij de jonge Platter aan zijn kop gezeurd of hij bij hem kon 'poffen' voor de betaling van de huurling die hen begeleidde en die de zoon van de oude drukker annex pedagoog slechts hinderde. Hans Ruedin geneerde zich evenmin Felix te voorspellen dat hij, eenmaal arts geworden, werkloos zou blijven, waarmee hij de universitaire opleiding van Felix belachelijk maakte.

Bovendien stelde Ruedin koeltjes voor de hond te doden die Felix al vanaf de Languedoc vergezelde. Zijn houding was des te teleurstellender omdat hun verstandhouding goed was geweest toen ze elkaar in Parijs ontmoetten. Overigens had Felix geen last van rancune. Ondanks hun onenigheid onderweg verbond hij elke dag het oog van Ruedin, dat slechts moeizaam genas. Uiteindelijk had de behandeling toch succes. Eenmaal in Zwitserland zouden de jongelieden zich in de loop der tijd weer verzoenen. Ruedin trouwde spoedig nadat hij zich had gevestigd in de stad aan de Rijn met Rosina Irmy, de dochter van een burger uit de stad. Later, toen Felix trouwde met Madlen Jeckelmann, gaven Hans en Rosina hem een fraaie drinkbeker cadeau, als beloning voor zijn goede medische zorgen tijdens hun reis (F 290, 329). Hans zou jong sterven aan de pest, in 1564.

Op 7 en 8 mei leggen Hans en Felix in een snelle rit de lange afstand af die Besançon scheidt van Montbéliard. Ze rijden enige tijd door de vallei van de Doubs en passeren zonder halt te houden de abdij van Baume-les-Dames. Op 8 mei nemen ze nog voor de middag hun intrek in herberg De Moorkop in Montbéliard. Deze stad van twee- tot drieduizend inwoners is in die tijd de hoofdstad van een Frans- of Romaanstalig graafschap dat min of meer onafhankelijk is, hoewel het leenplichtig is aan een Duitse vorst: door het huwelijk van Henriette, gravin van Montbéliard, met Eberhard van Württemberg aan het begin van de vijftiende eeuw, was dit leengoed in het zuiden van de Vogezen al enige generaties lang Württembergs gebied. In mei 1553 stond hertog Christof van Württemberg, die het te druk had met zijn eigenlijke hertogdom, het graafschap Montbéliard af aan zijn oom Georg. Twee jaar later, in 1555, huwde de zevenenvijftigjarige Georg met Barbara, de dochter van Filips de Grootmoedige, landgraaf van Hessen; Barbara was negentien, dus achtendertig jaar jonger dan haar echtgenoot.

Uit dit huwelijk werd al spoedig Frederik geboren, die was voorbestemd om zijn vader op te volgen in het graafschap. Over het algemeen was Georg een verlicht vorst. Zonder veel succes deed hij pogingen de Doubs bevaarbaar te maken; in die tijd was het gevecht bij voorbaat verloren. Nadat de conflicten langzamerhand waren bijgelegd, respecteerde hij de vrijheden van de stad Montbéliard: zij behield zelfbestuur krachtens de stedelijke vrijheden die zij vanouds kende, en was ingebed in het veel grotere graafschap dat onder verantwoordelijkheid van Georg viel. Belangrijker is echter de religieuze politiek van deze magnaat. Het gebied rond Montbéliard was de enige Romaanstalige streek die zich onomwonden had bekeerd tot een vrij strikt lutheranisme. Rond 1550 bestonden in de streek de katholieke en protestantse eredienst naast elkaar, in overeenstemming met een 'overgangsperiode', van bovenaf opgelegd door Karel V. Maar al spoedig verboden hertog Christof en vervolgens graaf Georg de 'paapse' praktijken; ze schaften de mis af en verdreven de priesters. In 1552 worden de pastoors van Montbéliard in een officieel document voorgesteld als 'domme beesten, ezels, schenders der openbare zeden, dronkelappen, godslasteraars en moordenaars die slechts uit zijn op de lip en de wol van de arme gelovigen'. Dit soort teksten zijn veelzeggend voor de intolerantie in de zestiende eeuw; ze krijgen een logisch vervolg wanneer graaf Georg in oktober 1556, enkele maanden voor de komst van Felix, zonder omwegen een verbod uitvaardigt op pelgrimage, mis, doop, biecht, gebeden voor de doden, wijwater, het luiden der klokken tegen storm, het gebruik van gezegende kaarsen en palmtakken door geestelijken en al het overige 'bijgeloof'; men moet daarentegen verplicht luisteren naar het woord Gods, waarmee men slechts één vorm van het christelijk geloof het alleenrecht geeft.[72]

De antikatholieke vooringenomenheid sluit echter de samenwerking tussen verschillende protestantse kampen niet uit: Georg en zijn vriend Toussain, opperpredikant van het graafschap Montbéliard, laveren zo goed en zo kwaad als ze kunnen tussen de lutherse orthodoxie uit Württemberg en de calvinistische rechtlijnigheid die in Genève overheerst. Voor het overige betreuren ze het machtsmisbruik van Calvijn bij de terdoodbrenging van Michel Servet – dezelfde Servet die Felix in 1552 in Vienne had ontmoet toen de van oorsprong joodse aartsketter in het geheim zijn beroemde unitarische, anti-trinitarische, pre-Sociniaanse[73] theologie had laten drukken, die tot in de twintigste eeuw gelezen zou worden en de dood op de brandstapel van haar auteur verre zou overleven (1553). Zo bezien had de protestantse humanist Castellio vanuit Bazel een matigende invloed op graaf Georg en dominee Toussain, evenals overigens op vader en zoon Platter. Deswege wantrouwt Calvijn de mensen van Montbéliard enigszins. Graaf Georg bekommert zich hier niet om. Met zijn 'vorstelijk-protestantse' gezag regelt hij alle religieuze aangelegenheden; met krachtige hand stimuleert hij de scholing van de jongelingen zodra ze zich in zijn gebied vestigen. Hiermee wil hij hen op zuiver menselijk vlak een kans op ontwikkeling bieden, maar hij wil ze ook vertrouwd maken met de hervormde teksten, zowel die van het Oude als het Nieuwe Testament. De banden van het graafschap Montbéliard met het Frankrijk van Hendrik II zijn vriendschappelijk, voor zover deze laatste, ondanks het feit dat hij in eigen land de hugenoten vervolgt, bondgenootschap zoekt met de protestantse vorsten in het oosten, zelfs wanneer de vorsten in kwestie Franssprekende gebieden beheersen, zoals het geval is bij het hertogelijke en grafelijke vorstenhuis van Württemberg.[74]

Van het verblijf van de gebroeders Platter in Montbéliard hebben we twee teksten, in feite twee versies. Ten eerste die van Thomas junior, geschreven kort na zijn reis en gedateerd februari 1600. De jongste Platter noemt met betrekking tot Montbéliard terecht de sterke bevolkingsgroei en de zowel recente als langdurige economische groei in de voorafgaande eeuw; anders gezegd, de groei van de stad en het graafschap wat betreft grootte, gebouwen, mensen en rijkdom (*grösse, gebeüwen, volck und reichtumb*); de nieuwe molens, botanische en zoölogische tuinen waar de damherten tussen vier muren rondhuppelen; de bouw van een nieuw paleis naast het oude kasteel; het geheel in een stimulerende omgeving van tweetalig protestantisme, naar keuze Frans of Duits (T2 923). De versie van Felix, over zijn bezoek aan Montbéliard in 1557, is als altijd veel persoonlijker dan het verslag van zijn jongere broer.

Op die achtste mei ontmoet Felix in De Moorkop een jeugdvriend, Jacob Truchsess, afkomstig uit een bekende, misschien wel de bekendste, adellijke familie in Bazel. Jacob heeft op dat moment een belangrijke functie (*Hofmeister*) aan het hof van graaf Georg. In 1555 had hij een goed huwelijk weten te sluiten met Salomé von Andlau, de dochter van Arbogast von Adlau en Eva von Pfirt, een hele rits *vons* die niets dan goeds schenen te voorspellen voor het pasgehuwde stel. De *Hofmeister* is een voorkomend hoveling en besluit de jonge Zwitsers uitgeleide te doen wanneer ze aan de laatste etappe naar Bazel beginnen. Eerst bezat hij zich in de herberg (als goede burgers van Bazel schrijven de Platters in hun memoires telkens weer afkeurend over de drinkgewoonten van de adel). Vervolgens trekt de reeds dronken Jacob met moeite zijn laarzen aan en vergezelt hij zijn vrienden, die hier niet om hadden gevraagd. Al bij de eerste oversteek van een rivier dreigt de wankelende Truchsess te verdrinken (F 291). Duitse drankzucht, waarmee ze een paar dagen eerder ook al kennis hadden gemaakt bij Hans Ruedin, die in schrille tegenstelling staat tot de relatieve gematigdheid van de Fransen...

Gelukkig heeft graaf Georg dit voorzien: hij is op de hoogte van het chronische innemen van zijn *hofmeister* en heeft gezorgd dat er een klein escorte is meegegaan. Deze soldaten vissen de dronken hoveling uit het water en brengen de kletsnatte maar inmiddels weer nuchtere Jacob naar zijn huis. Hans en Felix rijden zonder tussenpozen naar Seppois, aan de grens van de Elzas, halverwege Montbéliard en Bazel. Seppois is de laatste Franstalige stad en Felix, die weldra weer voet zal zetten in Duitstalig gebied, is zich ervan bewust dat hij een taalgrens overschrijdt. Daar staat tegenover dat het weinig indruk op hem maakte toen hij de dagen daarvoor van Besançon naar Montbéliard reed en het katholieke land verruilde voor protestants gebied. De laatste etappe tot Bazel, op 9 mei, met klokslag twaalf uur een onderbreking in Waldighofen, breekt er opnieuw ruzie uit tussen Felix en Hans, wiens vilten mantel scheurt zodat de jonge Ruedin eruit ziet als een zwerver. Hans staat er op de mantel van Felix te mogen lenen en dreigt zelfs deze in de modder te gooien als de eigenaar hem niet tegemoet komt. Felix wil hier niets van weten: als hij het wel doet moet hij een Spaanse cape uit zijn valies halen en loopt hij het risico dat deze nieuwe mantel, die hij heeft bewaard voor de aanstaande ontmoeting met zijn naasten en zijn verloofde, vuil wordt... Zal deze ruzie het weerzien in hun geboorteland vergallen? Welnee. Als ze eindelijk Bazel in zicht krijgen is alles weer goed...

Wanneer ze na een bocht voor het eerst de klokketoren van de kathedraal van Bazel zien, barst Felix in gejuich uit en laat hij zijn haakbus knallen... van pure opwinding schiet hij twee kogels in een tuinpoortje. Zo komen de twee kibbelaars al knallend aan bij de monumentale Spalentor, de grote toegangspoort in de stadsmuur van Bazel, met zijn drie torens die in de tweede helft van de zestiende eeuw waren herbouwd tijdens het algehele herstel van de muren van Bazel na de aardbeving van 1356.[75] Deze Spalentor was de toegangspoort voor reizigers uit Frankrijk zowel als uit de Elzas. Het was het definitieve einde van een rondreis door het Franse koninkrijk. Om de balans op te maken: elke etappe die Felix aflegde tussen Montpellier en Zwitserland in het voorjaar van 1557 bedroeg vijftig kilometer (per dag). Nauwelijks meer dan tussen Bazel en Montpellier in 1552... *O Basilca finis mea*, O Bazel, einde van mijn reis...

Hoofdstuk 9

Zomer en herfst: proefschrift en huwelijk

... Zodra Felix door de Spalentor is gegaan, begeeft hij zich eerst naar het huis De Gans (*Gens*), waar hij afscheid neemt van zijn metgezel Hans Ruedin. De *Gens* is een herenhuis dat werd uitgebouwd en gerenoveerd door Jacob Ruedin, de vader van Hans. In diezelfde tijd nam de carrière van Jacob eveneens een hoge vlucht: enkele jaren later zou hij de officiële vertegenwoordiger van zijn stad worden in Parijs, aan het hof van de Valois, in opdracht van de Zwitserse kantons. Het huis De Gans zou voor Hans de thuishaven blijven. Zelfs na zijn huwelijk keerde hij er regelmatig terug om zijn vader weer te zien, evenals zijn uit zijn moeder en drie opeenvolgende stiefmoeders geboren elf broers en zusters en een veertigtal neven en nichten. Als een goede kameraad en zonder wrok neemt Felix daarna afscheid van zijn andere metgezel, de lastige huurling die hem vanaf de Franse hoofdstad op de voet was gevolgd. (Het goedbewapende trio vormde onderweg niettemin een indrukwekkend en afschrikwekkend groepje voor de Franse struikrovers die hen hadden willen aanvallen.) Wanneer Felix afscheid van hem neemt geeft hij de huurling als symbool van vaarwel zijn mantel. Eindelijk is hij alleen... Maar er volgt nog één ontmoeting: die met Georg von Brück, die op zijn kleding nog de rouw draagt voor zijn vader Johann von Brück, die eigenlijk David Joris heet en die eind augustus 1556 was overleden. Johann was een welgestelde, uit Holland gevluchte wederdoper die 'in Zwitserland' in het geheim de hoogste vorm van ketterij in ere hield, omdat het anabaptisme flink verschilde van het officiële protestantisme van de Zwitsers in Bazel. Johann was vader van elf kinderen, onder wie Georg; en hij was een goede vriend van de Platters. Twee jaar later zou Felix zonder een spier te vertrekken getuige zijn van de weerzinwekkende verbranding van het voor die gelegenheid[1] weer opgegraven lijk van vader von Brück, die postuum door de inwoners van Bazel was veroordeeld wegens zijn ernstige 'anabaptistische' dwaling; deze was lang verborgen gehouden en pas onthuld nadat de 'schuldige' was overleden. Ondanks deze discutabele publieke verbranding verwierven de vele nakomelingen van Johann, nadat ze zich hadden 'verzoend' met de officiële kerk van hun stad, hoge posities te midden van de lokale burgerij. Wat er met het lijk van hun vader was gebeurd ging hun niet aan!

De kortste weg van de Leerlooierssteeg naar *Zum Gejägd* (het huis van de Platters) is aanlokkelijk; het biedt Felix mooi de gelegenheid langs de ramen te gaan van zijn verloofde Madlen Jeckelmann, in het zuidelijke deel van de Freie Strasse, op de hoek van de Rüdengasse (F 294). Maar de jongeman maakt liever een omweg: hij weet hoe kuis en ingetogen het meisje is, een echte schichtige hinde; ongetwijfeld wil hij ook zijn eigen familie als eerste laten weten dat hij terug is. Ten slotte bereikt de bepaald niet verloren zoon de Obere Freie Strasse en gaat hij zijn ouderlijk huis binnen, het huis van Thomas senior. Er is slechts één persoon, met een flesje urine in de hand, die duidelijk op zoek is naar een dokter. Wellicht een goed voorteken (*tütnus*)...?

Felix luidt een belletje. Maar het huis is verlaten: het is zondag. Zijn vader is op zijn landerijen buiten de stad. Het dienstmeisje is naar de preek. Zijn moeder zit te kwebbelen bij de buren. Zij komt huilend aanrennen en omhelst haar zoon. Ze is magerder en ouder geworden, verschrompeld. Ze draagt een groene mantel en daarbij witte schoenen naar de laatste mode. Dan verschijnt zijn vader, in gezelschap van de verdraagzame humanist Castellio. Er wordt uitgeroepen: 'Wat ben je groot geworden!' Het is waar, in de zes jaar in Montpellier zijn het hoofd en de hals van Felix langer geworden (*kopf und halss*).

Aan het eind van de middag leidt de terugkeer van Felix tot een straatfeest. Alle buren komen ernaar toe, dezelfde buren die een half jaar later in groten getale bij de bruiloft van de jonge Platter zullen zijn. Het dienstmeisje Dorly (Dorothea) snelt naar Madlen Jeckelmann om haar de terugkeer van haar verloofde te melden. Ze maakt daarbij zoveel kabaal dat Madlen er bijna ziek van wordt. Voor het avondeten worden de vrienden van Felix uitgenodigd; onder hen is ook zijn jeugdvriend Balthasar Hummel, de standvastige vriend uit de tijd in Montpellier, die bovendien beginnend apotheker is en wiens zaak, na een moeilijk begin, eindelijk begint op te bloeien. Bij dit diner is ook Theodor Bempelford aanwezig, Theodorus Pempelfurdus, afkomstig uit Düsseldorf, die sinds 1556 in Bazel studeert en corrector was in Lyon, Parijs en Bazel. Toen Theodorus van Frankrijk naar Zwitserland ging in april van dat jaar had hij brieven van Felix uit Parijs meegenomen voor Platter senior (F 285). Een bewezen dienst wordt niet licht vergeten. Na het eten staat het hele jeugdige gezelschap, inclusief Felix, op om Theodor te begeleiden naar zijn tijdelijk onderkomen, de herberg De Kroon. Wanneer de kameraden de Freie Strasse inlopen, de *Fryenstros*, komen ze Madlen tegen. Ze herkent Felix, die zijn Spaanse mantel draagt, onmiddellijk... en zoals gewoonlijk gaat ze er als een haas vandoor. Felix schijnt al die jaren in Montpellier trouw gebleven te zijn aan dit bangelijke meisje; in plaats van vluchtige avontuurtjes gaf hij de voorkeur aan een heel leven van geluk. Hij voelt zich niet gekwetst door haar vlucht: hij had alle tijd en het verleden zou instaan voor de toekomst. Toen de vriendenschaar in De Kroon was aangekomen kregen ze een rondje, een *drunck*, aangeboden door de herbergier, Emmanuel Bomhart. Deze jonge eigenaar, die zijn vader was opgevolgd, was een vroegere schoolkameraad van Felix. Hij was 'ontwikkeld', wat bepaald niet gold voor alle herbergiers: hij had gestudeerd aan de universiteit van Bazel en er in 1552 zijn baccalaureaat gehaald en wat later ook zijn *maîtrise*. De ongedwongen ontvangst had iets ontroerends voor Felix, omdat zich onder de aanwezigen ook zijn toekomstige zwager Franz Jeckelmann junior bevond, evenals de zwager van deze zwager, de Elzasser Daniel Wielandt, de zoon van de gemeentesecretaris van Mulhouse die weldra zijn vader zou opvolgen. Franz en Daniel waren getrouwd met de zusters Mergelin en Sophie Schoelly, de dochters van een meester-zadelmaker. Bovendien manifesteerde de band die de Platters met de Elzas hadden, en speciaal met Mulhouse, zich die avond op nog meer manieren. Emmanuel Bomhart, die avond hun gastheer, was in 1556 getrouwd met Anna Wächter, een rijke erfgename uit Mulhouse; er zouden nog meer huwelijken volgen tussen de broers en zusters van Anna en Emmanuel. Zo ontstond er door deze 'opmerkelijke huwelijken' een hechte band tussen beide families, die voortaan zowel aan Mulhouse als aan Bazel waren gebonden. Emmanuel Bomhart was de ongelukkige aanbidder van Madlen. Die avond overlaadde hij Felix dan ook met plagerijen: de 'geheime' en veelbelovende idylle van Platter junior met het meisje Jeckelmann was inmiddels een publiek geheim. Er werd over niets anders meer gepraat. Rond middernacht keerde Felix terug naar *Zum Gejägd* waar zijn ouders nog steeds zijn terugkeer vierden – ze dankten God ervoor.

De week van maandag 10 mei tot zaterdag 15 mei was gevuld met allerlei beleefdheidsbezoeken en etentjes en verschillende klusjes. Felix repareerde de grote harp van zijn vader en de luit van cipressenhout die hij ooit had gekregen van zijn vroegere muziekleraar, Thiebolt Schoenauer. De jonge Platter maakt ook lange wandelingen met Thomas naar het familiedomein Gundeldingen. Senior spreekt met zijn zoon over de belangrijkste toekomstperspectieven van dat moment: doctoraat en huwelijk, proefschrift en vrouw... Hij vraagt hem zijn spreeksnelheid iets te temperen, want Felix heeft in Frankrijk en met name in het zuiden de lokale gewoonte overgenomen om te ratelen. Het kan niet anders of hij komt Madlen in de straten van Bazel tegen. De belangrijkste 'kruising van wegen' vindt plaats bij de Marktplatz, naast een groot abattoir, alias de gemeentelijke slachterij van de *Schol*. Felix komt op dat moment uit de protestants geworden kerk; hij heeft een fluwelen muts op en draagt een lange dolk aan zijn riem, zoals alle studenten in die tijd, zelfs degenen die niet van adel zijn maar van bescheiden komaf, zoals Platter senior en junior. Madlen staat op datzelfde moment in de rij om vlees te kopen; zodra ze in de verte de zwierige voetganger ziet aankomen, vlucht de nimf naar het slachthuis waar ze zich zo goed mogelijk verbergt tussen de koeiekarkassen en de varkensruggen. Ze zal lange tijd geen voet meer in de *Schol* zetten, vanwege de plagerijen van de leerling-slagers, die al lang en breed op de hoogte zijn van haar romance.

Er zijn nog meer belangrijke ontmoetingen: in de kathedraal, waar Felix maandagmorgen onmiddellijk met Balthasar Hummel naar toe is gegaan, loopt hij al dadelijk landjonker Ludwig von Reischach tegen het lijf. Hij is een Duitse aristocraat van in de zeventig, die burger van Bazel is geworden omdat hij zich tot het protestantisme heeft bekeerd. Hij doet alsof hij Felix niet herkent en behandelt hem ijzig. Hij vindt hem al te zeer op een edelman lijken vanwege het fluweel en de dolk. Een inbreuk op zijn eigen identiteit? De ex-student uit Montpellier ontmoet op het voorplein van de kathedraal een drietal professoren van de universiteit, onder wie zijn leermeester Hans Huber. Felix geeft hem een werk van Marot cadeau dat in Parijs is gebonden in een tijd dat het Franse boekbinden op het toppunt van zijn esthetisch kunnen is. Dit is een van de weinige bekende contacten van Felix met de Franse literatuur, in dit geval een protestants werk; een contact waarbij de jongeman slechts als tussenpersoon heeft gefungeerd. Was Felix misschien meer 'wetenschappelijk' dan 'literair'? Huber van zijn kant belichaamde de reeds lang aanwezige Franssprekenden in Bazel, die nog steeds trouw op hun post waren.

Tussen deze ontmoetingen door probeert de jongeman het kamertje van zijn vader te verfraaien omdat hij een prettige omgeving wil om in te studeren; Thomas, die het druk heeft met lesgeven en het beheren van zijn kostschool, stelt dit vertrek overdag beschikbaar aan zijn zoon. Felix schildert de boekenkasten opnieuw. Onder toezicht van een timmerman draait hij hout; de echtgenote van deze handwerksman leert hem hoe hij houtlijm moet maken, maar de dame kan er op het laatst niet meer uit wijs worden. Het probleem blijft echter zijn proefschrift, en zijn toekomstige vrouw. Want alles hangt met elkaar samen: zonder doctoraat ook geen vrouw. Vader Jeckelmann zal zijn dochter nooit aan een gemankeerde dokter, een nietsnut geven.

Een grote gebeurtenis: het begin van een flirt met Madlen, die (zeer snel) gevolgd moet worden door een officieel huwelijksaanzoek en die in afwachting van het huwelijk moet worden geïntensiveerd. Om 'een start te maken' brengt Felix eerst op 10 mei een bezoek aan zijn kameraad Jacob Huggelin, die al arts is en ouder dan hijzelf (hij is zevenentwintig). Jacob heeft zich gevestigd in Bazel; hij woont bij zijn schoonvader, niet ver van het huis van Felix, ofwel verderop in de Freie Strasse, meer naar het centrum van de stad. Hij is de zoon van een kleermaker en gehuwd met de dochter van een wolwever. Textiel-inteelt... Maar voor Felix is hij een lichtend voorbeeld op het gebied van huwelijk, artsenij en carrière. Huggelin had Grieks, filosofie en medicijnen gestudeerd in Bazel en Montpellier en wellicht ook in Parijs en Valence... Hij werd flink 'gepousseerd' door de gemeenteraad van Bazel en zou spoedig lijfarts worden van de markgraaf van Baden. Zeven jaar later zou er een abrupt einde komen aan zijn carrière en levensloop door de pest van 1564. Net als bij vele anderen... De jongeren maken op treurige wijze plaats voor de nog jongeren... In 1557 is Jacob in Bazel al beroemd vanwege zijn elegante kledij, vooral zijn tootschoenen, de lange, puntige schoenen die men ter plekke hoornschoenen noemt. Wanneer Jacob na een verkeerd ingeschatte glijpartij pardoes op zijn rug valt, zijn de in de lucht gestoken 'hoorns' een fraai gezicht (F 308). Wanneer Felix op 10 mei uit de spreekkamer van Huggelin komt, gaat hij naar kanunnik Von Pfirt voor het middagmaal. Deze adellijke, ex-katholieke priester is nu burger van Bazel en gehuwd met een vrouw uit aristocratische kringen. Hij bezit een kanunnikschap dat bij de protestantse hervorming van de katholieke titelhouders werd afgenomen. Hij is in de zestig en wil niets liever dan dat Felix trouwt met zijn dochter Susanna. Alweer een huwelijk! Deze mooie vrouw (*schön mensch*) is helaas buiten bereik; ze is in pension bij een gravin in de buurt van Colmar. En bovendien komt het toch niet goed uit, want Susanna zal binnenkort sterven. De broers van deze plaatselijke schoonheid, Sigmund en Solon von Pfirt, waren in hun jeugd goed bevriend met Felix, toen ze nog in half-pension waren op het gymnasium van Platter senior. De oude von Pfirt was niet bevooroordeeld: hoewel hij van adel was, vond hij het een goed vooruitzicht zijn dochter te laten trouwen met Felix, de zoon van een zekere Thomas wiens jeugd bepaald niet adellijk, erger nog, armoedig was geweest. De democratie van Bazel!

Von Pfirt en Huggelin zijn slechts voorproefjes. Hierna volgt de hoofdzaak: Madlen. Zijn strategie valt in drie delen uiteen: hij gaat zich voorstellen, vraagt haar ten huwelijk en dan volgt het geluk.

Het voorstellen is in feite een formaliteit omdat Felix en Madlen elkaar al kennen. Maar voor deze gelegenheid moet het geheel iets plechtigs hebben; het moet officieel bekrachtigd zijn voor er sprake is van een begin. De beide partners worden 'aan elkaar voorgesteld' tijdens een lichte maaltijd, die gegeven wordt door Platter senior op 16 mei. Bij deze gelegenheid verenigen zich rondom Felix zijn uitverkorene (en die van zijn vader) evenals haar broer en haar vader en de verloofde van haar broer, een zekere Dorothea, de vlotte dochter van een in hoog aanzien staande smid. De bij deze presentatie horende mondaine gebeurtenissen vinden plaats op Gundeldingen. Het begint met een opgewekte wandeling over de landerijen van Platter senior. Daarna volgt de maaltijd en vervolgens wordt er gemusiceerd en gedanst, waarbij Felix zich onderscheidt door op de luit te spelen en de typisch Franse *gaillarde* te dansen. Ten slotte gaan ze te voet terug naar Bazel. De beide vaders, de een pedagoog en de ander chirurgijn, lopen voorop. De jongeren volgen, in de ban gehouden door de onvermoeibare woordenvloed van Dorothea: ze geeft praktische adviezen, die de preutse Madlen doen blozen. 'Wanneer twee jonge mensen om elkaar geven en elkaar graag mogen,' zegt de smidsdochter, 'dan moeten ze niet te lang wachten, want een ongeluk (*unglick*) zit in een klein hoekje.'[2] 's Avonds, vlak voor hij inslaapt, voelt Felix zich vreemd, 'van alles en nog wat'. Was dit het begin van de vervulling van een lang gekoesterde droom? Hoewel Madlen terughoudend bleef, had ze in elk geval meegewerkt en was ze zelfs vrolijk geweest. Nu ze aan elkaar waren voorgesteld kon hij zijn huwelijksaanzoek doen; het zou niet onderdoen voor twee landen die onderhandelen over het huwelijk van hun vorsten. Er komt druk op de ketel omdat de inmiddels vrolijk geworden jongelui voortaan afspraakjes maken, natuurlijk nog in het gezelschap van de onvermijdelijke Dorothea en moeder Frön, de oude blinde koppelaarster en peettante van chirurgijn Jeckelmann. Deze vrouw geniet zozeer het vertrouwen van Madlen dat het oudje en de maagd in één bed slapen. Het groepje van drie jonge mensen en een bejaarde dame gaat rond 25 mei kersen eten op de weiden bij de Spalentor. De steeds verliefder wordende Felix verdubbelt zijn vurige bekentenissen die door Madlen liefdevol worden ontvangen, ondanks de preutsheid van het eigenwijze wicht. Op de dringende vragen van haar vriend geeft ze toe dat de liefde die hij voor haar voelt haar niet ongenegen is. Ze heeft er geen bezwaar tegen. Is dit in tussentinten de beantwoording van zijn liefde?

Nu moet alleen de toekomstige schoonvader, Franz Jeckelmann, zijn toestemming nog geven. Goede vrienden uit verschillende lagen van de bevolking dringen er bij hem op aan Felix de hand van zijn dochter te geven. Onder hen is ook Caspar Krug, een van de belangrijkste metaalhandelaren van de stad, waar de metaalnijverheid een belangrijke rol speelt. Hij is de zoon van een ijzerhandelaar en een bekende persoon in de handelsstad; hij is zo overtuigd van zijn eigen aanzien dat hij, inmiddels in de zestig, voor zijn pretentieuze grafsteen alvast een hoogdravende Latijnse tekst ontwerpt, geïnspireerd door de dichter Ennius: 'Welk een klein graf voor een zo groot man,' enzovoort. In 1557 is Caspar het kopstuk van de stedelijke gilden, die streng gescheiden zijn naar beroep. Over enige tijd zal Caspar burgemeester van Bazel worden en gezant van deze stad bij internationale ontmoetingen met afgevaardigden van keizers, koningen en kantons, inclusief die van het hof van Hendrik II. De heer Krug heeft grote waardering voor Felix, die kort daarvoor zijn echtgenote Anna Nussbaum wist te genezen, uitgeput als zij was van de geboorte van een tweeling; de beginnende arts liet de jonge moeder grote stukken marsepein eten, gemaakt van suiker, eiwit, citroen en oranjebloesem, volgens een recept uit Montpellier. Dit milde medicijn bracht Anna Nussbaum binnen enkele dagen weer op de been. Bovendien had Caspar uitstekende berichten over Felix gehoord (en doorgegeven) van de jonge apotheker Balthasar Hummel. De nederige winkelier (Hummel) en de voorname handelaar (Krug) stonden zo samen garant voor de toekomstige arts, die zij aanbevolen als geschikte schoonzoon.

Jeckelmann ontving eveneens positieve berichten van zíjn adellijke vrienden en beschermheren, de Reich zu Reichensteins: een katholieke aristocratische familie. Het hoofd der familie, Jacob Reich II, genaamd de Oude (*der Alt*), had een verzorgde baard en keek scheel. Hij had tien nazaten. Hij was zeer goed bevriend met chirurgijn Jeckelmann, aangezien deze zijn zoon Jacob Reich III ten doop had gehouden. Jeckelmann was een graag geziene gast bij de Reichs, ook in hun met diepe grachten omgeven landhuis, waar grote feesten werden gegeven; het ging zelfs zo ver dat er altijd een speciaal paard uit de stallen van dit adellijke geslacht klaarstond voor de meester-chirurgijn van Bazel. Het contact was des te makkelijker omdat een van de zonen van de oude Reich in die tijd syfilis had en voor een intensieve behandeling met pokhouthars in de verwarmde kamer van de chirurgische hulppost van de vader van Madlen lag, een kamer met uitzicht op straat. Felix vond in de Reichs vurige pleitbezorgers voor zijn voorgenomen huwelijk; bovendien hadden ze ondanks het overheersende protestantisme veel aanzien in de stad, door het simpele feit dat een van hen, na een val in de bergen, was genezen door de Maagd Maria. In de daaropvolgende jaren zouden de Reichs trouwe klanten worden van Felix, zowel in het Bazelse als in de Elzas.

Krug, Reich; gegoede burgerij en adel... De fine fleur van Bazel drong er bij Jeckelmann op aan toe te stemmen in dit huwelijk. De chirurgijn moest proberen zich staande te houden. Was het een staatszaak? Aan het eensgezinde koor van burggraven, aan de top van de stedelijke notabelen, ontbrak nog slechts het gunstige en dringende advies van de hoogste ambtsdragers, degenen bekleed met *auctoritas*, en het deed er niet veel toe of hun toga van herderlijke, medische of ambtelijke makelij was. Dit laatste zetje zou komen van professor doctor Hans Huber, die het officiële huwelijksaanzoek zou doen, nadat hij hiervoor vooraf goedkeuring had verkregen van Thomas Platter... en van Franz Jeckelmann zelf. Hans Huber was begin vijftig en zoon van een herbergier uit Ravensburg[3], en hij had zijn eerste proeven van bekwaamheid als leerling en daarna als student afgelegd in Sélestat, Parijs, Montpellier en Toulouse. Hans was een drukbezet iemand en een vurig activist, en in die zin een soort voorloper van Felix Platter. Sinds 1543 was hij in Bazel achtereenvolgens of tegelijkertijd, al naar gelang het uitkwam, hoogleraar medicijnen en natuurkunde. Hij was eveneens de officiële stadsgeneesheer (*Stadarzt*) en rector magnificus. Hij was een mooie man met een fraai gepunte snor en een zachte oogopslag, die zeventien kinderen verwekte bij zijn tweede vrouw. Hij was altijd optimistisch en opgewekt en bezeten van vernieuwing. Voor Felix vervulde hij de rol van leermeester en oudere broer en hij was diens beste en trouwste vriend (F 110 en 299). Met genoegen nam hij de taak op zich het huwelijksaanzoek te doen en halsoverkop verzocht hij chirurgijn Jeckelmann op een mooie ochtend naar de kathedraal te komen. Met deze vastberaden uitnodiging onderstreepte hij zijn superioriteit als hoogleraar ten opzichte van een eenvoudige arts die de scalpel voerde. Liet de vader van Madlen, toen hij onder de gewelven van de kerk het verzoek vernam, zich bidden en smeken? Eerst voerde hij als bezwaar tegen het voorgestelde huwelijk de grote schulden van Platter senior aan, waarop Huber hem antwoordde dat de waarde van diens landerijen en huizen de schulden ruimschoots compenseerden. Meester Franz vreesde ook dat het kabaal dat de leerlingen van Thomas op het schoolplein maakten te veel zou zijn voor de gevoelige oren van zijn dochter. Dus zwoer Thomas via Hans Huber dat hij in dat geval zijn kostschool zou sluiten, een loze belofte die hij niet van plan was te houden en die hij ook nimmer gestand zou doen. Maar wat de weduwnaar niet zei, was dat hij zo lang mogelijk wilde profiteren van zijn hardwerkende dochter Madlen, die het huishouden voor hem deed. Ook deze tegenwerping werd ontkracht: in de eerste jaren van haar huwelijk zou Madlen twee huishoudens bestieren, dat van haar man en van haar vader. Een uitputtend corvee... Hans Huber had overal een antwoord op.

De stap moest gewaagd. Dus meldde Franz aan professor Huber, de onvermijdelijke tussenpersoon, dat hij in beginsel akkoord ging; maar de toestemming moest geheim blijven totdat Felix, de toekomstige schoonzoon, zijn doctoraat had behaald, omdat daar alles van afhing. In de daaropvolgende weken kon de hofmakerij geïntensiveerd worden. Felix brengt zijn namiddagen en soms zijn avonden door bij zijn aanbedene; hij fluistert haar allerlei lieve dingen toe die zij stilzwijgend maar welwillend aanhoort. Ze zijn nooit alleen, altijd zijn er de bewakers van de kuisheid. Jeckelmann zelf is er vaak bij, die doet of hij niets hoort; de toegeeflijke moeder Frön maakt deel uit van het meubilair en ze houdt zich doof (in werkelijkheid is ze blind en hoort ze uitstekend); en ten slotte is daar Dorothea, de toekomstige schoonzuster van Madlen en haar goede vriendin, die zich volkomen op de achtergrond houdt. Laten we, in het belendende vertrek, vooral ook jonker Mark Reich von Reichenstein niet vergeten; maar in feite hoort deze niets van het voornamelijk verbale liefdesspel omdat hij te zeer in beslag genomen wordt door het uitdrijven van zijn syfilis middels een paardemiddel dat bestaat uit een aftreksel van pokhouthars, gecombineerd met een strenge vastenkuur van water en brood en veel zweten.

De huiselijke omgang tussen Madlen en Felix is nu precies zoals het hoort. Maar omdat de verloving nog niet officieel is, moet het paradoxaal genoeg voor de rest van de stad nog een 'geheim' blijven... die dus zelf haar conclusies trekt. Wanneer Felix bijvoorbeeld aan het begin van de zomer samen met Huber op weg is naar vrienden in de apotheek van Hummel komt hij Madlen onderweg tegen, getooid met strikken en een groen schort (*griener schuben*). Zoals haar vader heeft verordonneerd werpt ze zelfs geen blik van verstandhouding naar Felix, die haar schaamteloos van de overkant van de straat aanstaart (F 301).

Een zelfde gebeurtenis, of eigenlijk niet-gebeurtenis, vindt plaats tijdens een nachtelijke serenade die wordt gebracht door Felix, zijn vriend Schoenauer, de koerier Bempelfort en de juwelier Hagenbach, de zoon van een wever, en professioneel fluitspeler. De serenade vindt plaats na de huwelijksplechtigheid van Thomas Guérin, een van oorsprong Waalse drukker, en Elisabeth Isengrien, de dochter van een drukker in de Freie Strasse. Het concert van de vrienden vindt plaats voor het huis De Valk (*zum Falcken*) van Isengrien. Ze bespelen snaarinstrumenten: twee luiten, een viool en een harp, het geheel begeleid door het fluitspel van Hagenbach. De familie Isengrien onthaalt de muzikanten vervolgens op een *Schlofdrunck*, ofwel een slaapmutsje, vergezeld van allerlei soorten jam. Het feestje is pas laat afgelopen zodat ze worden gecontroleerd door de nachtwacht, wat geen problemen geeft. Ondertussen had Felix van zijn vrienden gedaan gekregen dat ze nogmaals een proeve van hun kunnen ten gehore zouden brengen onder het raam van Madlen. Zo sloeg hij twee vliegen in één klap en veranderde hij het gezellige uitje met zijn kameraden in een aubade voor de vrouw van zijn dromen. Maar vader Jeckelmann, die nog steeds uit de hoogte deed, waakte in zijn woning. Er ging geen enkele deur uitnodigend open om de vier muzikanten als betaling in natura iets te drinken aan te bieden. Het viel nog mee dat ze geen emmer water of iets anders over zich heen gegooid kregen. Ontmoedigd en onverrichterzake keerden ze elk naar hun eigen huis terug. Het huishouden van de chirurgijn onderscheidde zich doordat men zich er bijna puriteins gedroeg.

De voorechtelijke maar verliefde heimelijkheid had bizarre gevolgen. Felix werd uiterst welwillend ontvangen in de strikte intimiteit van de huiselijke kring, maar zijn nachtelijke bezoeken alarmeerden uiteindelijk de lokale zedenmeesters, die de jongeman behandelden alsof hij een misdadige of verstokte versierder was. Toen hij op een mooie avond onopvallend uit het huis van Jeckelmann kwam, werd hij achterna gezeten door twee aanhangers van het kuisheidsgilde met de bedoeling hem een pak slaag te geven (*gesteubt*). Hij bleef ongedeerd door er snel vandoor te gaan.

'Liefde bestaat niet, er zijn alleen blijken van liefde.' Is bij gebrek aan concrete bewijzen van liefde, de jaloezie van een tamelijk gereserveerd meisje als Madlen wellicht een teken van genegenheid, van een bezitterige houding ten opzichte van haar geliefde? Cleopha Baer zou hiervoor een aanwijzing kunnen zijn. Deze weduwe van zesenveertig jaar, die naar men zegt gemakkelijk te versieren was (maar men zegt zoveel), was de dochter van een 'drievoudige' heer: Hans Baer was eertijds lakenhandelaar, officier van justitie en legeraanvoerder in de slag bij Marignano, waar hij in 1515 sneuvelde op het veld van eer voor het Zwitserse vaderland. Zijn dochter was een vrije vrouw, zonder vader of echtgenoot: haar man, een burggraaf uit de streek, was in 1552 overleden en zij had duidelijk een zwak voor Felix. In de zomer van 1557 nodigde zij hem bij haar thuis uit om luit te spelen tijdens het middagmaal, een 'ochtendsoep' (*morgen sup*). Een andere keer kwam zij zonder omhaal op bezoek bij Thomas en dus indirect bij Felix, die haar niet echt vriendelijk ontvingen. Madlen was al spoedig op de hoogte van deze contacten en begon onaangenaam te doen tegen haar bijna officiële verloofde. Felix was niet achterlijk; hij wist dat hij niet van twee walletjes kon eten. Hij maakte onmiddellijk een eind aan het beginnende avontuurtje met Cleopha, wat ervoor zorgde dat Madlens humeur weer verbeterde. Wat de toekomstige arts niet vertelt is dat Cleopha nog in datzelfde jaar 1557 stierf, zodat er voorgoed een eind kwam aan haar pogingen de liefde die de door haar begeerde jongeman voor een ander koesterde op de proef te stellen. Jonas, de zoon van Cleopha, zou later in Innsbrück carrière maken als ambtenaar en in de adelstand verheven worden, waarmee hij de bestijging voortzette van de maatschappelijke ladder, van lakenhandel naar aristocratie, waarmee zijn moeder was begonnen.

Na het verscheiden van Cleopha beginnen de voorbereidingen voor het onvermijdelijke en noodzakelijke doctoraal examen met een openlijke verzoening tussen de familie Platter en de bestuurders van de faculteit der vrije kunsten (F 301). Deze hooggeplaatste notabelen stonden al jaren op slechte voet met Thomas senior, die hun elke vorm van controle weigerde over zijn gymnasium. Wellicht zijn ze onder de indruk van de terugkeer van de zo veelbelovende Felix en strijken ze daarom met de hand over het hart; op 10 juni nodigen ze de student uit iets te komen drinken in herberg De Kroon, van zijn vriend Emmanuel Bomhart. Ze geven hem geschenken (*schankten*), ze wensen hem geluk en ze verklaren zich bereid hem te helpen bij zijn sprong voorwaarts naar zijn aanstaande examen in de medicijnen, waar zij in feite niets mee te maken hebben. Want zij bemoeien zich met kunst en letteren en niet met Aesculaap. De jonge Felix is verrukt over dit buitenkansje, zowel voor zichzelf als voor zijn vader, zijn geliefde vader wiens uitmuntende bijdrage aan de pedagogische ontwikkeling van de stad eindelijk op de juiste waarde wordt geschat, dankzij de goedkeuring door de 'groten' van de intelligentsia van Bazel.

De faculteit der vrije kunsten is nog maar een voorproefje. Het 'hoofdgerecht', dat tot elke prijs in de wacht gesleept moet worden, is de steun van de faculteit geneeskunde, die het doctoraat toekent. Felix biedt zich onmiddellijk aan bij vertegenwoordigers van deze faculteit voor een betaald assistentschap. Hij wordt geaccepteerd. Van 10 juni tot 21 juli bestudeert de jonge Platter ijverig zijn aantekeningen. Op 21 juli verschijnt hij voor het eerst als wetenschappelijk medewerker in het openbaar met een *maiden speech*, een inaugureel college waarbij alle professoren en artsen van de stad aanwezig zijn. De generale repetitie voor de aanstaande verdediging van zijn proefschrift? Bij het volgende college is er vrijwel niemand meer, afgezien van twee Nederlandse studenten, die voortaan gedegen privé-les krijgen van de nieuwe leraar, vier keer per week vanaf acht uur 's morgens. Om 'het vertrouwen te winnen' van de Hollanders ontvangt hij hen na de colleges in zijn ouderlijk huis. Ze mogen van hem in een boom klimmen in de hoenderhof om er de vruchten van te plukken. Hij laat ze zelfs de curiositeiten zien van zijn kleine privé-museum. Het is een verzameling van opgezette hagedissen, allerlei soorten schelpen uit Montpellier en vissen uit Palavas-les-Flots. In het kleine beetje vrije tijd dat Felix zichzelf in die zomermaanden van intensieve voorbereiding op zijn examen gunt, gebeurt er weinig schokkends. Het belangrijkste is de verkoop van zijn paard voor de helft van het bedrag waarvoor hij het edele dier had gekocht. Ongelukkigerwijs int Thomas het geld, een initiatief dat zijn zoon, die altijd op zwart zaad zit, niet erg kan waarderen. Volgens hem verzaakt Thomas hiermee zijn vaderlijke plichten. Felix troost zich met de altijd in zijn leven aanwezige muziek: hij gaat luit spelen met twee vrienden in een van de armoedige studentenkamertjes met uitzicht op de Rijn, die de oude huizen van de stad zo aantrekkelijk maken. Hij ontmoet er de trouwe Thiebold Schönhauer en een nieuwe vriend, de even hartstochtelijke muziekliefhebber Johann Jacob Wecker, geboren in Bazel (en acht jaar ouder dan Felix), een veelzijdige man die gestudeerd heeft in Saksen en Italië. Johann Jacob zal spoedig hoogleraar Latijn en dialectiek worden in zijn geboortestad, en vervolgens arts en decaan van de faculteit geneeskunde; ten slotte, wanneer de reislust weer toeslaat, wordt hij stadsgeneesheer (*Stadarzt*) van Colmar. Wecker schrijft ook en interesseert zich voor alles wat het vervormde lichaam van de voorname vrouwen uit de erfelijke adel kan verfraaien. In 1557 trouwt hij met de weduwe Anna Keller, de zuster van hoogleraar in de medicijnen Isaac Keller. Deze vrouw schrijft ook en zij had een kookboek gepubliceerd dat nogal opzien had gebaard in het culinaire Duitse wereldje. Een zekere dame Platter, eveneens een bekwame kokkin, zou hetzelfde doen in de zeventiende eeuw, ten tijde van Lodewijk XIV.

In deze periode ontmoet Felix ook af en toe Hans Ruedin, met wie het nog steeds niet helemaal botert, net als tijdens hun reis van Parijs naar Montbéliard, en ook de zwager van Ruedin, de uit een beroemd Bazels geslacht van humanistische drukkers en uitgevers stammende Ambrosius Frobenius. Ambrosius woont voorlopig nog in het prachtige ouderlijk huis aan de Bäumleingasse 18 waar Erasmus vroeger woonde. Zowel Ruedin, Frobenius junior als Hummel zijn inmiddels getrouwd, wat bij hun voorlopig nog vrijgezelle kameraad Felix een steek van jaloezie veroorzaakt.

In de wedstrijd met hindernissen moeten nu in korte tijd nog de vijf obstakels van het doctoraat genomen worden: namelijk het rekest of verzoek, het tentamen, het examen, de disputatie en de promotie. Zoals te verwachten begon het rekest met een rekest voor een rekest (*sic*), een rekest in het kwadraat, kortom een aanvraag voor een aanvraag, want formaliteiten moeten er zijn. Op zaterdag 14 augustus 1557 begeeft Felix zich naar het huis van professor doctor Oswald Baer, de decaan van de faculteit geneeskunde. De uit Tirol afkomstige Baer is dan vijfenzeventig en een verwaande kwast, een zelfingenomen nul, een soort lokale pauw, die met zichzelf pronkt en anderen bedot, een ijdele opportunist, de verpersoonlijking van de academische linkerd en de universitaire streber. Hij compenseert dit zo goed en zo kwaad als het gaat door een uitgesproken passie voor muziek, door altijd een zonnig humeur te hebben en de goeie kerel uit te hangen en door waarachtige moed te tonen tijdens een pestepidemie. Door zijn buitengewoon kruiperige houding kwam hij uiteindelijk op de hoogste medische posten in Bazel terecht, waar hij veertig jaar lang omheen gefladderd had. Hij werd hoogleraar, rector magnificus, faculteitsvoorzitter en ten slotte stadsgeneesheer. Juist door zijn middelmatigheid kon hij in deze laatste functie de opmerkelijke Paracelsus opvolgen, omdat deze moeiteloos ruzie had gekregen met vrijwel alle functionarissen van de stad, benijd als hij werd door velen vanwege het simpele feit dat hij een genie was, dat vaak vijandigheid maar nooit onverschilligheid opriep. Oswald Baer leed weliswaar af en toe onder de terugslag van zijn eigen gebrek aan scrupules en van de voortdurend toegepaste verboden honorariumverdeling met zijn eerste vrouw, die apotheker was, een regeling die veel inwoners en collega's van Bazel choqueerde. Maar de heer Oswald wist zich er telkens weer uit te redden. Toen hij weduwnaar was geworden, hertrouwde hij nog tweemaal en sloot daarbij telkens een beter huwelijk. Het was hem zelfs gelukt op het juiste ogenblik de religieuze en culturele omwentelingen van 1529-1532 te overleven, de periode waarin het protestantisme van Oecolampadius zich definitief in de stad Bazel vestigde. Een omwenteling waarbij hij gespaard bleef, maar die vele minder geslaagde carrières ruïneerde. Professor Baer ontving Felix in elk geval vriendelijk omdat de jongeman hem niet in de weg zat. Deze ontvangst op 14 augustus vond plaats in een van de huizen die de oude meester bezat, dicht bij de kathedraal. Felix kreeg zonder problemen toestemming om te verzoeken… of hij een rekest mocht indienen. Hij vroeg dus het recht om te vragen. De volgende dag (zondag 15 augustus), moest de jonge Zwitser opnieuw verschijnen, dit keer om officieel het rekest in te dienen.

Die zondagmiddag ging Felix dus ten tweede male naar het huis achter de kathedraal van Baer, dat (in principe) een woonhuis was. Maar gezien de functie van de bewoner vervulde het huis in feite de rol van kantoor van de faculteitsvoorzitter gedurende de eerste stadia van het afleggen van een doctoraal examen. Bovendien hadden de gebouwen die in handen waren van Baer maar weinig geheimen voor Felix, omdat een ervan gelegen was bij het uithangbord van de Grote Rode Leeuw in de Freie Strasse, niet ver van zijn ouderlijk huis.

In het huis van Baer ontmoet hij twee oude bekenden, namelijk professor Huber, die hem al een handje geholpen had bij zijn huwelijksaanzoek betreffende juffrouw Jeckelmann, en een collega van Huber, Isaac Keller (*Cellarius*), die zeven jaar ouder is dan Felix en sinds 1552 is aangesteld als professor in de theoretische geneeskunde. Deze Keller zou overigens een briljante carrière maken in Bazel, tot hij, een kwart eeuw later, ten onder zou gaan in een financieel schandaal waardoor hij gedwongen werd opnieuw te beginnen in Sélestat als stadsgeneesheer (*Stadarzt*), alweer een!

Platter junior toont dit hooggeplaatste trio zijn diploma's uit Montpellier: zijn baccalaureaat en zijn einddiploma. De hoofdstad van de Languedoc staat in bijzonder hoog aanzien in het Duitse taalgebied en er is geen sprake van anti-Franse gevoelens in deze in principe gallofiele stad. Felix vraagt dus in een ter plekke afgestoken redevoering toestemming het doctoraal examen af te leggen. Alles verloopt naar wens totdat zijn toehoorders hem plotseling naar zijn leeftijd vragen. Felix wordt in het najaar pas eenentwintig. Baer reageert onvriendelijk: om doctor te kunnen worden moet iemand vierentwintig zijn. Ontmoedigd vertrekt Felix. Hij zit op hete kolen. Diezelfde avond ontploft zijn toekomstige schoonvader, die voor het eerst getuigt van vriendschappelijke gevoelens voor zijn aanstaande schoonzoon: 'Als ze u hier niet willen, dan geef ik u mijn paard (*gib ich euch mein ross*) en gaat u doctoraal examen doen in Montpellier' (F 305). (Het aanspreken met 'u' bleef een vereiste.)

Onnodige schrik! In werkelijkheid ging het om een soort ontgroening: bij elke verdediging van een proefschrift horen tegenwerpingen, zelfs absurde, zo zijn de regels. De drie professoren waren overigens net zo ontstemd als Felix, door diens plotselinge vertrek. De volgende dag, maandag 16 augustus, is de opschudding weer vergeten en wordt de kandidaat door de pedel van de universiteit opgeroepen om het tentamen af te leggen, anders gezegd het 'voorbereidende examen'. Het college *ad hoc* bestaat uit dezelfde drie docenten, Baer, Keller en Huber 'Minos, Aeacus en Rhadamanthus', opnieuw in het huis van Baer. Een paar uur lang bestoken ze de jongeman met vragen over hun vakgebied. Felix beantwoordt de vragen niet alleen vriendelijk en respectvol, maar ook correct. Vervolgens vragen zij hem, natuurlijk in het Latijn, voor de volgende dag twee referaten te maken over door hen gekozen onderwerpen, ten behoeve van het reglementaire examen, dat op 17 augustus zal plaatsvinden.

Zodra het tentamen op 16 augustus is afgelopen komt Margret Baer, de dochter van professor Baer, onmiddellijk aan met koekjes en likeur. Felix betaalt het 'rondje', waardoor ze allemaal moeten lachen, ook Margret Baer wier huwelijk met een adellijke baljuw niet gelukkig is. De 'proefschriftborrel', gegeven door de aanstaande doctor, is dus een oude traditie, maar het is een borrel met een lange adem: zoals de gewoonte is, trakteert Felix in die lange periode van het doctoraalexamen verscheidene malen en voor veel geld zijn examencommissie, zijn vrienden, zijn coreferenten, de vrienden van zijn vrienden en zelfs zijn opponenten.

Het feitelijke examen vindt plaats op dinsdag 17 augustus, opnieuw bij Baer. De beide thema's die Felix moest uitwerken na het tentamen van de vorige avond zijn van een verbazingwekkende intellectuele armoede. Het ene is een aforisme van Hippocrates, 'het voortschrijden van de tijd veroorzaakt ziekten', en het andere is een uitspraak van Galenus, 'de geneeskunde is de wetenschap der remedies'. Men kan nauwelijks majestueuzer een open deur intrappen. Wanneer Felix een aantal jaren later professor is zal hij deze proeven uit zijn jeugd moderniseren. Ondertussen moet het spel opnieuw meegespeeld worden. Dus draagt de jongeman in ruim een uur de tekst voor die hij die nacht heeft geschreven en uit zijn hoofd geleerd. Op rituele wijze doet hij of hij een hoorcollege geeft, een uit zijn hoofd geleerde preek. De drie beoordelaars die zijn gehoor vormen, houden hun slachtoffer vervolgens drie uur lang in spanning, wanneer ze de rollen omdraaien. Van de weeromstuit moeten ze zelf ook schitteren. Oswald Baer, die zichzelf als een groot filosoof beschouwt (*so ein grosser philosophus sein wolt*), gaat in de aanval waardoor hij zich voor de zoveelste keer belachelijk maakt. Na deze vloedgolf van decanale waanwijsheid verzoekt de examencommissie Felix zich terug te trekken: het is wat wij in 1995 de beraadslaging van de examencommissie noemen. Zuiver een formaliteit omdat zowel toen als nu het resultaat al van tevoren vaststaat... met als enig verschil dat er in de twintigste eeuw nog een *cum laude* of *summa cum laude* aan toegevoegd kan worden. Wanneer hij weer teruggeroepen wordt krijgt Felix vrijwel onmiddellijk te horen dat hij zich moet voorbereiden op de disputatie, het bij uitstek dramatische moment van het naar buiten treden. De hordenloop gaat door, maar de atleet staat er uitstekend voor. Er komt opnieuw een drankje op tafel, net als het vorige aangedragen door Margret Baer, opnieuw op kosten van de toekomstige doctor. En drie dagen later laat Felix in herberg *Zur Kronen* daar nog een maaltijd op volgen, die het professorale trio in een uitstekend humeur brengt. Aan het eind van die week volgt er nog een derde 'rondje' van Felix.

De laatste 'decade' van augustus wapent Felix zich met wetenschappelijke kennis voor de laatste proef, de disputatie. Deze vormt, vanuit technisch oogpunt, tevens de voorlaatste hindernis in het overgangsritueel naar het doctoraat. Baer geeft de jonge promovendus de beide thema's op, die hij begin september in een publiek debat moet verdedigen; twee thema's die Felix overigens in petto houdt omdat hij ze belachelijk vindt. Maar voorlopig werkt hij nog geheel volgens het boekje. Hij 'blokt' zoals hem is bevolen. De disputatie staat in principe open voor alle *doctoribus et professoribus* van de stad. Er komen maar weinig studenten in de medicijnen naar toe omdat hun aantal nauwelijks dat van de professoren overtreft. Een ideale onderwijssituatie... Pas in de laatste dertig jaar van die eeuw, wanneer Felix wortel heeft geschoten en in rang is opgeklommen, mogen zich meer studenten aan de universiteit inschrijven. In 1557 is er nog volop sprake van een universitair malthusianisme. Dus laat de kandidaat in de maand augustus een algemene oproep drukken met de wetenschappelijke agenda van de bijeenkomst, die wordt opgehangen op de aanplakborden van de vier kerken van de stad (net als in Parijs is in die tijd de kerk in Bazel bij uitstek een van de plaatsen van het openbare leven).

Het drukken en openbaar maken op 29 augustus van de thema's van Baer en Platter, de *themata* in de vorm van aanplakbiljetten met de uitnodiging (voor een disputatie op 2 september) aan alle *doctoribus et professoribus* van de stad, komt overeen met wat in Frankrijk de thesis heet, als hoogtepunt of *culmen* van het doctoraal examen. In het *Dictionnaire universel* van Furetière uit de daaropvolgende eeuw leest men: 'Een universitaire thesis noemt men een plakkaat waarin een groot deel van de stellingen of uitspraken worden gepubliceerd. Zo zijn er filosofische en geneeskundige thesen die men moet verdedigen tegenover iedereen die op een bepaalde dag komt... Men wordt uitgenodigd voor een these.'[4]

Maar de geneeskunde, of eigenlijk de ziekte, eist onverwacht haar rechten op: hoewel het zomer is wordt Felix ongelukkigerwijze overvallen door zware hoestbuien, als gevolg van een bronchitis- of zelfs kinkhoestepidemie die in 1557 heerste van Montpellier tot in Zwitserland.

Donderdag 2 september: de officiële disputatie voor het doctoraat. Dit keer maakt men geen gebruik van het huis van Baer. Het aantal mensen en ook het ceremoniële belang van de gebeurtenis is zo groot dat men zijn toevlucht neemt tot de *aula medicorum* van de geneeskundige faculteit, die is ondergebracht in het *Obere Collegium*, oorspronkelijk het klooster van de augustijnen, wier aanwezigheid uit de mode is na de reformatie. De *disputatio* van Platter, die om zeven uur 's ochtends begint, duurt tot het middagmaal. Driehonderd minuten lang. Die ochtend verschijnen in het auditorium de paar studenten die gewoonlijk de colleges volgen van de professoren Huber en Keller. Baer zelf, die zich voorstaat op een 'ervaring' van vijftig jaar (een halve eeuw domheid maakt iemand nog niet intelligent), brengt met betrekking tot de natuurlijke lichaamswarmte Avicenna tegen de jonge Zwitser in stelling. Avicenna, wiens ster in het midden van de zestiende eeuw in Montpellier zeer verbleekt is, evenals die van de overige Arabische artsen, die voor die tijd in de Languedoc in aanzien stonden. Felix raakt hierdoor niet van zijn stuk. Zijn grote voordeel boven de professoren van Bazel is dat hij de Franse (en Griekse) geneeskunde op zijn duimpje kent. Hij slaat Baer om de oren met de argumenten van Fernel, de beroemde geleerde die hij kort daarvoor nog had ontmoet in Parijs en wiens *De naturali parte medicinae* en andere werken hij natuurlijk had gelezen. Met betrekking tot de natuurlijke warmte (en kou), die het onderwerp vormt van de disputatie in Bazel in 1557, onderscheidde Fernel op zeer wetenschappelijke wijze de planten, die koud zijn en het dier en vooral de mens die dichter bij de warmte en het vuur staan. Brood, vlees, wijn, peper, mosterd, bloed, sperma, geest, hart, lever en milt bevinden zich aan de warme kant; de hersenen zijn koud en vochtig; de remedie is (per definitie) behandeling met kou of met milde warmte, al naar gelang het te behandelen deel van het lichaam! Als vurig aanhanger van Galenus beschrijft Fernel, helemaal volgens de geneeskunde van de oudheid, de oorzaken en symptomen van de ziekten. Felix volgt hem op de voet tijdens zijn mondeling examen, en heeft geen enkele behoefte de meester te overtreffen. Later daarentegen, wanneer er door de ontdekkingen in de pathologische anatomie een verband is gelegd tussen bepaalde symptomen en kwetsuren, baseert professor Platter zijn praktijk en zelfs zijn theorie op realistischer ideeën dan die van Fernel.[5]

Nadat Baer voldoende heeft mogen schitteren, komen vier nieuwe artsen – Pantaleon, Keller, Huggelin en Philip Bächi – Platter belagen. In Bazel en Montpellier kwamen we Huggelin al tegen, evenals de eminente Pantaleon, wiens verschijning in de *aula medicorum* alleen al getuigt van het hoge niveau van de academische gebeurtenis die dag. Bächi is nieuw voor ons. Deze man van zesendertig komt uit de buurt van Baden-Baden en heeft gestudeerd aan de lutherse universiteit van Saksen; hij is hellenist, latinist, dichter, arts, vroom, een liefhebber van goede wijn en hij heeft een longziekte. Eerlijk gezegd kan Felix deze toch waardevolle man niet uitstaan en zijn echtgenote nog minder, een vruchtbare ex-weduwe die hij ervan beticht domme grappen uit te halen, zoals een plank met spijkers in het bed leggen van een kamerdienaar, ene Heidegger[6], die het helemaal had gemaakt bij de weduwe, op het gevaar af dat deze zich ernstig zou verwonden. In elk geval is Bächi tijdens de disputatie een waardige en soms zelfs zeer kritische gesprekspartner voor de Zwitser. In deze fase van de disputatie richt hij, samen met Huggelin, zijn kritiek voornamelijk op de reeds eerder ter sprake gekomen problemen van de natuurlijke lichaamswarmte. De beide examinatoren halen enkele argumenten aan uit het werk van Pietro d'Abano, een van de meest bizarre artsen en filosofen uit het dertiende-eeuwse Italië, een notariszoon, hellenist, astroloog en verwoed reiziger (van Byzantium tot in Schotland), een vermeende tovenaar en zelfs atheïst

(?), wiens werk was getiteld *Conciliator*.[7] Gelukkig kent Felix dit werk op zijn duimpje en kost het hem geen enkele moeite zijn tegenstanders onderuit te halen. Onze kandidaat, die graag en veel las, had zeer veel werken bestudeerd en hij had ook veel praktisch onderzoek gedaan naar de anatomie van lijken.

Nadat de *disputatio* – of *Disputantz* zoals men in Bazel zei – goed was verlopen, moest Felix opnieuw een aantal mensen onthalen, zowel professoren als vrienden en zoals gewoonlijk in herberg De Kroon, op een enigszins verlaat middagmaal. Nadat hij nog verder heeft ingeteerd op het spaargeld van zijn familie gaat Felix na het dessert even bij zijn verloofde langs; ze had zich zorgen gemaakt dat hij door zijn hardnekkige verkoudheid en loopneus minder goed zou kunnen spreken. Felix neemt haar handen in de zijne en stelt haar gerust... dat gaat hem nog beter af wanneer de doctoren van de faculteit hem vier dagen later, op maandag 6 september eindelijk laten weten dat hij is toegelaten (*zuglossen*) tot het doctoraat. Er heeft dus nog een tweede bespreking plaats gehad waar wij niets van weten, maar die positief is verlopen.

De laatste fase, de eigenlijke 'promotie', is zuiver ceremonieel en gepland op 20 september. De promotie bekroont, zonder vooruit te lopen op een nog schitterender toekomst, de dromen van een ambitieuze, kersvers in Montpellier afgestudeerde jongeman. Omdat hij een foutloos parcours wil afleggen bereidt hij in de derde week van september de redevoeringen voor die hij enkele dagen later uit zijn hoofd zal voordragen. Hij bemoeit zich ook zelf met het uitnodigen van toehoorders en stuurt daartoe kleine aanplakbiljetten naar de kerken. Vervolgens nodigt de pedel van de universiteit (*pedellus*) de beide burgemeesters van Bazel (de oude en de nieuwe) uit voor het feest, evenals de hoogwaardigheidsbekleders der gilden, de professoren van diverse takken van wetenschap en de vrienden. Die komen zelfs uit het Zwarte Woud: men laat Peter Gebwiller, de griffier van Rötteln, komen, een oude vriend die Felix tijdens een pestepidemie (1551) onderdak verleende. Ook diens schoonzoon Michael Rappenberger wordt uitgenodigd, die niet lang daarna door een goed huwelijk zal opklimmen tot kasteelheer in een geheel gerenoveerd landhuis. Het is duidelijk dat Felix graag omgaat met mannen die bezig zijn de maatschappelijke ladder te beklimmen. De komst van de belangrijkste vroede vaderen van de streek naar een dergelijk doctoraal *fiesta*, dat in onze dagen een vrijwel strikt academische aangelegenheid is, behalve in zeer mondaine gevallen, doet wellicht vreemd aan. We moeten echter niet vergeten dat er van 1550 tot 1567 in Bazel slechts vier verdedigingen van een geneeskundig proefschrift plaatsvonden, dus een elke vier of vijf jaar. De meeste promovendi behaalden de titel liever elders, in Frankrijk of in Italië[8], een beetje zoals onze jeugdige tijdgenoten die naar Europa terugkeren met een Ph.D. of liever nog een 'masters' van Berkeley of Yale. Door zijn aanwezigheid bij de wetenschappelijke festiviteiten steunde het gemeentebestuur de dappere stadsgenoot, die na een lange reis zo verstandig en beleefd was thuis te promoveren.[9]

Op 20 september komt men eerst samen bij Baer om zich met een paar glazen muskaatwijn moed in te drinken. Vervolgens begeven Baer, Huber en Platter zich naar de *aula medicorum*. De zaal is onherkenbaar! Het ziet er zwart van de mensen en langs de wanden hangen tapijten – dat alles voor Platter junior, die zijn ogen niet kan geloven. Zijn vader evenmin. De ceremonie duurt vier uur. Eerst is er trompetgeschal, dan een toespraak van professor Keller en vervolgens een eindeloos durende redevoering van Felix, over thema's die hem ter plekke, in het vuur van het debat, worden voorgelegd, maar die hij in werkelijkheid van tevoren kende. Nog een aantal toespraken en dan volgt een processie: de bebaarde pedel loopt voorop, met een wijde cape, linten boven de kuiten, schoenen met linten en in zijn rechterhand de scepter, het teken van zijn soevereiniteit. Achter deze vertegenwoordiger van het gezag komt Felix, met een gelukzalige glimlach en bolle wangen, bijna als een kind. Hij draagt een rode broek, een wambuis van rode zij, een stuk velours van twee voet lang om zich heen gedrapeerd en een zwarte promotiemantel. Decaan Baer sluit de stoet. Ze beklimmen de preekstoel en daar zet Baer Felix de wetenschappelijke doctorsmuts op (van velours). Aan zijn vinger schuift hij een ring, wat de ontvanger met afschuw vervult, hij die zonder moeite een lijk opensnijdt, zelfs al stinkt het, maar die geen ring aan zijn vinger verdraagt, of die nu van vlees of van metaal is.[10] Dan volgen nog twee 'spontane' toespraken van Felix. Vervolgens gaat men met de pedel en de trompetten naar buiten. Felix wordt vergezeld door rector magnificus Wolfgang Wissenberger, die met zijn degen op zijn heup voor edele speelt, al is hij de zoon van een wever. Als altijd het streven naar een hogere positie! Nu is de omgeving niet langer strikt medisch, want Wissenberger is professor in de wiskunde en de theologie, vergelijkbaar met Oecolampadius. Ook de achter Felix aan dribbelende Bonifacius Amerbach heeft niets medisch; hij is jurist, humanist en ex-rector magnificus. Men komt samen in *Zur Kronen*: zeventig genodigden zitten rond zeven zeer Breugheliaanse tafels. Dit moet de Platters zo'n vijftig florijnen kosten, waarvan vijf afkomstig zijn van de als altijd krenterige toekomstige schoonvader Jeckelmann.

De maaltijd duurt tot drie uur 's middags; de dag wordt besloten met een *Obendrunck*, de eeuwige *nightcap* of slaapmuts, bij Michael Rappenberger, die in een voorstad van Bazel woont. Zoals gezegd had zijn schoonvader Gebwiller Felix onderdak geboden tijdens de pestepidemie van 1551, toen de zuster van de pas gelauwerde stierf. Michael drinkt de jongeman nauwgezet toe na de promotie. Goede tijden en slechte tijden...

Zo onderging Felix het hele ritueel van een promotie, zoals die met nauwelijks enig verschil ook plaatsvond in Montpellier met een parade van paarden, trompetten en fluiten (T2 69), met behulp van een grote hoeveelheid handschoenen, kaarsen en het uitdelen van bonbons; parades voor de nieuwe doctor die was voorbestemd professor te worden, of hij nu gepousseerd was of geniaal.

De promotieplechtigheid is een eucharistieviering.

In elk geval bewerkstelligt zij een transsubstantiatie: doctor Felix Platter is niet dezelfde als Felix Platter zonder titel. De jonge gezinshoofden van de klasse der ambachtslieden vinden hem in het vervolg een waardig peetvader voor hun pasgeborenen. Al in de eerste weken na zijn promotie houdt Felix achter elkaar vijf kinderen ten doop. Onder hen is de zoon van een drukker, van een ambtenaar en van een hoedenmaker en ook de kleine Margret, de dochter van zijn vriend Hummel, de apotheker.

De Felix Platter uit het jaar 1557 verkeert grotendeels in de klasse der handwerkslieden of de verwante en net daarboven gelegen milieus, ofwel omdat Felix deze kinderen het voorrecht gunt van zijn peetvaderschap, of omdat hij beroepsmatig te maken heeft met opgeklommen artsen, professoren en intellectuelen die zelf zonen zijn van handwerkslieden. De voortplantingstheorieën die bij de sociologen aan het eind van de twintigste eeuw geliefd zijn gelden wellicht (?) voor ons moderne westen, maar voldoen al veel minder waar het gaat om de steden uit de renaissance die een grote economische en demografische groei kennen (wat ook met drama's gepaard gaat). Deze steden zijn ten prooi aan een periodieke vernieuwing van hun leidende klassen, simpelweg door de pestepidemieën en het hoge sterftecijfer; anderzijds werden ze in 1529 geschokt door de diep ingrijpende reformatie die tot een wezenlijke vernieuwing der eliten op vele terreinen leidde, zowel religieus als politiek, intellectueel en universitair... Zowel voor individuen als hele families waren er hierdoor in het Zwitserse eedgenootschap van de tweede helft van de zestiende eeuw veel mogelijkheden om maatschappelijk op te klimmen en de familie Platter was niet de enige die hiervan profiteerde.

Kwam nu na het doctoraat het huwelijk? De hele maand oktober bleef vader Jeckelmann, die de sleutel in handen had van het geluk van de twee jonge mensen, tijd rekken. In feite stribbelde de weduwnaar nog steeds tegen bij het idee dat hij zijn dochter, zijn kostbare parel, zijn huishoudster, moest laten gaan. Hij laat de oude Thomas wachten en schuift alles op de lange baan, tenminste tot de eerste dagen van november wanneer de markten van Bazel zijn afgelopen. Er moet nu geduld betracht worden, temeer daar de houding van Jeckelmann verre van negatief is: hij stelt zijn huis open voor Felix. (De deur van dit huis is toch al nooit op slot, in een stad waar men weliswaar bevreesd is voor misdrijven, maar niet zozeer voor diefstal; de stad is niet hetzelfde als een ondoordringbaar woud in Frankrijk of Zwitserland.) Onder leiding van Madlen maakt Felix in de keuken van de chirurgijn allerlei jams (zijn hele leven houdt hij een voorliefde voor zoetigheid...) of hij maakt grapjes met het meisje. Hij beschrijft haar uitvoerig haar charmes, en de schulden die hij aan Montpellier heeft overgehouden. Hij staat ook op zeer goede voet met Daniel Jeckelmann, zijn toekomstige zwager. Felix schenkt Madlen zelfs een halskettinkje. Voorlopig weigert ze het, bevreesd als ze is voor wat men ervan zal zeggen, maar ze aanvaardt de fraai gebonden bijbel die Felix voor haar in Parijs had gekocht. Dit cadeau brengt de ontvangster niet in opspraak; het getuigt duidelijk van de diepe religiositeit van zowel Felix als Madlen.

Wanneer de markten zijn afgelopen wordt eindelijk de huwelijksdatum vastgesteld. Jeckelmann is de baas over de kalender en hij bepaalt alles: het huwelijkscontract zal worden gesloten op 18 november en de bruiloft zal plaats vinden op de 22ste.

Donderdag 18 november: samenkomst bij de chirurgijn in het vertrek naast de keuken (*Kuchi*). De vader van Madlen wordt bijgestaan door vier collega's afkomstig uit de handel van Bazel en de stand der voorname handwerkslieden. Het zijn Caspar Krug, de machtige ijzerhandelaar en toekomstige burgemeester; Martin Fickler, een tot Bazelaar genaturaliseerde lakenhandelaar uit de Elzas; Batt Hug, meester-vishandelaar, zoon van een zoetwatervisser, een van die welgestelde vissers zoals ze in de Elzas en in Zwitserland wonen, die dagelijks vroeg in de ochtend honderd kilo vis vangen in een boot op de Boven-Rijn, met hun wijdmazige netten voor zeelten, forellen en snoeken, hun 'frituurnetten' voor een wonderbaarlijke visvangst en hun van een rijke bruidsschat voorziene dochters; en ten slotte Gorius Schieli, een complex zo niet compleet persoon, aangezien hij slager, herbergier, gemeentelijk hospitaalbeheerder, baljuw en ex-opperbevelhebber der stad is. Schieli is een van de 'grote bonzen', een van de organisatoren van de stad Bazel. Het ontbreekt hem slechts aan intellectuele vaardigheden.

De getuigen van Thomas zijn financieel gezien gelijkwaardig aan de anderen, maar hun intellectuele kwaliteiten, hun 'symbolisch kapitaal' is indrukwekkender. De eerste is Hans Huber, de belangrijkste medicus, overtuigd protestant en zeer goede vriend van Felix, ook al is hij af en toe wat onvoorspelbaar. Hij was het immers die, nadat hij in de buurt van Bazel een (natuurlijk rooms-katholieke) abt had behandeld, het wapen van deze geestelijke boven zijn toiletpot had opgehangen, waarna hij onderdanig en hete tranen schreiend zijn excuses aanbood aan genoemde abt toen monniken hem van deze grap op de hoogte brachten. Typisch een grap van een student in de medicijnen... De tweede getuige van Platters kant bij de ondertekening van het contract is Mathias Bomhart, een jongen van zeventien, leerling-smid, broer van de eigenaar van *Zur Kronen* en verwant met de familie Myconius, al jaren de beschermheren van Thomas Platter. De laatste getuige is niemand minder dan Henric Petri, een boekdrukker en zoon van een drukker, een hoge pief in de stedelijke gilden, gemeenteraadslid, echtgenoot van een ex-non die in 1529 uittrad (het jaar van de religieuze omwenteling), en later hertrouwd met de weduwe van een Frobenius. Deze contractuele 'meeting' van 18 november zou zowel bij vader als zoon Platter een bittere nasmaak achterlaten. Jeckelmann geeft zijn dochter geheel volgens de regels een bruidsschat van vierhonderd gulden, waarvan honderd pond in contanten en de rest als uitzet. Opnieuw een loze belofte? Maar in antwoord daarop moet Thomas erkennen dat hij geen cent op tafel kan leggen en dat Felix niet meer bezit dan zijn hemd (en zijn proefschrift) als inbreng in het gezamenlijk huishouden: een vernedering, zowel voor de pedagoog als voor de kersverse doctor. De discussie met Jeckelmann wordt steeds venijniger en bijna gaan ze met ruzie uiteen.

Uiteindelijk belooft de in het nauw gedreven Thomas op zijn beurt vierhonderd gulden... waarvan hij geen cent bezit. Het jonge stel krijgt ze slechts symbolisch in de loop der tijd doordat ze in het huis *Zum Gejägd* van Thomas Platter zullen blijven wonen. Een opwekkend vooruitzicht! Thomas belooft bovendien, zonder het ook maar een ogenblik ernstig te menen, dat hij de kostschoolleerlingen van zijn gymnasium zal wegsturen, wier hels kabaal onverdraaglijk is voor de toekomstige echtgenote. Daarna verzoenen de twee vaders zich zo goed en zo kwaad als het gaat, maar het zoenmaal verloopt zonder enthousiasme: er wordt geen noot muziek gemaakt, tot verdriet van Felix. Madlen heeft in de keuken, met haar oor tegen de tussenwand gedrukt, het moeizame gesprek over de financiën gevolgd en is stomverbaasd. Tot overmaat van ramp begeleidt de stomdronken Daniel Jeckelmann die avond Felix naar *Zum Gejägd* waarbij hij zijn zusje volkomen zwart maakt. Het einde van een mislukte dag. De toekomstige bruidegom gaat slechtgeluimd naar bed.

Zaterdag 20 november: de mensen worden uitgenodigd voor het huwelijk, in totaal honderdvijftig personen, inclusief echtgenotes en kinderen. Bij de Normandische bruiloft van Flaubert waren slechts een veertigtal genodigden, niet veel vergeleken met het trouwfeest van Platter. Van de vijfentachtig gezinshoofden van wie het beroep bekend is, behoren er vijfenvijftig tot de categorie der kooplieden en handwerkslieden en in het uiterste geval tot de kunstenaars. Zij behoren tot de kleine burgerij en de lagere middenklasse waarin zowel de Platters als de Jeckelmanns zowel in heden als verleden hun wortels hebben. Van deze ruim vijftig gasten zitten er elf in de textiel, zeven in de leerbewerking, acht in de metaalbewerking en zestien in de voedselvoorziening; bovenaan de ladder van deze globale indeling vinden we (afgezien van een aantal ondefinieerbaren) nog vijf goudsmeden en geldwisselaars; vier zetters en drukkers; vier kunstenaars (glasblazer, glasschilder, beeldhouwer...). Naast dit vijftigtal zijn er dan nog veertien personen uit medische beroepen (onder wie vier professoren en de rest zijn chirurgijnen, artsen en apothekers), plus zes protestantse geestelijken en een zestal mensen die behoren tot de lagere magistratuur (griffiers, deurwaarders...), en ten slotte vier edelen of kasteelheren en de onvermijdelijke 'diversen'.

In dit 'Platter-Jeckelmann'-geheel vormen de genodigden van Felix en Thomas duidelijk een hogergeplaatste groep dan die van de vader van Madlen, chirurgijn Jeckelmann. Onder hen zijn veel meer intellectuelen en edelen. Overigens benadrukt Felix de superioriteit van zijn clan door te onderstrepen dat zijn vader, afgezien van zijn (vele) buren uit de Freie Strasse, talloze gildeleden, gemeenteraadsleden en mensen van de universiteit en uit de adel heeft uitgenodigd. De Platters wonen nog niet lang in de stad, tenminste de vader, en ze hebben in Bazel geen enkel familielid. Ze moeten hun minderwaardigheid dus compenseren, kortom hun achterstand inlopen, door alle buurtbewoners te vleien en zich te beroepen op hun goede contacten in het intellectuele milieu. Deze zullen er alleen maar beter op worden tijdens de latere carrière van Felix.

Zondag 21 november: nauwelijks enige verbetering in de stemming. Weliswaar wordt het huwelijk afgekondigd in de kathedraal en worden de tafels gedekt bij Thomas onder toezicht van Batt Oesy, herbergier en kok van de in een voorstad gelegen herberg De Engel. De alchimist Hans Rust, een oude vriend van de Platters, arriveert in opperbeste stemming met op zijn schouder een enorme gruyèrekaas, ter ere van het bruidspaar. Maar niets helpt; Thomas blijft woedend. Hij vindt dat hij opdraait voor alle voorbereidingen van de bruiloft. Als we hem mogen geloven is zijn enige zoon een luie, schuchtere aanbidder, die altijd bij zijn verloofde hangt in plaats van zijn vader te helpen. Felix is bedroefd door de drievoudige woede, van zijn schoonvader (over het geld), van zijn zwager (op Madlen) en van zijn vader (geïrriteerd door de voorbereiding van het feest). Op een gegeven moment voorziet hij zelfs dat het leven in een huishouden met vier volwassenen, in zo'n uitgebreide familie, wel een hel moet worden. Deze 21 november is een zwarte dag. Thomas is niet vaak in een slecht humeur, maar als het eenmaal zover is... Betekent dit de vijfde 'depressie' voor Felix, na Avignon, Montpellier (twee keer) en Narbonne...?

De volgende ochtend, maandag 22 november, klaart de lucht op. Thomas maakte zich alweer op om te gaan brullen, terwijl hij daar geen enkele reden voor had, want er ontbrak niets, ze bezweken bijna onder het eten voor de gasten. Maar op het moment dat hij in woede wil uitbarsten krijgt hij zo'n uitbrander van de huishoudster Dorothea Schenk, die gekomen is om te helpen bij de voorbereidingen van de bruiloft, dat hij sprakeloos staat. Dorothea is een kranige vrouw, uit een familie van metaalbewerkers. Er zijn meerdere voorbeelden van het autoritair optreden van vrouwen waarmee oude agressieve mannen de mond wordt gesnoerd. Mevrouw Platter had haar echtgenoot op een dag flink op zijn donder gegeven omdat hij te hardhandig was tegen Felix. En chirurgijn Jeckelmann kiest voortdurend partij voor zijn dochter (die hij op handen draagt) tegen zijn zoon.

Nu de rust is weergekeerd kan Felix zich die ochtend van 22 november uitdossen als bruidegom: een wambuis van rode zij, een vleeskleurige broek, een trouwhemd met een kleine geplooide kraag, gouden spelden en een goudkleurig boord; daarbij een fluwelen doctorsmuts met galons van parels en geborduurde bloemen, die zijn hoofd omkransen.

De bruid pronkt met een vleeskleurige blouse, passend bij de broek van haar man. Het rood van de wambuis van Felix komt terug in de scharlakenrode toga van professor Baer: hoewel hij vijfenzeventig is, heeft de meester er geen moeite mee zich te hullen in kamelotwol en ingesneden zijde. Het feest doet leeftijdsverschillen verbleken; er is zelfs plaats voor het belachelijke. De jonge vrouwen dragen voor deze gelegenheid kapsels met linten, parels en gouden sieraden. De stoet, aangevoerd door drukker Petri, begeeft zich naar de grote kerk voor de preek, het uitwisselen der ringen en het wegschenken van de lichamen aan elkaar. Daarna keert men rond aperitieftijd terug naar *Zum Gejägd* waar de bruid kostbare geschenken ontvangt, in afwachting van het middagmaal.

In de voor deze gelegenheid ingerichte ruimtes staan vijftien welgevulde tafels gedekt voor in totaal honderdvijftig mensen, zonder rekening te houden met de bedienende mannen en vrouwen, moekes met bolle wangen, welgevulde bovenlijfjes en blote armen die de bladen aandragen, grote houten planken afgeladen met eten en drinken. De bedienden mogen overigens aan het eind meeëten van het dessert (fruit en kaas); dit brengt het totaal aantal gasten op zo'n honderdvijftig tot tweehonderd personen. Zowel vrienden als verwanten van het bruidspaar zitten, volgens een nogal 'puriteins' principe, gescheiden naar sekse. We zijn hier niet in het katholieke Vlaanderen van Breughel waar de dames en heren van het platteland probleemloos en hard lachend dicht naast elkaar zitten rondom de huwelijksdis. Op deze gelukkige dag zijn in de drie aangrenzende en haaks op elkaar staande huizen, die samen *Zum Gejägd* vormen, twee grote vertrekken gereserveerd voor de mannelijke gasten. Het ene geeft uitzicht op de tuin en wordt verwarmd door de kachel van de aangrenzende drukkerij (het is eind herfst en vrij koud). Het andere vertrek, ook voor de mannen, maar dan de minder voorname, bevindt zich in het middelste huis van *Zum Gejägd* (*Mittelhus*); het is bereikbaar via een wenteltrap. De vrouwen der elite zitten in de ruimte van de drukkerij, waar het veel te warm is: ze zijn nat van het zweet. Daarnaast is er nog een vertrek voor 'gewone' vrouwen en een voor de meisjes. Felix zit bij de mannen uit de hoogste kringen naast burgemeester Theodor Brand, de beroemde chirurgijn uit de Ossenstraat. Zijn jonge echtgenote Madlen Jeckelmann, die voortaan Frau Platter heet, troont in het vertrek voor de voorname vrouwen. De tienjarige Madlen Hug, dochter van een vishandelaar, met op haar hoofd een mandje met parels dat haar haar bijeenhoudt, is een van de sieraden van de smulsalon bij uitstek, die van de maagden.

Er zijn vier gangen (*vier mol uf*): koude voorgerechten en andere borrelhapjes, vis, gebraad en nagerecht.[12] Deze reglementaire volgorde geldt zowel voor het middagmaal als voor het avondmaal, dat op het dansen tussen beide maaltijden volgt. Dit is in Duitstalig Zwitserland bij bruiloften meestal de volgorde om uitspattingen en overmatig eten te voorkomen. De regel wordt in Bazel van tijd tot tijd afgekondigd uit zuinigheid, zelfs nog tot in het begin van de zeventiende eeuw. De verscheidenheid aan vlees en andere dieren die worden opgediend op de tafels van Platter is indrukwekkend. Er zijn allerlei soorten gevogelte, rundvlees, varkensvlees en wild, en er is zoetwatervis, zowel herbivoor als carnivoor. Het huwelijk in Bazel, in een semi-aristocratisch milieu, of in elk geval een milieu dat daarnaar streeft, geeft een gedetailleerd, encyclopedisch overzicht van de sociale klassen (wat betreft de genodigden), van de seksen (mannen, vrouwen, meisjes), en van de eetbare dieren, zowel gevleugeld als ongevleugeld en uit de rivier: wild en vooral veel tamme dieren.

	Huwelijk van Felix Platter november 1557 middagmaal	Huwelijk van Felix Platter november 1557 avondmaal	Bazelse voorschriften uit 1628 voor bruiloften
1ste gang voorgerecht (*voressen*)	tartaar soep vlees kip	voorgerecht, ofwel: kippelever pens, soep 'vlees', kip	tartaar soep gerookt vlees kip
2de gang vis	gepocheerde snoek	gepocheerde karper	vis zonder nadere aanduiding
3de gang gebraad	gebraad duif, haan, gans rijstebrij gelei met stukjes lever	gebraad als 's middags ragoût van wild uit het Zwarte Woud viskoekjes	gebraad duif, kip, gans rijstebrij gelei met stukjes vis
4de gang nagerecht	kaas fruit	taartjes	kaas fruit

We kunnen opnieuw vergelijken: in het hoofdstuk over het huwelijk van Bovary heeft Flaubert het uitgebreid over viervoeters als koeien, schapen en varkens (lendestuk, gebakken kalfslende, lamsbout, gebraden speenvarken, worst met zuring) en, in tegenstelling tot bij de Platters, heel weinig over vis en gevogelte (alleen kipperagoût). Flaubert zoekt het meer in de diversiteit van de dranken (rode wijn en zoete mousserende cider). Felix daarentegen is een man van één geloof, één vrouw en één wijngaard en schenkt zijn gasten een ruime hoeveelheid Rangwijn, afkomstig van de wijngaarden in de Elzas op de 'berg' Thann, dichtbij het kasteel Engelburg. Deze wijn van de westelijke Rijnoever wordt in Bazel in de zestiende eeuw zeer gewaardeerd, als we de *Cosmographie* van Sebastian Münster mogen geloven. De Duitse vloek *Dass dich der Rang anstoss* (Moge je een klap van de Rang krijgen) maakt duidelijk hoe koppig deze wijn was; hij gleed verraderlijk naar binnen als limonade en dan plotseling, na nog een glas, ging je volledig om.[14]

Wat het geluidsdecor betreft, dit keer was er geen sprake van dat vader Jeckelmann een veto kon uitspreken over de orkestratie, zoals die trieste avond van de donderdag daarvoor. De verveling van een te lang durende maaltijd met vier gangen midden op de dag wordt rijkelijk goed gemaakt door het luisteren naar een concert van trompetten en strijkers, dat een koor begeleidt van scholieren van de kostschool van Platter, die weer worden gedirigeerd door Roman Winmann, een van de nieuwe medewerkers (F 325) van het gymnasium (zijn voorganger was kort daarvoor getrouwd en inmiddels leraar buiten de stad). Winmann, ook wel hellenistisch Oenander genoemd, was in Bazel geboren. Hij is intelligent, gematigd, trouw en bescheiden. Rond 1550 had hij in Wittenberg een miserabel studentenleven geleid, waarbij hij zelfs moest bedelen; om in zijn levensonderhoud te voorzien vervulde hij sinds enkele jaren de functie van hoofdassistent (*provisor*) aan het gymnasium van Platter. Nadat hij een eerste predikantschap was misgelopen, werd hij in 1559 dominee op het platteland op twee mijl van Bazel, en dat bleef hij tot 1610. Het gymnasium was dus een springplank naar het geestelijk ambt omdat men er gevormd werd als latinist en koorzanger, wat onmisbaar was bij het herderlijk werk.[15]

Op die 21ste november 1557 stortte het jeugdige koor zich met name op het lepellied, een lang en slaapverwekkend gedicht waarvan Felix een van de auteurs was. Hierin wordt een onbeholpen opsomming gegeven van alle soorten lepels, op grond van een manie voor systematiek die Felix al eerder ten beste had gegeven bij de indeling in sociale standen van de gasten, de verschillen tussen de seksen en de soorten dieren waarvan het op rijkversierde schalen opgediende vlees en vis afkomstig waren.

In de middag, tussen het middag- en het avondmaal, danst men ten overstaan van een voornaam en mondain gezelschap. Lorentz Richart, een jonge chirurgijn van de vismarkt, die nog vrijgezel is en zoon van een chirurgijn, speelt luit. Een zekere heer Christellin heeft juist zijn trompet laten zakken om plaats te maken voor het gekras van de dorpsmuzikant. Het bal vindt plaats in de grote benedenzaal ten huize van professor Baer. Als gewoonlijk krijgt Felix applaus voor een solonummer van een Franse gaillarde ondanks het feit dat zijn jonge vrouw, die domme gans, weigert hem in deze dans te volgen.

Deze gebeurtenissen, die al vanaf de dageraad in gang zijn, lijken wellicht verkwistend en indrukwekkend, maar ze halen het niet bij sommige opzichtige uitspattingen van volgende generaties van de Bazelse aristocratie om hun prestige en hun macht aan de top van de stedelijke maatschappelijke ladder beter te laten uitkomen.[16]

Het avondmaal loopt tegen zijn eind. De laatste dankwoorden worden gesproken; onopvallend of zelfs in het geheim komt de familie bijeen om afscheid te nemen. Een discretie die noodzakelijk is omdat er kwajongens op de loer liggen, vooral die van de kostschool die niets liever doen dan 's nachts smakeloze grappen uithalen ten koste van het bruidspaar. Het clandestiene afscheid vindt plaats in de slaapkamer van Thomas senior, waar Felix en Madlen zich stilletjes hebben verborgen. Vader Jeckelmann, die ook aanwezig is, huilt! En toch hoeft hij slechts de straat uit te lopen wanneer hij bij zijn aanbeden dochter op bezoek wil. Ook Madlen is bijna in tranen. Felix, als altijd goed op de hoogte, offreert ter compensatie gezoete lichtrode wijn uit zijn persoonlijke tonnetje aan de moekes en andere matrones die waren gebleven om zijn wenende echtgenote te troosten en om haar de laatste adviezen te geven voor de komende stormachtige nacht.

Ten slotte gaat het stel, opnieuw heel stilletjes, naar een zolderkamer boven in het huis, onder het dak achter de bediendenkamer, aan de tuinkant. Felix waant zich even in zijn hooggelegen studentenkamer in Montpellier. Felix en Madlen zitten nog even te rillen op de rand van het bed. Het is per slot november! Dan kunnen ze niet langer wachten, al was het maar om warm te worden, en besluiten ze in bed te kruipen. In elk geval hebben ze niet een paar weken gewacht, zoals Thomas eertijds deed. De humoristische noot komt van Anna Dietschi, Frau Thomas Platter, over wie we al dagen niets meer hadden gehoord. Toch had zij een groot deel van het werk voor het feest op zich genomen. Nu haar zoon is getrouwd en het feest voorbij, is ze gelukkig. Met zware tred bestijgt ze de smalle trap, waarna ze zich installeert op het gemak, vlak naast het bruidskamertje van de kinderen. Ze geeft blijk van haar vreugde door luidkeels te zingen op de zetel van het toilet, zonder zich te bekommeren om het fatsoen of haar eerbiedwaardige leeftijd. Van de weeromstuit hervindt Madlen haar goede humeur van de voorgaande weken en krijgt ze in bed onweerstaanbaar de slappe lach. Doek! Wellicht is dit een goed begin voor het pasgetrouwde stel.

Deel vijf

MEISJE OF JONGEN?

Hoofdstuk 10

Gredlin

Meer dan zestien jaren zijn voorbijgegaan sinds het huwelijk van Felix en Madlen. Het is 1573 of 1574, een tijd van honger, zowel in het noordelijk deel van Frankrijk als in de streken langs de Rijn. Door de strenge winter van 1572-1573, 'ongewoon en stormachtig'[1], zijn de graanoogsten ver beneden de verwachting gebleven.[2] Op een niet nader bepaald tijdstip in de periode 1573-1574 verblijft professor Felix Platter, zoals hij dat wel vaker deed, een week op het familiedomein in Gundeldingen, niet ver van Bazel. De academicus, wiens jeugd en opleiding (de *Bildungsroman*) wij in detail gevolgd hebben tot in 1557, heeft reeds een schitterende carrière achter zich. De stijging van zijn inkomsten, medische en andere, maakte het hem mogelijk in 1561 een einde te maken aan het soms stormachtige samenleven onder één dak met zijn vader in *Zum Gejägd*; de beide echtparen zijn dat jaar zonder bitterheid uit elkaar gegaan. Felix heeft dan zelf kort tevoren een huis in de stad gekocht, *Zum Rotenfluh* (F 17). Bovendien heeft hij een paard gekocht, het equivalent van wat een auto voor een hedendaagse arts zou zijn. Hij en zijn vrouw hebben nu een dienstmeisje. Hij krijgt steeds meer patiënten, een substantiële bron van inkomsten... Ook leningen tegen woekerrentes zullen hem wellicht heel wat appeltjes voor de dorst bezorgen. Hij maakt tochten in nabijgelegen streken, voornamelijk de Duitstalige, voor zijn werk en voor zijn plezier.

Sinds 1559 maken de ontleedkundige hoogstandjes die hij met de hulp van chirurgijn Jeckelman, zijn schoonvader, verricht, indruk in de stad Bazel, zowel op de beroepsmatig geïnteresseerden als op andere belangstellenden. De opeenstapeling van eerbewijzen en erebaantjes is zonder meer spectaculair. In 1562, wanneer hij iets meer dan een kwart eeuw oud is (het is waar dat men in die tijd op jonge leeftijd 'arriveerde'), is Felix al decaan van de geneeskundige universiteit; in 1570 wordt hij rector; in 1571 volgt hij zijn leermeester Hans Huber op als stadsgeneesheer (*Stadtarzt*) en als hoogleraar, met de leerstoel praktische geneeskunde. Voortaan, gedurende meer dan vier decennia, behoort de voormalige medicijnenstudent uit Montpellier tot de meest vooraanstaande artsen in Bazel. Begonnen in zijn studententijd heeft hij inmiddels meer dan duizend observaties van individuele ziektegevallen verzameld. De publikatie ervan in 1614, onder de titel *Observationes*, is een belangrijke gebeurtenis. Platter junior is weliswaar geen wetenschapper van topniveau, maar hij is een uitstekend geneesheer. Zijn ontdekkingen over de functie van het netvlies bij het zien trokken de aandacht van een van de grootste onderzoekers uit die tijd, Johannes Kepler.[3] De inwoners van Bazel zullen ook niet licht vergeten hoe moedig en doortastend Felix was opgetreden tijdens de pestepidemie die in 1563-1564 in en rond de stad had huisgehouden. Er kwamen toen vierduizend mensen om het leven, een kwart van de stadsbevolking.

Andere slechte jaren, van grote voedselschaarste maar niet speciaal met pestepidemieën, zijn 1573 en 1574. Omstreeks die tijd brengt onze man een weekje in Gundeldingen door. Daar treft hij zijn vader Thomas aan, die van boerenafkomst is en die daar vaak naar toe gaat om runderen te fokken, vossen te vangen, te vissen, hout te kappen, of een fruitboom te planten of te enten. Felix is een echt stadskind, absoluut geen landbouwer, hoogstens een tuinder. Hij heeft de banden met het platteland, *a fortiori* met de bergen, die bij zijn vader nog zo sterk zijn, verbroken. Wanneer Thomas sterft (1582) weet Felix niet hoe snel hij het familiebezit in Gundeldingen moet verkopen... Zijn veel jongere broer Thomas junior, die zich veel meer gelegen laat liggen aan familietradities, koopt echter in 1622 in hetzelfde gebied opnieuw een stuk grond.

Maar in 1573-1574 is Thomas senior nog levend en wel, en Felix is naar de 'parel' onder de onroerende goederen van zijn vader gekomen, dat zijn nu eenmaal van die familieverplichtingen. In deze zware tijden heerst er niet alleen een nijpend voedseltekort; ook epidemieën die daaruit voortvloeien, tyfus bijvoorbeeld, tieren welig in de stad, op het platteland en in de bergen. Bazel, opgesloten binnen haar muren, weigert velen de toegang; deerniswekkende, armoedige zwervers worden bij de stadspoorten verjaagd, ze komen de stad niet in. Dergelijke ongelukkigen, teruggedrongen naar het platteland, drommen samen op bijvoorbeeld het landgoed in Gundeldingen, dat niet door hoge muren beschermd wordt. Felix is zeer misnoegd (F 451) over de aanwezigheid van al die vagebonden, dat gespuis, die de beheerder (de *Meyer*), een beste man, gastvrijheid heeft verleend heeft in de bijgebouwen op de boerderij. Tussen de vluchtelingen bevindt zich een echtpaar: Benedict Simon is een Fransman, Romaanstalig in elk geval, afkomstig uit Pontarlier[4]; zijn vrouw Elsbeth Shärin is Duitstalig, uit een dorp vlak bij Zürich. Ze hebben als huisbedienden gewerkt op een hoeve in Bartenheim, in de Elzas. Zij is heel erg ziek, tyfus. Ze kwamen in Gundeldingen terecht toen ze op weg waren naar Zürich. De vrouw had gehoopt nog de kracht te hebben om de thuishaven te kunnen bereiken. Zij hebben een klein meisje bij zich van iets minder dan een jaar oud. Felix zegt ronduit tegen de *Meyer*: 'Je had al die mensen van dat slag hier nooit moeten ontvangen. Het bevalt me niets (*Missfiel mir*).'

Thomas senior, nog altijd de werkelijke baas op het landgoed, had natuurlijk het probleem van de opvang van de paupers zelf moeten oplossen. Maar die dag is de schooldirecteur niet aanwezig. Hij is al achtenveertig uur geleden vertrokken om te vissen op het meertje dat een eind verderop ligt, samen met de beroepsvisser Jacob Jüppen en de vrouw van een protestantse 'kanunnik' (een vriendin). Zodra deze drie mensen terug zijn, beladen met visnetten, zoeken ze Elsbeth Shärin op, de zieke uit Zürich: zij vecht voor haar leven in een slaapkamer op de boerderij. De echtgenoot, die ook besmet is geraakt, zal het overleven. Bij het zien van dit zwaar beproefde echtpaar moet Thomas denken aan zijn eigen moeilijke jeugd. Felix, in de rol van consciëntieus geneesheer, zorgt ervoor dat de zieke vrouw diverse drankjes krijgt. Die richten echter weinig uit. Van buiten, door het raam, neemt hij haar toestand in ogenschouw. Hij werpt ook een blik op het kleintje van Benedict Simon, het meisje dat in de open lucht, buiten de gebouwen ligt te slapen, ver van haar moeder die haar zou kunnen besmetten. Het kind beweegt haar handjes (*hendlin*) en bezeert haar nekje aan het harde hout van de kist die als wieg gebruikt wordt.

De getuigen van dit tafereel, Platter en de anderen, zijn ontroerd. Zij vinden het zielig voor het kind (*bedauren*); zij hebben geen last van de onverschilligheid jegens kinderen[5] die Philippe Ariès onze voorouders zonder tastbare bewijzen toedicht (F 411). Elsbeth Shärin sterft. Men brengt haar lichaam naar het kerkhof *Sankt Margreten*, op de rug van een ezel, de uit de Elzas afkomstige onsterfelijke Aliboron van de familie Platter in Gundeldingen. Een echt zoölogisch curiosum, dit grauwtje. De zus van Felix, die in 1551 aan de pest is bezweken, is op hetzelfde kerkhof begraven.

De nacht valt. Felix en Madlen dromen allebei van een kind. Een nachtmerrie? Felix wordt bang, schiet met een ruk overeind en maakt daarbij ook zijn vrouw wakker, die in hetzelfde bed ligt te slapen. De droom van de academicus is echter niet louter een angstdroom: er valt een kind voor hem uit de hemel.[6] Het regent kinderen, in luiers gewikkeld; houd je rode schort op! In zijn droom houdt Felix zijn professorentoga voor zich op om de val te breken van het kleintje dat uit de lucht komt, zodat het niet te pletter valt. Een herinnering aan de wond aan het nekje van het kleine meisje, de avond tevoren? Maar bovenal wederom de treurige constatering: Felix en zijn vrouw hebben geen kinderen. Hun huwelijk is nu al zestien jaar onvruchtbaar gebleven. Felix houdt van zijn vrouw, maar hun kinderloosheid heeft hij nooit helemaal kunnen accepteren. Ook Madlen is er zeer bedroefd onder. Ze is de nutteloze bedevaart in 1563 naar de minerale bronnen in Wallis, die haar vruchtbaarheid hadden moeten schenken, nooit vergeten.

Vroeg in de ochtend volgt een hartverscheurend afscheid. Benedict laadt het kind op zijn rug, in een mand (*auf einer hurt*). Hij wenst Felix uit de grond van zijn hart het beste en geeft hem de glazen en de geneesmiddelen terug. Madlen buigt zich over het kind en omhelst het. Iedereen huilt. De twee stakkers, de grote en de kleine, de vader en de dochter, gaan weg; niemand weet waarheen. Weten ze het zelf? Benedict heeft wat zakgeld, een cadeautje van de Platters. Het meisje heeft in principe weinig overlevingskansen. Hoe zou Benedict haar voldoende kunnen voeden, gezien de miserabele toestand waarin hij zelf verkeert?

Vaarwel Benedict dus? Bij de Platters is de stemming aan het begin van de middagmaaltijd bedrukt. Ze hebben een kwaad geweten. Rond de tafel zitten Felix en Madlen, Platter senior en zijn jonge vrouw Hester. (De oude Anna Dietschi, Felix' moeder, is in februari 1572 gestorven; Thomas, de ongeduldige weduwnaar, is in april van datzelfde jaar hertrouwd.) Ofschoon Hester tien jaar jonger is dan Felix heeft deze laatste er geen enkele moeite mee haar 'moeder' (*Mutti*) te noemen. Een van de andere disgenoten in het sociaal gemêleerde gezelschap dat zich rond de tafel geschaard heeft is de visser Jacob Jüppen, en misschien ook de naaister Krössel, als ze tenminste niet bezig is met het opdienen van de maaltijd. Op het menu: vis, veel vis. Om de stemming er een beetje in te brengen vertellen Felix en Madlen bij het voorgerecht over hun dromen. De reactie van de visser, genoteerd door Felix, laat niets aan duidelijkheid te wensen over: 'Waarom hebben jullie die kleine niet gehouden? Jullie hebben geen kinderen.' Madlen zegt dat het haar om het even is (*sic*), maar ze voegt eraan toe (met het soort *understatement* waar ze een handje van heeft) dat ze best de opvoeding van de kleine op zich zou willen nemen, mocht ze die weer vinden. 'Zoals je wilt, Madlen,' riposteert Felix.[7] De naaister, die ook een duit in het zakje wil doen, belooft hoedjes voor de kleine te naaien als het ze lukt haar terug te vinden. Thomas en zijn jonge vrouw voegen zich bij het koor van voorstanders van een zoektocht naar het meisje. In een impliciete stemming wordt besloten, unaniem, tot de achtervolging en de vangst, in de hoop dat Benedict, van wie men niet weet waar hij is, ermee in zal stemmen. Na een korte stilte is Felix helemaal gewonnen voor dit plan; het komt hem plotseling voor alsof dit precies is wat hij wenst, wat hij begeert (*begirt*). Het feit dat de patriarch zich uitdrukkelijk voor het plan heeft uitgesproken is daar vast niet vreemd aan. Je kunt niet maar half een goede zoon zijn. Rest hen het verloren kind op te sporen.

Thomas neemt de leiding bij de speuractie. Hij stuurt twee van zijn scholieren op weg om het spoor te zoeken dat nog warm moet zijn, de een naar het noordwesten (Mulhouse) en de ander naar het zuidoosten. Overal stellen ze dezelfde vraag: 'Heeft u een man gezien met een klein kind op zijn rug?'

De eerste avond, geen nieuws. De volgende ochtend keert de boodschapper uit het zuidoosten onverrichterzake terug. Die dag is Felix teruggegaan naar de stad, de universiteit. Tussen de middag, wanneer hij aan het eten is in de mensa (waarvan de openingstijden zeer strikt geregeld zijn[8]), ontvangt hij tussen twee happen door een boodschap: het meisje is teruggevonden. Ze was met haar vader in Bartenheim, ongeveer halverwege Bazel en Mulhouse, op de abdijhoeve waar Benedict en zijn vrouw eerder als bedienden gewerkt hadden. Op de hoogte gebracht van de voorstellen van de Platters keert Benedict, met zijn kostbare lading op de rug, halsoverkop terug naar Gundeldingen, onder escorte van de scholier van het Gymnasium. Ieder heeft zijn rol. Als het kind en de drager ervan eenmaal op hun bestemming aangekomen zijn spreekt Madlen een schat aan moederlijke attenties aan die tot dat moment ongebruikt is gebleven. Ze houdt zich bezig met de kleine meid; ze trekt haar – helemaal bloot, ze heeft zelfs geen mutsje op – uit de mand, doet haar in bad, wikkelt haar in een deken, legt haar te slapen. Het kleintje slaapt rustig in.

Felix, van zijn kant, onderhoudt zich met Benedict. De vader huilt van vreugde; hij vertrouwt zijn kind graag aan de hoogleraar toe, zodat die haar kan opvoeden, onderwijzen en ten huwelijk geven. Felix stuurt de vagebond overigens nogal koel weg, nadat ze hebben afgesproken elkaar een week later in Bazel weer te ontmoeten om een contract te ondertekenen. Het gaat niet om een formele adoptie maar om een soort in bewaringgeving voor een lange termijn, een wettelijk depot. Een week later vindt, zoals afgesproken, in het gymnasium van Thomas Platter de ontmoeting tussen de beide mannen plaats. Platter senior, die hier op eigen terrein is, houdt klaarblijkelijk een oogje in het zeil. Het is nog niet zo lang geleden dat hij met Hester is getrouwd: voor Thomas betekent dit een extra kans om zich van een nakomeling te verzekeren, een nieuwe loot in de familie, zij het in de vorm van een ent. Notaris Ubelin, een ongeveer dertigjarige man die binnenkort huiseigenaar wordt en nog een mooie loopbaan tegemoet gaat, is aanwezig om toe te zien op de rechtmatigheid van de overeenkomst. Maar het is Felix die de tekst opstelt. Benedict wordt officieel erkend als de vader van het kind; hij krijgt bezoekrecht – dat is alles. Felix belooft in geschrifte het meisje op te voeden en haar een uitzet en een bruidsschat mee te geven. Hij zal zijn belofte gestand doen.

'Dankzij mij,' constateert de goede doctor, 'heeft zij [de dochter van Benedict] in haar kindertijd en in haar jeugd opvoeding en opleiding genoten; ze heeft geleerd te naaien, te borduren en muziekinstrumenten te bespelen.' Zou hij de luit bedoelen? Het instrument waar Felix zo van hield en waarop hij het meisje had leren spelen? Behalve muziekonderwijs, in die tijd een belangrijk onderdeel van de vrouwelijke opvoeding (F 453), had het meisje van de Platters ook haar voor- en achternaam gekregen: Margret Simon of Simonin, alias Margareta Platterin, met de roepnaam Gredlin. De naam riep bij Thomas senior herinneringen op aan de twee Margretlins die hij voor 1550 aan de pest verloren had. Gredlin, een alleraardigst kind, heeft ook buiten het kerngezin genegenheid opgewekt. Hester en de oude Thomas Platter zijn dol op haar. De relatie tussen het meisje en Benedict Simon, haar natuurlijke vader, is echter problematisch. De man is naar Zwitsers gebruik huursoldaat geworden, in dienst van vreemde mogendheden: op deze manier verdient hij ongetwijfeld meer dan in de landbouw. Af en toe komt hij Gredlin opzoeken; hij vergeet haar niet. Maar zij heeft daar grote moeite mee. Vanwege zijn militaire uniform en zijn soldateske gedrag jaagt hij haar angst aan.

Het kind, en later het jonge meisje, dat verder heel gelukkig is, kent één groot verdriet (dat duurt tot een ons onbekend moment; het valt in elk geval vóór 1604[9]): 'akelige mensen' hebben Gredlin verteld dat de Platters niet haar echte ouders zijn. Het meisje lijdt hier vreselijk onder. Dat heeft overigens geen invloed op de relatie tussen haar en haar 'pseudo-ouders', die heel goed is. In het patriciërshuis van de Bazelse geneesheer is Gredlin het zonnetje in huis. Ze functioneert als een echte dochter des huizes en doet voor een groot deel de huishouding, net zoals haar moeder Madlen dat ooit bij haar vader, chirurgijn Jeckelmann, had gedaan.

Maar zo rond 1600 moet er iets gebeuren. Gredlin raakt op leeftijd, en vooral... aan de vrijerij. Aan het begin van de eeuw is zij om en nabij de zevenentwintig. Haar ouders zijn gek op haar en hadden het heerlijk gevonden als ze bij hen was gebleven om voor hen te zorgen. Misschien hadden ze haar wel kunnen laten trouwen met iemand uit een wat hogere klasse dan nu het geval was. Felix schijnt zich daar wel enige verwijten over gemaakt te hebben. Hoe dan ook, Gredlin neemt haar eigen lot in handen. Zij wil trouwen met Michel Ruedin, van wie zij zwanger is. Haar 'vader en moeder', Felix en Madlen, geven hun toestemming. Gezamenlijk, hetgeen aantoont dat de vrouw van de dokter zich een belangrijke plaats in het gezin heeft verworven. De beide mensen, die nu bijna zeventig zijn, gaan (in 1604) akkoord met een huwelijk waar ze overigens helemaal niet tegen gekant zijn, ook al is het misschien niet precies wat ze voor Gredlin in gedachten hadden. Michel Ruedin komt oorspronkelijk van het platteland en is kleermaker van beroep. De huwelijksplechtigheid vindt plaats in september 1604: in de Sint-Pieterskerk huwt Michel 'Margret Simonin'. Het feit dat de jonge vrouw openlijk en uit vrije wil de naam van haar natuurlijke vader gebruikt, wijst erop dat de wrede onthullingen over haar afkomst van daarvoor moeten dateren. De heer Ruedin staat nog een mooie carrière in Bazel te wachten. Van kleermaker wordt hij lakenkoopman. De grote gilden in de stad, dat van de kleermakers, maar later ook de Saffraan en de Sleutel, zullen hem een lidmaatschap aanbieden. Het is niet ondenkbaar dat Michels 'schoonvader' als kruiwagen heeft gefungeerd, maar Felix was al dood toen de laatste promoties plaatsvonden, bij de Saffraan en de Sleutel. De persoonlijke verdiensten van Michel Ruedin moeten daarbij de doorslag hebben gegeven.

Michel en Gredlin krijgen in acht jaar tijd zes kinderen, allemaal jongens. De eerste werd, zoals we weten, al verscheidene maanden voor het huwelijk geconcipieerd, wat het hartstochtelijke karakter van deze verbintenis onderstreept en de lichtelijk gereserveerde toon zou kunnen verklaren waarop Felix over hen schrijft. De verstandhouding tussen de Platters en Gredlin blijft echter hartelijk, ofschoon Hester Gross, de weduwe van Thomas Platter senior, die hertrouwd is met een pannen- en steenbakker, gechoqueerd lijkt te zijn door het 'wangedrag' van de jonge vrouw (in 1604) van wie zij tot op dat moment veel gehouden had. Felix' genegenheid is in elk geval niet verminderd, getuige het feit dat hij Gredlin, per testament, meer dan duizend gulden nalaat, heel wat meer dan de bruidsschat van zijn vrouw Madlen in 1557. Zelfs als we rekening houden met de inflatie die intussen is opgetreden en met het feit dat de geneesheer zich sinds zijn huwelijk aanzienlijk verrijkt heeft, blijft het een niet gering geschenk. Bovendien staat Felix Platter toe dat de oudste zoon van Gredlin naar hem vernoemd wordt, een echt liefdeskind. De bekende arts heeft dat in zijn veertigjarige praktijk wel eens anders gezien. Hij heeft alles vergeven en vergeten. Zijn broer Thomas junior zal later peetvader van een andere zoon van Gredlin worden, van Michael, die net als zijn 'grootvader' Jeckelmann chirurgijn zal worden.

Hoofdstuk 11

Tomilin

Met Thomas junior zijn we aanbeland bij het tweede kind dat de leegte van de kinderloosheid van het jonge echtpaar Platter zou kunnen vullen. Thomas senior, die in februari 1572 weduwnaar is geworden en inmiddels in de zeventig is, is in april hertrouwd met de ongeveer vijfentwintigjarige Hester Gross. Ze is de dochter van een protestantse dominee (die net als Platter uit Wallis komt) en een onderwijzeres uit Klein-Bazel, Maria Küeffer. Deze laatste, die nog niet zo lang geleden weduwe was geworden, zit dus net als Thomas senior in het onderwijs en was dan ook in november 1557 uitgenodigd op de bruiloft van Felix. Zal het feit dat Thomas en Hester veel kinderen krijgen Felix van streek brengen, omdat hem daarom een deel van de erfenis zal ontgaan? Als dat Felix al gefrustreerd heeft, dan is hij het in elk geval snel vergeten. Thomas, ondanks zijn leeftijd nog steeds robuust, krijgt in acht jaar tijd zes kinderen bij zijn jonge vrouw: Magdalena Platter (geboren in 1573), Thomas junior (1574) die, net als zijn vader in het begin van de zestiende eeuw, Tomilin wordt genoemd, Ursula (1575), Niklaus (1577), Anna (1579) en Elsbeth (1580). Zijn demografische plicht vervuld hebbend kan Thomas met een gerust hart sterven, op 26 januari 1582; hij is dan over de tachtig. Drie van zijn dochters volgen vanwege de pest Thomas slechts korte tijd later in het graf, tussen juni en oktober 1582: het zijn Ursula, Anna en Elsbeth. De oudste, Magdalena, overleeft het; ze trouwt later met een magistraat in Bazel en zal achtenzeventig worden. Bij haar dood laat zij het manuscript van een kookboek na. De twee jongens uit het huwelijk van de patriarch en Hester Gross heten Thomas II en Niklaus. In 1582 zijn ze respectievelijk acht en vijf jaar oud. Ook zij lopen gevaar aan de pest dood te gaan, net als hun zusters. Het vooruitzicht van een dubbele begrafenis van de mannelijke nakomelingen doet Felix gruwelen: 'Ik zou graag zien,' schrijft hij, 'dat er een paar Platters blijven leven, als het God schikt' (*Cuperum aliquos Plateros conservari, si Deo placeret*[1]). In tamelijk grof gestelde bewoordingen eist de grote arts per brief dat zijn jonge schoonmoeder Hester, zijn zogenaamde 'mama' of *Mutti*, de beide jongens naar hem stuurt, zodat hij ze in veiligheid kan brengen. Mopperend stemt ze daarin toe en in één moeite door stuurt ze gelijk de boeken en kleren van Niklaus en Thomas II mee. En al gaat het niet van harte, ze heeft goede redenen voor deze handelwijze, want ze zal weldra hertrouwen. Vlak na de dood van Thomas de oude, haar grijze gade, heeft Hester het grote huis aan de Freie Strasse verlaten, dat haar nu leeg en sinister toescheen. Ze heeft haar toevlucht gezocht in Klein-Bazel. Misschien zorgt ze daar wel voor haar oude moeder die dan wellicht nog in leven is. In elk geval trouwt ze na een paar maanden met Hans Lützelmann, pannen- en steenbakker van beroep; in de zomer van 1583 wordt hun eerste kind geboren. Na haar zweefvlucht naar de kringen van de intelligentsia van Bazel, door middel van haar vader, moeder en echtgenoot (drie mensen die de protestantse geestelijkheid, het lager en het voortgezet onderwijs vertegenwoordigen), komt de jonge vrouw door haar tweede huwelijk terecht in een sociale klasse die minder aanzien geniet, maar nog steeds welgesteld te noemen is, die van de ondernemers in de nijverheid. Wat haar zoontjes Thomas en Niklaus betreft, deze zijn dus onder het voorwendsel van de pest door de grote Bazeler medicus naar zich toe gehaald. Hij heeft ze bij zich in huis geïnstalleerd, al verblijven ze van tijd tot tijd bij een particuliere onderwijzer. Hester ex-Platter, nu Lützelmann, houdt nog wel wat contact met de jongens tot ergens in de eerste jaren na de eeuwwisseling, maar verder niet. Zo krijgt, zonder wezenlijk respect voor de rechten van de moeder, de oplossing vorm waarvoor Felix gekozen heeft bij gebrek aan mannelijke nakomelingen in zijn eigen huishouden. Maar hoe zou je je ook teweer moeten stellen tegen zo'n machtige figuur, een *pontifex maximus* van de streekuniversiteit? Hester had weinig keus.

De goede dokter neemt zich stellig voor zijn dubbele erfenis, materieel en professioneel, over te dragen aan zijn jongere broers, aangezien hij immers geen zoon heeft. Hij heeft twee potentiële opvolgers in zijn broers gevonden: de ene, Thomas, achtendertig jaar jonger dan hij, is een echte Tomilin of kleine Thomas, het evenbeeld van zijn overleden vader. De tweede, Niklaus, is eenenveertig jaar jonger dan Felix. Pseudo-zonen, door substitutie. Wat zeg ik? Kleinzonen haast als je naar het leeftijdsverschil kijkt. De koningen van Frankrijk deden het net zo.

In de veertiende eeuw ging de opvolging van Lodewijk X de Twistzieke van broer op broer naar Filips V de Lange en toen naar Karel IV de Schone. In de zestiende eeuw, in het 'Plattertijdperk', hadden we Frans II gevolgd door Karel IX en Hendrik III, een trio nakomelingen van Hendrik II. Ten slotte, veel later, zien we Lodewijk XVI na wie, uiteindelijk, zijn jongere broers Lodewijk XVIII en Karel X komen. Driemaal een driedubbele broederopvolging, binnen vijfhonderd jaar Frans koningschap.

Felix pakt het goed aan. In 1590 zorgt hij dat Thomas junior, zijn vermoedelijke erfgenaam, ingeschreven wordt op de universiteit van Bazel. De nieuw ingeschrevene volgt zes jaar later in de voetsporen van zijn grote broer; in 1595 vertrekt Thomas II naar Frankrijk om er medische wetenschappen te studeren, aan de faculteit in Montpellier. De jonge Niklaus, de laatste overlevende zoon van de oude Thomas, zit op de reservebank voor de familiecontinuïteit. Felix, gebruikmakend van zijn functie als rector, zorgt er in 1595 voor dat ook de jongste bij de universiteit wordt ingeschreven. De dood van Niklaus in 1597, aan rode diarree, steekt echter een spaak in het wiel. Thomas junior, die hevig aangeslagen is door dit sterfgeval, blijft bedroefd als laatste over.

Desalniettemin: gedurende vijftien jaar, van 1582 tot 1597, telde Felix' huishouden drie kinderen, namelijk Gredlin, Thomas II en Niklaus. Voor een onvruchtbaar echtpaar, zoals dat van Herr Professor en Frau Professorin Platter, was dat voorwaar niet slecht. Bovendien is het in feite niet eens een drietal kinderen, maar zijn het er vier! Want Felix heeft in 1580 zijn zwager Daniel verloren, de broer van zijn vrouw Madlen Platter geboren Jeckelmann. Deze Daniel was chirurgijn, net als zijn vader, Franz Jeckelmann senior (de schoonvader van Felix), en zijn broer, Franz junior, die in 1565 vroegtijdig verscheiden was, dat waren geweest. Daniel was voor Felix een naaste verwant of beter gezegd: aanverwant van de onplezierige soort, en hij had in 1563 twee dochtertjes aan de pest verloren, Madelin en Esterlin (F 70). Bij zijn dood in 1580 laat Daniel een paar kinderen achter, onder wie een meisje dat Chrischona heette en dat vernoemd was naar haar grootmoeder Chrischona Jeckelmann senior, geboren Harscher, de vrouw van Franz Jeckelmann de oude, die al in 1549 op nog vrij jonge leeftijd was overleden. De familie Jeckelmann was behoorlijk behoudend, zowel in hun beroepskeuze (de sacrosancte chirurgie) als wat betreft de keuze van de voornamen…

Bij het overlijden van zijn zwager in 1580 betoont Felix zich hartelijk en berekenend tegelijk: hij neemt de kleine Chrischona, die nu een halve wees is geworden, bij zich in huis, waarschijnlijk in de stille hoop dat zij ooit met zijn kleine broertje, Thomas II Platter, zal trouwen. In die zin blijft Felix diep in zijn hart een boer uit Wallis, ook al heeft hij niet meer die binding met de bergen die zijn vader nog wel had. Kinderen uithuwelijken als ze nog in de wieg liggen, dat was al eeuwen lang de gewoonte in het bergachtige gebied aan de bovenloop van de Rhône. De vooruitziende aesculaap[2] slaagt volledig in zijn opzet. Van het begin af aan zijn Chrischona en haar nieuwe moeder *de facto*, Madlen, twee handen op één buik. Mevrouw Platter, die de opvoeding van de kleine Chrischona Jeckelmann op zich neemt, is ook de tante van het meisje; ze is tenslotte de zuster van Daniel, Chrischona's vader. Ook hier hebben we te maken met een oude traditie uit Wallis, één die voortvloeit uit het feit dat vele volwassenen al vrij jong het leven laten. Thomas de oude, die zijn vader verloor toen hij nog maar heel klein was, werd aan het begin van de zestiende eeuw ook door zijn tante opgevoed. Madlen Platter prijst zichzelf gelukkig met Chrischona, die haar tussen 1580 en 1600 vereert, aanbidt en gehoorzaamt. Alle liefde die het meisje, en later de jonge vrouw, Madlen betoond heeft, wordt Chrischona vergoed in de vorm van substantiële giften in het testament dat Madlen opstelt wanneer zij bejaard is geworden. Thomas junior gaat niet zo ver, maar wanneer hij in 1602 terugkeert uit Montpellier, op een haar na *doctor medicinae*, stapt hij wel in het huwelijksbootje met Chrischona, een prachtige vrouw, die even rijk aan charme is als haar man daar mank aan gaat. We beschikken over een verleidelijk portret van haar, in Hollandse stijl: een Juno, blakend van jeudige frisheid, met een geplooide halskraag en een gouden kettinkje in haar handen, hetzelfde kettinkje dat Felix in 1557 aan zijn verloofde Madlen had gegeven. Van het ene echtpaar naar het andere! De geschiedenis herhaalt zich na bijna een halve eeuw…

Want twee keer heeft een jonge medicus, toekomstig hoogleraar, de dochter van een chirurgijn getrouwd, die in het tweede geval de nicht (en pupil) is van de eerste. Familielogica speelt hier zeker een rol bij, maar ook de prolongatie van het vak. Wederom een dichotomie: in deze huwelijken, een mengeling van liefde en arrangement, komen de twee meester-disciplines bij elkaar, te weten de theoretische geneeskunde van Hippocrates en Galenus, gelezen in de originele Griekse tekst (Platter), en de anatomie annex chirurgie van de grote Vesalius, onmiskenbaar modernistisch (Jeckelmann).

In de loop van de jaren 1580-1590 smaken Felix en Madlen dus het genoegen vier kinderen in huis te hebben, twee jongens en twee meisjes;

Thomas II en Gredlin zijn de oudsten, Niklaus en Chrischona de jongsten. De geboortedata van het viertal liggen niet ver uit elkaar: 1573 tot 1577. We hebben hier een gezelschap echte pubers en later jong volwassenen; een kinderkamer waar het niet altijd vredig is! De sterfte op jonge leeftijd, onder het ancien régime schering en inslag, verveelvoudigde zoals we gezien hebben het aantal gebroken gezinnen, waar de kinderen van echtpaar naar echtpaar werden doorgegeven. Maar daar stond tegenover dat er in bevoorrechte gevallen een compleet huishouden ontstond waar anders de dood grote leemtes zou hebben achtergelaten. De operatie is in het geval van Thomas en Chrischona des te opmerkelijker daar de twee jongelui, de toekomstige verloofden, naaste verwanten van elkaar zijn, oom en nichtje, zonder ook maar een druppel bloed te delen. Een groot genetisch voordeel voor hun nageslacht: het zal gezond en talrijk zijn.

Omgeven door al die kinderen, die een weelderig onderkomen hebben gevonden in het grote huis *Zum Samson* dat Felix in 1574 heeft gekocht, en waarin hij een museum van natuurlijke historie inricht – een van de mooiste van Europa – zou Madlen Platter, de ouder wordende echtgenote van de dokter, zich gelukkig moeten voelen en niet al te zeer lijden onder haar biologische onvruchtbaarheid. Er staan, zou je zeggen, compensaties tegenover zowel op familiaal als op materieel en financieel vlak (Felix is een van de rijkste en voornaamste inwoners van Bazel geworden). Haar schoonvader, Thomas de oude, houdt van Madlen als van een eigen dochter. Maar toch kan ze het moeilijk verkroppen dat ze niet een 'echt' kind heeft, een kind dat fysiek gesproken van haar is. De kuur die ze in 1563 in Leuk heeft ondergaan heeft niets opgeleverd, ondanks de wonderbaarlijke effecten die een verblijf in dit kuuroord zou hebben voor vrouwen die zwanger willen worden.

De frigiditeit die Felix zijn vrouw stilletjes verwijt – ze lijkt meer op een ijszee dan op een vulkaan – geeft hem een argument in handen om de schuld van hun kinderloosheid op Madlen te schuiven. Dubbel leed: geen zwangerschap, en geen genot. Welnu, naar de opvattingen van de mensen uit die tijd is het genot van vrouwen in principe een garantie voor vruchtbaarheid. Niet één keer, zo lijkt het, wordt Felix verantwoordelijk gesteld, die tenslotte net zo goed de oorzaak van de kinderloosheid zou kunnen zijn. Heeft hij een verhouding, een zwangere maîtresse die hij tijdens zijn uitstapjes bezoekt of wanneer hij visites rijdt? Misschien zelfs een bastaard van vlees en bloed, die hem zonder meer vrijpleit van de beschuldiging geen kinderen te kunnen verwekken? Het is niet erg waarschijnlijk, want we hebben daar nooit iets over teruggevonden. Feit is in ieder geval dat Madlen, de ongelukkige, alle verantwoordelijkheid op haar schouders neemt; in zekere zin beschuldigt ze zichzelf. Deze dame consumeert in grote hoeveelheden teksten uit de lutherse bijbel, waarvan ze een bijzonder exemplaar heeft en waar ze dag en nacht in leest. Zij identificeert zich met Sara, de onvruchtbare vrouw van Abraham. Ontelbare malen herkauwt ze *in petto* de geschiedenis van deze ongelukkige vrouw.[3] Abraham leed onder het uitblijven van kinderen en gaf Sara daar de schuld van. Zij drong er daarom bij hem op aan de dienstmaagd Hagar zwanger te maken, die uit een bedoeïnenstam afkomstig was. Maar toen kregen de natuurlijke neigingen weer de overhand. Sara, die jaloers geworden was, zorgde ervoor dat Hagar weggejaagd werd naar de woestijn; daar werden de vroegere dienstmaagd en haar zoon Ismaël (voorvader van de Arabieren) door een engel gered. Daarna werd Sara, die al heel oud was, bezocht door Jahweh, die in de vorm van drie mannen gestalte had gekregen, voorboden (?) van de Heilige Drieëenheid... En op haar beurt bracht zij, op reeds hoge leeftijd, een kind van Abraham ter wereld, een wettig kind, Izaäk, dat gebruikt zal worden om het geloof van zijn vader op te proef te stellen. De aartsvader toont zich bereid zijn zoon te offeren, die op het allerlaatst door een engel gered wordt. Van 1591 tot 1594 werkt Madlen, geholpen door haar pupil en nichtje Chrischona – de oude en de jonge vrouw zijn beiden goede borduursters – aan twee grote borduurwerken waarin dit bijbelverhaal centraal staat: de ruzie tussen Sara en Hagar; de verjaging van de laatste; Hagar in de woestijn; Ismaël gered door een engel; Abraham met de drie 'boodschappers van Jahweh'; en, ten slotte, de pseudo-offerande van Izaäk.

De verwijzing naar het hoofdstuk over Abraham in Genesis staat voluit vermeld onder aan de tapijten van Madlen en Chrischona. De vier evangelisten figureren op de hoeken van de werkstukken van de dames; zo worden het Oude en het Nieuwe Testament met elkaar verbonden. Twee geborduurde putti spelen luit, 'het lievelingsinstrument van Felix'. De tapijten vormen een weerspiegeling van een groot deel van Madlen's leven, een onderworpen echtgenote, net als de vrouw van de aartsvader[4] dat was geweest, een echtgenote die kinderen had die niet waarlijk de hare waren. Een verwijzing ook naar de jaloezie en de angsten van Frau Platter: zou Felix niet, net als Abraham, ergens in het Bazeler land een maîtresse nemen, die hij onder het voorwendsel van een medische visite kon opzoeken? De jaren 1591-1594, die waarin de borduurwerken vervaardigd werden, zijn ook die waarin Thomas II Platter zich inschrijft bij de universiteit (1590), zijn baccalaureaat haalt (juli 1593) en zijn doctoraal voorbereidt (dat hij in juli 1595 haalt); dit gaat allemaal vooraf aan zijn vertrek naar Montpellier (september 1595). In haar laatste levensjaren, rond 1610, zal Madlen, het opgewekte (F 327) jonge meisje uit de jaren 1550 maar inmiddels een bedlegerige matrone, zich weer bezighouden met het bijbelverhaal over Sara en Abraham, samen met een vrouw die haar het Oude Testament voorleest en een geestelijke, beiden comfortabel gezeten naast het bed van de oude dame. Ze is bedroefd dat ze niet meer naar de kerk kan gaan, waar ze toen ze minder krakkemikkig was graag de grote dame uithing... En haar obsessie met deze bijbelgeschiedenis gaat maar door! Op de uitdrukkelijke wens van de betrokkene zal de grafrede die in 1613 op Madlens begrafenis wordt uitgesproken haar met Sara vereenzelvigen, en Felix met Abraham.

Weemoed dus bij Sara-Madlen. Maar hoe zit dat met Felix-Abraham? Hij is het vleesgeworden sociale succes en voorzover het zijn eigen persoon betreft dicht bij het ware geluk. Het leven van de professor, zoals dat van zijn vader Thomas dat reeds was geweest, was een mooie reis door het landschap van de reformatie en de renaissance. In het begin, het eerste decennium van de zestiende eeuw, verkeerden we in het gezelschap van een klein jongetje uit de bergen van Wallis: Thomas I Platter, analfabeet, 'middeleeuws' zouden we kunnen zeggen, die vervolgens echter bliksemsnel toegang krijgt tot de herboren culturen – Latijns, Grieks, Hebreeuws – en daarmee tot het protestantisme in zijn nog ruwe vormen, iconoclastisch, zwingliaans, en daarna in Bazel de oecolampadiaanse variant. De identiteitscrisis gaat snel voorbij; vader en zoon blijven trouw aan de protestantse stromingen die in het kielzog van Luther opkwamen, hoewel ze, met name Felix, behoorlijk veel water bij de volle wijn van de ruwe Zwitserse reformatie doen, die zo'n groot stempel drukte op hun beider jeugd. De intensieve contacten met de humanist Castellio, de grote verzoener, de toeristische bezoeken aan grote 'paapse' kerken in Frankrijk – door de toerende student beschouwd als evenzovele musea – en de doktersbezoeken aan de bekoorlijke katholieke abdissen, vriendelijk en vol humor, in het land langs de Rijn, dat alles maakt dat Felix bepaald geen bekrompen sektariër wordt maar veeleer een persoon die zonder vooringenomenheid openstaat voor de lessen van ruimdenkende christenen van andere gezindten en zelfs van marraanse joden. Een persoonlijkheid die niettemin tot in het diepst van zijn wezen verankerd is in de zekerheden die het protestantse geloof en de lutherse bijbel hem bieden.

Maar had bij Felix de renaissance niet de overhand op de reformatie? Je zou het haast geloven, zeker als je het fenomenale, buitengewone museum in aanmerking neemt in het nieuwe huis van de Platters, *Zum Samson*, dat ze in de loop van de jaren 1570 hebben gekocht. Een woning vol dieren, mineralen en planten, de grondstoffen die altijd bij de hand moeten zijn voor de geneesmiddelen die de arts aan zijn patiënten voorschrijft. Als leerling van Rondelet in Montpellier, die zelf een volgeling was van de Italiaanse naturalisten, was Felix zoals het hoort begonnen met de anatomie, die een heel nieuw inwendig universum onthulde, of liever gezegd de intimiteit van het menselijk en dierlijk lichaam aankondigde waar de geestesgesteldheid van de renaissance zich zo voor interesseerde. De Zwitser heeft dus muizeskeletjes geprepareerd (die de bewondering van schoonvader Jeckelmann oproepen). In zijn verzameling bevinden zich ook mammoetbeenderen, die door Felix worden aangezien voor de resten van een enorm uit de kluiten gewassen mens die zo'n zes meter lang zou zijn geweest. Felix toont zijn bezoekers zelfs het skelet van een ter dood veroordeelde die hij zelf ontleed had en wiens botten hij weer in elkaar had gezet. De treurende moeder van de persoon in kwestie komt van tijd tot langs om de constructie weemoedig te bekijken. Deze eeuw kent geen barmhartigheid. Een herbarium in vele delen, met mooie collages, geeft de lezer een indruk van de flora van Wallis, de Languedoc en de regio Bazel. De antieke en middeleeuwse traditie van het *herbarium*, de traditie van Dioscorides, van de monniken en de apothekers, wordt hier weer opgepakt en verder ontwikkeld. Verscheidene stenen (waaronder edelstenen), zaadjes, insekten, opgezette krokodillen, pokboomhout om de syfilis beter 'uit te zweten', moccassins en poncho's uit de nieuwe wereld, voorwerpen uit Turkije, China en Japan, antieke vazen, een grote bibliotheek, een tulpen- en hyacintentuin, een citroenboomgaard waaruit lommerrijke specimina voor een goede prijs aan Duitse vorsten worden verkocht, prinsessenbonen en maïs uit Amerika, konijnen, duiven, zijderupsen, een levende eland die het gras tussen vier muren weggraast en waarvan de medicinale deugden de wetenschappelijke wereld in Europa in verrukking brengt, dat zijn slechts enkele voorbeelden uit de rijke verzameling van een groot amateur die in heel wat opzichten zeer professioneel aandoet...

Een man van de reformatie (voorzichtig, ondanks zijn antiklerikalisme) en een heraut zo niet een held van de renaissance. Felix bevindt zich halverwege een familiecyclus van de ontdekking van Europa. Zijn vader had Duitsland bereisd, met inbegrip van Zwitserland, alsmede het westen van Polen en zelfs Hongarije (?). Felix is meer gericht op Westgermaans gebied, maar is bovenal de onvermoeibare bereiziger van Welschs gebied. Hij is er francofiel, francofoon en zelfs occitanofoon van geworden. Hij schaart zich bewust, en in volle vrijheid, achter de anti-keizerlijke, maar pro-Duitse en vooral protestantse politiek van de Valoiskoningen. Frans I tekende na Marignano een eeuwige vrede met de Zwitsers en ging met de lutheraanse vorsten een bondgenootschap tegen de Habsburgers aan. Het eerste Welschse contact van deze aard was in 1528 met Filips van Hessen, die de vriend werd van de koning van Frankrijk. Hendrik II trad qua handel- en denkwijze in de voetsporen van zijn vader. Hij was een monarch die zeer gezien was in Bazel en die ook de hervormde vorsten aan gene zijde van de Rijn als bondgenoten probeerde te strikken.

In de Franse politiek kunnen we een langdurige protestantofiele, zeer 'Platteriaanse' tendens waarnemen, een soort enorme zeeslang die zich door de dikke tijdlaag van het ancien regime heen beweegt, van Frans I tot Lodewijk XVI. Zij betreft de Duitse wereld, maar ook de Nederlanden en de Angelsaksische wereld. Het zijn (ruim na de tijd van Hendrik II) Sully, Hendrik IV en de kardinaal-ministers – Richelieu, Mazarin, Dubois, Fleury – die daar achter zitten (Lodewijk XIV hoort daar vanzelfsprekend niet bij). Deze langdurige, positieve opstelling, die de ketterij de hand reikte, komt Thomas II Platter uiteindelijk nog te stade: zijn reizen naar het Engeland van Elizabeth I en het Frankrijk van Hendrik IV, vanaf 1595, zullen het stempel dragen van een cultureel en diplomatiek oecumenisme.

Goede feeën van de renaissance, de reformatie en de Europese opvoeding, open en tolerant, hebben zich dus vele malen gebogen over het lot van de Platters. Zij hebben hen losgemaakt van de middeleeuwen, hen in ieder geval weggerukt uit wat Marx nogal onvriendelijk 'de idiotie van leven op het platteland' (*sic*) noemt.[5] Maar laten we naast die goede feeën niet de goede genius van de sociale stijging vergeten: zonder af te laten heeft deze zich, geholpen door de betrokkenen, ingespannen voor het gezin van de drukker-pedagoog, en later dat van de geneesheer. Financieel gesproken zijn ze er enorm op vooruitgegaan. Thomas zat tot over zijn oren in de schulden. Felix kan goed rondkomen van zijn verdiensten en houdt er later fors aan over; hij zal heel wat meer geld uitlenen dan hij ooit zal lenen. In driekwart eeuw komt de familie uit de armoede van Wallis in een situatie van Bazeler weelde. Thomas de schooldirecteur, in zijn goede tijden in Noord-Zwitserland, beperkte zich bij het werven van kostgangers tot de Zwitserse Alpen en de Hoge

Elzas. *Herr Professor Doktor* Felix behoort tot het neusje van de medische zalm en beweegt zich in de kringen van hertogen en vorsten in het Duitsland van de renaissance. Een welhaast wonderbaarlijke opwaartse sociale mobiliteit, in zo korte tijd. Maar sociale stijging veronderstelt biologische reproduktie, van de ene generatie op de andere. Welnu, wat dit aangaat was de grote geneesheer vooral vader door procuratie. Hij moederde of beter gezegd vaderde over vier kinderen: zijn twee kleine broertjes, die veel jonger waren dan hij; Gredlin, een soort vondeling, en ten slotte Chrischona Jeckelmann, het lieve nichtje. De echtgenote, Madlen, leed eronder tegelijk 'moeder' en onvruchtbaar te zijn; een onzuivere situatie. Felix paste zich wel bij de toestand aan. Alles welbeschouwd wordt hij voor het hele clubje een vader, een die waarachtiger zijn rol speelt dan vele vaders die dat slechts zijn via de banale weg van de chromosomen. Gredlin in het bijzonder beschouwt Felix als degene aan wie ze haar leven te danken heeft; haar echte vader, de soldaat-arbeider Benedict Simon, heeft ze lange tijd niet als zodanig willen erkennen.

In Bourges, een stad die de zoon van Thomas senior enkele jaren later zeer zou bekoren, beschouwden de inwoners zich in februari 1544 ook als vader bij procuratie: zij vierden de geboorte van hun toekomstige koning Frans II met een festival van 'triomfen', vreugdevuren, grote processies net als die op Sacramentsdag, hoogmissen, *faux bourdon* kerkgezang, *Te Deums*, kluchten, zinnespelen, gebak, drankjes, kanonnades en orangeades. Op grond van het gedeelde ouderschap werd uit de vulgaat het vers van Jesaja geciteerd: *Puer natus est nobis et filius datus est nobis.*[6] Felix, lezer van het Oude Testament, had vele malen de gelegenheid om op zijn beurt de woorden van Jesaja te overdenken, waarin iedere genetische referentie overboord was gezet, en die op zijn eigen situatie te betrekken. Was het in 1582, deze overdenking, toen Thomas II en Niklaus Platter als kleine kinderen bij hun illustere grote broer in *Zum Samson* kwamen wonen? Of in 1595, toen Thomas II op eigen vleugels naar Montpellier vertrok, een waardige broer of zo men wil 'zoon' van de oudste?[7] Was het in 1605, toen Felix *bis* ter wereld kwam, wiens naam welgekozen was, het liefdeskind en de oudste zoon van Gredlin, die weldra gevolgd zou worden door vijf kleine broertjes, van 1607 tot 1613, ieder jaar een? Was het in 1602, 1605 en op latere tijdstippen, toen uit het huwelijk van Thomas II Platter en Chrischona hun zonen Felix II en Felix III Platter werden geboren, gevolgd door Thomas III en Frans II? (Fantasie bij het bedenken van voornamen was niet het sterke punt van de *gens* Platter-Jeckelmann; net als vele anderen in hun tijd keken ze niet veel verder dan de namen van hun familieleden uit de vorige of de voorvorige generatie).

Al deze 'blijde gebeurtenissen' vonden plaats voor de dood, in 1614, van de arts, onze Felix I, die bijna tachtig was geworden. Alles welbeschouwd was de toekomst van de familie, in termen van opvolging in het medisch beroep, voor meer dan een eeuw verzekerd.[8] De teksten van Jesaja kwamen, zoals destijds in Bourges in 1544, bij elk van deze gelegenheden spontaan bij de oude dokter op. Hij vond ze blindelings in de bijbelvertaling van Luther, die hij altijd binnen handbereik had: *Denn uns ist ein Kind geboren, ein Son ist uns gegeben... Und er heisst wunderbar... Ewigvater...* (Want een kind is ons geboren, een zoon is ons gegeven... en men noemt zijnen naam: Wonderlijk... Vader der eeuwigheid).[9] Aan het eind van de regering van Hendrik IV, de vriendschappelijke buurman van de Zwitserse kantons, was de baan van de Platterkomeet, die tijdens de renaissance schitterend en in de zeventiende eeuw indrukwekkend was geweest, *de facto* vastgelegd: zij liep (via Felix) van de overleden Thomas I tot Thomas II, van echte vader tot echte zoon. Als in een verre spiegel vormde ze de afsluiting van de woelige, glorieuze zestiende eeuw, vol dwaasheid en grandeur, schaduw en vooral veel licht.

Noten

Hoofdstuk 1

1 Wat betreft die minerale kuurbaden waar vrouwen vruchtbaar van zouden worden, vgl. Janine Garrisson, *Marguerite de Valois*, Parijs, Fayard, 1994, p. 228.

2 *Welschen*: deze generieke term gebruikt de familie Platter als benaming voor alle Romanen die hun bekend zijn, of het nu gaat om Venetianen of Fransen, uit Noord-Frankrijk of uit Zuid-Frankrijk.

3 Een 'kasteelheer' is in Wallis of in Frans-Zwitserland evenals in middenoostelijk en zuidelijk Frankrijk zowel in de veertiende als in de zestiende eeuw vaak slechts een hoge of een lage officier die door de plaatselijke autoriteiten belast is met de bewaking van een kasteel – in militair of in ander opzicht – ten behoeve van de veiligheid van het omliggende gebied. Het woord 'kasteelheer' impliceert dus niet *a priori* het idee van adellijke grootheid.

4 Grächen was een bergdorp van enkele tientallen huizen, tegen de noordhelling van de zuidelijke keten van de Walliser Alpen, op ruim een uur lopen van Sankt Niklaus, dat zelf in het dal van de Mattervisp lag (1121 meter).

5 Het Griekse woord voor het Duitse *Stein* (steen) is *lithos.*

Hoofdstuk 2

1 In die 'verre' tijden was het heel gewoon een hoorn als speen te gebruiken. Zie de catalogus bij de expositie 'L'enfance au Moyen Age' in de Bibliothèque nationale de France (herfst-winter 1994).

2 Matthaëus Schiner (1465-1522) was sinds 1499 bisschop van Sitten (Sion). Hij zou in 1511 kardinaal worden.

3 *Pierre Prion, scribe. Mémoires d'un écrivain de campagne au XVIIIe siècle*, ingeleid door E. Le Roy Ladurie en O. Ranum, Parijs, Gallimard, 1985, p. 48.

4 Emmanuel Le Roy Ladurie, 'Gavet', *L'Histoire*, maart 1979, nr. 10.

5 Wees gegroet, koningin, moeder van barmhartigheid; ons leven, onze zoetheid en onze hoop, wees gegroet…

6 Ook Matthäus Schwarz, uit Augsburg, toch van burgerlijke komaf, was als klein kind voor een periode van enkele seizoenen op pad gegaan (*Un banquier mis à nu*, inleiding door Philippe Braunstein, Parijs, Gallimard, 1992).

7 Norman Davies, *Histoire de la Pologne*, Parijs, Fayard (vert.), 1986, p. 322.

8 Deze stad zal tot Saksen gaan behoren, en later tot Pruisen.
9 Ernest Lavisse, *Histoire générale*, Parijs, A. Colin, 1894, deel IV, p. 398.
10 Met betrekking tot alles wat volgt, zie Philippe Dollinger, *Documents sur l'histoire de l'Alsace*, Toulouse, Privat, 1972, p. 176 e.v.; en meer in het algemeen Jean-Jacques Hatt, *Histoire de l'Alsace*, Toulouse, Privat, 1970, de hoofdstukken met betrekking tot de renaissance en met name p. 190 e.v.
11 Jean Châtillon en Pierre Debongnie, '*Devotio moderna*' in M. Viller & Charles Baumgartner, *Dictionnaire de spiritualité*, Beauchesne, Parijs, 1957, deel 2, p. 714-747.
12 Hatt, *op. cit.*, p. 190 e.v.
13 François Furet & Jacques Ozouf, *Lire et écrire*, Parijs, Editions de Minuit, 1977, deel 1, p. 199 e.v.
14 Michel Fize, *La Démocratie familiale, évolution des relations parents-adolescents*, Parijs, 1990, Presses de la Renaissance. We citeren hier een door de auteur zelf gepubliceerde tekst, waarin hij een van de essentiële hoofdlijnen van dit boek samenvat.
15 Met betrekking tot deze, overigens controversiële, kwesties, zie J.-V. Pollet, *Huldrych Zwingli...*, Parijs, Vrin, 1988, p. 15 e.v., p.341, *et passim.*
16 Peter Brown, *The Cult of the Saints*, University of Chicago Press, 1981.
17 Met betrekking tot de beeldenstorm, zie Olivier Christin, *Une révolution symbolique, l'iconoclasme huguenot et la reconstruction catholique*, Parijs, Editions de Minuit, 1991; Robert Sauzet, in *Revue d'histoire de l'Eglise de France*, nr. 66, 1980, p. 5-15; Solange Deyon & Alain Lottin, *Les Casseurs de l'été 1566. L'iconoclasme dans le Nord*, Parijs, 1981; voor een algemeen beeld, het briljante, diepzinnige boek van Alain Besançon, *L'image interdite*, Parijs, Fayard, 1994.
18 Zie hieraangaande de belangrijke catalogus bij de expositie 'Sculptures allemandes de la fin du Moyen Age' in het Louvre, Parijs, RMN, 1992.
19 Johannes 10.
20 Deze terugkeer vond plaats kort voor het colloquium in Baden (zie verderop) van mei 1526 (T 159).
21 Naar aanleiding hiervan noteert Thomas Platter het exacte moment (T 74 en 161) waarop hij enigszins aan de armoede (*armut*) ontsnapt en voortaan elke dag een lichte maaltijd heeft (*zu ymbiss*): dat valt namelijk samen met de bovengenoemde tijd waarin hij met name de huisonderwijzer wordt van de twee zoons van de zeer zwingliaanse Heinrich Werdmüller, molenaar en raadslid, twee zoons die later een loopbaan als geestelijke en als pedagoog zullen volgen. Enige tijd daarna zal Thomas nog af en toe gebrek lijden bij een zekere rode touwslager... Maar zijn leven als armoedzaaier zal grotendeels voorbij zijn. Dit moment is een breuk en een uitermate belangrijke psychologische en existentiële ommekeer.
22 Alain Belmont geeft in zijn onlangs geschreven proefschrift over het ambacht in Grenoble van de zestiende tot de achttiende eeuw (niet gepubliceerd) vele nadere gegevens over deze opleidingsproblemen in het Alpengebied en aan de voet van de Alpen.
23 Stähelin komt uit Zwaben (een Duitse provincie). Hij behoort dus tot een bevolkingsgroep waaraan graag een zekere grofheid werd toegeschreven.
24 T 80; en *Histoire d'Alsace* van Ph. Dollinger, *op. cit.*, p. 194.
25 Emile G. Léonard, *Histoire générale du protestantisme*, Parijs, PUF, 1961, deel 1, p. 140; en *Basler Chronik...*, uitg. 1765, heruitg. 1883, p. 396-418 (zie bibliografie).
26 S. Coignard, 'Scènes de ménage', *Le Point*, 7 december 1991.
27 Dit oude thema van de 'wonderbaarlijke redder uit de droomwereld' die in de bergen

opereert, is in verschillende vormen terug te vinden in Schotland, in Chartreuse en in het massief van Belledonne.

28 De eerste periode is die van zijn eerste schoolgang in Zürich; de tweede is die waarin hij bij de moeder van 'Rudolfus Gwalterus' woont.

29 En niet in 1529 (F 50).

30 Andreas Vesalius, *De humani corporis fabrica libri septem*, Bazel (Oporinus), 1543. Recente uitgave *La Fabrique du corps humain*, INSERM, Actes Sud, 1987; en een verzameling prenten hieruit, gepubliceerd door Pierre Huard bij R. Dacosta, 1980.

31 Isaac Keller. Niet te verwarren met zijn naamgenoot professor Isaac Keller, die eveneens *Cellarius* genoemd werd (F 169; en verderop, hfdst. 10).

32 Dat zou betekenen dat ze geboren is in het voorjaar van 1530. In een recente uitgave van Felix Platter wordt haar geboorte (F 50) per vergissing in 1529 gesitueerd; in dezelfde editie wordt het huwelijk van Thomas en Anna rond de zomer van 1529 gedateerd, en dat is wel correct.

33 De epidemie van 1531 wordt in de lijsten van Jean-Noël Biraben niet genoemd (*Les Hommes et la peste*, Mouton, Parijs, 1975, deel I, p. 411). Maar dezelfde auteur maakt wel melding van de 'ziekte die ontzetting teweegbrengt' in Genève in 1528, 1529 en 1530. In 1531 hebben we te maken met een 'staartje pest' dat rondwaart op het Zwitserse grondgebied.

34 Yves-Marie Bercé, *Histoire des croquants. Etude des soulève-ments populaires en France au XVIIe siècle*, Genève, Droz, 1974.

35 F 50 en T 144.

36 Jean-Noël Biraben, *Les Hommes et la peste, op. cit.*, deel 1, *in fine*, chronologische reeksen voor het jaar 1538.

37 *Felix* betekent in het Latijn 'gelukkig'.

Hoofdstuk 3

1 F 55.

2 R.J. Knecht, *Francis the first*, Cambridge University Press, 1982, p. 224-225.

3 Het houten of anderszins 'kunstmatige' paard behoort reeds in de middeleeuwen tot het belangrijkste kinderspeelgoed. Komt dat voort uit een fascinatie voor de levenswijze van adellijke 'ruiters'? Zie de reeds eerder genoemde expositie over de kindertijd in de middeleeuwen in de Bibliothèque nationale.

4 Lucien Febvre, *Le Problème de l'incroyance au XVIe siècle: la religion de Rabelais*, Parijs, 1942, herdruk Albin Michel, Parijs, 1968, p. 408.

5 Het betreft hier Margretlin II en niet Margretlin I, die al overleden was in 1531, voor de geboorte van Felix.

6 Zie ook hierboven de zielen van de oude vrouwen die geïdentificeerd worden met vallende sneeuwvlokken. Zie met betrekking tot de adoptie van een baby verderop, in het voorlaatste hoofdstuk van dit boek.

7 Richteren 6.

8 Duc d'Aumale (Henri d'Orléans), *Histoire des princes de Condé*, Parijs, Lévy, 1863, deel 2, p. 112.

9 Zie F 64, 295, 379.

10 Voor 'put' gebruikt Thomas het woord *sod* en Felix het woord *Sodtbrunnen* (F 69), wat in beide gevallen zou betekenen dat er sprake was van enigszins koolzuurhoudend water.

11 'Puteale' van het Latijn *puteus*: betrekking hebbende op put.

12 Die rente op schulden komt overeen met een bedrag van 29.296 à 41.965 pond op de 118.669 pond die de totale geldelijke inkomsten van Felix uitmaken, inkomsten die hij verwerft van 1558 tot 1612 (F 531-533) uit zijn activiteiten als geneesheer en uit andere bronnen.

13 De teksten van Felix bezitten een chronologische precisie die we bij Thomas niet aantreffen. Deze dateringen hebben we te danken aan het nauwkeurige dagboek dat de auteur, die vanaf zijn kinderjaren naar school is gegaan, bijhoudt en waarin hij vele goed gedateerde wederwaardigheden van zijn familieleden en vrienden vermeldt, die Valentin Lötscher, de uitgever van de geneesheer, op intelligente wijze onderzocht heeft.

14 'La musicologie au CNRS', *CNRS-info*, juni 1991.

15 Anne Chattaway, *La Musique dans le journal intime et les écrits d'H.F. Amiel*, scriptie voor de vakgroep moderne letteren aan de universiteit van Toulouse-Le-Mirail, oktober 1985.

16 *Mitten in Europa, Deutsche Geschichte*, door Hartmut Boockmann, Michael Stürmer e.a., Siedler, Berlijn, 1984, p. 132 e.v.

17 Stürmer, *ibid.*, p. 135.

18 *Ibid.*, p. 135.

19 Limes: noordelijke en oostelijke grens van het Romeinse Rijk die door de Duitse wereld loopt.

20 *The Cambridge History of China*, gered. door Denis Twitchett en John K. Fairbank, boek 7, deel 1, getiteld *The Ming Dynasty*, door F. Mote en D. Twitchett, Cambridge University Press, 1988, hfst. 8.

21 Olivier de Serres, *Théâtre d'agriculture*, Parijs, Jamet, 1600, boek 8, hfst. 2.

22 Fernand Braudel, *Civilisation matérielle, économie et capitalisme*, Parijs, A. Colin, 1979, deel I, p. 192.

23 Een dergelijke slechte ontvangst waarbij de duivel werd aangeroepen (wat niet meer dan een vorm was), viel ook de Platters ten deel bij hun aankomst in hun geboortedorp in Wallis in juni 1563 (zie hierboven, hfst. 1).

24 Ze overlijdt in 1549, enkele jaren voor het huwelijk van haar dochter Madlen met Felix Platter (1557).

25 Madeleine Foisil, *Le Journal de Jean Héroard*, Parijs, Fayard, 1989, deel 1, p. 75 e.v.

26 Olivier de Serres, *Théâtre d'agriculture*, Dardelet, Grenoble, 1973, boek 1, hfst. 6, p. 47 (heruitg. van de uitgave van 1600).

27 Met betrekking tot de kwestie van het 'figurisme' verwijzen we, in afwachting van haar proefschrift dat nog moet verschijnen, naar het werk van Catherine Maire, 'La trajectoire janséniste au XVIIIe siècle', *Annales ESC*, september-oktober 1991, p. 1177-1205; en ook naar haar *Convulsionnaires de Saint-Médard*, Parijs, Gallimard, 1985.

28 Met betrekking tot dit thema is in november 1991-januari 1992 in het Louvre de expositie 'Art allemand de la fin du Moyen Age' gehouden (waarvan de catalogus gepubliceerd is in Parijs door de RMN).

29 Daniël 13.

30 Felix spreekt in zijn *Tagebuch* (F 86) van de erfgenamen van Covet; de betreffende passage is dus geschreven na de dood van Covet. Deze overleed in januari 1608.

31 Zie het werk van de kanunnik Ulysse Chevalier, *Mystère des Trois Doms, du chanoine Pra, en 1509* [gespeeld] *à Romans* (Lyon, 1887).

32 Zie hieraangaande E. Le Roy Ladurie en J.-F. Fitou, 'Notes sur la population saint-simonienne' in *Résumé des cours et travaux du Collège de France*, Parijs, Collège de France, 1989-1990, p. 699-728.

33 Met betrekking tot de onzuivere en zelfs scatologische kant van geld volgens bepaalde (freudiaanse) theorieën, zie Serge Vidermann, *De l'argent en psychanalyse et au-delà*, Parijs, PUF, 1992, p. 7 e.v.; en Saint-Simon, *Mémoires*, éd. Boislile, Parijs, 1885, deel 5, p. 422-423.

34 Lucas 19.

35 In Montpellier zal een gelijksoortige brand (zie hieronder, hfst. VI) Felix in de gelegenheid stellen het corporatieve solidarisme van de Bazelers te vergelijken met het abusieve individualisme van de Montpellerianen.

36 De spelling van de voornaam Margret varieert nogal. We vinden ook Margreth, Margaretha, enzovoort.

37 De uitdrukking 'verkruimeld gezin' is voorgesteld door Micheline Baulant.

38 Pierre Chevalier, *Louis XIII*, Parijs, Fayard, 1979, p. 98.

39 Niklaus of Niclaus, de spelling varieert.

40 Over het carnaval als impliciet christelijk feest in de zin van het 'begraven van het heidense leven' tijdens de voorbereidingen voor de vasten, met alle bijbehorende maskers, dansen, feestmalen en satirische aspecten, zie, behalve mijn *Carnaval van Romans*, het interessante werk van Michel Feuillet, *Le Carnaval*, Parijs, Ed. du Cerf, 1991. Ondanks het ontbreken van een bibliografie bevat dit boek zeer intelligente analyses. Wat ons onderwerp betreft zal men zien dat de klassieke protestantse aanval op het carnaval, dat als heidens beschouwd werd, zich ten noorden van Bazel nog niet had doen gevoelen. Integendeel zelfs: het carnaval, dat er nog steeds heel levendig was, werd er beschouwd als een satirisch wapen tegen de roomse kerk, die in die streek nog heel sterk was. En het is bekend hoe belangrijk tegenwoordig het beroemde carnaval van Bazel nog is.

41 Zie Samuel Pepys, *Journal*, Parijs, Gallimard, 1948, p. 211, 348, 362.

42 Zie ook (hierboven) Felix' betrekkingen met een beeldhouwer, een tegenstander, die wegens ziekte eveneens een cliënt van hem werd.

43 Het woord *Beruf* in deze betekenis komt (in het Duits) voor de eerste keer voor in Luthers bijbelvertaling van Jezus Sirach, hfst. 11: *beharre in deinem Beruf, bleib in deinem Beruf.* Zie ook Max Weber, *Die protestantische Ethik*, hfst. 1, § 3.

Hoofdstuk 4

1 De Plautus van Cratander is in september 1523 gedrukt: dat geeft een van de *terminus a quo* aan van de touwslagersfase in de loop waarvan Thomas de katernen van deze Plautus aan elkaar naaide met de vezels die hij ineenstrengelde om touw te krijgen.

2 Men denke in dit verband aan de zeer bezitterige en aandoenlijke uitroep van de vrouw van Baltasar Ruch wanneer Platter haar echtgenoot knock-out heeft geslagen: 'O wee, je hebt mijn man doodgeslagen' (*O we, du hast mier min man zu todt geschlagen*).

3 Thomas Platter gedraagt zich wellicht als een bokser, maar hij wordt geen soldaat (in tegenstelling tot zijn overleden broers die huursoldaat waren in dienst van naburige mogendheden). Vele protestantse Bazelers namen tijdens de godsdienstoorlogen dienst in Franse of Duitse legers. Dat geldt niet voor Thomas Platter (ofschoon hij zich dat

tijdens zijn zeer zwingliaanse jeugd in Zürich wel had voorgenomen).

4 'Gavache' oftewel bergbewoner, door de 'racisten' van de vlakte beschouwd als onbehouwen.

5 Platter beschouwt Ruch en Winter in ieder geval als kameraden, met wie hij soms vriendschappelijk, soms agressief omgaat, aangezien hij ze in zijn memoires (T 122) gewoon bij hun voornaam noemt, terwijl hij Johannes Herbster eerbiedig aanduidt met zijn Grieks-Latijnse, 'melioratieve' naam Oporinus.

6 Deze jaartallen, 1524-1526, zijn belangrijk om de chronologie te bepalen van Thomas Platters' opleiding; Collinus is vanaf 23 mei 1524 in de leer bij een touwslager geweest (T 162); daarna, en na zijn diensttijd in de oorlog in Württemberg, heeft hij op 23 februari 1526 zijn eigen touwslagerij geopend. Het is dus na deze tweede datum, dat Thomas bij Collinus in de leer is gegaan.

7 Een exemplaar van deze eerste druk, in het Latijn en van de hand van Platter, uit het jaar 1536, wordt bewaard in de Bibliothèque nationale in Parijs.

8 *Ring* = *gering* (T 123).

9 Utz, wiens werkelijke naam Goruch Köpfle luidde.

10 Deze tekst zou de sceptici moeten overtuigen die weigeren Mainz te beschouwen als de 'wieg' van de boekdrukkunst.

11 Dit volgens Albert Brückner, *Schweizer Stempelschneider und Schriftgiesser*, Bazel, 1943, p. 42 en *passim*.

12 F 48 e.v., afb. 2 en 3.

13 Dit alles volgens met name Valentin Lötscher, 'Felix Platter und seine Familie', *Helbing, Basler Neujahrsblatt*, nr. 153, 1975, p. 63 e.v.

14 T 137, 178; F 135.

15 *Le Journal [rural] du sire de Gouberville* (midden zestiende eeuw), Caen, Delesques, 1892 (ed. Robillard de Beaurepaire).

16 *Histoire de la France urbaine*, Parijs, Seuil, 1980, deel 1, p. 15-16.

17 R.J. Knecht, *Francis the First*, *op. cit.*, 1982, p. 367.

18 Lötscher, 'Felix Platter und seine Familie', *op. cit.*, p. 26.

19 Ook Felix Platter zal later 'dichotomist' zijn, of nog meer zelfs: heelmeester-apotheker-chirurgijn, dat wil zeggen, in zijn dagelijks leven.

20 Lötscher, 'Felix Platter und seine Familie', *op. cit.*, p. 26.

21 Lötscher, 'Felix Platter und seine Familie', *op. cit.*, p. 82-83.

22 T 137, 178; F 82.

23 T 138, 179; F 82, 319, 381.

24 Lötscher, 'Felix Platter und seine Familie', *op. cit.*, p. 46 e.v.

25 De hartverscheurende brief van Thomas Platter senior over de dood van zijn dochter Ursula is gepubliceerd door Alfred Hartmann, *Basilea latina*, Bazel, 1931 (volgens T 139 en T 179).

26 T 130; en Lötscher, 'Felix Platter und seine Familie', *op. cit.*, p. 27 e.v.

27 Lötscher, 'Felix Platter und seine Familie', *op. cit.*, p. 81 e.v.

28 T 144. In werkelijkheid gebruikt Thomas deze uitdrukking in 1572 als hij spreekt over zijn schoondochter, die dan 34 is en desondanks nog geen kinderen heeft. De term is echter meer van toepassing op de eerste veertig levensjaren van Anna.

29 Dit alles volgens Lötscher, 'Felix Platter und seine Familie', *op. cit.*, p. 40.

30 Anna Dietschi-Platter kon ook behoorlijk boosaardig uit de hoek komen: 'Na onze terugkeer naar het huis [in Wallis, voor een kortstondig verblijf rond de geboorte van

Margretlin I],' zo noteert Thomas, 'was Anna blij (*was fro*), want de pastoor was getroffen door de pest' (T 92). Kon het verschil in godsdienst haar blijdschap rechtvaardigen?

Hoofdstuk 5

1 *Histoire de Lausanne* door Danielle Anex-Cabanis *et al.*, Toulouse, Privat, 1982.

2 Paul Guichonnet *et al.*, *Histoire de Genève*, Toulouse, Privat, 1974; zie ook de werken van René Guerdan, *Genève au temps de Calvin*, Genève, Éd. du Mont-Blanc, 1977; *Histoire de Genève*, Parijs, Mazarine, 1981; en *La vie quotidienne à Genève au temps de Calvin*, Parijs, Hachette, 1973; Anne-Marie Piuz, *L'Économie genevoise de la Réforme...*, Genève, Georg, 1990; en vooral J.-F. Bergier, *Les Foires de Genève...*, alias *Genève et l'économie européenne de la Renaissance*, Parijs, SEVPEN, 1963.

3 De geschiedenis van Savoye is onderwerp geweest van kwalitatief zeer uiteenlopende, doch vaak opmerkelijke boeken. Wij noemen van de boeken met die titel, en die we hier gebruikt hebben, in de eerste plaats die van Roland Edighoffer (Parijs, PUF, 1992), en van Paul Guichonnet (Toulouse, Privat, 1973); J.-P. Leguay (Rennes, Ouest-France, 1983, in verschillende delen); Henri Menabréa (IRC, Chambéry, 1970); V. de Saint-Genis (Lafitte, Marseille, 1978); A. Perrin (Chambéry, 1900). En natuurlijk het omvangrijke proefschrift van Jean Nicolas over *La Savoie...*, Parijs, Maloine, 1978, 2 delen.

4 A. Guilbert, *Histoire des villes de France*, Parijs, Furne et Perrotin, 1848, deel 5, p. 122.

5 G. de Bombourg, *Histoire de Nantua et de son abbaye*, Nantua, 1858, p. 156.

6 Olivier de Serres, *Théâtre d'agriculture*, Parijs, 1600, boek 6, hfdst. 26.

7 Arrondissement Bourg-en-Bresse, kanton Montluel (Ain).

8 Richard Gascon, *Lyon et ses marchands*, Parijs, Den Haag, Mouton, 1971, deel 2, p. 838.

9 De 'officieren' waren in die tijd in de eerste plaats burgers, en pas in tweede instantie militairen.

10 Michelet, *Histoire de France, Renaissance et Réforme*, boek 2, hfdst. 12, *in fine*, en boek 3, hfdst. 2.

11 Frederic J. Baumgartner, *Henry II, King of France*, Durham (USA), Duke University Press, 1988; en aan de Franse kant: Ivan Cloulas, *Henri II*, Parijs, Fayard, 1985.

12 Michelet, *Histoire de France, op. cit.*, boek 3, 'Guerres de Religion', hfdst. 3. Bij Michelet is de waarheidsgetrouwheid van de beweringen, die middelmatig is, omgekeerd evenredig aan de fenomenale stijl. Ten minste, wanneer het om Hendrik II gaat.

13 Onder de titel *Histoire de Lyon* verwijzen we naar de werken van A. Kleinclausz (Marseille, Lafitte Reprints, 1978); J. Rossiaud, F. Bayard *et al.* (Saint-Etienne, Horvath, 1990); en naar de *Histoire de Lyon et du Lyonnais* (fundamenteel, gered. door A. Latreille, Toulouse, Privat, 1975). Evenmin kunnen we overslaan de oude *Histoire de Lyon* van Guillaume Pradin (1573, heruitg. Horvath, 1973) noch de vermakelijke *Histoire de Lyon en bande dessinée* van Françoise Bayard (Roanne, Horvath, 1978). En ten slotte het bewonderenswaardige *Lyon et ses marchands* van Richard Gascon, *op. cit.*

14 Geef me nog eens een kus, en nog een en nog een;
Geef me een van je allerlekkerste
Geef me een van je allerverliefdste
Ik geef je er vier voor terug, nog heter dan gloeiende kooltjes.

15 Frank Lestringant, de eminente historicus van de renaissance, ziet in deze gang naar de plaats van terechtstelling Jezus' beklimming van de Kruisberg.

16 Zie bijvoorbeeld Heinrich Pantaleon, *Heldenbuch, Prosopographiae heroum*, Bazel, 1565-1570, deel 3, p. 326-329.
17 Gascon, *Lyon... op. cit.*, deel 1, p. 385.
18 *Ibid.*, p. 186.
19 F 146; en Gascon, *ibid.*
20 Gascon, *op. cit.*, p. 170.
21 Een uitvergroting van een oude gravure met een afbeelding van vrouwelijke schippers hangt in het gebouw waar nu de École supérieure des bibliothèques is gehuisvest (bij de grote trap), even buiten Lyon.
22 Michel François, *Le Cardinal François de Tournon*, Parijs, Éditions De Boccard, 1951, p. 288.
23 Louis Dulieu, 'Guillaume Rondelet', *Clio medica*, 1966, deel 1, pp. 89-111.
24 Zie Jerome K. Jerome, *Trois Hommes dans un bateau*, Parijs, 1926: 'toutes les maladies sauf l'*housemaid's knee*'. In beide gevallen, Rondelet en Jerome, gaat het om een beenkwaal. De Engelse auteur heeft de grap waarschijnlijk 'gepikt' uit een biografie over Rondelet, maar zonder bronvermelding.
25 BN, ms. lat. 8647, fol. 15.
26 B. Bligny, *Histoire du Dauphiné*, Toulouse, Privat, 1973, p. 200. Over de geschiedenis van de Dauphiné, zie onder de boeken met deze titel, naast dat van Bligny (fundamenteel), die van Jean Boudon (Lyon, Horvath, 1992) en Paul Dreyfus (Parijs, PUF, 1972).
27 Kaart van Vienne in de zestiende eeuw, met diverse details, in: Pierre Cavard, *Le Procès de Michel Servet à Vienne*, Vienne, Blanchard, 1953; en Thomas Mermet, *Histoire de Vienne*, Parijs, Res Universis, 1992; André Pelletier, *Histoire de Vienne*, Roanne, Horvath, 1980.
28 René Favier, *Les Villes du Dauphiné aux XVIIe et XVIIIe siècles*, Grenoble, Presses Universitaires de Grenoble, 1993.
29 Heden ten dage het Collège de France.
30 Henri Busson, *Les Sources et le développement du rationalisme dans la littérature française de la Renaissance*, Parijs, Letouzey, 1920, pp. 70-94.
31 Over P. Danès, Mireille Forget in: *Humanisme et Renaissance*, 1936, p. 365 e.v. en 1937, p. 59 e.v.; behalve de geschriften van Danès zelf, die verontschuldigend spreken over de buitenlandse politiek van de Valois-koningen, gebruikten we ook de biografie die over hem geschreven is door zijn achterneef Pierre-Hilaire Danès, *Abrégé de la vie de Pierre Danès*, Parijs, Quillau, 1731.
32 René Favier, *op. cit.*, 1e deel; Albert Caise, 'Le registre baptistaire de Saint-Vallier, 1568-1575', *Bulletin de la Société d'archéologie et de statistique de la Drôme*, Valence, 1892, p. 5 e.v.
33 E. Fayard, *Notice historique sur Saint-Vallier*, Lyon, Georg, 1894; zie ook Albert Caise, *Cartulaire de Saint-Vallier*, Parijs-Valence, 1870, p. 73 (over de invloed op dit gebied van Diane de Poitiers, lid van een familie die oorspronkelijk uit deze streek kwam).
34 A. Caise, 1892, art. cit., pp. 14-15. Zie ook H.-E. Martin, *Paroisses et communes de France. Drôme*, Parijs, CNRS, 1981, p. 494.
35 T 2-47; zie ook Catherine Velay-Vallantin, *L'Histoire des contes*, Parijs, Fayard, 1992, pp. 30-59.
36 Dominique Julia en Jacques Revel (éd.), *Les universités européennes du XVIe siècle au XVIIIe siècle. Histoire sociale des populations étudiantes*, Parijs, EHESS, 1989, deel 2, p. 486.

37 Abbé Joseph-Cyprien Nadal, *Histoire de l'université de Valence...*, Valence, Marc-Aurel, 1861.

38 André Lacroix, *A travers l'histoire. Canton de Loriol...*, Valence, Imp. valentinoise, 1922, p. 28 e.v.

39 De eerwaarde A. Vincent overdrijft: twaalfhonderd (?) gezinnen in Livron rond 1550?

40 René Favier, *Les Villes du Dauphiné aux XVIIe et XVIIIe siècles*, Grenoble, Presses Universitaires de Grenoble, 1993; zie vooral Abbé A. Vincent, *Notice historique sur Livron*, Valence, Marc-Aurel, 1853, p. 24 en *passim*.

41 Victor Cassien en Alexandre Debelle, *Album du Dauphiné*, Grenoble, Éditions des Quatre Seigneurs, 1978, deel 4, p. 78.

42 Cassien et Debelle, *Album du Dauphiné*, *op. cit.*, deel 4, p. 126; Rodolphe Bringer, 'Le siège de Pierrelatte', *Le Bassin du Rhône*, Montélimar, 1910, nr 10, pp. 231-235; A. Lacroix, *L'Arrondissement de Montélimar*, Valence, Combier et Nivoche, 1888, deel 7, p. 74 e.v.; Adolphe Rochas, *L'Abbaye joyeuse de Pierrelatte*, Grenoble, Drevet, 1881, p. 13 e.v.

43 Emmanuel Le Roy Ladurie, *Les Paysans de Languedoc*, Parijs, SEVPEN, 1966, pp. 201-203. En het recente *Histoire de Montélimar* (Privat, Toulouse).

44 Joseph-Antoine Bastet, *Histoire de la ville et de la principauté d'Orange*, Orange, Raphel, 1856 (en Marseille, Lafitte, 1977); en, van dezelfde auteur, *Essai historique sur les évêques du diocèse d'Orange*, Orange, Escoffier, 1837; *Notice historique sur Orange*, Orange, 1840; Roland Sicard, *Paroisses et communes de France. Vaucluse*, Parijs, CNRS, 1987, p. 183.

45 *Histoire d'Avignon*, par Sylvain Gagnière *et al.*, La Calade, Édisud, 1979; Henri Dubled, *Histoire du Comtat Venaissin*, Villelaure, Credel, 1982; en vooral, essentieel, Marc Venard, *Réforme protestante, Réforme catholique dans la province d'Avignon au XVIe siécle*, Parijs, Cerf, 1993.

46 Over het fenomeen zondebok (in het algemeen) in de context van het antisemitisme (in het bijzonder), zie Yves Chevalier, *L'Antisémitisme*, Parijs, Cerf, 1988, pp. 99-182 (belangrijk).

47 Billon: een koperen muntje met een beetje zilver, van weinig waarde.

48 Zie hierover mijn *Paris-Montpellier*, Parijs, Gallimard, 1982.

49 Zie hierover de *Histoire générale de Languedoc*, door Cl. Devic en J. Vaissette, Toulouse, Privat, 1889, deel 11, p. 294 e.v.; en mijn *Paysans de Languedoc*, Parijs, SEVPEN, 1966, de hoofdstukken over de zestiende eeuw.

50 F 143; en Hubert Gautier, *Histoire de la ville de Nîmes*, Parijs-Nîmes, 1724, p. 59 (zie ook de heruitgave van dit boek, te Nîmes, C. Lacour, 1991).

51 Gautier, *op. cit.*, p. 61.

52 T2 106; en Gautier, *op. cit.*, p. 61.

53 *Histoire de Nîmes*, gered. door Raymond Huard, Aix-en-Provence, Édisud, 1992.

54 Léon Ménard, *Histoire civile, ecclésiastique et littéraire de la ville de Nîmes*, Parijs, Ch. Aubert, 1753, deel 4, pp. 205-223 (ook de herdruk van Lafitte, Marseille, 1975).

55 Vijfduizend inwoners in de eerste helft van de veertiende eeuw; 1370: 725 haarden; 1693: 540 haarden; 1698: 624 haarden; 1709: 664 haarden; 1740: 2.400 inwoners; 1766: 664 haarden, naar Claude Motte *et al.*, *Paroisses et communes de France. Hérault*, CNRS, 1989, p. 257; Roger Imbert en Jean Baille, *Lunel et son Passé*, Lunel, Peis, 1989; Th. Millerot, *Histoire de la ville de Lunel depuis son origine jusqu'en 1789...*, Montpellier, 1881; Abbé A. Rouet, *Notice sur la ville de Lunel au Moyen Age et vie de saint Gérard, seigneur*

de cette ville au XIIIe siècle, Montpellier, 1878; E. Rouet, *Essai sur la topographie physique et médicale de Lunel...*, Montpellier, 1822 (geneeskundig proefschrift).

56 Het is niet uitgesloten dat deze jongelui, gemaskerd en vermomd in witte jurken, een processie voorstellen of symboliseren van fantomen uit het dodenrijk, ter gelegenheid van Allerheiligen en vooral Allerzielen (zie Carlo Ginzburg, *Les Batailles nocturnes*, Lagrasse, Verdier 1980). Maar het zal moeilijk te bewijzen zijn; de elitaire en flirterige optocht toont hoe dan ook aan dat de krachten van de sociale integratie beslag hebben weten te leggen op een wellicht van oorsprong macabere festiviteit, zoals ze dat elders met de meest ongebreidelde aspecten van Carnaval doen (Maria Isaura Pereira de Queiroz, *Carnaval brésilien*, Parijs, Gallimard, 1992). Over dit alles, Arnold van Gennep, *Manuel de folklore français contemporain*, Parijs, A. en J. Picard, deel 1, vol. 6, 4, p. 2808 e.v.; vergelijk met D. Fabre, *Carnaval*, Parijs, Gallimard, 1992.

57 Over Montpellier zelf, zie de bibliografie over Montpellier m.b.t. de 'schone zestiende eeuw' achterin dit boek.

Hoofdstuk 6

1 De uitgever in Montpellier van F. Platter (Coulet, Montpellier, 1892, p. 34) verwart de marranen met de moren! Dezelfde domheid in de 'tweetalige' (?) uitgave door Mark Musa van Machiavelli's *Prince*, St.Martin's Press, New York, 1964, hfdst. 24, pp. 184-185: *Marrani* vertaald met *Moors*...

[Een marraan is een Spaanse of Portugese jood die onder dwang tot het christendom is overgegaan, maar zijn geloof trouw is gebleven – noot vert.]

2 F 258 e.v. en Louis Dulieu, *La Médecine à Montpellier*, delen 1 en 2 (middeleeuwen en renaissance), Lille, Presses universelles, 1975 en 1979. Zie ook onze bibliografie over Montpellier achterin dit boek.

3 Le Clapas: historische, populaire naam voor Montpellier.

4 Zie mijn *Paysans de Languedoc*, uitg. 1966, deel 3, p. 1020.

5 De reputatie van rokkenjager zal Du Chatel, terecht, volgen tot aan het hof van de Valois, wanneer hij, op het hoogtepunt van zijn carrière, lijfarts van de koning is geworden (Brantôme, *Recueil des Dames...*, Parijs, Gallimard, 'Bibliothèque de la Pléiade', 1991, p. 480.

6 Archiatre: de belangrijkste geneesheer bij een koninklijk hof.

7 Vergeet niet dat Sint Lucas, wiens naamfeest op 18 oktober gevierd wordt, de patroon van de heelmeesters is; zie *Vie des saints et des bienheureux*, het deel over de maand oktober, door de Benedictijnen van Parijs, Letouzey, 1952, pp. 594-600 (bij 18 oktober).

8 *Des livres et des rois*, catalogus van de tentoonstelling met dezelfde naam van de Bibliothèque nationale in 1992, onder redactie van M.-P. Lafitte en Ursula Baurmeister, Parijs, Éditions du Quai Voltaire en Bibliothèque nationale, 1992 (fundamenteel).

9 B. en L. Bennassar, *1492, un monde nouveau?*, Parijs, Perrin, 1991.

10 L. Dulieu, *op. cit.*, deel 2; Charles Lichtenthaeler, *Histoire de la médecine*, Parijs, Fayard, 1978.

11 Pierre Riché, *Gerbert d'Aurillac, pape de l'an mil*, Fayard, 1987, p. 192.

12 Gilles de Gouberville, *Journal*, heruitg. Bricquebosq, Pont de Neuville, 50340, Les Éditions des Champs, 1993, deel 2, 'Mises et réceptes', uit het jaar 1556, p. 281 e.v., 16 juli, en 18-22 juli 1556.

13 Over het apocalyptisme van de katholieke wereld in Frankrijk in de zestiende eeuw, zie

Denis Crouzet, *Les Guerriers de Dieu*, Seyssel, Champ-Vallon, 1990, eerste deel.

14 Dit schilderij was te zien op de tentoonstelling 'Paysages, paysans' (Bibliothèque nationale de France, voorjaar 1994). Zie de reproduktie ervan in de bijbehorende catalogus, eveneens onder de titel *Paysages, paysans*, en gepubliceerd in Parijs, BN-RMN, 1994. Zie ook mijn *État royal*, Parijs, Hachette, 1987, pp. 56-57.

15 Het gaat om een adoptie *de facto*, niet noodzakelijkerwijs *de jure*.

16 T2 80 en F 180: verkeerde interpretatie van Lötscher, de uitgever van F. Platter, van *deigade* of *aiguade*, dat hij verwart met het Franse werkwoord 'décanter' (bezinken/decanteren/tot klaarheid brengen).

17 De Montpelliérais, een term die in onbruik is geraakt, verwijst naar de omstreken van Montpellier.

18 Blaise de Monluc, *Commentaires...*, Parijs, Renouard, 1872, I, 440, 466; II, 66, 67; IV, 43 (verwijzingen naar deze aanvoerder van de landsknechten onder de naam Rinckrock).

19 Machiavelli, *De vorst*, hfdst. 7, de terechtstelling van Remirro de Orca.

20 Ortalisses: tuinen, in het vocabulaire van de kadasters (compoix) in de Languedoc in de zestiende eeuw. Zie Frédéric Mistral, *Trésor du félibrige*, art. *ourtalis*.

21 Zie Didier Gazagnadou, *La Poste à relais*, Parijs, Kimé, 1994.

22 Teston: oude zilveren munt.

Hoofdstuk 7

1 G. Saumade, *Fabrègues*, Montpellier, Coopérative ouvrière L'Abeille, 1908.

2 Jean Sagnes, *Histoire de Béziers*, Toulouse, Privat, 1986.

3 Dit is een van de ontdekkingen die Alain Molinier deed betreffende het protestantisme in de Languedoc halverwege de zestiende eeuw, 'De la religion des oeuvres à la réformation dans les Cévennes', *Revue d'histoire de l'Eglise de France*, dl. 72, 1986, pp. 258-259.

4 Sagnes, *op.cit.*, p. 106.

5 *Ibid.*, pp. 42, 203.

6 Gilles Caster, *Le Commerce du pastel et de l'épicerie à Toulouse de 1450 environ à 1561*, Toulouse, Privat, 1962.

7 De eerste zwarte slaven voor de suiker- en andere plantages, werden door de Portugezen in 1559 naar Brazilië verscheept. Katia M. de Gueiros Mattoso, *Etre esclave au Brésil, XVIe-XIXe siècle*, Parijs, Hachette, 1979, p. 32.

8 Germain Mouynes, *Ville de Narbonne. Inventaire des Archieves communales antérieures à 1790*, Narbonne, E. Caillard, 1871-1879, onder-serie BB, p. 1-2 (BB1, februari 1557).

9 Anne Blanchard, in André Corvisier, *Histoire militaire de la France*, Parijs, PUF, 1992, pp. 263-268.

10 Zie voor Narbonne in de zestiende eeuw het uitstekende recente proefschrift van Gilbert Larguier, verdedigd aan de universiteit Paris-VII, over de geschiedenis van de stad van de middeleeuwen tot de negentiende eeuw. In afwachting van de publikatie van dit 'standaardwerk' kan men de *Histoire de Narbonne* raadplegen van Jacques Michaud (Toulouse, Privat, 1988) of van Paul Carbonel (Narbonne, Caillard, 1956; herdruk Lafitte, Marseille, 1988).

11 Dit is de derde en laatste depressieve periode, na die van Avignon en Montpellier, in het *Tagebuch* van Felix.

12 Marie-Caroline Roederer, Michel Mollat & Jean-Pierre Bardet, *Paroisses et communes de France*, Aude, Parijs, CNRS, 1979, p. 357.
13 Dom Claude Devic en Dom J. Vaissette, *Histoire générale de Languedoc*, Toulouse, Privat, 1879, dl. 11, p. 285.
14 Frank C. Spooner, *L'Economie mondiale et les frappes monétaires en France*, Parijs, A. Colin, 1956, kaarten *in fine*.
15 Thomas Bouges, *Histoire ecclésiastique et civile de Carcassonne*, Parijs, Gandouin, 1741.
16 Devic, *op. cit.*
17 Jean Guilaine, *Histoire de Carcassonne*, Toulouse, Privat, 1981, p. 116, voor alles wat hier volgt over de opeenvolgende verhuizingen van de rechtbank.
18 Claudine Pailhès, *D'or et de sang. Le XVIe siècle ariégois*, Foix, Editions des Arch. dép., 1992.
19 Zie C. Pailhès, *op. cit.*, betreffende Ariège. Voor het zilver uit Mexico vanaf 1549, zie Henry Bamford Parkes, *A History of Mexico*, Boston, 1960, pp. 59-79.
20 Gilles Caster, *Le Commerce du pastel et de l'épicerie à Toulouse de 1450 à 1561*, Toulouse, Privat, 1962, pp. 269-372.
21 Philippe Wolff, Bartolomé Bennassar *et al.*, *Histoire de Toulouse*, Toulouse, Privat, 1974, p. 232.
22 Charles Higounet, *Histoire de Bordeaux*, dl. 4, Bordeaux, Fédération historique du Sud-Ouest, 1966, p. 243, n. 171.
23 Wolff, Bennassar *et al.*, *op. cit.* p. 47.
24 *Ibid.*, p. 222.
25 Betreffende het culturele milieu in Toulouse in de zestiende eeuw is het omvangrijke werk van A. London Fell, *Origins of Legislative Sovereignty and the Legislative State*, Atheneaum, Cambridge, Mass., 1983-1991, van wezenlijk belang. Het werk is, in elk geval in Frankrijk, vrijwel onopgemerkt gebleven en verdient zonder meer beter.
26 Devic, *op. cit.*, dl. 11, p. 317. Voor de bevolking van Toulouse, zie Wolff, Bennassar *et al.*, *Histoire de Toulouse, op. cit.*, p. 294 en *passim*: in 1335: 35000 inwoners; 1398: 24000; 1405: 22500; 1550: 30 tot 40000; 1640: 42000; 1695: 43000.
27 Henry Le Bret, *Histoire de Montauban*, Montauban, 1841, herdruk Lafitte, Marseille, 1976; Daniel Ligou, *Histoire de Montauban*, Toulouse, Privat, 1984, p. 205-206.
28 Charles Higounet, *Histoire de Bordeaux*, Bordeaux, Fédération historique du Sud-Ouest, 1962, dl. 4 (over de zestiende eeuw), p. 287; deze 'belastingdienst' zou rond 1566 naar Bordeaux verhuizen.
29 Aristide Guilbert, *Histoire des villes de France, op. cit.*, dl. 2, p. 399.
30 Ch. Higounet, *op. cit.*, dl. 4, p. 181.
31 Jacques Bernard, *Navires et gens de mer à Bordeaux (vers 1400-vers 1550)*, Parijs, SEVPEN, 1968, p. 520 en *passim*; Ch. Higounet, *op. cit.*, p. 277.
32 Ch. Higounet, *op. cit.*, p. 153.
33 Hetzelfde jaar als in Fécamp: hier zou de lokale likeur, de kruidige voorloper van onze benedictine, het werk zijn van een Italiaanse monnik die in 1510 was 'genormandiseerd'; aldus Laurence Haloche, *Bénédictine, histoire d'une liqueur*, Lausanne, Conti, 1991, p. 29; zie ook Hugues en Alfred Le Roux, *La Bénédictine de l'ancienne abbaye de Fécamp*, Rouen, Le Cerf, 1905, pp. 13-14.
34 Ch. Higounet, *op. cit.*, pp. 126-128 en 163.
35 Ch. Higounet, *op. cit.*
36 Dit alles volgens het proefschrift van J. Bernard.

37 Clément Janequin, *Chansons polyphoniques*, Monaco, Lesure, 'Les Remparts', ''L'oiseau lyre', 1965, dl. 1 ('Bordeaux-periode').
38 Robert Étienne, *Histoire de Bordeaux*, Toulouse, Privat, 1990, pp. 40-41.
39 *Ibid.*, pp. 42, 102.
40 R. Doucet, *Les Institutions de la France au XVIe siècle*, Parijs, Picard, 1948, dl. 1, p. 275 e.v.
41 Jean-Noèl Luc, *La Charente-Maritime, Aunis et Saintonge*, Saint-Jean-d'Angély, Bordessoules, 1981, p. 170. Zie ook G. en J. Musset, *Pons*, La Rochelle, Bergevin, 1926, p. 9 en *passim*.
42 Alain Michaud, *Histoire de Saintes*, Toulouse, Privat, 1989, p. 120.
43 *Ibid.*, p. 110.
44 *Ibid.*, p. 136.
45 André Baudrit, *Saintes au XVIe siècle*, proefschrift verdedigd aan de letterenfaculteit te Bordeaux, 1957, dl. 1, p. 194 e.v. Typoscript ons welwillend ter beschikking gesteld door de openbare bibliotheek van Saintes.
46 Ch. Higounet, *Histoire de Bordeaux, op. cit.*, dl. 4, p. 131; Eutrope-Louis (en niet Charles...) Dangibeaud, *Études historiques, Saintes au XVIe siècle*, Évreux, Hérissy, 1863, pp. 53-64.
47 Baron Eschassériaux, *Études, documents... relatifs à la ville de Saintes*, Saintes, Orliaguet, 1876, p. 33 en *passim*.
48 Alain Michaud, *Histoire de Saintes, op. cit.*, p. 103.
49 André Chastel, *Le Présent des oeuvres*, Parijs, De Fallois, 1993, p. 219.
50 Marcel Delafosse, *Histoire de La Rochelle*, Toulouse, Privat, 1985, p. 73 e.v.
51 Over dit en al het volgende, Louis-Claude Saudau, *Saint-Jean-d'Angély*, Saint-Jean-d'Angély, J.-B. Ollivier, 1886.
52 *Discours des choses les plus remarquables advenues... durant le siège de Lusignan en 1574*, Poitiers (?), 1577, p. 62 e.v. BN, anoniem, L 6^{34}-93.
53 *Oeuvres complètes* van Brantôme, bezorgd door L. Lalanne, Parijs, Renouard, 1869, dl. 5, p. 19.
54 Arrondissement Chinon, kanton Langeais.
55 Jacques Le Goff en Emmanuel Le Roy Ladurie, 'Mélusine maternelle et défricheuse', *Annales*, mei-oktober 1971, p. 587 e.v.; Jean Tarrade, *La Vienne, de la Préhistoire à nos jours*, Saint-Jean-d'Angély, Bordessoules, 1986, pp. 108, 377 en *passim*; Edmond-René Labande, *Histoire du Poitou*, Toulouse, Privat, 1976, p. 108 e.v.
56 Gédéon Tallemant des Réaux, *Historiettes*, Parijs, Gallimard (Pléiade), 1967, dl. 1, p. 594.
57 René Crozet, *Histoire du Poitou*, Parijs, PUF, 1970, p. 61.
58 Zie voor de geschiedenis van Poitou in de zestiende eeuw R. Crozet, *op. cit.*; Georges Bordonove, *Histoire du Poitou*, Parijs, Hachette, 1973; J. Tarrade, *op. cit.*; E.-R. Labande, *op. cit.*; dr Louis Merle, *La Métairie et l'évolution agraire de la Gâtine poitevine de la fin du Moyen Âge à la Révolution*, Parijs, SEVPEN, 1958. Zie ook het werk van Paul Raveau over de Poitou in de zestiende eeuw, vanuit agrarisch oogpunt, over de boerenstand, het leven op het kasteel, de sociale toestand en het economisch leven in deze tijd (boeken van Raveau verschenen respectievelijk in Parijs bij Rivière in 1926 en 1931 en in Poitiers in 1917 en 1935).
59 De overblijfselen van dit amfitheater verdwenen geleidelijk in de loop van de daaropvolgende eeuwen.

60 E.-R. Labande, *Histoire du Poitou, op. cit.*, pp. 218-221.
61 *Mémoires chronologiques pour servir à l'histoire de Châtellerault*, bijeengebracht en geordend in 1788 door Roffay des Pallus, gepubliceerd door Camille Page, Châtellerault, Rivière, 1909, p. 71; en *Histoire de Châtellerault* door Alfred Hérault, Châtellerault, Videau, 1926, p. 11 e.v.
62 K. Baedeker, *Le Centre de la France*, Leipzig Parijs, Ollendorf, 1889, p. 22.
63 Bernard Chevalier, *Tours, ville royale*, Leuven Parijs, 1975, pp. 258, 347; en van dezelfde auteur, *Histoire de Tours*, Toulouse, Privat, 1985, p. 136.
64 Georges Duby, *L'Économie rurale des campagnes dans l'Occident médiéval*, Parijs, Aubier, 1962, pp. 171-176; en F.L. Ganshof, *Qu'est-ce que la féodalité?*, Parijs, Tallandier, 1982.
65 Bernard Chevalier, *Tours, ville royale, op. cit.*, pp. 122-152.
66 *Ibid.*, pp. 130-152.
67 *Ibid.*, p. 528 e.v.
68 Sabine Baring-Gould, *Cliff Castles and Cave Dwellings in Europe*, Londen, Seeley, 1911 (herdruk door Singing Tree Press, Detroit, Michigan 1968), hfst. 2.
69 Auguste Chauvigné, *Vouvray*, 1909, p. 71 (en herdruk Lafitte, 1982); Jacques Levron, *Châteaux et Vallée de la Loire*, Grenoble, Arthaud, 1970, p. 129; en het tijdschrift *Détours*, nr. 18, 1994, p. 90 ('Ces maisons enfouis sous la terre', door Hervé Filippetti).
70 Patrick Saletta, *Voyage dans la France des troglodytes*, Antony, Sides, 1991, pp. 145, 153, 161, 167, 185, 201.
71 Cl. Croubois, *Le Loir-et-Cher...*, Saint-Jean-d'Angély, Bordessoules, 1985, p. 191.
72 Roger Dion, *Val de Loire*, Tours, Arrault, 1934, dl. 1, p. 418 (zie ook de herdruk van dit werk bij Lafitte, Marseille, 1978, *ibid.*).
73 *Ibid.*, dl. 1, p. 353.
74 *Ibid.*, pp. 357-358, voor al het volgende.
75 Madeleine Chabrolin *et al.*, *Histoire de Nevers*, Saint-Étienne, Le Coteau, Horvath, 1984, p. 171.
76 F. Lebrun *et al.*, *Histoire des pays de la Loire*, Toulouse, Privat, 1972, p. 219 e.v.; *Le Loir-et-Cher de la préhistoire à nos jours*, onder red. van Cl. Croubois, Saint-Jean-d'Angély, Bordessoules, 1985, p. 193 e.v., Philippe Mantellier, *Histoire de la communauté des marchands fréquentant la rivière de Loire et fleuves descendant en icelle*, Orléans, Jacob, dl. 2, 1864.
77 Departement Moezel, arrondissement Sarrebourg, kanton Phalsbourg.
78 Yvonne Labande-Mailfert, *Charles VIII et son milieu (1477-1498)*, Parijs, Klincksieck, 1975, p. 580 (talloze verwijzingen).
79 Bibliografie over Amboise: Léon-Auguste Bosseboeuf, *Amboise, le château, la ville et le canton*, Tours, Pericat, 1897; Abbé Casimir Chevalier, *Inventaire analytique des archives communales d'Amboise, 1421-1789*, Tours, Georges-Joubert, 1874; Jacqueline Melet, *Le Développement historique de la ville d'Amboise des origines jusqu'au XVIIIe siècle*, verslag in *Positions des thèses soutenues par les élèves de la promotion de 1972...*, Parijs, École des chartes, 1972, pp. 107-113; Jacqueline Melet-Samson, 'La ville d'Amboise aux XVe et XVIe siècles', *Bulletin de la Société archéologique de Touraine*, 1973, pp. 263-268; *id.*, 'Provenance des matériaux utilisés pour la construction des édifices publics de la ville d'Amboise aux XVe et XVIe siècles', *Congrès national des sociétés savantes*, Saint-Étienne, 1973, pp. 225-234.
80 De uitgebreide inventarisatie van Alain Croix en Alain Molinier van honderdduizen-

den overlijdensakten telt over twee eeuwen slechts een of twee zelfmoorden (Alain Croix, *La Bretagne aux XVIe et XVIIe siècles*, Parijs, Maloine, 1980, 2 dln.; Alain Molinier, *Stagnation et croissance. Le Vivarais aux XVIIe et XVIIIe siècles*, Parijs, EHESS, J. Touzot, 1985).

81 Yves Denis, *Histoire de Blois et de sa région*, Toulouse, Privat, 1988, pp. 65-67 en 95.

82 *Ibid.*, p. 95.

83 Michel Melot, art. in de *Gazette des Beaux-Arts*, december 1967, p. 326 (primaire bronnen).

84 Machiavelli, *De vorst*, hfst. 20, *in fine*.

85 Zie ook Jean Bernier, *Histoire de Blois*, Parijs, Muguet, 1982, pp. 21-22.

86 Bibliografie over Blois: Ursula Baurmeister en M.-P. Lafitte, *Des livres et des rois*, Parijs, Bibliothèque nationale, Quai Voltaire, 1992; Frédéric Lesueur, *Le Château de Blois, tel qu'il fut...*, Parijs, A. en J. Picard, 1970; Louis Bergevin & Alexandre Dupré, *Histoire de Blois*, Marseille, Lafitte, 1977 (herdruk van de editie van Blois, E. Dezairs, 1846-1847); Jean Caplat, *Histoire de Blois depuis les origines jusqu'à nos jours*, Blois, Caplat, 1968.

87 Een aantal huizen van geestelijken niet meegeteld.

88 Over het beroemde heiligdom van Cléry, zie: Lucien Millet, *Notre-Dame de Cléry*, Parijs, Lethielleux, 1961; Jean Mercier, *Notre-Dame de Cléry*, Cléry, parochie Notre-Dame, 1988; Michel Caffin de Mérouville, *Notre-Dame de Cléry*, Parijs, Plon, 1963; Louis Jarry, *Histoire de Cléry et de l'église collégiale et chapelle royale de Notre-Dame de Cléry*, Cléry, Éd. Association des Amis de Cléry, 1984 (facsimile van de uitg. van Orléans in 1899).

89 Vergelijk: Saint-Simon, *Mémoires*, bezorgd door Boislisle, Parijs, Hachette, dl. 8, p. 239.

90 Zie voor Orléans in die tijd: Louis d'Illiers, *Histoire d'Orléans*, Lafitte herdruk, Marseille, 1977 (herdr. van de 2e ed. van Orléans, Ruddé, 1954); Jacques Debal, *Histoire d'Orléans et de son terroir*, dl. 1, van de oorsprong tot eind zestiende eeuw, Roanne, Horvath, 1983; Jean de Viguerie (red.), *Histoire religieuse de l'Orléanais*, Chambray, CLD, 1983; J. de La Martinière, 'Le monument de la Pucelle sur le pont d'Orléans',... *Mémoires de la Société archéologique et historique de l'Orléanais*, dl. 37, 1936, p. 109 e.v.; *Histoire des Pays de la Loire, Orléanais, Touraine...*, onder leiding van F. Lebrun, Privat, Toulouse, 1972.

91 Jean-Marc Moriceau, *Les Fermiers de l'Ile-de-France*, Parijs, Fayard, 1994.

92 Jean-Marie Constant, *Nobles et paysans en Beauce aux XVIe et XVIIe siècles*, Service de reproduction des thèses, Universiteit van Lille-III, 1981, pp. 1-3.

93 Betreffende deze vraagstukken: Michel Billard is de auteur van *Voyages à travers l'histoire d'Étampes*, Étampes, Éd. du Soleil, 1985; en van *A la découverte d'Étampes. Sur les pas des pèlerins de Saint-Jacques*, Étampes, Éd. du Soleil, 1987; *Églises et chapelles d'Étampes, autour de Notre-Dame*, Étrechy, Éd. du Soleil, 1988; Maxime Legrand, *Histoire d'Étampes*, Parijs, Res Universis, 1991 (facsimile-herdr. van de uitg. van 1902, verschenen onder de titel *Étampes pittoresque*); Justin Bourgeois, *Quelques recherches sur le port d'Étampes*, Étampes, A. Allier, 1860; Basile Fleureau, *Les Antiquités de la ville et du duché d'Étampes*, Marseille, Lafitte reprints, 1977 (herdr. van de uitg. van Parijs, J.-B. Coignard, 1683); Léon Guibourgé, *Étampes, ville royale*, Étampes, 1958; Liliana Klein, *Étampes d'hier et d'aujourd'hui*, Étampes, Éd. du Soleil, 1988; Maxime de Montrond, *Essais historiques sur la ville d'Étampes*, Étampes, Fortin, 1836; *Les Très Riches Heures du duc de Berry*, met een inleiding van Jean Longnon, Parijs, Vilo, 1969; Charles Forteau, 'Comptes de recettes et de dépenses de la maladrerie d'Étampes', *Annales de*

la Société historique et archéologique du Gâtinais, dl. 21, p. 100 e.v.; Joseph Délivré, 'L'immigration dans le doyenné d'Étampes après la guerre de Cent Ans', *Mémoires et documents de la Société historique et archéologique de Corbeil, de l'Essonne et du Hurepoix*, dl. 14, 1988; en, in hetzelfde deel, het artikel van Joseph Crocy over 'L'hôtel-Dieu d'Étampes'.

94 Abel Cornaton, Jean Burtin *et al.*, *Arpajon, les grandes étapes de son histoire*, Arpajon, gemeente-uitgave, 1968; eerwaarde J.-M. Alliot, *Les Curés d'Arpajon*, Arpajon, Lamouche, 1889; *Histoire du pays de Châtres. Chronologie des principaux événements de l'histoire d'Arpajon et de sa région*, Étampes, Éd. du Soleil, 1988; Jean-Joseph Beaugrand, *Notes historiques sur Arpajon*, Parijs, 1833; Jacques Dupâquier *et al.*, *Paroisses et communes de France. Dictionnaire d'histoire administrative et démographique. Région parisienne*, Parijs, CNRS, 1974 (artikel 'Arpajon').

95 Jean Jacquart, *La Crise rurale en Ile-de-France*, Parijs, A. Colin, 1974.

96 André Jouanen, *Montlhéry, douze siècles d'histoire*, Étampes, Éditions du Soleil, 1989; en van dezelfde auteur, *Montlhéry et son histoire*, Ballainvilliers, Association Renaissance et Culture, 1983.

Hoofdstuk 8

1 Jean-Pierre Babelon, *Nouvelle histoire de Paris au XVIe siècle*, Parijs, Hachette, 1986, pp. 247-259 en *passim.*

2 Jean-Marc Moriceau, *Les Fermiers de l'Ile-de-France*, Parijs, Fayard, 1994, eerste deel en ook p. 645 en *passim.* Dit voortreffelijke proefschrift van dhr. Moriceau geeft een beter inzicht in het platteland van het Ile-de-France in de periode dat Felix er doorheen reisde en het in zich opnam.

3 Jean-Pierre Babelon, *op. cit.*, pp. 247-253.

4 Volgens Jean-François Pernot, die momenteel werkt aan een boek over de Rekenkamer van Parijs tijdens het ancien régime.

5 J.-P. Poussou, 'Les métropoles, parasites ou stimulants?', in *La Grande Ville, enjeu du XXe siècle*, verzameling artikelen opgedragen aan Jean Bastié, onder redactie van Jacqueline Beaujeu-Garnier, Parijs, PUF, 1991, pp. 17-29.

6 Juist hierom is het niet altijd eenvoudig de kenschetsing van de Valois, en met name Frans I, als 'absolute vorsten' volledig te aanvaarden (Philippe Hamon, in zijn interessante artikel in *L'Histoire*, dec. 1994, nr. 183). De Amerikaanse historicus Russell Major geeft een heel wat minder absolutistisch beeld van deze 'monarchie van de renaissance'; zie van deze auteur *Representative Institutions in Renaissance France*, Madison, University of Wisconsin Press, 1960 (primaire bron).

7 Een lid van de Utenhovefamilie was leerling bij Erasmus van 1528-1529, volgens *Die Amerbach-Korrespondenz*, gepubliceerd door Alfred Hartmann, Bazel, uitgave van de Universiteitsbibliotheek van Bazel, 1942 en volgende jaren, p. 418, noot 1.

8 August Hirsch, *Biographisches Lexicon aller hervorragenden Ärzten aller Zeit*, nieuwe uitg., München-Berlijn, 1962, dl. 4, art. 'Rufus'.

9 J. Karcher, *Felix Platter, Lebensbild des Basler Stadarztes*, Bazel, Helbing, 1949, p. 23; August Hirsch, *op. cit.*, dl. 2, art. 'Duret'.

10 J. Karcher, *op. cit.*, p. 23. Zie over Fernel ook Jean Goulin, *Mémoires littéraires, critiques… pour servir à l'histoire ancienne et moderne de la médecine*, Parijs, Bastien, 1777, pp. 286-408 e.v.

11 J. Maritain, *Trois réformateurs...*, Parijs, Plon, 1925, p. 44.

12 Alleen al van 1531 tot 1535 geeft Wechel 148 werken uit, het merendeel in het Grieks en Latijn; zie voor deze titels in Brigitte Moreau, *Inventaire chronologique des éditions parisiennes du XVIe siècle*, gepubliceerd naar de manuscripten van Philippe Renouard, dl. 4, 1531-1535, Abbeville, Paillart, 1992.

13 *Amerbach-Korrespondenz, op. cit.*, dl. 6, p. 312.

14 Christiane Riboulleau, *Villers-Cotterêts, un château royal en forêt de Retz*, Amiens, Association pour la généralisation de l'Inventaire général en Picardie, 1991.

15 Ferdinand Lot, *Recherches sur les effectifs des armées françaises, 1494-1562*, Parijs, SEVPEN, 1982, hfst. 10.

16 Ivan Cloulas, *Henri II*, Parijs, Fayard, 1985, p. 460.

17 Jean-Marie Pérouse de Montclos, *Le Guide du Patrimoine*, Parijs, Hachette, 1987, p. 291.

18 J.-P. Babelon, *op. cit.*, p. 192.

19 T2 599; J.-P. Babelon, *op. cit.*, pp. 223-224 en *passim*, voor al het volgende.

20 J.-P. Babelon, *op. cit.*, pp. 226-282.

21 *Ibid.*, pp. 148-149.

22 Étienne Boileau, *Le Livre des métiers* (dertiende eeuw), Genève, Slatkine-Champion, 1980 (heruitg. van de uitg. van 1879).

23 Zie voor de bloeitijd van de Franse boekbinderskunst tijdens Hendrik II, 'de grootste Franse boekenliefhebber van zijn tijd', L.-M. Michon, *La Reliure française*, Parijs, Larousse, 1951, hfst. 5.

24 J.-P. Babelon, *op. cit.*, p. 232.

25 *Ibid.*, pp. 390-442.

26 Michel Félibien, *Histoire de l'abbaye royale de Saint-Denis en France*, Parijs, 1973, p. 105 e.v.

27 J.B.M. Jaillot, *Recherches critiques... sur la ville de Paris*, Parijs, Lottin, 1774, XVIe arr., place Maubert, p. 6. Lötscher (in F 281, nr. 141) verwart wat dit betreft de rue d'Arras met de rue d'Assas.

28 *Amerbach-Korrespondenz, op. cit.*, dl. 6, p. 422; en Émile Châtelain, *Les Étudiants suisses de Paris, aux XVe en XVIe siècles*, Parijs, Émile Bouillon, 1891, p. XLVIII.

29 J. Dupâquier, *Paroisses et communes de France... Région parisienne*, Parijs, CNRS, 1974, p. 366; eveneens R. Bourderon & P. de Perretti, *Histoire de Saint-Denis*, Toulouse, Privat, 1988.

30 M. Félibien, *op. cit.*, het jaar 1556.

31 R. Giesey, *Cérémonial et puissance souveraine*, (*Cahiers des Annales*), Parijs, A. Colin, 1987, p. 26 en *Le roi ne meurt jamais*, Parijs, Flammarion, 1987, pp. 102-110.

32 D. Gaborit & M.-P. Lafitte, *Le Trésor de Saint-Denis*, Dijon, Faton, 1992, p. 99.

33 *Ibid.*, nrs. 20 en 74.

34 Alain Erlande-Brandenburg, *L'Église abbatiale de Saint-Denis*, Parijs, 1976.

35 De Nationale Conventie, die in de zomer van 1793 de plundering beval, kon deze beslissing niet wettigen omdat zij, als (principiële) vertegenwoordigster van de via verkiezingen geraadpleegde natie, enkele maanden daarvoor was gezuiverd tijdens de anti-Girondijnse 'putsch' in Parijs, op 31 mei 1793. Over de gebeurtenis in Saint-Denis, zie Alain Boureau, *Le Simple Corps du roi*, Parijs, Éd. de Paris, 1988, *in fine*.

36 En niet een hoorn, transcriptiefout van de bezorger van Felix (F 282).

37 Monin, *Histoire de la ville de Saint-Denis*, Saint-Denis, 1928, en/of herdruk Lafitte, Marseille, 1977, p. 239.

38 D. Gaborit & M.-P. Lafitte, *op. cit.*, p. 204; zie hiervoor ook H. Monin, *op. cit.*, p. 237.

39 D. Gaborit & M.-P. Lafitte, *op. cit.*, p. 272 e.v.

40 *Ibid.*, p. 198.

41 *Ibid.*, p. 202 e.v.

42 *Ibid.*, p. 80.

43 Sylvie Chabert d'Hières, *Que lire sur l'histoire de la Seine-Saint-Denis*, 'bibliographie relative au Nord-Est parisien, au département et aux communes de Seine-Saint-Denis', Arch. dep. van Seine-Saint-Denis, Saint-Denis, 1986; Roger Bourderon & Pierre de Perreti, *Histoire de Saint-Denis*, Privat, Toulouse, 1988; Alain Erlande-Brandeburg, in samenwerking met Georges Chassé, *L'Église abbatiale de Saint-Denis*, Parijs, Librairie de la Nouvelle Faculté (verspreiding Maloine), 1976 (met name: 'Historique et visite. Les tombeaux royaux'); Michel Félibien, *Histoire de l'abbaye royale de Saint-Denis en France*' introductie van Hervé Pinoteau, Parijs, Éd. du Palais-Royal, 1973 (reprod. en facsimile van de uitgave van F. Léonard uit 1706); Monin. Hippolyte *i.e.* Henry Monin, *Histoire de la ville de Saint-Denis et de la basilique*, Marseille, Lafitte, 1977 (reprod. en facsimile van de uitgave van Saint-Denis, Impr. de Saint-Denis, 1928); Ralph E. Giesey, *Le roi ne meurt jamais*, Parijs, Flammarion, 1987, pp. 102-110; en van dezelfde auteur, *Cérémonial et puissance souveraine*, Parijs, A. Colin, 1987; Fernand Bournon, *Histoire de la ville et du canton de Saint-Denis*, Parijs, 1892; en ten slotte, als primaire bron, D. Gaborit & M.-P. Lafitte, *Le Trésor de Saint-Denis*, Dijon, Faton, 1992, evenals B. de Montesquiou-Fezensac & D. Gaborit, *Trésor de Saint-Denis*, Parijs, Picard, 1973.

44 Louis-Sébastien Mercier, *Tableau de Paris*, Parijs, Mercure de France, 1994, dl. 1, hfst. 178, pp. 429 en 1618.

45 Karel II, gewoonlijk (onterecht) Karel III genoemd, hertog van Lotharingen (1543-1608), regeert pas vanaf 1545 in Lotharingen. Over hemzelf en zijn familie, zie de *Mémoires* van de hertog van Saint-Simon, red. Boislisle, Parijs, Hachette, 1901, dl. 15, pp. 24-25 en de noten.

46 J.-P. Babelon, *op. cit.*, p. 40.

47 Deze van oudsher geografische eenheid komt vandaag de dag overeen met de departementen Indre en Cher.

48 Zie over dit alles G. Devailly, *Histoire du Berry*, Toulouse, Privat, 1987, p. 168.

49 Émile Meslé, *Histoire de Bourges*, Roanne, Horvath, 1988, p. 6. Misschien is het verschil tussen beide getallen te verklaren doordat de stad Bourges in die tussentijd de muren heeft versterkt in verband met de gevaren van de eindeloos voortdurende godsdiensttwisten.

50 Dit gegeven is afkomstig uit het gepubliceerde *Journal* van pastoor Jean Glaumeau, Bourges/Parijs, Éd. Hiver, 1867, p. 86.

51 *Ibid.*, p. 7.

52 É. Meslé, *op. cit.*, p. 113.

53 *Ibid.*, p. 65.

54 Buhot de Kersers, *Statistique départementale du Cher*, Bourges, Tripault, 1883, dl. 2, p. 94 (herdruk Lafitte, Marseille, 1977).

55 *Supra*, hfst. 7, wanneer Felix in Orléans is.

56 Bernard Quilliet, *Louis XII 'père du peuple'*, Parijs, Fayard, 1986, p. 258.

57 Jean Glaumeau, *op. cit.*, noten voor de jaren 1555-1558.

58 Over Bourges, zie hierover: Émile Meslé, *Histoire de Bourges*, Roanne, Horvath, 1988; Jean Chaumeau, heer van Lassay, *Histoire du Berry*, Lyon, Gryphe, 1566, herdruk 1985

door de Cercle d'histoire d'Argenton; A. Buhot de Kersers, *Histoire et statistique monumentale du département du Cher*, dl. 2 (kanton Bourges), *op. cit.*, Bourges, 1883; Pierre Pradel, *La Cathédrale de Bourges*, Parijs, 'Tel', 1939; *Journal de Jehan Glaumeau de Bourges*, 1541-1562, Bourges, Just-Bernard, 1867; *Histoire du Berry*, onder redactie van Guy Devailly, Toulouse, Privat, 1987.

59 Gerald Jack Gilbank, *Les Vignobles de qualité du sud-est du bassin de Paris*, Parijs, eigen beheer, 1981, p. 380.

60 Zie voor Sancerre met betrekking tot dit onderwerp: Gerald Nakam, *Au lendemain de la Saint-Barthélemy; l'Histoire mémorable du siège de Sancerre (1573) de Jean de Léry*, Parijs, Anthropos, 1972, p. 100 *et passim*; Camille-Marie Charpentier, *Le Beffroi de Sancerre dans l'Histoire des beffrois*, Sancerre, Soc. de presse berrichonne, 1956; id., *Sancerre et Saint-Satur dans l'histoire de France*, Sancerre, Soc. coop. ouvrière d'imprimerie, 1951; *Histoire de la ville de Sancerre* (BN, anoniem), Cosne, Gourdet, 1826; Vincent Poupard, *Histoire de Sancerre*, Marseille, Lafitte reprints, 1975 (heruitg. van de 2e ed. van Bourges, J. Bernard, 1858); A. Buhot de Kersers, *Statistique monumentale du département du Cher, op. cit.*, dl. 7, Bourges, 1895; Gerald Jack Gilbank, *Les Vignobles de qualité du sud-est du Bassin de Paris. Évolution économique et sociale. Chablis, Pouilly-sur-Loire, Sancerre...*, Parijs, eigen beheer, 1981.

61 Alfred Faivre, *Cosne à travers les âges. Essai historique et archéologique*, Le Coteau, Horvath, 1986, met belangrijke kaarten en gravures (het is een herdruk van de uitgave uit 1895); *Histoire de Cosne* door A. Faivre (zelfde werk onder andere titel), Parijs, Res Universis, 1990.

62 Aristide Guilbert, *Histoire des villes de France, op. cit.*, dl. 4, p. 252.

63 G. Gauthier, 'La peste à Clamecy au XVIe siècle', *L'Écho de Clamecy*, 30 april 1905.

64 Aristide Guilbert, *Histoire des villes de France, op. cit.*, dl. 4, p. 268; Paul Cornu, *Les Forêts du Nivernais*, Éditions de la Société académique du Nivernais, Nevers, 1981, p. 99 e.v. Er is voor ons weinig te vinden in Charles P. Milandre, *Vieilleries clamecycoises*, Éditions de la Société scientifique et artistique de Clamecy, 1938.

65 M. Gailly, *Voyage dans l'Avallonnais. Vézelay monastique*, Tonnerre, Bailly, 1887, pp. 87-110 en het tijdschrift *Zodiaque*, nrs. 12 en 13, 1953, met name het aanhangsel met kaart; Claude Jean-Nesmy, *Le Pèlerinage et la Cité. Inventaire de Vézelay*, Zodiaque, 1970, vooral pp. 8-16; Nicolas-Léonard Martin, *Précis historique... sur la ville et l'ancienne abbaye de Vézelay*, Auxerre, Gallot-Fournier, 1832, pp. 192-213; Joseph Calmette, *Les Grandes Heures de Vézelay*, Parijs, Sfelt, 1951, pp. 184-187; Pierre Meunier, *Iconographie de l'église de Vézelay*, Avallon, Odobé, 1962 (zeer nauwkeurig). Over het kopergroen van Montpellier, zie F 178.

66 Archomanie: het oorspronkelijke karakter van een stad toegespitst op haar publieke functie en de machtsuitoefening, hier de rechterlijke macht.

67 Gaston Roupnel, *La Ville et la campagne au XVIIe siècle. Étude sur les populations du pays dijonnais*, Parijs, A. Colin, 1955, p. 354 e.v.

68 Over Dijon en het kartuizerklooster van Champmol, zie BN-Estampes, *Topographie de la France*, Côte-d'Or, Dijon, la chartreuse de Champmol, H. 117.442 tot H. 117.577; Pierre Gras (red.), *Histoire de Dijon*, Toulouse, Privat, 1987; Jean Richard, *Histoire de la Bourgogne*, Toulouse, Privat, 1978 (herdr. 1988); Cyprien Monget, *La Chartreuse de Dijon*, Montreuil-sur-Mer, Imp. Notre-Dame-des-Prés, 1898; Kathleen Morand, *Claus Sluter, Artist at the Court of Burgundy* (foto's van D. Finn), Londen, Harvey Miller publishers, 1991; Pierre Quarré, *La Chartreuse de Champmol, foyer d'art au temps des*

ducs Valois, Musée de Dijon, Palais des ducs de Bourgogne, 1960; id., *La Chartreuse de Champmol, centre d'art européen*, Dijon, publikatie van het Centre européen d'études bourgondes, nr. 3, 1961 (Rencontres d'Utrecht, 4 en 5 november 1960); Laurence Blondaux, 'Le puits des prophètes de la chartreuse de Champmol: conservation et restaurations depuis le Moyen Âge', *Gothiques*, nr. 27, 1991, pp. 17-29; Christian de Mérindol, 'Nouvelles observations sur la symbolique royale à la fin du Moyen Âge. La chartreuse de Champmol', *Bulletin de la Société nationale des antiquaires de France*, 1988, p. 288 e.v.; Georges Lengherand, *Voyage de Georges Lengherand..., 1485-1486*, met een inleiding van markies Godefroy-Menilglaise, Mons, druk van Masquillier en Dequesne, 1861 (Société des bibliographes de Mons); ook geciteerd door J. Chipps Smith in 'The Chartreuse de Champmol in 1486: the earliest visitor's account', *Gazette des Beaux-Arts*, dl. 106, juli-aug. 1985.

69 J. Theurot, p. 71.

70 Jacky Theurot, Daniel Bienmiller *et al.*, *Histoire de Dole*, Roanne, Horvath, 1982; Jacky Theurot, *Dole, évolution d'un espace urbain: du Moyen Âge à nos jours*, 1981; Annie Gay & Jacky Theurot, *Dole pas à pas*, Roanne, Horvath, 1985; *Essor et apogée d'une capitale provinciale, 1274-1674; Dole au comté de Bourgogne*; Jules Gauthier, *Les Fortifications de Dole*, Caen, 1894, uittreksel uit het verslag van het 58e Archeologisch Congres van Frankrijk, gehouden in 1891 in Besançon; Élie Puffeney, *Histoire de Dole*, Marseille, Lafitte reprints, 1975 (herdruk van de uitgave van 1882 te Besançon).

71 Claude Fohlen, *Histoire de Besançon, des origines à la fin du XVIe siècle*, Nouvelle Librairie de France, en herdr. 1981; José-Gentil Da Silva, *Banque et crédit en Italie au XVIIe siècle*, Parijs, Klincksieck, 1969.

72 Dominee John Viénot, met recht een voorvechter van de onontbeerlijke verdraagzaamheid ten opzichte van zijn geloofsgenoten, heeft in zijn belangrijke werken (zie hierna) met betrekking tot het protestantisme in de streek rond Montbéliard, niet bijster veel aanstoot genomen aan deze intolerantie van de lutherse autoriteiten ten opzichte van de katholieken van de streek.

73 Socinius is (na Michel Servet) in de tweede helft van de zestiende eeuw een van de belangrijkste bestrijders van het dogma van de Drieëenheid.

74 Over Montbéliard en over de Franche-Comté in het algemeen, zie: John Viénot, *Histoire de la Réforme dans le pays de Montbéliard, depuis les origines jusqu'à la mort de P. Toussain, 1524-1573*, Montbéliard, Imp. montbéliardaise, 1900; en van dezelfde auteur, *Histoire du pays de Montbéliard à l'usage de la jeunesse et des familles*, Audincourt, Villard, 1904; Charles Duvernoy, *Éphémérides de l'ancien comté de Montbéliard*, Besançon, Deis, 1832 en heruitg. door Blaise Mériot, 2 dln., Société d'émulation de Montbéliard, 1953-1959; R.-E. Tuefferd, 'Histoire des comtes souverains de Montbéliard', *Mém. société d'émulation de Montbéliard*, 1877, p. 380 e.v.; Michel Billerey, 'La principauté de Montbéliard et l'évêché de Bâle, introduction à leur histoire comparée', *Mém. Société pour l'histoire du droit*, 21e fasc., Dijon, 1960, pp. 103-109; *Le Pays de Montbéliard et l'ancien évêché de Bâle dans l'histoire*, gepubliceerd door de Société d'émulation de Montbéliard et Société jurassienne d'émulation, 1984; Guy J. Michel, *La Franche-Comté sous les Habsbourgs, 1413-1678*, Wettolsheim Colmar, Éd. Mars et Mercure, 1978; Roland Fétier (red.), *Histoire de la Franche-Comté*, Toulouse, Privat, 1977; Jean-Étienne Caire en Christian Deloche, *Histoire des Franc-Comtois*, Parijs, Nathan, 1981; Lucien Febvre, *Histoire de Franche-Comté*, Parijs, 1922 (en reprint, Marseille, Lafitte, 1983); Lucien Febvre, *Philippe II et la Franche-Comté*, Parijs, Champion,

1912 (heruitg., helaas! zonder de noten, Parijs, Flammarion, 1970 en 1984); Jean-Marc Debard, *Le Pays de Montbéliard, du Wurtemberg à la France, 1793. Bicentenaire du rattachement de la principauté de Montbéliard à la France*, Société d'émulation de Montbéliard, 1992.

75 Carl Roth, *Basler Jahrbuch*, 1936, pp. 1-30.

Hoofdstuk 9

1 Vergelijk nogmaals: Alain Boureau, *Le Simple Corps du roi*, Parijs, Éd. de Paris, 1988 (*in fine*: exhumations révolutionnaires, à la fin du XVIIIe siècle).

2 Dit 'ongeluk' overkomt later inderdaad Gredlin, de 'geadopteerde' dochter van Felix, aan het begin van de zeventiende eeuw. Het is begrijpelijk dat hij getroffen is door deze woorden uit 1557, wanneer hij zijn *Tagebuch* uitwerkt, vanaf 1609 en vooral na 1612, ten tijde van Lodewijk XIII.

3 Gelegen in het huidige Baden-Württemberg. Over het algemeen was er een sterk opwaartse sociale mobiliteit in Bazel in de zestiende eeuw ten gevolge van een zekere destabilisatie, met name veroorzaakt door de pest en de hervorming. Van het winkeltje of de herberg naar de toga (die in die tijd veel meer voordelen bood) was vaak maar een kleine stap, beter gezegd: maar één generatie verder.

4 Furetière, *Dictionnaire universel*, 1690, art. 'thèse' (heruitg. in facsimile, Parijs, Robert, 1978).

5 Over Fernel, zie L. Figard, *Un médecin philosophe au XVIe siècle*, Parijs, Alcan, 1903; Alexandre Herpin, *Jean Fernel, médecin et philosophe*, Parijs, Vrin, 1949; Jacques Roger, *Jean Fernel et les problèmes de la médecine de la Renaissance*, Parijs, uitg. van Palais de la Découverte, 1960; en vooral Jean Goulin, *Mémoires... pour servir à l'histoire... de la médecine*, Parijs, Bastien, 1777 (voortreffelijke monografie van Fernel).

6 F 363 e.v.: en *Amerbach-Korrespondenz, op. cit.*, dl. 7, p. 273-279.

7 *Conciliator, Petri Aponensis... liber*, uitgave Venetië, 1521, fol. 83 en *passim* (over de warmteleer). Pierre d'Aban staat in de gedrukte catalogus van het BNF, onder de letter P, bij het woord Petrus de Abanus. Er waren minstens vier uitgaven van diens *Conciliator* tussen 1472 en 1548; Felix Platter heeft ongetwijfeld een ervan bestudeerd. De verwijzing van Valentin Lötscher wat dit betreft (F 308, n. 18), slaat dit keer 'de plank volkomen mis'; het medisch woordenboek van B. Mayrhofer (Jena, 1937) dat Lötscher hiervoor heeft aangehaald, geeft een onzinnige definitie van het woord *conciliator*, wat bepaald niet bijdraagt aan de menselijke kennis. Het is verbazend te bedenken dat Lötscher zich heeft laten raden door twee bekende artsen uit Bazel en slechts op de proppen komt met het absurde artikel uit het *Wörterbuch* van Mayrhofer, waarvan het jaar van heruitgave (1937), midden in de nazitijd, het alleen maar erger maakt. De gewoonlijk zo competente Lötscher had er beter aan gedaan gebruik te maken van het werk van Goulin, *Mémoires littéraires, critiques... pour servir à l'histoire... de la médecine*, Parijs, Bastien, 1777, p. 30 e.v. (Franse vertaling door Goulin van een Italiaanse verhandeling van G.M. Mazzuchelli over Albano, alias Pierre d'Aban).

8 Edgar Bonjour, *Die Universität Basel*, Bazel, Helbing, 1960, p. 172.

9 Du Bellay, *Regrets*, sonnet 31, 'Heureux qui comme Ulysse...' (uitgave van *Regrets*, voorafgegaan door *Les Antiquités de Rome*, Parijs, Gallimard, 1975).

10 *Supra*, hoofdstuk 3.

11 Zoals bekend is deze term afkomstig van Pierre Bourdieu.

12 De overeenkomstige (koninklijke) volgorde tijdens het ancien régime in Frankrijk zou zijn: 1. voorgerecht en soep; 2. entrées; 3. gebraad; 4. tussengerecht en desserts.

13 *Madame Bovary*, in de *Oeuvres* van Flaubert, Parijs, Gallimard, (uitgave Pléiade), 1983, dl. 1, p. 350.

14 Adolphe Mosschenross, *Thann à travers son passé*, Sutter, Rixheim, 1947, pp. 7-8, noot 2; en Max Rieple, *Malerisches Elsass*, Hallweg, Bern, 1964, p. 25.

15 F 325; en *Amerbach-Korrespondenz, op. cit.*, dl. 8, p. 10, nr. 2.

16 Niettemin was er in 1557 sprake van hoge kosten: behalve het traditionele uiterlijk vertoon van veel eten, had dit in feite de bedoeling het huwelijk onverbrekelijk te maken omdat er zoveel geld was gestoken in de festiviteiten dat man en vrouw zich later wel tweemaal bedachten alvorens te gaan scheiden. Bovendien zorgde een huwelijk, waar vrijgezellen volop konden flirten, voor nieuwe huwelijken.
Wat de eerder genoemde overige grote uitgaven betreft, misschien kunnen we deze – weliswaar vanuit een andere invalshoek – beschouwen als een kapitaalinvestering, bedoeld om te verhinderen dat de briljantste telgen uit de armste klassen konden promoveren (een armoede waar Felix geen last van had omdat zijn vader, die weliswaar arm was geboren, inmiddels een zekere welstand en een 'presentabel' sociaal aanzien had bereikt). Het opklimmen van handwerkslieden, laat staan van boeren, tot arts, duurde in principe minimaal twee generaties.

Hoofdstuk 10

1 Zie over dit onderwerp mijn *Paysans de Languedoc*, Parijs, SEVPEN, 1966, deel 1, p. 48.

2 Over dit punt verschillen wij 'mogelijkerwijs' van mening met Lötscher, die geneigd was de geschiedenis van Gredlin in 1572 te dateren. In feite heeft Felix de precieze jaartallen niet gegeven, waardoor de discussie open blijft.

3 Zie H.M. Koelbing, 'L'apport suisse à la renaissance de l'ophtalmologie', *Médecine et hygiène* (Genève), deel 22, nr. 637, 1964, p. 5.

4 In de periode december 1572 tot december 1573 heerst er grote hongersnood in de Franche-Comté (Lucien Febvre, *Philippe II et la Franche-Comté*, Parijs, Champion, 1911, p. 766). Daar de vader van de baby een zwervende 'Franc-comptois' is, wordt de chronologie '1573' die in het begin van dit hoofdstuk gegeven is bevestigd.

5 De tentoonstelling in de Bibliothèque nationale over de kindertijd in de middeleeuwen (november 1994; o.l.v. Pierre Riché) heeft deze illustere 'hypothese' van Philippe Ariès, vernuftig en soms misleidend, doch niet geheel ontbloot van waarheidsgetrouwe fragmenten, wel enigszins recht gedaan.

6 Herinnering aan verhaaltjes en dromerijen uit zijn kindertijd? (Zie hierboven, hfdst. 2).

7 Citaat uit de tekst van Felix Platter (F 452).

8 Zie Edgar Bonjour, *Die Universität Basel*, Bazel, Helbing, 1960, p. 75 e.v.

9 Bij haar huwelijk in 1604 schrijft Gredlin, die dan in de dertig is, vrijwillig en ongedwongen de naam Margret *Simonin* (dochter van Benedict Simon) in het parochiale register (F 453). De (pijnlijke) onthulling van haar ware afkomst dateert dus uit de tijd ervoor en de psychologische schok heeft ze al verwerkt.

Hoofdstuk 11

1 Valentin Lötscher, 'Felix Platter und seine Familie', *Basler Neujahrsblatt*, nr. 153, 1975, p. 155.

2 'Felix Platter, Esculape de sa ville et du monde entier (*sic*)', grafschrift van Felix Platter, opgesteld door zijn jongere broer Thomas II Platter, en geciteerd in V. Lötscher, 'Felix Platter und seine Familie', *op. cit.*, p. 176.

3 Genesis 16-23.

4 I Petrus 3:6.

5 Zie de artikelen met de onwaarschijnlijke titels 'Rural idiocy' en 'Peasant idiocy' in: Josef Wilczynsky, *An Encyclopedic Dictionary of Marxism*, Berlin New York, De Gruyter, 1981, pp. 424 en 501. Met name in *De Duitse ideologie, Het kapitaal*, en *De 18e Brumaire van Louis Bonaparte* heeft Marx zich zeer onaardig uitgelaten over het platteland ('barbaars') en de plattelandsbevolking ('holbewoners'). Fernand Braudel zei me, tijdens een van de persoonlijke gesprekken die ik hierover met hem heb gevoerd, zeer onder de indruk te zijn geraakt van deze marxistische teksten; zie over dit onderwerp Karl Marx, *Oeuvres. Économie*, I, p. 1478, Parijs, NRF, Pléiade, 1965; *Oeuvres. Économie*, II, 1968, p. 1424; *Oeuvres. Philosophie*, 1982, p. 983, 1092 enz. Zie ook Robert C. Tucker, *The Marx-Engels Reader*, New York, Norton, 1978, pp. 176 en 608-609.

6 *Journal* van Jehan Glaumeau, *op. cit.*, p. 13 en *passim*.

7 'Broer of zelfs meer nog vader', zal Thomas II Platter over zijn oudste broer Felix zeggen bij diens overlijden in 1614 (V. Lötscher, 'Felix Platter und seine Familie', *op. cit.*, p. 176).

8 V. Lötscher, *op. cit.*, p. 172.

9 Bijbel, vert. van Luther, Jesaja 9 (naar de uitgave van Hans Lufft, 1533, facsimile in Leipzig, 1983, deel 2). (De Nederlandse tekst is die van de Statenvertaling van 1629.)

Bibliografie

Manuscripten
(volgens de catalogus van de universiteit van Bazel)

Platter (Thomas senior), Lebensbeschreibung, 1572, A II 1a, 1b, 1c, 2a, 31a, 31a *bis*.
Platter (Felix), Der Stadt Basel Beschreibung, 1610, A III 3 Nr 6b.
– Brief an Heinrich Strübin, Januar 1609, A II 2a, Beilage hinten.
– Historie vom Gredli, A III 3 Nr 9b.
– Kaiser Ferdinand kommt gen Basel, 1562, A III 3 Nr 8.
– Gedichte, A GV 30.
– Lebensbeschreibung und Biographisches, A III 3 Nr 1-3.
– Sieben regierende Pestilenzen, 1539-1611, A III 5a.
– Rechnung über seine Einnahmen, 1558-1612, A III 3 Nr 5.
– Reis Markgrafen Georg Friedrich zu Baden und Hochberg etc. nach Hechingen [...] auf die Hochzeit, so zwischen Graf Johann Georg von Zollern und Fräulein Franziska Wild- und Rheingräfin gehalten wordn, 1598, A III 3 Nr 7c.
– Reis Markgrafen Georg Friedrich zu Baden und Hochberg von Stuttgarten [...] zu der Kindstaufen des Herzogen v. Würtemberg Suns Augusti genannt [...]. 1596, A III Nr 7b.
– Reis gen Simringen auf Graf Christoph von Zollern Hochzeit, 1577, A III 3 Nr 7a.
– Verzeichnis der Personen, so in dem Königreich auf der Kindtaufen gewesen, 1600, A III 3 Nr 7cc.
– Autographischer Eintrag, 1609, A II 2a, Beilage vorn.
– Ex libris (von Hans Heinrich Glaser), 1618, A II 31a, Bl. IVr.
– Beschreibung von Basel, aus den Pestschriften, V. B. mscr P 15 no 14.
– Selbstbiographie, V. B. mscr P 42 e Nr 1.
Platter (Thomas junior), Beschreibung der Reisen durch Frankreich, Spanien, England und die Niederlande, 1595-1600, A V 7.8.
– Brief an Heinrich Strübin, 1609, A II 2a, Beilage hinten.
– Hauptbuch, mit Testamenten und Inventaren, 1615, A V 9.
– Inventarium und Register über [...] liegende und fahrende Hab und Güter, 1622, A V 9, 491.
– Autographischer Eintrag, 1609, A II 2a, Beilage vorn.

– Schreiber, A III 3, *passim.*

Over de familie Platter

Epitaphia Basiliensia Platterorum, A II 1b Anhang.
Epitaphia Basiliensia Platterorum, A II 1c Anhang.
Genealogia Platteriana, A II 1a Beilage.
Genealogia Platteriana, A II 31a Beilage VII.

De universiteitsbibliotheek van Bazel bezit ongeveer vijfhonderd brieven van Thomas Platter senior, van Felix Platter en van Thomas Platter junior, voor het merendeel aan elkaar geschreven. Het grootste deel hiervan is ongepubliceerd.

Platteriana
(bibliografie van gedrukte teksten, in chronologische volgorde)

Thomas Platter senior

Historiae vitae Thomae Platteri, Zürich, 1724 (uitgave in de oorspronkelijke taal).
Lebensbeschreibung, bezorgd door M. Lutz, Bazel, 1790.
Thomas Platters Leben, bezorgd door E.G. Baldinger, Marburg, 1793.
Lebensbeschreibung, uitgeg. door J.F. Franz, in *Leben berühmter Gelehrter*, Sankt-Gallen, 1812.
Thomas Platter und Felix Platter, zwei Autobiographien, ein Beitrag zur Sittengeschichte des XVI. Jahrhunderts, bezorgd door D.A. Fechter, Bazel, Seul und Mast, 1840.
The Autobiography of Thomas Platter, a Schoolmaster of the Sixteenth Century, vert. E.A. MacCaul, 3e dr., Londen, 1847.
'Ein Fahrender Schüler', in *Bilder aus der deutschen Vergangenheit*, gered. door G. Freytag, Leipzig, 1852.
La Vie de Thomas Platter, écrite pas lui-même, vert. E. Fick, Genève, J.G. Frick, 1862.
Zur Sittengeschichte des 16. Jahrhunderts, bezorgd door H. Boos, Leipzig, 1878.
Thomas Platters Selbstbiographie, Gütersloh, 1882.
Thomas Platters Leben, bezorgd door H. Düntzer, Stuttgart, Spemann, 1882.
Thomas Platters Briefe an seinen Sohn Felix, bezorgd door A. Burckhardt, Bazel, Detloff, 1890.
Thomas Platters Lebensgeschichte, Zürich, 1889.
Vie de Thomas Platter (1499-1582). Suivie d'extraits des Mémoires de Felix Platter (1536-1614), vert. E. Fick, Lausanne, Bridel, 1895.
Avtobiografija Fomi Plattera, vert. N.V. Speranskij, Očerki po narodnoj školy, Moskou, 1896.
Thomas Platters Selbstbiographie, Frankfurt, 1910.
Lebensbeschreibung, München, 1911.
Thomas Platter, Geisshirt, Seiler, Professor, Buchdrucker, Rektor, Leipzig, 1912.
Lebensbeschreibung, bezorgd door A. Hartmann, voorwoord van W. Muschg, Bazel, Schwabe, 1944 (primaire bron).
Lebenserinnerungen, Zürich, 1955.
Autobiographie, vert. en red. Marie Helmer, *Cahier des Annales*, nr. 22, Parijs, A. Colin, 1964.

Lebenserinnerungen, Bazel, 1969.
Ma Vie, vert. E. Fick, Lausanne, L'Âge d'Homme, 1982.
Autobiographia, a cura di F. Cichi e L. de Venuto, uitgeg. door E. Campi, Roma, Salerno, 1988.
La mia vita (1505-1585), a cura di G.O. Bravi, Bergamo, P. Lubtina, 1988.

In het Duits bestaan vele populaire en geromantiseerde uitgaven van de teksten van de beide Thomassen en van Felix Platter; zie hiervoor de bibliografie van V. Lötscher in de *Beschreibung der Stadt Basel* (zie hierna) van F. Platter (p. 111, 115 en *passim*). Er bestaat ook een Japanse uitgave, vertaald door K. Abe (Tokyo, 1984). De totale produktie van de drie Platters is bekend bij een breed Duitstalig publiek en zelfs elders in Europa. Iedere ontwikkelde lezer kan er kennis van nemen in bibliotheken of vragen naar recente uitgaven bij de boekhandel.

Felix Platter (zie ook Thomas Platter senior)

De corporis humani structura et usu, Basileae, 1583; heruitgegeven in 1603 (met gravures van Vesalius).
De mulierum partibus generationi dicatis, Basileae, 1586; heruitgave Argentinae, 1597.
De febribus liber, Francofurti, 1595.
Praxeos seu de cognescendis, praedicendis, Basileae, Waldkirch, 1603; tweemaal heruitgegeven in 1609.
Observationes in hominis affectibus plerisque corpori et animo functionum laesione, dolore aliave molestia et vitio incommodantibus, libri tres, Basileae, 1614; heruitgegeven in 1641 en 1688.
Praxis medica, Basilieae, 1602-1608; heruitgegeven in 1625, 1656, 1666, 1680 en 1736.
Questionum medicarum paradoxarum et eudoxarum centuria, posthuma, Basileae, 1625.
Thomas Platter und Felix Platter. Zwei Autobiographien, bezorgd door D.A. Fechter, Bazel, 1840.
'Eines jungen Gelehrten Hochzeit und Haushalt', in *Bilder aus der deutschen Vergangenheit*, gered. door G. Freytag, Leipzig, 1852.
Mémoires de Felix Platter, vert. E. Fick, Genève, J.G. Fick, 1866; 2e druk, Lausanne, 1895.
Felix und Thomas Platter, ein Beitrag zur Sittengeschichte des 16. Jahrhunderts, Leipzig, 1878.
Aus Felix Platters Bericht über die Pest zu Basel in den Jahren 1609-1611, Bazel, 1880.
Briefe, Bazel, 1880.
Felix Platters Erinnerungsblätter, Gütersloh, 1882.
Felix Platters Reisen an die Höfe der Grafen von Hohenzollern-Sigmaringen und Hechingen, 1575 und 1598, Bazel, 1890.
'Die Historie vom Gredlin', bezorgd door H.A. Gessler, *Basler Jahrbuch*, 1893.
Felix et Thomas Platter à Montpellier (1552-1557 et 1595-1599), Notes de voyage de deux étudiants bâlois publiées d'après les manuscrits originaux appartenant à la Bibliothèque de l'université de Bâle, vert. M. Kieffer, Montpellier, Coulet, 1892; heruitgave in Marseille, Lafitte, 1979.
'Extraits, relatifs à la Provence, des Mémoires de Felix et Thomas Platter', in Legré, Ludovic, *La Botanique en Provence au XVIe siècle*, Marseille, 1900.
Aufzeichnungen, München, 1911.
Tagebuchblätter aus dem Jugendleben eines deutschen Arztes, Leipzig, 1913.

Felix Platters Ungdoms-Erindringer, vert. T. Gertz, Kopenhagen, 1915.
Felix Platters Reisen an die Höfe der Grafeb von Hohenzollern-Zigmaringen und Hechingen, 1575 unf 1598, Hechingen, 1927.
Thomas und Felix Platter, Zürich, 1935.
Tagebuchblätter, Zürich, 1955.
Beloved Son Felix. The Journal of Felix Platter, a Medical Student in Montpellier in the 16th Century, vert. S. Jennet, Londen, 1961.
'Little known English versions of the *Praxis* and *Observationes* of Felix Platter (1662 and 1664)', *J. Hist. Med.*, nr. 17, 1962.
Observationes I, vert. G. Goldschmidt, uitgeg. door H. Buess, Bern, Huber, 1963.
(De *Observationes* II en III zijn niet gepubliceerd, maar het manuscript van de vertaling wordt bewaard in de historische bibliotheek van de faculteit geneeskunde in Bazel.)
Funktionelle Stürungen des Sinnes und der Bewegung, Bern, 1963.
Tagebuchblätter, Bazel, 1969.
Tagebuch, uitgeg. door V. Lötscher, Bazel, Schwabe, 1976 (primaire bron: tekst en noten op dezelfde bladzijde).
Lebenserinnerungen und Tagebuchblätter, bezorgd door Rosa Schudel-Benz, Bazel, GS-Verlag, 1977.
Beschreibung der Stadt Basel 1610 und Pestbericht 1610/1611, bezorgd door V. Lötscher, Bazel, Schwabe, 1987.

Thomas Platter junior (zie ook Felix Platter)

Huit jours à Genève en 1595, vert. Ch. Le Fort, *Mémoires et documents de la Société d'histoire de Genève*, nr. 20, 1934.
Un étudiant bâlois à Orléans en 1599, vert. P. de Felice, Orléans, H. Herluison, 1879.
Visite de Thomas Platter à Nîmes et au pont du Gard (février 1596), vert. A. Alioth, Nîmes, Peyrot-Tinel, 1880.
Voyage à Rouen (1599), voor het eerst uit het Duits vertaald naar het originele manuscript uit de universiteitsbibliotheek van Bazel door M. Keittinger, Montpellier, imp. J. Martel senior, 1890.
Thomas Platter et les Juifs d'Avignon, vert. S. Kahn, Parijs, Société des études juives, 1892.
Description de Paris (1599), vert. L. Sieber en M. Weibel, *Mémoires de la Société de l'histoire de Paris et de l'Île-de-France*, dl. XXIII, Parijs, 1896.
Une description de Bruges, vert. M. Letts, Brugge, 1924.
Thomas Platter des Jüngeren Englandfahrt in Jahre 1599, bezorgd door H. Hecht, Halle, 1929.
Visite à Bourges de deux étudiants bâlois, vert. R. Grandilhon, Bourges, 1934.
Travels in England, 1599, vert. C. Williams, Londen, 1937.
Journal of a Younger Brother. The Life of Thomas Platter, a Medical Student in Montpellier, vert. S. Jennet, Londen, 1963.
Beschreibung der Reisen durch Frankreich, Spanien, England und die Niederlanden, bezorgd door Rut Keiser, Bazel, Schwabe, 1968 (primaire bron).
'Hausbuch oder Hauptbuch, enthaltend Testamente und Inventare der Familie, geschrieben 1615 von Thomas Platter', bezorgd door V. Lötscher, *Basler Neujahrsblatt*, nr. 153, 1975.

Contemporaine teksten

Ramée, Pierre de La, *Basilea ad senatum populumque basiliensem*, s. l., 1571.
Zwinger, Theodor, *Theatrum vitae humanae*, voorwoord van Felix Platter, Basileae, Froben, 1565.
– *Methodus apodemica in eorum gratiam qui cum fructu in quocumque tandem vitae genere peregrinari cupiunt*, Basileae, Hervag, 1577.
Wurstisen, Christian, *Baszler Chronicken*, Bazel, Henric Petri, 1580 (heruitgaven in 1765, 1883).
Buckhardt, Jacob, *Oratio funebris de vita et obitu celeberrimi Felicis Plateri*, Basileae, 1614.
Gast, Johannes, *Tagebuch (1531-1552)*, bezorgd door P. Burckhardt, Basler Chronicken, dl. 8, Bazel, 1945.
Montaigne, *Journal de voyage en Italie*, in *Oeuvres complètes*, Parijs, Gallimard, 'Bibl. de la Pléiade', 1980.
Amerbach, Bonifacius, *Amerbach-Korrespondenz*, bezorgd door A. Hartmann en B.R. Jenny, Bazel, Verlag der Universitätsbibliothek, 1991, 10 delen.

Studies
(in alfabetische volgorde)

'Vom Anfang neuer Zeit. Drei Selbstbiographien aus dem Jahrhundert der Glaubenskämpfe. Thomas und Felix Platter und Théodore Agrippa d'Aubigné', in *Erlebnis und Bekenntnis*, gered. door O. Fischer, dl. 1, München, 1911.
Bruckner, Albert, 'Drei Briefe von Anna Platter-Dietschi an ihren Sohn Felix', *Basler Nachrichten*, nr. 32, 7 augustus 1932.
Buess, Heinrich, 'Gynäkologie und Geburtshilfe bei Felix Platter', *Festschrift für A. Labhardt*, Bazel, 1941.
– 'Schweizer Ärzte als Forscher', *Entdecker und Erfinder*, Bazel, 1945.
– 'Ein Basler Gedenktag', *National-Zeitung*, nr. 405, 3 september 1964.
– 'Der Einfluss Vesals auf die praktische Anatomie am Beispiel Felix Platters', *Med. Monatsschrift*, nr. 18, 1964.
Burckhardt, Albrecht, *Die medizinische Fakultät zu Basel*, Bazel, 1917.
Buxtorf-Falkeisen, Karl, 'Blicke in das Privatleben Dr. Felix Platters', *Basler Taschenbuch*, 1850, pp. 88-105.
– *Baslerische Stadt- und Landgeschichten aus dem 16. Jahrhundert*, Bazel, 1868.
Carlen, Louis, 'Rechtsgeschichtliches aus Frankreich, Spanien, England und den Niederlanden in einem Reisebericht von 1595-1600', Brig, in *Schriften des Stockalperarchivs*, Heft 22, 1971.
Christoffel, Hans, 'Psychiatrie und Psychologie bei Felix Platter', *Monatsschrift für Psychiatrie und Neurochirurgie*, nr. 127, Bazel, 1954.
– 'Eine systematische Psychiatrie des Barock, Felix Platters *Laesiones mentis*', *Schw. Archiv für Neurologie und Psychiatrie*, dl. 77, 1956.
Ernst, Felix, 'Die beiden Platter', *Neue Schweizer Rundschau*, nr. 20, Zürich, 1927.
Fehlmann, Hans-Rudolf, *Der Einfluss der Pharmazie in Montpellier auf den Basler Arzt Felix Platter*, Stuttgart, 1975,
Felix Platter (1536-1614) in seiner Zeit, Verslag van het symposium van Bazel op 8 november 1986, uitgeg. door H. Buess en U. Tröhler, Bazel, Schwabe, 1991.

Gorsse, Pierre de, *Toulouse au XVIe siècle vue par deux étudiants bâlois*, Toulouse, 1940.
Häfliger, Joseph, *Felix Platters sogenannte Hausapotheke*, Zürich, 1936.
Hunziger, Rose, *Felix Platter als Arzt und Stadtrat in Basel*, Zürich, 1938.
– (onder de naam Reiman), 'Felix Platters Abhandlungen über die Zustände und Krankheiten des Geistes', *Schweizer Archiv für Neurologie und Psychiatrie*, nr. 62, 1948.
Jenny, Ernst, 'Goethe und Thomas Platter', *Basler Jahrbuch*, 1902.
Karcher, Felix, *Felix Platter, Professor, praxeos und Stadtarzt von Basel*, Bazel, 1943.
– *Felix Platter. Lebensbild des basler Stadtarztes*, Bazel, 1949.
– *Theodor Zwinger und seine Zeitgenossen*, Bazel, 1956.
Koelbing, Huldrych M., 'Felix Platter als Ophtalmologe', *Ophtalmologica*, nr. 133, 1957.
– 'Felix Platters Stellung in der Medizin seiner Zeit', *Gesnerus*, nr. 22, Aarau, 1965.
– *Renaissance der Augenheilkunde, 1540-1630*, Bern, Stuttgart, 1967.
– 'Diagnose und Aetiologie bei Felix Platter', in *Festschrift für H. Goerke*, München, 1978.
– 'Felix Platter als Augenarzt', *Gesnerus*, nr. 47, 1990.
Kölner, Paul, 'Das Gelehrtengeslecht Platter', *Basler Nachrichten*, nr. 33, 19 augustus 1956.
Landolt, Elisabeth, 'Materialien zu Felix Platter als Sammler und Kunstfreund', *Basler Zeitschrift*, nr. 72, 1972.
Liebenau, Theodor von, 'Felix Platter von Basel und Rennward Cysat von Luzern', *Basler Jahrbuch*, 1900.
Liechtenhan, Francine-Dominique, 'Theodor Zwinger, théoricien du voyage', *Littérales*, nr. 7, 1990.
– 'Autobiographie et voyage entre la Renaissance en le Baroque: l'exemple de la famille Platter', *Revue de synthèse*, nrs. 3-4, juli-december 1993, p. 455-471.
Lötscher, Valentin, 'Felix Platter und seine Familie', *Basler Neujahrsblatt*, nr. 153, 1975.
– *Gedächtnisausstellung zum 400. Todestag von Thomas Platter*, Gemeindehaus zu Grächen, 1982.
– 'Thomas Platter, Bürger zu Basel, zum 400. Todestag', *Basler Zeitung*, 30 januari 1982.
Merian, Peter, 'Nachrichten über Felix Platters Naturaliensammlung', *Berichte der Verhandlungen der Naturforschenden Gesellschaft*, 1833-1840, dl. 4, Bazel, 1840.
Merian, Wilhelm, 'Felix Platter als Musiker', *Sammelbände der Intern. Musikgesellschaft*, XIII, Jg. 2, Leipzig, 1912.
Miescher, Friedrich, *Die medizinische Fakultät*, Bazel, 1860.
Rytz, Walter, *Geschichte eines Herbars*, Bern, 1931.
– 'Das Herbarium Felix Platters', *Berichte der Verhandlungen der Naturforschenden Gesellschaft*, dl. 44, Bazel, 1932.
Schnidrig, Aloys, *Die Platterfamilie rehabilitiert*, Pratteln, 1972.
– 'Rehabilitation der Platterfamilie', *Basellandschafliche Zeitung*, 1966, nr. 294.
Schiewek, Ingrid, 'Zur Autobiographie des Stadtarztes Felix Platter', *Forschungen und Fortschritte*, nr. 39, 1964.
Skerlak, Vladimir, *Felix Platter und seine Zeit. Eine Ausstellung zu seinem 450. Geburtstag*, Diss. Med., Bazel, 1989.
Stähelin, Margrit, 'Felix Platter, der Basler Stadtarzt', *Basler Jahrbuch*, 1909.
Steiner, Gustav, 'Ärzte und Wundärzte, Chirurgenzunft und medizinische Fakultät in Basel', *Basler Jahrbuch*, 1954.
Stoll, Clemens, 'Zum Basler Apothekerwesen im 16. Jahrhundert, der Briefwechsle von Balthasar Hummel und Felix Platter zwischen 1555 und 1557', in *Zur Geschichte des schweizer Apothekerwesens*, Zürich, Juris-Verlag, 1988.

Das Thomas Platter Haus, Bazel, 1966.
Vortisch, Christian Martin, 'Felix Platter als Pestarzt', in *Das Markgräflerland*, Schopfheim, 1989.
Voyager à la Renaissance, Actes du colloque de Tours de 1983, uitgeg. door H. Céard en J.-C. Margolin, Maisonneuve et Larose, 1987.

Hoewel er zeer veel overeenkomsten zijn tussen de memoires van de 'drie Platters', die hiervoor door ons zijn genoemd, met name in de beste hedendaagse uitgaven (respectievelijk die van 1944 voor Thomas senior, die van 1976 voor Felix en die van 1968 voor Thomas junior), behoren de *Herinneringen* in werkelijkheid tot heel verschillende intellectuele generaties (niet te verwarren met de feitelijke 'genealogische' generaties). Wanneer Thomas senior de wapenfeiten beschrijft van de deugdzame held (zijn eigen exploten tegen een ongunstig lot) volgt hij het voetspoor van Petrarca in diens *Epistolae familiares*, een werk dat onze Platter senior, als uitgever en leraar, betrekkelijk goed en min of meer uit de eerste hand gekend moet hebben. Thomas Platter junior die, hoewel hij de jongste van de drie is, aan het begin van de zeventiende eeuw als tweede zijn herinneringen op schrift stelt, belichaamt het ideaal van de humanistische reiziger, net als Theodor Zwinger erudiet en onpartijdig, maar soms wat pedant. Felix schrijft als laatste, direct na 1608 en/of 1611; hij is de modernste van de drie, ook al is hij veel ouder dan Thomas junior; hij plaatst zich in het neo-traditionalisme van het hedendaagse reizen, dat rond 1610 nog maar juist begint, maar dat weldra de overhand krijgt: een extraverte maar (meer nog) intimistische vorm van reizen; een traditie die begon met Montaigne en die via Felix Platter, Jean-Jacques Rousseau, Frédéric Amiel en zeer vele anderen tot in onze dagen is blijven bestaan. zie hiervoor het hierboven onder 'Studies' vermelde artikel van Liechtenhan, 'Autobiographie et voyage…'

Overige bibliografische verwijzingen

De hier volgende verwijzingen gaan vooral, maar niet exclusief, over de geschiedenis van Montpellier in de zestiende eeuw.

Archives municipales de Montpellier (Tour des Pins), BB 393, registre manuscrit des délibérations du Conseil de ville (décennie 1550).

Archives de la ville de Montpellier, Inventaires et documents, Tome sixième, Inventaire de Joffre, Archives du greffe de la maison consulaire, Armoires A et B (compoix), uitgegeven door M. Oudot de Dainville, Montpellier, L'Abeille, 1934.

Archives de la ville de Montpellier, Inventaires et documents, Tome septième, Inventaire de Joffre, Archives du greffe de la maison consulaire, Armoires C (sous-série BB), délibérations municipales, uitgegeven door M. Oudot de Dainville, Montpellier, L'Abeille, 1939.

Archives communales de Nîmes, registre LL8 (manuscript), délibérations municipales, pour la décennie 1550 (21 augustus 1552 en later).

Barral, Marcel, *Les Noms de rues à Montpellier: du Moyen Âge à nos jours*, Montpellier, P. Clerc, Espace Sud, 1989.

Baumel, Jean, *Vie, moeurs et traditions populaires à Montpellier et dans ses environs au cours de la deuxième moitié di XVIe siècle, d'après les frères Platter*, Montpellier, Dehan, 1974.

– *Montpellier au cours des XVIe et XVIIe siècles. Les guerres de religion (1510-1685)*, Montpellier, Causse, 1970.

Beloved Son Felix. The Journal of Felix Platter, vert. door Seán Jennet, Londen, Muller, 1961 (bevat een zeer belangwekkende plattegrond van Montpellier uit de zestiende eeuw).

Benedict, Philip (red.), *Cities and Social Change in Early Modern France*, Londen, Unwin Hyman, 1989 (met name de hoofdstukken over Montpellier, Parijs, Dijon, Aix-en-Provence en Toulouse... in de zestiende eeuw).

– *Rouen during the Wars of Religion*, Cambridge University Press, 1981 (ter vergelijking).

Bosc, Henri, *Les Grandes Heures du Protestantisme à Montpellier*, Montpellier, Reschly, 1957, in octo.

Braudel, Fernand, *La Méditerranée et le monde méditerranéen au temps de Philippe II*, Parijs, Armand Colin, 1966 (2 delen).

Cholvy, Gérard, *Histoire de Montpellier*, Toulouse, Privat, 1984.

Darmon, Pierre, *Les Cellules Folles*, Parijs, Plon, 1993 (met name hfst. 2).
Darnton, Robert, 'Montpellier, la ville comme texte', in *Le Grand Massacra des chats*, Parijs, Robert Laffont, 1985, p. 101 e.v.
Delormeau, Charles, 'Les circonscriptions ecclésiastiques protestantes du Languedoc méditerranéen aux XVIe et XVIIe siècles', in *Actes du XXXVIIe Congrès de la Fédération historique du Languedoc méditerranéen et du Roussillon*, Limoux, 1964, p. 63 e.v
– Catalogus van de expositie 'Coligny et la Réforme à Montpellier au XVIe siècle', in de Salle Pétrarque in Montpellier, van 16 tot 30 november 1974, Documenten en notities geredigeerd door Ch. Delormeau, Montpellier, 1974.
– 'Les débuts de la Réforme à Montpellier', in *Hommage à Jaques Fabre de Morlhon. Mélanges historiques et généalogiques, Rouergues-Bas-Languedoc*, verzameld door Jean-Denis Bergasse, Albi, Ateliers professionels de l'OSJ, 1978, p. 239-248.
Dulieu, Louis, 'Les locaux médicaux de l'enseignement à Montpellier à travers les âges', *Monspeliensis Hippocrates*, nr. 4, 1959.
– 'Une famille médicale à la Renaissance: les Saporta', *Languedoc médical*, nr. 2, 1963.
– 'Quelques aspects des relations médicales entre Bâle et Montpellier à l'époque de la Renaissance', in *XIXe Congrès international d'histoire de la médecine*, Bazel, 1964.
– 'Les étudiants de médecine à Montpellier à l'époque de la Renaissance', *Monspeliensis Hippocrates*, nr. 38, 1967.
– 'La chirurgie à Montpellier au XVIe siècle', in *Medizingeschichte in unserer Zeit*, Festgabe für Edith Heischkel-Artelt und Walter Artelt zum 65. Geburtstag, uitgegeven door Hans-Heinz Eulner, Stuttgart, Ferdinand Enke Verlag, 1971, pp. 145-159.
– *La Médecine à Montpellier*, dl. 2: *La Renaissance*, Avignon, Les Presses Universelles, 1979 (van belang).
– *La Médecine à Montpellier du XIIe siècle au XXe siècle*, Parijs, Hervas, 1990.
Fabre, Jean-Henri, *Souvenirs entomologiques*, Parijs, Robert Laffont, 1989, dl.2, pp. 890-891. (Uitstekend stuk over de voedingsgewoonten van de boeren in Zuid-Frankrijk in vroeger tijden.)
Freedman, Joseph S., 'Aristotle and the Content of Philosophy Instruction at Central European Schools and Universities during the Reformation Era (1500-1650)', *Proceedings of the American Philosophical Society*, dl. 137, nr. 2, juni 1993, p. 213-253. (Interessant, ook m.b.t. de Platters, over het gebruik van de taxonomische 'takken' van wetenschap, met het doel steeds verfijnder categorieën te creëren.)
Gariel, Pierre, *Idée de la ville de Montpellier*, Montpellier, D. Pech, 1665 (facsimile in de uitgaven van de Tour Gile, Péronas, 1993).
Germain, Alexandre C., 'La Renaissance à Montpellier', *Publications de la Société archéologique de Montpellier*, 1e serie, afdeling brieven, dl. 6, Montpellier, Martel, 1870-1871, pp. 9-164 (van belang).
– 'Les étudiants de l'école de médecine de Montpellier au XVIe siècle. Étude historique sur le *liber procuratoris studiosorum*', *Revue historique*, 1877.
Grasset-Morel, Louis, *Montpellier, ses sixains, ses îles…*, Montpellier, L. Valat, 1908 (en facsimile door C. Lacour, uitgever-drukker, Nîmes, 1989).
Grmek, Mirko D., *Les Maladies à l'aube de la civilisation occidentale*, Parijs, Payot, 1944, pp. 199-225. (Problemen der geslachtsziekten in de zestiende eeuw.)
Guiraud, Louise, *Histoire du culte et des miracles de Notre-Dame des Tables*, Montpellier, 1885. (Het complete werk van Louise Guiraud is essentieel voor de historische kennis van Montpellier tijdens de renaissance.)

– *La Paroisse Saint-Denis de Montpellier*, Montpellier, Martel, 1887.
– *Les Fondations d'Urbain V à Montpellier*, dl. 1: *Le collège des Douze Médecins ou collège de Mende*, Montpellier, J. Martel senior, 1889; dl. 2: *Le collège Saint-Benoît, le collège Saint-Pierre, le collège du Pape*, Momtpellier, J. Martel senior, 1890; dl. 3: *Le monastère Saint-Benoît et ses diverses transformations depuis son érection en cathédrale en 1536*, Montpellier, J. Martel, 1891.
– *Recherches topographiques sur Montpellier au Moyen Âge*, Montpellier, Coulet, 1895.
– *Le Procès de Guillaume Pellicier, évêque de Maguelone-Montpellier (1527-1567)*, Parijs, Picard zoon, 1907.
– *Études sur la Réforme à Montpellier*, Mémoires de la société archéologique de Montpellier, dln. 6 en 7, Montpellier, 1918 (primaire bron).
– 'Un registre inconnu de l'université de droit de Montpellier (1536-1570)', *Bulletin philologique et historique (jusqu'à 1715)*, jaargang 1913, nrs. 1 en 2, Parijs, Imprimerie nationale, 1913.
– 'Plans successifs de la cathédrale Saint-Pierre de Montpellier', Société archéologique de Montpellier (na 1905).
Hauser, Henri, *La Modernité du XVIe siècle*, Parijs, PUF, Alcan, 1930.
Hébert, Brigitte, 'Le lansquenet dans les contes drolatiques allemands au XVIe siècle', in *L'Homme de guerre au XVIe siècle*, Publications de l'Université de Saint-Étienne, 1992, pp. 244-256.
Hyrvoix, Albert, 'François Ier et la première guerre de religion en Suisse', *Revue des questions historiques*, 1902, pp. 465-537 (over het, in elk geval gedeeltelijke, pro-Zwitserse filoprotestantisme van de Franse monarchie, voornamelijk na 1530.
Imbert, Jean, *Le Droit hospitalier de l'Ancien Régime* (inclusief de zestiende eeuw), Parijs, PUF, 1993.
Irvine, Fred, *Social Structure, Social Mobility and Social Change in Sixteenth-Century Montpellier: from Renaissance City-State to Ancien Régime Capital*, proefschrift (ongepubl.), Universiteit van Toronto (geschiedenisfaculteit), 1979.
Jouanna, Arlette, 'La première domination des Réformés à Montpellier (1561-1563)', in *Les Réformes, enracinement socio-culturel*, XXVe Colloque international d'études humanistes, Tours, 1-13 juli 1982, studies verzameld door Bernard Chevalier en Robert Sauzet, Parijs, Éditions de la Maisnie, 1985.
Koelbing, Huldrych, 'Montpellier vu par Felix Platter, étudiant en médecine (1552-1557)' in *110e Congrès national des sociétés savantes*, Montpellier, 1985.
Le Roy Ladurie, Emmanuel, 'Sur Montpellier et sa campagne aux XVIe et XVIIe siècles', *Annales*, ESC, 1957, p. 223-230.
Bovendien heb ik reeds aan de Platters gerefereerd in *Les Paysans de Languedoc*, SEVPEN, 1966; in *Histoire du Languedoc*, in de uitgave van Privat, geredigeerd door Philippe Wolff (Toulouse, 1988), in hfst. 8; en ten slotte in het deel in de reeks 'Que sais-je?', *Histoire du Languedoc*, Parijs, PUF, 1962 (in dit laatste werk komt voor het eerst van mijn hand de uitdrukking 'de fraaie zestiende eeuw' voor, die sindsdien gemeengoed is onder historici).
Leboutte, René, 'Offense against family order: infanticide... from the fifteenth century through the early twentieth centuries', *Journal of the History of Sexuality*, 1991, dl. 2, nr. 2. (Waardevol artikel voor een vergelijking met vergelijkbare gebeurtenissen in Montpellier, met name de 'Platterzaak' met betrekking tot het dienstmeisje Beatrix.)
Léry, Jean de, *Iniens de la Renaissance. Histoire d'un voyage fait en la terre du Brésil, 1557*, voordracht door Anne-Marie Chartier, Parijs, Éd. Épi, 1972. (Léry maakte grote zeereizen

ten tijde van de 'Grand Tour' van Felix Platter in 1557.)
Lichtenthaeler, Charles, *Histoire de la médecine*, Parijs, Fayard, 1978.
Mademoiselle [sic] *Louise Guiraud* (Bio- en bibliografie van), Montpellier, Roumégous et Dehan, 1920 (van belang).
Mallary Masters, G., 'L'humanisme montpelliérain au service des sciences naturelles: quelques préfaces littéraires de textes médicaux de la Renaissance', *Bulletin de l'Académie des sciences et lettres de Montpellier*, dl. 22, 1991, p. 323-337.
Marques, Corinne, *Les Guidons de taille montpelliérains de 1549, 1565, 1576, 1581, 1591 et 1599. Démographie historique et géographie sociale (aspects statistiques)*, eindscriptie (ongepubl.) onder supervisie van mevr. Arlette Jouanna, Université Paul-Valéry de Montpellier, juni 1990.
Michau, Françoise, *Montpellier, son consulat, ses consuls, 1550-1558*, eindscriptie geschiedenis, onder supervisie van mevr. Arlette Jouanna, Université Paul-Valéry de Montpellier, juni 1985.
Michon, Louis M., *La Reliure française*, Parijs, Larousse, 1951 (met name de pagina's betreffende de regering van Hendrik II).
Muchembled, Robert, 'Les jeunes, les jeux et la violence… au XVIe siècle', in *Les Jeux à la Renaissance*, Parijs, Vrin, 1982 (ter vergelijking).
Otis, Leah Lydia, *Prostitution in Medieval Society. The History of an Urban Institution in Languedoc*, Chicago, The University of Chicago Press, 1985.
Mémoires de Felix Platter, médecin bâlois, Genève, Jules Fick, 1866.
Felix et Thomas Platter à Montpellier, 1551-1559, 1595-1599. Notes de voyage de deux étudiants bâlois, Montpellier, Coulet, 1892 (en Lafitte Reprints, Marseille, 1979).
Platter, Thomas, *Ma vie*, Genève, éd. Fick, 1862.
Platter, Thomas (senior), *Ma vie*, Lausanne, L'Âge d'Homme, 1982.
Pomian, Krzysztov, *Collectionneurs, amateurs et curieux. Paris, Venis: XVIe-XVIIIe siècle*, Parijs, Gallimard, 1987 (belangrijk voor een vergelijking van Felix Platter als verzamelaar).
Rabelais et son temps, tentoonstelling in het Cour de cassation, juni-juli 1994, catalogus onder redactie van Annick Tillier, Parijs, Cour de cassation, 1994 (met name p. 25 e.v., over de geneeskunde in Montpellier in de zestiende eeuw).
Revillout, Charles, 'Les promoteurs de la Renaissance à Montpellier', *Mémoires de la Société archéologique de Montpellier*, 2e serie, dl. 2, 1e aflevering, Montpellier, Martel, 1900, pp. 14-383 (primaire bron).
Rey, Roseline, *Histoire de la douleur*, Parijs, La Découverte, 1993, p. 70 e.v. (betreffende de 'Vesaliaanse' anatomie).
Schneider, Robert A., *Public Life in Toulouse, 1463-1789: from Municipal Republic to Cosmopolitan City*, Ithaca, Cornell University Press, 1989 (van belang).
Serres, Pierre, *Abrégé de l'histoire du calvinisme dans la ville de Montpellier*, geredigeerd en bezorgd door Marcel Barral en Michel Péronnet, Montpellier, Éditions de l'Entente bibliophile, Tour de la Babote, 1977.
Sournia, Bernard, *et al.*, *Montpellier, la demeure médiévale. Inventaire général des Monuments…*, Parijs, Imprimerie nationale, 1991.
Spooner, F., *Économie mondiale et frappes monétaires en France (1493-1680)*, Parijs, SEVPEN, 1956.
Teissier, M.-F., 'Documents sur Montpellier au XVIe siècle d'après les [premiers] registres d'état civil huguenot', Société de l'histoire du protestantisme français, *Bulletin historique et littéraire*, 48e jaargang, 8e jaargang van de 4e serie, nr. 1, 15 januari 1899.

Thomas, Louis J., *Montpellier, ville marchande*, Montpellier, Valat, Coulet, 1936.
Villa, Robert, *Montpellier à l'heure de l''Union', 1574-1577*, eindschriptie geschiedenis, onder supervisie van mevr. Arlette Jouanna, Université Paul-Valéry de Montpellier, juni 1983.
Wolfe, Martin, *The Fiscal System of Renaissance France*, New Haven, Yale University Press, 1972.

Bovendien vindt men zeer veel bibliografische gegevens in de noten van dit boek, met name betreffende de reizen van Felix Platter door Frankrijk. Op deze plaats wil ik graag de schrijvers bedanken van de (ongepubliceerde) eindscripties over de verschillende aspecten van het leven in Montpellier in de zestiende eeuw, evenals mevrouw Arlette Jouanna: aan hen dank ik waardevolle en erudiete bijdragen.

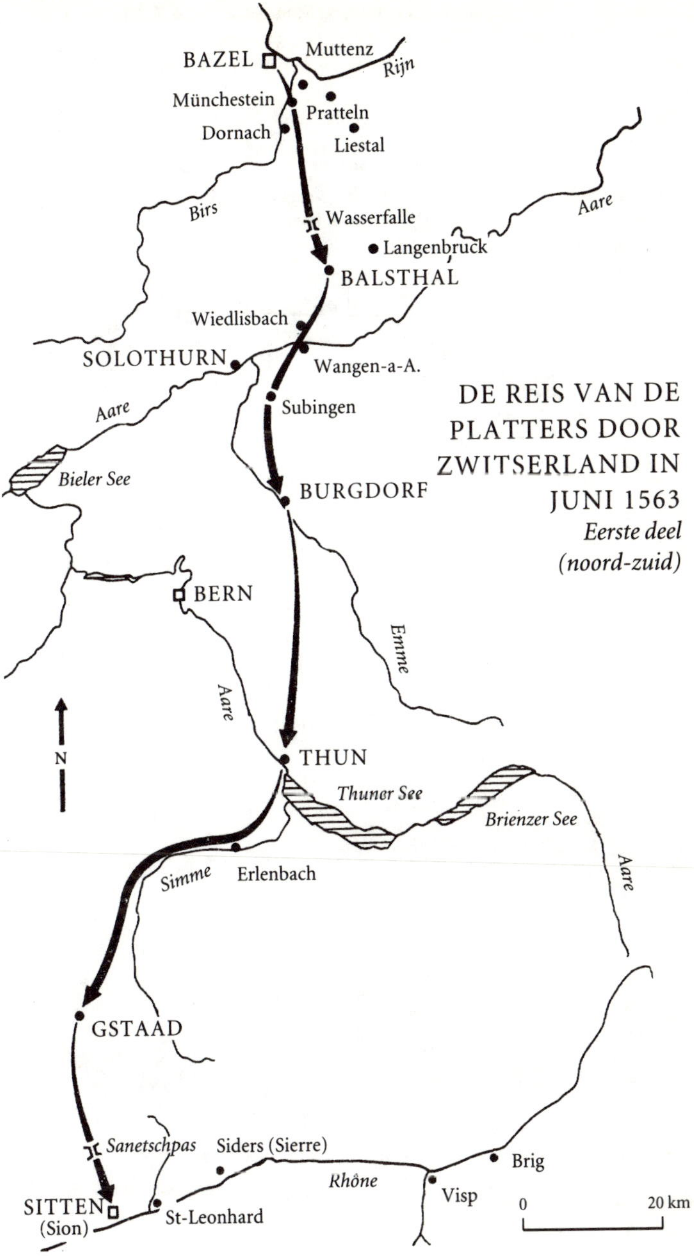
BAZEL
Muttenz
Rijn
Münchestein
Pratteln
Dornach
Liestal
Birs
Wasserfalle
Aare
Langenbruck
BALSTHAL
Wiedlisbach
SOLOTHURN
Wangen-a-A.
Subingen
Aare
Bieler See
BURGDORF
BERN
Emme
Aare
N
THUN
Thuner See
Brienzer See
Aare
Simme
Erlenbach
GSTAAD
Sanetschpas
Siders (Sierre)
Brig
Rhône
Visp
SITTEN
(Sion)
St-Leonhard
0
20 km
DE REIS VAN DE PLATTERS DOOR ZWITSERLAND IN JUNI 1563
Eerste deel
(noord-zuid)

REIS VAN DE PLATTERS DOOR ZWITSERLAND IN JUNI 1563

Tweede deel (west-oost)

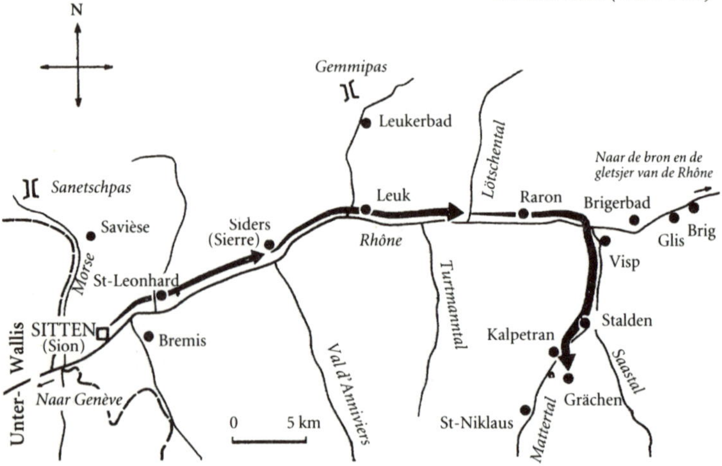

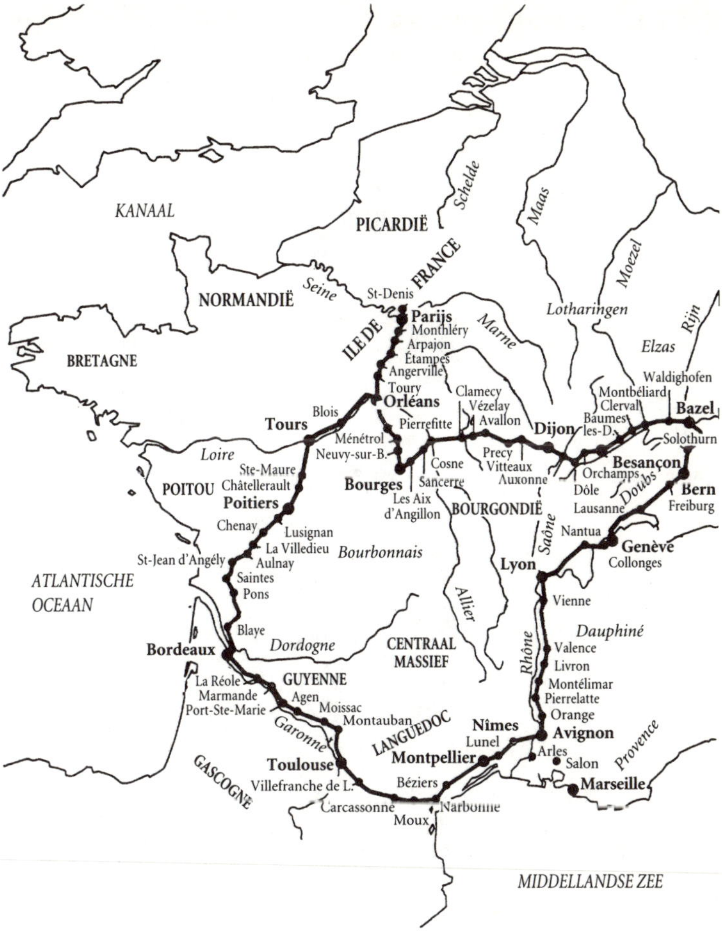

DE REIS VAN FELIX PLATTER

Door Zwitserland en Frankrijk in 1552 van Bazel naar Montpellier; en in 1557 van Montpellier naar Bazel via Toulouse, Bordeaux, Poitiers, Tours, Orléans, Parijs, Bourges, Dijon, Besançon en Montbéliard.

0 100 km

Bron: Lötscher-editie uit 1976 van het Tagebuch *van Felix Platter*

HET DUITSSPREKENDE GEBIED TEN NOORDWESTEN EN ZUIDWESTEN VAN BAZEL EN EEN AANTAL FRANSSPREKENDE STEDEN IN HET UITERSTE WESTEN

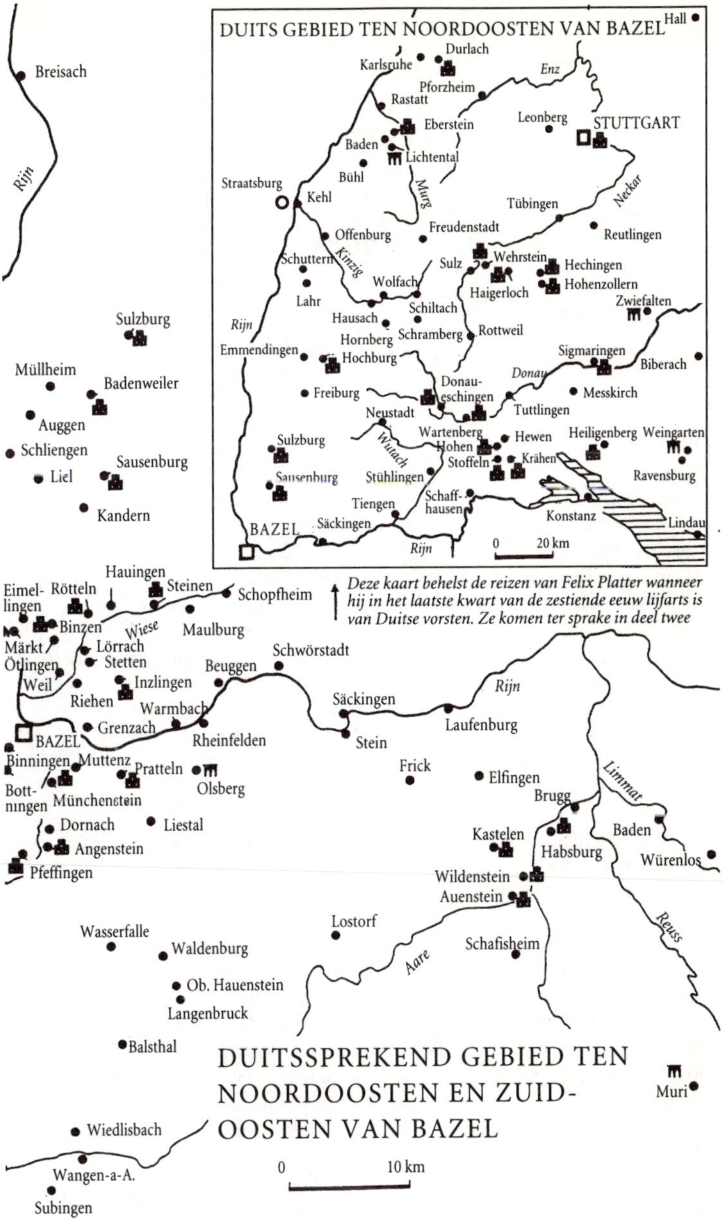

Deze kaart behelst de reizen van Felix Platter wanneer hij in het laatste kwart van de zestiende eeuw lijfarts is van Duitse vorsten. Ze komen ter sprake in deel twee

Bron: Uitgave 1976 van het Tagebuch *van Felix Platter*

Index